La politique pétrolière de la France
de 1861 à 1974

Illustration de couverture :
Œuvre de Samir Najari

Mohamed Sassi

La politique pétrolière de la France de 1861 à 1974

à travers le rôle de la compagnie privée Desmarais Frères

Préface de
Dominique Barjot
Professeur à Sorbonne Université (ex-Paris Sorbonne)

KRONOS

Cent cinquième volume de la collection Kronos
fondée et dirigée par Eric Ledru

SPM
2018

Kronos n° 105
ISSN : 1148-7933
ISBN : 978-2-917232-77-4

Éditions SPM 16, rue des Écoles 75005 Paris
Tél. : 06 86 95 37 06
courriel : Lettrage@free.fr - site : www.editions-spm.fr

DIFFUSION – DISTRIBUTION : L'Harmattan
5-7 rue de l'Ecole-Polytechnique 75005 Paris
Tél. : 01 40 46 79 20 – télécopie : 01 43 25 82 03
– site : www.harmattan.fr

« Se réunir est un début, rester ensemble est un progrès,
travailler ensemble est la réussite ».

(Henry Ford, industriel et fondateur de Ford)

Remerciements

Je tiens à exprimer ma reconnaissance à Monsieur le Professeur Dominique Barjot. Ses conseils bienveillants, sa disponibilité et ses preuves de confiance, ses suggestions toujours stimulantes, ont permis la réalisation de ce travail. J'adresse mes remerciements à Monsieur Alain Beltran, directeur de l'IHTP au CNRS, pour ses conseils qui m'ont été très utiles tout au long de ce travail. Je tiens à exprimer toute ma gratitude à Monsieur Hervé L'Huillier, Directeur à Total, pour m'avoir permis de passer un stage de six mois à Total et pour ses pertinentes et intelligentes remarques. J'adresse également tous mes remerciements à Stephen Deutscbein, alors directeur des archives, pour m'avoir facilité la tâche lors des mes recherches archivistiques à Total.

À ce même titre, je remercie également Agnès d'Angio, responsable du Service des Archives Économiques et Financières, et Sylvie Barot, directrice des Archives Municipales du Havre. J'adresse mes grands remerciements à Patricia Bas, responsable des Archives orales au CHEFF. J'éprouve beaucoup de reconnaissance à Madame Rang-Ri Park-Barjot pour son soutien irremplaçable. Ma gratitude est envers Monsieur Jean-Louis Lenhof, Maître de conférences à l'Université de Caen, pour ces conseils et son aide. Mes remerciements s'adressent également à Monsieur Claude Malon pour les informations qu'il m'a communiquées lors de ma première visite au Havre. Je témoigne ma reconnaissance à Jérôme Thuez, Éric Perez, Pascal Jaquet, Dominique Gandelin, Benoît Doessant au Département RM Archives et histoire à Total.

Merci à ma famille, ma femme et mes amis. Ils se reconnaîtront dans ce mot. Ils m'ont aidé sans doute plus qu'ils l'imaginent.

Préface

Malgré l'essor des énergies nouvelles, la résistance du nucléaire et même du charbon, les hydrocarbures demeurent une source incontournable d'énergie. Relancées par la mise en exploitation des schistes bitumineux, les questions pétrolières restent pleinement d'actualité. Avec son ouvrage, Mohamed Sassi nous offre une approche neuve et stimulante, mobilisant tour à tour la théorie de l'agence, l'analyse évolutionniste, la théorie des coûts de transaction et l'approche institutionnaliste. Le sujet croise trois problématiques : l'importance du pétrole pour l'économie mondiale, l'originalité de la politique pétrolière française et la subsistance paradoxale de l'entreprise familiale dans le secteur pétrolier. Pour le traiter, M. Sassi s'est appuyé sur deux fonds essentiels : 130 AQ Desmarais Frères et Archives Total. Elles ont fait l'objet de recoupements avec des fonds secondaires (AN F12, Archives économiques et financières de Savigny-le-Temple, Archives municipales du Havre, SHAT, Archives orales du CHEFF) et une documentation imprimée importante et diverse. L'approche combine gestion stratégique (M. Porter) et histoire de l'entreprise (A.D. Chandler). Elle vise à repérer les facteurs ayant une influence stratégique : facteurs internes (qualité de l'organisation, management de la main-d'œuvre) et externes (environnement politique et intérêts de l'État, concurrence). Elle conduit à définir trois périodes : 1861-1918, 1919-1945 et 1945-1974).

Dans une première étape (ou partie), de 1861-1918, l'entreprise pétrolière privée doit faire face à un environnement hostile. Fondée dès 1861, sous forme de société en nom collectif, la maison Desmarais Frères ne peut survivre, en tant qu'entreprise indépendante, face à la Standard Oil et à Royal Dutch Shell qu'en se limitant au négoce. La stratégie de Desmarais Frères consiste à investir de façon sélective en France et à l'étranger en tirant profit d'un management paternaliste permettant la stabilité d'une main-d'œuvre hautement productive. Avec la première guerre mondiale, les difficultés s'amplifient, nécessitant une intervention lourde de l'État français dans le domaine pétrolier. Suite à la crise de septembre 1917, le gouvernement devient le seul acheteur et importateur de pétrole. Par ailleurs ce pétrole est distribué par un seul organisme privé. Pour Desmarais, l'époque marque un tournant : souci accru d'approvisionnement, coopération étroite avec le gouvernement. La guerre met ainsi fin au caractère fragmentaire de l'industrie pétrolière française : on passe d'une logique de cartel à une logique de consortium contrôlé par l'État. Mais cette évolution reste inachevée, comme le révèle le débat Clémentel-Loucheur autour du pilotage de l'économie par l'État.

S'ouvre la seconde période (1919-1945), celle de l'émergence d'une authentique industrie pétrolière française : tel est l'objet de la seconde partie. Entre 1919 et 1931, se développe la diplomatie du pétrole. En effet, par les accords de San Remo, la France récupère la part de la Deutsche Bank au sein de la Turkish Petroleum et accède ainsi au pétrole d'Irak. De plus, les milieux privés s'opposent peu à l'intervention de l'État. Dans un contexte marqué par l'explosion de la demande de pétrole, les indépendants passent dans le giron des majors, en particulier Royal Dutch Shell (alliance avec les Deutsch de la Meurthe), Standard Oil of New Jersey et Asiatic Petroleum, future BP. Seule demeure Desmarais Frères, parce qu'alliée à l'État au sein de la Compagnie Française des Pétroles.

Les années 1930 voient la poursuite de l'expansion. Alors que l'État tend de plus en plus à contrôler le secteur de l'énergie, le développement de la CFP, dont Desmarais Frères constitue le second plus important actionnaire après l'État, tire avantage de sa participation dans la production de pétrole brut de l'Irak Petroleum Company et, depuis 1928, sa reconnaissance comme major. L'industrie pétrolière française offre un bon exemple de *path dependency* en raison de l'association étroite CFP-Desmarais Frères, mais aussi une coordination raffinage-distribution assurée par le biais d'une très stricte réglementation. Desmarais Frères développe alors ses positions dans la distribution pétrolière. En même temps la société s'adapte sur le plan technique. La seconde guerre mondiale constitue une nouvelle épreuve pour Desmarais Frères. Certes les premiers mois de guerre confirment que le pétrole constitue un secteur primordial de la mobilisation industrielle, mais, après la défaite, l'économie pétrolière française souffre de sa vulnérabilité extrême par rapport à l'Allemagne. Dans ce contexte Desmarais doit s'adapter à l'environnement. Bien que très éprouvée par le conflit, Desmarais Frères resserre ses liens avec la CFP. En même temps, grâce à une activité discrète de fabrication d'alcool et au développement d'un kérosène, futur carburéacteur, Desmarais Frères préserve une situation financière solide.

La troisième partie traite des défis de la modernisation (1945-1965). Dans un contexte marqué par une vigoureuse stratégie d'investissement et de diversification de ses sources de pétrole par la CFP, les affaires pétrolières deviennent de plus en plus politiques, d'où l'affirmation des technocrates. En même temps que la CFP gagne du terrain sur la concurrence internationale tant au niveau de la production qu'au Moyen-Orient et dans l'Union française, Desmarais Frères modernise sa structure organisationnelle, développe un esprit marketing tourné vers le client, concentre ses moyens sur la distribution et conserve sa position privilégiée au sein de CFP et de CFR. La CFP cherche alors à contrôler un vaste réseau de distribution. Le climat est donc favorable aux concentrations. Pour s'imposer nationalement et internationalement, CFP doit se rapprocher de Desmarais Frères. Face à la concurrence des grands trusts, la CFP alors affronte alors trois défis : intégration totale de l'amont vers l'aval, diversification vers la pétrochimie, mise en place d'une organisation optimale. Le rôle de Desmarais Frères apparaît donc déterminant, car la fusion permet à CFP d'intégrer l'activité pétrolière de l'amont vers l'aval : CFP peut ainsi rivaliser avec Esso et Shell en se dotant du plus important réseau de distribution français.

Grâce à l'absorption de Desmarais Frères, la Compagnie Française des Pétroles franchit le stade de l'intégration verticale de son activité : du même coup, elle bénéficie de tous les éléments d'un système à rétroaction positive : réduction des coûts de transaction par le contrôle de la filière ; plus grande flexibilité stratégique, meilleure coordination administrative des unités d'exploitation. Son succès réside donc dans la rencontre entre la stratégie efficace d'une grande entreprise moderne et la politique, vigoureuse et cohérente de l'État français depuis sa prise de conscience salutaire, du retard pétrolier de la France pendant la première guerre mondiale.

La thèse de Mohamed Sassi débouche sur des conclusions fermes et convaincantes. Première conclusion la fusion Desmarais (Azur)-CFP (Total) n'a été possible que pour deux raison : la synergie créée par l'action de l'État, elle-même source de valeur ajoutée ; la volonté constante d'atteindre le niveau d'échelles des majors. L'histoire de Desmarais Frères témoigne en effet de la mise en place de l'entreprise pétrolière moderne. Deux facteurs se trouvent à l'origine du mouvement : d'abord une prédisposition aux cartels internationaux au profit des grandes compagnies anglo-saxonnes ; ensuite, une tradition française d'intervention étatique dans l'économie. Cette dernière visait à combler le retard de la France sur les pays leaders en s'appuyant sur le savoir-faire français. La CFP réalise en effet la synthèse entre trois types d'entreprises : la grande compagnie privée concessionnaire de service public ; la grande firme industrielle à la française, organisée selon un modèle fonctionnel (Fayol), mais subissant une américanisation progressive de ses méthodes ; le modèle de la société d'économie mixte.

Seconde conclusion, Desmarais Frères offre l'exemple d'un paradoxe : la permanence d'une entreprise familiale dans un secteur très capitalistique. Cette permanence revêt deux formes : le maintien jusqu'au bout au contrôle familial ; la permanence du management familial. Sa réussite doit à la fois aux capacités propres des dirigeants familiaux et à leur aptitude à s'attacher de grands serviteurs de l'entreprise. Il s'ensuit, chez Desmarais, la mise en place d'un paternalisme hautement productif, permettant, grâce à la commandite par actions, de conserver une indépendance commerciale et financière et, grâce à une politique de hauts salaires, de stabiliser une main-d'œuvre hautement productive. Desmarais Frères offre ainsi un archétype à la française : celui d'une entreprise moyenne fondant sa compétitivité sur la qualité de sa main-d'œuvre et palliant ses faiblesses structurelles au moyen de l'adhésion fidèle de grands serviteurs de l'entreprise.

La théorie de Mohamed Sassi offre donc un triple apport à l'histoire de l'industrie pétrolière française, à celle de la politique économique et de l'entreprise pétrolière. Concernant le premier aspect, elle met en particulier en valeur l'influence du facteur international en insistant sur la dimension géostratégique et la stratégie des majors, sans négliger l'histoire des techniques. Sur le second aspect, elle souligne l'exemple réussi d'une stratégie d'indépendance verticale, née avec la prise de conscience de la première guerre mondiale et marquée par la constitution de la CFP et de la CFR, puis Total-CFD, mais aussi l'action du capitalisme privé (Desmarais Frères, Deutsch de la Meurthe). Enfin, sur le plan de l'histoire de l'entreprise pétrolière, M. Sassi a mis en évidence l'importance de la distribution et du marketing, de la culture d'entreprises, mais aussi le rôle du capitalisme familial.

Dominique Barjot

Professeur à Sorbonne Université (ex-Paris Sorbonne)

Introduction générale

Des raisons multiples sont à l'origine de cet ouvrage entrepris sur l'industrie pétrolière en France depuis ses origines jusqu'en 1974. La première raison tient à l'importance du pétrole dans le fonctionnement d'une économie, singulièrement depuis l'apparition de l'automobile[1] et de la pétrochimie[2]. La deuxième raison réside dans l'originalité de la politique pétrolière française, caractérisée par un fort degré d'interventionnisme et une coopération étroite entre le public et le privé. S'offre ainsi l'opportunité d'étudier le développement d'une grande structure industrielle grâce à la coopération de l'entreprise privée. La raison principale est cependant le paradoxe qu'offre le cas français. En effet, l'industrie pétrolière est très capitalistique : énormément de capitaux, très peu de main-d'œuvre. Or l'histoire française offre l'exemple de la compagnie Desmarais Frères, une entreprise pétrolière atypique née avec le début du pétrole et restée familiale jusqu'en 1965. La pérennité de l'entreprise familiale est en effet moins fréquente dans l'industrie pétrolière que dans d'autres secteurs de pointe, comme on peut le voir chez Dassault[3], Peugeot[4], Michelin[5], etc. Il fallait créer une industrie nationale contrôlée ou soutenue par l'État, ce qui signifie que très tôt dans l'économie pétrolière, le modèle de l'entreprise familiale est condamné. C'est ce qui incite à étudier la spécificité des rapports entre l'entreprise privée et l'État : l'économie mixte.

1. J. P. Bardou, J. J. Chanaron, P. Fridenson, J. Laux, *La révolution automobile,* Albin Michel, Paris, 1977.
2. Alain Beltran et Sophie Chauveau, *Elf Aquitaine. Des origines à 1989*, Fayard, Paris, 1998.
3. Sandrine Dauchelle, *Le rôle des États-Unis dans la reconstruction de l'industrie française de l'armement (1945-1958)*, Thèse de Doctorat à Paris IV, sous la direction de Dominique Barjot, Thèse soutenue en octobre 2006.
4. Jean-Louis Loubet, *Les automobiles Peugeot, histoire d'une entreprise, 1945-1973*, ANRT, Lille, 1989.
5. Harp (Stephen L.), *Marketing Michelin. Advertising and Cultural Identity in Twentieth Century France,* Johns Hopkins University Press, Baltimore & London, 2001 ; Tesi (Francesca), *Michelin et l'Amérique,* mémoire de DEA d'histoire contemporaine, sous la direction de Dominique Barjot, Université de Paris IV, 2005.

La question stratégique et la question de la culture d'entreprise sont interdépendantes. L'entreprise peut être confrontée à de grandes difficultés pour concevoir sa stratégie propre si elle peine à définir elle-même sa propre identité ou sa propre culture. À ce propos, l'article de Joël Broustail en 1992 dans *Entreprises et Histoire* est pertinent dans la mesure où il souligne l'importance de l'histoire de l'entreprise dans la définition de l'identité de celle-ci[1]. Il tente de démontrer que, comme pour l'individu, la perception que l'entreprise a de sa propre identité est un élément essentiel pour qu'elle puisse comprendre les stratégies des autres entreprises. Maurice Hamon, directeur des relations générales de Saint-Gobain à la même époque (1992), affirme : « Dans le cas de Saint-Gobain, l'analyse historique permet de mieux identifier et comprendre certaines contradictions »[2].

D'autre part, les mutations du tissu industriel obligent les dirigeants à mieux comprendre quelles sont les forces et les faiblesses des entreprises dont ils sont responsables[3]. « Or, aucune culture d'entreprise ne peut se construire sans référence à son histoire, y compris la plus lointaine. Les entreprises, au demeurant, ne peuvent plus faire l'impasse sur leur passé car elles ont un devoir de transparence vis-à-vis de leurs actionnaires et du public en général »[4]. L'histoire d'entreprise, dès lors, est devenue un instrument de gestion. Chacun reconnaît aujourd'hui que les résultats décevants, ou les échecs, de la majorité des opérations de fusions-acquisitions, par exemple, sont la conséquence de l'absence de toute prise en compte, dans les pratiques d'intégration, des cultures d'entreprises préexistantes. L'histoire, enfin, s'est peu à peu intégrée dans les stratégies de communication interne et externe[5].

Suivant les pas de quelques initiateurs, le mouvement des historiens de l'entreprise s'est amplifié en France dès les années 1980. Il en ressort des ouvrages pionniers tels les travaux d'Alain Baudant (Pont-à-Mousson)[6], Jean Louis Beaucarnot[7] et plus tard Agnès d'Angio[8]

---

1. Joël Broustail, « De l'histoire à l'identité de l'entreprise : quelques cas : Hachette, Rhône-Poulenc, Indosuez, la Compagnie Générale des Eaux », *Entreprises et Histoire*, n° 1, avril 1992, p. 91-101.
2. « Débat sur l'importance de l'histoire de l'entreprise », *Entreprises et Histoire* n° 1, avril 1992.
3. François Caron, préface à in M. de Ferrière le Vayer, *Christofle, deux siècles d'aventure industrielle 1793-1993*, Le Monde-Editions, Paris, 1995, p. 3.
4. *Ibid.*, p. 3.
5. *Ibid.*, p. 3.
6. Alain Baudant, *Pont-à-Mousson (1918-1939). Stratégies industrielles d'une dynastie lorraine*, Publications de la Sorbonne, Paris, 1980.
7. Jean-Louis Beaucarnot, *Les Schneider, une dynastie*, Hachette, Paris, 1986.
8. Agnès D'Angio, *Schneider et Cie et les travaux publics*, Droz, Paris, 1995.

(Schneider), Dominique Barjot (Vinci[1], Bouygues, Fougerolle[2]), Jean François Belhoste (Forges l'Allevard)[3], Jean Bouvier[4], Michel Lescure, Roger Nougaret, Bernard Desjardins[5] (Crédit Lyonnais), François Caron (Chemin de fer du Nord)[6], Serge Chassagne (Oberkampf)[7], Jean Pierre Daviet (Saint-Gobain)[8], Patrick Fridenson[9] et Jean-Louis Loubet[10] (Renault), Bertrand Gille (Rothschild)[11], Michel Beaud (Ugine)[12], Sylvie Schweitzer (Citroën)[13], etc. Toutes ces études forment un corpus englobant « l'histoire de l'entreprise » à la française. Très souvent, l'étude de la grande entreprise industrielle tend plus à servir l'histoire de l'industrie de façon générale[14], plutôt que la théorie de l'entreprise. Il en est de même pour les grandes sociétés commerciales ou d'investissement[15].

Contrairement aux États-Unis et à la Grande Bretagne, l'histoire de l'entreprise en France cherche encore sa véritable légitimité[16]. Elle reste encore dépendante de l'histoire économique et sociale classique[17]. On est encore loin de la *Business History* à l'américaine où l'écart est nettement marqué entre la *Company Business History* et la *General Business History*. Jean-Pierre Daviet, auteur en 1984 d'un premier bilan sur l'histoire de l'entreprise en France[18], renvoie ce fait au blocage intellectuel

1. Dominique Barjot, *La trace des bâtisseurs, Histoire du groupe Vinci*, Vinci, Paris, 2003.
2. Dominique Barjot, *Fougerolle : deux siècles de savoir-faire*, Editions du Lys, Paris, 1992.
3. Jean-François Belhoste, *Histoire des Forges d'Allevard, des origines à 1970*, Didier-Richard, Grenoble, 1982.
4. Jean Bouvier, *Naissance d'une banque : le Crédit Lyonnais*, Flammarion, Paris, 1968.
5. Michel Lescure, Roger Nougaret, Bernard Desjardins, *Le Crédit Lyonnais, 1863-1986*, Droz, Genève, 2002.
6. François Caron, *Histoire de l'exploitation d'un grand réseau. La Compagnie des Chemins de fer du nord (1846-1937)*, Mouton, Paris, 1973.
7. Serge Chassagne, *Oberkampf : un entrepreneur capitaliste au siècle des lumières*, Aubier-Montaigne, Paris, 1980.
8. Jean-Pierre Daviet, *Un destin international, la compagnie de Saint-Gobain de 1830 à 1939*, Editions des archives contemporaines, Paris, 1988.
9. Patrick Fridenson, *Histoire des usines Renault*, Editions du Seuil, Paris, 1972.
10. Jean-Louis Loubet, *Renault : histoire d'une entreprise*, ETAI, Boulogne-Billancourt, 2000.
11. Bertrand Gille, *Histoire de la maison Rothschild*, Droz, Genève, 1967, 2 vol.
12. Michel Beaud, *Une multinationale française : Pechiney Ugine Kuhlmann*, Seuil, Paris, 1975.
13. Sylvie Schweitzer, *Des engrenages à la chaîne, les usines Citroën 1915-1935*, Presses Universitaires de Lyon, Lyon, 1982.
14. Denis Woronoff, *Histoire de l'industrie en France du XVIe siècle à nos jours*, Seuil, Paris, 1994 ; Alain Beltran, *Un siècle d'histoire industrielle en France (1880-1970) : industrialisation et sociétés*, éditions Sedes, Paris, 1998.
15. Jean Bouvier, *Un siècle de banque française*, Hachette, Paris, 1973.
16. Table ronde des historiens économistes de langue latine, animée par Dominique Barjot, Université de Paris XII-Val de Marne, le 14 octobre 1999.
17. Voir : Isabelle Lescent-Gilles, « Histoire des entreprises », in Dominique Barjot (dir.), « Où va l'histoire économique ? » (1re partie), *Historiens et Géographes*, n° 378, 2002, p. 185-194.
18. Jean-Pierre Daviet, *Bilan et perspectives de l'histoire de l'entreprise*, Rapport présenté au Ministère de l'Industrie et de la Recherche, Maison des Sciences de l'Homme, Paris, 1984.

qui affecte le développement de la discipline : « le goût du secret du côté des entreprises, trop de déterminisme macro-économique du côté des historiens »[1]. Cependant, le rapprochement méthodologique en la matière entre l'Europe et les États-Unis s'est fait ces derniers temps à grands pas. Les deux associations d'histoire de l'entreprise les plus actives en Europe et aux États-Unis, à savoir la *European Business History Association (EBHA)* et la *Business History Conference (BHC)*, ont organisé conjointement en 2003 leur Congrès annuel à Lowell (Massachusetts).

À partir d'un angle de vue micro-économique, cet ouvrage se porte sur l'histoire de l'industrie du pétrole en France depuis les tout débuts jusqu'à la première crise pétrolière en 1973/1974. La présente étude se consacrera au développement de l'industrie pétrolière française à travers une compagnie familiale pionnière, Desmarais Frères (1861-1965), et une société créée en 1924 sous l'impulsion de l'État, la Compagnie Française des Pétroles (CFP). La compagnie Desmarais Frères a réussi son intégration au sein d'une industrie très capitalistique et très concurrentielle. Elle a contribué plus qu'aucune autre compagnie au rassemblement des entreprises indépendantes dans le sein de l'industrie pétrolière française enfin intégrée (le Groupe CFP[2], CFR[3], puis Total). Mis en perspective, cet ouvrage établit un lien historique fort entre le passé et le présent de l'industrie pétrolière française, notamment pour ceux qui s'intéressent de près à l'histoire pétrolière proprement dite ou à la géopolitique. Étudier Desmarais Frères, c'est remonter aux racines profondes d'une industrie qui reste extrêmement stratégique aujourd'hui.

La compagnie Desmarais Frères est née en 1861, grâce à la passion de deux frères et elle s'est développé vers le futur pendant plus d'un siècle sans doute grâce à cette même passion. Les Boutheroue-Desmarais étaient joailliers de père en fils à Paris depuis cinq générations, lorsque, en 1860, meurt le onzième maître-orfèvre de la famille. L'aîné de ses fils, Charles, ayant rompu le premier avec la tradition en s'établissant comme courtier en grains assermenté, avait déjà projeté, quelques années plus tôt, de quitter sa charge pour prendre une participation dans un commerce d'oléagineux. À la mort du père, c'est son cadet Henri, qui réalise effectivement ce vœu en s'associant avec un négociant-épurateur, M. Leveaux, propriétaire rue du Caire d'un entrepôt d'huiles alimentaires et d'un atelier où l'on raffinait les huiles de colza

1. Jean-Pierre Daviet, « L'histoire de l'entreprise en France : un premier bilan », in Maurice Hamon et Félix Torres, *Mémoire d'avenir. L'histoire dans l'entreprise*, Economica, Paris, 1985, p. 43-47.
2. Compagnie Française des Pétroles (fondée en 1924).
3. Compagnie Française du Raffinage (filiale de la CFP, fondée en 1929).

pour l'éclairage[1]. Comme, à l'époque, ces négociants se fournissaient à la Bourse de Commerce par l'intermédiaire de courtiers assermentés, Charles gardait donc un rôle extérieur dans l'association, jusqu'à ce qu'il la rejoigne un an plus tard, à savoir le 25 Juillet 1861, date qui marque la naissance de l'entreprise au nom des deux frères.

La première activité compensait les aléas de la seconde qui ne joua le rôle principal qu'après 1870. Desmarais construit une première distillerie à Colombes, près de Paris, puis s'installe à Blaye, près de Bordeaux, et à Graville-Saint-Honorine près du Havre. La distillerie de Graville traite dans ses débuts environ 15 000 tonnes d'huiles brutes et emploie près de 200 personnes dont le salaire journalier moyen s'élève à 5 Francs-or. Le travail est intensif de septembre à février, en liaison avec la période de forte consommation du pétrole lampant, tandis que le rythme de production se ralentit le reste du temps. Ainsi commence une longue aventure dont les archives nous livrent les secrets.

1/ La complémentarité des sources

La distinction choisie entre trois types de sources, les archives, les sources imprimées et la bibliographie, semble être la plus adaptée à la démarche d'un historien. En effet, elle ne se fonde pas seulement sur des différences de nature, mais aussi sur la nécessité pour l'historien de croiser plusieurs type de sources, à l'intérieur d'une même catégorie ou de types opposés, afin d'en retirer le sens le plus complet et le plus exact. Ces croisements de sources visent par conséquent à éviter l'écueil d'un point de vue unique, partiel et même partial, pour une approche synoptique et synthétique. Ainsi, inventorier les archives, c'est partir des documents de l'époque étudiée, produits par les acteurs eux-mêmes, et les soumettre à la confrontation et à l'éclairage des sources imprimées et des travaux récents.

1.1. Les archives

Les archives concernant Desmarais Frères de 1861 à 1965 et la CFP depuis sa création en 1924 se trouvent en trois lieux principaux : le Centre des Archives du Monde du Travail (CAMT) à Roubaix, les Archives de Total à la Défense (Paris) et quelques archives complémentaires aux Archives Municipales du Havre. À ces fonds, il convient d'ajouter

1. Archives Nationales, F^{12} 5127, Dossier Henri Boutheroue-Desmarais.

certaines archives qu'on peut trouver ici et là, notamment les Archives Historiques de l'Armée de Terre (SHAT) et les Archives économiques et financières à Savigny-le-Temple. C'est au CAMT à Roubaix que se trouve la plus grande quantité des archives de la maison Desmarais Frères.

1.1.1. Les archives principales : un fonds original et diversifié

L'essentiel des archives concernant l'évolution de l'industrie pétrolière française durant plus d'un siècle (1861-1974) se situe au CAMT (Fonds 130 AQ : Desmarais Frères) et aux fonds des archives de Total (Service des archives historiques).

a) L'insertion de la compagnie privée dans son environnement politique : Archives de Roubaix

Ces archives, que la maison Total, qui fusionna en 1965/1966 avec Desmarais Frères, a remises aux Archives Nationales, reflètent bien plus la politique nationale française en matière pétrolière et l'insertion de Desmarais Frères dans cet ensemble que les papiers propres à la Compagnie. À part les statuts, les procès-verbaux d'assemblées et ceux du conseil de gérance, qui ont été microfilmés[1], et quelques dossiers sur les ventes de Desmarais et les problèmes posés par la distribution de ses produits (130 AQ 5 et 6), Desmarais Frères n'apparaît dans cette masse documentaire que comme un exemple à l'appui de tout un courant.

Pour les importations, c'est toute la réglementation découlant du fait que l'État est le seul acheteur qui est conservée : les sociétés pétrolières sont ainsi soumises à des autorisations spéciales d'importation, licences triennales pour le pétrole brut et de vingt ans pour certains dérivés. On retrouve cependant ça et là des papiers qui touchent plus directement l'entreprise Desmarais Frères ou certains de ses concurrents : ce sont les demandes d'importation accompagnées de leurs pièces justificatives que la société présentait devant une commission d'experts nommés par l'État. Il est à entrevoir aussi le problème de l'approvisionnement en pétrole par le biais des négociations que la France a menées pendant l'Entre-deux-guerres avec la Roumanie.

Pour la distribution, on trouve quelques dossiers sur le problème de l'alcool et ses utilisations possibles comme partie d'un carburant : là encore, à l'exception de quelques documents sur la mise en vente et le lancement du supercarburant « Azur » (130 AQ 7, 130 AQ 8, etc.), c'est de la documentation technique et réglementaire qu'on peut trouver. À côté de cette documentation législative et réglementaire, Desmarais a

1. Cote 361 MI.

amassé toute une documentation sur les organismes professionnels, souvent créés ou encouragés par l'État (ONCL[1], GAC[2], etc.), pour organiser le raffinage, la distribution des produits pétroliers et régler les rapports entre les diverses sociétés pétrolières. Grâce à ces documents il est possible d'entrevoir les fonctions, les activités et le fonctionnement de ces organismes.

Enfin, une masse importante de papiers est représentée par les archives que Desmarais a rassemblées sur ses filiales et sur toutes les sociétés dans lesquelles elle avait des participations : sociétés installées à l'étranger ou en France, sociétés pétrolières ou de produits dérivés – telle la Société des Naphtes de Batoum – ou n'appartenant pas à la branche pétrolière – telles les sociétés Réalita ou Francita, sociétés de cinéma. Ce fonds, en définitive, apporte plutôt une documentation générale sur les problèmes pétroliers en France entre les deux guerres et jusque vers 1957-1960 que sur la vision précise de l'organisation et le fonctionnement de la Compagnie. Néanmoins, ces documents seront extrêmement utiles lorsqu'il s'agira d'étudier rétrospectivement l'analyse de l'environnement politique et économique de la compagnie, en temps de guerre comme en temps de paix, pour ainsi analyser sa stratégie à court ou à long terme. De plus, ils peuvent permettre de mieux comprendre la relation État-Entreprise durant la période entre les deux guerres notamment.

b) Fonds des Archives Total

Dans les archives de Total, on peut trouver des documents qui concernent la relation de la Maison Desmarais Frères avec certaines sociétés, notamment à travers des correspondances et des notes placées dans les rapports de la CFP, des procès-verbaux du conseil d'administration, etc. Ce fonds apporte essentiellement des informations sur la période qui précède la fusion avec Total ; la fusion de la marque Azur et Total, les problèmes de structure du groupe en 1964 et les opérations de fusion de 1964 à 1966. On trouve ici, donc, des informations plus riches sur la société Desmarais Frères, notamment sur la période entre 1951 et 1966. Les archives les complets concernant des données financières et comptables du groupe CFP se trouvent sur la période de 1945 à 1974 et au-delà.

1. Office National des Combustibles Liquides, Voir : Laurent Ursulet, *L'Office National des Combustibles Liquides (1925-1939)*, Mémoire de maîtrise sous la direction de Dominique Barjot, Université de Paris IV - Sorbonne, 1999.
2. Groupement D'Achat des Carburants.

1.1.2. Les archives complémentaires indispensables

Les archives complémentaires sont celles qui ne concernent pas directement les compagnies en question. Elles sont d'une très bonne qualité, car elles apportent des informations indispensables à l'analyse.

a) Archives Nationales (AN)

Les Archives Nationales sont nécessaires pour une étude sur l'industrie pétrolière en France. En dehors des archives des entreprises conservées à Roubaix (au CAMT), les Archives Nationales, conservées dans la série F^{12} (Industrie et Commerce) notamment, sont d'une valeur inestimable puisque uniques. Elles contiennent des données variées sur les entreprises pétrolières au début du pétrole en France (F^{12}5128) et des rapports des hauts fonctionnaires d'État (exemple : F^{12} 7713, rapport du sénateur Henri Béranger à la commission de l'Armée en décembre 1917), ainsi que des correspondances (interministérielles ou entre l'entreprise et l'État) reflétant pour leur plus grande part la situation réelle du moment. Dans une démarche sélective, les AN permettent de combler certaines périodes non couvertes par le fonds principal 130 AQ.

À ces archives s'ajoutent une partie des archives des ministères, plus particulièrement celles qui s'attachent au commerce et à l'industrie. Le service des Archives économiques et financières, dont le fonds est localisé à Savigny-le-Temple en Seine-et-Marne détient quelques documents concernant l'activité pétrolière de 1910 jusqu'à la Deuxième Guerre mondiale. Ces dossiers sont essentiellement constitués de correspondances échangées entre le ministère des Finances, des dossiers reflétant la politique pétrolière nationale entre les deux guerres (exemples : B-0032309 à B-0032314). Ces archives restent très riches pour la période de l'Entre-deux-guerres, notamment grâce aux conférences et aux procès verbaux liés au régime fiscal et douanier des produits pétroliers (exemples : B-0059705, B-0059707, B-0032314, etc.).

b) Archives municipales de la ville du Havre

Le service des Archives municipales de la ville du Havre est créé en 1852). Ce fonds est important dans la mesure où la ville du Havre accueille, grâce à son port, les premiers pétroles arrivant des États-Unis. Le port du Havre est l'un des ports les plus actifs en France dans le domaine pétrolier. La compagnie Desmarais Frères s'y est implantée depuis 1870. Il a été également le port privilégié de la CFR depuis sa création en 1929. Les Archives municipales du Havre reflètent autant la politique portuaire que départementale. On y trouve, en effet, des pièces d'archives susceptibles d'apparaître dans les fonds des communes sur le territoire desquelles sont implantés des établissements pétroliers. Les dossiers de la documentation douanière concernant les quantités importées (avant et pendant la Première Guerre mondiale) reflètent aussi bien l'activité de la compagnie Desmarais Frères que la politique pétrolière de l'État.

c) Service Historique de l'Armée de Terre (SHAT)

Ce service accueille non seulement les archives de l'armée de Terre, mais aussi celles de l'État-major de l'armée, des services centraux du ministère de la Défense et du secrétariat général de la Défense nationale. Il forme une sorte de conservatoire de l'histoire politique nationale et internationale, au sens le plus large. Par cette vocation, ce fonds est une source inépuisable pour l'étude approfondie de l'histoire de l'entreprise en général et de l'histoire de l'industrie pétrolière en particulier, vu l'importance stratégique grandissante du pétrole. D'autant plus que le ravitaillement pétrolier occupe une place prépondérante dans de longues périodes précédant les deux Guerres Mondiales. Vu la diversité et le large volume de ces archives, la démarche de l'exploitation de ce fonds a été sélective. Elle a consisté à faire des choix minutieux basés sur un repérage systématique à partir d'une liste de critères liée à l'activité pétrolière.

À toutes ces archives s'ajoutent une autre forme d'archives : les archives orales. Elles sont d'origines diverses. Il s'agit notamment des archives orales du comité pour l'Histoire Économique et Financière de la France (CHEFF) ou encore des interviews relevées à partir des journaux d'entreprise de Desmarais Frères, etc. Ces archives sont des témoignages de personnes ayant vécu et participé aux faits. Elles contribuent parfois à offrir une version nouvelle des faits.

1.2. Une documentation imprimée importante et diverse

Les sources imprimées exploitées dans cette recherche se composent essentiellement d'articles de journaux et de publications, que ce soit de la période de l'Entre-deux-guerres ou de celle qui l'a suivie. Provenant de plusieurs origines, les sources imprimées constituent en fait un ensemble hétérogène. En ce qui concerne l'industrie pétrolière de la France, ces sources, par delà les faits historiques, donnent des points de vues assez diversifiés sur la question énergétique et son statut privilégié dans la politique économique de la France, durant cette période où le pétrole passe pour être la première source de convoitise des puissances industrielles. On trouve aussi des sources qui concernent, de près où de loin, la Compagnie Desmarais Frères ; elles sont précieuses pour cette recherche, car elles donnent des renseignements sur certains aspects internes de la compagnie. Là encore, le chercheur est confronté à une certaine subjectivité vue la provenance même de ces sources, d'où l'intérêt de les croiser avec les archives et avec les travaux historiques.

La bibliographie a pour but de rassembler tous les éléments propres à nourrir la réflexion et à faciliter l'élaboration d'une approche heuristique des archives et des sources imprimées. C'est avant tout une source pour l'analyse, un gisement que l'historien doit exploiter afin de questionner les archives. Dans le cas de l'étude du cas d'une entreprise telle que Desmarais Frères, où notre démarche ne s'arrête pas sur l'analyse des faits historiques, mais surtout à l'analyse critique de ces faits, la bibliographie est constituée de deux types d'ouvrages :

– des ouvrages qui servent de support à l'analyse des faits, qui permettent d'acquérir des connaissances sur la période étudiée et de prendre en compte toutes les approches pertinentes du sujet, afin d'extraire des documents tout leur sens, d'en donner une interprétation qui soit la plus synthétique possible…

– des ouvrages qui servent de support dans le diagnostic consistant à mesurer l'impact des choix stratégiques de l'entreprise en se plaçant dans le contexte même de l'époque, mais avec des outils d'analyse différents de ceux de l'époque en question ; ce sont les ouvrages sur lesquels s'appuie toute la méthodologie.

2/ Problématique et méthodologie

Les méthodes d'exploitation des sources peuvent être réparties en fonction de la nature des informations que l'on souhaite en obtenir. Une telle classification peut, le cas échéant, coïncider avec des types particuliers de documents. La méthode est en effet le chemin (*methodos*) que l'on suit pour extraire certains renseignements des sources et répondre aux questions posées par la problématique. On cherche à la fois des données purement factuelles, qui constitueront la trame historique, et des informations quantitatives et environnementales.

À un seul type de sources peuvent donc être appliquées plusieurs méthodes. Cependant certains documents requièrent une méthode d'analyse spécifique, à l'instar, dans la présente étude, des projets de contingentement entre les compagnies pétrolières françaises. Il n'existe pas de méthode standardisée : « l'historien n'est pas un simple ouvrier attaché à la transformation d'une matière première, ni la méthode historique une machine-outil dans laquelle on introduirait comme par un entonnoir du document brut et d'où sortirait un fin tissu de connaissances »[1]. L'historien et savant tunisien du 14e siècle Ibn Khaldoun annonçait, dans son œuvre *Al Muqaddima*, que l'histoire n'est pas seulement le récit des évènements passés : « L'histoire a un autre sens. Elle consiste à méditer, à s'efforcer d'accéder à la vérité, à expliquer avec finesse les causes et les origines des faits, à connaître à fond le pourquoi et le comment des évènements »[2]. Se plaçant dans notre contexte, l'historien de l'économie ou de l'entreprise doit toujours lire les documents non seulement avec les yeux de l'historien, mais aussi avec les concepts et les critères de sélection de l'économiste et du gestionnaire.

On distingue ainsi deux directions méthodologiques pour exploiter les sources relatives à l'histoire pétrolière française. L'analyse du contexte historique qu'a connu l'entreprise, économiquement parlant, suppose l'étude de son environnement, mais aussi de se mettre, en quelque sorte, dans la peau des responsables de l'entreprise. Il convient d'étudier les rapports de l'entreprise avec les pouvoirs publics, avec les entreprises similaires ou d'un secteur différent, ainsi que les relations de la direction avec les employés, etc. Dans un second temps, il convient d'analyser certains choix stratégiques de manière à pouvoir, d'une part, comprendre la logique de l'itinéraire historique de la compagnie pétrolière, et d'autre part, mesurer l'impact et la cohérence de ces choix.

Cette méthodologie fait appel aux grandes théories concernant la gestion stratégique de l'entreprise (Michael Porter, Harry I. Ansoff, etc.), ainsi qu'aux approches anglo-saxonnes de l'histoire de l'entreprise (Alfred D. Chandler, David Hounshell, etc.). Cependant, il ne s'agit pas de les plaquer sur l'étude de la compagnie pétrolière étudiée, mais de les adapter, de s'en inspirer pour élaborer une approche originale. En tout cas, le recours à l'analyse environnementale est nécessairement motivé par la recherche d'une compréhension des processus décisionnels et des choix stratégiques, dans une perspective historique. Ainsi, sans prétendre à une illusoire exhaustivité, cette méthodologie entend permettre de saisir les principaux facteurs qui permettent de comprendre

1. Henri-Irénée MARROU, *De la connaissance historique*, Seuil, Paris, 1975, p. 318.
2. Abd-ar-Rahmân Ibn Khaldoun (1332-1406), ***Al-Muqaddima*** (*Introduction à l'histoire universelle*), ou en français les ***Prolégomènes,*** préface et note par Vincent Monteil, Sindbad, Paris, 1978.

la place de l'entreprise privée au sein de l'industrie pétrolière sur le plan national et international.

2.1. Analyse critique de l'environnement

Cette analyse s'inspirera notamment de la méthode SWOT[1], sans doute un des outils de diagnostic les plus fréquemment utilisés. Cette méthode a notamment pour objectif de conduire à un repérage des facteurs ayant une influence stratégique. Ces facteurs se classent en fonction de deux oppositions fondamentales : interne/externe d'une part, bon/mauvais d'autre part :

TABLEAU 1
La matrice SWOT de H. Weilhich

	Interne	**Externe**
Bon	Force	Opportunité
Mauvais	Faiblesse	MENACE

Source : P. REYSSET et T. WIDEMANN, *La pensée stratégique*, PUF, Paris, 1997.

2.1.1. Aspects internes de la Compagnie

L'indice de la bonne santé de toute entreprise découle avant tout de la bonne santé au niveau interne : son organisation et la motivation de son personnel. Une analyse approfondie de ces facteurs s'impose, complétée par les comptes-rendus et les documentations générales.

a) L'analyse de la structure de la Compagnie

À travers les mécanismes décisionnels et surtout en analysant les comptes-rendus, il conviendra d'essayer de mettre en évidence l'évolution de la structure de l'industrie pétrolière à travers l'initiative publique et l'initiative privée. Cette recherche visant à mettre en évidence la structure et la stratégie, permettra de mieux saisir l'aspect continu et la

1. SWOT est un sigle formé par les initiales de *Strength, Weakness, Opportunity* et *Threat.*

logique de la forme d'organisation qui caractérise la Compagnie pétrolière et de mettre en lumière l'importance de ses transformations et ses déterminants. Elle conduit, au-delà de la Compagnie comme organisation, à mettre l'accent sur la firme comme institution.

Les travaux d'Alfred D. Chandler constituent pour cette analyse une référence irremplaçable. Dans trois ouvrages majeurs, *Strategy and Structure*[1], *The Visible Hand*[2] et *Scale and Scope*[3], il présente une ample fresque du développement de l'entreprise industrielle, travail minutieux d'historien qui montre la réalité de la firme moderne à travers l'étude des conditions de sa constitution et de ses transformations. Chandler fournit donc une base essentielle de comparaison. C'est ce qui aide sans aucun doute à comprendre la nature de l'industrie française, à travers la CFP et Desmarais Frères, afin d'en construire la théorie.

Au même niveau d'analyse, l'approche évolutionniste comme support d'analyse est sans doute très utile pour le cas d'un pays comme la France, suiveur en matière de pétrole. Les auteurs de la théorie économique évolutionniste, principalement Nelson et Winter[4], accordent une importance décisive à une question que la théorie orthodoxe ne se pose même pas : quels sont les processus collectifs à travers lesquels les connaissances liées à la production sont stockées ? De ce point de vue, ne pas tenir compte du processus de stockage des connaissances empêche de comprendre comment apparaissent de nouvelles méthodes[5]. Cette approche se concentre donc sur les propriétés des systèmes économiques dont les dynamiques sont mues de façon interne par l'émergence persistante des produits, des processus et des formes d'organisation. Dans un article récent, Richard Arena et Nathalie Lazaric soulignent l'inspiration schumpetérienne et simonienne évidentes dans l'analyse évolutionniste[6].

b) Les rapports patrons/salariés et l'organisation de la main-d'œuvre

Un des piliers de la bonne marche de toute entreprise est la gestion de la main-d'œuvre, sa stabilité et sa motivation. L'organisation du

1. Alfred D. Chandler, *Strategy and structure, op. cit.*
2. Alfred D. Chandler, *The visible hand. The Managerial Revolution in American Business*, Cambridge (Mass.), The Belknap Press of Harvard University Press, 1977. Traduction française : *La main invisible des managers*, Paris, Economica, 1988.
3. Alfred D. Chandler, *Scale and Scope. The Dynamics of Industrial Capitalism*, Cambridge (Mass.), The Belknap Press of Harvard University Press, 1990.
4. Richard R. Nelson et Sidney G. Winter, *An Évolutionary Theory of Economic Change*, Belknap Press of Harvard University Press, Cambridge (Mass.), 1982.
5. Sidney G. Winter, *The New Palgrave : a Dictionary of Economics*, MacMillan, Londres, 1987.
6. Richard Arena et Nathalie Lazaric, « La théorie évolutionniste du changement économique de Nelson et Winter : une analyse économique rétrospective », *Revue Economique*, vol. 54, n° 2, mars 2003, p. 329-354.

personnel et le style de management sont parmi les éléments essentiels de la productivité et de la stabilité[1].

• L'organisation :

Une partie non négligeable des archives de Desmarais Frères concerne la main-d'œuvre ; des circulaires et des arrêtés sur l'utilisation et l'organisation de la main-d'œuvre, des formulaires et documents sur les certificats de travail, des listes de personnel et de répartition du travail, des documentations concernant l'organisation des services à Blaye, etc. Elles présentent un intérêt très particulier pour cette recherche car, même si la réalité du travail est différente, ces pièces montrent un certain niveau d'organisation qui sert d'indicateur de force ou de faiblesse. La stabilité, par exemple, qui est probablement la caractéristique la plus frappante du personnel Desmarais Frères est une force non négligeable. Elle s'explique en premier lieu par l'attachement des agents – employés, ouvriers et cadres – qui se transmet parfois même à travers les générations, comme une sorte d'usage héréditaire. C'est surtout en étudiant sa politique en matière de recrutement, qu'on peut répondre à la question si l'entreprise s'est constamment efforcée ou non de régulariser les mouvements de personnel, entre les périodes d'expansion et de récession. Ici, il est important de comparer le chiffre d'affaires de la compagnie au nombre global des travailleurs sur différentes périodes, ce qui permet de mesurer le degré de stabilité de la compétitivité.

• La motivation :

Il est évidemment insensé de comparer les méthodes de motivations actuelles à celles appliquées dans une entreprise entre les deux guerres, puisque les exigences de motivation ne sont pas les mêmes. Cependant, en se plaçant dans le contexte de l'époque de l'entreprise, l'approche de la motivation peut servir de critère pour mesurer le degré d'évolution de la politique sociale dans une entreprise pétrolière en France (Desmarais Frères), ou du moins, le niveau de compréhension des besoins du personnel. En effet, d'importants travaux paraissent, dès les années cinquante, dans le domaine de la motivation. Inspirés

1. Peter Drucker, *Les entrepreneurs*, traduit de l'américain par Patrice Hoffmann, Hachette, Paris, 1985.

directement des développements de l'école des relations humaines[1], les travaux d'Abraham Maslow[2], à titre d'exemple, renouent d'abord avec l'idée que tout individu agit parce qu'il est motivé et spécifient ensuite que l'essentiel de ses motivations est déterminé par un ensemble de besoins hiérarchisés[3]. Les archives de Desmarais Frères nous renseignent suffisamment sur la politique de logement, par exemple (700 logements de fonction au total), venant en plus des prêts généralement effectués par la caisse de retraite, surtout à partir de la fin de la période entre les deux guerres. Il est donc important de dénombrer toutes les actions du service du personnel, visant à créer un sentiment d'appartenance à la compagnie et à créer un meilleur climat pour un travail plus productif.

2.1.2. L'environnement externe

L'environnement externe de la compagnie Desmarais frères comme celui de la CFP sont très complexes, car, non seulement il doit tenir compte de la législation concernant le commerce du pétrole et la relation avec l'état, mais aussi de la situation de la concurrence. L'environnement externe peut présenter des facteurs positifs qui jouent en faveur de la compagnie, si cette dernière en prend le contrôle maximum. Cela dit, si le contrôle de l'environnement interne semble à la portée, le contrôle de l'environnement externe est moins évident. Historiquement, l'observation de l'environnement s'est surtout attachée aux tendances lourdes de changement, puis, sous l'influence des économistes industriels, une approche plus systémique du champ concurrentiel a vu le jour. Dans tous les cas, la compréhension de l'environnement est un facteur déterminant de la stratégie.

a) La compagnie pétrolière française et son environnement politico-économique

Dans le cas de Desmarais Frères, l'exemple type de l'entreprise pétrolière privée, l'environnement politique de l'Entre-deux-guerres

1. Elton Mayo et un groupe de chercheurs constituent, dans les années 1930, après des études auprès des ouvrières travaillant sur des chaînes de montage, et donneront naissance au courant des « Relations humaines » qui s'efforce de mettre en évidence certains phénomènes fondamentaux du comportement humain. Voir : Elton Mayo, *The Early Sociology of Management and Organisations*, vol. 6, *The Human Problems of an Industrial Civilization*, Routledge, London, 2003.
2. Abraham H. Maslow, *L'accomplissement de soi : de la motivation à la plénitude*, Eyrolles, Paris, 2003.
3. [...], « Gestion des Ressources Humaines », in *Cahiers français*, La Documentation Française, juillet-septembre 1993.

est un facteur environnemental de première importance. C'est la période pendant laquelle la politique pétrolière de l'État a connu ses bouleversements les plus radicaux. Cela peut représenter une menace pour la compagnie privée, si celle-ci ne prend pas les dispositions nécessaires pour s'adapter aux nouvelles lois qui gèrent le marché pétrolier. Ici encore, c'est la qualité et la personnalité des hommes de direction qui jouent un rôle très important dans la gestion des rapports avec l'État dans le cadre de la CFP et la CFR. C'est ainsi d'ailleurs que, grâce à la coordination de sa politique avec celle de l'État, Desmarais Frères a eu accès au pétrole mésopotamien.

C'est en vertu de la prise de conscience par les dirigeants de Desmarais Frères que leurs propres intérêts ne s'écartent pas des intérêts de l'État, que le 30 juillet 1931, l'ensemble des conventions entre la CFP et l'État est ratifié par le Parlement qui a fait passer, par une loi, de 25 à 35 % la participation de l'État au capital de la société, et sa représentation aux assemblées de 35 à 40 %. Et c'est en vertu de cette alliance que les dirigeants de la maison Desmarais s'assoient autour de la même table de négociation que l'État pour défendre les intérêts pétroliers français. De plus, et compte tenu de l'adaptation de la Compagnie à la politique de l'État, elle réussit à préserver une place privilégiée. Les statuts de la CFR, dont Desmarais Frères est majoritaire avec 18,70 % de participation, lui attribuent un objet très diversifié. Grâce à celui-ci, la société peut exercer son activité dans de bonnes conditions, puisqu'elle a construit et développé ses raffineries selon l'évolution de la demande et pris des participations, conjointement ou non, avec la CFP.

b) La concurrence et la définition d'une stratégie globale

Michael Porter adopte une « approche contingente » de l'analyse stratégique : quelques caractéristiques (les barrières à l'entrée, le degré de concentration, la maturité du secteur…) déterminent les options en dehors desquelles il n'existe point de salut pour l'entreprise. L'appel ici à la théorie de Michael Porter est utile dans le sens où il focalise son attention sur la partie de l'environnement régulée par la loi du marché. Cet espace marchand, ce « champ concurrentiel », comprend toutes les organisations avec lesquelles l'entreprise entretient effectivement ou potentiellement des relations d'échanges ou de concurrence. L'intensité de la concurrence qui prévaut dans un secteur n'est ni une coïncidence ni le fait d'un hasard malheureux. Elle dépend de la structure du secteur (pétrolier, en ce qui concerne Desmarais Frères et la CFP dès 1924), du risque de voir apparaître de nouveaux concurrents ou des produits de substitution et, bien sûr, des attitudes plus au moins agressives des différents acteurs[1].

L'analyse du champ concurrentiel de la Compagnie Desmarais Frères ne peut s'opérer en dehors du cadre de CFP et de la CFR. Cependant, les entreprises appartenant à la CFR (par exemple) ne font pas réellement partie du champ concurrentiel de la maison Desmarais, car les accords entre ces sociétés prévoient pour chacune une part de marché déterminée[2], dans le cadre de la coordination entre elles[3]. Ce qui présente un réel danger pour Desmarais Frères et la CFR, c'est la présence des trusts étrangers et les compagnies ne faisant pas partie de la CFR. La réglementation étatique concernant le pétrole a joué un rôle régulateur du marché, mais l'entreprise se devait de procéder à une analyse de la nature de la concurrence et ses parts de marché, cela pour chaque produit pétrolier, de façon à s'adapter à la demande. Et l'historien ne peut manquer de reprendre cette analyse.

Une telle analyse exige une classification des ventes opérées sur le marché (méthode statistique), par produit et par société, tout en analysant le degré de compétitivité de chaque compagnie concurrente (l'évolution de la part de marché, etc.) Ces données, qu'on peut obtenir grâce aux archives disponibles, permettent de juger, rétrospectivement, des réactions d'un point de vue stratégique (positionnements, alliances, etc.) et des actions anticipées de la compagnie (au sein de la structure créée par l'État) vis-à-vis de ses concurrents.

2.2. *La démarche adoptée*

La présente étude embrasse toute la période de 1861 à 1974. Ainsi trois grandes « ères pétrolières » françaises sont prises en compte. La première est l'ère des entreprises privées et l'absence d'intervention étatique (de 1861-1924). La seconde est l'ère de l'intervention de l'État (création de la CFP, CFR, etc.) et la coopération entre l'État et l'entreprise privée. Cette période dure jusqu'en 1965, date de la fusion CFP-Desmarais Frères. L'ère de l'intégration complète (1965-1974), enfin, est une période

1. Michael Porter, *Choix stratégiques et concurrence. Techniques d'analyse des secteurs et de la concurrence dans l'industrie*, traduit de l'anglais par Philippe de Lavergne, Économica, Paris, 2004, p. 3.
2. Mohamed Sassi, « The Émergence of a French Oil Industry Between the Two Wars », in *Business and Economic History On-Line 2003*, URL: http://www.thebhc.org/publications/BEHonline/2003/Sassi.pdf, Actes du Colloque de la *Business History Conference (BHC)*, Lowell, Massachusetts, Juin 2003.
3. Voir : Geoffrey Jones, (eds), *Coalitions and Collaboration in International Business*, Edward Publishing, Elgar, 1993.

pendant laquelle on peut mesurer les résultats de l'intégration verticale complète de l'industrie pétrolière française. Toutefois, les grands événements mondiaux imposent une autre chronologie, vu les grands changements décisifs subis et le ralentissement, voire l'arrêt de l'activité économique, lors des deux guerres mondiales.

En vertu de cet impératif, trois périodes chronologiques serviront de cadre aux trois grandes parties de cette étude, de façon à bien mettre en valeur les stratégies des différentes compagnies françaises étudiées, Desmarais Frères d'une part et la CFP de l'autre. La période de 1861 à 1918 concerne la stratégie de Desmarais Frères avant l'intervention massive de l'État et devant l'incapacité de faire face à l'offensive de la géante Standard Oil américaine. La période de 1919 à 1945 correspond à un cycle complet dans le développement de l'industrie pétrolière française : d'une reconstruction pétrolière accélérée et réussie[1] à une guerre totale[2], que reste-t-il des efforts publics et privés ? Une dernière période, enfin, va de la restructuration à l'intégration totale de l'industrie pétrolière, avec la fusion CFP / Desmarais Frères et ses résultats. Elle englobe la période allant de 1945 à 1974, date de la première crise pétrolière.

La première période (première partie) est marquée par la défaillance française en matière pétrolière ; et cela malgré la présence des efforts des entreprises nationales privées dans ce secteur. La situation semble paradoxale et nécessite une lecture environnementale qui va au-delà de la simple analyse structurelle. La stratégie d'une compagnie privée telle que Desmarais Frères ne peut être étudiée en dehors d'une lecture de la stratégie pétrolière internationale. L'intérêt de cette approche est qu'elle permet d'étudier, dans une perspective historique et théorique, les axes stratégiques de la politique concurrentielle de la compagnie française. Son rôle peut ainsi se définir au sein de l'industrie pétrolière. La rupture de la guerre de 1914-1918 représente une « métamorphose stratégique » pour l'entreprise dans la mesure où son action dépend plus de la politique de l'État que de l'action de la concurrence.

À la sortie de la guerre, sont présents tous les ingrédients d'une politique pétrolière réussie. Récupérant la part allemande dans la TPC[3] (23,75 %), le gouvernement met en place les différents mécanismes pour

1. Mohamed Sassi, « Le rôle du technocrate : Ernest Mercier et la mise en place d'une industrie française entre les deux guerres », *Bulletin de l'IHTP*, n° 84, Second semestre 2004, p. 6-19.
2. Olivier Dard, Jean-Claude Daumas, François Marcot (dir.), *L'occupation, l'État français et les entreprises*, Actes du colloque de Besançon, mars 1999, Association pour le développement de l'histoire économique, 2000.
3. Turkish Petroleum Company.

la mise en place d'une industrie pétrolière. A partir de 1920, est mis en place un programme visant à diminuer la dépendance de la France vis-à-vis de l'étranger. Puis, dès 1924, la Compagnie Française des Pétroles est créée autour d'un noyau dur formé par quelques groupes privés, dont Desmarais Frères. Cet événement sera suivi par la création d'une loi favorisant le raffinage français (1928) et la création de la Compagnie Française du raffinage (1929). C'est une période pendant laquelle se décident les différentes stratégies des compagnies françaises. Les années 1930 sont, en revanche, celles de l'expansion et des investissements intensifs notamment avec l'arrivée en grandes quantités des pétroles de Mossoul (en Irak), pour ce qui concerne la CFP. C'est la mise en place d'une stratégie de marché pour Desmarais Frères avec le développement de la marque Azur. La période d'interruption provoquée par la Guerre (1939-1944) sera à l'origine de ce qu'on appelle aujourd'hui « la stratégie mondiale du pétrole ».

À l'issue de la guerre, commence alors une période d'expansion pour l'industrie pétrolière française. Grâce à un développement en amont (ouverture des gisements au Moyen-Orient) et l'arrangement institutionnel entre la CFP et Desmarais Frères se crée une complémentarité sur le marché français pour faire face à la concurrence. Toutes les conditions d'expansion se trouvent alors réunies. Tous les moyens de transport quotidiens utilisent plus ou moins le pétrole (automobiles, avions, navires, locomotives, etc.). Puis, bientôt arrive l'âge de la pétrochimie. Avec les dérivés du pétrole, on fabrique des milliers d'objets usuels (plastiques, produits pharmaceutiques, cosmétiques, disques, explosifs, etc.). La CFP diversifie son activité en amont et en aval. D'où la nécessité pour elle de contrôler un réseau de distribution mondial. C'est le moment puissant, inéluctable, irrésistible qui se trouve à l'origine de la grande fusion entre les deux plus grandes compagnies pétrolières françaises la CFP et Desmarais Frères.

PREMIÈRE PARTIE

Desmarais Frères : l'entreprise pétrolière privée face à un environnement hostile (1861-1918)

Introduction de la première partie

La période 1861-1918 est marquée par la défaillance de la politique française en matière pétrolière. Elle est manifeste, malgré la présence des efforts des entreprises nationales privées dans ce secteur. La situation semble paradoxale. En effet, la France est, à la veille de la Première Guerre Mondiale, l'une des puissances qui compte dans le monde. De plus, elle connaît, au début du XXe siècle, un incontournable renouveau[1]. Ce contraste entre la France de l'automobile, de l'aviation, de l'aluminium et de l'hydroélectricité, en avance sur le reste du monde, et l'agonie de l'industrie pétrolière pose problème. Il nécessite une lecture environnementale en particulier du point de vue managérial. L'étude de l'environnement et de la stratégie de Desmarais Frères présente à cet égard un double intérêt : le premier concerne l'entreprise et le deuxième, l'État. Du point de vue de l'entreprise d'abord, la définition d'une stratégie globale ne peut se définir sans une lecture claire de son environnement. Cette approche permet à l'entreprise de mettre en valeur les axes stratégiques de sa politique concurrentielle et de définir son rôle au sein de l'industrie pétrolière. Du point de vue de l'État ensuite, l'étude et l'analyse de la marche de ces entreprises privées peuvent offrir le moyen de dresser un diagnostic de la situation pétrolière de tout un pays.

En d'autres termes, l'étude de l'environnement de l'entreprise privée peut parfaitement refléter les points forts, les points faibles ou, à tout le moins, les anomalies de la politique du pays dans le secteur pétrolier. A cet égard, toutes les études sur le pétrole français, durant cette période, accusent le système législatif qui rend vulnérable les entreprises pétrolières françaises. Or, étudier la question du point de vue de l'entreprise rend nécessaire l'étude de l'environnement le plus large. La législation devient ainsi un simple élément de l'environnement. L'objet de la première partie est d'examiner la situation qui caractérise l'économie

1. Dominique Barjot, *Histoire économique de la France au XIXe siècle,* Nathan, Paris, 1995.

pétrolière française entre 1861 et 1918, première période de l'histoire de Desmarais Frères.

Cette première partie peut être étudiée en deux chapitres chronologiques. Le premier chapitre tente d'étudier l'environnement de l'entreprise Desmarais Frères depuis sa création en 1861 jusqu'en 1914, à la veille de la Première Guerre Mondiale. Il expose les données de l'environnement international afin de mettre en valeur les différentes stratégies des principaux acteurs de l'industrie pétrolière. Il s'agit ensuite d'étudier l'environnement national, le rôle de l'État et des acteurs privés, pour définir la structure d'organisation du marché pétrolier français. Cette étude tente de mettre en évidence un certain nombre d'explications aux dysfonctionnements de l'industrie pétrolière en France.

Il convient, ensuite, de déterminer les choix stratégiques de Desmarais Frères durant la même période 1861-1914, dans un climat de concurrence internationale imparfaite et un cadre législatif assez contraignant. L'on pourra mettre ainsi en valeur sa stratégie de marché, sa stratégie de mobilisation de ressources aux deux niveaux : national et international. Ce chapitre s'impose de recourir aux différentes sources existantes sur l'histoire de l'entreprise et à la littérature théorique de la gestion de l'entreprise. Le but recherché est de mesurer la pertinence des choix stratégiques effectués par la compagnie.

Le second chapitre est consacré à la Guerre de 1914-1918, une guerre totale qui représente une véritable prise de conscience par l'État de l'importance stratégique du pétrole. Pour l'entreprise, elle représente une menace dans son développement. L'aspect politique, géopolitique et législatif est très dominant et l'État décide avec détermination d'intervenir dans ce secteur. La situation imposée par la guerre inspire une nouvelle politique de l'État, plutôt dirigiste. Ce chapitre tente ainsi, dans une approche toujours environnementale, de montrer l'impact de ces changements sur l'industrie pétrolière. Il met ensuite en valeur la stratégie de Desmarais Frères face à cette double menace.

CHAPITRE 1

Une entreprise et son environnement : Desmarais Frères de 1861 à 1914

L'étude du contexte mondial et des débuts du pétrole dans le monde rend plus facile la compréhension de l'histoire du pétrole français et la stratégie de Desmarais Frères. En effet, les premières quantités découvertes aux États-Unis au milieu du XIXe siècle conditionneront et orienteront pour toujours la stratégie mondiale du pétrole[1]. La guerre commerciale devient de plus en plus virulente, surtout en raison du caractère non renouvelable du pétrole. En effet, les réserves pétrolières « représentent une richesse naturelle non productible, disponible en quantité limitée et inexorablement vouée à un épuisement plus ou moins proche »[2]. De plus, il y a une tendance, dans les marchés pétroliers, à aller vers des ententes. Elles se constituent notamment dans le but de se répartir les sources et les marchés importants et surtout de limiter les risques de la concurrence.

L'objectif principal de ce premier chapitre consiste à définir l'axe stratégique de l'entreprise pionnière Desmarais Frères à travers l'analyse du contexte dans lequel elle a eu à développer son activité. Dans un premier temps, il convient de se consacrer à l'environnement international, à savoir les acteurs principaux (leurs stratégies et leur influence directe et indirecte sur le développement de l'industrie pétrolière française). Ensuite, il est possible de passer à l'analyse de l'environnement national : le marché intérieur (son organisation, les actions des entreprises françaises et les interactions entre elles), l'évolution des besoins en pétrole et la politique de l'État. Enfin, en partant des résultats obtenus, une analyse économique tente d'expliquer le retard de la France dans ce domaine. Ainsi se trouve mis en exergue le positionnement et la stratégie

1. Daniel Yergin, *The prize, The Epic quest for Oil, Money and Power,* Simon and Schuster, 1991.
2. Jérôme Bourdieu, *Anticipations et ressources finies : le marché pétrolier américain dans l'entre-deux-guerres,* EHESS, Paris, 1996, p. 13.

de Desmarais Frères par rapport aux grands enjeux et, ce, toujours au sein de son environnement.

1/ Le contexte mondial : la naissance des compagnies pétrolières géantes conditionne l'avenir de l'industrie pétrolière

La recherche d'un meilleur combustible de lampe, vers le milieu du XIXe siècle, entraîne une forte demande d' «huile de roche», c'est-à-dire de pétrole brut. De nombreux scientifiques mettent au point des procédés permettant d'en faire un usage commercial. C'est ainsi que James Young, en Angleterre, commence à fabriquer différents produits à partir de pétrole brut, mais il s'oriente par la suite vers la distillation du charbon et l'exploitation des schistes bitumeux. Le physicien et géologue canadien Abraham Gesner dépose, en 1852, un brevet pour obtenir, à partir du pétrole brut, un combustible peu onéreux pour lampe, brûlant sans résidu, appelé pétrole lampant[1]. En 1855, le chimiste américain Benjamin Silliman[2] publie un rapport indiquant la gamme de produits utiles pouvant être obtenus par distillation du pétrole. C'est ainsi que débute la recherche de plus importantes sources d'approvisionnement en pétrole brut[3].

Dès ses débuts, le pétrole s'impose vite comme un produit indispensable au bon fonctionnement de l'économie d'un pays[4]. En France, bien que la performance industrielle ne soit pas négligeable, la demande intérieure à la fin du XIXe siècle se montre encore relativement faible. C'est ainsi que, durant la période 1880-1914[5], les taux de croissance en France sont restés très faibles par rapport au reste de l'Europe occidentale[6]. L'industrie française au XIXe siècle, mal préparée à l'usage du nouveau combustible, connaît différents stades d'évolution. Si la période entre 1815 et 1860 se caractérise par une phase d'accélération,

1. « L'industrie énergétique au Canada – Une histoire des découvertes et de détermination », Centre Info-énergie : http://www.centreinfo-energie.com/generator.asp?xml=%2FTC-CanEnHistoryXML.asp&template=1,0.
2. Voir : George A. Baitsell, *The Centennial of the Sheffield Scientific School*, Yale University Press, New Haven (USA), 1950.
3. Voir : "Pétrole", *Encyclopédie Encarta*, http://fr.ca.encarta.msn.com/encyclopedia_761576221/pétrole.html
4. C. Czoutzion, *L'importance du pétrole dans la vie économique*, Thèse d'Histoire, Université de Paris, 1941.
5. 1880 est l'année de l'invention de l'automobile.
6. Dominique Barjot (dir.), *Industrialisation et sociétés en Europe occidentale au début des années 1880 à la fin des années 1960. France, Allemagne-RFA, Italie, Royaume-Uni et Benelux*, Editions CNED-CEDES, 1997, p. 82.

la période entre 1860 et 1882 connaît une phase de ralentissement. Celle entre 1882 et 1896 correspond à une stagnation. Ce n'est qu'à partir de 1896 (et jusqu'en 1913) que vient la reprise de croissance[1].

Il en va de même pour l'économie française de façon générale. En effet, la croissance française connaît une décélération majeure à partir des années 1860. Cela s'explique notamment par le fait que les investissements n'ont pas une ampleur suffisante pour suppléer au déficit de la demande. De plus, les secteurs moteurs de la croissance, le BTP[2], le textile et les industries agricoles et alimentaires entre autres, connaissent un déséquilibre important, notamment entre 1879 et 1894. C'est ce qui met en crise l'ensemble des secteurs jusqu'à la reprise des investissements à partir de 1906[3]. Cela se traduit par une perte de compétitivité internationale et donc un recul des investissements extérieurs. Le commerce extérieur ne se maintient que grâce à la progression rapide des ventes des produits agricoles. Celles-ci passent de 20% des exportations totales vers 1830 à 38 % pour 1870[4].

La France n'entre donc pas dans l'ère de « l'or noir » avec les meilleures cartes. C'est l'époque où, en 1857, les premiers puits sont forés en Allemagne[5] et où, aux États-Unis, Edwin Drake découvre le premier gisement en 1859[6]. En effet, le début de l'industrie pétrolière coïncide avec le début de la décélération de l'industrie et de l'économie française[7]. S'agit-il là d'une coïncidence probablement malencontreuse ? Quoi qu'il en soit, cela ne facilite pas la tâche d'une quelconque entreprise française privée qui souhaite vite rattraper l'essor, aux États-Unis, de l'industrie pétrolière. Les risques d'échec sont d'autant plus grands que la structure industrielle en France n'est pas tout à fait en mesure d'assimiler la nouvelle énergie. Le pétrole étant une filière dans laquelle

---

1. Cette périodisation est celle de François Crouzet, reprise dans Jean Claude Asselain, *Histoire économique de la France du XVIIIe siècle à nos jours. Vol. 1 : De l'ancien régime à la première guerre mondiale,* Editions du Seuil, Paris, 1984.
2. Bâtiment et Travaux Publics.
3. Dominique Barjot, *Histoire économique de la France au XIXe siècle,* Nathan, Paris, 1995, p. 99-100.
4. Paul Bairoch, *Commerce extérieur et développement économique de l'Europe au XIXe siècle,* EHESS, Paris, 1976. p. 221.
5. Encyclopedia Encarta on-line : http://fr.ca.encarta.msn.com/encyclopedia_761576221/pétrole.html
6. Voir : Pierre Morel Helbourne, *La Vie ardente de Drake, le «Colonel». Extraordinaire et lamentable histoire de Edwin Laurentine Drake qui, en allant chercher sous terre un nouvel or, le pétrole brut de la Pennsylvanie, devait donner le jour à la plus grande industrie du monde,* Editions Sun, Paris, 1957.
7. Maurice Lévy-Leboyer, « La croissance française au XIXe siècle. Résultats préliminaires », *AESC,* 23è année, n°4, p. 788-807.

« la relation entre l'appareil de production et le marché »[1] est particulièrement étroite.

De façon empirique, il apparaît certain que le principal moyen de gérer la ressource pétrolière provient du progrès technique. C'est particulièrement le cas au début de « l'ère du pétrole », pour reprendre l'expression de H. F. Williamson[2]. De plus, la grande majorité des entrepreneurs français vers 1860 se montre généralement méfiante envers les solutions nouvelles. « En raison même de leur attachement à la maison qu'ils ont fondée ou dont ils ont hérité, ils manifestent beaucoup de réticences à l'idée de se convertir ou de créer des entreprises nouvelles »[3].

Jusqu'en 1861, rien en effet ne pousse dans cette voie les Boutheroue-Desmarais[4] car ils sont joailliers de père à fils à Paris depuis cinq générations[5]. Mais il existe déjà au moins un signe de succès pour toute entreprise pétrolière souhaitant s'établir en France : l'énergie pétrolière offre une réponse à un besoin réel sur le marché. De plus, l'exécution de la belle bijouterie de l'époque est encore entièrement manuelle depuis des siècles. Le coût élevé de la production rend l'orfèvrerie beaucoup moins rentable qu'auparavant[6]. L'aîné du dernier maître orfèvre de la famille, Charles a déjà rompu le premier avec la tradition en s'établissant comme courtier en grains assermenté. Il a déjà projeté, quelques années plus tôt, de quitter sa charge pour prendre une participation dans un commerce d'oléagineux[7].

À la mort du père, c'est son cadet Henri qui réalise effectivement ce vœu en s'associant avec un négociateur-épurateur. Ce dernier, M. Leveaux, est propriétaire rue du Caire d'un entrepôt d'huiles

1. Etienne Dalemont, *L'industrie du pétrole*, Presses Universitaires de France, Paris, 1980, p. 4.
2. H. F. Williamson, R. L. Andreano, R. L. Daum et G. C. Klose, *The American Petroleum Industry*, Vol. II: *The Age of Energy*, Evanston, Northwestern University Press, 1963.
3. Dominique Barjot (dir.), « Introduction » in *Les patrons du second empire*, Editions Cenomane, Le Mans, 1991, p. 30.
4. Archives Nationales, cote : F^{12} 5127, dossier Henri Boutheroue-Desmarais.
5. Sur l'histoire de la joaillerie à Paris, voir : Jacqueline Viruega, *La Bijouterie Parisienne : du Second Empire à la Première guerre mondiale*, L'Harmattan, Paris, 2004 ; Marc de Ferrière le Vayer, *Christofle. Deux siècles d'aventure industrielle 1793-1993*, Le Monde-Editions, Paris, 1995.
6. Jacqueline Viruega, *La Bijouterie Parisienne : du Second Empire à la Première guerre mondiale*, *op. cit.*, p. 17.
7. Henri Menjaud, *Desmarais Frères, un siècle d'industrie française du pétrole, 1861-1961*, Paris, Draeger, 1961 (non paginé) ; Bernard Baffet, « Le raffinage de pétrole en France avant 1919 », Revue *L'hydrocarbure*, revue des anciens élèves de l'École des Pétroles et des Moteurs N° 188 (1986) ; Mohamed Sassi, *L'histoire de Desmarais Frères : 1861-1965, mémoire de DEA en Histoire des techniques*, sous la direction du professeur D. Barjot, Université de Paris IV, 1999, p. 63-65.

alimentaires et d'un atelier où l'on raffine les huiles de colza pour l'éclairage[1]. Comme, à l'époque, ces négociants se fournissent à la Bourse de Commerce par l'intermédiaire de courtiers assermentés, Charles garde donc un rôle extérieur dans l'association. Il la rejoint un an plus tard, le 25 juillet 1861. Cette date marque la naissance de l'entreprise familiale.

Deux ans plus tard, précisément le 15 juillet 1863, Henri et Charles créent la société en nom collectif « Desmarais Frères »[2]. L'entreprise se lance alors dans l'activité pétrolière. Elle divise alors son activité en deux branches distinctes. La végétale doit garder le pas sur la minérale jusqu'en 1871[3]. C'est ce que montrent leurs premiers bilans (ANNEXE 1.1.1), dont les chiffres respectifs suivent d'ailleurs très exactement l'évolution des importations pétrolières pendant cette période. C'est en 1870 que les Desmarais édifient leur première usine de traitement à Colombes. Les huiles brutes arrivaient du Havre et de Rouen par wagons-citernes. Mais, s'il est rationnel, à première vue, de transformer les produits à proximité des centres de consommation, il apparaît vite qu'il y a aussi intérêt à rapprocher dépôts et usines des ports d'importation, afin d'éviter les frais de transport. C'est ainsi que, quelques années plus tard, les Desmarais créent deux dépôts sur des terrains qu'ils ont achetés : le premier en date à Graville, alors faubourg marécageux du Havre ; le second à Blaye, dans l'estuaire de la Gironde. La construction des deux raffineries commence en 1880.

Desmarais Frères est donc née avec la naissance du pétrole (exactement deux ans après la première découverte en 1859 aux États-Unis)[4]. Les deux frères Desmarais sont parmi les tous premiers en France à comprendre l'importance du pétrole et les bénéfices qu'on peut en tirer grâce aux usages potentiels de ce produit. Mais en même temps, certaines compagnies dans le reste du monde, notamment aux États-Unis, commencent à prendre de l'avance en la matière. Elles gagnent du terrain très rapidement. Le besoin en pétrole devient si évident que l'on assiste à une véritable course aux sources d'approvisionnement et aux moyens de transport les plus efficaces et les plus rapides. Les

1. On peut regretter de ne disposer d'aucun commentaire direct à propos d'une obstination aussi longuement concertée, qui poussait ces grands commerçants parisiens vers un métier aussi éloigné de leur tradition.
2. Henri MENJEAUD, *Desmarais Frères, un siècle d'industrie française du pétrole, 1861-1961, op. cit.*
3. Archives Desmarais 130 AQ 5 ; voir aussi : Claude MALON, *Le Havre colonial de 1880 à 1960,* Thèse de doctorat, Paris IV, 2001, p. 255.
4. Voir : Paul H. GIDDENS, *The birth of the oil industry,* The MacMillian Company, New York, 1938.

plus grandes des compagnies essayent de s'accaparer la majorité des ressources de la planète.

1.1. Naissance des grandes compagnies pétrolières et domination du marché mondial

L'importance de l'analyse du contexte pétrolier mondial, depuis le début du pétrole jusqu'à 1914, réside dans le recul qu'elle peut offrir[1]. Une telle analyse contextuelle permet de mieux apprécier l'action de l'État ou des entreprises pétrolières. Sans prétendre à l'exhaustivité, cette analyse tente de souligner des facteurs ayant influé, de près ou de loin, l'activité des raffineurs français en général et de Desmarais Frères en particulier. Il s'agit, en effet, de réduire au dénominateur commun les facteurs ayant conditionné l'activité d'une entreprise pétrolière française souhaitant réussir en s'établissant de façon cohérente, du moins sur son propre sol.

Pour rendre cet environnement intelligible, il est nécessaire d'avoir une vision environnementale systématique (cadre législatif, concurrentiel, etc.) de l'entreprise. La situation concurrentielle du marché mondial est complexe car c'est l'époque où se trouvent jetées les premières bases d'une activité où le premier arrivant n'est pas prêt à céder la moindre place à un nouveau[2]. Cette démarche est fructueuse dans la mesure où deux objectifs principaux sont présents :

– éclaircir les circonstances objectives qu'une quelconque entreprise pétrolière doit affronter en vue de développer son activité ;

– mesurer l'étendue et la pertinence de son action.

1.1.1. La Standard Oil américaine (New Jersey)

Au tout début du pétrole[3], la production annuelle moyenne des États-Unis débute au rythme voisin de 1 000 tonnes. Mais les Américains prennent vite conscience de l'importance de la nouvelle énergie. La course aux puits commence et la production se développe rapidement à

1. Daniel Yergin, *The prize, The Epic quest for Oil, Money and Power, op. cit.* ; Jean Jacques Berreby, *Histoire mondiale du pétrole,* Editions du Pont Royal, Paris, 1961 ; Etienne Dalemont, *L'industrie du pétrole,* Presses Universitaires de France, Paris, 1980.
2. Pour Michael Porter, l'échec de nombreuses firmes provient d'une incapacité à passer des grandes orientations de la stratégie aux actions précises qui sont nécessaires pour acquérir un avantage concurrentiel. Cf. Michael Porter, *L'avantage concurrentiel* (traduit de l'américain par P. Lavergne), Dunod, Paris, 1999.
3. Voir notamment : Paul H. Giddens, *The birth of the oil industry, op.cit.*

partir de 1862. Les 80 000 tonnes qui sont raffinées en 1863[1], permettent le début d'exportations régulières vers les pays de l'Europe occidentale (7 000 tonnes). Vingt-cinq ans plus tard, le chiffre dépasse 2 500 000 tonnes. Cela veut dire que le développement de l'industrie américaine de pétrole est fait dans un objectif bien plus large que le seul marché américain. Ce qui explique un besoin immédiat de mettre tout en œuvre pour satisfaire la demande sur le marché international.

Si le démarrage de « l'ère du pétrole » coïncide en France avec un ralentissement industriel et économique, aux États-Unis il coïncide avec la guerre de Sécession de 1861-1865[2] considérée comme un véritable accélérateur de l'industrie[3]. Son effet sur la structure industrielle du pays permet une expansion rapide qui dope les besoins énergétiques[4]. Durant la période précédente (1840 à 1860) se généralise l'utilisation du charbon pour la métallurgie et les machines à vapeur. Cette période se caractérise aussi par l'essor des chemins de fer et par l'introduction de machines de plus en plus perfectionnées[5]. L'industrialisation fait des progrès rapides et les petites fabriques « cessent d'être des accessoires du capitalisme commercial, pour devenir des ensembles complets et bien finis »[6]. S'ajoutent à cela les richesses naturelles qu'on peut transformer en énergie : charbon, d'abord, puis pétrole à partir de 1859. Ainsi, « les Américains peuvent employer leur capital naturel, soit pour la construction des machines, soit pour leur fonctionnement »[7]. Mais ce n'est pas tout. Il y a aussi le désir du peuple américain d'améliorer sa vie matérielle[8].

Cependant, l'industrie pétrolière américaine reste mal organisée pendant dix ans après la première découverte et l'absence d'entente entre les producteurs fait le bonheur des charretiers ! Pour transporter l'huile des champs pétrolifères à la station de chemin de fer la plus

1. H. F. Williamson, A. R. Daun, *The American Petroleum Industry: The Age of Illumination, 1859-1899*, Northwestern University Press, Evanston (USA), 1959. p. 560-567.
2. André Kaspi, *Histoire des États-Unis*, Armand Colin, Paris, 1985.
3. H. U. Faulkner, *Histoire économique des États-Unis d'Amérique des origines à nos jours*, Presses Universitaires de France, Paris, 1958.
4. H. F. Williamson, A. R. Daun, *The American Petroleum Industry: The Age of Illumination, 1859-1899*, *op. cit.* p. 621-622.
5. Voir : André Kaspi et Denise Artaud, *Histoire des États-Unis*, Armand Colin, Paris, 1985.
6. H. U. Faulkner, *op. cit.*, p. 235.
7. S. B. Clough, *Histoire économique des États-Unis depuis la guerre de Sécession (1865-1952)*, Presses Universitaires de France, Paris, 1953, p. 9.
8. William Manchester, *Les Rockefeller*, traduit de l'américain par J. Rosenthal, Robert Laffont, Paris, 1960.

proche, ces derniers exigent des sommes exorbitantes[1]. Ils sont les vrais maîtres du marché. Les producteurs s'associent pour créer des canalisations reliant leurs terrains à la gare la plus proche[2]. Ils se retrouvent aussitôt dans une situation privilégiée et commencent à louer l'usage de leurs tuyaux à des prix inférieurs à ceux que pratiquaient les charretiers. C'est alors que commence le rôle des chemins de fer. Les compagnies augmentent leurs tarifs[3] au point que le raffiné est évalué à des prix hors de toute proportion avec celui de l'huile brute. C'est la raison pour laquelle en 1867 est formée la société qui doit devenir la Standard Oil Company par l'union des sociétés W. Rockefeller et C, Rockefeller et Andrews, Harkness et Flager[4]. La rationalisation de l'économie pétrolière aux États-Unis commence cette même année[5].

La Standard Oil Company (New Jersey) s'applique dès ses débuts, à absorber le plus grand nombre des concurrents redoutables du raffinage et à éliminer les autres[6]. Le capital initial de 1 000 000 de dollars est rapidement porté à 2 500 000 dollars. Le but de cette société est de remplacer les petites industries par une grande, selon le témoignage de J.D. Rockefeller devant l'*Industrial commission.* Le capital est porté en 1875 à 3 500 000 dollars[7]. La compagnie utilise sans scrupule tous les moyens possibles pour écarter la concurrence. Mais ce n'est pas seulement dans les prix, mais dans l'exécution des ordres, que l'on retrouve la trace de cette complicité. Le même trajet est accompli en cinq jours pour les wagons citernes[8] de la Standard Oil Company contre quinze jours pour ceux des concurrents[9].

Cette période de lutte n'est cependant pas décisive. En 1873, la question du transport reste plus que jamais ouverte. De sa solution dépend la

1. Trois dollars par baril, pour des parcours relativement restreints, Voir Maurice Gascheau, *La question des pétroles en France*, Thèse, Faculté de Droit. Université de Paris. Soutenue en Juin 1903, éd. A. Chevalier-Marescq & Cie, 1903, p. 12.
2. *Ibid.*
3. Les chemins de fer exigeaient des frets supérieurs de trois à cinq fois aux frets normaux. Cf. Maurice Gascheau, *La question des pétroles... op. cit.*
4. R. W. Hidy et M. E. Hidy, *Pioneering in Big Business, 1882-1911: History of Standard Oil Company (New Jersey)*, Herper and Brothers, New York, 1955. p. 40. Pour l'histoire de la Standard Oil, voir aussi le site Internet : http://www.micheloud.com/FXM/SO/
5. Le premier pipe-line pour pétrole est conçu et réalisé dans les six ans qui suivent la découverte du pétrole, selon P. H. Giddens, *The birth of the Oil Industry, op. cit.*, p. 142.
6. Antony Sampson, *The Seven Sisters, The Great Oil Compagnies and The World They Made*, Hoddar and Stoughton, London, 1975, p. 23
7. Cf. Daniel Yergin, *The prize, The Epic quest for Oil, Money and Power, op. cit.*
8. Les Wagons-citernes remplacent les barils dès les débuts des années 1880. H. F. Williamson, A. R. Daun, *The American Petroleum Industry: The Age of Illumination, 1859-1899*, Northwestern University Press, Evanston (USA), 1959. p. 529-530.
9. Maurice Gascheau, *La question des pétroles en France, op. cit.*, p. 14-18.

réussite de l'industrie du pétrole elle-même. Le pétrole ne peut acquérir de la valeur que s'il est transporté, alors que les États-Unis sont appelés à alimenter le monde entier au moyen d'un produit naturel concentré sur un coin de leur territoire[1]. La diminution des frais de transport doit constituer l'amélioration définitive permettant d'assurer la prépondérance de l'industrie. En 1877 est construit le premier pipeline de Bradford à New York par les producteurs indépendants[2]. Leur but est de forcer le véritable blocus mis par la Standard sur les voies ferrées. Mais Rockefeller et ses collaborateurs persuadent les compagnies que leur intérêt leur commandait d'empêcher par tous moyens la création des pipelines. On voit alors ce fait étrange : la Standard construit des pipelines sous les voies ferrées elles-mêmes, tandis que les compagnies empêchent par la force la construction de pipelines concurrents[3].

En réalité, toutes ces mesures de rationalisation des capacités de raffinage nécessaires à la mise en place d'un système de pipelines n'auraient pas pu être imposées dans le cadre d'un simple cartel[4]. Dans ce domaine, les travaux d'Alfred Chandler[5] soulignent l'importance du rôle joué par les ententes entre concurrents au sein de l'économie américaine dès la seconde moitié du XIXe siècle, et notamment au cours des années 1870. Chandler montre ce qu'est la réalité de la firme moderne à travers l'étude des conditions de sa constitution et de ses transformations. Pour lui, entre la fin de la guerre de Sécession (1865) et 1900, le monde industriel américain évolue de façon extrêmement rapide, au point que deux phases de croissance sur quatre appartiennent à cette période.

La première phase correspond à l'expansion à travers l'intégration verticale et « l'apparition de la forme en U »[6], appelée aussi *forme unitaire*. Cette forme recouvre un système fonctionnel centralisé. La deuxième phase est la création de managers professionnels qui développent des méthodes à gérer des entreprises de plus en plus larges. Dans la troisième phase (de 1900 à la Première Guerre Mondiale) il s'agit plutôt

1. En 1870, 64 % de la production pétrolière (brut et produits) des États-Unis est exportée.
2. Daniel Yergin, *The Prize…, op. cit.*
3. Le fait s'est passé notamment à Hancok où la Erié Railroad empêcha par la force un pipeline indépendant de traverser la voie, tandis que celui de la Standard Oil Company longe la ligne ferrée pendant des kilomètres. Cf. Hidy et M. E. Hidy, *Pioneering in Big Business… op. cit.*, p. 108.
4. Laurence Capron, « Les vagues fusions aux États-Unis », *Entreprises et Histoire*, n°10, Décembre 1995, p. 21-45.
5. Alfred D. Chandler, *La main invisible des managers, une analyse historique*, Economica, Paris, 1988. Titre original : *The visible hand. The managerial Revolution in American Business*, Belknap Press of Harvard University Press, Cambridge (Massachusetts), 1977.
6. Alfred D. Chandler, «L'évolution historique de la grande entreprise industrielle: structures et capacités organisationnelles», *Entreprises et Histoire* n° 10 (décembre 1995), p. 13-20.

de compléter la gamme des produits existants ainsi que de diversifier dans des filières appartenant au même secteur. Dans la quatrième phase (après la Première Guerre Mondiale), de grandes compagnies s'organisent dans une structure décentralisée. Dite « M-form », celle-ci sépare clairement la décision stratégique de la décision opérationnelle[1]. La lecture par Chandler de la métamorphose de l'entreprise américaine en général trouve ainsi son application dans l'industrie pétrolière.

Vers le milieu des années 1880, seules trois raffineries de la Standard – à Cleveland, Philadelphie et Bayonne – produisent jusqu'à un quart de l'approvisionnement total du monde en kérosène[2]. La Standard Oil Company arrive promptement à posséder un système de pipelines et de relativement larges raffineries[3], confortant ainsi sa politique d'économies d'échelle. Dans toute activité commerciale, deux stratégies s'offrent : stratégie de différenciation ou stratégie « coût ». Au début du pétrole, il y a un grand besoin en pétrole lampant, la question de la différenciation semble donc écartée. Il s'agit plutôt de dominer les marchés par une économie d'échelle, donc une stratégie « coût ». Les charges de structure étant fixes, plus la production vendue augmente, plus les charges unitaires fixes diminuent, ce qui conduit à un accroissement des bénéfices. La Standard utilise cette stratégie de manière agressive au début sur le sol américain, en réduisant très fort les prix de production et de transport[4]. Cette stratégie est poursuivie en Extrême-Orient également, dans sa guerre de prix menée en chine contre la Royal-Dutch Shell. Le phénomène est bien connu dans le pétrole, ce sont « les économies d'échelle »[5].

Dix ans après sa naissance, la compagnie transporte et distribue 95 % de la production américaine. Pour la seule année 1881, elle absorbe trente-neuf compagnies pétrolifères[6]. Entre 1893 et 1901, elle verse plus de deux cent cinquante millions de dividendes, dont, de loin, la plus grande part vont à une demi-douzaine d'hommes et un bon quart du

1. *Ibid.* ; Alfred D. Chandler, *Strategy and Structure. Chapters in the History of the Industrial Enterprise*, MIT Press, Cambridge, 1962.
2. Daniel Yergin, *Les hommes du pétrole : les fondateurs 1859-1945*, traduit de l'américain par J. Rosenthal, Editions Stock, 1991. p. 56.
3. H. F. Williamson, A. R. Daun, *The American Petroleum Industry: The Age of Illumination, 1859-1899*, Northwestern University Press, Evanston (USA), 1959. p. 282-284.
4. Alfred D. Chandler, *The visible Hand: The Managerial Revolution In American Business*, *op. cit.* p. 323-329.
5. Voir: H. F. Williamson, A. R. Daun, *The American Petroleum Industry: The Age of Illumination, 1859-1899*, *op. cit.*, p. 282-284.
6. P. L'espagnol de la Trameyre, *La lutte mondiale pour le pétrole*, Editions de la Vie Universitaire, Paris, 1923. p. 47.

total à Rockefeller[1]. Cela fait grimper très rapidement la production du groupe et, par là même, la part de la production des États-Unis dans le monde pour devancer très largement la production russe :

TABLEAU 1.1.1.
Évolution de la production de pétrole brut de 1870 à 1910 (en 1000 tonnes)

	Monde	États-Unis	Russie
1870	790	720	30
1880	4 100	3 600	400
1890	10 400	6 200	3 800
1900	20 000	8 700	10 300
1910	44 700	28 600	9 600

Source : Étienne DALEMONT, *L'industrie du pétrole*, PUF, Paris, 1980, p. 21.

Par voie de conséquence, les bénéfices montent vite. A titre indicatif, entre 1900 et 1906, ces derniers représentent 20 à 27% de la valeur nette. Comme pour la grande majorité des entreprises américaines indépendantes, la domination totale de la Standard constitue aussi un coup fatal pour les producteurs français installés sur place. Désormais, leur marge de manœuvre est totalement réduite. Ils doivent subir tout ce qu'impose la Standard Oil.

Cependant, l'année 1911 représente un grand tournant pour l'industrie pétrolière américaine avec la mise en application de la loi anti-trust dite *Sherman act* votée en 1890. Votée en 1890, cette loi vise à mettre fin à la chute des prix du pétrole raffiné (80 % entre 1860 et 1893)[2]. L'action gouvernementale obtient la dissolution de la Standard Oil of New Jersey qui jamais ne pourra se reconstituer sous la forme d'un trust accaparant tout le marché[3]. Le « décret de la dissolution » assigne de façon très

1. Daniel YERGIN, *The prize…, op. cit.*
2. Voir : Werner TROESKEN, "The Letters of John Sherman and the Origins of Antitrust" in *The Review of Austrian Economics*, 15:2, 2002, p. 275-295. Disponible également sur le web : http://www.gmu.edu/rae/archives/VOL15_4_2002/troesken.pdf
3. En 1900, J. D. ROCKEFELLER possédait 42,9% de la Standard Oil, quinze autres partenaires amis avaient 39,5 % additionnels. En 1911, Rockefeller contrôlait 24,9 % et dix autres actionnaires, 37,7 %, alors que le nombre d'actionnaires était de 6 000. Voir : Etienne Dalemont, *L'industrie du pétrole*, PUF, Paris, 1980. p. 18 ; voir aussi : R. W HIDY et M. E. HIDY, *Pioneering in Big Business, 1882-1911: History of Standard Oil Company (New Jersey), op. cit.*

stricte par secteur géographique, aux différentes sociétés désormais indépendantes (33 filiales et la société mère), le droit d'utiliser la marque Standard ou même le nom d'Esso, dérivé phonétique des initiales de la Standard Oil : « S.O. ». Les trente-quatre sociétés issues de l'éclatement du groupe Rockefeller ont un sort divers. Certaines disparaissent, d'autres dérivent vers d'autres activités. La majorité (vingt et un) se développe en redevenant sociétés intégrées et le plus souvent en se regroupant entre elles ou avec des sociétés pétrolières d'autres origines pour former des entités très importantes[1]. De nombreuses sociétés deviennent rapidement puissantes, telles la Gulf Oil et la Texaco[2]. Bien loin de porter un coup à l'industrie pétrolière américaine, la dissolution de la Standard stimule l'innovation et l'expansion, par une intensification de la concurrence.

1.1.2. La Royal-Dutch Shell

Face à l'hégémonie redoutable qu'exerce la Standard Oil sur le marché du pétrole dans le monde, une opposition se dresse, d'abord timide, puis plus hardie, à mesure que le succès répondait à ses efforts : celle de la Royal-Dutch, alliée à la Shell.

a. La Royal-Dutch

En 1890, s'est constitué à La Haye la Société Royale Néerlandaise des Pétroles. Les Pays Bas en sont au point où se trouve en ce moment la France[3] : la Royal-Dutch débute en envoyant aux États-Unis deux ingénieurs se familiariser avec les détails de l'extraction du pétrole, la Hollande ne possédant aucune industrie de ce genre. A la suite de sondages effectués dans les Iles de la Sonde, le gouvernement des Indes Néerlandaises lui octroie des concessions à Sumatra. Bien que la compagnie augmente son capital et construise une raffinerie sur place en 1892, les bénéfices nets restent purement négatifs pendant deux années encore. Malgré ces débuts difficiles, le conseil d'administration persévère : il acquiert même de nouvelles concessions, dont l'exploitation, plus rémunératrice, permet de distribuer en 1894 un premier dividende de 8 %.

1. G. Damougeot-Perron, *La Standard Oil Company 1870-1925*, Editions Jean Budry, Paris, 1925. Voir aussi : J. A. Clark, *The Coronical History of Petroleum and Natural Gas Industries*, tomes I et II, Clark Book Co., Houston Texas, USA, 1962.
2. Antony Sampson, *The Seven Sisters,... op. cit.*
3. La percée industrielle moderne aux Pays-Bas se situe vers 1890, citée dans Dominique Barjot (Dir.), *Industrialisation et sociétés en Europe occidentale au début des années 1880 à la fin des années 1960. France, Allemagne-RFA, Italie, Royaume-Uni et Béné lux*, Editions CNED-CEDES, 1997. p. 151, d'après J. A. Jonge, *De industrialisatie in Nederland tussen 1850 en 1914*, Nijmegen, SUN, 1976, 2 vol., 544p.

En 1895, elle augmente son capital (2.300.000 florins) en vue d'agrandir son rayon d'action et distribue, un dividende de 44% la même année et de 52% en 1897. La compagnie continue à procéder à une politique de mise en confiance des actionnaires pour attirer un maximum de capital malgré l'agressivité de la Standard Oil[1]. En effet, en 1898, l'abaissement progressif du prix du pétrole par cette dernière pour tuer sa jeune rivale, oblige la Royal Dutch à ramener son dividende à 6%. Ce taux est maintenu pendant l'année suivante pour reprendre sa marche ascendante en 1900 et atteindre 24% en 1901. Cette politique se poursuit jusqu'à la guerre mondiale et les taux s'élèvent pendant la guerre jusqu'à 49 %.

b. L'alliance avec la Shell

La Shell trouve ses origines dans une société fondée en 1833 par Marcus Samuel pour approvisionner sa boutique londonienne en produits divers (antiquités, curiosités et surtout coquillages) d'Extrême-Orient[2]. En 1878, l'affaire familiale est reprise par Marcus Samuel, le fils du premier. Il ajoute à son commerce normal un trafic de pétrole lampant en bidons et fûts. La société crée ensuite une flotte de tankers et obtient qu'ils soient autorisés à transiter par le canal de Suez[3]. Sur les marchés de l'Orient, Marcus Samuel acquiert ainsi un avantage économique décisif sur la Standard Oil. En 1897, la « Shell » est enregistrée en Angleterre en vue d'absorber l'entreprise « Samuel and Co » et certains autres analogues. Son commerce international prend un tel développement qu'il forme une compagnie nouvelle pour assumer toutes ses opérations pétrolières : la Shell Transport and Trading Company Ltd[4].

La nouvelle Compagnie possède un grand nombre de navires-citernes et des centaines d'entrepôts. Elle dispose très vite de ressources diversifiées d'origine américaine, russe et orientale, d'une implantation commerciale solide, d'un système logistique efficace et de moyens de raffinage. La Royal-Dutch fusionne alors la plupart des producteurs indépendants des Iles de la Sonde, mais éprouve quelque gêne pour écouler son pétrole en Europe. Elle préfère traiter avec la Shell. La Royal-Dutch et la Shell trouvent alors avantageux d'unir leurs efforts. Tout

1. Cette politique est menée sous l'égide de J. B. Kessler puis poursuivie, à partir de 1900, par Henri Deterding, engagé en 1896. Voir : F. De Goey, "Henry Deterding, Royal Dutch/ Shell and the Dutch Market for Petrol, 1902-46" in *Business History*, Vol. 44, No. 4 (Obtober 2002), p. 55-84, éd. Frank Cass, London.
2. S. Howarth, *Sea Shell : The Story of Shell's British Tanker Fleets 1892-1992*, Editions Thomas Reed, Londres, 1992.
3. Pour plus de détails sur la constitution de la Shell, voir : Etienne Dalmont, *L'industrie du pétrole, op. cit.*
4 Voir : S. Howarth, *Sea Shell : The Story of Shell's British Tanker Fleets 1892-1992, op. cit.*

d'abord, dans le cadre limité de leurs opérations d'Extrême-Orient, en vendant leurs produits à une compagnie qu'ils forment spécialement à cet effet, l'« Asiatic Petroleum Company »[1]. Puis en constituant, en 1907, un groupe véritablement intégré détenant les actions des sociétés filiales dans la proportion respective de 60 % pour la première et 40% pour la seconde. Le nouveau groupe « cherche systématiquement à s'assurer des sources de ravitaillement dispersées à travers le monde »[2]. Ainsi s'est formé un groupe pétrolier intégré aux dimensions internationales, aux ressources diversifiées, disposant de moyens techniques très performants pour l'époque et d'une organisation commerciale lui permettant d'avoir accès aux principaux marchés du monde.

Après cette date, les activités de la Royal Dutch-Shell se poursuivent par de nouvelles découvertes de pétrole au Bornéo britannique, au Mexique, au Venezuela, l'acquisition de production en Roumanie, en Russie, en Égypte, à la Trinité, et même aux États-Unis en 1913. Voici les principaux pays producteurs à la veille de la première guerre mondiale :

• *En Europe* : la Pologne et la Roumanie sont les pays les plus actifs avec 1,5 million de tonnes par an chacune, aux environ de 1910. En Roumanie l'année même où le colonel Drake fait ses essais à Tytusville, 250 tonnes sont tirées au moyen de puits à main[3]. Depuis, la production roumaine ne cesse de monter. Les capitaux étrangers commencent à affluer avec la découverte de la région de Moreni, une des plus riches en Europe. Il s'agit notamment de capitaux français et allemands. La France est représentée par Paribas notamment dans la société Columbia, par l'intermédiaire de l'Omnium International de Pétroles[4]. La production atteint son apogée en 1913, avec 2 millions de tonnes, quand la guerre vient lui porter un coup sensible. Paribas s'intéresse également à la Pologne où elle constitue une syndicat qui achète deux des quatre premières entreprises du secteur pétrolier[5]. Le cas des investissements

1. Son capital est constitué ainsi :
 – par la « Royal Dutch » ;
 – par la « Shell Transport » ;
 – par les Rothschild, qui se retireront en 1917. Voir : Etienne Dalemont, *L'industrie du pétrole, op. cit.*, p. 17.
2. Daniel Durand, *La politique pétrolière internationale*, Presses Universitaires de France, Paris, 1970, p. 7-8.
3. P. L'Espagnol de la Tramerye, *La lutte mondiale pour le pétrole. op. cit.*, p. 32-33.
4. Philippe Marguerat, *Banque et investissement industriel : Paribas, le pétrole roumain et la politique française 1919-1939*, Université de Neuchâtel, 1987. p. 13-40. Voir également Eric Bussière, *Paribas, 1872-1992 : l'Europe et le Monde*, Fonds Mercator, Paris, 1992, p. 107.
5. Eric Bussière, *Paribas, 1872-1992 : l'Europe et le Monde, op. cit.* p. 56.

en Roumanie et en Pologne témoigne de la grande présence du secteur financier dans le domaine pétrolier. Cette présence se manifeste de deux façons : en finançant, comme tête de file, des entreprises pétrolières ou en investissant directement dans l'industrie (c'est le cas de la Deutsche Bank dans la Steaua Romana)[1].

• *Dans le reste du monde* : on assiste à partir de 1910 à une augmentation rapide de la production pétrolière au Mexique. La part du Mexique dans la production mondiale passe de 1,10 % en 1910 à 5,30 % en 1913[2]. Elle atteint les 25% en 1921[3]. Mais bien que la production mexicaine continue à augmenter, sa part dans la production mondiale commence à diminuer avec le début de découvertes de gisements au Moyen-Orient.

1.1.3. Deux champs d'opération privilégiés : la Russie et le Moyen-Orient

Avec l'augmentation soutenue de la consommation mondiale du pétrole, les intérêts des grands industriels du pétrole se sont tournés vers d'autres régions du monde[4]. Les investissements sont lourds. Il s'agit de trouver les sources les plus productives. La qualité et la proximité des sources découvertes ou à découvrir seront déterminantes pour la suite des investissements.

a. Les compagnies opérantes en Russie

Comme en Roumanie, les capitaux français sont présents en Russie à travers les banques d'affaires[5]. Tel est le cas des Rothschild, connus par leur adaptation formidable à l'ère industrielle[6]. De 1884 à 1887, les Rothschild investissent à Bakou près de 2 millions de Livres sterling[7]. En juin 1891, leurs intérêts pétroliers en Russie sont de 20 millions de francs[8]. Les recherches en Russie débutent vers 1872 dans la région de

1. Philippe Marguerat, L. Tissot, Y. Froidevaux, *Banques et entreprises en Europe de l'Ouest, XIXe-XXe siècles. Aspects nationaux et régionaux, Actes du colloque de l'Institut d'histoire de l'université de Neuchâtel : Le financement bancaire de l'entreprise*, 27-28 octobre 1997, p. 29-58.
2. Soit un volume produit de 4.083.141 m^3.
3. P. L'espagnol de la Tramerye, *La lutte mondiale pour le pétrole. op. cit.*, p. 32.
4. Daniel Yergin, *The prize, The Epic quest for Oil, Money and Power, op. cit.*
5. Voir : R. Girault, *Emprunts russes et investissements français en Russie*, 1887-1914, Paris, 1973.
6. Herbert Lottman, *La dynastie Rothschild*, trad. de l'américain par Marianne Véron, Editions du Seuil, Paris, 1995 ; Jean Bouvier, *Les Rothschild*, Fayard, Paris, 1967. Voir aussi : Bertrand Gille, *Histoire de la maison Rothschild*, Tome I et II, Droz, Genève, 1967.
7. Les archives du CDS à Total, 89.16/49 : note sur le pétrole soviétique. A titre indicatif, en matière pétrolière, les Rothschild ont investi énormément en dehors de la France à la fin du XIXe siècle (autour de 25 millions de francs), selon Bertrand Gille, « Capitaux français et pétroles russes, 1888-1894 », *Histoire de l'Entreprise* n° 12, Novembre 1963.
8. André Nouschi, « Les investissements pétroliers français dans l'entre-deux guerres » in M. Lévy-Leboyer, *La position internationale de la France. Aspects économiques et financiers*

Bakou sous l'égide de Ludwig Nobel et de Edmond de Rothschild. A la suite de l'évolution énorme de la production aux États-Unis, la Standard Oil réduit son rôle en Europe à la seule livraison en gros du pétrole brut aux commerçants européens. Elle ne s'occupe ni du transport, ni du stockage, ni de la vente. Ce n'est qu'en 1883, avec l'introduction du brut russe en Europe que la Standard est contrainte à s'impliquer plus commercialement. En 1883, une ligne de chemin de fer, reliant les champs de productions à la mer Noire (de Bakou à Batoum), est mise en service, grâce à l'aide financière des Rothschild, ils construisent la Caspian & Black Sea Company, mieux connue par B.N.I.T.O., un an plus tard (en 1884).

L'exportation commence alors activement vers l'Europe, puis un peu plus tard, vers l'Extrême-Orient. Ludwig Nobel[1] de son côté développe le concept du premier bateau-citerne à fond plat[2]. La première expédition arrive à Londres en 1884, par le *Petrolea*. Ensuite, en Belgique (Anvers) en 1885, en Allemagne (Geestemünde) en 1886 et aux Pays-Bas (Rotterdam) en 1888. La conception des bateaux-citernes a été très vite copiée par d'autres compagnies. Mais, les Nobel ont été aussi les premiers à installer de grands réservoirs de stockage sur les ports européens. De ce fait, la part de la Russie dans l'exportation mondiale passe de 22 % en 1888 à 29 % en 1891.

Entre 1898 et 1901, la Russie passe à la tête de la production mondiale et dépasse pour la première fois celle des États-Unis[3]. En 1901, la production russe représente 50 % de celle du monde. En 1905, la Russie est dépassée de nouveau par les États-Unis. Deux ans avant la guerre, elle n'est plus que de 20 %. Dès 1906, la Deutsche Bank et la Disconto Gesellschaft prennent sous leur contrôle la grande Société Nobel Frères[4]. Entre temps, la Shell commence à contrôler une partie de la production russe à partir de 1911, quand elle achète les intérêts des Rothschild en Russie[5]. La production russe diminue beaucoup avec la révolution de 1917 (7,9 % seulement de production mondiale en 1918). La part de

---

XIXe-XXe siècles, EHESS, Paris, 1977, p. 377-385.

1. Les Nobel fondent leur société en 1879 : la Nobel Brothers Petroleum Production Company Ltd (connue aussi sous l'abréviation « Branobel »).
2. H. Schück et R. Sohlman, *Nobel : Dynamit, Petroleum, Pazifismus*, Leipzig, 1928 ; J. D. Henry, *Thirty-five Years of Oil Transport: The Évolution of the Tanksteamer*, London, 1907.
3. H. O'Connor, *L'empire du pétrole*, Titre original : *The empire of oil*, traduit de l'américain par André Charpentier, Editions du Seuil, 1958. p. 165.
4. Bertrand de Lafargue, *Investissements extérieurs et concurrence franco-allemande : la Norvégienne de l'Azote 1886-1920*, Thèse en Histoire, Lille 3, 1985.
5. P. L'espagnol de la Tramerye, *La lutte mondiale pour le pétrole*, *op. cit.*, p. 91.

la production mondiale de la Russie baisse largement aussi[1]. A la fin de la période d'exploitation privée (1919) il y a à Bakou trois groupes principaux qui se partagent le Sud-Caucase et contrôlent 67% de l'activité pétrolière en Russie. Le reste est contrôlé par une association d'indépendants, appelée association Caspienne. Les trois groupes sont[2] :

TABLEAU 1.1.2.
Les groupes de compagnies pétrolières opérantes en Russie au début du XXe siècle

Groupe Oil contrôle 40 % de la production	**Groupe français dit Dreyfus, contrôle 12 % de la production**	**Le Groupe Shell contrôle 15 % de la production**
– Nobel – Mantachef (capitaux français) – Lianosof (capitaux français) – Mirsoief – Moscou-Caucase – Naphte Russe – Aramaz – Volga – Bakou – Apschron	– Société russe « Le Naphte » fondée en 1883. – Société du Naphte de Bakou. Fondée en 1874. Son capital est reparti en 77 850 actions de 100 roubles. – Société Ter-Akopof, fondée en 1899. Son capital est reparti en 90 000 actions de 100 roubles. – Société Balakhany Zarbat, fondée en 1904.	– Caspienne – Mer Noire – Société Mazout – Société Caucase – Société Saourchastniki – Société Chibaief

Source : Archives du CDS à Total, 89.16/49, note sur le pétrole soviétique: « De la découverte à Deuxième Guerre Mondiale ».

La production russe commence à baisser en 1917 de façon considérable. Cependant, d'autres ressources sont découvertes, au Moyen-Orient notamment. C'est alors que d'autres acteurs entrent en jeu avec, pour la première fois, l'intervention de l'État britannique.

1. Daniel YERGIN, *The Prise, op. cit.*, p. 62.
2. Selon les archives du CDS à Total, 89.16/49, note sur le pétrole soviétique: « De la découverte à Deuxième Guerre Mondiale ».

b. Les ressources du Moyen-Orient et la création de l'Anglo Persian Oil Company

Le début des explorations du pétrole au Moyen-Orient remonte à 1901. À ce moment, le rapport de l'allemand M. Rohrbach, auteur bien connu des études sur le chemin de fer de Bagdad, est particulièrement significatif. C'est la première fois qu'un rapport attribue à la richesse pétrolière de la région « une valeur de tout premier ordre »[1]. Les grandes sociétés gardent jalousement le secret des prospections quand, en 1901, l'australien William Knox d'Arcy obtient du Shah de Perse l'octroi d'une concession dans toute la Perse[2]. Mais le premier gisement commercial est découvert à Masjid-i-Sulaiman en 1908[3]. Entre-temps, d'Arcy s'est associé avec une société britannique, la Burmah Oil Company[4], pour soutenir l'effort financier de son entreprise[5]. La découverte en Iran conduit à la formation, en avril 1909, de l'Anglo-Persian Oil Company (qui deviendra Anglo-Iranian en 1935 et British Petroleum en 1954)[6]. La concession d'Arcy et tous les actifs accumulés en Iran lui sont transférés[7]. L'expédition du pétrole commence en 1912. Par suite, l'Anglo-Persian transporte à travers son pipe-line vers le golfe Persique près de 6 millions de tonnes par an, soit quatre fois la consommation annuelle de la France[8].

En 1911, un Arménien, Callouxte Gulbenkian, soutenu par la Banque Nationale de Turquie et la Deutsche Bank, crée la Turkish Petroleum Company (TPC)[9]. Cette société se trouve en charge de l'exploitation du pétrole de la région du Tigre moyen (Mossoul)[10]. « Malgré l'opposition

1. Robert LAMBEL, « Le conflit Anglo-turc de Mossoul, Les richesses pétrolifères », in *L'Illustration,* n°4320, 19 décembre 1925, p. 683.
2. Sauf les cinq provinces nord, proches de la Caspienne, réservées, pour ménager la susceptibilité russe.
3. Chronologie pétrolière 1974, Fonds d'archives du Centre de Documentation et de Synthèse (CDS) à Total, 89.16/41
4. Cette société a déjà développé aux Indes une industrie pétrolière intégrée.
5. R. W. FERRIER, *The History of the British Petroleum Compagny,* vol. 1 *: The developing years 1901-1932,* Cambridge University Press, Cambridge, 1994.
6. James BAMBERG, *British Petroleum and Global Oil, 1950-1975: The challenge of Nationalism,* Cambridge University Press (UK), 2000. p 3.
7. C. VAZIRI, *Le pétrole et le pouvoir en Iran, du ghanat à l'oléoduc,* éditions Piantanida, Lausanne, 1978.
8. Robert LAMBEL, « Le conflit Anglo-turc de Mossoul, les richesses pétrolifères», art. cité, p. 683-684.
9. *Ibid.*
10 Trois grands ensembles naturels partagent l'espace irakien, qui s'étend sur une superficie de 438 000 kilomètres carrés. Le pays est dominé par la vaste plaine de la Mésopotamie, où coulent, en direction du golfe Arabo-Persique, deux fleuves, le Tigre et l'Euphrate. Le Nord est occupé par les hautes montagnes du Kurdistan, et le reste du territoire est composé de plateaux steppiques et désertiques qui s'abaissent en pente douce vers la Mésopotamie. Aux environs de la capitale, Bagdad, située au centre du pays, les deux

des Allemands rivaux des Anglais dans leur *Drang nach Osten* et leur rêve de prolongation du *Mittel-Europa* jusqu'au cœur de l'Asie par le chemin de fer de Bagdad, Gulbenkian obtient que des capitaux étrangers soient intéressés dans l'entreprise »[1]. Ces capitaux sont surtout représentées par l'Anglo-Persian Oil Company et la Royal Dutch-Shell. Le groupe obtient dans la région couvrant les vilayets de Mossoul et Bagdad un permis exclusif d'exploration pétrolière. Les Russes, alors, ne se préoccupent pas des pétroles d'Asie Mineure, non plus que les Américains. L'accord anglo-allemand, réalisé en 1914, ne connaît que quelques mois d'existence, car la Première Guerre Mondiale vient le rompre.

Avec l'arrivée de la guerre, le gouvernement anglais, préoccupé de son approvisionnement pétrolier, passe un gros contrat avec l'Anglo-Persian pour prendre une participation très importante dans le capital de la compagnie[2]. Au moment où les Britanniques sont très présents à l'occasion de chaque opportunité pétrolière offerte, ni le gouvernement français, ni les compagnies françaises ne semblent prêts une fois encore, à se rendre compte de l'importance des enjeux pétroliers dans la région.

La découverte du pétrole au Moyen-Orient semble modifier la carte géopolitique du monde. Le centre d'intérêt se trouve désormais dans cette région, avec toujours les compagnies britanniques en première ligne. Quoi qu'il en soit, à la veille de la première guerre mondiale, on se trouve face à deux pôles : un pôle américain avec la Standard Oil (et ses sœurs issues de la dissolution), et un pôle anglo-néerlandais, avec la Royal Dutch-Shell et l'Anglo Persian. Désormais, la France et les compagnies françaises telles que Desmarais Frères doivent subir un contrôle politique des trusts. La France est ainsi obligée de s'adresser et à ces compagnies et aux États qui les soutiennent. A cet égard, il est d'une grande importance de s'arrêter sur les deux méthodes qui ont mené vers le succès de ces deux nouveaux empires pétroliers.

1.1.4. Deux pôles pétroliers, deux méthodes différentes

À travers les deux exemples de la Royal-Dutch Shell et de la Standard Oil, on est face à deux exemples typiques de domination de marché. Ces deux « styles » se trouvent face à face. La compagnie américaine concentre son activité en aval sur le continent américain principalement.

---

fleuves se rapprochent avant de former le Chatt Al-Arab, débouchant sur le Golfe par un vaste delta. Cf. J. Chapelle, *Géographie économique du pétrole,* Tome III, Technip, 1968.

1. Robert Lambel, « Le conflit Anglo-turc de Mossoul », art. cité, p. 683-684.
2. R. W. Ferrier, *The History of the British Petroleum Compagny,* vol. 1 : *The Developing Years 1901-1932, op. cit.*

En même temps, elle adopte une stratégie de domination par le « coût » en Europe et dans le reste du monde. Si la dissolution de 1911 limite son agressivité à l'intérieur des États-Unis, la concurrence internationale l'empêche de continuer sa politique commerciale agressive. Sur le plan international, la Standard Oil profite d'avantages compétitifs certains tout en étant appuyée par sa très bonne situation financière. L'arrivée de nouveaux et d'importants compétiteurs, comme la Royal Dutch-Shell, pourrait bouleverser sa situation fort intéressante.

La Standard Oil profite donc au maximum de toute occasion qui se présente pour maintenir ou renforcer sa position sur le marché mondial. Pour mieux représenter la position de la Standard Oil dans le contexte mondial et face à la concurrence, il est important d'en tracer le profil stratégique. Pour ainsi faire, on peut utiliser l'une des méthodes de diagnostic stratégique utilisées aujourd'hui, notamment celles établies pour aider les entreprises à choisir une stratégie de croissance. Parmi les méthodes mises au point, on trouve : la *Growth vector analysis*, la *Profit impact of market strategy* (PIMS)[1], le *Boston consulting group* (BCG)[2] ou la *Strategic position and action evaluation* (SPACE). Cette dernière méthode, souvent préconisée par le Ministère de l'Industrie et du Commerce du Canada[3], convient le mieux à l'objectif recherché ici. En effet, elle présente une grille de quarante facteurs environnementaux classés en quatre critères économiques faciles à utiliser dans une démarche historique (voir ANNEXE 1.1.2).

1. Robert D. BUZZELL et Bradley T. GALE, *The PIMS Principles : Linking Strategy to Performance*, Free Press, New York, 1997.
2. Carl W. STERN et Georges STALK, *Perspectives on Strategy From the Boston Consulting Group*, BCG, New York, 1998.
3. Ce modèle de diagnostic, préparé par la chambre de commerce et d'industrie au Québec (Direction de la gestion d'entreprise), offre une approche analytique permettant d'aider le dirigeant à choisir une stratégie globale pour son entreprise. Voir site : http://www.mic.gouv.qc.ca/publications/outils-gestion/elaboration-strategie.pdf (visité le 04 novembre 2003), ou voir en ANNEXE 1.1.2.

GRAPHIQUE 1.1.1.
Position stratégique agressive de la Standard Oil

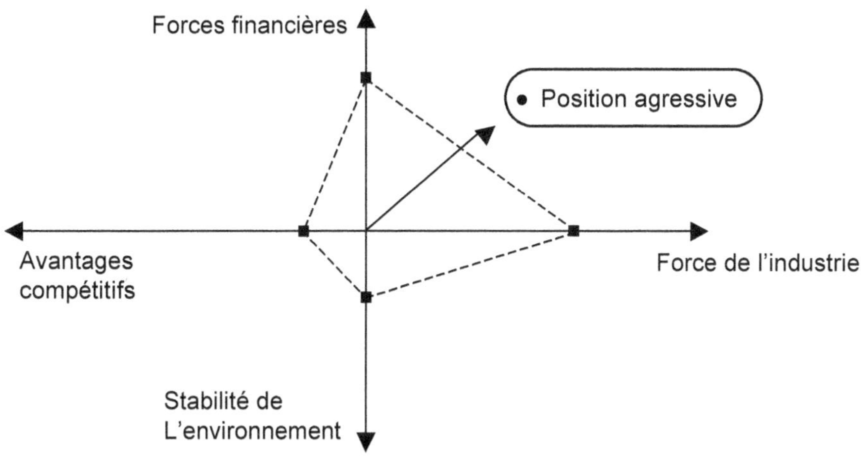

La Royal-Dutch Shell, résultat d'une fusion à la hollandaise[1] et fidèle à la méthode commerciale coloniale wde la Grande-Bretagne[2], installe des stations sur tous les points stratégique du monde. Elle pénètre dans tous les États du monde, prenant partout la couleur nationale des pays qu'elle désire conquérir. Sa stratégie vise à la diversification de ses sources d'extraction. C'est son avantage compétitif majeur dans un environnement concurrentiel difficile. Elle cherche à « se fixer » la Standard Oil et cherche à la concurrencer sur son propre terrain. Aux États-Unis, elle augmente ses domaines. En Extrême-Orient, pour faire face à la célèbre « guerre des prix » de 1910 menée par la Standard Oil[3] en Chine, bien que son pétrole ne soit pas d'aussi bonne qualité que celui de la Standard. La Standard finit par abandonner 50% de son approvisionnement à la Royal Dutch-Shell. Elle cherche donc à investir dans

1. L'allusion est faite à l'éthique néerlandaise dans les affaires se manifestant par une logique de compromis exprimée par Philippe D'IRIBARNE, *La logique de l'honneur, Gestion des entreprises et traditions nationales*, Editions du Seuil, Paris, 1989, p. 207-251.
2. Dans un esprit de fidélité au libre échangisme et dans un souci de maximisation des intérêts de la « Business community », les reformes du commerce extérieur entre 1850 et 1870 favorisent le principe d'union des industriels. Voir : G. R. SEARLE, *Entrepreneurial Politics in Mid-Victorian Britain*, Oxford University Press, New York, 1993, p. 166-235.
3. La Standard Oil vend le pétrole raffiné au-dessous du prix de revient sur les marchés étrangers, tout en le maintenant en Amérique à des taux très élevés, à l'abri des barrières douanières. Elle alla même jusqu'à le vendre en Extrême-Orient 50% plus bas qu'aux Pays-Bas, bien que ce dernier marché fût plus près des gisements américains.

la productivité, réduire les coûts de fabrication, protéger ses avantages compétitifs, etc. La position stratégique de la Royal Dutch-Shell peut être représentée ainsi :

GRAPHIQUE 1.1.2.
Position stratégique compétitive de la Royal Dutch-Shell

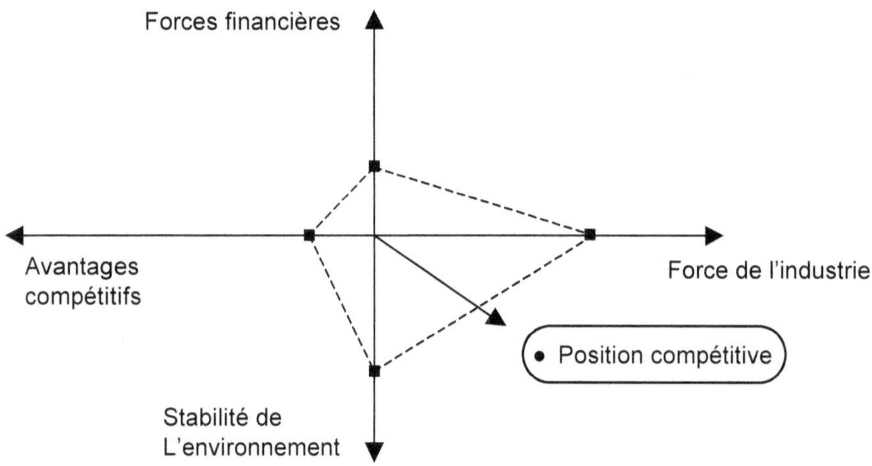

En conséquence, les enjeux géostratégiques prennent donc de l'ampleur. On entre dans une nouvelle logique économique internationale. Celle-ci peut également s'expliquer par plusieurs facteurs intervenant avec les débuts du pétrole comme les nouvelles possibilités de transport et de communication (ouverture du Canal de Suez en 1869[1], apparition des cargos à vapeurs, installation des lignes télégraphiques entre l'Angleterre, l'Inde et la Chine et l'Australie[2]) ou encore l'expansionnisme colonialiste en général[3]. Cependant, au moment même où le marché international du pétrole se définit et se structure, la France ne semble pas être vraiment présente sur la scène des grands acteurs du marché pétrolier. La plupart des compagnies françaises se trouvent réduites à l'état de représentantes des compagnies américaines et britanniques. Il convient cependant de mettre à part une minorité de sociétés dont Desmarais Frères qui ne voulait pas se satisfaire d'être un simple commerçant,

1. Caroline PIQUET, « The Suez Company's Concession in Egypt, 1854-1956 : Modern Infrasrtucture and Local Economic Development », in *Enterprise and Society*, Volume 5, Number 1, March 2004, p. 107-127.
2. Elisabeth BÜEHLMANN, *La ligne Siemens : la construction du télégraphe indo-européen 1867-1870*, Peter Lang, 1999.
3. Paul LOUIS, *Le colonialisme*, Librairie Cornély, Paris, 1905.

pour du pétrole américain raffiné. Pour un pays comme la France, c'est un énorme retard qui aura des conséquences désastreuses, notamment durant la première guerre mondiale[1]. Pourtant les efforts des français ne semblent pas les moindres. Comment expliquer ce retard ?

1.2. L'environnement concurrentiel national au début du pétrole en France

La réalité de l'activité pétrolière en France est toute autre. Les premiers fûts en bois sont arrivés des États-Unis en 1861. Desmarais Frères est l'une des toutes premières compagnies françaises à importer le pétrole à partir des États-Unis. En 1861, le port de New York enregistre des expéditions de 4940 m^3 de pétrole brut ou raffiné sur vingt-neuf destinations étrangères[2], dont trois françaises, non compris les sorties par les autres ports américains. La Société Desmarais Frères inscrit à cette date, au bilan de l'exercice de ses premières ventes de pétrole, le chiffre de 998 kg[3]. Les Desmarais savent bien, qu'à ce jour, ils sont bien loin d'avoir une place sur la scène internationale, car il faudrait d'abord développer leur activité sur le sol français, à un moment où ils ne sont pas les seuls en France à prendre conscience de l'importance commerciale du pétrole.

1.2.1. Le marché pétrolier intérieur : les entreprises françaises

Les acteurs des premières importations en 1861 sont les épurateurs d'huile de colza et les distillateurs de résine. Ils prennent l'initiative d'expérimenter le nouveau mode d'éclairage qui fait grand bruit aux États-Unis. Ces industriels possèdent des usines dans la banlieue parisienne, à Aubervilliers, Pantin, Colombes. Qui sont ces raffineurs et comment s'organisent-ils ?

a. Les acteurs sur le marché français

Le bilan officiel[4] des raffineries françaises en activité en 1888 est très significatif. On dénombre alors vingt-trois raffineries appartenant à seize firmes. Parmi celles-ci, dix seulement sont installées dans des ports. Sur la côte entre la Seine et la Gironde, il n'y a pas une seule raffinerie. En revanche, cinq raffineries sont mal implantées car éloignées des ports et

1. Voir Chapitre 3 : La Guerre de 1914-1918.
2. *Les Huiles de pétrole aux États-Unis – Histoire et documents statistiques* par Buric, 1963, (Bib. Nat. V., p. 25.303)
3. Archives Desmarais Frères, 130 AQ 1.
4. D'après un document parlementaire, voir : Bernard Baffet, « Le raffinage de pétrole en France avant 1919 », Revue *L'hydrocarbure,* revue des anciens élèves de l'Ecole des Pétroles et des Moteurs, n° 188 (1986).

des zones de grande consommation. Au début du XIXe siècle, les usines de la première heure perdent peu à peu toute leur importance au profit de celles qui sont construites dans les ports[1].

En 1903, on dénombre vingt-trois raffineries de pétrole[2]. Elles sont situées dans les localités suivantes : une à Aubervilliers, deux à Colombes (Seine), une à Bonnières, quatre à Rouen, une au Havre, deux à Lille, une à Dunkerque, une à Douai, une à Cateau (Nord), une à Roubaix, une à Tours, une à Pallice (Charente inférieure), une à Saint Loubès (Gironde), une à Blaye, une à Bordeaux, une à Sète, une à Marseille, deux à Nîmes. A cette date, les plus importantes sont celles de Douai, Rouen, Le Havre, Blaye, Sète et Marseille. Ce sont donc les principaux ports français qui vont bénéficier d'un trafic nouveau : d'abord Marseille mais aussi les ports situés à l'embouchure de la seine, Rouen et le Havre, qui se chargeront de l'approvisionnement de la région parisienne, principal centre de consommation de pétrole lampant. Une nouvelle concurrence se livre donc en France entre raffineurs.

CARTE 1.1.1.
Les raffineries françaises en 1903

1. *Ibid.*
2. Maurice GASCHEAU, *La question des pétroles en France*, *op. cit.*, p. 119-120

Maurice Gascheau souligne, dans sa thèse[1], que la compétition entre raffineurs français est une concurrence mal entendue. Il considère que « l'ennemi n'est pas au dedans, il est au dehors ». Les véritables concurrents sont donc les importateurs du raffiné exclusivement, agents des industries étrangères, ne prenant aucune part à la production, ne stimulant pas l'industrie nationale par leurs achats, n'utilisant aucune main-d'œuvre et aussi incapables de défendre le marché français contre une atteinte étrangère. La solution pour les pétroliers français était, donc, d'avoir plus de contrôle sur la chaîne de distribution.

Dès 1874, certains raffineurs français, dont Desmarais Frères, tentent de se regrouper au mieux. Pour être mieux en mesure de résister à la Standard Oil of New Jersey qui vise au monopole de l'approvisionnement de la France et de nombreux pays européens, ce groupe a acquis une raffinerie aux États-Unis à Bayonne près de New York[2]. Les raffineurs français jugent alors indispensable d'avoir sur le lieu même de production des agences de renseignements et de commerce pour pouvoir effectuer commodément et avec opportunité leurs achats d'huile brute. Il faut, toutefois, garder en esprit qu'alors la Standard Oil n'est pas encore maîtresse du marché. Les pipelines ne sont pas encore construits et les raffineurs achètent à l'un ou à l'autre, suivant l'avantage du moment.

Jusqu'en 1881, on compte dix-huit raffineries fermées[3]. Toute réserve faite sur cette liste[4], on peut constater que le raffinage de pétrole n'est pas aussi prospère que certains le disent alors. La raison en est que, encore une fois, les raffineurs français ne se livrent pas dans leur usines à une véritable opération de raffinage. Il est plus rémunérateur pour leurs fournisseurs américains de leur livrer des produits raffinés que du brut. Pour bénéficier du tarif protecteur, il faut continuer à entretenir la fiction de l'importation de pétrole brut. La situation est telle que le raffinage dans les sociétés françaises est presque réduit à néant. Ils importent un mélange connu sous le nom de *French crude*, c'est à dire « brut français ». Il s'agit d'un mélange d'essences et d'huiles permettant de bénéficier de la législation douanière favorable au pétrole brut. Il suffit alors de le chauffer pour obtenir l'essence déjà raffinée. Ces raffineries s'approvisionnent toujours, presque entièrement, aux États-Unis et en Russie. On importe, certes, quelques essences de Roumanie

1. *Ibid.*
2. Bernard Baffet, « Le raffinage de pétrole en France avant 1919 », Revue *L'hydrocarbure*, revue des anciens élèves de l'Ecole des Pétroles et des Moteurs, n° 188 (1986).
3. *Journal officiel* du 5 mars 1881, p. 271.
4. Dans certains cas il semble qu'il y ait eu changement de propriétaire ou de raison sociale et non pas fermeture.

et de Galicie, mais irrégulièrement et en petite quantité. Voici les quantités importées (en litres) de chaque un de ces ceux pays au tout début du XXe siècle :

TABLEAU 1.1.3.
Les importations françaises depuis les États-Unis et de la Russie

	États-Unis	Russie
1900	277 139 300	54 876 000
1901	288 751 300	74 267 400
1902	309 000 000	85 000 000

Source : Statistiques de la Direction Générale des douanes : Importations et exportations françaises de produits pétroliers de 1885 à 1963, aux archives de Total, côte : 89.14/18.

Cette pratique persiste jusqu'à 1903. A cette époque, l'État intervient par une loi (voir plus bas) qui met fin à ces importations et laisse place à des importations croissantes de produits raffinés.

b. « Le cartel des dix »

La pression exercée par la Standard Oil américaine sur le marché français d'un côté et celle des contraintes législatives de l'autre, limitent les choix stratégiques des petites compagnies françaises. Les plus résistants des pétroliers français tentent de s'approcher pour garder leurs intérêts sur le marché français. À la veille de la première guerre mondiale, le marché pétrolier français se présentait ainsi. Dix maisons formant un cartel appelé « Cartel des dix » exerçaient sur le marché pétrolier un monopole de fait, favorisé par l'État. Ce dernier semble en effet pousser à la concentration entre les mains de quelques industriels du commerce et de l'industrie de ce produit[1]. On réussit alors à mettre fin aux aléas de la concurrence en essayant de stabiliser les prix[2].

Selon la classification de cartels présentée par Dominique Barjot, on est face à un cartel horizontal, car il réunit des entreprises d'une

1. Charles Pomaret, *La politique française des combustibles liquides : pétrole, charbon liquide, alcool, le carburant national*, Thèse pour le Doctorat, Université de Grenoble, 1922 ; E. Labarthe, *Le pétrole et l'État*, éditions du Réveil économique, Paris, 1920.
2. Voir : R. H. Porter, « A study of Cartel Stability : the Joint Economic Committee 1880-1886 », *Bell Journal of Economics*, n° 14, 1983, p. 301-314.

même branche industrielle[1]. Ce type de cartel s'oppose au cartel vertical « associant entre eux des firmes et leurs fournisseurs, des producteurs et distributeurs ». Le cartel de type vertical n'a pas la moindre chance d'exister en France à l'époque en matière pétrolière : les distributeurs français ne contrôlent qu'une partie du processus de la mise en consommation ! Quelques compagnies françaises raffinent du pétrole (Desmarais Frères en est la plus importante), mais les quantités mises sur le marché restent relativement minimes par rapport au pétrole venant des États-Unis. Néanmoins, le cartel des dix n'a pas un caractère officiel et ne repose pas sur des accords écrits. On peut penser qu'il s'agit plutôt d'un cartel semi-officiel[2].

Bien que ce cartel soit semi-officiel, il peut être considéré comme un cartel centralisé. Il répond au besoin de chaque société dans la mesure où il constitue un monopole chargé de maximiser les profits joints, c'est à dire le profit global réalisé par l'ensemble des membres. Il ne faut pas perdre de vue cependant qu'une frange de producteurs continuent à opérer en dehors du cartel, ce qui empêche le cartel de se comporter comme un fournisseur unique. Il est presque établi[3] que lorsqu'il y a relativement peu d'entreprises, le cartel peut plus facilement contrôler chacune d'elles. Ainsi, l'augmentation de la part de marché d'une entreprise (qui peut obtenir une baisse de prix) est facilement détectable. De plus, la persuasion morale (ou immorale) peut plus facilement s'exercer sur un petit nombre de personnes. Ces dix raffineurs étaient :

---

1. Dominique Barjot (Dir), *International Cartels Revisited - Vues nouvelles sur les cartels internationaux (1880-1980)*, Diffusion du lys, Caen, 1994, « Introduction ».
2. Edgar Faure, *La politique française du pétrole*, Thèse de Droit, Paris, 1938.
3. Sur des données américaines, G. A. Hay et D. Kelley ont établi que la plupart des ententes sur les prix ayant duré dix ans, ou plus, concernaient des marchés où n'intervenaient qu'un petit nombre d'entreprises et où les plus grosses d'entre elles contrôlaient l'essentiel des ventes. Voir : G. A. Hay et D. Kelley, « An empirical Survey of Price Fixing conspiracies », *Journal of Law and Economics*, n° 17, 1974, p. 13-38.

TABLEAU 1.1.4.
Les compagnies pétrolières du cartel des dix

Desmarais Frères
Deutsch de la Meurthe
Fenaille et Despeaux
La Compagnie Industrielle des Pétroles
La Raffinerie du Midi
La société Lille-Bonnières-Colombes
Lesieur et Fils[1]
La Compagnie Générale des Pétroles
La Raffinerie de Pétrole du Nord
Le Bedford Petroleum

Devant ces deux stratégies de la part des Anglo-saxons (agressive de la Standard Oil et compétitive de la Royal Dutch-Shell), ces compagnies françaises regroupées autour de Desmarais Frères n'ont pas d'autre choix que la stratégie défensive. Celle qui consiste à défendre leurs intérêts en cherchant des alliances. D'une certaine manière, elles sont contraintes de préférer l'entente à la concurrence[2]. C'est une position fortement marquée par l'absence d'avantages compétitifs et une faiblesse financière importante dans un environnement très instable avec la présence, partout, des trusts anglo-saxons.

1. La société est l'œuvre de George Lesieur qui co-gérant de Desmarais Frères, a en 1909, à l'age de 61 ans, pris la décision audacieuse de s'engager dans l'aventure de la création d'une affaire personnelle. Joseph HURE, *De la naissance de la SGHP à la S.F. BP d'aujourd'hui*, Édité par la Direction de l'Information et des Relations Extérieures de la S.F. BP, Jepal, Paris, 1971, p. 13.
2. Geoffrey JONES (Eds), Coalitions *and Collaboration in International Business*, Elgar, Edward Publishing, 1993.

GRAPHIQUE 1.1.3.
Position stratégique défensive du groupe d'industriels français[1]

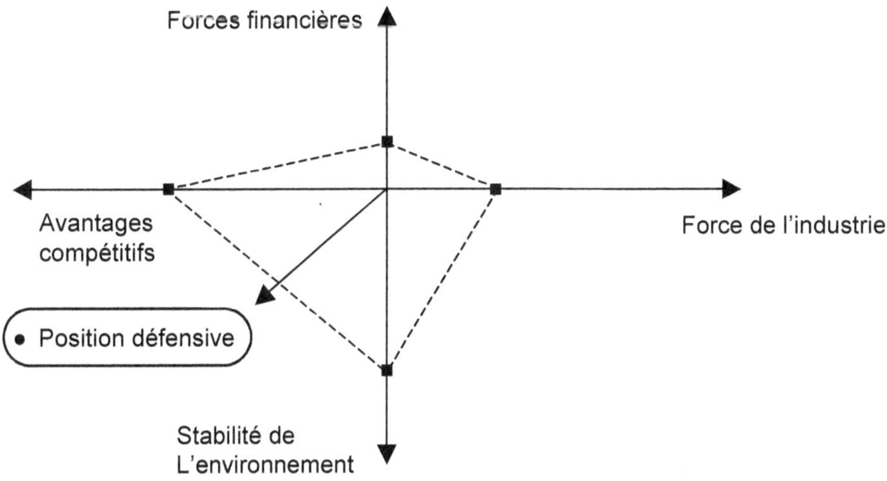

En effet, la grande majorité de ces sociétés avait progressivement abandonné le raffinage pour concentrer leurs activités sur la distribution et la vente des produits pétroliers. Les principales de ces firmes sont : Desmarais Frères, Deutsch de la Meurthe et Fenaille et Despaux. Elles représentent à elles trois 60 % du commerce du pétrole en France[2]. Par l'aide d'accords de contingentement elles se partageaient chacune pour une région particulière, les besoins exacts de la consommation. Chaque semaine, elles arrêtaient d'un commun accord les prix du marché, ce qui leur assurait des bénéfices réguliers.

Pour s'approvisionner en produits raffinés, le Cartel s'adressait à la seule « Standard Oil » américaine qui bénéficiait de l'exclusivité des fournitures du marché pétrolier français et vise au monopole de l'approvisionnement de la France et de nombreux pays européens. En 1914, la Standard Oil était le seul trust en contact avec le marché français. Par ailleurs, la gêne, que rencontrent les raffineurs français pour leur activité de raffinage, proprement dit, depuis l'application de la loi de 1903, conduit à un ralentissement de leur activité. Dès lors, « l'entente du Cartel des dix avec la Standard Oil Company se transforme en une

1. Selon le modèle de diagnostic, préparé par la chambre de commerce et d'industrie au Québec (Direction de la gestion d'entreprise), Voir site : http: / / www.mic.gouv.qc.ca, *op. cit.*
2. Edgar FAURE, *Le pétrole dans la paix et dans la guerre*, Editions de la Nouvelle Revue Critique, Paris, 1939, p. 62.

dépendance étroite... La Standard Oil détermine la quantité qui serait vendue par chacun d'eux, et elle leur fait signer l'engagement d'appliquer les prix de vente qu'elle leur fixe au début de chaque semaine »[1]. A cela s'ajoute des difficultés de gestion et d'équipement.

c. Les problèmes de gestion et d'équipement

L'exploitation des raffineries était déjà un art difficile. Il fallait pouvoir acheter des bruts riches en lampant, pas trop odorants et pauvres en impuretés diverses. D'autre part, leur activité avait un caractère très saisonnier, d'où problèmes de stockage, de trésorerie et de personnel. Les débouchés pour les coupes[2] légères étaient rares puisque l'automobile[3] et l'aviation[4] ne faisaient que débuter. Pour les coupes lourdes, le problème était le même car le moteur diesel et la combustion du mazout étaient presque inconnus jusqu'à la fin du XIXe siècle. La production d'huile de graissage ou le cracking de ces coupes n'étaient réalisables que par les plus grandes entreprises. Enfin, les raffineurs ne disposaient pas encore de réseaux de distribution.

La vente au détail était effectuée par les droguistes sur lesquels les producteurs n'avaient pas de prise. Aussi on comprend que les raffineurs, qui avaient mieux su résoudre l'ensemble de ces problèmes, aient acquis une situation proéminente et que les vues qu'ils avaient sur le développement de leurs activités les aient amenés à jouer le rôle de « sponsor », mot inconnu alors. A propos du matériel de conditionnement, il faut dire que la vente en vrac était alors presque inconnue. Le lampant est vendu en fûts, habituellement de 200 et 50 litres et en « pots » ou « bidons » de cinq litres rangés dans des caisses de dix. Les installations de confection, remplissage et réparation de ces récipients occupaient beaucoup de personnel et nécessitaient beaucoup de place[5]. Cette situation se prolonge jusqu'à la Première Guerre Mondiale.

1. A. Lévy, *Le Commerce et l'industrie du pétrole en France*, thèse pour le doctorat (sciences politiques et économiques), Paris, 1923, p. 37.
2. Coupe ou Fraction : Terme de raffinage désignant un produit de la distillation fractionnée obtenu dans un intervalle de température bien déterminé et le plus souvent très étroit. Une fraction se compose d'un certain nombre d'hydrocarbures différents. *Le langage pétrolier*, Editions Gauthier-Villars, 1964.
3. Voir : André Vicaire, *L'automobilisme au point de vue économique*, Thèse de droit, Paris, 1905.
4. Emmanuel Chadeau, *L'industrie aéronautique en France (1900-1950). De Blériot à Dassault*, Fayard, Paris, 1987.
5. Archives de Desmarais Frères 130 AQ 13.

1.2.2. La nouvelle énergie : les effets de son introduction sur la politique de l'État et sur le paysage économique

Dès ses débuts, le pétrole représente déjà un produit indispensable dans l'économie d'un pays. En France, bien que la performance industrielle ne soit pas négligeable, la demande intérieure à la fin du XIXe siècle est faible. Dans la période 1880/1914, en France les taux de croissance sont restés très faibles par rapport au reste de l'Europe occidentale[1]. Le pétrole est donc une nécessité vitale pour l'économie nationale, si la France veut rester concurrentielle en Europe. La France serait-elle condamnée à avoir une industrie pétrolière capable de faire face aux besoins du développement de l'industrie en particulier et de l'économie en général ? En tout cas, la politique pétrolière de la France, depuis la naissance de la nouvelle énergie jusqu'à la première guerre mondiale en 1914, semble hésitante et dépourvue de consistance. Paradoxalement, le besoin de l'économie en pétrole augmente sans cesse.

a. Une législation pétrolière qui dessert l'industrie pétrolière française

Dès 1861-1863, l'administration française taxe le lampant raffiné importé, mais à un taux qui reste modéré. Mais, elle ne tarde pas à réaliser que les produits pétroliers pouvaient constituer une matière fiscale idéale. C'est ainsi que le Parlement décida le 8 juillet 1871[2] de fixer des droits en augmentation considérable sur les précédents, pour ainsi parer aux conséquences financières de la guerre de 1870. Les droits, dès lors, représentaient entre 65 et 95 % de la valeur en douane du brut ou du lampant raffiné. Une autre loi est votée le 26 juillet 1873 augmentant les droits sur le brut pour représenter 86 à 160 % de la valeur en douane. Pour le lampant raffiné, ils représentaient 95 à 250 % de la valeur en douane[3].

Ces dispositions, appliquées jusqu'en 1891, grevaient lourdement les produits pétroliers. Ainsi, le lampant était vendu en France à un prix plus que double de celui pratiqué en Belgique[4] par exemple. Un peu plus tard, en 1903, le ministre français des Finances institua une taxe de fabrication de raffinage (appelée droit d'entrée, elle est d'une valeur de

1. Dominique Barjot, *Industrialisation et sociétés en Europe occidentale de début des années 1880 à la fin des années 1960…, op. cit.*, p. 82.
2. *Journal officiel* 1871, p. 1862-1865.
3. Bernard Baffet, « Le raffinage de pétrole en France avant 1919 », Revue *L'hydrocarbure*, N° 188, 1986. ; Voir aussi : R. André, *L'industrie et le commerce du pétrole*, 1910, p. 92.
4. *Ibid.*

trois francs par tonne), afin « d'avilir l'industrie du pétrole »[1] (c'est sa propre expression) et dans le but non dissimulé d'instituer un monopole d'État. C'est une mesure tout à fait exceptionnelle quand il n'y a pas de production nationale à protéger. Certes, les raffineries n'ont pas toutes fermé aussi tôt, mais la proportion de produits pétroliers raffinés en France par rapport à la consommation est passée lentement de 78 à 25 %.

GRAPHIQUE 1.1.4.
Évolution des importations françaises de 1901 à 1910 (en tonnes)

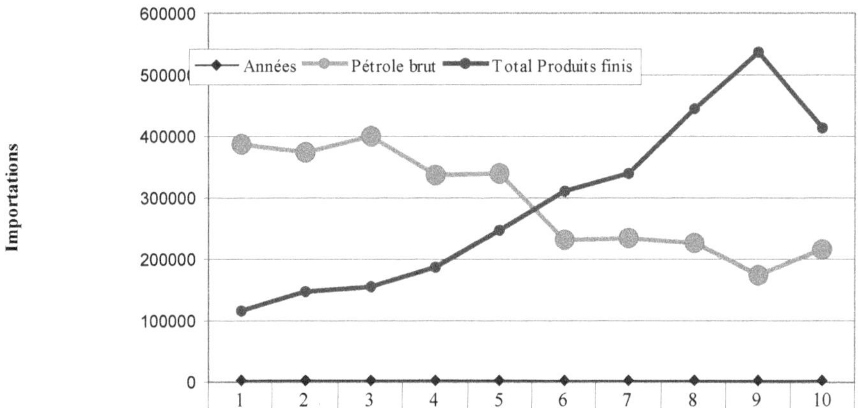

Années	1901	1902	1903	1904	1905	1906	1907	1908	1909	1910
Pétrole brut	387229	373108	400369	335927	339927	231683	235391	225903	173599	216680
Total Produits finis	116062	146788	156400	185604	248423	309266	338318	443895	536397	413960

Années

Source : Statistiques de la Direction Générale des Douanes, Importations et exportations françaises de produits pétroliers de 1885 à 1963, Comité Général du Pétrole, Septembre 1964.

Les statistiques de la douane reflètent bien la politique de l'État dans la matière. Les conséquences de la loi de 1903 sont immédiates : on peut constater la baisse constante des importations du brut et l'augmentation des produits finis à partir de l'année 1904. Alors que, de 1895 à 1901, les importations ont porté sur une moyenne de 317 000 tonnes de « French-crude », contre 76 000 tonnes de fini, elles portent de 1906 à 1912 sur une moyenne de 196 000 tonnes de brut contre 423 000 tonnes de produits

1. Henri PASTRE, *Le problème du carburant en France et dans les colonies,* Presses Universitaires de France, Paris, 1925.

finis. La loi de 1903 intervient dans un moment où le contexte économique mondial connaît des mutations et des bouleversements sans arrêt. En effet, la plupart des analyses s'accordent que cette loi reflète une politique nationale qui ne tient pas compte du contexte international.

L'absence d'une industrie pétrolière française continue à un moment où tout ce qui touche à la production du pétrole devient très exactement un des éléments essentiels de la puissance d'une Nation moderne[1]. On verra que le choc de la grande guerre de 1914 met davantage en valeur la vulnérabilité de l'État français et permet de se rendre compte de l'importance stratégique du pétrole[2]. Cette loi serait-elle le dernier choix d'un gouvernement qui se trouve face à un marché intérieur mal organisé et dont il faut contrôler par un monopole d'État ?

S'il s'agit simplement de protéger le marché intérieur, il est moins certain que l'État ait choisi l'instrument adapté. Car, en essayant d'appliquer un droit de douane sur le pétrole brut importé, l'État agit en fait sur l'offre et la demande à la fois. En conséquence, l'instrument de droit de douane a un impact à la fois sur les décisions des raffineurs et des consommateurs (dont les industriels). Or, il est évident qu'il convient mieux d'utiliser l'instrument agissant le plus directement sur la variable (offre ou demande) que l'on veut modifier, selon les théories actuelles du commerce international[3]. « Cette manière d'envisager les choses avait le gros inconvénient de ne pas faire la distinction entre un droit de douane et un droit de consommation »[4], disait Bernard Baffet à l'époque.

Le concept est pourtant vieux en France. Colbert[5] l'avait saisi : l'effet d'incitation et de développement industriel du droit de douane n'est pas le même, selon qu'il porte sur un produit fini de consommation ou sur

---

1. Daniel Murat, *L'intervention de l'État dans le secteur pétrolier en France*, Thèse de Droit, Université de Paris, 1968, p. 8-11.
2. Roberto Nayberg, *La question pétrolière en France, du point de vue de la défense nationale, de 1914 à 1928*, thèse pour le doctorat en histoire du XXe siècle, sous la direction de G. Pedroncini, Université du Panthéon Sorbonne – Paris I, 1983 ; Marius Aubert, *Les Combustibles liquides et le problème du carburant national*, éditions Gauthier-Villars & Cie, Paris, 1924 ; Charles Pomaret, *La politique française des combustibles liquides*, éditions de la vie universitaire, Paris, 1923.
3. Patrick A. Messerlin, *Commerce international*, PUF, Paris, 1998, p. 207-210.
4. Bernard Baffet, « Le raffinage de pétrole en France avant 1919 », *L'hydrocarbure*, N° 188, 1986.
5. Jean Baptiste Colbert (1619-1683), devient le conseiller puis ministre de Louis XIV. Le roi ayant une grande confiance en lui, il lui fait cumuler les charges. Sa fonction est contrôleur général des finances, c'est à dire à la fois ministre de l'économie, ministre du budget et ministre des finances. Pour résorber le déficit chronique, il réorganise le système fiscal en protectionnisme accru et mercantilisme. Outre ses actions de réorganisation, il cherche à exporter beaucoup et à importer peu, d'où la hausse des tarifs douaniers contre la concurrence étrangère. Voir : Daniel Dessert, *Colbert ou le serpent venimeux*, Editions Complexe, Bruxelles, 2000.

une matière première ou un demi produit. On peut distinguer donc la protection nominale de la protection « effective ». Les mesures tarifaires appliquées par le gouvernement en 1903 apparaissent trop générales pour répondre à un besoin spécifique. En revanche, les choses évoluent très vite face à une attitude perplexe du gouvernement.

b. Une augmentation sans précédent de la demande sur le marché français

Dans l'histoire du développement des industries modernes il n'y a pas eu d'autre exemple de croissance aussi rapide, tout au moins à ses débuts, que celui du pétrole. Pour la France le taux de croissance de la consommation, entre 1863 et 1913 a été de 10,8 % par an[1]. Le besoin de s'éclairer est à l'origine du développement de l'industrie du pétrole. Pendant un demi-siècle, il fut un moyen d'éclairage : encore était-il combattu par le gaz et la lampe électrique ! Il faudra attendre la fin du siècle, l'invention du moteur à explosion et l'automobile (notamment entre 1900 et 1910) pour assister à son prodigieux développement. L'industrie automobile vient alors comme un facteur amplificateur de la consommation pétrolière.

– D'abord le pétrole lampant (de 1860 à 1900)

Pour les besoin du marché français, il fallait pouvoir acheter des bruts riches en lampant, pas trop odorants et pauvres en impuretés diverses, bruts qui n'abondaient pas sur les marchés lointains : les États-Unis, la Russie. L'importation du brut américain reste largement supérieure à l'importation du brut russe malgré la progression de la proportion russe par rapport au total. Cela s'explique par le fait que le brut russe contient seulement 30 à 35 % de produits lampants dont très peu d'essence ; les 65 ou 70 % de résidus sont absolument inutilisables en France[2]. La technique du craquage thermique[3]

1. Bernard Baffet, « Le raffinage de pétrole en France avant 1919 », *L'hydrocarbure*, n° 188, 1986.
2. En 1893 seulement que furent faits les premiers achats d'huiles russes, à la suite d'une convention franco-russe le 16 juin de la même année. Le gouvernement français, désirant favoriser le développement des rapports commerciaux avec la Russie, demanda aux raffineurs français s'il leur était possible d'acheter aux industries de la côte Caspienne une partie de leur matière première. Il fut convenu que les industriels russes fabriqueraient, spécialement pour la France, une huile brute d'exportation appelée « Distillat » qui contient 90 % de distillé brut et 10 % d'un produit lourd appelé « Mazout ». Le rendement de ce composé, un peu supérieur à celui des huiles américaines, est d'environ 91 %. Ce surplus de rendement ne compense pas, à égalité de prix, l'absence totale d'essence.
3. Le craquage ou *cracking*, c'est le traitement par la chaleur de molécules d'hydrocarbures pour les transformer en molécules plus légères ou en molécules insaturées polymérisables. Les raffineurs utilisent les techniques de craquage à haute pression, en présence d'hydro-

n'est pas encore d'actualité[1]. Le brut américain contient 89 % de produits lampants. Bien entendu, la qualité requise en France (comme dans toute l'Europe) est celle contenant un pourcentage maximum en lampant.

Comme les débouchés pour les coupes légères étaient rares (puisque l'automobile et l'aviation ne faisaient que débuter) et la production d'huile de graissage ou le cracking de ces coupes n'étaient réalisables que par les plus grandes entreprises, le problème de la France s'annonce dès le début de l'émergence de la nouvelle énergie. Le risque de la dépendance d'un seul fournisseur semble imminent[2] et beaucoup de compagnies, qui n'ont pas les moyens de diversifier leurs sources d'énergie, risquent de se réduire à sa simple représentation commerciale des compagnies américaines. Il s'ajoute à cela l'absence d'un réseau de distribution pour les raffineurs. La vente au détail s'effectue par les droguistes sur lesquels les producteurs n'ont pas de prise.

– L'automobile comme facteur amplificateur de la demande en pétrole

À l'ère du pétrole lampant succède celle des essences et des huiles pour l'automobile et l'aviation[3]. Le XIXe siècle s'achève, et le pétrole occupe déjà une place importante dans la vie économique française. Depuis les inventions d'Otto et de Beau de Rochas (1862-1864)[4], de Lenoir (1878), qui ont permis l'utilisation rationnelle du moteur à quatre temps[5], le pétrole est désormais inséparable des progrès de l'automobile[6]. Bientôt, il concurrencera le charbon pour l'alimentation des chaudières de navires. Le moteur mis au point par l'ingénieur Diesel en 1877 ouvre encore un nouveau champ d'application à ce produit minéral qui sera de moins en moins recherché pour son utilisation sous forme de pétrole lampant[7].

---

gène (hydrocraquage) pour élaborer des produits légers à partir de coupes pétrolières lourdes. (*Encyclopédie Bordas*, volume 3, SGED, Paris, 1994).

1. Le craquage thermique des huiles a été discuté par Stillian en 1871 et qu'il a été utilisé à des fins commerciales par Burton de 1910 à 1920. Voir : « Généralités sur le craquage thermique », http://www.greenoasis.com/assessment_fr/2.html, visité le 15 mars 2004.
2. La presque totalité des huiles américaines est fournie par la Standard Oil Company.
3. Selon l'Encyclopédie Française Larousse 1988, l'ère du pétrole lampant est suivie par celle des essences et des huiles pour l'automobile et l'aviation, puis celle des combustibles liquides, la marine se convertissant au mazout à partir de 1910. A partir de 1950, notamment, vient l'ère de la pétrochimie, en attendant celle de la biologie.
4. R. Fleury, *Les moteurs à combustion interne*, Éditions Pierre Roger, Paris, 1930, p. 18-19.
5. « La machine Lenoir », in *L'étoile Bleue*, n° 39, 1961, p. 6, (Archives Total).
6. Jean-Pierre Bardou, Jean-Jacques Chanaron, Patrick Fridenson, James M. Laux, *La révolution automobile*, Michel Albin, Paris, 1977.
7. R. Fleury, *Les moteurs à combustion interne*, *op. cit.*, p. 79-171.

ILLUSTRATION 1.1.1
Voiture mue par une machine du système Lenoir (1878)

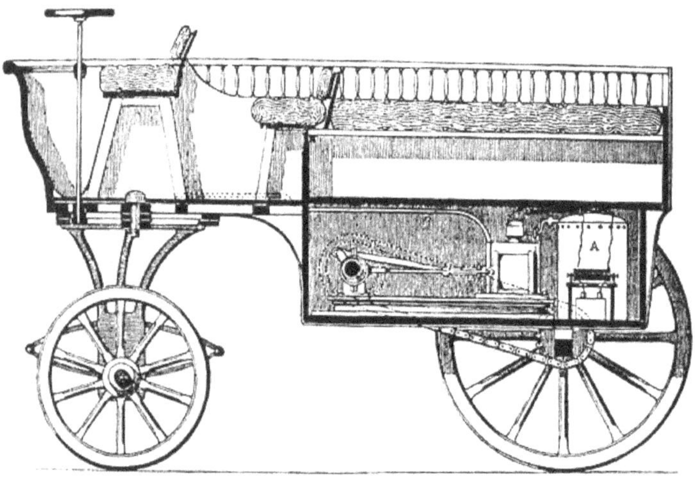

Source : *L'étoile Bleue*, n° 39, 1961. (Archives Total).

C'est le moteur à explosion qui a donné naissance à l'automobile et a causé, à la fin du XIXe siècle, une véritable révolution dans les transports. Déjà en 1891 on voit en France le début du développement commercial des voitures René Panhard, Emile Levassor et Peugeot (avec moteur sous licence Daimler). C'est l'année de la création du premier moteur d'auto à 4 cylindres verticaux de Fernand Forest. C'est encore celle du premier brevet de pneumatique démontable avec chambre à air Michelin, perfectionnant l'invention de l'Irlandais Dunlop qui, deux ans auparavant, avait inventé les bandages à air, collés sur les jantes[1].

En 1898, les usines Renault sont nées. On construit six voitures cette même année, mais 71 l'année suivante. Les débuts restent timides jusqu'en 1906, mais le rythme s'accélère progressivement[2]. Très vite le nombre d'automobiles circulant en France connaît une évolution très rapide (GRAPHIQUE 1.1.6.). La production annuelle passe de 2 897 voitures en 1900 à 107.535 en 1914[3]. Pour la première fois en 1911, sous l'effet de la croissance automobile, les besoins en carburant dépassent ceux de

1. Voir : Jean Pierre BARDOU, Jean Jacques CHANARON, Patrick FRIDENSON, James M. LAUX, *La révolution automobile, op.cit.*
2. Patrick FRIDENSON, *Histoire des usines Renault, naissance de la grande entreprise 1998-1939,* Tome1, Editions du Seuil, Paris 1972, p 63.
3. *Ibid.* p. 20.

l'éclairage[1]. En 1913, la France devient le second producteur d'automobiles au monde et le nombre des constructeurs est passé de trente en 1900 à cent cinquante-cinq en 1913[2]. Cette même année, la production atteint 45 000 véhicules[3].

GRAPHIQUE 1.1.5.

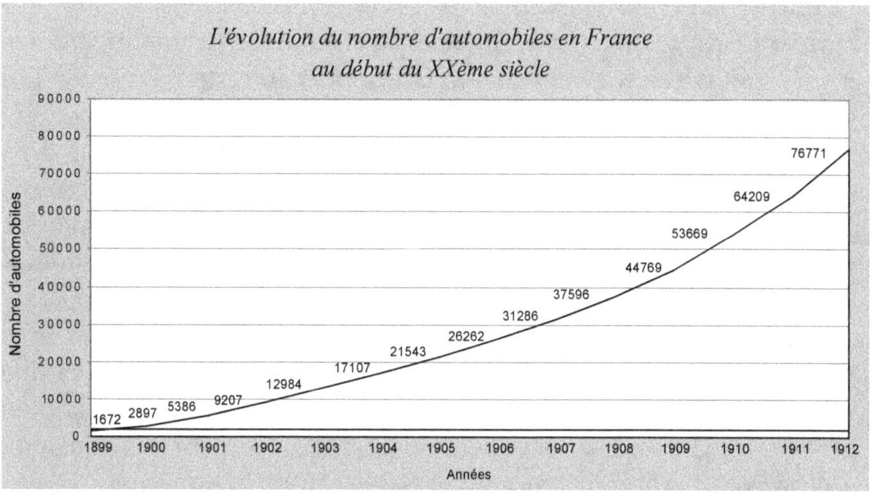

Source : André LEROY, *Les redevances pétrolifères. Ce qu'il faut en connaître*, Paris, 1939, p. 14.

En plus de ces chiffres, il faut compter 12 414 automobiles de louage et 28 650 motocyclettes. Il s'agit donc d'une évolution très rapide du nombre d'automobiles en France, qui s'accélère, symboliquement, avec l'entrée dans le nouveau siècle[4]. Parallèlement à l'automobile, et en réponse au manque flagrant de la main-d'œuvre agricole, la « motoculture » a connu elle aussi un essor grandissant. Il y a plutôt une tendance à multiplier les modèles[5]. On voit apparaître les «expositions internationales de l'Automobile Agricole». On peut citer le succès de

1. Alain PERRODON, *Le pétrole à travers les ages*, Bouée, Paris, 1989, p. 63.
2. Dominique BARJOT, *Histoire économique de la France au XIXe siècle*, Nathan, Paris, 1995, p. 232-233.
3. James M. LAUX, *In first Gear. A History of the French Automobile Industry to 1914*, Liverpool, 1976.
4. Dominique BARJOT, "Advances in Road Construction Technology in France (1900-1975)", in T. BARKER, *The economic and social effects of the spread of motor vehicules*, Mac Millan, London, 1987, p. 291-312.
5. Domonique BARJOT (Sous la direction de), *Industrialisation et sociétés en Europe Occidentale…*, *op. cit.*

l'exposition de Bourges 1912 sous les auspices de l'Automobile-Club du Centre. A cette époque, parmi les appareils les plus perfectionnés on trouve : les tracteurs, les tracteurs-treuils, les tracteurs toueurs, les routières, les fouilleuses moto-culture, les laboureuses, les bineuses. On rentre effectivement dans l'ère des combustibles liquides quand la marine se convertit au mazout à partir de 1910.

Pourtant, la France ne semble pas avoir pris conscience de l'importance stratégique de la nouvelle énergie. Les investissements dans ce sens ne sont pas assez importants par rapport au reste du monde. Les États-Unis avaient déjà compris l'importance de la découverte. Les ingénieurs américains ne tardèrent pas à réaliser la construction d'un type de moteurs analogues à celui des moteurs à gaz, mais utilisant, comme combustible, de la gazoline, encore bien qu'imparfaitement raffinée. La proportion de l'essence s'accrut alors dans des proportions considérables, entraînant, par voie de conséquence, une augmentation rapide de la production. En Allemagne, l'Allemand Rudolf Diesel invente dès 1893 le moteur à combustion interne : Soumis dans un cylindre à une forte pression, le mazout produit un mélange détonant qui, sans bougie ni magnéto, chasse les pistons à la manière du moteur à explosion[1]. Le progrès est si important que tel bateau muni d'un moteur Diesel puisse naviguer 57 jours sans se ravitailler, alors qu'avec une machine à vapeur, il ne le pourrait que quinze jours[2]. Scandinaves, Hollandais, Italiens font un usage courant du Diesel. Seule la France reste à ce sujet très en retard. En 1912, 28 cuirassés allemands, presque toute la flotte des États-Unis et celle de l'Angleterre, les escadres russes de la Baltique et de la Mer Noire, emploient couramment le pétrole.

Entre 1900 et 1910, partout dans le monde sous la pression des commandes, on se mit à extraire et à raffiner des naphtes de moins en moins riches, laissant jusqu'à 60 et 75 % de déchets[3]. Cela aurait dû normalement conduire à une diversification des ressources pétrolières de la part des raffineurs français. Or, sur le marché intérieur, il semble avoir un développement à double vitesse : d'un côté, on assiste à un développement sans précédant d'industries très consommatrices de pétrole. De l'autre côté, on a affaire à une législation qui n'encourage pas le raffinage français. Mais, il reste très difficile de porter un jugement éclairé sur la situation économique de l'industrie française du pétrole si l'on isole, et si on ignore les conditions internationales dans lesquelles elle est exercée.

1. R. Fleury, *Les moteurs à combustion interne, op. cit.*, p. 24.
2. P. L'espagnol de la Tramerye, *La lutte mondiale pour le pétrole, op. cit.*, p. 18.
3 Bernard Baffet, « Le raffinage de pétrole en France avant 1919 », *L'hydrocarbure, op. cit.*

1.3. Les facteurs explicatifs du retard de la France

Très souvent les explications données au retard de la France en matière pétrolière, à la veille de la première guerre mondiale, sont plutôt d'ordre politique. C'est souvent le choix de la politique extérieure ou la réglementation juridique qui font défaut. Or, dans le cas qu'a connu la France, le choix d'une politique inverse aurait mené au pire des résultats ; l'encouragement de l'importation du pétrole brut en 1903, par exemple, aurait permis une plus grande pénétration des industriels anglo-saxons. Les raisons, dans ce cas, sortent du cadre de la politique de l'État. Ils sont plutôt d'ordre économique ou éthique. Sinon, Est-il dans la nature des choses que le pétrole à l'encontre de ce qui se passe dans les autres industries, ne puisse jamais survivre en tant que libre entreprise industrielle, par le jeu normal de l'offre et la demande, et doive nécessairement subir le contrôle et les restrictions imposés soit par un individu comme Rockefeller, soit par un cartel de quelques compagnies ?

1.3.1. Existe-il une rétroaction positive ou négative en économie pétrolière ?

Le grand écart provoqué par la domination de la Standard Oil et la Royal Dutch-Shell a certes rendu perplexe économistes et juristes français qui s'interrogent sur le retard français. Leurs explications, en général législatives[1], s'avèrent parfois contradictoires et très peu convaincantes. De brillants essais récents[2] tentent d'analyser le secteur pétrolier à travers la spécificité de l'économie pétrolière (le pétrole étant une source non renouvelable). L'analyse profonde du secteur pétrolier passe par une prise en charge de la spécificité de ce secteur. D'où la nécessité d'analyser la situation pétrolière mondiale de l'époque à travers les mécanismes du fonctionnement même de l'économie pétrolière.

Selon l'économiste Paul Frankel dans son ouvrage *Essentials of petroleum*[3], l'industrie pétrolière est soumise à des lois très différentes de celles qui régissent la plupart des autres industries. La principale explication largement admise est que, dans la plupart des secteurs, le problème de la surproduction qui amène la baisse des prix, trouve sa solution dans les mécanismes mêmes du marché. Au fur et à mesure que les prix baissent, les entreprises ferment, la production tombe et il s'établit un

1. Maurice Gascheau, *La question des pétroles… op. cit.* ; Daniel Murat, *L'intervention de l'État dans le secteur pétrolier en France*, Thèse en Droit, Université de Paris, 1968, « Chapitre 1 : La faiblesse de l'intervention de l'État avant 1914 », p. 8-18.
2. On peut citer ici l'exemple de Jérôme Bourdieu, *Anticipations et ressources finies…, op. cit.*
3. Paul H. Frankel, *Essentials of Petroleum*, London, 1946.

équilibre entre l'offre et la demande. Mais selon Frankel, il en va tout autrement pour le pétrole. L'industrie pétrolière :

– a une faible élasticité des prix : les fluctuations de prix, sauf dans les cas extrêmes, n'ont que très peu d'effet sur la demande ; pour satisfaire leur demande, les gens sont disposés à payer bien plus qu'il ne coûte d'en produire.

– est incapable d'assurer par elle-même son auto-équilibre et devait de toute nécessité subir le contrôle soit d'une seule compagnie, soit d'une forme quelconque de cartel.

Par ailleurs, on peut analyser le mécanisme de fonctionnement de l'industrie pétrolière à travers le phénomène de la rétroaction. On distingue deux sortes de rétroaction : positive ou négative :

• La rétroaction est dite positive quand elle agit dans le même sens que l'action principale, qu'elle renforce l'effet et la cause principale. Elle s'illustre bien par le phénomène des intérêts composés en économie par exemple. Les intérêts d'un capital de départ vont s'ajouter au capital et produire des intérêts supérieurs et ainsi de suite. La rétroaction va dans le même sens que la grandeur d'entrée et constitue un processus cumulatif qui peut aller jusqu'à un point de changement radical ou point de rupture.

• La rétroaction est dite négative quand son effet va compenser la grandeur d'entrée ou d'action principale. L'exemple classique de la cybernétique est donné par le thermostat : une machine d'échange d'informations qui tend à réagir contre les actions du monde extérieur pour assurer une certaine régulation, ici une température constante, indépendamment de la température extérieure ou de ses variations.

Dans l'économie, il existe de nombreux phénomènes de rétroactions positives. Le hasard, la contingence constituent encore, pour plusieurs entreprises, le point de départ d'utilisation de ses situations de croissance. Les entreprises les plus performantes sont celles qui reconnaissent les rétroactions positives existantes et en créent elles-mêmes pour soutenir leur croissance. Pour éviter le danger permanent de « listage de facteurs », il est convient d'étudier les déterminants de la performance des entreprises dans le cadre de la théorie des systèmes. Selon Ludwig von Bertalanffy[1], un système est un ensemble éléments en interaction

1. L.V. Bertalanffy, "General system theory, a new approach to unity of science", *Human Biology* n° 23, 1951. Une autre définition conforme à celle de Bertalanffy, plus précise, celle de l'US Nuclear Regulatory Commission (Vesely et al) en 1981, selon laquelle, un

(au moins deux). Par exemple A agit sur B et B sur A ; deux systèmes peuvent être à leur tour en interaction :

GRAPHIQUE 1.1.6.
L'interaction entre systèmes

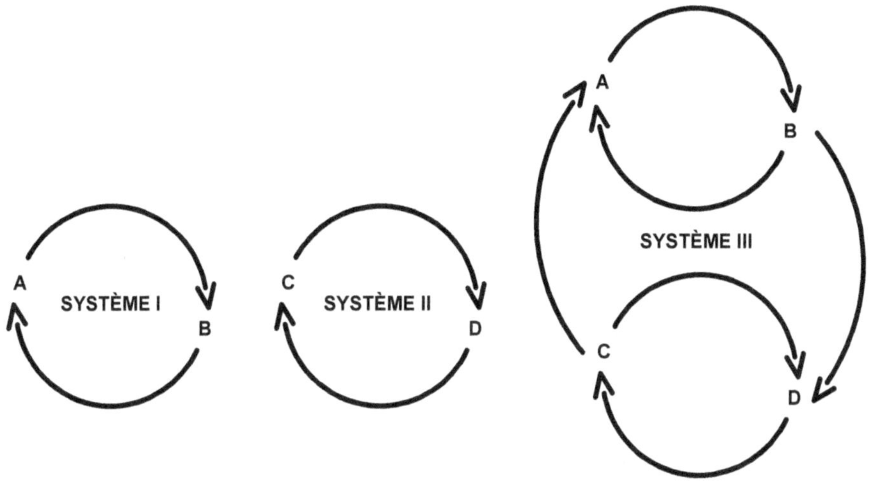

Toute relation circulaire de cause à effet est appelée rétroaction (*feed-back loop*). La rétroaction est positive lorsque l'effet est croissant c'est à dire accentué. Elle est négative quand l'effet produit est décroissant. Il s'agit dans cette analyse non d'étudier les interactions entre éléments mais à raisonner sur le comportement d'ensembles : les systèmes. En fait, un système est différent d'un ensemble. Un ensemble n'est qu'une collection d'éléments munis de caractéristiques propres alors que les propriétés d'un système ne se réduisent pas aux propriétés des composants du système. Un homme et une femme peuvent former un ensemble mais un couple forme un système : des propriétés peuvent émerger des interrelations créées. Si l'un des facteurs environnementaux de l'entreprise change, tout le système change.

Étudier les entreprises pétrolières en dehors de ce cadre, c'est étudier les faits historiques sans chercher en profondeur la logique derrière le succès ou l'échec d'une entreprise. Schématiquement, un système d'entreprise peut se présenter de la manière suivante :

---

système est un ensemble d'éléments discrets (composants, constituants) interconnectés ou en interaction. Cf. W.E. VESELY, F.F. GOLDBERG, N. H. ROBERTS, D. F. HAASL, *Fault tree Handbook*, U.S. Nuclear Regulatory Commission, Washington, USA, 1981.

GRAPHIQUE 1.1.7.
Le système des rétroactions

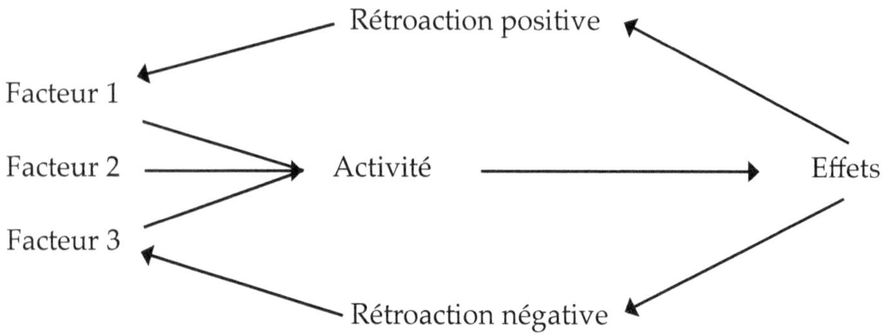

Comme les systèmes sont en interaction, le gain pour l'un est une perte pour l'autre. C'est ainsi que la perte de parts de marchés des entreprises pétrolières françaises en France ou dans le monde est un gain pour les entreprises américaines. Le pétrole étant très stratégique, cela va se traduire par un déséquilibre d'un autre système, celui de la défense nationale lors de la guerre de 1914.

1.3.2. La chaîne de rétroaction en économie pétrolière

Pour démontrer qu'il existe une rétroaction positive dans l'économie pétrolière, il faudrait procéder à une recherche systématique des chaînes de rétroaction positive capables de renforcer la croissance au sein de d'une entreprise pétrolière. Une comparaison entre des différentes sociétés[1] constituées au début du pétrole permet, toutes choses égales par ailleurs, non seulement de voir certains avantages comparatifs, mais surtout de dégager des facteurs formant des chaînes de rétroaction positive ou négative. Sans cette comparaison, aucun des facteurs ne serait évalué à sa juste valeur. On peut admettre aussi que les avantages comparatifs sont des facteurs déterminants de la stratégie de l'entreprise.

1. Il convient, dans cette comparaison, d'étudier des sociétés européennes qui se positionnent de la même façon face à la Standard Oil : elles luttent toutes contre l'hégémonie de la compagnie américaine.

TABLEAU 1.1.5.

Comparaison entre les stratégies de Desmarais Frères, de la Royal-Dutch et de la Shell à leurs débuts

	Desmarais Frères	**La Royal-Dutch**	**La Shell**
Fondation	En 1863 rentre dans le commerce du pétrole	Elle est fondée relativement tardivement (en 1890) et ne bénéficiait d'aucune industrie de ce genre.	1878, le début du trafic du pétrole de par la société de Marcus Samuel qui devient la Shell en 1897.
Avantages concurrentiels	Pas de réseau de commerce existant et pas de perspectives de découverte dans l'empire français.	Indépendance des sources d'extraction : obtention des concessions aux Indes Néerlandaises.	La présence d'un réseau de transport international déjà existant depuis 1833 (date de la fondation de la société de Marcus Samuel).
Objectifs	Répondre à la demande croissante sur le marché national. Devenir une grande compagnie pétrolière.	Vise l'élargissement de son capital pour concurrencer sur le marché international.	Vise à être présente partout dans le monde avec un fort réseau de transport pétrolier.
Stratégie	Commercialiser en France du pétrole venant des États-Unis notamment, et recherches de sources pétrolières nouvelles à travers des associations.	Fusionner avec les indépendants et motiver les investisseurs pour attirer des capitaux.	Contrôler le réseau de transport notamment dans les pays dépendants de l'empire britannique, et diversifier au maximum ses sources.

Pour l'industrie pétrolière, très exigeante en capitaux, la *garantie des sources pétrolière (avantage comparatif pour la Royal-Dutch)* constitue un facteur encourageant pour les investisseurs. Distribuer des dividendes ne fait qu'attirer encore les investisseurs. L'augmentation des *investissements* augmente le *volume d'activité* par l'augmentation du capital de l'entreprise, qui augmente à son tour, par économie d'échelle, *les bénéfices*. Ces bénéfices offrent *l'avantage comparatif*.

GRAPHIQUE 1.1.8.
Le système de rétroactions positives chez la Royal-Dutch

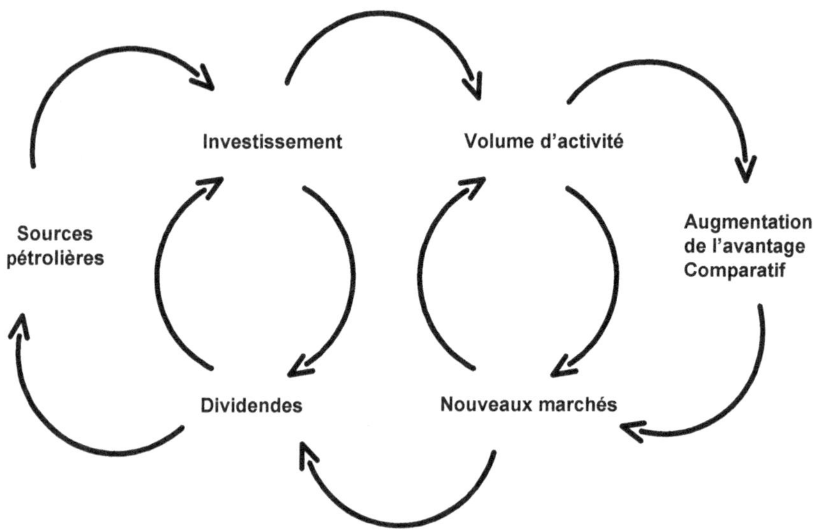

Pour la Shell, la garantie de réseau de transport constitue une grande facilité pour le développement d'un arsenal de transport assez rapidement. Cela lui octroie un contrôle presque total du transport de pétrole dans la région de l'Orient et de l'Extrême-Orient, donc une grande opportunité pour développer l'activité en amont. Cet avantage lui donne une exclusivité pour obtenir de nouvelles concessions et attire les investisseurs.

Graphique 1.1.9
Le système de rétroactions positives chez la Shell

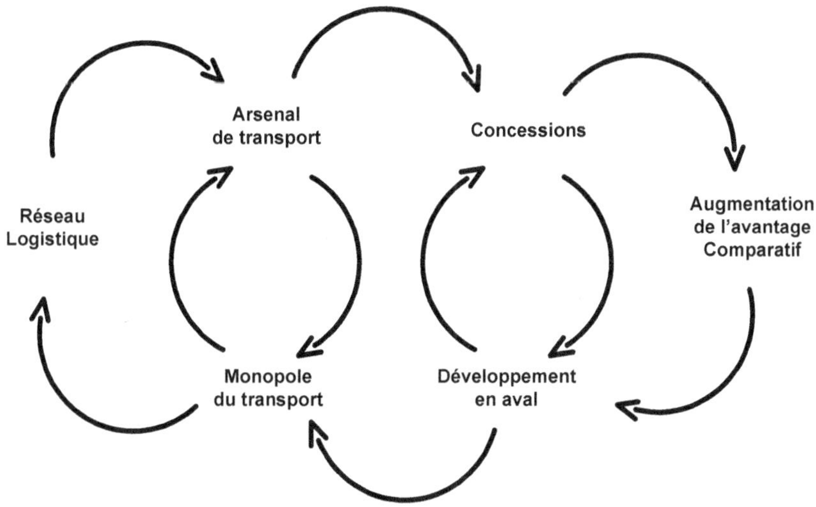

Desmarais Frères éprouve la difficulté de connaître un sort complètement différent. Pour garantir son indépendance vis-à-vis des fournisseurs américains et britanniques, elle va chercher à s'approvisionner dans d'autres régions du monde. Mais, compte tenu de la grandeur de la Standard Oil américaine, le coût devient élevé. En même temps, les entreprises françaises continuent à vendre le produit américain raffiné pour répondre au besoin du marché. Le protectionnisme de l'État (la loi de 1903 notamment) tend alors a se développer afin de maintenir une activité ayant perdu tout avantage comparatif. Cela pousse la compagnie Desmarais Frères (comme toute entreprise française) à continuer à vendre les produits finis américains pour garantir sa part de marché.

Du coup, les producteurs américains renforcent leur avantage comparatif, ce qui rend difficile la tâche des entreprises françaises dans leur recherche de sources pétrolières. Dans une vision systémique, cela peut être schématisé ainsi :

GRAPHIQUE 1.1.10

Le système de rétroactions négatives chez les compagnies pétrolières françaises

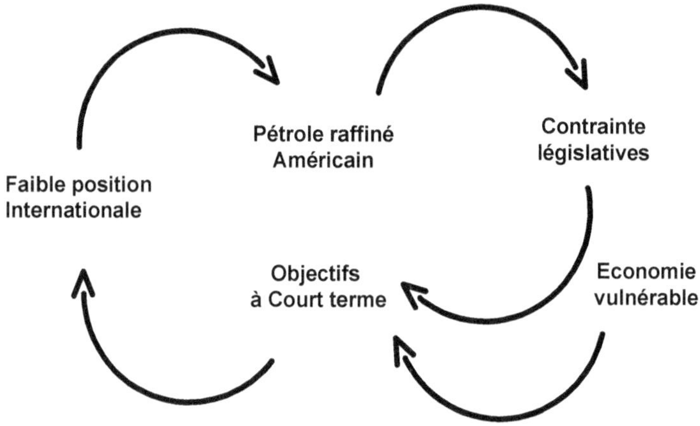

Si le rôle international de l'entreprise est réduit, l'entreprise doit répondre au besoin du marché par l'achat du pétrole américain, lequel va créer une dépendance du marché français. L'entreprise est contrainte alors à fixer des objectifs à court terme. Cela accentue encore la faiblesse de sa position internationale.

Cette analyse comparative offre l'occasion de tirer quelques constats qui peuvent, en tout cas pour la période étudiée, contribuer à nourrir une vision plus systématique de l'activité économique des entreprises pétrolières :

- Le marché pétrolier obéit donc au phénomène de la rétroaction. Phénomène, car il y a une explication économique fondamentale selon laquelle ce sont les riches qui s'enrichissent. C'est un marché où les caractéristiques qui prévalent sont « tout au vainqueur »[1], comme les appellent certains économistes. Cependant, l'économie pétrolière ne forme pas un système linéaire, puisque la somme de causes ne produit pas une somme correspondante d'effets[2].

  Dans son article intitulé « La complexité de l'économie mondiale »[3], Andrée Mathieu met l'accent sur deux modèles permettant d'expliquer l'évolution de l'économie. Le courant dominant utilise « des

1. « Le monde selon Bill Sterling : Le Choc du futur financier », *Perspective*, Juin 2000, p. 4.
2. Les rétroactions positives sont des effets amplificatrices, et il ne suffit pas d'étudier séparément les comportements individuels des composantes, puis les additionner, pour déduire le comportement du tout.
3. Magazine *L'Agora*, vol. 6, n°1, décembre-janvier 1998.

modèles linéaires qui doivent avoir recours à des chocs externes et à des évènements inattendus pour expliquer les perturbations des cycles économiques ». L'autre approche abandonne la linéarité et l'hypothèse simplificatrice des « causes » extérieures pour affronter l'extrême complexité de l'économie réelle, et tenter de l'expliquer par le caractère fondamentalement non linéaire de sa dynamique. Au début du pétrole, la confrontation entre la Standard Oil et le vieux continent (notamment la concurrence de la Royal Dutch et la Shell) est un meilleur exemple, en tout cas, pour mettre en évidence ce caractère non linéaire de la croissance dans l'économie pétrolière. L'agressivité de la Standard Oil vis-à-vis des autres entreprises concurrentes est principalement le résultat du caractère non linéaire de l'activité pétrolière.

• Si le facteur temps est essentiel, dans le secteur financier ou celui de l'électronique par exemple, pour la génération de chaînes de rétroaction positive, il est secondaire dans le secteur pétrolier. En effet, un système technologique introduit sur le marché avant un autre système laisse très peu de chance au deuxième de se développer. Pour le pétrole, la découverte, même tardive, d'une source pétrolière peut conduire à la création d'un nouveau concurrent.

• Sur le plan macroéconomique, on ne peut parler d'auto-réorganisation dans l'économie pétrolière. La présence de l'État est nécessaire pour mettre fin à un monopole ou pour mettre en place des mécanismes aidant à retrouver une rétroaction positive. Le cadre juridique et le système politique pourraient constituer des contraintes jouant à l'encontre du déclenchement d'un système à rétroaction positive. L'intervention juridique n'est pas nécessairement un facteur déclencheur d'un système à rétroaction positive par elle-même. Son action est plus efficace quand elle est en interaction avec les facteurs de forte valeur ajoutée (le contrôle des sources pétrolières par exemple) pouvant déclencher ce système.

Compte tenu de cette domination anglo-saxonne et des contraintes que connassent Desmarais Frères et les entreprises pétrolières françaises à l'intérieur du marché français, il n'y a *a priori* pas de chance pour la percée d'une grande entreprise pétrolière privée. Jusque là, l'environnement national (contraintes législatives imposées par la concurrence mondiale) et international laisse, pour toute entreprise française, une marge de manœuvre très réduite. C'est la raison pour laquelle la compagnie Desmarais Frères tentera de chercher sa place en devenant négociant au lieu de chercher à se développer dans l'amont de l'activité pétrolière.

2. La stratégie de Desmarais Frères (1861-1914)

La stratégie peut être définie comme une suite de décisions et d'actions au service d'une politique. Elle se définit non seulement au niveau global, mais aussi au niveau fonctionnel (stratégie commerciale, financière...). Elle consiste à rechercher et à obtenir une compétence distinctive source d'avantage compétitif. Cela implique de comprendre l'environnement pour mieux le maîtriser et s'y adapter. Tel est la démarche qui sous-tend l'étude de la stratégie de Desmarais Frères. Selon Mintzberg[1], la stratégie prend forme dans un flux continu d'actions. En d'autres termes, elle consiste à déterminer les objectifs à long terme et adopter une série d'actions ainsi qu'à fixer l'allocation des ressources pour les atteindre. C'est aussi la façon dont l'entreprise alloue les ressources (choix d'allocation des ressources) pour modifier l'équilibre concurrentiel à son avantage.

Au moment où la maison Desmarais Frères entre sur la scène pétrolière, les ressources en pétrole brut ne sont pas très accessibles. La France est dépourvue de ressources pétrolières, mis à part le petit gisement alsacien de Péchelbronn dans le Bas-Rhin qui remontait à 1745[2], sous le règne de Louis XV[3]. Mais que faire quand on se rend compte de l'avenir prometteur qu'attend le pétrole ? Dès la première découverte du pétrole aux États-Unis en 1859, Desmarais Frères ainsi que quelques autres importateurs français se projettent dans l'avenir, « convaincus de l'avenir des produits pétroliers »[4]. Leur activité d'importateur commence aussitôt les premiers pétroles arrivés des États-Unis, c'est à dire à partir de 1861. C'est précisément à cette date que l'histoire pétrolière de Desmarais Frères a commencée. Le but de ce chapitre est d'étudier la stratégie de Desmarais Frères depuis le lancement de son activité jusqu'à la première

1. Henri Mintzberg, « Patterns in Strategy Formation », *Management Science*, mai 1978, p. 934-948.
2. Pierre-Louis Maubeuge, *Comme une odeur de pétrole, la recherche du pétrole en France des origines à 1945*, Pierron, Sarreguemines, 1996.
3. Depuis 1967, à Merkwiller-Pechelbronn est ouvert un « Musée français du Pétrole » dont le but est de conserver la mémoire de l'exploitation pétrolière de tout le nord de l'Alsace depuis ses débuts, voir site Internet : http://www.musée-du-pétrole.com/index.html
4. Dominique Barjot, *L'énergie*, coll. *L'Annuaire statistique de l'économie française XIXe et XXe siècles*, Presses de l'ENS, Paris, 1991, p. 19.

Guerre Mondiale. L'action de la compagnie permet de comprendre ses objectifs et sa stratégie. Dans cette perspective, le présent travail tentera d'étudier, dans une première partie, la stratégie de marché de la société tout en s'intéressant de près à l'évolution générale du marché du pétrole. La deuxième partie sera consacrée à la stratégie de mobilisation des ressources. Celle-ci s'articule autour de deux impératifs, l'un interne et l'autre externe. Quant à la troisième partie, elle se focalisera sur le problème du capitalisme familial.

2.1. La stratégie du marché : au point de rencontre des besoins nouveaux et du jeu des acteurs

La stratégie de marché de Desmarais Frères ne peut se comprendre que par référence à des tendances générales telles que les besoins nouveaux[1], nés à l'issu du développement de la motorisation, mais aussi des acteurs sur le marché.

2.1.1. L'évolution générale du marché du pétrole : un passage du pétrole lampant au pétrole combustible

Le besoin de s'éclairer est à l'origine du développement de l'industrie du pétrole en France. Sur toute la période de 1863 à 1913, le taux de croissance de la consommation pétrolière nationale a été, en moyenne, de 10,8 %[2]. En effet, cette croissance n'a pas toujours été au même rythme. Tout dépend du rythme des importations et de la disponibilité du pétrole brut, la France étant privée de sources pétrolières sur son propre sol. Aux tous premiers pas de l'industrie des hydrocarbures en France, la gamme des dérivés du pétrole se limite pratiquement aux produits d'éclairage et à des faibles quantités réservées aux usages médicinaux[3]. L'essence est considérée comme un produit dangereux et inutile[4]. Pendant près d'un demi-siècle, « il fut avant tout un moyen d'éclairage : encore était-il combattu par le gaz et la lampe électrique ! »[5]. Il faudra attendre la fin

1. François Caron, « La stratégie des investissements en France aux XIXe et XXe siècles », *HES*, n° 1, 1976.
2. Bernard Baffet, « Le raffinage de pétrole en France avant 1919 », *L'hydrocarbure*, revue des anciens élèves de l'Ecole des Pétroles et des Moteurs N° 188 (1986).
3. Maurice Leroy, *Les emplois, l'industrie et le commerce du pétrole*, thèse de Sciences économiques, Lille, 1913 ; voir aussi : Maurice Gascheau, *La question des pétroles en France*, Thèse, Faculté de Droit, Université de Paris, A. Chevalier-Marescq & Cie, 1903.
4. *Le Monde économique*, numéro du 21 février 1903 (Bibliothèque Nationale de France).
5. Maurice Gascheau, *La question des pétroles en France, op. cit.*, p. 14.

du XIXe siècle, l'invention du moteur à explosion[1] et l'automobile[2] pour assister à son prodigieux développement. Les importations pétrolières reflètent bien l'évolution de ces besoins du marché.

La hausse des importations, d'abord lente jusqu'en 1885, puis plus importante mais continue entre 1885 et 1913, ne se fait plus forte (mais aussi plus irrégulière) qu'après le déclenchement de guerre de la 1914-1918. Les raisons de la hausse des importations sont évidentes : d'abord utilisé presque exclusivement sous forme de pétrole lampant, pour l'éclairage, le pétrole acquiert sans cesse de nouveaux usages issus des progrès de la technique[3], surtout mais pas exclusivement dans le domaine de la motorisation[4]. Jusqu'au milieu des années 1880, les opérations effectuées par les raffineurs se limitent à l'achat de pétroles bruts sur le marché américain et le raffinage au moyen d'appareils primitifs (chaudières horizontales à feu nu). Ce n'est qu'après 1885, quand le pétrole devient carburant, que leur activité commence à prendre un tournant différent.

Les importations atteignent 20 000 tonnes annuelles vers 1870, dont 80 % est de l'huile brute traitée par les raffineurs français. Ces importations passent à plus 170 000 tonnes en 1885[5], correspondant en majeure partie à la consommation nationale en lampant. Cependant, des évènements imprévus précipitent cette industrie pétrolière vers sa deuxième destinée. Le passage progressif des besoins pour la consommation pour l'éclairage vers d'autres besoins se reflète aussi au niveau des sources d'approvisionnement. On dépendait plus du pétrole américain plus riche en lampant. Toutefois, avec le temps, cette dépendance se réduit. Les chiffres disponibles pour le début le début du XXe siècle sont particulièrement démonstratifs, comme le montre le tableau ci-dessous.

1. Denis Maillet (eds), *Du moteur à explosion à la pile à combustible*, congrès organisé par le Laboratoire d'énergétique et de mécanique théorique et appliquée (LEMTA-UMR 7563 CNRS-INPL-UHP Nancy I), actes du congrès annuel de la Société française de thermique 3-6 juin 2002, Vittel, France / SFT, 2002.
2. Voir notamment : Jean-Pierre Bardou, Jean-Jacques Chanaron, Patrick Fridenson, James Laux, *La révolution automobile*, Albin Michel, Paris, 1977.
3. Léon Ventou-Duclaux, *Les moteurs à deux temps, moteurs à explosion destinés à l'automobilisme et à l'aviation*, Dunod et Pinat, Paris, 1912 ; Emmanuel Chadeau, *Le rêve et la puissance. L'avion et son siècle*, Payard, Paris, 1996.
4. Voir : Bernard Baffet, « Le raffinage de pétrole en France avant 1919 », in *L'hydrocarbures*, n° 188, 1986.
5. Comité Professionnel du Pétrole, « Importations et exportations françaises de produits pétroliers de 1885 à 1963 », d'après les statistiques de la Direction Générale des Douanes.

TABLEAU 1.1.6.
Pourcentage des importations françaises par pays

Années	États-Unis	Russie	Roumanie
1907	70	6	24
1908	61	13	26
1909	46	33	21
1910	17	49	34
1911	42	35	23

Source : Clément SEURAT, *Le pétrole au point de vue économique et fiscal,* Thèse de doctorat, Bordeaux, 1912, p. 174.

La période précédente, c'est à dire de 1885 à 1906, voit la prééminence apparente du brut, apparente seulement car la pratique du *French crude,* destinée à tourner la réglementation douanière, fausse les chiffres. En réalité, à cette époque, la France ne dispose pas encore d'une véritable industrie du raffinage pétrolier, ce que ne justifie d'ailleurs pas la faiblesse des quantités importées[1]. Les importations de « brut » chutent dès 1904 pour tomber pratiquement à néant à partir de 1915. Cependant, les importations en huiles lourdes ne cessent d'augmenter, comme le montre le graphique ci-dessous. Cela est paradoxal quand on dénombre le nombre de raffineries qui, en France, doivent fournir les besoins du marché français à partir du brut importé[2]. Ce nombre met en évidence les besoins énormes de pétrole pour les consommations autres que l'éclairage.

1. Voir : Dominique BARJOT, *L'énergie aux XIXe et XXe siècles,* Vol. 2, Presses de l'ENS, Paris, 1991.
2. Cela s'explique vraisemblablement par un retard quant aux techniques utilisées pour le raffinage, et surtout par les effets néfastes de la loi de 1903 sur l'importation du brut. Voir : Chapitre 1.

GRAPHIQUE 1.1.11.
Augmentation des importations en huiles lourdes de 1903 à 1909 (en 1000 Quintaux)

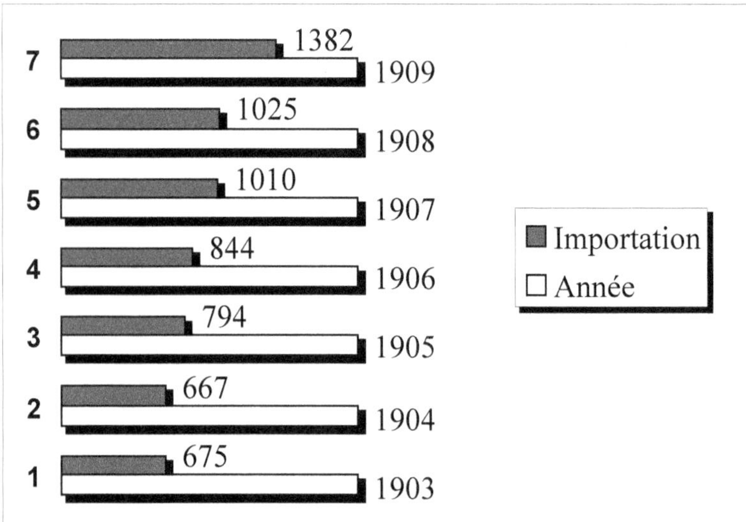

Source : Statistiques de l'administration des douanes

Quoi qu'il en soit, la demande sur le marché n'est plus ce qu'elle était. En réalité, le tournant s'amorce dès les débuts des années 1860 quand un ouvrier belge, Etienne Lenoir, invente le moteur à explosion[1]. C'est un moteur à explosion horizontal dont les dispositions rappellent celle de la machine à vapeur. Il en existe un spécimen au Conservatoire National des Arts et Métiers. Après avoir utilisé le gaz d'éclairage comme carburant, il expérimente les vapeurs d'huiles de schiste raffinées, puis celles de pétrole et, finalement, il a eu l'idée d'équiper une voiture à quatre roues avec un moteur de ce type. Jusqu'en 1880, on n'emploie comme combustible, dans les moteurs à gaz, que le gaz d'éclairage[2]. En 1885, l'automobile au gaz d'essence est née.

Parallèlement, un autre procédé prend forme. Le moteur mis au point par l'ingénieur allemand Rudolf Diesel en 1877 ouvre un nouveau

1. R. FLEURY, *Les Moteurs à combustion interne. Leur rôle dans la vie quotidienne*, Editions Pierre Roger, Paris, 1930, p. 16.
2. L'industrie gazière innove constamment. Jusqu'à la fin du XIXe siècle, sa consommation en France résiste à la concurrence de l'électricité et augmente régulièrement au rythme de 4 à 5% par an, selon Alain BELTRAN et Jean Pierre WILLIOT, *Le noir et le bleu, 40 ans d'histoire de gaz de France*, Belfond, Paris, 1992, p. 14.

champ d'application au produit minéral. Ce dernier, désormais, sera de moins en moins recherché pour son utilisation sous forme de pétrole lampant. En 1893, Diesel prend un brevet dans lequel il expose la théorie et le projet d'un moteur thermique fonctionnant à l'huile lourde. Il s'agit du moteur à combustion progressive[1]. Le pétrole est désormais inséparable des progrès de l'automobile. Bientôt, il concurrencera le charbon pour l'alimentation des chaudières de navires. Devant ces perspectives ouvertes par le pétrole, il devient urgent pour toute compagnie pétrolière d'investir pour affronter la demande future. Cette demande explique, en effet, l'augmentation les chiffres des importations en France à partir de 1885, avant même l'entrée dans l'âge de l'automobilisme. La France ne tardera cependant pas à y rentrer.

2.1.2. Les besoins spécifiques de l'industrie pétrolière en France

La France n'est sans doute pas avancée en termes de production pétrolière, car elle ne contrôle pas des sources de production et dépend beaucoup des pétroles exportés des États-Unis. Or, la consommation interne ne cesse d'augmenter. La France est un pays où l'automobile se développe de façon précoce. A la veille de la guerre de 1914, elle est le deuxième producteur mondial après les États-Unis, mais loin tout de même derrière eux. Comment expliquer ce paradoxe ?

a. La spécificité du marché pétrolier français

Parallèlement à l'essor du moteur diesel, d'autres procédés se développent. Le secteur de l'automobile entame ainsi à grand pas son essor futur. Si l'automobile se développe rapidement, c'est en partie grâce au rôle joué par les raffineurs français. Une coopération se crée entre les fabricants automobiles et les raffineurs, parfois sous une forme de mécénat. Ainsi, en 1890, les frères Deutsch de la Meurthe participent à la fondation de l'Automobile Club de France et apportent leur aide à Louis Renault pour le démarrage de son entreprise. De plus, l'un des deux frères, Henri, publie un ouvrage intitulé *Le pétrole et ses applications*[2]. Il propose, dès 1889, d'appliquer le moteur à pétrole aux dirigeables et crée de nombreux prix pour encourager les pilotes de dirigeables et

---

1. R. Fleury, *Les Moteurs à combustion interne, op. cit.*, p. 24-25.
2. Henri Deutsch de la Meurthe, *Le pétrole et ses applications*, 1891 (Coté : 8° S 7234 BNF & 8° Ke 359 Bibliothèque du CNAM).

d'avions[1]. C'est surtout grâce à ce type de coopération que l'automobile en France se développe de façon précoce.

L'année 1891 voit le début du développement commercial des voitures René Panhard (la doyenne des marques en France), Emile Levassor et Peugeot. L'usine de Panhard voit le jour porte d'Ivry à Paris. Au tout début les Panhard sont motorisées par des mécaniques Daimler. Rapidement la marque accède à une certaine notoriété en début du XXe siècle. Panhard fabrique ensuite ses propres moteurs qui seront utilisés par de nombreuses autres marques. L'essor précoce de la motorisation en France revient au génie de personnes telles que Renault. Très tôt il se penche sur l'automobile et invente notamment un système révolutionnaire de boîte de vitesses et de cadrans qu'il nomme prise directe et couvre par un brevet en 1898. Deux ans plus tard, la société Renault Frères[2] produit 179 voitures. En 1910, elle produit 5100 voitures[3]. Ce genre d'initiatives donne très vite une avance considérable aux entreprises françaises dans ce domaine. La conjoncture facilitera par la suite le développement de ce secteur, puisqu'à partir 1896 la production française commence à croître à un rythme très rapide[4].

Entre 1895 et 1908 se produit ce qu'on peut appeler le premier boom de l'automobile. « La jeune industrie est dominée par la France »[5]. Elle est la première productrice et, en tout cas, la première exportatrice durant toute cette période. Pour la période entre 1900 et 1914, l'expression de James Laux résume toute la situation de l'avance française : « La prééminence française dans la première période d'expansion ne signifie pas que les Français n'ont rien à apprendre des étrangers, mais dans l'ensemble les Français contribuent plus qu'ils ne reçoivent »[6]. Les raffineurs sont souvent très proches des constructeurs automobiles et sont très conscients de l'importance de cet enjeu.

---

1. Emmanuel Chadeau, *L'industrie aéronautique en France (1900-1950). De Berliot à Dassault*, Fayard, Paris, 1987 ; *L'illustration* du 21 septembre 1907.
2. Fondée en 1898 sous le nom Renault Frères. Elle est dissoute en 1908 pour laisser place à la Société des Automobiles Renault. Voir : Patrick Fridenson, *Histoire des usines Renault. La naissance de la grande entreprise, 1898-1939*, Editions du Seuil, Paris, 1998.
3. J. L. Loubet, *Renault, cent ans d'histoire*, Editions Techniques Pour L'automobile et L'industrie, Paris, 1998. Voir aussi J. L. Loubet, C. Lemaître, *Renault concepteur automobile*, Editions Techniques Pour L'automobile et L'industrie, Paris, 2003.
4. J. J. Carré, P. Dubois, E. Malinvaud, *La croissance française, un essai d'analyse économique causale de l'après guerre*, Editions du Seuil, Paris, 1972, p. 24.
5. J-P. Bardou, J-J. Chanaron, P. Fridenson, J. M. Laux, *La révolution automobile*, Albin Michel, Paris, 1977, p. 31.
6. *Ibid.*

b. La naissance du métier d'importateur : la naissance des entreprises

Quand les premiers fûts de pétrole venant des États-Unis débarquent au port du Havre en 1861[1], ni la lampe à pétrole ni l'automobile n'existaient encore. Pourtant, quelques entreprises se trouvent sur place pour acheter, traiter et distribuer ce pétrole[2]. L'explication est qu'une majorité de ces entreprises cultive déjà une activité d'épuration et la distribution des huiles végétales pour l'éclairage. C'est peut-être le point commun le plus remarquable quant aux motivations poussant à se lancer dans l'activité pétrolière. Progressivement, l'on assiste à la formation d'une véritable industrie pétrolière en France.

– L'un des tous premiers acheteurs est Charles Despeaux. Il achète quelques centaines de barils pour le compte de sa société. Charles Despeaux sera considéré comme le premier « à faire connaître et propager en France l'huile minérale rectifiée et les produits qui découlent de la distillation de l'état brut »[3]. Il s'associera par la suite avec la maison Fenaille et Chatillon en 1868. Ces derniers se sont lancés dès 1862 tout en agrandissant leur première usine à Aubervilliers et en construisant en 1865 une autre à côté de Bordeaux.

• En 1862, Alexandre Deutsch de la Meurthe installe dans son usine à Pantin, aux portes de Paris, les premiers appareils destinés à étudier les procédés de raffinage et leurs applications. Les installations de Pantin existent déjà depuis le début des années 1850. Au départ, sa petite usine était destinée au traitement d'huiles végétales. On traite surtout les huiles de colza qui alimentent les lampes à huile, comme les lampes Cance alors très répondus[4]. Mais, Deutsch de la Meurthe a vite commencé à distiller le pétrole importé des États-Unis dès son arrivé[5]. L'affaire sera reprise (en 1889) par les deux fils d'Alexandre, Henri et Émile, qui sont associés depuis 1877.

• En 1863, se sont les Frères Henri et Charles Desmarais qui se lancent officiellement dans le commerce du pétrole après deux ans d'expérience dans le négoce et le traitement des oléagineux. L'année 1863, c'est la date de la création de Société en nom Collectif Desmarais Frères, mais

1. 224 tonnes de pétrole, en fûts de bois, sont débarquées des cales du voilier américain « Elisabeth Watts », selon *Shell Information*, n° 289, janvier/février/mars 1989.
2. Claude Malon, *Le Havre colonial de 1880 à 1960*, Thèse de doctorat, Paris IV, 2001.
3. Archives nationales F^{12} 5128, dossier Charles Despeaux.
4. Dominique Barjot, *Fougerolle. Deux siècles de savoir-faire*, Editions du lys, Paris, 1992, « Chapitre 8 ».
5. Archives nationales (Commerce et Industrie), F^{12} 5128, dossier Alexandre Deutsch ; « La famille Deutsch de la Meurthe » in *Shell Information*, n° 289, janvier/février/mars 1989.

l'activité pétrolière a en fait commencée peu après le lancement de leur association dès 1861. La même année (1863), la maison Paix construit ses premières chaudières à Courchelettes dans le Nord.

• En 1864, la société Luciline est fondée par Abraham Cohen. Elle dispose d'une usine à Rouen. Cette société sera absorbée plus tard par Deutsch de la Meurthe. « La Luciline » devient une marque très connue de pétrole lampant.

C'est ainsi que se dessine le premier paysage des exploitants pétroliers en France. Ils sont les principaux, mais d'autres naîtront encore, bien que peu nombreux à pouvoir résister longtemps[1]. Le besoin en pétrole lampant est alors très important. Leur objectif commun reste de trouver le moyen de faire venir en France les produits bruts à des conditions telles que le prix à la consommation soit le plus réduit possible. L'évolution de leur activité prouve qu'ils partagent les mêmes contraintes et les mêmes difficultés.

Ces compagnies tentent de limiter au maximum la concurrence entre eux. Dès lors, très souvent leur relation sera marquée par une coopération dépassant les frontières nationales. C'est ainsi qu'un groupe de raffineurs français construisent une raffinerie aux États-Unis à Bayonne (New Jersey). Il s'agit d'être mieux en mesure de résister à la Standard Oil qui vise au monopole de l'approvisionnement en France et de nombreux pays européens. A la veille de la première guerre mondiale, dix compagnies françaises s'accordent pour former un cartel de fait, appelé « Cartel des dix »[2].

c. La pénétration du capital étranger en France : l'offensive américaine

À la fin du XIXe siècle, la Standard Oil possède déjà en France deux filiales : la Vacuum Oil (4 000 000 de francs) et la Bedford Petroleum company (10 000 000 de francs) ; c'est par la Bedford que les États-Unis interviennent pour la première fois en France, en 1882. Le régime douanier étant trop protecteur en France, la Standard Oil décide en 1892 à y établir une organisation de raffinage, à travers sa filiale Bedford, au lieu de se contenter de créer des filiales de vente pour les produits raffinés américains.

Le but initial de la Bedford est de vendre du pétrole brut aux raffineurs français et des produits raffinés aux distributeurs. Cette compagnie

1. Les lois successives grevant l'importation du brut en est la cause principale.
2. Voir : Chapitre 1.

possède 50% du marché du brut en 1893[1], lorsqu'elle décide d'étendre ses opérations au raffinage et construit une raffinerie à Rouen. Le 15 juillet 1893, la Bedford s'établie en France avec de gros installations, notamment la construction d'une raffinerie à Rouen et l'achat de la raffinerie Française à Marseille[2].

En 1899-1900, Vacuum Oil Company, qui donnera Mobil Oil Corporation, organise ses dépôts à Marseille, Bordeaux, Nantes, Lille, Rouen et Belfort et produit des lubrifiants en 1904[3]. Jusqu'à la première guerre mondiale, la Standard accepte de limiter sa part de marché des produits raffinés, par un accord avec les raffineurs français. En contrepartie, les raffineurs français (quatorze ayant signé un contrat) s'engagent à n'acheter des produits américains qu'aux mains de la Standard Oil[4]. Une autre filiale de la Standard « l'Atlantic Refining » s'est rendue indépendante en 1911[5].

2.1.3. La percée d'un importateur Desmarais Frères

Le succès de Desmarais Frères réside dans sa transformation d'un importateur qui importe du brut lampant vers un raffineur et distributeur. Dès 1886, les Desmarais accélèrent leur activité en s'orientant vers l'installation de gros équipements de raffinage au Havre[6]. Les ventes ci-dessous (graphique 3) représentent celles effectuées en France métropolitaine. On exclut ici celles faites en Espagne ou dans d'autre pays européens, notamment dans le cadre de l'association avec des sociétés « amies » en Russie et en Roumanie. Elles représentent à la fois la courbe de développement du volume des affaires de la compagnie autant qu'elles représentent le rythme de son développement. Pour toutes ces années, la part de marché de Desmarais Frères demeure très stable : 20% à peu près (19% minimum et 21% maximum). A titre indicatif, la seule raffinerie du Havre en 1888, date de la reprise par la veuve d'Henry Desmarais, est appréciée à une valeur de marché minimale de

1. C. P. Kindleberger, « Les origines des investissements directs des États-Unis en France », in M. Lévy-Leboyer, *La position internationale de la France. Aspects économiques et financiers XIX*e*-XX*e *siècles*, EHESS, Paris, 1989. p. 341-354.
2. R. W Hidy et M. E. Hidy, *Pioneering in Big Business, 1882-1911: History of Standard Oil Company (New Jersey)*, Herper and Brothers, New York, 1955, p. 240.
3. C. P. Kindleberger, « Les origines des investissements directs des États-Unis en France », *art. cité.*
4. R. W. Hidy et M. E. Hidy, *Pioneering in Big Business, op. cit.*, p. 242.
5. Charles Pomaret, *La politique française des combustibles liquides : pétrole, charbon liquide, alcool, le carburant national*, Thèse pour le Doctorat, Université de Grenoble, 1922, p. 109.
6. « Le Havre port pétrolier : le rôle du Port du Havre et le trafic pétrolier », Première partie : « Des timides débuts (1861-1918) », *Revue de la porte océane*, Juillet 1947, p. 3-9.

1.490.000 francs, alors que l'apport en capital de Desmarais Frères SNC s'élève à 4.894.000 francs.

Pour la même année :

– L'usine de Colombes est appréciée à 337 000 francs.
– L'usine de Blaye, à 374 000 francs.
– L'huilerie Gonfreville, à 137.000 francs.
– Les entrepôts, à 2 516 000 francs.

GRAPHIQUE 1.1.12.
L'évolution des ventes (pétrole raffiné) de Desmarais Frères de 1887 à 1914 (en tonnes)

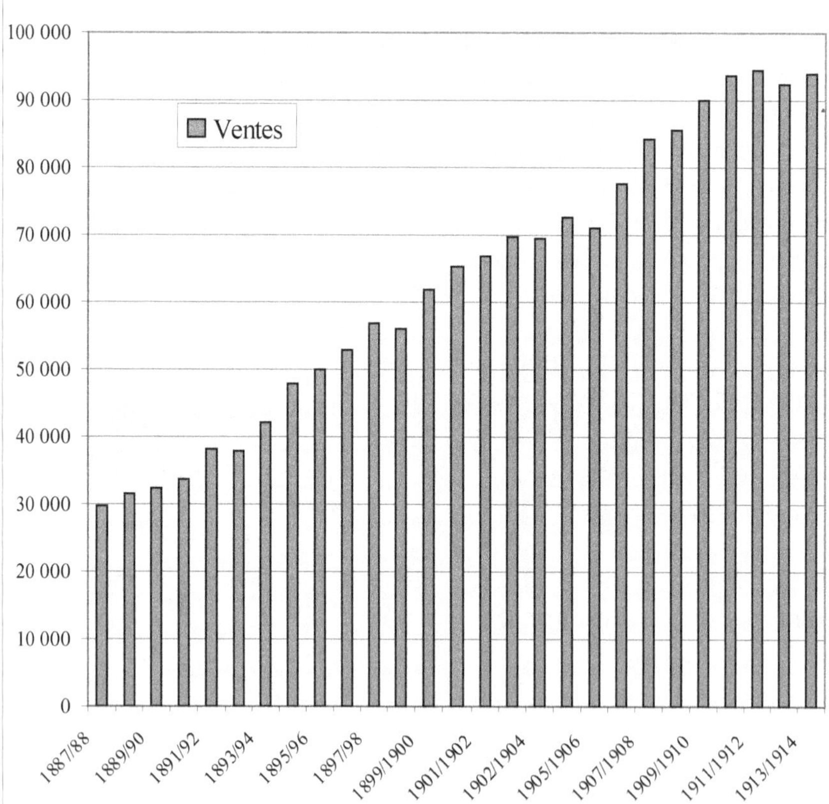

Source : Archives de Desmarais Frères 130 AQ 5, « Cahier des ventes »

Les investissements de Desmarais Frères sur le sol français témoignent d'une détermination à devenir un grand raffineur indépendant. Cela se fait en dépit des conditions difficiles du marché et l'absence d'une garantie d'approvisionnement. L'arme de Desmarais Frères est, dès cette époque, de garantir sa part de marché sur le sol français. La prochaine étape sera de trouver du pétrole brut pour les besoins de ses raffineries. La garantie de la part de marché (20 % pour les Desmarais) s'est faite dans le cadre d'un cartel entre raffineurs français. Cela représente le cadre stratégique général que Desmarais Frères a choisi pour développer son activité. Il est très important de le souligner.

Grâce à cet accord de contingentement Desmarais Frères partage avec les sociétés françaises, chacune pour une région particulière, les besoins exacts de la consommation. Chaque semaine, elles arrêtaient d'un commun accord les prix du marché, ce qui assurait à la compagnie des bénéfices réguliers. La difficulté d'accès aux sources pétrolières oblige la compagnie, en association avec certaines sociétés françaises, à privilégier des solutions susceptibles de détourner la loi protectionniste. Le fameux « French-crude »[1] américain offre une marge commerciale raisonnable. Le cartel va jusqu'à influencer la politique française à privilégier le pétrole lampant venant des États-Unis pendant longtemps avant de trouver un intérêt grandissant au pétrole de l'Europe orientale. « Les membres du cartel se servant du Parlement firent classer comme brute toute huile contenant 90 % de produits de raffinage ; du pétrole de cette qualité est tout à fait exceptionnel, à l'époque on n'en trouvait guère qu'en Pennsylvanie. »[2]

Cependant, d'après les archives de Desmarais Frères, on ne peut pas relever une seule tentative d'une forme de fusion-coopération entre Desmarais Frères et une autre compagnie française, mais beaucoup de coopération. Cela s'explique très probablement par le fait qu'en général une entreprise n'adopte une stratégie de coopération que lorsqu'elle tient à développer une stratégie indépendante[3]. Or, toutes les compagnies du cartel font des bénéfices, Desmarais Frères en particulier. Si les Desmarais arrivent à garantir leur marge bénéficiaire, c'est grâce

1. C'est un mélange de pétrole lampant avec du résidus qu'il suffit de réchauffer pour récupérer le lampant. Il est préparé spécialement pour les compagnies françaises pour ne pas payer la taxe du raffiné importé.
2. H. Gregory Thomas, *Le régime du pétrole en France, L'Office National des Combustibles Liquides*, Sirey, 1934, p. 38. L'auteur fait allusion à la disposition de la loi du 04 juin 1864 qui précise : «Sera admise comme brute toute huile qui ne renferme pas plus de 90% de produits lampants et qui n'est pas susceptible dans l'état où elle est importée de brûler dans les lampes d'un usage courant. » (D. P. 1864. 4. 68).
3. Voir : Dominique Barjot (Dir.), *Vues nouvelles sur les cartels internationaux (1880-1980)*, Diffusion du lys, Caen, 1994.

à la coopération inter-entreprises[1], certes, mais aussi à sa stratégie de mobilisation des ressources[2].

La période entre 1886 et 1903 est particulière en termes de dynamisme et de croissance pour la compagnie Desmarais Frères. Cela se manifeste notamment par la mise au point du pétrole pour éclairage « Oriflamme » dont la vente atteindra un million de bidons en 1903[3]. Vers 1900, la seule raffinerie du Havre a une capacité de traitement de 40 000 tonnes par an et emploi 1200 personnes pour la fabrication des divers produits et des bidons, caisses et fûts nécessaires aux expéditions assurées par le canal de Tancarville et le chemin de fer. Durant cette période, très rares sont les mouvements revendicatifs[4]. En 1905, la compagnie cesse de raffiner[5] par suite de la législation nouvelle (1903) qui modifie les tarifs douaniers. Pour les mêmes raisons d'ailleurs, toutes les raffineries françaises, à ce même moment, interrompent leur activité.

2.2. *La stratégie de mobilisation des ressources*

La stratégie de mobilisation des ressources chez Desmarais Frères est axée autour de sa structure familiale. Elle se base aussi sur la cohérence de ses choix d'investissement.

2.2.1. *Une entreprise à vocation commerciale et à structure familiale*

Bien que la société Desmarais Frères ait changé de statut à plusieurs reprises, sa vocation reste principalement commerciale. En effet, à la création de l'entreprise familiale en 1861, la principale activité des deux frères Charles et Henri Desmarais consiste dans négoce et l'épuration en huiles végétales alimentaire et lampantes. En 1863, l'entreprise se lance dans l'activité pétrolière. Se crée alors la société en nom collectif Desmarais Frères. Quand le frère aîné décède en 1878, la compagnie change de statut pour devenir une société en commandite simple. Puis, en 1888, à la mort du dernier frère fondateur Henri, c'est Madame Henri

1. Jeoffrey Jones, *Coalition and Collaboration in International Business*, Ewald Publishing, Elgar 1993. Voir aussi J. Jones, « Le gouvernement d'entreprise dans l'industrie britannique, *Histoires et Entreprise* » n° 21 (juin 1999), p. 29-43.
2. « La stratégie consiste à déterminer les objectifs et les buts fondamentaux à long terme d'une organisation puis à choisir les modes d'action et d'allocation des ressources qui permettront d'atteindre ces buts et objectifs », selon Alfred D. Chandler, *Strategy and Structure, Chapters in the History of the Industrial Enterprise*, the M.I.T. Press, Cambridge, 1962.
3. *Revue de la Porte océane*, juillet 1947, p. 3-9.
4. *Ibid.*
5. *Le Havre Libre* du 1er novembre 1961.

Desmarais et ses deux fils, alors âgés de vingt-trois et de vingt-deux ans, prennent la succession. A partir de cette date, la société reprend le statut de société en nom collectif. Elle conserve jusqu'en décembre 1927 date à laquelle elle devient une société en commandite par actions[1]. Cette évolution conditionne assez largement l'évolution de la stratégie des investissements.

2.2.2. Une stratégie d'investissement dictée par les besoins du marché

L'activité de Desmarais Frères en matière pétrolière commence effectivement en 1863. Ils attendent d'être devenus seuls responsables de l'affaire pour risquer les premiers placements de pétrole, 998 kilos en octobre 1863, comme le mentionne leur inventaire. Les efforts de la compagnie Desmarais Frères la propulsent en avant sur la scène du raffinage pétrolier en France. Par ailleurs, la compagnie assure le transport du pétrole importé par ses propres navires : « le Coq » en 1897 et « l'Oriflamme » en 1899[2]. La compagnie assure le transport C'est précisément des débuts de son activité que dépendra son avenir. Car, il faut d'abord être parmi les premiers. Ensuite seulement il faut conserver son rang.

Ce qui est paradoxal c'est que le rythme des investissements semble lent dans un secteur en expansion rapide. En effet, il n'est pas si évident que les investissements rythment le développement du marché. Cependant, l'évolution du marché pétrolier n'obéit pas aux mêmes règles qui constituent théoriquement le contrôle de gestion de l'investissement dans des secteurs classiques tel que l'aluminium[3] par exemple. Néanmoins, le développement de Desmarais Frères se fait autour de deux axes : l'investissement dans le raffinage et le développement de l'amont pétrolier d'une part ; la garantie de sa part commerciale du marché français à travers un accord avec d'autres distributeurs, d'autre part.

a. Des investissements métropolitains tirés par le marché

En métropole, la première préoccupation quant aux installations de Desmarais Frères, c'est la proximité. Au départ, on cherche à s'installer au plus proche de l'agglomération parisienne, en vue de satisfaire au plus vite le besoin du marché en pétrole lampant. Ensuite, l'entreprise se tourne vers les ports au fur et à mesure que la demande augmente sur le marché.

1. Archives de Total : 99 AC / 406.
2. *Le Havre Libre*, 1 novembre 1961.
3. Anne Pezet, «La procédure d'investissement en pratique: l'impossible contrôle» *Histoires et Entreprise*, n° 20 (décembre 1998), p. 83-96.

– L'usine de Colombes : la première raffinerie de France

À la création de l'entreprise familiale en 1861, la principale activité des frères Desmarais consistait dans le commerce et le traitement des oléagineux (surtout le colza pour l'éclairage). Ils se lancent dans l'activité pétrolière en 1863, comme on l'a vu, mais la branche végétale devant garder le pas sur la minérale jusqu'en 1871, comme le montrent leurs premiers ventes[1], dont les chiffres respectifs suivent d'ailleurs très exactement l'évolution des importations pétrolières pendant cette période. La branche végétale continue à développer distinctement. Celle-ci s'étend aux pays d'outremer en s'installant, un peu plus tard en 1907, en Afrique Occidentale, à Rufisque, Sénégal, où elle poursuivra ses activités jusqu'en 1925[2].

ILLUSTRATION 1.1.2.
Le premier système de distillation continue inventé en France en 1860

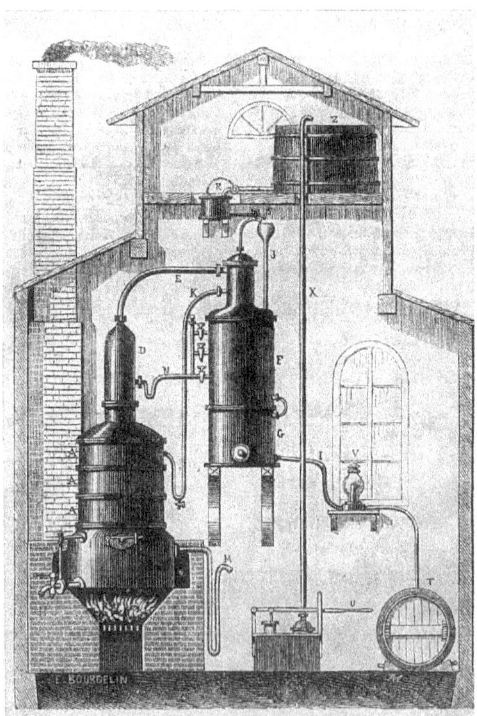

Appareil à distillation continue de M. Égrot, constructeur à Paris.

Source : Archives Total

1. Archives Desmarais Frères 130 AQ 5, « Cahier des ventes ».
2. Claude MALON, *Le Havre colonial de 1880 à 1960, op. cit.*, p. 254.

C'est en 1870 que les Desmarais édifient leur première usine de traitement à Colombes[1]. A cette époque, on la nomme plutôt distillerie. Elle est la première à réaliser distillation et fractionnement en essence et huiles lampantes. Cette opération s'effectue dans des chaudières en tôle à feu nu. Il s'effectue aussi la distillation des huiles parafineuses pour les transformer en produits lampants. Cette opération commence dans les chaudières en tôle de grande capacité et se termine dans des « black-pots » prévus pour de très hautes températures[2].

C'est beaucoup grâce à la construction de cette raffinerie que Desmarais Frères consolide sa place sur le marché français[3]. La société bénéficie en effet d'un avantage concurrentiel lui permettant de négocier sa part de marché dans le cartel national. Desmarais Frères garde, grâce à ce cartel, une part de marché autour de 20% durant une très longue période. Celle-ci commence à partir de la fin des années 1860 (les chiffres de 1887 à 1922 le confirment de façon plus exacte)[4]. Si le pétrole présente une opportunité non négligeable à l'époque, un gros investissement dans ce domaine représente un risque énorme quand l'approvisionnement est aléatoire. En édifiant l'usine de Colombes, Desmarais Frères s'engage dans la voie du raffinage et décide d'entrer par la grande porte de l'industrie pétrolière[5].

Les huiles brutes arrivent du Havre et de Rouen par wagons-citernes. Le produit de la distillation en fûts de cinquante litres et en bidons de cinq litres. Il est vendu sous le nom Astraline. Mais, s'il est rationnel à première vue de transformer les produits à proximité des centres de consommation, il apparaît rapidement qu'il y a aussi intérêt à rapprocher dépôts et usines des ports d'importation, afin d'éviter les frais de transport. C'est ainsi que quelques années plus tard, les Desmarais créaient deux dépôts sur des terrains qu'ils ont achetés : le premier en date à Graville, alors faubourg marécageux du Havre ; le second à Blaye, dans l'estuaire de la Gironde. La construction des deux raffineries commence en 1879.

---

1. Archives Nationales : F^{12} 7741, dossier 3 : maisons de commerce, (b) Desmarais.
2. A. Riche et G. Halphen, *Le pétrole : exploitation, raffinage, éclairage, chauffage, force motrice*, J.-B. Baillière & Fils, Paris, 1896, p. 226.
3. Archives Nationales : F^{12} 7741.
4. Archives de Desmarais Frères 130 AQ 5 : « Statistiques des ventes de la maison Desmarais Frères depuis sa fondation ».
5. Henri Menjaud, *Desmarais Frères, op. cit.*

– Le Havre : un choix stratégique

En 1888, sur le total de vingt trois raffineries appartenant à seize firmes, dix raffineries sont installées dans des ports et treize à l'intérieur[1]. On peut dénombrer au moins cinq raffineries qui sont mal implantées car éloignées des ports et des zones de grande consommation. Il semble alors que, chez Desmarais Frères, le choix des installations répond à des critères stricts et, *a priori,* non dépourvus d'une vision à long terme. Il faut dire que, de toutes les décisions de l'entreprise, celles qui concernent l'investissement présentent, comme on l'a vu, les difficultés et les risques les plus grands. Dans tous les cas, pour Desmarais Frères, le choix d'investir relève d'une contrainte de production et d'une même logique stratégique.

ILLUSTRATION 1.1.3.
L'usine Desmarais Frères au Havre vers 1890

Source : *L'étoile Bleue,* n°39, 1961 (Archives Total).

1. Notes et documents concernant la législation douanière du pétrole en France : Imprimerie Chaix, Paris 1890. (Bibliothèque Nationale 4F. 678).

Le port du Havre, à l'entrée de l'estuaire de la Seine, est le plus grand port français de la Manche. Sa situation géographique en fait le point de concentration de tout le trafic d'outre-mer destiné à l'immense agglomération industrielle qu'est devenue la région parisienne[1]. C'est aussi un port régional, industriel, commercial et surtout une grande place de commerce maritime[2]. Jusqu'au début du XIXe siècle, l'activité du port a un caractère essentiellement militaire. Ce n'est qu'à l'ouverture du port militaire de Cherbourg, en 1801, qu'il cesse d'être préfecture maritime. Il peut dès lors faire un trafic sans cesse croissant avec les États-Unis. Par suite du développement de la navigation à vapeur, il prend très rapidement une extension commerciale considérable.

Pour l'exportation du pétrole américain émergeant depuis 1859, le port semble le plus disposé à cette mission. En effet, les premières exportations pétrolières montrent déjà l'importance du port dans ce domaine[3]. Quand, en 1861, les premières cargaisons de pétrole arrivent en France, le port du Havre reçoit 87.8 % de la livraison totale[4]. Ce n'est qu'avec l'augmentation progressive des importations françaises que les ports de Marseille, Bordeaux et Rouen deviennent eux aussi des ports d'exportation de pétrole. Mais, le trafic au port du Havre ne cesse d'augmenter, bien que lentement.

TABLEAU 1.1.7.
Trafic pétrolier au Port du Havre : Moyennes annuelles en tonnes

1867-1868	8 600
1869-1871	15 400
1872-1875	21 000
À partir de 1876	35 000

Source : « Le Havre port pétrolier : le tôle du Port du Havre et le trafic pétrolier », *Revue de la Porte océane*, juillet 1947, p. 3.

1. Voir : Jean LEGOY, *Le peuple du Havre et son histoire*, Tome III : *Du négoce à l'industrie (1800-1914) : la vie politique et sociale*, Editions de la ville du Havre, 1984.
2. R. LESTONNAT, « Les grands travaux du Havre », *L'illustration* du 1er juillet 1922, p. 13-17.
3. Jean-Louis MAILLARD, *La Révolution industrielle au Havre (1860-1914)*, DEA d'Histoire, Université de Rouen, 1978.
4. Soit 73.716 de la totalité de 75.396 gallons, Archives nationales (Commerce et Industrie), cote : F^{12} 2689.

Le port du Havre demeure le plus important pour les importations de Desmarais Frères. La compagnie bénéficie, à partir de 1884 et selon les conditions déterminées par la loi du 27 février 1832, de son propre entrepôt et aura à payer la ville du Havre un droit d'entrepôt de 0,06 centimes par 100 kg et par mois sur le pétrole entreposé[1].

Dès 1886, l'usine de Desmarais Frères au Havre montre un dynamisme particulier en mettant au point le pétrole pour éclairage « oriflamme ». La marque devient très vite la principale production locale. Les ventes atteignent le million de bidons en 1903[2].

ILLUSTRATION 1.1.4.
L'emballage du premier lampant sous la marque Oriflamme en 1886

Source : *L'étoile Bleue*, n°39, 1961 (Archives Total)

La raffinerie du Havre conserve les deux activités distinctes : la végétale et la minérale. Vers la fin du XIXe siècle, la capacité de fabrication des huiles (Oléagineux, arachide, etc.) atteint les 600 barils par jour[3]. Le raffinerie du pétrole a, en 1900, une capacité de traitement de 40.000 tonnes par an et emploie 1200 personnes pour la fabrication des divers produits

1. Archives municipales du Havre, sous-série F2, carton 21, Liasse 9 : conventions avec la ville du Havre, prorogations (1884-1914).
2. « Le Havre port pétrolier : le tôle du Port du Havre et le trafic pétrolier », *Revue de la Porte océane*, juillet 1947, p. 7. (Archives municipales du Havre).
3. GUYOT et RAFFALOVICH, *Dictionnaire du commerce et de l'industrie*.

et des bidons, caisses et fûts nécessaires aux expéditions assurées par le canal de Tancarville et le chemin de fer[1]. Parallèlement, la compagnie Desmarais Frères développe une stratégie commerciale visant à créer une notoriété sur le marché national. Elle suit de plus près l'évolution de l'automobilisme et se trouve présente du côté des constructeurs comme l'un des touts premiers partenaires.

LLUSTRATION 1.1.5.
Desmarais Frères participe à l'exposition universelle de 190

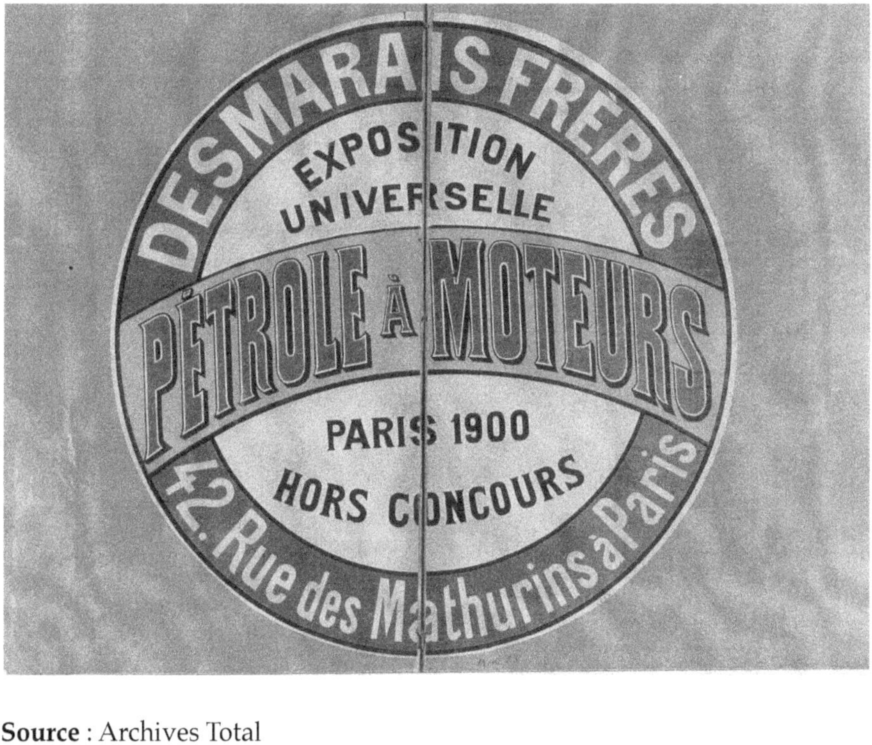

Source : Archives Total

Grâce à cette offensive de Desmarais Frères, l'activité prend un essor considérable. La compagnie se place comme le premier raffineur français et renforce sa notoriété. L'activité commence, cependant, à connaître

1. « Le Havre port pétrolier : le tôle du Port du Havre et le trafic pétrolier », *Revue de la Porte océane*, art. cité, p. 7.

quelques ralentissements en 1904 à cause de l'importation, par les différents concurrents, de pétrole déjà raffiné (la moitié du total dès 1907)[1].

L'intérêt porté à construire des installations ou des dépôts non loin du port du Havre, par les exportateurs du pétrole dont Desmarais Frères, montre bien sa primauté et son importance stratégique. Pour une compagnie pétrolière installée à Paris, telle que Desmarais Frères, le port est d'un double intérêt. Il représente à la fois l'accès facile, par voie de mer, du pétrole venant des États-Unis et un port-relais pour l'agglomération parisienne[2]. En ce sens, le port de Rouen suscite, lui aussi, un intérêt égal. D'ailleurs, dans la région, les principales compagnies françaises construisent leurs premières installations dans l'un ou l'autre port. La part de Rouen augmentera peu à peu car la fonction d'approvisionnement de la région parisienne émigre vers Rouen qui en est plus proche.

TABLEAU 1.1.8.
Les principales distilleries construites en Basse-Seine avant 1900

Compagnie	Ville	Date de construction
Desmarais Frères	Graville (Le Havre)	1879
Deutsche de la Meurthe	Rouen	1879
Raffinerie Française des Pétroles	Rouen	1892
Bedford Petroleum Cy	Rouen	1893
Lille-Bonnière-Colombes	Rouen	1894
Fenaille et Despaux	Rouen	1897

Source : Archives départementales de la Seine-Maritime (Dossiers communaux des établissements insalubres).

1. Bernard BAFFET, « Le raffinage de pétrole en France avant 1919 », Revue *L'hydrocarbure*, revue des anciens élèves de l'Ecole des Pétroles et des Moteurs N° 188 (1986).
2. « Le Havre port pétrolier : le tôle du Port du Havre et le trafic pétrolier », *Revue de la Porte océane*, art. cité, p. 7.

Entre 1861 et 1906, le développement du port du Havre a consisté le plus souvent à reculer ou à modifier les ouvrages fortifiés pour établir de nouveaux bassins. Ce n'est qu'avec la loi du 11 février 1909 et le décret du 19 mai 1912 que de vrais travaux d'extension du port sont mis en œuvre, d'abord par la création d'un avant port doté d'un quai en eau profonde, communiquant avec la série des anciens bassins intérieurs, et, d'autre part, par l'établissement d'un nouveau bassin dans le canal de Tancarville, le bassin Vétillart, mis en service en 1915[1]. A la veille de la guerre, les professionnels français du pétrole, raffineurs et commerçants, ne profitent pas encore de ces facilités offertes par les pouvoirs publics.

– Blaye : un deuxième port stratégique

Le choix de Blaye est évidemment commandé par la situation exceptionnelle de ce site en bordure de la Gironde. Il lui donne toutes facilités de liaison avec Bordeaux aussi et avec les pays d'outre-mer, puisque les navires d'assez gros tonnage peut y accéder. L'histoire dit que Blaye avait déjà une position économique et stratégique importante à l'époque gallo-romaine. Cependant, c'est sous Louis XIV avec la construction de la citadelle par Vauban[2], qu'elle est devenue ce qu'elle est aujourd'hui. Blaye est aussi un port de commerce. Le port est situé au sud de la ville. Il est précédé par l'embarcadère du bac qui permet la traversée de l'estuaire et de débarquer dans le Médoc, à Lamarque.

Le traitement du pétrole brut dans cette usine débute vers 1882, période héroïque de la distillation à feux nus. L'acquisition des premiers terrains remonte à avril 1877 et 1878[3]. En 1882, de nombreuses constructions sont édifiées : la forge, les premiers bateaux de l'usine, la station de l'électricité. A cette époque, l'usine de Blaye a une capacité de logement de 374 000 hectolitres. On commence alors à livrer les premiers pétroles de marque « Astraline ». En 1886, les distillations de brut ne suffisant plus aux demandes, l'usine commence à importer directement des essences. Puis d'autres achats complètent les installations existantes en 1887 et en 1888[4]. C'est en 1892 que l'usine atteint son premier stade

1. R. Lestonnat, « Les grands travaux du Havre », art. cité. Concernant les activités commerciales du port du Havre, on trouve une liste bibliographique et archivistique assez complète in Morgan Le Dez, *Le commerce et l'industrie des pétroles en Basse-Seine (1860-1939)*, mémoire de DEA d'histoire contemporaine, Université du Havre, 2002.
2. Johel Coutura, *Vauban à Blaye*, Exposition mi-septembre 1983, Citadelle de Blaye, Les cahiers de Vitrezais, Paris, 1983.
3. « Trois quarts de siècle d'une usine », in *L'Etoile Bleue*, Avril 1952, p. 8.
4. *Ibid.*

d'organisation. La distillation du brut fonctionnait toute l'année sans interruption et les gros navires commencent à décharger directement à l'estacade[1].

b. Existe-t-il une stratégie d'investissement ?

Au début des importations du pétrole en France (à partir de 1863 notamment), on peut remarquer une tendance à importer du brut et à raffiner sur place. Les deux tiers des importations sont constitués de pétrole brut. La quantité du brut atteint 9 475 tonnes alors que celle du lampant est de 3 294[2]. Cela montre une certaine propension des entreprises françaises à distiller le lampant par leurs propres moyens. Mais ces mêmes entreprises françaises ne développent pas de moyens de raffinage (ou de distillation) qui peuvent concurrencer les produits finis venant des États-Unis. Leurs méthodes de raffinage, à cette époque, sont trop coûteuses par rapport aux moyens utilisés aux États-Unis. Ces méthodes sont même considérées comme irrationnelles par Riche et Halphen. Ils écrivent : « Après avoir extrait le naphte et le pétrole lampant, on s'efforce de détruire les huiles lourdes excellentes pour le graissage ainsi que la paraffine qui a une valeur plus élevée et de les changer en huile d'éclairage… »[3].

C'est ainsi que la situation change vite en 1869. Durant cette année, la quantité du brut importé a doublé par rapport à 1863 alors que la quantité importée en essence et lampant a quintuplé[4]. Bien que la situation se redresse relativement en 1872 (L'importation de brut atteint alors le double de celle du lampant), le risque d'investir atteint son plus haut niveau entre 1874 et 1881, si l'on tient à ces chiffres de la douane[5]. Ce n'est qu'à partir de 1885 que le brut prend largement le dessus sur le raffiné, bien que cette reprise reste relativement timide si l'on tient en considération le retard de la France sur le plan international. En fait, la tendance générale des acteurs français montre une réticence vis-à-vis des investissements directs dans le raffinage pétrolier. C'est ce qui explique le retard des investissements dans ce domaine. Les investisseurs d'huile de schiste se sont tenus à l'écart du pétrole, bien que disposant de maté-

1. Souvenirs d'Abel Bernard, Directeur de l'usine Desmarais Frères à Blaye (Mars 1944), dans Henri Menjaud, *Desmarais Frères, op. cit.*
2. Tableau des statistiques douanières françaises concernant les produits pétroliers, Bernard Baffet, « Le raffinage du pétrole en France avant 1919 », art. cité.
3. A. Riche et G. Halphen, *Le pétrole… op. cit.*, p 235.
4. Tableau des statistiques douanières françaises concernant les produits pétroliers, Bernard Baffet, « Le raffinage du pétrole en France avant 1919 », art. cité.
5. *Ibid.*

riel qui aurait pu convenir à peu près. La raison est qu'ils ne veulent pas développer une industrie qui devrait les concurrencer directement.

Cependant, on peut se poser une question : pourquoi la maison Desmarais Frères ne prend-elle pas trop de risque dans ses investissements ? N'est-ce pas de « l'hésitation stratégique » comme a pu l'appeller Cathérine Vuillermot pour l'étude des débuts du groupe Durand ?[1] ou encore ce que Jean Claude Daumas pouvait appeler la « difficile naissance de la société commerciale » en parlant de l'entreprise Blin & Blin ?[2] En effet, au moment où la Standard Oil, la Royal-Dutch et la Shell connaissent une croissance « géométrique »[3] de leurs investissements, avec une domination grandissante, la compagnie française ne progresse que de façon « arithmétique » investissant en constructions tous les dix ans (en 1861, en 1870 et en 1880). On peut dès lors s'interroger : n'y a-t-il pas eu, de sa part, sous-investissement ? Pour pouvoir répondre à cette question, il peut être utile de recourir aux théories d'investissement.

Très souvent, les théoriciens de la gestion développent des formules mathématiques abstraites pour aider les décideurs de l'entreprise. Mais, la réalité est souvent autre : il y a très peu de chance d'être prise en considération par ces décideurs. La pertinence des choix de Desmarais Frères peuvent-ils être mesurée à l'aide d'une confrontation avec les théories de l'entreprise les plus utilisées dans ce domaine ? Selon Alexandre Baetche[4], la décision d'investissement ne peut se passer d'une étude. Les arbres de décision forment en fait une technique très efficace. Celle-ci s'appuie sur une théorie, appelée « Théorie de la décision »[5], qui tient compte de trois éléments essentiels : l'information, la prévision et le financement de l'investissement.

En réalité, cette théorie consiste en une méthode rationnelle formalisée par John Magee en 1964 pour aider le décideur dans l'entreprise

---

1. Cathérine Vuillermot, *Pierre-Marie Durand et l'énergie industrielle. L'histoire d'un groupe électrique 1906-1945*, CNRS Editions, Paris, 2001, p. 35-67.
2. Jean Claude Daumas, *L'amour du drap. Blin & Blin, 1827-1975. Histoire d'une entreprise lainière familiale*, Presses Universitaires franc-comtoise, 1999, p. 71.
3. La notion de la progression géométrique en matière pétrolière vient du caractère capitalistique de cette industrie. Obéissant à la loi des économies d'échelle, le rendement du capital augmente plus rapidement avec l'augmentation des investissements. Voir : Paul H. Frankel, *L'économie pétrolière, structure d'une industrie*, Librairie de Médcis, Paris, 1948.
4 Alexandre Baetche, *La stratégie de l'investissement, Problématique de la décision stratégique dans la gestion de l'entreprise*, Thèse de doctorat d'État ès Sciences de Gestion, soutenue à l'Université de Paris I Panthéon-Sorbonne, 1984.
5. Frederic Schick, *Making choices: a recasting of decision theory*, Cambridge University Press, New York, 1997.

à construire un arbre de décision[1]. Cette théorie a pour objet « la délimitation, la formalisation, et le traitement des problèmes de prise de décision »[2]. Utiliser les critères d'aide à la décision au cas de Desmarais Frères constitue une étape très utile pour analyser ses choix et comprendre sa stratégie globale dans les débuts de ses activités pétrolières. Selon cette théorie, on peut caractériser une situation de décision en faisant intervenir les cinq éléments suivants :

- Deux éléments environnementaux[3] :

– *Les événements* : facteurs d'environnement qui se définissent par le fait qu'ils échappent au contrôle du décideur. Dès 1861-1863, l'administration française taxe le lampant raffiné importé, mais à un taux modéré. De nouveau, le Parlement décide le 8 juillet 1871 de fixer des droits en augmentation considérable sur les précédents, pour ainsi parer aux conséquences financières de la guerre de 1870[4]. Cela représente un facteur environnemental majeur et un frein pour les entreprises qui souhaitent investir dans le raffinage. On préfère prendre le moins de risques.

– *Les contraintes* : il s'agit des conditions nécessaires incluses dans l'environnement général de l'entreprise. Desmarais Frères ne possède pas de sources propres d'approvisionnement en raison de l'absence de ressources pétrolières françaises. Le contrôle du marché français par les fournisseurs étrangers et les géants américains laisse très peu de chances aux petits indépendants qui s'associent pour développer une industrie intégrée (Prospection-Raffiage-Distribtion).

- *Trois éléments internes :*

– *Les critères* : on peut les définir comme des résultats attendus maximisés des décisions étudiées. Pour Desmarais Frères, l'expérience commerciale réussie sur le marché français est un élément clé pour la suite des décisions à prendre. La compagnie Desmarais Frères contrôle de façon certaine une part substantielle du marché français (autour

1. Voir : John F. Magee, "Decision Trees for Decision Making", *Harvard Business Review,* Juillet-Août 1964; "How to use decision tree in capital investment", *Harvard Business Review,* Septembre-Octobre 1964.
2. Alexandre Baetche, *La stratégie de l'investissement... op. cit.,* p. 13-15.
3. Voir chapitre 1.
4. Bernard Baffet, « Le raffinage de pétrole en France avant 1919 », in *L'hydrocarbure,* art. cité.

de 20%). Elle peut donc s'appuyer sur les résultats financiers obtenus comme critère de premier degré pour mesurer l'impact de ces décisions en termes d'investissement.

– *Les alternatives* : ce sont les moyens possibles ouverts au décideur pour atteindre ses objectifs. La compagnie Desmarais Frères a le choix de développer soit une activité purement commerciale (cela suppose, bien entendu, une représentation des compagnies américaines qui produisent le pétrole raffinée depuis les États-Unis), soit une activité de raffinage sur le sol français. Mais, ce choix nécessite des investissements en amont car il faut chercher le pétrole brut le moins cher.

– *La décision* : c'est essentiellement l'acte de choisir et ce qu'on peut supposer contrôlé par le décideur. Ici, tout dépend des ambitions du chef d'entreprise. Quand on sait que les Frères Desmarais se sont lancés dans les activités pétrolières par amour du métier, on peut supposer l'étendue de leur ambition et leur détermination.

En effet, l'activité du raffinage avant le début du XXe siècle en France connaît une grande discontinuité. Le travail est intensif de septembre à février, en liaison avec la période de forte consommation du pétrole lampant, tandis que le rythme de production se ralentit le reste du temps[1]. Paul H. Frankel souligne que le plein-emploi de l'outillage est une condition nécessaire au succès d'une usine. Il faut lui donner à exécuter un plan de production régulier et autant que possible l'utiliser à plein[2]. Il est donc extrêmement préjudiciable de mettre en service et d'arrêter les machines à des intervalles rapprochés. Dans le cas de Desmarais Frères, cela se traduit par l'incertitude dans la prise de décision d'investir.

Sur la période entre 1870 et 1880, le marché connaît des éléments favorables (la demande incessante en pétrole lampant) et d'autres défavorables (vulnérabilité face à l'offre du pétrole brut et lois interventionnistes[3]). Devant les contraintes d'investir massivement, les frères Desmarais choisissent le pas à pas tout en privilégiant la qualité. Ainsi, leurs efforts sont récompensés quand, en 1911, la compagnie obtient deux grands prix pour la fabrication des huiles[4] à l'exposition internationale de Turin[5].

1. Archives Nationales : F^{12} 4948- F^{12} 4949.
2. Paul H. Frankel, *L'économie pétrolière. Structure d'une industrie, op. cit.*, p. 51.
3. Lois de juillet 1871 et de juillet 1873, voir chapitre 1.
4. Le Grand prix pour les huiles non combustibles (Classe 102 B) ; Le premier prix Hors Concours pour les huiles combustibles (Classe 102 A).
5. Archives Nationales, F^{12} 6640.

c. Les investissements à l'étranger : dictés par la mobilisation des ressources

Desmarais Frères reçoit son pétrole vendu en France des États-Unis pour sa grande majorité[1]. Mais l'attention de ses dirigeants reste fixée sur les zones du monde où il y a opportunité. Jusqu'à 1885, date où le pétrole lampant prime sur le pétrole utilisé en tant que carburant, le pétrole américain est de loin plus avantageux pour sa qualité et pour son coût. Progressivement, d'autres régions en Europe prennent de l'importance : c'est le résultat de l'essor de l'automobilisme et de la découverte de pétrole en grandes quantités.

– L'incontournable diversification

En l'absence de sources pétrolières en France, la compagnie Desmarais, comme toutes les autres compagnies françaises cherchant à s'imposer sur leur territoire, ont de très fortes raisons de chercher à s'approvisionner aux sources les plus proches. Dans la recherche de ressources pétrolière, la proximité a un rôle primordial pour inciter les entreprises pétrolières à rechercher du pétrole à des prix plus compétitifs. La diversification des ressources est la principale raison des choix d'investissements dans la recherche pétrolière. C'est ainsi que Desmarais Frères ainsi que d'autres sociétés françaises se lancent à la quête des pétroles russe, polonais, espagnol et roumain.

L'analogie entre le management de l'entreprise et la biologie faite par Henderson[2] est si frappante qu'elle peut servir d'angle de vue pour attaquer l'analyse des choix de Desmarais Frères. Il est judicieux de constater que comme pour les espèces biologiques, le fondement de la réflexion stratégique consiste à se différencier des autres. Des êtres biologiquement semblables tendent à se détruire lorsqu'ils s'affrontent dans le même espace. En revanche, ils subsisteront s'ils présentent des originalités d'ordre biologique. L'entreprise se comporte de cette manière. Elle se développe à partir de raisonnement logique et d'imagination. Dans le cas de Desmarais Frères, on peut aisément imaginer son avenir dans le cas où elle dépendrait des pétroles venus des États-Unis et sous le contrôle d'un seul fournisseur, la Standard Oil. Comme elle devrait l'être, la stratégie de Desmarais Frères est formulée de manière à s'adapter aux changements de contexte.

1. Maurice Gascheau, *La question des pétroles en France*, *op. cit.*
2. B. D. Henderson, "The Origin of Strategy", *Harvard Busines Review*, Novembre/Décembre 1989, p. 139-143.

Après l'application de la loi de 1903, l'activité de raffinage diminue énormément en France. Cela se manifeste chez les Desmarais dès 1904 par un ralentissement de la production de sa principale usine au Havre à cause de l'importation de pétrole déjà raffiné (la moitié du total dès 1907)[1]. Cependant, Desmarais Frères, grâce à ses investissements à l'étranger, devient la plus grande société importatrice du pétrole brut. C'est au moment où l'activité de la grande majorité des raffineurs français se réduit à la simple représentation des compagnies étrangères que Desmarais Frères déclenche sa contre-attaque.

– *L'aventure internationale*

L'industrie européenne a reconnu depuis longtemps les qualités des huiles de graissage issues du brut caucasien, ajoutant ainsi une raison supplémentaire pour accroître l'appel vers le pétrole russe (les seules importations françaises dépassent 40 000 tonnes à la fin du siècle)[2]. En Roumanie à la fin du XIXe siècle, la production roumaine n'a cessé de monter[3]. Les capitaux étrangers commencent à affluer avec la découverte de la région de Moreni, l'une des plus riches en Europe[4]. L'importance de la production de ces deux régions, outre la proximité, a donné de bonnes motivations à Desmarais Frères pour tenter de s'y implanter. S'y ajoute aussi la Pologne : l'on y découvre des puits qui se sont mis à débiter une production énorme vers 1900[5]. Quant à l'Espagne, elle est bien connue, notamment depuis la fin des années 1880, pour ses quelques gisements intéressants dans la région de Santander au nord du pays.

• La Russie :

L'entrée des Desmarais Frères en Russie devrait être favorisée par la présence des capitaux français dans ce pays, notamment à travers les banques d'affaires. En réalité, seule la volonté de chercher du pétrole dans l'abondance de la production pétrolière à Bakou[6] pousse les Desmarais dans l'aventure russe. Le jaillissement du pétrole à Bakou

1. Archives municipales du Havre, Sous-série F², carton 18, liasse 5.
2. Maurice Gascheau, *La question des pétroles en France*, *op. cit.*, p. 18.
3. Léon Wenger, *Le pétrole. Production, industrie, commerce*, « Annexes », Arthur Rousseau, 1913.
4. Alain Perrodon, *Le pétrole à travers les ages*, Bouée, Paris, 1989, p. 114-116.
5. *Ibid.*, p. 116-117.
6. Albert Blazy, *Le pétrole à Bakou et les intérêts français au Caucase*, 1902.

remonte à 1866[1]. C'est à partir de cette époque que Desmarais Frères commence à établir des liens dans la région en quête du pétrole le moins cher. Les puits semblent alors très productifs à l'exemple d'un puits exploité par les Nobel et qui rapporte près de 300.000 francs par jour[2]. Cependant, l'installation de Desmarais Frères dans la région ne vient que beaucoup plus tardivement. Il faut attendre la période d'expansion et de développement de la production pétrolière entre 1898 et 1901[3]. C'est aussi une période pendant laquelle s'effectue la réorganisation du secteur bancaire russe[4]. Cela augmente énormément l'influence des grandes banques commerciales sur l'ensemble des circuits économiques russes, industrie comprise. Les capitaux français se dirigent plutôt vers l'industrie, le pétrole en premier lieu avec 162 millions de francs (le textile vient en second lieu : 126 millions)[5].

TABLEAU 1.1.9.
Développements des extractions du pétrole russe entre 1872 et 1913 (en tonnes)

1872	1890	1904	1905	1913
24.000	4 millions	10 millions	7 millions	8.800.000

Source : Léon WENGER, *Le pétrole. Production, industrie, commerce*, Arthur Rousseau, 1913, p. 38.

En fait, la pénétration des banques française dans l'industrie russe est si forte que près de la moitié de l'extraction dans les charbonnages de Donets dépend de l'influence française. Et, si, à la fin du XIXe siècle, le pétrole attire le plus les capitalistes français, c'est qu'il représente le secteur le plus rentable. Les dividendes versés pendant les années 1904-1913 restent une preuve incontestable de cette réalité. En effet, ils sont parmi les plus élevés, comparés à ceux des autres secteurs : ils sont

1. Raymond DE SOUHESMES, *Le pétrole à Bakou*, 1900. (Voir : BNF 8-S PIECE-17423).
2. *Ibid.*, p. 16.
3. C'est une période durant laquelle le production russe est à la tête de la production mondiale et les quantités importés par la France augmente sensiblement. Voir : Chapitre 1, TABLEAU 1.1.3.
4. Voir : R. CAMERON, *Banking in the Early Stages of Industialisation*, New York, 1967.
5. R. GIRAULT, « Investissements et placements français en Russie 1880-1914 », in Maurice LÉVY-LEBOYER, *La position internationale de la France. Aspects économiques et financiers XIXe-XXe siècles*, EHESS, Paris, 1989, p. 251-262.

de 8,67% en 1905 et de 20,3% en 1913[1]. A la fin du XIXe siècle, le pétrole caucasien devient un facteur géostratégique important. Au sein de la mer Caspienne, on constate par temps calme des émanations gazeuses, ce qui indique que la zone pétrolifère s'étend certainement sous la mer. A certains endroits, on procède au dessèchement de la région marine avoisinant le rivage. En résumé, toute la région est d'une merveilleuse fécondité et malgré le nombre croissant des forages, le rendement reste toujours considérable[2]. L'exploitation de cette région pose de nombreux problèmes aux détenteurs de ces territoires[3].

CARTE 1.1.2.
Carte pétrolière de la région de Bakou vers 1900

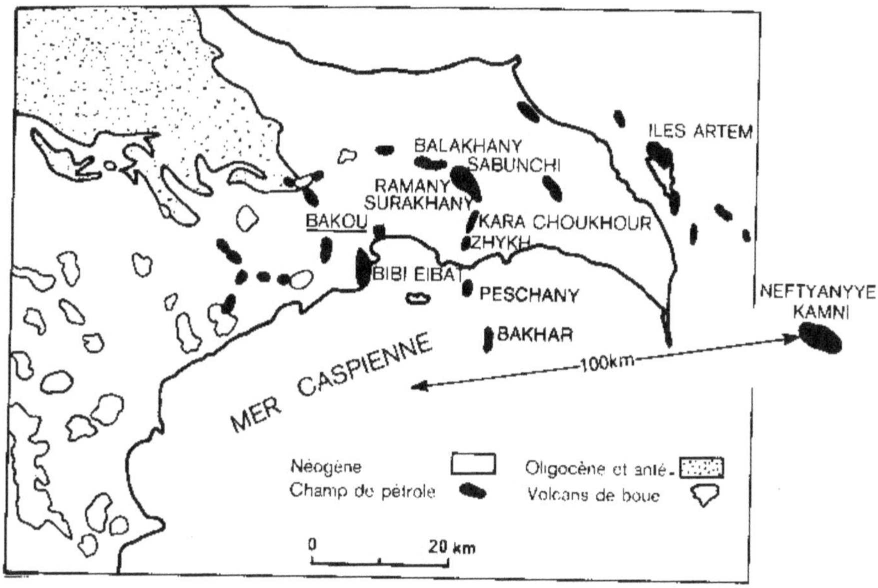

Source : Alain PERRODON, *Le pétrole à travers les âges*, Bouée, Paris, 1989, p. 45.

Des problèmes qui sont encore d'actualité aujourd'hui et qui se déclinent comme suit : alors que seul l'accès au marché des pays occidentaux permettrait à ces ressources de prendre une réelle valeur

1. Selon une étude portant sur le taux moyen des dividendes versés par une centaine de sociétés environ. Il faut préciser que l'étude est faite sur les profits distribués, et non sur les profits réels. Voir: R. GIRAULT, « Investissements et placements français en Russie 1880-1914 », in Maurice LÉVY-LEBOYER, *La position internationale de la France,* art. cité, p. 251-262.
2. Léon WENGER, *Le pétrole. Production, industrie, commerce, op. cit.*, p. 39-41.
3. Alain PERRODON, *Le pétrole à travers les ages, op. cit.*, p. 45-50.

marchande, les sources d'investissement manquent pour développer le réseau de distribution. Si on ajoute à cela que ce réseau de transport doit traverser divers États en désaccord les uns avec les autres, on comprend la difficulté de la situation. C'est dans ces conditions que s'ouvre la grande ère de l'exploitation pétrolière des Rothschild et des Nobel. Les grandes compagnies pétrolières entrent donc en jeu.

En 1904, les Desmarais s'associent avec d'autres importateurs (Fenaille et Despeaux) pour créer un organisme, l'Etoile du Caucase, chargé de traiter directement les achats de brut avec les producteurs extérieurs au monopole russe (Caspian & Black Sea Company ou B.N.I.T.O.). Le B.N.I.T.O. contrôle en fait la seule ligne de chemin de fer, reliant les champs de productions à la mer Noire (de Bakou à Batoum) depuis 1883. Comme il n'existe pas alors de pipe-line entre les puits de la Caspienne et les ports de la Mer Noire, le B.N.I.T.O. réalise pour son plus grand profit un véritable monopole d'exportation. Cela aboutit à faire grimper le prix du pétrole russe en Europe au-dessus de l'américain, tout en aggravant le goulot d'étranglement sur les lieux de production.

La compagnie l'Etoile du Caucase construit alors ses propres réservoirs et dépôts à Batoum et réussit à obtenir les wagons-citernes indispensables[1]. Cependant, le groupe Desmarais cède très vite ces dépôts pour concentrer son activité sur les lieux de production, où il crée ses entreprises d'exploration et d'exploitation. Ces dernières seront nationalisées plus tard par les Soviets. Takashi Hotta souligne la difficulté de l'importation du pétrole russe en France par des raisons liées au régime russe d'exportation qui met des obstacles à la sortie du pétrole brut. Il explique cette difficulté aussi par l'insuffisance des moyens de transport et par le faible rendement de l'huile russe (de 30 à 40 % d'huile éclairante)[2]. Mais cette dernière explication n'est plus valable dès que le pétrole est devenu carburant.

• La Roumanie :

La qualité distinctive des pétroles roumains est leur riche teneur en produits légers. Les produits légers dont la benzine constitue la base des essences employées dans les moteurs à explosion[3]. Les pétroles sont

1. Henri Menjaud, *Desmarais Frères, un siècle d'industrie française du pétrole*, Draeger, Paris, 1961 (document non paginé).
2. Takashi Hotta, *L'industrie du pétrole en France des origines à 1934, l'État et les entreprises pétrolières*, Thèse de doctorat, Université de Paris-X Nanterre, sous la direction de Maurice Lévy-Leboyer, 1990, p. 58-60.
3. Léon Wenger, *Le pétrole. Production, industrie, commerce*, *op. cit.*, p. 48.

mieux placés que tous les autres pour profiter de l'extension rapide que l'automobilisme a donné à cette force motrice. Quand la Compagnie Desmarais Frères décide d'aller chercher le pétrole en Roumanie vers 1880, la situation semble plutôt favorable aux intérêts allemands. Après 1872 tous les grands emprunts sont réalisés par le groupe Diskonto-Gesellschaft-Bleichröder avec une certaine participation française[1]. Ainsi dans l'emprunt 5 % de 50 millions de francs en 1893, la Banque de Paris et des Pays Bas a pris 25 % dans la Steaua Romana[2]. Les dirigeants de Desmarais Frères semblent très réticents par rapport à l'investissement dans l'exploration pétrolière. La situation économique stable de la Roumanie ne semble pourtant pas présenter un risque pour une compagnie française cherchant à investir durablement dans le pétrole.

La production roumaine augmente à un rythme accéléré. Elle passe de 100.000 tonnes en 1897 pour atteindre 1.500.000 en 1913[3]. Ce sont, cependant, les allemands qui veulent attirer les français dans les sociétés de pétrole placées sous leur contrôle. Malgré la présence de deux français dans le conseil d'administration, la Steaua Romana reste avant tout allemande sous la présidence de Gwinner[4]. Desmarais Frères attend le début du XXe siècle pour s'investir en Roumanie. C'est quand la production commence à s'écouler difficilement et les stocks s'accumulent malgré la proximité des ports de la mer noire[5]. A la fin de 1908, cette société demande l'admission des titres de la Bourse de Paris, elle est accordée. La France continue alors à exercer en Roumanie une influence morale grâce à la littérature et la culture[6]. Mais ce n'est que tardivement (en 1911) que le ministère des Affaires étrangères évoque « l'urgence et l'importance des efforts à encourager ceux des industriels et commerçants qui cherchent à monter des relations en Roumaine »[7].

1. Archives économiques et Financières, B 27 461 ; voir aussi : Raymond Poidevin, *Les relations économiques et financières entre la France et l'Allemagne de 1898 à 1914*, Armand Colin, Paris, 1969.
2. Voir : Eric Bussière, *Paribas, 1872-1992 : l'Europe et le Monde*, Fonds Mercator, Paris, 1992.
3. Léon Wenger, *Le pétrole. Production, industrie, commerce, op. cit.*, p. 45.
4. Philippe Marguerat, Laurent Tissot, Yves Froidevaux, *Banques et entreprises en Europe de l'Ouest, XIXé-XXè siècles. Aspects nationaux et régionaux, Actes du colloque de l'Institut d'histoire de l'université de Neuchâtel : Le financement bancaire de l'entreprise*, 27-28 octobre 1997, p. 29-58.
5. Henri Menjaud, *Desmarais Frères, un siècle d'industrie française du pétrole, op. cit.*
6. Archives économiques et financières, B 27 461.
7. Archives économiques et financières, B-0027461 : Lettre du 27 mars 1911 da la Direction des affaires politiques et commerciales adressée à M. Gruppi (Ministre des affaires étrangères).

Dès 1904, la compagnie Desmarais Frères commence l'orientation de ses recherches vers la Roumanie. En Europe, la région des Carpates est, après celle du Caucase, la plus riche en pétrole. Les grands centres de production se trouvent en Galicie et en Valachie. La Galicie produit, depuis 1903, de 700 à 800 mille tonnes par an[1]. Mais, sa production demeure plutôt stationnaire. Pour la production roumaine, au contraire, la progression est évidente. Le coefficient de richesse des gisements roumains en 1904 est de près de six fois supérieur à celui fourni par la production pétrolifère de la Galicie[2]. Ainsi, la production roumaine du combustible liquide qui n'était que 80.000 tonnes en 1895, atteint à partir de 1900, successivement les chiffres suivants :

GRAPHIQUE 1.1.13.
La production roumaine de 1900 à 1907
(en tonnes)

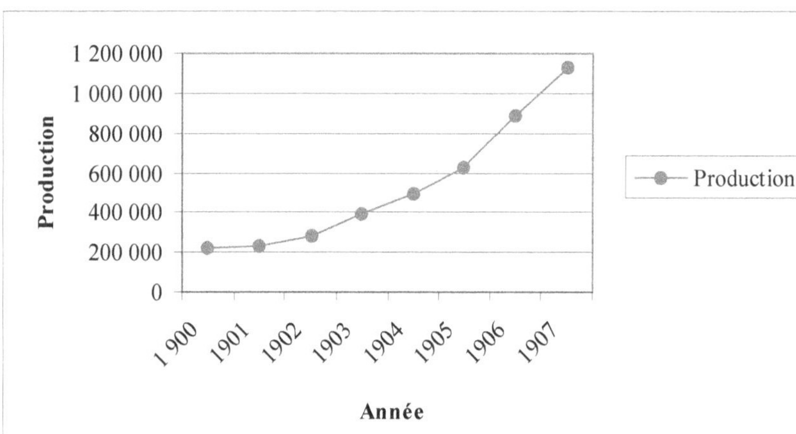

Source : Jean-Claude PILIDI, *Du combustible en temps de guerre : la houille, le pétrole dans le droit de la neutralité maritime*, Thèse de droit, Paris, 1909, p. 68.

1. Jean-Claude PILIDI, *Du combustible en temps de guerre : la houille, le pétrole dans le droit de la neutralité maritime*, Thèse de droit, Paris, 1909, p. 68.
2. Le coefficient de richesse est le rapport qui existe entre la production moyenne journalière, exprimée en tonnes, et le nombre de sondes utiles d'un pays pétrolifère. En 1904, ce coefficient a été de 14,5 pour la Russie, 6 pour la Roumanie, 2,8 pour les États-Unis et 1,1 pour la Galicie. V. TOROCEANO, *Les gisements pétrolifères de la Roumanie, op. cit.*, p. 23.

La production roumaine a plus que quintuplé de 1900 à 1907 passant de 226.500 tonnes à 1.132.280 tonnes[1]. Veillant à trouver le brut disponible en grandes quantités, la compagnie Desmarais Frères suit de près la tendance du marché pétrolier. A cette époque, les principaux chantiers d'exploitation se trouvent dans les districts dc Pahova (Bustenari, Moreni, Campina, Poiana, etc.) de Dambovitza et de Vizeu, en Valachie et dans le district de Bacau en Moldavie[2].

En 1904, Desmarais Frères crée l'Aquila Franco-Romana en s'associant avec l'Etoile du Caucase et d'autres entreprises françaises. Outre Fenaille et Despeaux, ces associés sont composés des sociétés Paix, Lesieur, Lille-Bonnières-Colombes, Raffinerie de Pétrole du Nord, Compagnie Générale des Pétroles. L'Aquila exploite ses propres puits, construit sa propre raffinerie de Polesti et assure sa production indépendante. Par ses installations de stockage à Constanza, l'Aquila a pu se libérer les approvisionnements du monopole international, comme en Russie. A la veille de la première guerre mondiale (en 1914), le produit romain représentait 35% des importations totales de la France.

Un peu avant le début de la guerre, la France veut lutter contre l'influence politique et économique allemande en Roumanie et, dans ce but, soutenir les investisseurs français. Elle lance en 1914 un projet de banque française pour le commerce et l'industrie[3]. Mais, malgré les efforts tenaces, l'influence française reste faible par rapport à l'influence allemande. Dans le domaine du pétrole, la Regatul Romana contrôlée par l'Union Parisienne se laisse alors absorber par l'Astra Romana (à capitaux néerlandais) qui elle-même s'allie à la Steaua Romana aux mains de la Diskonto. Les efforts isolés des compagnies françaises, Desmarais Frères en tête, sont de ce fait de moindre pertinence.

- La Pologne :

Desmarais Frères est la première compagnie pétrolière française à investir en Pologne[4]. Ses recherches du pétrole brut de Galicie, province de la Pologne annexée à l'Autriche, débutent en 1880 pour assurer l'approvisionnement de ces nouvelles raffineries du Havre et de Blaye. Les premières tentatives de sondage remonte à 1862, mais le développement

---

1. Jean-Claude Pilidi, *Du combustible en temps de guerre : la houille, le pétrole dans le droit de la neutralité maritime*, *op. cit.*, p. 68.
2. *Revue du Pétrole*, n° 23, mai 1908, p. 332.
3. Raymond Poidevin, *Les relations économiques et financières entre la France et l'Allemagne de 1898 à 1914*, *op. cit.*
4. Henri Menjaud, *Desmarais Frères…*, *op. cit.*

pétrolifère de cette région n'est véritablement assuré qu'en 1882[1]. Entre 1880 et 1900, trois sociétés françaises sont déjà installées en Galicie[2]. Il faut dire que les compagnies industrielles françaises sont déjà assez présentes en Pologne à travers la recherche de produits de bases, le charbon notamment[3]. Ils sont présents aussi dans le secteur textile en implantant de nouvelles technologies dans la production de la laine peignée et du lin. Au début du XXe siècle la Compagnie d'Electricité s'installe confortablement à Varsovie (en 1903), malgré la concurrence des firmes allemandes. Celle-ci devrait survivre à la période de la guerre[4].

En 1906, en Galicie, l'association Desmarais Frères – Fenaille et Despeaux crée la Limanowa en faisant face au cartel international qui contrôlait l'écrasante majorité de la production pétrolière en Europe. La production de la Pologne dépasse les 2 millions de tonnes en 1909, plaçant la Galicie au 3e rang des pays producteurs[5]. Avec la volonté des Desmarais, la Limanowa décide alors de doubler ses installations. Sa raffinerie était alors la mieux équipée d'Europe, produisant toute gamme des dérivés. De grands spécialistes français des hydrocarbures ont été formés dans cette association.

- L'Espagne :

En réalité, l'Espagne est la première des implantations étrangère pour Desmarais Frères[6]. Sa première introduction au marché espagnol est facilitée par la pénétration des banques d'affaire françaises en Espagne dans la deuxième moitié du XIXe siècle. Cette pénétration va jusqu'à la mise en place d'un système législatif en 1856, qui favorisera la croissance du système bancaire espagnol[7]. La présence des banques françaises reste assez forte malgré une grande crise en 1966. Elle se manifeste à travers

1. Alain Perrodon souligne que la production polonaise débute en 1974 au moins dans les statistiques, voir : *Le pétrole à travers les ages, op. cit*, p. 116.
2. I. Pietrzak-Pawlowska, « Les investissements français en Pologne », in Maurice Lévy-Leboyer, *La position internationale de la France. Aspects économiques et financiers XIXe-XXe siècles*, EHESS, Paris, 1989. p. 317-324.
3. Voir : Christophe Laforest, *La stratégie économique de la France en Pologne (1919-1939). Aspects économiques et implications politiques*, Thèse de doctorat, Paris 1, 2001.
4. I. Pietrzak-Pawlowska, « Les investissements français en Pologne », art. cité, p. 313-324.
5. Alain Perrodon, *Le pétrole à travers les ages, op. cit.*, p. 116 ; Léon Wenger, *Le pétrole. Production, industrie, commerce, op. cit.*, p. 50.
6. Titres de propriétés : actes d'achat de terrains, inventaire des dépôts et constructions : Archives 130 AQ 37.
7. Gabriel Tortella, « Investissements étrangers et entrepreneurs nationaux en Espagne », *Entreprises et Histoire* n°8, juin 1995. p. 63-73.

les Rothschild et la Banque de Paris et des Pays-Bas[1]. Cette dernière sera même à l'origine de la création de la Banque d'Espagne à la même année de sa création en 1872[2]. Elle constitue notamment la Compagnie des Chemins de Fer Andalous en 1877 et intervient en 1902 à la création de la Banque Espagnole de Crédit[3].

Pour Desmarais Frères, s'implanter en Espagne semble être une simple extension aux implantations du Havre. En 1891, on construit une organisation de raffinage et de distribution[4]. Il semble plus judicieux de raffiner sur place et de transporter le pétrole raffiné en France. L'on choisit alors pour ces installations, le site d'Astillero, à dix kilomètres de Santander. Ce site bénéficie de la proximité du port où les tankers de 4 à 5000 tonnes peuvent accoster facilement à marée haute. Les Desmarais se trouvent face à une concurrence internationale importante. Cependant, ils réussissent à contrôler 15 % du marché espagnol. En effet, leur stratégie dans ce pays n'est pas celle utilisée en Europe Orientale. Elle se base sur la création d'un réseau de distribution qui s'étend sur la côte Cantabrique et dans la région de Valence jusqu'à Madrid. Avec l'essor de la motorisation, on vend l'essence sous la même marque « Automovilina » qu'en France. Les installation des Desmarais Frères (devenus Desmarais-Hermanos en 1917) dureront jusqu'en 1927 quand l'État espagnol nationalise toutes les sociétés privés opérant en Espagne et forme, par décret, la CAMPSA[5].

2.3. L'entreprise Desmarais Frères constitue-t-elle un archétype du capitalisme familial ?

La compréhension du mode de la gestion familiale chez Desmarais Frères dans ces débuts suppose un effort de comparaison : d'abord la compagnie a connu un succès formidable ; ensuite, elle fait partie des rares entreprises familiales françaises appartenant au secteur pétrolier. Cependant, la distinction entre l'entreprise et son créateur devient une tâche difficile dès lors que l'entreprise familiale est, avant tout, « une

---

1. Pour l'histoire de Paribas, voir : Eric Bussière, *Paribas, l'Europe et le Monde, 1872-1992*, Fonds Mercator, Anvers, Décembre 1992.
2. Gabriel Tortella, « Investissements étrangers et entrepreneurs nationaux en Espagne », art. cité., p. 63-73.
3. Eric Bussière, « Entre la Banque mixte et la banque d'affaires : banque de paris et des Pays Bas et sa stratégie industielle 1900-1930, *Entreprises et Histoire* n°2, Décembre 1992, p. 49-64.
4. Henri Menjaud, *Desmarais Frères, op. cit.*
5. Archives 130 AQ 37, 130 AQ 38.

création d'entreprise par un homme »[1]. Son développement est « étroitement lié à cet homme et à ses descendants à travers la lignée familiale »[2]. L'identité de l'entreprise familiale se dessine donc forcement à travers son propriétaire, les conditions de sa création, mais aussi à travers son environnement.

2.3.1. *Le patronat du XIX*e *siècle : une problématique générale*

Sans prétendre à l'exhaustivité, la mise en valeur de la spécificité de Desmarais Frères en tant qu'entreprise familiale passe par le croisement des deux disciplines : l'histoire de l'entreprise et la gestion.

a. La performance de l'entreprise familiale entre hier et aujourd'hui

Le croisement entre des études récentes d'histoire d'entreprises familiales et de gestion d'entreprise prouve la forte performance économique des entreprises familiales. L'étude de Allouche et Amann va jusqu'à démontrer, dans une étude publiée en 1995, leur supériorité sur les entreprises non familiales en terme de performance économique sur la période 1989-1992[3]. Le même fait se confirme encore plus récemment[4]. Les études les plus récentes en sciences de gestion insistent sur le fait que les entreprises familiales continuent d'occuper une place privilégiée dans l'ensemble de l'économie mondiale[5].

– L'entreprise familiale : un grand thème de débat

Ce thème a déjà émergé dans les propos d'un certain nombre d'historiens d'entreprise : Maurice Hamon a, ainsi, publié en 1987, conjointement avec Félix Torrès, *Mémoire d'avenir, l'histoire dans l'entreprise*[6]. Ces travaux font suite à des travaux pionniers faits par des auteurs tels que Jean

1. Sylvie Allain-Gueye, *Capitalisme familial : une approche du rendement, du risque et du temps*, Thèse de Gestion, Université de Nice, 2003, p. 50.
2. *Ibid.*
3. Bruno Amann et José Allouche, « Le retour triomphant du capitalisme familial », in *De Jacques Cœur à Renault : Gestionnaires et Organisations*, Presses de l'université des Sciences Sociales de Toulouse, 1995 ; en Angleterre, Leach et Leahy concluent que les entreprise familiales ont de meilleurs ratios que les entreprises non familiales (un écart de l'ordre de 15%), voir : D. Leach et J. Leahy, « Ownership Structures, Control and the Performances of Large British Companies », in *Economic Journal*, Vol. 101, 1991, p. 1435.
4. Bruno Amann et José Allouche, « L'entreprise familiale, un état d'art », *Finance, Contrôle, Stratégie (FCS)*, printemps 2000.
5. Sylvie Allain-Gueye, *Capitalisme familial : une approche du rendement, du risque et du temps*, *op. cit.*
6. Maurce Hamon et Félix Torrès, *Mémoire d'avenir, l'histoire dans l'entreprise*, Economica, Paris, 1987.

Claude Daumas[1], Catherine Vuillermot[2], Arnaud Berthonnet[3], Pierre Lamard[4] ou, plus récemment, Jacques Marseille[5] et Rang-Ri Park-Barjot[6]. La question de l'entreprise familiale peut être également traitée du point de vue de l'entreprenariat[7]. Cette question est à l'origine d'un important débat historiographique et méthodologique. L'approche prosopographique par région offre une vue d'ensemble du milieu entrepreneurial du Second Empire[8]. Malgré quelques lacunes[9], celle-ci peut servir d'un point de repère pour l'analyse du cas de Desmarais Frères.

– La prosopographie : un outil d'analyse pour d'histoire du patronat

L'idée d'engager une recherche sur le Patronat français remonte à 1978/1979 quand un vaste programme de recherche est entamé par l'Institut d'Histoire Moderne et Contemporaine (IHMC)[10], pour combler le manque de connaissances des milieux entrepreneuriaux[11]. Cette démarche s'inscrit dans le cadre de recherches visant à établir une prosopographie des élites françaises à travers la production de dictionnaires, d'atlas, de bibliographies et de bases de données[12]. Les initiateurs du projet ont choisi une approche régionale centrée sur le Second Empire. L'objectif d'une telle approche est de s'appuyer sur

---

1. Jean-Claude Daumas, *L'amour du drap. Blin & Blin, 1827. Histoire d'une entreprise lainière familiale,* Presses universitaire franc-comtoises, 1999.
2. Catherine Vuillermot, *Pierre-Marie Durand et l'énergie industrielle. L'histoire d'un groupe électrique, 1906-1945,* CNRS éditions, Paris, 2001.
3. Arnaud Berthonnet, *Chagnaud : L'histoire d'une fidélité,* Editions du Lys, Caen, 1996.
4. Pierre Lamard, *Histoire d'un capital familial au XIXe siècle, le capital Japy de 1777 à 1910 : Frédéric Japy 1749-1812,* Société belfortaine d'émulation, Belfort, 1988.
5. Jacques Marseille, *Les Wendels, 1704-2004 : trois cents ans d'histoire économique française,* Perrin, Paris, 2004.
6. Rang-Ri Park-Barjot, *La construction de Construction des Batignolles : des origines à la première guerre mondiale (1846-1914),* thèse de doctorat à Paris IV, 2003.
7. Reginald Litz, « The family business, toward definitional clarity », in *Academy of Management Journal,* Best Papers Proceedings, 1995, p. 100.
8. Voir notamment : Dominique Barjot, Eric Anceau, Isabelle Lescent-Giles, Bruno Marnot, *Les entrepreneurs du Second Empire,* Presses Universitaires de Paris, Sorbonne, 2003.
9. L'approche néglige les branches d'activités où les sociétés de personnes sont rares. Frédéric Barbier, *Le Patronat du Nord sous le Second Empire: une approche prosopographique.* Préface de Pierre Deyon, Librairie Droz, Genève, 1989, p. 11.
10. Laboratoire du CNRS installé à l'Ecole Normale Supérieure (Paris).
11. Dominique Barjot, Eric Anceau, Isabelle Lescent-Giles, Bruno Marnot, *Les entrepreneurs du Second Empire, op. cit.,* « Introduction ».
12. *Pour une prosopographie des élites françaises (XVIe-XXe siècles),* IHMC, CNRS, Paris, 1979 ; *Pour une prosopographie des élites françaises (XVIe-XXe siècles). Guide de recherche,* IHMC, CNRS, Paris, 1980.

l'intense potentiel des enseignants chercheurs de l'université française[1]. Le projet regroupe d'importantes équipes locales : une quarantaine de personnes en Normandie, une douzaine en Bourgogne, à peu près l'équivalent en Franche-Comté, si l'on tient compte des étudiants de maîtrise mobilisés, etc.

La méthode adoptée par les différents chercheurs constitue un juste milieu entre l'exercice biographique et les très larges enquêtes statistiques du passé. La prosopographie offre, en effet, des typologies très opérantes, fondées sur un traitement statistique de fiches composées à partir d'un questionnaire type. Ainsi les travaux de Louis Bergeron[2], Jean Pierre Chaline[3] et de Serge Chassagne[4] ont montré l'intérêt que peut présenter cette approche pour dégager une vision d'ensemble d'un milieu entrepreneurial. La collection plus récemment dirigée par Dominique Barjot[5] s'efforce de concilier des objectifs en apparence contradictoires : ne pas oublier les personnages connus ; en faire découvrir d'autres, oubliés par la postériorité ; privilégier les notices les plus complètes ; faire en sorte que l'échantillon reflète le plus fidèlement possible la structure économique régionale. Il serait donc intéressant de confronter le cas de la famille Desmarais avec les conclusions générales d'une telle enquête.

b. Desmarais Frères : une firme entrepreneuriale exemplaire ou exceptionnelle ?

Desmarais Frères est fondée dans une période où prévaut encore un souci aigu d'indépendance financière. L'autofinancement, chez un grand nombre d'entreprises françaises devient presque une règle[6]. A cela s'ajoute la prépondérance et la naissance des sociétés de personnes, notamment la société en nom collectif et la commandite simple. D'autre part, la commandite par actions l'emporte encore sur la société anonyme. Enfin, les sociétés anonymes elles-mêmes ont souvent un capital très fermé : l'entreprise familiale subsiste sous cette forme, ce qui traduit la faiblesse des entreprises « managériales », lesquelles demeurent l'exception, sauf dans les grands services publics (chemin de fer) ou dans les

1. Dominique Barjot, Eric Anceau, Isabelle Lescent-Giles, Bruno Marnot, *Les entrepreneurs du Second Empire, op. cit.*, « Introduction ».
2. Louis Bergeron, *Les Capitalistes en France 1780-1914*, Julliard, Paris, 1978.
3. Jean Pierre Chaline, *Les bourgeois de Rouen. Une élite urbaine au XIXe siècle*, Presses de la FNSP, Paris, 1982.
4. Serge Chassagne, *Le Coton et les patrons. France 1760-1914*, EHESS, Paris, 1991.
5. Voir : Dominique Barjot, Eric Anceau, Isabelle Lescent-Giles, Bruno Marnot, *Les entrepreneurs du Second Empire, op. cit.*
6. Domnique Barjot, *Histoire économique de la France au XIXe siècle*, Nathan, Paris, 1995, p. 95.

mines (charbon). La possession d'un capital de départ, en effet, semble être dès le Second Empire, une condition de réussite[1] ; d'où l'importance des liens familiaux ou des réseaux d'amis. On retrouve au fond avec l'entreprise Desmarais Frères un nombre de caractéristiques du capitalisme de l'époque : taux élevé de reproduction sociale – les trois quarts des patrons émanent des milieux d'affaires, comme en Normandie[2] –, importance essentielle du capital de départ, rendant plus difficile la réussite du *self made man*.

Dans une certaine mesure, les conditions de naissance de la compagnie Desmarais Frères reflètent le contexte général d'une époque. Les deux frères Desmarais, ayant été les fils de joailliers depuis cinq générations, font partie, comme beaucoup d'autres, de cette majorité d'hommes d'affaires issu des milieux d'affaires[3]. Ils ne sortent pas non plus des grandes écoles commerciales ou techniques[4] : à cet égard, ils collent parfaitement au modèle dominant de l'entrepreneur français du XIXe siècle. Néanmoins, ils présentent une originalité certaine, dans la mesure où ils commencent une activité complètement éloignée de leur activité traditionnelle.

2.3.2. L'originalité de Desmarais Frères

En raison de son expansion, l'entreprise change de dimension et ce, de manière significative, à chaque développement nouveau de son activité. Il en résulte que si le risque de la nouvelle expérience est maîtrisable s'agissant de l'apprentissage du métier, l'évolution des méthodes de gestion interne l'est beaucoup moins avec le changement d'échelle. L'industrie pétrolière est exigeante au niveau du savoir-faire. En effet, le passage d'une compagnie de stature « familiale » à une compagnie de grande taille nécessite un savoir-faire nouveau, celui de la gestion d'un personnel nombreux. Ce passage exige également une expertise

1. Dominique Barjot, Eric Anceau, Isabelle Lescent-Giles, Bruno Marnot, *Les entrepreneurs du Second Empire, op. cit.*
2. *Ibid.*, p. 60.
3. Selon l'étude faite sur le Patronat de Normandie, du Maine et de l'Anjou vers 1860, trois quarts des entrepreneurs sont issus des milieux d'affaires : plus de 40% venaient de familles de négociants ou de banquiers et près d'un tiers d'industriels. Dominique Barjot, Eric Anceau, Isabelle Lescent-Giles, Bruno Marnot, *Les entrepreneurs du Second Empire, op. cit.*, p. 59-60.
4. À l'exemple d'Ernest Goüin qui fait entrer les Goüin dans l'ère de la grande industrie manufacturière moderne surtout grâce à sa formation d'ingénieur qu'il reçoit à l'école polytechnique. Voir : Rang-Ri Park, « Le voyage en Angleterre, instrument du rattrapage technologique : l'exemple des notes d'Ernest Goüin (1838-1939), *Les transferts technologiques dans l'espace méditerranéens : une perspective à long terme*, 2003 (en cours de publication).

concernant la motivation du personnel. Or, le seul héritage des dix-huit premières années d'expérience, depuis la création de la société jusqu'à 1879, réside dans deux éléments. Le premier est la solidarité fraternelle, dont les deux frères Desmarais ont fait preuve jusqu'alors. Le second consiste dans le soutien de leurs premiers collaborateurs. Ceux-ci n'hésitent pas à rester travailler la nuit pour combler le travail manquant de la journée[1].

L'on se retrouve devant un véritable problème d'identité, lui-même consécutif à une crise d'entrée dans la maturité. Pour y faire face, deux moyens classiques sont utilisés :

– Le changement des statuts juridiques :

Chez Desmarais Frères, un changement des statuts juridiques se produit à chaque fois qu'un membre associé décède[2]. Tout l'intérêt des modifications est de préserver la dimension familiale au sein de la société. C'est avec le lancement de l'activité pétrolière en 1863 que l'entreprise adopte le statut de la société en nom collectif. Quand le frère aîné décède en 1878, la compagnie change les statuts pour devenir une société en commandite simple. À la mort du frère fondateur Henri, Madame Henri Desmarais et ses deux fils, alors âgés de vingt-trois et vingt-deux ans, prennent la succession en 1888. De nouveau, la société reprend les statuts de société en nom collectif. Ces statuts seront conservé jusqu'en 1927. On retrouve les mêmes attitudes cas dans les différentes sociétés familiales au XIXe siècle. Pour ne citer qu'un exemple, la ressemblance apparaît incontestable avec Blin & Blin[3]. On cherche, à chaque fois, à répondre aux exigences légales et à renforcer par des précautions juridiques qui règnent entre les associés et sans laquelle il ne peut y avoir d'association durable.

– La culture familiale :

La pérennité de Desmarais Frères résulte d'une forte culture familiale et de la présence d'un fort capital de confiance. Dans le domaine de la culture d'entreprise, plus qu'ailleurs, le cas de Desmarais Frères n'est pas isolé, bien que des particularités restent à mettre en évidence. Français

1. Voir plus bas.
2. Archives Total, 99 AC 406.
3. Jean Claude Daumas, *L'amour du drap. Blin & Blin, 1827. Histoire d'une entreprise lainière familiale*, *op. cit.*, p. 72-75.

Caron souligne à ce propos « qu'il n'est pas contradictoire d'affirmer que chaque entreprise appartient à un certain type et d'affirmer qu'elle est unique »[1]. Ce thème est d'ailleurs très présent autant dans la littérature d'histoire d'entreprise que dans celle de la gestion. Elles s'accordent, en général, sur les vertus de l'identité[2], de la culture[3], de la longévité, etc. La création et le maintien dans le temps d'un esprit résolument entrepreneurial et la capacité d'innover sont parmi les spécificités les plus débattues dans la littérature. C'est d'ailleurs l'idée qu'on peut retenir à propos de Desmarais Frères. Celle-ci se préoccupe en premier lieu de renforcer l'esprit maison chez ses employés.

Ce style caractéristique de la maison Desmarais Frères est comparable au « paternalisme traditionnel » du chef d'entreprise qui préférait « encadrer les ouvriers, les enraciner par des avantages sociaux plutôt que d'élever leurs salaires »[4]. Bien que l'on ne possède pas suffisamment d'éléments archivistiques à ce propos pour la période précédant 1914, ce schéma est apparent dans certains comportements des ouvriers. « C'est le 10 juin 1876 que j'entrai à la maison Desmarais, comme petit employé... Comme les locaux étaient exigus (déjà)... nous avions des employés du PLM qui, leur journée finie, venaient veiller le soir après dîner pour faire des travaux de comptabilité... », témoigne Paulin Baduel en 1928. Directeur commercial et fondé de pouvoirs, il compte alors cinquante-deux ans de présence chez Desmarais Frères[5]. Le témoignage est très significatif, car l'on retrouve ici une notion de « personnel trust » utilisée par Oliver Williamson en 1993. Elle décrit la relation de confiance entre les dirigeants. La même notion est présente ici pour définir la relation existante entre les managers de Desmarais Frères qu'ils appartiennent à la famille ou non et qui ont adhéré à la logique familiale. Allouche et Amann proposent d'ailleurs, dans une étude récente, la notion de confiance comme facteur explicatif de la bonne performance des entreprises familiales[6]. Il s'ajoute à cela, dans le cas de

---

1. Alain Beltran et Michèle Ruffat, *Culture d'entreprise et histoire,* Éditions d'Organisation Université, Paris, 1991, p. 40.
2. Lauriane Pasdeloup, *L'identité sociale de l'entreprise et la communication externe,* DEA à Paris 1, 1988 ; Benoit Raffei, *L'influence de l'identité d'entreprise sur les décisions stratégiques,* Thèse de doctorat en Gestion, HEC, 1994.
3. Philippe Jacques Bernard, et Jean Pierre Daviet, *Culture d'entreprise et innovation,* Presses du CNRS, Paris, 1992.
4. Alain Beltran, *Un siècle d'histoire industrielle en France (1880-1970) : industrialisation et sociétés,* éditions Sedes, Paris, 1998, p. 97.
5. Henri Menjaud, *Desmarais Frères, op. cit.*
6. Bruno Amann et José Allouche, « La confiance : une explication des performances des entreprises familiales », *Economies et Sociétés,* Sciences de Gestion, Série S.G., n° 8-9, 1988, p. 129-154.

Desmarais Frères, la rareté des mouvements revendicatifs, en tout cas pour la période précédant l'année 1903.

Le paternalisme chez Desmarais Frères s'appuie notamment sur la fidélisation de l'ouvrier. Qu'elle soit reconstruite après coup ou que les acteurs en soient conscients, elle ne s'éloigne pas, *a priori*, de la théorie économique de la firme, présentée dans les manuels d'initiation[1]. Celle-ci considère l'entreprise comme une *boîte noire*, dirigée par un entrepreneur propriétaire, dont l'objectif est la maximisation du profit. Dans ce domaine, la compagnie Desmarais Frères ne se distingue pas trop d'une génération de sociétés industrielles du XIXe siècle et du début du XXe siècle qui fondent la gestion de leur personnel sur une logique de solidarité[2].

La ressemblance est incontestable avec Blin & Blin dans ces débuts, que ce soit au niveau juridique ou au niveau de l'esprit maison[3]. Dans les deux compagnies, les associés ont cherché à mieux répondre aux exigences légales et surtout à prendre des précautions juridiques. Ceux-ci ont toujours permis de renforcer la confiance qui régnait entre et sans laquelle il n'y aurait pas eu d'association durable. Ainsi, chez Desmarais Frères le changement de statut, intervenu au moment du décès des frères membres, rééquilibre le pouvoir au sein de la compagnie. La dimension familiale est ainsi préservée. Ils cristallisent également l'esprit maison.

Conclusion

Ce chapitre consacré essentiellement à l'environnement large et la stratégie de Desmarais Frères avant la première guerre mondiale permet de mettre en valeur certains faits. D'abord, on a pu mettre en valeur la domination de deux pôles pétroliers, américains d'une part, et hollandais-britanniques de l'autre. Deux méthodes différentes qui se trouvent face à face sur la scène mondiale du pétrole. Une supériorité marquée, cependant, pour les compagnies américaines. Cette supériorité s'explique certes par le phénomène de rétroactions positives « le tout

1. Voir : Erich Gutenberg, *Economie de l'entreprise : la production*, Sirey Paris, 1967 ; Hubert Lévy-Lambert et Jean-Pierre Dupuy, *Les choix économiques dans l'entreprise et dans l'administration. Tome 1 : principes de base*, Dunod, Paris, 1973 ; Jean Anciant, *Initiation aux faits économiques et sociaux*, Masson et Cie, Paris, 1969 ; Joachim Hausser, *Le bénéfice : base de l'évaluation de l'entreprise*, Herbert Lang, Berne, 1970.
2. Jean-Pierre Daviet, *La société industrielle en France 1814-1914. Productions, échanges, représentations*, Le Seuil, Paris, 1997.
3. Jean-Claude Daumas, *L'amour du drap. Blin & Blin, 1827. Histoire d'une entreprise lainière familiale, op. cit.*, p. 72-73.

au vainqueur », mais elle est beaucoup liée au développement ou la métamorphose accélérée de la structure de la compagnie industrielle américaine comme le constate Alfred Chandler. La France semble y être absente et les Français doivent désormais se poser beaucoup de questions quant à leur méthode ou leur stratégie de pénétration au sein du marché pétrolier. La structure de tout le secteur pétrolier est également mise en question et nécessite un long travail de définition.

Comme on peut encore le déduire, la France ne s'est pas embarquée dans l'aventure pétrolière avec la meilleure carte. Cependant, les acteurs français s'attachent à sauvegarder l'essentiel de leurs intérêts sur leur sol. Mais s'aventurent aussi hors de leurs frontières en vue de tenter de sauvegarder leur indépendance. Telle est la destinée de Desmarais Frères. Ce qui est remarquable chez cette compagnie, c'est cette volonté et cette obstination incessante de s'implanter là où il y a du pétrole accessible. Elle réussit à chaque fois à atteindre ses objectifs. La raison en est souvent la suivante : son choix d'investir relève d'une contrainte de production et d'une cohérence stratégique. Cette cohérence est sans doute basée sur une lecture intelligible de son environnement et sur une adaptation incontestable.

À la veille de la Première Guerre Mondiale, la famille Desmarais peut se féliciter de la promotion du fils Paul Desmarais (fils d'Henri) au titre de Chevalier de la Légion d'honneur par décret le 24 août 1912[1]. A cette époque, Desmarais Frères est déjà bien implantée à l'étranger. Son apport à la France ne se résume pas seulement à préserver une part du marché intérieur d'une grande dépendance étrangère, mais elle apporte un savoir faire aussi bien technique que pratique acquis lors des différentes expériences dans les pays où elle s'est implantée. Dans le domaine de la recherche et de l'exploitation de gisements, André Nouschi résume bien la situation. Il considère en effet que « la France était à la fois tôt et tard venue : tôt parce que ses capitaux se sont investis dès la fin du XIXe siècle dans des gisements pétrolifères, en Russie et en Roumanie ; tard, parce qu'aucun gisement ne lui a été concédé avant l'entre-deux-guerres »[2].

Sur le plan managérial, toutes ces adaptations statuaires résultent, pour une part, du changement de taille de l'entreprise et du nombre de

1. Archives Nationales, F^{12} 6640.
2. André Nouschi, « Les investissements pétroliers français dans l'entre-deux guerres », in Maurice Lévy-Leboyer, *La position internationale de la France. Aspects économiques et financiers XIXe-XXe siècles*, EHESS, Paris, 1989, p. 377-385.

personnes ayant une influence réelle sur la décision de l'entreprise. Mais elles obéissent, pour l'essentiel, à la seule logique de préserver un esprit par un contrôle familial. Cela représente un axe stratégique important chez Desmarais Frères. Comme cela a été souvent mis en évidence par l'historiographie, l'un des éléments clés de la réussite dans la gestion de l'entreprise familiale réside dans un management « paternaliste » permettant la stabilité d'une main-d'œuvre hautement productive. Cela ne se résume donc pas au choix d'une structure juridique adaptée à la taille familiale, mais résulte plutôt de l'adoption d'un style de management familial. Le maintien du pouvoir de la famille Desmarais ressort d'une méthode très souvent adoptée par les entreprises françaises à structure paternaliste.

CHAPITRE 2

La guerre de 1914-1918 : la prise de conscience des enjeux pétroliers

INTRODUCTION

Pour la compagnie Desmarais Frères, comme pour une grande majorité des entreprises, la guerre de 1914-1918 est une période cruciale[1], notamment sur le plan technologue[2]. Elle pose au moins un problème de rupture avec son activité normale. Dès le 2 août 1914, l'activité des usines est touchée durement par les départs aux armées[3]. L'activité des raffineries baisse considérablement. La situation de guerre impose donc de véritables capacités d'adaptation et de résistance aux aléas conjoncturels et politiques, tout la fois[4]. Desmarais Frères joue de plus un grand rôle dans l'approvisionnement pétrolier compte tenu des besoins civils et militaires apparus au cours du conflit.

Le retard de la France en matière de pétrole n'a été perçu qu'au moment où la guerre de tranchée donne l'impression de ne pouvoir s'achever[5]. En 1914, quand l'Allemagne déclare la guerre, la France n'était pas préparée à subir une guerre qui durerait quatre ans[6]. On s'attendait alors à une guerre courte[7]. Le conflit bouleverse complète-

1. S. Audouin-Rouzeau, H. Rousso, A. Duménil, C. Ingrao, « Les sociétés, la guerre et la paix (Europe, Russie/URSS, États-Unis, Japon) 1911-1946 », *Historiens et Géographes*, n° 383, juin, 2003, p. 187-211.
2. François Caron, *Les deux révolutions industrielles du XXe siècle*, Albin Michel, Paris, 1997, p. 132.
3. *L'étoile Bleue*, Avril 1952, p. 10.
4. Dominique Barjot (dir.), *Industrialisation et sociétés en Europe occidentale du début des années 1880 à la fin des années 1960. France, Allemagne-RFA, Royaume-Uni et Benelux*, Paris, CNED-SEDES, 1997 ; Patrick Fridenson (Dir.), « 1914-1918. L'autre front », *Cahier du Mouvement social*, n° 2, Les Editions ouvrières, Paris, 1977.
5. Roberto Nayberg, *La question pétrolière en France, du point de vue de la défense nationale, de 1914 à 1928, thèse de doctorat en Histoire du XXe siècle*, 3 volumes, Université du Panthéon Sorbonne-Paris 1, Paris, 1983.
6. Ralph Schor, *La France dans la Première Guerre Mondiale*, Nathan, Paris, 1997.
7. Marc Ferro, *Histoire de France*, Odile Jacob, Paris, 2003.

ment la situation de l'Europe car la motorisation engendre des besoins de plus en plus grands en matière de pétrole. La prolongation de la guerre conduit dès lors à de très sérieuses difficultés de ravitaillement[1]. En effet, les circuits d'échanges internationaux sont rompus et «l'utilisation de moyens économiques côte à côte avec les moyens militaires, pour faire fléchir la volonté de l'ennemi »[2] s'impose déjà.

Désormais, cela rend nécessaire une adaptation rapide de l'économie française à la recherche de nouvelles sources d'approvisionnement. Par ailleurs, la France perd les trois quarts de ses ressources charbonnières en un mois[3]. L'État prend conscience, alors, de la valeur stratégique du pétrole[4]. Une réaction s'impose[5]. C'est ce qui met en évidence le rôle des raffineurs français, ainsi que leur rapport avec l'État. Desmarais Frères est, par excellence, l'exemple du raffineur français. Afin de tracer le rôle de Desmarais Frères et sa stratégie durant cette guerre, trois étapes de travail s'imposent. D'abord, il est nécessaire de souligner les nouvelles conditions, économiques (besoins pétroliers en premier lieu) et diplomatiques (conséquence des rapports de force), crées par la guerre. Ensuite, in convient décrire la politique économique de l'État, son évolution, ses conséquences sur les industriels du pétrole. Cela permet d'étudier, dans une dernière partie, la démarche de Desmarais Frères et sa stratégie pendant la guerre.

1/ De nouvelles conditions crées par la guerre

La guerre entraîne de lourdes conséquences économiques : ainsi des problèmes de stocks et d'approvisionnement. L'État et les entreprises doivent faire usage d'un sens stratégique aigu s'ils veulent espérer une suite victorieuse à la guerre.

---

1. André Kaspi, *La France et le concours américain, février 1917-novembre 1918*, Thèse de doctorat en Histoire, Université de Paris 1, 1974.
2. Jean-Baptiste Duroselle, *La France et les français 1914-1920*, Editions Richelieu, Paris, 1972, p. 205.
3. Gabriel Olphe-Galliard, *Histoire économique et financière de la guerre (1914-1918)*, Librairie des Sciences Politiques et Sociales, Paris, 1923.
4. Roberto Nayberg, *La question pétrolière en France, du point de vue de la défense nationale, de 1914 à 1928, thèse de doctorat en Histoire du XX*[e] *siècle, op. cit.*
5. Archives Nationales, F^{23} 81, Lettre de la Chambre Syndicale de l'Industrie du Pétrole au président du conseil des ministres (9 octobre 1915) ; Robert Pinot, *Le Comité des Forges au service de la nation (1914-1918)*, Berger-Levrault, Paris, 1919 ; Arthur Fontaine, *L'industrie française pendant la guerre*, Presses Universitaires de France, Paris, 1924.

1.1. À la déclaration de la guerre, une industrie pétrolière menacée

Le paradoxe auquel l'État doit faire face dès le début de la guerre est que la France n'est pas préparée économiquement à ce conflit. Lui-même, ne peut qu'aggraver cette situation.

1.1.1. Une situation de pénurie pétrolière

Jusqu'en 1914 au moins, le gouvernement français ne semble pas avoir aperçu la nécessité d'une politique nationale du pétrole. Or la guerre aggrave la traditionnelle pénurie nationale en charbon[1]. Le pétrole (essence et lampant) consommé chaque année est assuré par le soin d'une dizaine de maisons d'importation. C'est le fameux « Cartel des dix »[2]. Ce cartel est considéré par certains historiens du pétrole comme le prolongement français des intérêts des Rockefeller[3]. Cela n'est vrai qu'en partie si l'on tient compte des efforts des compagnies françaises notamment en Roumanie[4] et au Caucase. En fait, le pétrole importé de ces régions «permet de rééquilibrer très partiellement les choses »[5].

Quoi qu'il en soit, l'État ne s'occupe ni des conditions de ravitaillement[6], ni de la constitution des stocks[7], mais seulement de percevoir des ressources fiscales[8]. Mais le problème de l'industrie pétrolière française n'est qu'une pièce du puzzle, car la France n'a pas réussi à mettre en place des moyens économiques adéquats à sa rentrée dans la guerre[9]. A cette époque l'État ne peut « procéder que par improvisations successives ». C'est ce que décrit François Caron.

> « Il (l'État) crée des offices, tels que celui des produits chimiques, le 17 octobre 1914, qui disposent de subventions et d'un budget propre, mais aussi des « comités » ou des commissions, organismes aux statuts et aux missions variables et souvent imprécises. Les unes ont un simple

1. Jean-Baptiste Duroselle, *Histoire de la Grande Guerre. La France et les Français (1914-1920)*, Paris, Bordas, 1972 ; Arthur Fontaine, *L'industrie française pendant la guerre, op. cit.*
2. Voir : Chapitre 1.
3. Francis Delaisi, *Le pétrole, la pratique et la production*, Payot et Cie, Paris, 1921.
4. Cf. Philippe Marguerat, *Banque et investissement industriel, Parisbas, le pétrole roumain et la politique française 1919-1939*, Droz, Genève, 1987.
5. André Nouschi, « L'État français et les pétroliers anglo-saxons : la naissance de la Compagnie Française des Pétroles 1923-1914 », in *Relations Internationales* n° 7, 1976, p. 241-259.
6. Gabriel Olphe-Galliard, *Histoire économique et financière de la guerre (1914-1918), op. cit.*
7. Fabienne Bock, *Un parlementarisme de guerre 1914-1919*, Belin, Paris, 2002.
8. Daniel Murat, *L'intervention de l'État dans le secteur pétrolier en France*, Thèse de doctorat en droit, Université de Paris, 1968, p. 8-18.
9. Gerd Hardach, *The First World War 1914-1918*, Allen Lane, London, 1977, p. 86-91.

rôle d'information, les autres y ajoutent un pouvoir consultatif ou même de décision et de gestion. C'est vers le milieu de 1916 qu'apparaissent les organes les plus efficaces de cette action, fondée entre l'État et le patronat. Ce sont les consortiums, groupements de commerçants et d'industriels rattachés à des comités exécutifs. En 1918, ils sont devenus les rouages essentiels de la vie économique »[1].

Tel est le climat général dans lequel se déroule toute activité industrielle. Il est en particulier de même pour l'industrie pétrolière.

A la déclaration de la guerre en août 1914, les importations, réalisées en quasi totalité par les dix raffineurs du « Cartel des dix », s'élèvent à environ 600.000 tonnes de pétrole, d'essence et de produits divers par an en moyenne[2].

TABLEAU 1.2.1.
Évolution des importations pétrolières pendant la guerre (en tonnes)

Années	Importations totales
1914	572.913
1915	649.748
1916	918.333
1917	823.241
1918	1.140.367

Source : *Statistiques de la Direction Générale des Douanes,* « Importations et Exportations françaises de produits pétroliers de 1885 à 1963 » (Archives de Total 89.14/18).

Une totale liberté règne en France sur le commerce du pétrole lorsque la guerre éclate. L'État ne dispose d'aucun stock de réserve ; quant à celui des raffineurs, il ne dépasse pas 77.500 tonnes de brut et de produits finis. Ce qui représente à peu près quatre mois de consommation selon les prévisions des états-majors (alliés comme ennemis)[3]. Les responsables du ravitaillement de la France en produits pétroliers ne peuvent tabler

1. François CARON, *Histoire économique de la France XIXe et XXe siècle*, Armand Colin, collection U, Paris, 1981, p. 184.
2. Statistiques de la Direction Générale des Douanes, « Importations et Exportations françaises de produits pétroliers de 1885 à 1963 » (Archives de Total 89.14/18).
3. Henri MENJAUD, *Desmarais Frères, un siècle d'industrie française du pétrole, 1861-1961*, Paris, Draeger, 1961 (non paginé).

que sur des prévisions de consommation. Dans le passé, ces prévisions se sont souvent révélées erronées.

À la fin de l'année 1915, la Direction de l'intendance militaire prévoit une consommation mensuelle moyenne en 1916 de 21.600 tonnes d'essences et 20.500 tonnes de pétrole lampant, donc assez sensiblement inférieure à la réalité[1]. En fait, dès février 1916, la bataille de Verdun entraîne d'énormes consommations d'essence. Elles sont brûlées par les trains de camions. Ils alimentent le front depuis que la coupure de Saint-Mihiel a interdit le ravitaillement par voie ferrée. C'est alors qu'on commence à parler dans les états-majors de « guerre du pétrole ».

1.1.2. Le problème du pétrole est accentué par une crise d'énergie

Durant la Première Guerre Mondiale les exigences pétrolières n'ont pas cessé d'augmenter. En fait, les besoins nouveaux en énergie se sont révélés avec la prise de conscience, dès septembre 1914, que «la France ne peut pas l'emporter sur l'Allemagne tant qu'elle n'a pas créé une véritable industrie de l'armement »[2]. Ainsi, la réaction de l'État se fait à travers le ministère de la guerre[3], comme on le verra plus bas dans ce chapitre. Derrière ce besoin vital se trouvent deux raisons principales qu'il faut souligner :

1.1.2.1. Le pétrole devient de plus en plus un substitut du charbon

L'année 1907 voit déjà la dernière tentative française pour construire des voitures à vapeur. Cette date marque réellement la défaite des voitures à vapeur[4]. Il en est de même pour le transport maritime. Désormais, pour faire fonctionner les bateaux, on peut passer de la vapeur au diesel. L'avenir de la motorisation, il est établi, est clairement lié aux combustibles liquides. La guerre aggrave la traditionnelle pénurie du pays en charbon. Avant la guerre, la France importe déjà près du tiers de sa consommation[5] et la perte du bassin de Nord-Pas-de-Calais, qui à

---

1. Roberto NAYBERG, *La question pétrolière en France, du point de vue de la défense nationale, de 1914 à 1928, thèse de doctorat en Histoire du XXe siècle, op. cit.*, p. 69
2. Dominique BARJOT, *La grande entreprise française de travaux publics (1883-1974), contraintes et stratégies*, Thèse pour le doctorat ès Lettres et Sciences humaines, sous la direction de F. CARON, Université de Paris IV-Sorbonne, 1989, p. 705.
3. Robert PINOT, *Le Comité des Forges au service de la nation (1914-1918)*, Paris, Berger-Levrault, 1919.
4. J. P. BARDOU, J. J. CHANARON, P. FRIDENSON, J. LAUX, *La révolution automobile*, Albin Michel, Paris, 1977, p. 74.
5. D. BARJOT, B. FRANK, O. GAUSSENS, S. LECOSTEY, « Structures, comportements et performances dans l'industrie charbonnière en France : le cas du Nord-Pas-de-Calais (XIXe-début du XXe siècle », in J. F. VIDAL, « Economie historique (2). Croissance, cycles et crises, monnaie

lui seul fournit les trois quarts de la production, construit un problème énergétique supplémentaire[1].

Ce problème est à la l'origine d'une crise énergétique qui s'annonce grave. Elle accentue la grande dépendance des compagnies étrangères, notamment la Standard Oil américaine. Celle-ci réussit à préserver son réseau d'approvisionnement malgré la guerre. Cette crise s'accompagne d'une redoutable crise des transports : tandis que l'invasion rend inutilisable une grande partie des voies d'eaux françaises, les autres, comme d'ailleurs les principaux ports français, souffrent d'un embouteillage croissant ; surtout, les chemins de fer doivent faire face avec un matériel réduit de 15 % à un trafic de 60 % supérieur à celui de 1913[2]. Avec le prolongement de la guerre, le risque de pénurie de produits pétroliers devient réel, d'autant plus que de nouveaux débouchés leurs ont été trouvés.

1.1.2.2. L'essor de la motorisation

L'aéronautique et l'automobile se développent de façon particulièrement accentuée. La guerre ne vient pas interrompre l'essor considérable de la motorisation. La période de la guerre marque les belles performances de l'industrie aéronautique française[3], d'une part, et les deux leaders de l'automobile de l'avant-guerre, Renault[4] et Peugeot[5], renforcent au cours de la guerre leur position dans l'économie française, de l'autre.

– S'agissant de l'aéronautique, certains ateliers de 1914 deviennent, par je jeu du saupoudrage de commandes d'appareils aux caractéristiques extrêmement variées, des entreprises moyennes au cours du conflit[6]. Dès mars 1915, les deux firmes françaises de moteurs d'avion, Gnome et Rhône, achèvent leur fusion. Elles possèdent alors deux usines

et financement, théorie et histoire économiques », *Economies et Sociétés*. Cahiers de ISMEA, Tome XXX, n° 4-5, avril-mai 1996, p. 53-77.

1. Gabriel Olphe-Galliard, *Histoire économique et financière de la guerre (1914-1918), op. cit.*
2. *Ibid.*
3. Emmanuel Chadeau, *Entreprise et développement économique, l'industrie aéronautique en France (1900-1940)*, thèse de doctorat, Paris X, 1986 ; voir aussi : Emmanuel Chadeau, *Alliances stratégiques et intérêts industriels : les avatars de la politique aéronautique alliée (1914-1918),* Extrait de «Forces armées et systèmes d'alliances», colloque international d'histoire militaire et d'études de défense nationale, Montpellier, 1981, p. 505-518.
4. Patrick Fridenson, *Histoire des usines Renault. I, Naissance de la grande entreprise, 1898-1939*, Editions du Seuil, Paris, 1998.
5. Jean-Louis Loubet, *Les automobiles Peugeot, histoire d'une entreprise, 1945-1973*, ANRT, Lille, 1989.
6. Eric Bussière, Pascal Griset, Christophe Bouneau, Jean-Pierre Williot, *Industrialisation et sociétés en Europe occidentale 1880-1970*, Armand Colin, Paris, 1998, p. 61.

dans la Région parisienne[1]. La plus importante, celle de Gennevilliers, qui emploie 800 ouvriers, peut sortir cinq moteurs par jour. Du début de la guerre jusqu'à la fin de l'année 1914, l'armée de l'air française lui commande 315 moteurs. La croissance de la société se poursuit jusqu'en 1916. La compagnie emploie alors 3 000 ouvriers, qui fabriquent 4.864 moteurs, dont 1.720 exportés aux alliés. Pendant toute la durée de la guerre, elle produira 20.500 moteurs. Ce sont des moteurs fixes en étoile et qui sont développés jusqu'au-delà de 200 CV par divers procédés : modification de la taille des cylindres, augmentation de leur nombre, perfectionnement des dispositifs de refroidissement ou des hélices[2]. Quelques défaillances mécaniques feront appel à de grandes préventions des risques de pannes dans les années 1920.

– En ce qui concerne l'industrie automobile, la guerre a accentué la diversification des usines Renault. Tandis que sa production d'automobile se restreint (depuis 1916 il est interdit d'en exporter), celle des camions décuple. L'entreprise construit des moteurs d'avion, puis à partir de 1916, sort son propre avion, l'AR, appareil d'observation dont il y aura 1.435 exemplaires. Tout en fabricant des véhicules militaires variés (voitures TSF, tracteurs à chenilles, automitrailleuses), elle se lance dans une fabrication des chars d'assaut en 1917. En fait, le projet est retenu en janvier 1917. Le char Renault est conçu pour transporter deux hommes armés d'une mitrailleuse ou d'un canon d'artillerie. L'armée en commande 7.820 exemplaires. Comme la commande dépasse les possibilités industrielles de Renault, on rétrocède une part à Berliet[3] et à Schneider. La commande a permis à Renault d'accroître considérablement sa taille : la superficie des usines et les effectifs[4] ont triplé pendant la guerre, leur puissance motrice a près que quintuplé[5].

Pour certains autres constructeurs, la guerre se présente comme une véritable opportunité de s'établir définitivement. Tel est l'exemple d'André Citroën, qui quitte la direction générale de la petite firme parisienne Mors[6]

1. Emmanuel Chadeau, « Contraintes technologiques et stratégies internationales : le moteur d'avion, 1920-1970 », *Entreprises et Histoire* N°1, Avril 1992, p. 61-78.
2. *Ibid.*
3. Berliet installe en 1917 dans sa nouvelle usine de Vénissieux deux lignes de montage « sur tapis roulant comme chez Ford », cité in J. P. Bardou, J. J. Chanaron, P. Fridenson, J. Laux, *La révolution automobile, op. cit.*, p. 115.
4. De 6.300 salariés en 1914 à 22.500 en 1918, selon la notice sur les usines Renault en 1918 (Archives Renault, documentation historique), cité in Patrick Fridenson, *Histoire des usines Renault, Naissance de la grande entreprise, 1898-1939, op. cit.*, p. 94.
5. *Ibid.*, p. 87-120.
6. Voir : Dominique Barjot, *La trace des bâtisseurs : histoire du groupe Vinci*, Vinci, Paris, 2003, « Chapitre 10 ».

pour s'établir à son compte dans une nouvelle usine construite quai de Javel en juin 1915[1]. L'initiative vient à la suite d'une proposition de construire au ministère de la guerre un modèle unique de projectiles, des obus à balles[2]. La stratégie de Citroën de fabriquer en grandes séries des seuls obus est risquée, mais elle est d'inégale rentabilité. Ainsi, André Citroën propose dès 1916 de monter en six mois une usine encore plus moderne, organisée de façon à ne pas scinder la chaîne logique des fabrications[3].

La capacité de l'usine de Javel de produire 20.000 obus par jour est déjà une préparation réussie du développement futur de l'automobile Citroën. Si l'on se tient qu'à la période du conflit, derrière ce prodigieux développement se cache un vrai problème d'approvisionnement. Les débouchés du pétrole ne cessent d'augmenter : essence pour les chars d'assaut et les avions, benzène, toluène et xylène nécessaires pour la fabrication des explosifs[4]. Ainsi le déficit constant en produits pétroliers handicape l'action de l'armée. Dans la toute première phase de la guerre, entre le 31 juillet 1914 et le 8 octobre 1914, le niveau des stocks constitué avant-guerre a déjà baissé de plus de moitié[5].

Ensuite, dès octobre 1915, la Chambre Syndicale de l'Industrie du Pétrole signale au gouvernement l'urgence de la situation :

> « Nos stocks sont aujourd'hui extrêmement réduits et comme nous sommes tenus de réserver pour les besoins de la guerre des quantités sensiblement supérieures à celles déjà prévues dans nos contrats..., nous venons d'attirer l'attention du Ministère du Commerce sur la gravité de cette situation »[6].

Enfin, dès le 5 décembre 1917[7], la même Chambre adresse au ministre du Ravitaillement une lettre urgente soulignant la gravité de la situation. La lettre rend surtout compte de l'incapacité des raffineurs de fournir le pétrole nécessaire au ravitaillement des armées, alors que les prévisions de consommations sont au-delà de leurs capacités.

1. Sylvie Schweitzer, *André Citroën 1878-1935, le risque et le défi*, Fayard, Paris, 1992, p. 21-45.
2. J. P. Bardou, J. J. Chanaron, P. Fridenson, J. Laux, *La révolution automobile*, *op. cit.*, p. 115.
3. Sylvie Schweitzer, *Des managers à la chaîne, les usines Citroën 1915-1935*, Presses universitaires de Lyon, Lyon, 1982.
4. Voir le lexique à la fin du volume.
5. Soit : de 733.000 hectolitres le 31 juillet 1914 à 353.422 hectolitres au 8 octobre 1914 : (-52%). Roberto Nayberg, « Qu'est-ce qu'un produit stratégique ? L'exemple du pétrole en France 1914-1918 », in www.stratisc.org
6. Archives Nationales, F23 81, Lettre de la Chambre Syndicale de l'Industrie du Pétrole au président du conseil des ministres (9 octobre 1915).
7. Voir : Takashi Hotta, *L'industrie du Pétrole en France des origines à 1934, l'État et les entreprises pétrolières*, Thèse de doctorat, Université de Paris-X Nanterre, 1990, p. 167-168.

TABLEAU 1.2.2.
Prévisions des consommations globales de décembre 1917 à février 1918

Dates	Quantités en tonnes
1er décembre 1917	60.000
1er janvier 1918	47.000
1er février 1918	28.000

Source : Lettre de la Chambre syndicale de l'industrie du pétrole au Gouvernement (5 octobre 1917). Cité dans Takashi HOTTA, *L'industrie du Pétrole en France des origines à 1934, l'État et les entreprises pétrolières,* Thèse de doctorat, Université de Paris-X Nanterre, 1990, p.168.

Durant les différentes phases de la guerre, la situation des approvisionnements en produits blancs (essence et pétrole lampant) n'a encore rien de catastrophique, mais le ravitaillement du pays et des armées demande à être établi sur des bases stables[1].

1.2. La France dépendante des alliés pour finir la guerre

L'origine de cette crise réside dans l'opposition entre les besoins croissants, qui commandent des importations croissantes, et la rareté du tonnage citerne disponible pour satisfaire les besoins.

1.2.1. Le pétrole : un impératif stratégique pour gagner la guerre

Toutes les forces vives de l'État se trouvent paralysées. La première guerre mondiale apporte la démonstration éclatante que le pétrole est un produit stratégique pour les armées[2], sur terre comme sur mer. Tous les moyens sont bons, pourvu que l'on obtienne du pétrole[3]. L'État interrompt dès le début de la guerre toute règle douanière allant à l'encontre de l'approvisionnement français, mettant fin alors au vieux système fiscal et législatif pas assez adéquat[4]. La nouvelle situation donne lieu à une nouvelle forme de coopération entre l'État et les entreprises

1. Roberto NAYBERG, « Qu'est-ce qu'un produit stratégique ? L'exemple du pétrole en France 1914-1918 », art. cité.
2. Roberto NAYBERG, *La question pétrolière en France, du point de vue de la défense nationale, op. cit.* ; Voir aussi : Roberto NAYBERG, « Qu'est-ce qu'un produit stratégique ? L'exemple du pétrole en France 1914-1918 », art. cité.
3. Archives Nationales F12 7713, dossier 1 : Pétrole, ravitaillement.
4. Romuald SZRAMKIEWICZ, *Histoire des institutions, 1750-1914 : droit et société en France de la fin de l'ancien régime à la première guerre mondiale,* Litec, Paris, 1996.

pétrolières[1]. Cela s'inscrit dans vaste programme de mobilisation de l'économie qui suppose une étroite concertation entre pouvoirs publics et organisations patronales[2].

Au début, cette initiative commence timidement par la mise en place d'un système contractuel, basé sur le libre accord des deux contractants, l'État et neuf raffineurs formant la chambre syndicale de l'industrie du pétrole[3]. Durant les trois premières années (1914-1917) le syndicat des raffineurs a pu dans ce régime de liberté commerciale satisfaire quelques besoins civils et militaires[4], malgré les difficultés financières[5] touchant la France et ses alliés[6]. Dès le 2 septembre 1914, le ministre de la guerre conclut avec les entreprises un contrat par lequel celles-ci :

> « S'obligent pour la durée de la guerre à réserver pour la satisfaction exclusive des besoins éventuels de la Défense Nationale, les quantités suivantes[7] en essence de pétrole et en huile lampante, à prendre sur les stocks existants, à l'heure actuelle, dans leurs usines et dépôts essence 113 970 hl ; huiles lampantes : 4 400 hl »[8].

Quoi qu'il en soit, les raffineurs disposent d'un stock global de pétrole suffisant pour répondre à trois mois de consommation[9]. D'autre part, l'État n'a pas constitué un stock de précaution. Or, les consommations militaires et civiles s'accroissent à grande vitesse[10]. Durant les deux premières années de la guerre, le gouvernement resserre encore les liens avec les industriels pour faire face aux besoins matériels de guerre[11]. Mais pour ses besoins pétroliers, il se contente de simplement encourager les

1. Archives Nationales F^{12} 7713, dossier 1 : Pétrole, ravitaillement.
2. Gerd Hardach, « La mobilisation industrielle en 1914-1918 : production, planification et idéologie », in Patrick Fridenson (dir.), *1914-1918. L'autre front*, Paris, Cahier du Mouvement social, n° 2, 1977, p. 83-109.
3. Daniel Murat, *L'intervention de l'État dans le secteur pétrolier en France*, *op. cit.*, p. 22.
4. Archives Nationales F^{12} 7713, dossier 3 : Rapport fait à la commission de l'Armée sur le ravitaillement en pétrole, essence, huiles lourdes, huiles à graisser par le sénateur Henri Béranger, 11 décembre 1917.
5. Gabriel Olphe-Galliard souligne l'impact négatif de la situation politique sur la bourse de Paris, qui mène à une crise de crédit dès le début de la guerre. Voir : Gabriel Olphe-Galliard, *Histoire économique et financière de la guerre (1914-1918)*, *op. cit.*, p. 9-39.
6. Jean-Baptiste Duroselle, *La France et les français 1914-1920*, *op. cit.*, p. 228-237.
7. Les quantités concernant la seule maison Desmarais Frères, mais les autres maisons sont astreintes aux mêmes obligations, en proportion de leur importance et leurs importations.
8. Archives Desmarais Frères (Centre des Archives du Monde de Travail), 130 AQ 9.
9. Selon L. Martin, « Le Pétrole », in Jean Gérard (Eds.), *Dix ans d'efforts scientifiques et industriels, 1914-1924*, Chimie et Industrie, Paris, 1926.
10. Takashi Hotta, *L'industrie du Pétrole en France des origines à 1934, l'État et les entreprises pétrolières*, *op. cit.*, p. 139.
11. Patrick Fridenson, *Histoire des usines Renault, Naissance de la grande entreprise, 1998-1939*, *op. cit.*

raffineurs à l'importation[1]. En 1917, la situation change. Elle s'aggrave. Une très grave pénurie de transports maritimes et de matières premières va jusqu'à l'interdiction générale des importations et la réquisition de la flotte marchande[2]. Les politiques sont alors conscients des dangers du vrai problème de la dépendance financière de la France. Mais quelques signes de soulagement apparaissent déjà.

A partir d'avril 1917, l'entrée en ligne du « Treasury » américain signifie que, quoi qu'il arrive et malgré les réticences de Washington, on trouvera de quoi payer[3]. Le pays dépend désormais totalement de ses alliés anglo-saxons. A la fin de 1917, avant les grandes offensives allemandes, la France craint de ne pas être approvisionnée en quantité suffisante par les Américains. Pour cette année, les estimations de consommation passent à 30.000 tonnes mensuelles d'essences et 21.600 de pétrole lampant et la consommation d'essence est estimée à 50.000 tonnes dès le 4 mai[4]. Le Président du conseil, Georges Clemenceau, envoie alors un télégramme au Président des États-Unis, W. Wilson :

> « Au moment décisif de cette guerre, quand l'année 1918 ouvre des opérations militaires capitales sur le front français, les armées ne doivent à aucun moment être exposée à manquer de l'essence nécessaire aux camions automobiles, à l'aviation, et à l'artillerie de campagne par tracteurs (...). Si les Alliés ne doivent pas perdre la guerre, il faut que la France combatte, à l'heure du suprême choc germanique, possède l'essence aussi nécessaire que le sang dans les batailles de demain. »[5]

Il est entendu : en moins de trois semaines, la France reçoit plus de 40.000 tonnes de produits pétroliers[6]. Entre le 1er février et le 30 avril 1918, le stock français est porté de 47.000 tonnes à 237.000 tonnes[7]. Mais elle tire les leçons des heures angoissantes de 1917-1918 et veut accroître et renforcer son appro-

---

1. Archives Nationales F12 7713, dossier 1 : Pétrole, ravitaillement.
2. Richerd KUISEL, *Le capitalisme et l'État en France. Modernisation et dirigisme au XXe siècle*, Gallimard, Paris, 1984, p. 77.
3. Jean-Baptiste DUROSELLE, *La France et les français 1914-1920, op. cit.*, p. 228.
4. Roberto NAYBERG, *La question pétrolière en France, du point de vue de la défense nationale, op. cit.*, p. 69 ; voir aussi : les archives du Service Historique de l'Armée de Terre (SHAT), Carton 13N57, dossier 3.3.1.
5. Le texte de cette note du président Wilson, remise à Sharp le 15 décembre 1917, figure dans le deuxième rapport (approuvé par la Commission sénatoriale de l'armée le 11 janvier 1918) publié par H. BÉRANGER in *Le pétrole et la France*, p. 59-60. Il a également été publié par Francis DELAISI en annexe à son livre : *Le pétrole, la pratique et la production, op cit.*, p. 143-144.
6. André BIHEL, *Le pétrole et l'État*, Editions des Presses Podernes, Paris, 1938 (thèse de Droit, Paris).
7. André TARDIEU, « Les conditions de la vie française, Mossoul et le pétrole » in *L'illustration* n° 4033, du 19 juin 1920, p. 380-382.

visionnement. Ces moments difficiles révèlent la fonction vitale du pétrole, certes, mais ils font vigoureusement intervenir la fonction diplomatique.

1.2.2. Le rôle de la diplomatie

Devant la crise énergétique et le besoin incontournable en combustible liquide pour la suite de la guerre[1], la carte qu'il faut jouer à bien reste la diplomatie. D'abord, il faut prendre en considération la géopolitique mondiale[2]. Ensuite, il faut mettre en œuvre toute action diplomatique possible. Tout cela doit se faire dans les délais le plus courts, car tout manque à gagner est l'objet d'une convoitise adverse.

1.2.2.1. Évolution de la situation géopolitique mondiale

À l'ère du pétrole, la géopolitique est commandée par les sites de l'abondance pétrolière. Avant la guerre de 1914-1918, un groupe anglo-allemand formé en 1911 par l'Anglo-Persian Oil Company (APOC)[3] et la Deutsche Bank. Le groupe est nommé Turkish Petroleum Company (TPC). Il a obtenu de l'empire turc une concession pour exploiter les pétroles de Mésopotamie à l'occasion de la création du chemin de fer qui doit joindre Ankara à Beyrouth et éventuellement à la Mecque. Les participations se répartissent dès lors dans les proportions suivantes :

TABLEAU 1.2.3.
Les parts de participations dans le groupe TPC

Compagnie	**Part en pourcentage**
D'Arcy Exploration	50%
Anglo-Saxon	25%
Deutsche Bank[5]	25%
Calouste Gulbenkian*	5%

* La part de Calouste Gulbenkian est une sous-participation réservée à : 2,5% par la d'Arcy Exploration, et 2,5 % par l'Anglo-Saxon.

Source : Archives de Total 82.8/553 : Maurice MERCIER, « Les pétroles de Mossoul et la participation française », *Revue Industrielle,* novembre 1926, p. 513.

1. Arthur FONTAINE, *L'industrie française pendant la guerre, op. cit.*
2. Georges-Henri SOUTOU, *L'or et le sang : les buts de la guerre économique de la première Guerre Mondiale,* Fayard, Paris, 1989.
3. Voir : Chapitre 1.
4 C'est la part qui partira à la France dès la fin victorieuse de la guerre.

La participation de l'Allemagne (25% du capital) résulte, à la suite de pourparlers commencés en 1907, de l'article 22 de la Convention de Bagdad de 1903. Cet article assure à la compagnie allemande un droit de propriété sur tous gisements situés, dans un certain périmètre, de chaque côté de la voie ferrée[1]. Pendant la guerre, les titres de la TPC appartenant à l'Allemagne sont mis sous séquestre à Londres[2].

Le soir même de la déclaration de la guerre, le 4 août 1914, entre l'Allemagne et la Grande Bretagne, les Britanniques se considèrent comme les maîtres des pétroles turcs de Mésopotamie[3]. Les États-Unis, eux, ne montrent pas leurs intentions pour la région. Au début de la guerre, le président Wilson préfère attendre un peu avant de s'engager avec l'une ou l'autre partie. L'opportunité peut se présenter à un moment ou un autre. Cependant, les intentions américaines commencent à monter en surface dès le 10 février 1915 quand Wilson lance un premier avertissement à l'Allemagne, puis un deuxième le 13 mai 1915[4].

Le sort de la TPC dépend de la victoire des alliés. Or, les opérations militaires, côté franco-britannique, ne se déroulent pas à la satisfaction générale sur le front français. Le gouvernement d'Aristide Briand fait savoir à Londres que la Guerre constitue un but indivisible et que la véritable bataille se déroule en Europe[5]. Les Britanniques acceptent l'étude en commun du futur partage des territoires pétroliers turcs. Une série de négociations entre les gouvernements anglais et français ont lieu. Les anglais se montrent assez généreux et le traité, signé le 16 mai 1916, connu sous le nom d'« accord Sykes-Picot »[6], fixe la part

1. André Tardieu, «Les conditions de la vie française, Mossoul et le pétrole », *L'illustration*, art. cité, p. 380-382.
2. Extraits des mémoires de Léon Wenger, « 55 ans de Pétrole – 1904/1959 », archives de Total : 92AA091/74.
3. Pierre Fontaine, *L'aventure du pétrole français*, Les sept couleurs, Paris, 1967, p. 37.
4. Ce dernier vient à la suite de la noyade de navire anglais *Lusitania* le 7 mai portant 1100 passagers dont 124 américain, selon une note envoyée au président Wilson, signé par le Secrétaire d'État Willial Jennings Brayan, PRFA, supplément *The World War*, p. 393-396, une copie est située sur le site Internet http://www.mtholyoke.edu/acad/intrel/brian2.htm, visité le 13 février 2004.
5. Pierre Fontaine, *L'aventure du pétrole français*, *op. cit.*, p. 40.
6. Le 16 mai 1916, faisant suite à un travail préparatoire épistolaire de plusieurs mois entre Paul Cambon, ambassadeur de France à Londres, et Sir Edward Grey, Secrétaire d'État au Foreign Office, l'accord Sykes-Picot est conclu entre la France et l'Angleterre à Downing Street entre Sir Mark Sykes, et M. François Georges Picot. Il prévoit à terme un dépeçage du Moyen-Orient, c'est-à-dire l'espace compris entre la mer Noire, la mer Méditerranée, la mer Rouge, l'océan Indien et la mer Caspienne, alors partie intégrante de l'Empire ottoman. La Russie tsariste participe aux délibérations et donne son accord, comme l'Italie, aux termes du traité secret. Voir : encyclopedie snyke: http://encyclopedie.snyke.com/articles/accord_sykes_picot.html ; Voir aussi: Rashid-Ismail Khalidi, *British policy*

française au Moyen-Orient, en cas de victoire sur la Turquie[1]. Cet accord n'est satisfaisant pour Clemenceau et pour la France, mais c'est un bon compromis. La France cherche alors un accord général avec la Grande Bretagne[2].

C'est alors que les Américains commencent à prévoir leur participation au conflit. Le Congrès commence à coordonner tous les efforts de la production en vue de besoins de guerre. Il crée par la loi du 19 août 1916 le *Council of National Defense*, dont la mission est d'étudier les ressources du pays et leur prompte utilisation en cas d'entrée en guerre[3]. Dès le début de 1917, le président Wilson se trouve dans une situation à faire des choix de toute urgence. Le 2 avril 1917, il fait appel au congrès.

> « J'ai appelé le congrès à se réunir en session extraordinaire parce qu'il y a des choix politiques sérieux, très sérieux, à faire et à appliquer immédiatement. L'importance de cet enjeu fait qu'il n'était (pour moi) ni correct ni constitutionnellement permissible d'assumer seul la responsabilité des décisions à prendre »[4].

Quatre jours après, le congrès accepte la *"War Resolution"* qui mène les États-Unis dans la guerre.

Pour la suite, le rôle du chef du gouvernement Georges Clemenceau est évident. Il a pu mesurer la gravité du problème et préparé sa solution[5]. Dès son arrivée, à la fin de 1917, il exige et obtient l'augmentation des stocks dont peut disposer France. Il crée au mois d'août suivant, comme on le verra plus bas, l'organe nécessaire d'une politique du pétrole en instituant le Commissariat Général aux Essences et Combustibles. C'est lui enfin qui, dès l'ouverture de la Conférence de la Paix, qui confie au sénateur Henry Béranger, Commissaire général aux Essences et membre de la Commission sénatoriale de l'Armée, le soin de centraliser toutes les négociations relatives au pétrole et affirmer, dans les débats du lendemain, le programme de la revendication de la

---

towards Syria and Palestine, 1906-1914 : a study of the antecedents of the Hussein - McMahon correspondence, the Sykes - Picot agreement, and the Balfour declaration, Ithaca Press, 1980.

1. Pierre Fontaine, *L'aventure du pétrole français*, *op. cit.*, p. 40.
2. André Tardieu, « Les conditions de la vie française, Mossoul et le pétrole », *L'illustration*, art. cité, p. 380-382.
3. Voir : Gabriel Olphe-Galliard, *Histoire économique et financière de la guerre (1914-1918)*, *op. cit.*, p. 220.
4. *"I have called the Congress into extraordinary session because there are serious, very serious, choices of policy to be made, and made immediately, which it was neither right nor constitutionally permissible that I should assume the responsibility of making"*, Woodrow Wilson, War messages, 65th Congress, 1st session, Senate doc. N°5, Serial N° 7264, Washington D. C., 1917, p. 3-8.
5. André Tardieu, « Les conditions de la vie française, Mossoul et le pétrole », *L'illustration*, art. cité.

France. Constatant que les trois principales sources de ravitaillement en produits pétroliers des alliés sont les États-Unis, le Mexique et les Indes Néerlandaises orientales, Béranger désigne trois interlocuteurs pour les autorités gouvernementales : l'U.S. Petroleum Committee (où siègent les représentants des plus puissantes compagnies américaines), le groupe Pearson et la Royal Dutch-Shell.

1.1.1.2. Les conférences interalliées du pétrole

Dès le printemps 1917, Henry Béranger[1] préconise la constitution d'une conférence interalliée du pétrole. L'action parlementaire de Béranger s'articule autour d'impératifs sous forme d'un programme[2] définissant les orientations pour une politique française du pétrole à naître :

– promouvoir l'importation et la consommation du combustible liquide, très supérieur au charbon ;

– rechercher et exploiter, sur le territoire métropolitain et dans les colonies et pays de protectorat, les gisements de pétrole et autres sources de combustible (schistes bitumineux) qui pourraient s'y trouver ;

– obtenir de tous ses alliés la cession de parts d'intérêts dans toutes les concessions internationales pétrolières. Il s'agit notamment de celles de Mésopotamie (la TPC).

Cette proposition ne reçoit pas une suite immédiate. Cependant, elle a le mérite de montrer Béranger comme le premier homme politique français à comprendre le statut stratégique du pétrole et à considérer le problème de son approvisionnement dans sa globalité. En 1918, Béranger exprime la situation dans une lettre à Clémenceau :

> « *La France ne peut pas vivre sans pétrole que sans charbon. Actuellement, elle ne produit pas de pétrole et est entièrement tributaire de l'étranger pour assurer son ravitaillement. Elle ne saurait rester dans cette position sans de graves dangers pour son évolution militaire économique… Le moment est venu*

1. Henry Béranger est né en 1867 à Rugles (Eure). Il fit de brillantes études au collège Diran puis au lycée Henry IV, avant d'être licencié ès lettre à la Sorbonne et Lauréat au concours général de philosophie. Il publia en 1891 une remarquable étude sur Lavisse, puis plusieurs ouvrages dont un, *L'aristocratie intellectuelle*, sera couronné par l'Académie Française en 1895. Il fonda ensuite le journal *L'action* en 1903, avant de diriger d'autres grands journaux tels *Siècle* en 1908 et *Paris-Midi* en 1911. (D'après le dictionnaire biographique parlementaire).
2. Voir la proposition de loi in Documents parlementaires, Sénat, année 1917, session ordinaire, annexe n° 201, p. 316-320 publiée in Henri BÉRANGER, *Le pétrole et la France*, Flammarion, Paris, 1920, p. 3-27.

de prendre position vis-à-vis de nos alliés en ce qui concerne la participation de la France dans les sources de production »[1].

Cette action a toutefois entraîné quelques initiatives de la diplomatie française, persuadée des premiers problèmes de transport : le haut-commissaire de la République à Londres, Guernier, et le ministre du Ravitaillement, Violette, s'entretiennent avec quelques hauts fonctionnaires britanniques du *Ministry of Shipping*, du rôle que peut éventuellement jouer l'*International Shipping Committee*, basé à Londres, dans l'organisation du ravitaillement pétrolier. La situation politique entre la France et la Grande-Bretagne est très liée aux rapports économiques.

En fait, l'entente franco-anglaise avait débutée le 15 août 1914 par la création d'une commission interalliée de ravitaillement chargée des achats pour les armées de terre et de mer pendant la durée de la guerre, exceptés : blé, farine, viande, sucre, etc. En 1916, les anglais assurent à eux seuls 48% des importations françaises. L'Angleterre connaît alors une véritable crise de ravitaillement (notamment en avril 1916). Les 27 et 28 Mars 1916 se tient la conférence préparatoire. Les gouvernements alliés décident de mettre en pratique dans le domaine économique leur solidarité de vues et d'intérêt[2]. Les négociations débutant le 3 décembre 1916 et entraîneront deux actions qui, à leur origine, s'avèrent indépendantes[3] :

– La nécessité de coordonner et de centraliser les ressources alliées pour éviter « de se faire parfois concurrence au détriment de l'intérêt public ».

– La recherche d'achat et de location de navires étrangers (alliés ou neutres) par divers délégués français à l'étranger.

Louis Loucheur[4] apporte un grand soutien dans le renforcement de la coopération interalliée en concluant avec Winston Churchill, son homo-

1. Archives de Total 87.1/2, voir aussi : Maurice Guierre, *Robert Cayrol 1883-1959, de la mer au pétrole l'unité d'une vie*, Editions Perceval, Paris, 1960, p. 4.
2. Selon les propos d'Etienne Clémentel dans son ouvrage *La France et la politique économique interalliée*, p. 65, cité in Philippe Tahmazian, *Economie de guerre. Economie dirigée et marine marchande française 1914-1918*, Mémoire de DEA d'Histoire économique quantitative, octobre 1978, Université de Paris 1, p. 46.
3. Archives Nationales F^{12} 7716 Béranger à Tardieu, le 21 septembre 1917.
4. Louis Loucheur (1872-1931), polytechnicien, industriel pionnier de l'énergie électrique, technocrate, a été, comme ministre de l'armement, l'organisateur de la victoire en 1918. Après avoir négocié les clauses économiques du traité de Versailles, il est comme ministre de la reconstitution industrielle et député du Nord, responsable de la reconstruction de 1919 à 1922. Artisan avec Briand du rapprochement franco-allemand, il est comme ministre du travail de 1928 à 1930, auteur de la loi Loucheur sur les habitations à bon

logue britannique, un accord ouvrant la voie à une politique commune en matière d'armements[1]. Les efforts de Béranger sont somme toute très fructueux. Les alliés n'ont été sûrs de gagner la guerre que lorsque, à la fin de 1917, ils ont su organiser, sur une base commune, leur ravitaillement en essence[2]. Le 21 novembre 1918, dix jours après l'armistice, Lord Curzon, en clôturant les travaux de la commission interalliée du pétrole, pouvait dire avec raison : « En vérité, l'avenir proclamera que les alliés ont vogué à la victoire sur une vague de pétrole ! »[3]. Mais, parallèlement à la longue lutte diplomatique, il y a l'organisation du marché interne. L'exercice d'une politique économique interne est *a priori* de mettre les forces internes du pays au service des actions diplomatiques.

2/ La politique économique : du libéralisme au dirigisme

L'économie française est profondément affectée par le conflit[4]. La situation de pénurie et l'engagement diplomatique de la France modifient le rapport entre l'État et les entreprises privées.

2.1. Évolution de la politique de l'État

Au début, les essences sont simplement regardées comme produits susceptibles de réquisition. L'initiative du rapprochement entre les entreprises privées et l'État revient à Alexandre Millerand[5] (ministre de la Guerre). Dès septembre 1914, ce dernier joint son action à Robert Pinot, secrétaire du Comité des Forges, afin de faciliter et accélérer la mise en service de l'État des usines d'armement dont l'armée française avait tant besoin[6]. Les réquisitions sont donc levées et le régime libéral est instauré dès le mois de septembre 1914. Durant la période de 1914 à 1916, « le

---

marché et promoteur de la loi sur les assurances sociales. Voir : Stephen D. Carls, *Louis Loucheur 1872-1931 : ingénieur, homme d'État, modernisateur de la France*, Alice-Catherine Carls, Presses Universitaires du Septentrion, Villeneuve d'Ascq, 2000.

1. Dominique Barjot, *La grande entreprise française de travaux publics (1883-1974), contraintes et stratégies*, *op. cit.*, p. 787.
2. Voir mémorandum de Jean Monnet à Etienne Clémentel du 12 octobre 1917 in Jean Monnet, *Mémoires*, Fayard, Paris, 1976, p. 73.
3. Cité in André Tardieu, « Les conditions de la vie française, Mossoul et le pétrole », *L'illustration*, art. cité, p. 380.
4. Voir : Dominique Barjot, *La grande entreprise française de travaux publics (1883-1974). Contraintes et stratégies*, *op. cit.*, chapitre 7, vol. 2.
5. Jean-Noël Jeanneney, *François de Wendel en République. L'Argent et le Pouvoir (1914-1940)*, Atelier de reproduction des thèses de Lille III, Lille, 1976, p. 174-175.
6. Robert Pinot, *Le Comité des Forges au service de la nation (1914-1918)*, *op. cit.*

gouvernement appelle aux secours des industriels qui avaient l'expérience de la production à grande échelle »[1]. Sous les ordres du ministère de la Finance, la direction des douanes se préoccupe des mesures à prendre pour que le prix des pétroles ne subisse pas de majorations exorbitantes qui conduiraient à des difficultés de ravitaillement civil et militaire. Le gouvernement tente alors de retenir quelques garanties. Le directeur de douanes demande aux importateurs réunis dans son cabinet « une commission » pour la caution solidaire qui leur sera accordée.

> « Je viens de vous rendre service, *leur dit-il*, je vais vous demander un à mon tour. Nous sommes au début de la guerre. Le pétrole est un produit critiqué. Vous passez pour des gens très riches. Je vous demande un sacrifice. Décidez que vous ne ferez jamais un relèvement de prix que d'accord avec le service de l'Inspection des Finances »[2].

Le ravitaillement est alors abandonné au jeu d'ententes amiables avec les importateurs.

C'est ainsi que l'État envisage une politique d'entente avec le syndicat des raffineurs. Dès septembre 1914, on met en place la Chambre Syndicale de l'Industrie du Pétrole. Il est entendu que les contrats cosignés par les pouvoirs publics et chacun des dix raffineurs de la Chambre assure à l'État le bénéfice des relations commerciales des sociétés françaises avec la Standard Oil Company et la Royal Dutch-Shell, ainsi que la priorité des fournitures pour les besoins de l'armée et de la population civile[3]. En contrepartie, les raffineurs peuvent conserver intacte leur liberté d'action, disposant sans entrave de leur matériel. Aussi, ils se chargent en toute exclusivité de l'importation et de la commercialisation des produits pétroliers[4]. C'est « le système de la liberté contrôlée », comme l'a exprimé Daniel Murat[5].

Cette politique montre quelques signes d'échec dès que se posent les premiers problèmes logistiques annonçant l'affaiblissement des raffineurs. En effet, la déclaration de la guerre met en exergue les vrais problèmes dont souffre l'activité des industriels français. Le 9 août 1914, les trois principales compagnies françaises, Desmarais Frères, Deutsch de la Meurthe, Fenaille et Despeaux, élaborent une note qu'elles veulent

1. Richard F. Kuisel, *Le capitalisme et l'État en France. Modernisation et dirigisme au XX*e *siècle*, *op cit.*, p. 79.
2. Déposition de Jean Branet, PVCE, 1928. Cité par Takashi Hotta, *L'industrie du pétrole en France des origines à 1934. L'État et les entreprises pétrolières*, *op. cit.*
3. Voir notamment les articles 1 et 7 des contrats, Archives Nationales, F12 7715, rapport Avenol, le 28 octobre 1914.
4. Archives du monde de travail 130 AQ 5-6.
5. Daniel Murat, *L'intervention de l'État dans le secteur pétrolier en France*, *op. cit.*, p. 21.

remettre au gouvernement, afin de souligner les problèmes posés à leur industrie[1]. Les trois compagnies souffrent surtout de la faiblesse du nombre des wagons-citernes[2]. Leur activité est donc fortement ralentie. En effet, elles trouvent une grande difficulté logistique pour écouler leurs stocks d'huiles et essences minérales.

> « Elles ne peuvent le faire que si elles sont immédiatement remises en possession de leurs moyens d'action industriels et commerciaux dont elles sont privées : remorqueurs, chalands, mariniers, wagons-citernes, une partie des chevaux, voitures et charretiers, communications téléphoniques et télégraphiques, quelques membres de leur personnel, etc. »[3]

Les conséquences étaient immédiates sur l'approvisionnement militaire et civil. Il s'ajoute à cela la question du crédit[4] ; les compagnies françaises ne peuvent plus payer le pétrole venant des États-Unis à cause des différentes mesures gouvernementales qui bloquent le crédit. Devant le développement des besoins des armées tant terrestres que navales et l'extrême difficulté d'y satisfaire et avec la garantie diplomatique du soutien des alliés, le gouvernement se décide à une intervention directe[5]. Cette intervention se manifeste, dans un premier temps, par la réquisition des essences et des pétroles entreposés sur le territoire. Mais, cette mesure ne règle en rien le problème crucial de l'approvisionnement stratégique du pays en temps de guerre.

2.2. *Les mesures de restriction*

La mécanisation croissante de l'armée fait que, dès avril 1916[6], l'État réglemente le marché par la voie législative. La loi du 6 mai 1916 donne le droit au gouvernement de prohiber ou d'autoriser les importations pétrolières. Cet interventionnisme conduit à modifier certaines règles institutionnelles[7]. Le processus de transformation s'accélère. Le 14 décembre 1916, avec l'augmentation considérable des besoins militaires, Aristide Briand, nouveau président du conseil, tente d'obtenir une modification des règles qui régissent les rapports entre le législatif

1. Archives Desmarais Frères, 130 AQ 9.
2. Archives Nationales, F^{23} 83, Lettre de la maison Desmarais Frères au Syndicat des épiciers en gros de l'Est et du Sud-est (29 novembre 1916) ; Lettre de la maison Deutsch de la Meurthe au Syndicat des épiciers en gros du Sud-est (29 novembre 1916).
3. Archives Desmarais Frères, 130 AQ 9.
4. Gabriel Olphe-Galliard, *Histoire économique et financière de la guerre (1914-1918), op. cit.*, p. 9-39.
5. Guy Di Meo, *Pétrole et gaz naturel en France, un empire menacé*, Edisud, Lille, 1981, p. 34.
6. La loi relative à la taxation des denrées et substances est votée le 20 avril 1916.
7. Fabienne Bock, *Un parlementarisme de guerre 1914-1919, op. cit.*, p. 255.

et l'exécutif. Il fait déposer par son ministre de Finances, Alexandre Ribot, un projet de loi, qui vise à affranchir le gouvernement du contrôle permanent des chambres[1].

Le gouvernement décide d'appliquer une politique d'austérité, notamment dans les villes portuaires qui contrôlent le ravitaillement de la France. En mars 1917, un règlement d'administration publique interdit toute importation, sauf sur autorisation. C'est ainsi qu'aux termes du décret du 16 avril 1917 (article 7), l'essence destinée au chauffage et à l'éclairage domestique sera livrée, dans la limite des disponibilités, par les dépositaires ou détaillants, sur production d'un bon de consommation nominatif établi par le Commissaire de police ou par le Maire. Une même famille ou ménage ne pourra obtenir plus d'un bon d'un titre par quinzaine. Les bons remis aux dépositaires ou détaillants seront conservés par ceux-ci et remis par eux aux raffineurs, en vue de leur réapprovisionnement pour une quantité correspondante à celle représentée par les dits bons[2].

Les mesures sont plus strictes dans les départements portuaires. Dans la ville du Havre, dans le but de faire plus d'économie, l'Administration préfectorale décide que des cartes d'essence, à durées de validité diverses, seront périmés à partir du 15 octobre. Par cet arrêté, la quantité d'essence attribuée pour les usages domestiques est réduite à un litre par mois et seulement pour les manéges ne s'éclairant pas à l'électricité, au gaz ou au pétrole. L'essence ne pourra être achetée que sur la production d'un bon nominatif, délivré chaque mois au bureau de ravitaillement aux familles ne disposant d'aucun autre moyen d'éclairage[3]. C'est l'époque où Louis Loucheur accède à la direction du ministère de l'Armement (en septembre 1917). Loucheur a la conviction que la France doit avoir son indépendance énergétique pour accéder au développement industriel[4]. Il a un rôle influent au sein du gouvernement[5].

Cependant, les mesures prises s'avèrent insuffisantes pour le Comité Général du Pétrole (C.G.P.). Il préconise des mesures encore plus strictes. Ce comité est institué spécialement pour l'étude de la question[6]. Tous

1. *Ibid.*, p. 256.
2. D'après les dispositions de l'article 7 du décret du 16 avril 1917, archives municipales de Havre, Carton 22, sous-série F[4], Liasse 6.
3. *Havre Eclair* du 14 octobre 1917, aux archives municipales du Havre.
4. Dominique Barjot, *La grande entreprise française de travaux publics (1883-1974), contraintes et stratégies*, *op. cit.*, p. 795.
5. Stephen D. Carls, *Louis Loucheur, Ingénieur, Homme d'État, Modernisateur de la France 1872-1931*, *op. cit.*
6. Ce comité est institué par le décret 13 juillet 1917.

les ministères concernés[1] s'accordent, sous l'égide du ministère de l'Agriculture et du Ravitaillement Général, pour la mise en place d'un décret « Carnet d'essence »[2], qui limite l'usage de bons de consommation d'essence à certains secteurs. Il stipule notamment, dans son article 1, que, dès le 1er janvier 1918, « aucun de ces bons d'essence, sauf pour la consommation domestique, les véhicules servant aux transports publics ou en commun et les voitures automobiles affectées aux administrations ou services publics, ne peut être délivré par l'une des autorités préposées à cet effet que sur production par l'intéressé d'un carnet d'essence »[3]. Ce carnet d'adresse est délivré par les préfectures des départements concernés, celles portuaires en particulier. La demande se fait par écrit et chaque demandeur (consommateur) n'a droit qu'à un seul carnet.

Outre le problème de pénurie, la mesure à l'encontre des importations crée une véritable contradiction. D'un côté, elle démotive les importateurs. Or à l'époque, ils importent tout ce qu'ils peuvent, motivés par la spéculation[4] et l'augmentation des prix. De l'autre côté, il faut satisfaire des besoins civils et militaires de plus en plus importants. A cet égard, l'opinion française est bien résumée par Jean Baptiste Duroselle : « la répugnance durable des français à l'égard du dirigisme et du rationnement ne s'explique pas seulement par le libéralisme économique des radicaux-socialistes ou par la lâcheté des gouvernements craignant de trop demander aux riches »[5].

En même temps, Etienne Clémentel, ministre du Commerce et de l'Industrie depuis 1915[6], défend son gouvernement en rejetant la responsabilité du décret sur les importations sur la crise des transports maritimes, sur les pressions des Alliés, sur les pertes de devises étrangères, sur la nécessité de restreindre les importations non essentielles[7]. L'action de Clémentel reste imparfaite. « Il promet aux milieux d'affaires

1. A savoir : ministère de la guerre, ministère de l'agriculture et du ravitaillement, ministère de la marine, ministère de l'intérieur, ministère de l'armement et des fabrications de guerre et le ministère des travaux publics et des transports.
2. Le système de carnet est déjà utilisé pour la distribution du sucre. Voir : P. Pinot, *Le contrôle du ravitaillement de la population civile*, Presses Universitaires de France, Paris, 1925, p. 117.
3. Archives municipales du Havre, Carton 22, sous-série F^4, Liasse 6.
4. Gabriel Olphe-Galliard, *Histoire économique et financière de la guerre (1914-1918), op. cit.*, p. 318.
5. Jean-Baptiste Duroselle, *La France et les français…, op. cit.*, p. 228.
6. Appelé le 15 octobre à occuper ce poste par Briand, alors président du Conseil. Clémentel dirige le ministère du commerce jusqu'en 1919. Ses responsabilités s'étendent des fois au Ravitaillement, à l'Agriculture, au Travail, aux PTT ou à la Marine marchande.
7. Richerd F. Kuisel, *Le capitalisme et l'État en France. Modernisation et dirigisme au XXe siècle, op. cit.*, p. 87.

de leur reconnaître un rôle dans l'administration du contrôle des importations, et soutient qu'en l'absence de réglementation, les grandes firmes réaliseraient des fortunes tandis que de plus petites pourraient se trouver condamnées à mort »[1].

C'est dans ce contexte et dès le printemps 1917 que le sénateur Henry Béranger, membre de la Commission sénatoriale de l'Armée, préconise la constitution d'une conférence interalliée du pétrole[2]. Le but est remédier à cette crise, notamment du transport maritime et obtenir des alliés, principalement américains, les navires qui faisaient défaut à la France. L'objectif est « d'assurer le ravitaillement des Nations Alliées en produits pétrolifères. Il centraliserait tous les besoins des nations alliées et contrôlerait la production… Il fixerait, d'une part, le contingentement qui serait alloué à chacun des Alliés, et d'autre part, la quote-part qui devrait être fournie par chacun des pays producteurs en tenant compte :

a- de la situation géographique par rapport aux pays consommateurs,

b- des besoins en produits spéciaux ne provenant que de certains pays producteurs»[3].

L'action de Béranger est à l'origine du déclenchement d'une nouvelle action de la diplomatie française, notamment à Londres. Sur le marché intérieur, la grande austérité économique qui a particulièrement touché le pétrole n'a pas beaucoup affecté le privilège donné aux raffineurs.

2.3. L'État et les raffineurs français : de la formation d'un consortium pétrolier à la mise en place d'un nouveau régime

La politique pétrolière de l'État à la sortie de la guerre s'articule autour de deux impératifs. Le premier consiste à rassembler les entreprises françaises privées dans un consortium qu'elle contrôle directement. Le second est l'établissement d'un nouveau régime qui favorise le développement de l'industrie pétrolière.

2.3.1. Vers la formation d'un consortium

Les importateurs français, les premiers touchés par la guerre sous-marine et l'interdiction momentanée d'importation, comprennent vite la nécessité d'augmenter leur tonnage citerne à leur disposition pour

1. *Ibid.*, p. 87.
2. Archives Nationales F^{12} 7716, Béranger à Tardieu, le 27 septembre 1917.
3. *Ibid.*

compenser les pertes et satisfaire les besoins croissants en essences. Dès le mois d'avril 1917, c'est à dire au moment où les Allemands semblent sur le point de gagner la guerre du tonnage contre l'entente, les raffineurs français prennent vite leur garde. Les trois plus gros d'entre elles (Desmarais Frères, Fenaille & Despeaux et les Fils Deutsch de la Meurthe) recourent à leurs fournisseurs habituels (la Standard Oil en particulier) en les priant de leur céder cinq navires-citernes pouvant faire chacun quatre voyages jusqu'à la fin décembre pour transporter au total 100.000 tonnes d'essence, à destination des principaux ports français[1]. Ces 100.000 tonnes d'essence se répartissent comme suit :

TABLEAU 1.2.4.
La part des principaux ports français de l'activité pétrolière en 1917

Port	Pourcentage
Le Havre	50 %
Calais-Dunkerque	10 %
Bordeaux	20 %
Marseille-Sète	20 %

Source : Roberto NAYBERG, *La question pétrolière en France, du point de vue de la défense nationale, de 1914 à 1928, op. cit.*, p. 77.

La part du port du Havre dans le trafic pétrolier reflète le rôle joué par Desmarais Frères, la seule compagnie pétrolière française implantée à proximité du port. L'évolution des importations de Desmarais Frères durant la guerre est particulièrement démonstrative comme on le verra plus bas. Mais, le rôle des ports se réduit dès les premiers mois de 1917, car les importations sont très fortement réduites. Les compagnies françaises n'arrivent pas à joindre les prévisions, qui, elles-mêmes ne reflètent pas les besoins réels[2]. Quelles sont les raisons des baisses des importations alors que les besoins augmentent sans cesse ?

Les importations dépendent en grande partie de la Standard Oil. Mais quand Rockefeller apprend, par cause de fuites, les clauses des

1. Roberto NAYBERG, *La question pétrolière en France, du point de vue de la défense nationale, de 1914 à 1928, op. cit.*, p. 77 (Selon les archives du SHAT).
2. Roberto NAYBERG, *La question pétrolière en France, du point de vue de la défense nationale, de 1914 à 1928, op. cit.*, p. 69-70.

accords secrets de Sykes-Picot, il modifie son attitude. En fait, « Les accords devraient rester secret jusqu'à la fin de la guerre, d'abord pour éviter l'outrecuidance de vendre la peau de l'ours, ensuite pour ne pas indisposer les américains que les missions de propagande françaises et britanniques essayent de convertir à la participation au conflit à côté des alliés »[1]. Le patron de la Standard Oil n'a plus qu'à miser sur la défaite des alliés pour réduire à néant la Turkish Petroleum Company et les accords de Sykes-Picot[2].

Le 12 décembre 1917, le sénateur Henri Béranger dépose un rapport explosif sur l'état alarmant des stocks de carburants. Il confirme ainsi les craintes exprimées à maintes reprises par le Comité Général du Pétrole. Passant de 44.000 tonnes à 28.000 tonnes, les stocks risquent de complètement s'épuiser dès le 1er mars 1918[3]. Ce problème révèle l'impuissance du négoce privé compte tenu du désengagement de la Standard Oil par rapport aux distributeurs français[4]. L'urgence de la situation impose une vive réaction de l'État. Des personnes telles que Béranger et Tardieu deviennent très actifs. Ils se chargent ainsi de trouver les solutions efficaces face à la crise.

Henri Béranger est amené à accentuer le rôle de l'État pendant l'hiver 1917-1918. Persuadé de l'insuffisance des moyens matériels (capacité des transports, moyens financiers, moyens de payement ou stratégiques) des raffineurs du cartel, il admet désormais l'utilité de l'intervention et du contrôle de l'État dans le domaine pétrolier. D'ailleurs, l'expérience du Comité Général du Pétrole (présidé par Béranger lui-même) et grâce à son attitude conciliante, témoigne d'un changement dans la mentalité des raffineurs en s'ouvrant plus vers une coopération avec l'État. L'œuvre n'a jamais été une œuvre d'exécution, mais « une œuvre de coordination et de contrôle »[5]. Le Comité propose la création du Consortium pétrolier et la fixation du régime des achats directs. Pour Henri Béranger, la création d'un Consortium pétrolier, c'est à dire d'une association économique entre l'État, les compagnies productrices (Standard Oil ou Royal Dutch Shell) et les sociétés privées s'impose pour deux raisons :

1. Pierre Fontaine, *L'aventure du pétrole français, op. cit.*, p. 40-41.
2. *Ibid.*, p. 41.
3. Roberto Nayberg, *La question pétrolière en France, du point de vue de la défense nationale, de 1914 à 1928, op. cit.*, p. 70.
4. Henri Béranger, *Le pétrole et la France, op. cit.*, p. 88 ; Takashi Hotta, *L'industrie du pétrole en France des origines à 1934. L'État et les entreprises pétrolières, op. cit..*, p. 191.
5. Henri Béranger, *Le pétrole et la France, op. cit.*, p. 36.

• Devant les difficultés d'importation, d'affrètement, de change et de transport, causées par le conflit, seul un puissant groupement de tous les partenaires français, s'appuyant sur de solides accords interalliés, a quelque chance de donner des résultats satisfaisants[1].

• Le gouvernement peut difficilement abandonner, à un secteur privé qui lui empreinte les devises nécessaires à l'importation des hydrocarbures, le bénéfice intégral des « énormes plus-values que le doublement d'un programme d'importation représente»[2].

Le consortium est signé le 29 mars 1918 entre le gouvernement et les dix raffineurs, trois jours après la création du monopole des importations, le 26 mars. Il est constitué sous la forme de société anonyme au capital de 30 millions, dont la moitié est versée immédiatement par les souscripteurs (voir TABLEAU 1.2.5) Les bénéfices éventuellement réalisés seront entre les mains de l'État. Les pétroles et les essences acquis à l'étranger par le consortium étaient revendus à ses membres, au prorata de leurs parts dans l'association. Le consortium étant constitué dans un but d'intérêt national, ses actionnaires ne toucheront pas de dividende et n'auront droit qu'à un intérêt annuel de 6%[3]. Les bénéfices acquis par l'État alimenteront une caisse spéciale consacrée au développement de la production du pétrole et au renforcement de ses industries.

1. *Ibid.*, p. 91.
2. Le rapport de Béranger d'avril 1918.
3. Selon l'article 5 du contrat.

TABLEAU 1.2.5.
Le consortium français du pétrole : capital et participations

Sociétés membres du consortium du pétrole	Part de souscription	Capital social	50% à verser à la constitution	% du capital
Fenaille et Despeaux	Actions de 1000 F	francs	francs	%
	4.725	4.725.000	2.362.500	15,75
Desmarais Frères	4.725	4.725.000	2.362.500	15,75
Fils de A. Deutsch	4.725	4.725.000	2.362.500	15,75
Compagnie Industrielle des Pétroles	3.861	3.861.000	1.930.500	12,87
Raffinerie du Midi	3.504	3.504.000	1.752.000	11,68
Lille-Bonnière-Colombes	2.526	2.526.000	1.263.000	8,42
Paix et Cie	2.238	2.238.000	1.119.000	7,46
Lesieur et Fils	1.284	1.284.000	642.000	4,28
Compagnie Générale des Pétroles	1.428	1.428.000	714.000	4,76
Raffinerie de Pétrole du Nord	984	984,000	492,000	3.28
Total	30000	30,000,000	15,000,000	100%

Source : Guy DI MEO, *Pétrole et gaz naturel en France, un empire menacé*, Edisud, Lille, 1981, p. 54.

La formation du consortium pétrolier offre à l'État la base sur laquelle il peut construire son action. Ainsi l'État peut envisager l'étape suivante.

2.3.2. Les premiers pas vers un nouveau régime pétrolier

Le 21 août 1918, le Commissariat Général aux Essences et Combustibles (C.G.E.C.) est crée par décret[1], pour remplacer le Comité Général du

1. Ce décret est cité in Henri BÉRANGER, *Le pétrole et la France, op. cit.*, p. 141-143.

Pétrole. Doté d'un véritable pouvoir d'exécution, il remplace le Comité Général du Pétrole, jugé très lourd et inefficace. Il est chargé, entre autres, du ravitaillement de la métropole et des colonies[1]. La direction du Commissariat est confiée à Henri Béranger. On peut donc penser que la crise du ravitaillement est à l'origine de ce changement fondamental et structurel de l'industrie pétrolière en France.

En fait, la crise met le Gouvernement devant la nécessité d'établir un nouveau régime du pétrole pour l'époque de l'après-guerre[2]. Dans les six mois qui suivent l'Armistice se prépare une toute première grande opération d'ordre fiscal. Le ministre des Finances de l'époque (Louis-Lucien Koltz) annonce, dès le 27 mai 1919, l'adoption de nouvelles mesures financières destinées à relever les recettes du trésor. C'est alors que le CGEC se charge de la mise au point de toute une série de questions intéressant l'avenir fiscal de la France, en ce qui concerne les essences et les pétroles[3]. Ces mesures seront même à la base de futurs développements fiscaux et d'une législation nécessitant la protection d'un raffinage français.

Durant la guerre et pendant la période du consortium, les Américains fournissent à la France 85% de son ravitaillement, contre 15% pour la Royal Dutch-Shell, 56% de ce ravitaillement est assuré par la seule Standard Oil[4]. La France a failli perdre la guerre par manque de carburant ; elle n'a plus que quatre jours de réserve d'essence au 1er mars 1918 quand les États-Unis refusent de lui mettre à disposition un tonnage suffisant de navires citernes si nécessaires à la poursuite victorieuse du conflit. Sous la pression et les négociations françaises sous l'égide de Béranger, la Royal-Dutch Shell, dirigée par Deterding[5], ne peut faire autrement que de compenser partiellement la carence de la Standard Oil. Il faut souligner ici que a compagnie Deutsch de la Meurthe avait déjà préparé le terrain en négociant, avec la Royal-Dutch Shell, un contrat lui assurant un ravitaillement régulier en essence de Bornéo, pendant la durée de la guerre[6].

Aussi, après la guerre, la compagnie anglo-néerlandaise est-elle sacrée officiellement « un des principaux collaborateurs industriels de

---

1. Voir : Takashi Hotta, *L'industrie du pétrole en France des origines à 1934, op. cit.*, p. 186-188.
2. Henri Béranger, *Le pétrole et la France, op. cit.*
3. *Ibid.*, p. 267.
4. Pierre Fontaine, *L'aventure du pétrole français, op. cit.*, p. 47.
5. Face aux pertes des gisements en Russie, Deterding s'est montré comme un grand stratège de la guerre. Voir : F. De Goey, "Henry Deterding, Royal Dutch/Shell and the Dutch Market for Petrol, 1902-46", *Business History*, Vol. 44, (October 2002), p. 55-84.
6. Dominique Barjot, *Colas, numéro un de la route*, Tome 1, Caen, 1997. « Chapitre 1 », p. 11.

la défense de Verdun et des deux batailles de Champagne »[1]. A ce titre, la Royal-Dutch Shell aura droit à une place privilégiée dans les partages économiques de l'après-guerre. C'est ainsi qu'en 1919, les achats gouvernementaux sont passés avec la Royal Dutch-Shell dans la proportion de 85%, et avec des indépendants américains pour le solde[2]. Une nouvelle page de « coopération institutionnalisée » s'ouvre alors entre Deutsch de la Meurthe et la Royal Dutch-Shell[3]. Elle aboutira, plus tard en 1922, à la création d'une filiale commune : la Société Anonyme des Pétrole Jupiter. Devant tous ces revirements de la politique française, contrainte ou animée par le contexte diplomatique, l'entreprise française privée n'a que s'adapter de façon ou d'une autre. Son succès dépend de cette adaptation.

3/ Desmarais Frères subit les conséquences de la guerre : Les efforts d'adaptation de l'entreprise

Depuis le début de la guerre, Desmarais Frères subit des pertes matérielles et commerciales (au niveau de son apprivoisement). C'est ce qui constitue un problème de gestion des risques en lui même. En outre, les Desmarais doivent gérer au mieux leurs rapports avec l'État face à sa main mise sur le secteur pétrolier. C'est la raison pour laquelle il convient d'étudier l'impact de la mainmise allemande sur l'entreprise, puis, sa réaction face à cette crise.

3.1. L'impact de l'offensive allemande sur Desmarais Frères

Pour Desmarais Frères, l'offensive allemande représente un risque énorme pour son activité en métropole, mais aussi en Europe, car la compagnie s'approvisionne en partie de l'Europe orientale.

3.1.1. La situation de la compagnie Desmarais Frères en 1914

Malgré des effets négatifs de la loi de 1903, la compagnie n'a pas arrêté ses extensions. A la seule usine du Havre, les installations pétrolières couvrent près de dix hectares sur la rive nord du canal de Tancarville[4]. On peut la diviser en trois parties :

1. Cité in Pierre Fontaine, *L'aventure du pétrole français, op. cit.*, p. 43.
2. Edgar Faure, *Le pétrole dans la paix et dans la guerre*, Paris, 1939, p. 59.
3. Dominique Barjot, *Colas, numéro un de la route, op. cit.*, p. 11
4. Archives Municipales du Havre, sous-série F², carton 21, liasse 12.

• La raffinerie. Bien que tournant au ralenti, elle fabrique pratiquement tous les produits employés alors (huiles pour éclairage et pour les moteurs, huiles de graissage, essences spéciales pour voitures, vendues sous la marque « Automobiline », etc). L'usine dispose pour cela de dix chaudières de distillation d'une capacité unitaire de 500 à 600 fûts. Elle est reliée au bassin aux pétroles par environ deux kilomètres de pipelines qui permettent le refoulement des cargaisons dans les réservoirs (environ 120) d'une capacité totale voisine de quarante millions de litres ;

• En face de la raffinerie, une importante annexe comportant :
– une cité ouvrière de cinquante logements ;
– une fabrique de bidons et une tonnellerie ;
– des écuries : la « cavalerie Desmarais » compte alors 25 chevaux (il en fallait deux ou trois par voiture) ;

• Un vaste entrepôt de douane et un garage près de Tancarville où se trouvent aussi des réservoirs pour le chargement des chalands approvisionnant des dépôts de la société dans toute la moitié du nord de la France. Il s'ajoute à cela un parc de wagon-citernes (les voies allant jusque dans l'usine) et un bateau-citerne nommé « Le Coq ». Ce dernier commandé à un chantier britannique, il porte en lourd 5.000 tonnes. Il sera endommagé par une mine en 1916[1].

Pendant les deux premières années de la guerre, Desmarais Frères et quelques autres raffineurs réussissent à maintenir sans défaillance leurs stocks à disposition de l'Armée, en accélérant la cadence des importations. Celles-ci proviennent en majeure partie (85%) des États-Unis[2] et du Mexique. Toutefois, dès le début des opérations Desmarais Frères signale au Service des Poudres les possibilités d'approvisionnement en essence de Bornéo. L'objectif est de garantir sa place de leader sur le marché français, certes, mais de limiter les risques par la diversification d'approvisionnements.

La compagnie Desmarais Frères perd la plupart de ses investissements à l'étranger. Cela accentue sa dépendance vis-à-vis de la Standard Oil Company et risque de réduire sa part de marché sur le territoire métropolitain. De 1914 à 1916 les Desmarais neutralisent la production roumaine. Le pétrole roumain représente 35% des importations totales de la maison Desmarais en 1914. Quand la situation de la Roumanie commence à devenir critique au début de 1916, Paul et Lucien Desmarais envoient à leur directeur les instruction les plus strictes, en vue de s'opposer aux manœuvres allemandes.

---

1. *Ibid.* ; Henri Menjaud, *Desmarais Frères…, op. cit*
2. Archives Municipales du Havre, sous-série F², carton 21, liasse 10 et liasse 11.

Evoquant dans une correspondance les négociations d'une compagnie romano-américaine avec l'Aquila Franco-Romana, ils recommandent que toutes les précautions soient prises afin que ces achats ne se convertissent point en facilités commerciales pour les Allemands. Ils concluent ainsi : « … Il s'agit de faire passer les intérêts de notre pays et ceux des alliés avant tout intérêt particulier. »[1]. Ainsi, à la veille de l'entrée des Allemands en Roumanie, le stock de 85 000 tonnes d'essences achetées aux roumains par l'Aquila est détruit, peu avant l'invasion, en même temps que les usines et les installations.

Il en est de même pour le pétrole russe quand tous les Français retirent leurs investissements de la Russie en 1917. En Pologne, quand la guerre éclate, les raffineries étaient déjà fermées. En effet, depuis 1911, la production des puits avait baissé aussi vite qu'elle avait monté, rendant l'approvisionnement impossible. Ce n'est qu'après 1918 que les capitaux français occuperont une place prépondérante[2], avec une grande présence de Desmarais Frères jusqu'en 1934. Les quelques importations venant de Perse et d'Egypte s'interrompent également[3]. Sur les importations à l'usine du Havre, seules les pétroles venant des États-Unis et de Bornéo figurent sur la liste des stocks.

Les seules installations à l'étrangères de Desmarais Frères étant restés sous le contrôle de la compagnie sont celles en Espagne. Pendant la guerre, ces installation, devenues Desmarais-Hermanos en 1917, apportent une aide appréciable au ravitaillement, plus au moins clandestin, des unités navales françaises[4]. Cependant, cet effort reste limité au regard des besoins progressifs de l'armée française. En fait, le pétrole espagnol n'a pas le même statut que le pétrole roumain ou russe. L'Espagne souffre en plus de grandes difficultés pour redresser son économie qui se dégrade et une armée insatisfaite[5]. L'activité de Desmarais Frères est plutôt destinée à remplir le besoin du marché espagnol, qui, lui aussi souffre d'une pénurie à cause de la difficulté d'approvisionnement et les risques du transport pétrolier[6].

1. Henri Menjaud, *Desmarais Frères, un siècle d'industrie française du pétrole, 1861-1961, op. cit.*
2. Christophe Laforest, *La stratégie économique de la France en Pologne (1919-1939). Aspects économiques et implications politiques,* Thèse de doctorat, Paris 1, 2001.
3. Archives municipales du Havre, sous-série F[2], carton 21, liasse 10 : bulletins mensuels de relevés des quantités (en litres et en kilogrammes) de pétrole importé par la maison Desmarais Frères (1914-1921).
4. Henri Menjaud, *Desmarais Frères…, op. cit.*
5. Guy Pedroncini, *Les négociations secrètes pendant la grande guerre,* Flammarion, Paris, 1969.
6. Jacques Grandel, *Le monopole du pétrole en Espagne,* Librairie technique et économique, Thèse de droit, Paris, 1935.

3.1.2. Desmarais Frères et la participation à l'effort de guerre

Pendant les deux premières années de la guerre, Desmarais Frères et quelques autres raffineurs réussissent à maintenir sans défaillance leurs stocks à la disposition de l'armée, en accélérant la cadence des importations. En 1915, sur une période de huit mois, du 1er mai au 31 décembre, Desmarais Frères fournit à l'État 70.800 tonnes[1]. Pour l'année 1916, elle fournit 132.152 tonnes[2] [3]. Si l'on croit les archives de Desmarais Frères selon lesquelles la compagnie représente 20% environ de part de marché, l'État a besoin de 80.000 tonnes par mois approximativement.

Ces quantités proviennent en majeure partie (87%) des États-Unis, du Mexique et de Trinidad. La part provenant de Roumanie baisse progressivement pour se réduire à néant en 1916. Pour l'année suivante, les importations supplémentaires des États-Unis ne compensent pas assez le pétrole roumain manqué après l'invasion allemande de la Roumanie. Seules quelques importations venant d'autres pays sont enregistrées. En dehors des États-Unis, il s'agit de celles de Perse en janvier (295.673 kg) et du Mexique en avril (1.617.074 litres) de la même année 1916[4]. Ensuite, seules les importations des essences raffinées venant des États-Unis et du Bornéo[5] qui prennent place, avec des quantités très aléatoires. On enregistre alors une baisse des ventes chez Desmarais Frères de 4,3%[6].

Les conséquences ne sont pas seulement au niveau des quantités mais aussi au niveau du type de pétrole importé. Très peu sont les quantités du brut enregistrées dans les importations de Desmarais Frères. En revanche, 'importation des produits finis augmente sensiblement d'après les archives douanières. Avec près de 80 000 tonnes[7] de trafic annuel, ces importations représentent le double de celles de l'avant-guerre. On enregistre aussi des importations d'autres types de produits raffinés de Bornéo, les « produits spéciaux ». Ceux-ci sont inconnus en France jusque là et nécessitent un traitement spécial. Ces produits ont une forte proportion d'extraits utilisés pour la fabrication des explosifs[8].

1. Soit 8.850 tonnes par mois en moyenne.
2. Soit 16.519 tonnes par mois.
3. Archives Desmarais 130 AQ 5-6 : « Ventes annuelles de Desmarais Frères de 1887 à 1938 ».
4. Archives municipales du Havre, sous-série F², Carton 21, liasse 11.
5. En mars 1916, le pétrole venant de Bornéo représente 14,5% du stock global.
6. De 123.152 tonnes en 1916 à 117.839 en 1917.
7. Archives municipales du Havre, sous-série F², Carton 21, liasses 10 et 11.
8. Bernard Baffet, Le raffinage de pétrole en France avant 1919, *L'hydrocarbure*, N° 188, 1986. p. 5-10.

3.2. Stratégie de Desmarais Frères pendant la guerre

Malgré l'offensive allemande, Desmarais Frères tient à garder un niveau d'activité assez élevé. Dans l'histoire de Desmarais Frères, la guerre représente un moment crucial où l'activité de la Compagnie connaît des changements très significatifs dans son volume d'activité. En effet, son activité de raffinage baisse énormément et sa dépendance d'une seule et unique source d'approvisionnement se voit augmenter. Dès avril 1916, les dépôts de Graville et du Havre ne reçoivent aucune marchandise venant de l'Europe orientale ni des Indes Néerlandaises. Durant la période de la guerre, l'inventaire fait par les dirigeants de Desmarais Frères, mais aussi par l'administration des douanes, montrent que, en dehors des importations des États-Unis, leur activité sur le continent européen est réduite à néant par rapport à son activité d'avant-guerre[1]. Le même mois d'avril (1916), une cargaison de pétrole raffiné (1.617.074 litres), venant du Mexique, arrive aux entrepôts de Graville.

Le graphique ci-dessous montre l'effort de Desmarais Frères, dès mars et avril 1916, à compenser la perte des importations de l'Europe orientale. Dès juin de la même année, les importations deviennent très aléatoires avec un niveau de stock minimum garanti par rapport aux exigences de la Guerre.

1. Archives municipales du Havre, sous-série F², carton 21, liasses 10 et 11.

Graphique 1.2.1.
Évolution du stock mensuel à l'usine du Havre
de janvier 1916 à août 1918 (en kg)

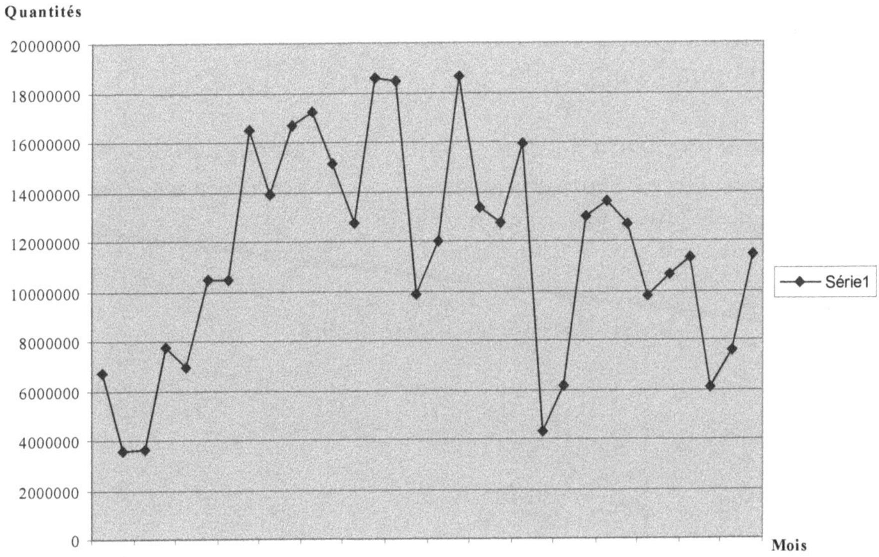

Source : Archives Municipales du Havre, sous-série F2, carton 21, liasse 10 (pour le dépôt de Graville) et liasse 11 (pour le dépôt du Havre)

Le second moment (ou élément) de discontinuité venant succéder au problème d'approvisionnement, c'est le rôle nouveau attribué à la compagnie par l'État, lors de la création du Consortium pétrolier. L'entreprise doit désormais gérer ses activités non selon ses propres objectifs, mais selon les objectifs fixés par le gouvernement. Il est donc impératif dans ces conditions de prendre des décisions significatives s'appuyant sur des analyses non loin de la réalité. Par conséquent, Il est important, à chaque fois, de mesurer l'importance de l'événement pour l'entreprise en fonction de deux éléments :

– *sa portée*, c'est-à-dire l'ampleur des perturbations qu'il risque de provoquer,

– *le délai* qui reste à courir avant que les effets ne soient sensibles.

La gestion de la discontinuité a attiré l'attention de certains économistes de l'entreprise d'aujourd'hui. Tel est le cas d'Igor Ansoff[1]. En

1. Harry Igor Ansoff, *The New Corporate Strategy*, Wiley and Sons, New York, 1988.

admettant que l'entreprise ait supporté des pertes[1] (P) liées à la réalisation d'une menace et des coûts de réponse[2] (CR), le problème de la gestion des discontinuités stratégiques selon Ansoff consiste à minimiser la somme (S) = P + CR. Ansoff[3] suggère trois moyens d'y parvenir :

- en réduisant le délai de réponse (DR),
- en limitant l'impact de la menace et partant l'aire (P),
- en diminuant l'aire (C).

Cette idée consiste à fixer en fonction des données passées des seuils à partir desquels les écarts enregistrés dans les performances de la firme seront jugés statistiquement significatifs.

GRAPHIQUE 1.2.2.
Gestion des discontinuités

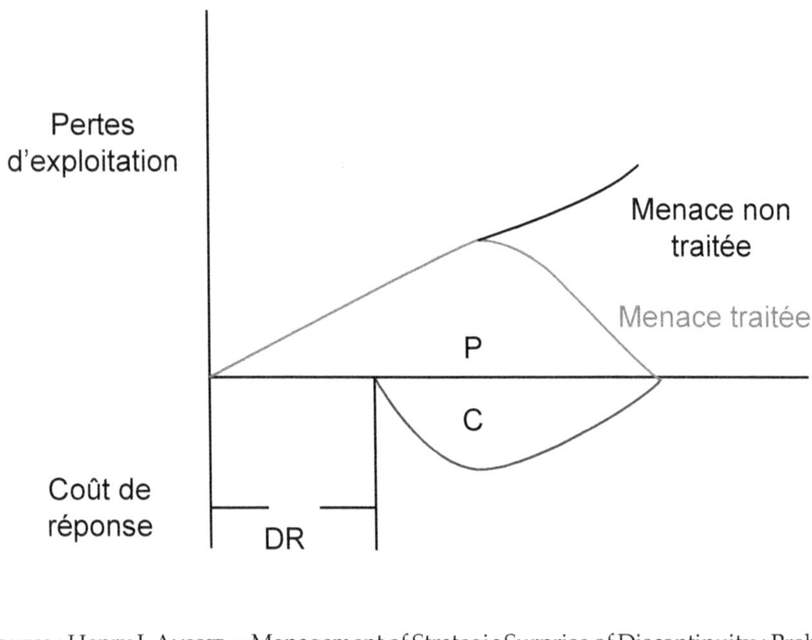

Source : Henry I. ANSOFF, « Management of Strategic Surprise of Discontinuity : Problem of Managerial Decisiveness », Revue *Sciences de Gestion*, n°1, 1979, p. 459-488.

1. C'est le cas des Desmarais lors de l'invasion de la Roumanie par les allemands, entre autres.
2. Exemple : la reconstruction des usines et l'achat du nouveau matériel, etc.
3. Harry I. ANSOFF, « Management of strategic surprise of discontinuity: problem of managerial decisiveness », *Revue Sciences de gestion*, n°1, 1979, p. 459-488.

En appliquant cette théorie au cas de Desmarais Frères, certaines prises de positions stratégiques seront mises en évidence. Cependant, cette théorie trouve ses limites à partir du moment où la réussite au niveau de la gestion stratégique et la gestion des discontinuités, en particulier, s'accompagne généralement d'un réaménagement de la carte des pouvoirs au sein de l'entreprise. C'est le cas de Desmarais Frères. En effet, la baisse des importations du brut et la discontinuité de l'activité de raffinage au sein de l'entreprise exigent des mesures de licenciement. Malgré l'effort en vue de sauvegarder un niveau d'emploi élevé, on enregistre une baisse de l'effectif de 20% par rapport à la période précédente, alors qu'ils doivent faire face à des exigences plus grandes qu'ultérieurement (c'est le CR selon la théorie d'Ansoff).

Aussi, afin de s'adapter à la demande du marché, on introduit une qualité nouvelle de combustibles, les « produits spéciaux », inconnus en France jusque-là, qui nécessitent un traitement à part comme les essences de Bornéo à forte proportion d'extraits utilisés pour les explosifs. L'entreprise réussit ainsi à bien marquer l'évolution de cette consommation. De 1914 à 1917, Desmarais Frères réussit le tour de force d'assurer en partie le ravitaillement du pays par l'importation de produits raffinés, livrés directement à l'État qui, devant l'accroissement du nombre des camions militaires puis des avions, s'intéresse enfin à ce domaine devenant stratégique.

Il convient donc de comparer des ventes effectuées par la compagnie avant et après la période de la guerre, en se concentrant sur l'évolution des parts de marché (en reportant les ventes de Desmarais aux ventes globales). Dans ce cas là, toute perte de part de marché par rapport à la période précédant la guerre pourrait être validée par la théorie d'Ansoff. De la mise en œuvre de celle-ci, il ressort que les efforts de Desmarais Frères aboutissent à la sauvegarde d'une forte présence sur le marché. Si la part des ventes de Desmarais Frères sur le marché français est de 17,66 %[1] en 1913/1914, elle évolue ainsi pendant la guerre :

1. 93.931 tonnes sur un total des ventes 517.090 tonnes en France métropolitaine.

TABLEAU 1.2.6.
Parts de marché de Desmarais Frères en France 1914-1919

Année	Pourcentage	Observations
1914/1915	19,6 %	
1915 sur 8 mois	18,2 %	Période du 1er mai au 31 décembre.
1916	19,8 %	Année régulière depuis 1916.
1917	20,1 %	
1918	17,5 %	
1919	19,5 %	

Source : Archives Desmarais Frères (Archives du Monde du Travail de Roubaix), 130 AQ 5, « Ventes annuelles de Desmarais Frères de 1887 à 1938 ».

Quoi qu'il en soit, l'intervention massive de l'État dans l'économie du pays, et notamment dans le secteur du carburant, réduit la marge de manœuvre des compagnies pétrolières. Avec 15,75% de participation seulement dans le capital du consortium pétrolier, la compagnie Desmarais Frères apparaît sous-représentée alors même que la part de l'État dans le secteur pétrolier est de plus en plus envahissante.

CONCLUSION

La guerre oblige à une intervention lourde de l'État dans le secteur pétrolier, notamment au moment de la crise de septembre 1917. Le gouvernement français prend les choses en main en devenant le seul acheteur et importateur de pétrole. Cette montée en puissance se concrétise par un « arrangement institutionnel », grâce à la création du Commissariat Général aux Essences et Combustibles (C.G.E.C.) en 1918. La totalité des produits importés est livrée à un organisme privé, le Consortium pétrolier. Le régime est donc celui d'un double monopole portant à la fois sur l'importation et la vente. Sur le plan diplomatique, la coopération entre Londres et Paris est plus qu'une réussite. L'issue de la guerre donne à la France l'occasion de prendre rang dans les affaires pétrolières, car, au nom de l'Entente cordiale, le *Foreign Office* accepte, en 1917, de transférer au gouvernement français, après la guerre, les parts allemandes de la TPC, mises sous séquestre en 1915[1]. Pierre Léon parle même d'une naissance d'un « modèle » de coopération économique entre les nations[2].

Le conflit mondial crée un contexte nouveau pour l'entreprise Desmarais Frères en particulier. Celle-ci doit s'occuper plus de la sécurité de son approvisionnement. Après avoir fait face aux problèmes émanant des discontinuités dans son activité, Desmarais Frères reste désormais à l'écoute de la volonté du gouvernement français. La sortie victorieuse de la France change toute la donne sur le marché français. Pour les Desmarais comme pour l'État français, la Première Guerre mondiale représente un grand tournant dans le secteur pétrolier. La crise de ravitaillement est cependant à l'origine d'une mobilisation générale qui touche chaque français. Elle modifie en fait les attitudes des parties face à l'avenir. Richard F. Kuisel souligne que : « pour la majorité des français des fonctionnaires et des industriels, la Guerre représente une crise nationale légitimant de différentes formes d'expériences étatistes, corporatistes, voire socialiste. Mais, les expédients sont chose temporaire »[3].

La prise de conscience de la valeur stratégique du pétrole lui procure un statut particulier aux yeux de l'État français. Les problèmes de ravitaillement deviennent la première des préoccupations de l'État et des compagnies privées. Cette intervention directe du gouvernement, mais aussi l'arrivée des sociétés étrangères sur le marché français, bouleversent la situation du marché pétrolier. En effet, une forme de coopération, de plus en plus étroite, se crée entre les intérêts privés (Desmarais Frères en particulier) et publics. Cette coopération est à l'origine de la particularité du secteur pétrolier français de l'après-guerre comme on le verra dans la deuxième partie. La situation est désormais celle qui tend à prévaloir une forte intervention de l'État dans la gestion de ce secteur[4].

La protection du marché national devient une priorité[5]. Elle devient un moyen de promotion industrielle et du développement des exportations. Ainsi, le tarif douanier peut s'avérer l'un des moyens pour diminuer les quantités produites par les concurrents étrangers, donc d'accroître leur coût par tonne de pétrole et d'étendre l'échelle de production des firmes nationales. Mais cela n'est possible qu'avec la possession de gisements

1. Pierre Léon, *Histoire économique et sociale du Monde*, Tome V, 1914-1947, Colin, Paris, 1977, p. 36.
2. *Ibid.*
3. Richerd F. Kuisel, *Le capitalisme et l'État en France. Modernisation et dirigisme au XXe siècle*, *op. cit.*, p. 76.
4. Archives de Total 82.8/553.
5. La loi du 5 août 1919 modifie des droits d'entrée sur les mazouts.

pétroliers sous contrôle français. Ce facteur s'avérant insuffisant dans le passé, des efforts diplomatiques sont nécessaires pour la possession de gisements au Moyen-Orient[1].

Avec l'expérience « pétrolière » de la France pendant la guerre de 1914-1918, on voit naitre une intervention étatique relayée par une prise de responsabilité de la part de l'entreprise privée, comme s'il s'agissait d'une forme certaine d'économie mixte. On trouve déjà une validation à un vieux-nouveau concept : « L'économie mixte est un fait, et doit rester sans législation spéciale. Mais l'intervention de l'État peut et doit s'inspirer d'une idée directrice autre que la réalisation de bénéfices immédiats : l'augmentation de la puissance de production de l'économie nationale. »[2]. On en trouve également une application dans les exemples de la Compagnie Nationale des Matières Colorantes en 1916[3], la Compagnie Nationale du Rhône en 1921[4] ou encore l'Office National de l'Azote en 1924[5].Ce système d'économie mixte prépare les grandes décisions des années 1920, à savoir la création de Compagnie Française des Pétroles et la loi de 1928 sur le raffinage.

1. Maurice Mercier (secrétaire général de la CFP), « Les pétroles de Mossoul et la participation française », Extrait de la *Revue Industrielle* de Novembre 1926, p. 513. (Archives de Total 82.8/553) ; André Tardieu, « Les conditions de la vie française, Mossoul et le pétrole » in *L'illustration*, art. cité, p. 380-382.
2. Friedrich List (1789-1846), cité in Alain Chazal et Hubert Poyet, *L'économie mixte*, Presses Universitaires de France, Paris, 1965, p. 39.
3. Fondée en 1872 sous le nom de Francolor Pigments Villiers Saint Paul.
4. La compagnie est née à la suite d'une loi adoptée par le parlement en 1921, à partir du constat de la nécessité, dans le prolongement d'un interventionnisme étatique développé pendant la Première Guerre Mondiale. Cf. Alexandre Giandou, *La Compagnie nationale du Rhône (1933-1998). Histoire d'un partenaire régional de l'État*, Collection Histoire industrielle, Saint-Martin-d'Hères, Presses Universitaires de Grenoble, 1999.
5. Voir : Jean-Pierre Daviet, *Un destin international, la compagnie de Saint-Gobain de 1830 à 1939*, Editions des archives contemporaines, Paris, 1988.

Conclusion première partie

En matière pétrolière, la Guerre de 1914-1918 met fin à un long cycle négatif de dépendance pétrolière, autant pour l'entreprise que pour l'État. Avec la prise en charge par l'État de l'approvisionnement pétrolier, suite aux efforts diplomatiques réussis, il est mis fin au caractère fragmentaire de l'industrie pétrolière française. Mais, il a bien fallu attendre l'intervention américaine et la récupération de la part de la Deutsche Bank dans la TPC. Cela accélère le processus de la création d'un système pétrolier français qui préserve à la fois les intérêts privés et ceux de l'État, mais au prix d'une introduction définitive des américains au pétrole du Moyen-Orient. Le système français a connu une véritable métamorphose en passant d'une « logique de cartel » à une « logique de consortium » contrôlé par l'État. En d'autres termes, on passe de la « notion de convention » à une notion de réduction des « coûts de transaction ».

Les auteurs de « l'économie de convention »[1] précisent qu'ils ont en commun l'hypothèse selon laquelle « l'accord entre les individus, même lorsqu'il se limite au contrat d'un échange marchand, n'est pas possible sans un cadre commun, sans une convention constitutive »[2]. Ainsi, Desmarais Frères a pu jouer un rôle majeur dans le cadre du « cartel des dix » tout en adaptant sa stratégie en chaque circonstance. Par suite, la compagnie a pu garantir une part de marché en France qui avoisine les 20% sur toute la période qui précède la Guerre.

L'intervention de l'État avec la création d'une entreprise de type « consortium » et un organisme d'État qui contrôle la totalité des importations (le C.G.E.C.) relève plutôt de l'économie des coûts de transaction[3]. Celle-ci s'inscrit dans un courant appelé « Nouvelle économie institu-

1. Numéro spécial de la *Revue Economique* de mars 1989, appelé « L'économie de conventions ». Voir aussi : O. Favereau, « Marchés internes, marchés externes », *Revue Economique* n° 2, 1989.
2. « L'économie de conventions », *Revue Economique* de mars 1989, p. 142.
3. R. Coase, "The Firm, the Market and the Law", University of Chicago Press, 1988.

tionnelle »[1]. Ce courant de pensée s'intéresse à l'ensemble des règles sociales, politiques et juridiques qui encadrent la production, l'échange et la distribution. L'action de l'État français appartient au champ d'étude privilégié de ce courant, celui des arrangements institutionnels mis en place par les individus lorsque les contrats sont incomplets « ex-post »[2]. Ainsi, se trouve mise en lumière l'importance du débat qui opposa Clémentel à Loucheur durant la Première Guerre Mondiale et dans les années de l'immédiat Après-Guerre autour du pilotage de l'économie par l'État.

Pour l'État français, une grande responsabilité s'impose dès la sortie de la Guerre, celle de mettre en place d'une structure pour l'industrie pétrolière. Cela ouvre un second débat sur la forme optimale d'une grande entreprise pétrolière française, capable de concurrencer les géants américains et anglo-néerlandais. Si l'on tient compte du postulat selon lequel « la supériorité de la compagnie industrielle est plus spécifiquement lié au développement ou à la métamorphose accélérée de sa structure »[3], l'organisme se chargeant de la mise en place d'une grande entreprise pétrolière française se trouve, dès 1919, face au grand chantier de la restructuration. La pertinence de la stratégie pétrolière suivie par la France dépendra en effet de l'installation d'une nouvelle structure capable d'absorber ou d'intégrer tous les acteurs de l'industrie pétrolière. Réciproquement, ces mêmes acteurs, Desmarais Frères en tête, auront leur rôle à jouer dans la mise en place de cette structure.

---

1. O. Williamson, «The Evolving Science of Organization", *Journal of Institutional and Theoretical Economics*, 1993.
2. Expression latine utilisée pour désigner ce qui est arrivé effectivement après que les agents économiques ont confronté leurs plans et agi en conséquence. Ces actions peuvent différer de celles qu'ils avaient prévues de faire. Selon Bernard Guerrien, *Dictionnaire d'analyse économique*, La découverte, Paris, 1997, p. 205.
3. Alfred D. Chandler, *La main visible des managers*, Economica, Paris, 1988, p. 7-12. A ce propos, l'étude des absorptions de la Standard Oil dès le XIXe siècle et la fusion entre La Royal-Dutch et la Shell en 1907 est une confirmation à ce postulat.

DEUXIÈME PARTIE

L'émergence d'une industrie pétrolière française (1919-1945)

Introduction de la deuxième partie

La deuxième partie couvre la période allant de 1919 à 1945. Elle se consacre à l'étude de Desmarais Frères à travers le développement d'une industrie pétrolière française. La sortie du premier conflit mondial marque pour la France un véritable départ en matière pétrolière : d'abord, car l'ensemble des acteurs du marché est mobilisé autour de l'action de l'État depuis la formation du Consortium pétrolier ; ensuite, parce que la fin victorieuse des alliés semble garantir, immédiatement et pour longtemps, les ressources nécessaires à un avenir florissant. Ce choix chronologique de cette période s'impose, parce qu'elle reflète un état réel du développement de l'industrie pétrolière française. Elle se compose de trois phases clés : une phase de construction dans les années 1920, une phase de développement dans les années 1930 et une phase de ralentissement, voire de rupture, avec la déclaration de guerre par l'Allemagne. Les trois phases constitueront les trois chapitres de cette partie. Passer par ses trois phases permet d'avoir un diagnostic historique réel sur le développement de l'industrie pétrolière en France.

Le premier chapitre se consacre à l'analyse des éléments constitutifs d'une industrie pétrolière française. La création de la Compagnie Française des Pétroles (CFP) en 1924 en est l'événement majeur à la base de ce qui s'appelle aujourd'hui le groupe Total. L'analyse tente de se concentrer sur les aspects organisationnels afin de mettre l'accent sur l'originalité du cas français. Il s'agit là de l'approche technocratique entreprise par Ernest Mercier. L'État n'intervient jusque là que par le biais de la législation afin d'optimiser l'activité des raffineurs français. Ainsi, il sera mis en valeur le rôle et la stratégie de Desmarais Frères dans ce grand projet destiné à favoriser l'indépendance pétrolière de la France.

Le deuxième chapitre trace les grands pas vers une industrie pétrolière française complètement intégrée. Suivant l'évolution des affaires de la CFP de très près, l'État renforce sa participation au capital de la compagnie. Son rôle passe d'un rôle principalement législatif à un rôle de gestionnaire direct. Pour ainsi comprendre cet aspect important d'une économie désormais mixte, il convient de rendre compte des activités de la CFP tout en tenant compte de la dimension stratégique, organisationnelle et financière. Une analyse permet également d'appréhender la stratégie d'adaptation de Desmarais Frères.

Le troisième chapitre, enfin, a pour objectif de mettre en valeur des effets de la guerre sur l'activité de l'industrie pétrolière française. Cette période sera traitée chronologiquement afin d'analyser les différentes politiques de l'État depuis la politique d'austérité de Paul Reynaud à la création des comités d'organisation par le gouvernement de Vichy. La guerre mettra-elle en danger l'avenir de la CFP et de Desmarais Frères ? Les destructions massives ont-elles vraiment causé la rupture totale des activités de Desmarais Frères ? À ces questions, ce présent chapitre tente de répondre au moyen d'une approche quantitative s'appuyant sur des données archivistiques des entreprises en question.

CHAPITRE 3

L'émergence d'une politique pétrolière française de 1918 à 1931 : le rôle de Desmarais Frères

Introduction

À la sortie de la Guerre de 1914-1918, tous les facteurs sont présents pour former une politique pétrolière. La crise pétrolière de 1917 met le pétrole au cœur du programme de l'État. En fait, cette expérience modifie l'attitude de l'État en « légitimant de différentes formes d'expériences étatistes, corporatistes, voire socialiste »[1]. Le gouvernement français prend les choses en main en devenant le seul acheteur et importateur de pétrole, en créant, en 1918, le Commissariat Général aux Essences et Combustibles (C.G.E.C.) et en instaurant le Consortium pétrolier. Ce consortium est un organisme privé qui se charge de la distribution de la totalité des produits importés. Désormais il faut mettre tout en œuvre pour instaurer une politique pétrolière digne de son nom.

Paradoxalement, pour financer la guerre, les États ont souscrit des emprunts (auprès des États-Unis). Ils sont donc endettés. L'augmentation rapide de la masse monétaire a entraîné une dépréciation des monnaies européennes et une forte inflation. C'est ce qui rend inefficaces les simples dispositions à encourager l'industrie du raffinage[2] (loi du 5 août 1919 notamment). Les États-Unis se sont enrichis. Les Américains profitent du recul de l'Europe et apparaissent comme les grands bénéficiaires de la guerre ; le dollar devient la monnaie internationale. La diplomatie économique échoue à établir des bases d'une véritable coopération inter-

1. Richard F. Kuisel, *Le capitalisme et l'État en France. Modernisation et dirigisme au XXe siècle*, Gallimard, Paris, 1984, p. 76.
2. Takashi Hotta, *L'industrie du pétrole en France des origines à 1934, l'État et les entreprises pétrolières*, Thèse pour le doctorat sous la direction de Maurice Lévy-Leboyer, Université de Paris X Nanterre, 1990, p. 202-205.

nationale apte à résoudre la crise mondiale[1]. Au-delà des conséquences géopolitiques, la guerre donne naissance à la « diplomatie du pétrole » et la diplomatie économique élargit son domaine aux produits sensibles.

Sur le plan diplomatique, la France renforce son action. Elle obtient les accords de San-Rémo, des accords selon lesquels elle devrait s'assurer d'accéder aux sources pétrolière abondantes de la Mésopotamie. En effet, « le gouvernement britannique s'engage à accorder au gouvernement français ou à ceux qu'il désignera une part de 25 % au prix courant du marché dans la production nette d'huiles brutes que le gouvernement de la Société des Nations (SDN)[2] pourra se procurer par les champs pétrolifères de Mésopotamie... »[3]. Désormais, la France est certaine de récupérer la part que la Deutsche Bank possédait dans la Turkish Petroleum Company (TPC). En Roumanie, la France participe sur un pied d'égalité avec l'Angleterre à la mise en valeur des gisements contrôlés antérieurement par les Allemands.

ILLUSTRATION 2.1.1.
La signature du traité de San Remo en 1920

Source : Archives de Total

1. G. CARRON DE LA CARRIÈRE, *La diplomatie économique, le diplomate et le marché*, Economica, Paris, 1998, p. 33-44.
2. Cf. Stephen S. GOODSPEED, *The Nature and Function of International Organisation*, 2e éd., Oxford University press, 1968 ; Émile GIRAUD, *La société des Nations*, Editions de la librairie encyclopédique, Bruxelles, 1961.
3. Article 7 des accords de San-Rémo (24 avril 1920).

Certains industriels français de pétrole, dont Desmarais Frères, si longtemps privés de ressources pétrolières abondantes, attendent, enfin, que l'État prenne en charge la mission de rattraper le retard par rapport aux Anglo-saxons. Pour eux, il n'existe a priori aucune opposition à ce que l'État intervienne dans ce secteur. À la sortie de la guerre en 1918, Desmarais Frères dispose de 56 millions de francs d'actifs, dont 50% aux immobilisations, notamment dans les trois raffineries, 30% aux stocks et créances commerciales, et 20% aux participations. En 1921, le total des investissements français (le consortium français) dans la branche pétrolière ne s'est que de 900 millions de francs. La part de Desmarais Frères est de 142 millions, sur la base des 15,75% attribués à la firme dans le cadre du consortium. Même si l'on ajoute l'estimation des intérêts français investis en Roumanie (900 millions) et en Pologne (800 millions) en 1923-1924, on est encore trop loin de la Royal-Dutch Shell (3500 millions de Francs à la même date)[4].

Pour les autres industriels, pour l'industrie dans son ensemble, c'était aussi le bon moment. Il s'agissait en effet de bénéficier du pétrole bon marché, à des prix très loin de ceux appliqués sous le régime de la loi de 1903, pour lancer ou relancer leurs industries. En France, la machine industrielle et économique est relancée[5]. Il en résulte que le Produit Intérieur Brut s'accroît également de 4,4 % par an dès 1922[6]. L'État se trouve rassuré de ses choix politiques et économiques. Le secteur automobile « connaît à partir des années 1920 un essor certain (ainsi que l'industrie du caoutchouc qui lui est liée) et constitue un moteur pour le secteur métallurgique. De 125 000 automobiles, la circulation passe à 0,8 millions en 1926 et 1,7 millions en 1931. Les usines de Billancourt (Renault)[7] et Javel (Citroën)[8] symbolisent le dynamisme du secteur… »[9]. De plus, la Première Guerre mondiale engendre un contexte qui rend les autorités militaires très réceptives à toutes les innovations ou améliorations dans le secteur de l'automobile et celui de l'aviation.

4. André Nouschi, « Les investissements pétroliers français dans l'entre-deux guerres » in M. Lévy-Leboyer, *La position internationale de la France. Aspects économiques et financiers XIXe-XXe siècles*, EHESS, Paris, 1977, p. 377-385.
5. François Caron, *Histoire économique de la France XIXe-XXe siècles*, Armand Colin, Paris, 1981, p. 191.
6. J.J. Carré, P. Dubois, E. Malinvaud, *La croissance française, un essai d'analyse économique causale d'Après-Guerre*, Editions du Seuil, Paris, 1972, p. 49.
7. Patrick Fridenson, *Histoire des usines Renault. Naissance de la grande entreprise 1898-1939*, Editions du Seuil, Paris, 1998.
8. Sylvie Schweitzer, *Des engrenages à la chaîne, les usines Citroën 1915-1935*, Presses Universitaires de Lyon, Lyon, 1982.
9. Dominique Barjot (dir.), *Industrialisation et sociétés en Europe occidentale de début des années 1880 à la fin des années 1960…, op. cit.*, p. 239.

Le développement de l'automobile, de l'aviation dans le trafic mondial dès la sortie de guerre, des moteurs diesel plus généralement, contribue à l'augmentation intensive de la consommation mondiale de produits pétroliers dérivés du pétrole. Mais, le principal moteur du développement de cette consommation reste l'industrie automobile. Partout, la production automobile atteint des niveaux sans précédent à des prix toujours plus bas grâce à la technologie nouvelle. Entre 1919 et 1923 la production américaine augmente de 110% et les chiffres d'affaires de 44%[1]. Après l'ère industrielle, on rentre dans une ère de l'automobile « populaire » et la consommation pétrolière à grande échelle. La demande est d'une telle importance qu'il est devenu de plus en plus urgent d'investir un maximum dans l'extraction pétrolière. Malgré le retour de Pechelbronn à la France et les accords de San Remo, la France reste dans l'immédiat tributaire des grandes sociétés étrangères pour son approvisionnement.

Sur le marché pétrolier français, l'augmentation rapide de la production pétrolière mondiale et la baisse des prix du pétrole brouillent les cartes des distributeurs français. Sous le poids de la pression des « *trusts* », les anciennes maisons françaises subissent la pression du marché. A partir du 1er mai 1921, on revient à la liberté du commerce de l'importation sous certaines conditions. Un système des licences d'importations et de la constitution des stocks est mis en place[2]. Cela n'arrange rien pour les compagnies françaises qui souhaitent lutter contre l'hégémonie des « trusts ». Celles-ci pour pouvoir suivre, malgré la baisse du franc et le développement de l'industrie automobile, augmentent leur capital. Ne trouvant pas d'argent en France, elles se trouvent « obligées d'accepter celui que leur imposaient leurs fournisseurs et l'influence qu'ils exigeaient de prendre dans l'affaire »[3].

L'aide que la Royal Dutch-Shell avait portée à la France en 1919 sur l'intervention d'Henri Béranger, n'était pas désintéressée : elle pensait en effet que le gouvernement français allait la charger d'exploiter ce que la France devait recevoir au titre des dommages de guerre. Avec

---

1. J. P. Bardou, J. J. Chanaron, P. Fridenson, J. Laux, *La révolution automobile*, Albin Michel, Paris, 1977, p. 127.
2. Décret du 7 mai 1921 et Loi du 9 juillet 1921.
3. Guillaume de Labarrière, *Les Sociétés de Pétrole à participation de l'État dans divers pays. La Compagnie Française des Pétroles*, Thèse pour le doctorat en Droit, Université de Paris, 1932, p. 110.

l'appui de la Banque de l'Union Parisienne (BUP)[1], elle crée, dès la fin de du conflit, deux filiales françaises : la Société Maritime des Pétroles (société de distribution et de vente) et la Société pour l'exploitation des pétroles (en août 1919). Celle-ci est spécialisée dans la recherche et éventuellement dans la production du pétrole, en France et dans les colonies. Par ailleurs, la Shell serre les liens dès 1921 avec l'une des plus grandes compagnies privés françaises, Deutsch de la Meurthe. Ils créent une filiale commune : la Société Anonyme des Pétroles Jupiter[2].

La Standard Oil of New Jersey ne se contente pas de deux filiales françaises, Vacuum Oil Company et Bedford Petroleum et continue sa « conquête du marché français »[3]. Elle est représentée par les compagnies suivantes :

TABLEAU 2.1.1.
La situation de la Standard Oil of New Jersey en France en 1920

NOM DE LA COMPAGNIE	CAPITAL (EN MILLIONS DE FRANCS)
La Standard Franco-américaine (49 % du capital)	10 (20 MF en 1921)
La Bedford Petroleum Company (100 % du capital)	10
L'Economique (75 % du capital)	10
La Compagnie Commerciale des Produits Pétrolifères (56 % du capital)	6,250
La Compagnie Générale des Pétroles (51 % du capital)	6
La Pétroléenne (40 % du capital)	22

Sources : G. DAMOUGEOT-PERRON, *La Standard Oil Company 1870-1925*, Editions Jean Budry, Paris, 1925. p. 339-345 ; André NOUSCHI, « L'État Français et les pétroliers anglo-saxons : la naissance de la Compagnie Française des Pétroles (1923-1924) », in *Relations Internationales*, n° 7, 1976, p. 241-259 ; Archives de la CFP conservées chez Total.

1. Selon l'annuaire de 1923, la BUP est «un groupe industriel comportant les principales banques parisiennes, le Syndicat des Houillères, la Société Schneider et Cie, et plusieurs membres de l'ancien cartel des raffineurs », cité in André NOUSCHI, « L'État français et les pétroliers anglo-saxons : la naissance de la Compagnie Française des Pétroles (1923-1924) » in *Relations Internationales*, 1976, n° 7, p. 241-259.
2. Dominique BARJOT, *Colas, numéro un de la route*, Centre de recherche d'histoire quantitative, Université de Caen, 1997.
3. Pierre FONTAINE, *L'aventure du pétrole français*, Les sept couleurs, Paris, 1967, p. 50.

En fait, la plupart des anciennes sociétés sont absorbées par les « trusts ». En l'absence d'une compagnie française capable d'absorber les capitaux des raffineurs français, de plus en plus de compagnies et de capitaux privés seront absorbés par les trusts étrangers[4]. La Compagnie Deutsch de la Meurthe devient la Société des Pétroles Jupiter et s'allie à la Royal Dutch-Shell[5]. La maison Fenaille et Despeaux est devenue la Pétroléenne en 1920 et absorbée par la Standard Oil. Les deux sociétés Paix et Lesieur constituent, au sein de l'Anglo-Persian Oil Company (APOC), la Société Générale des Huiles de Pétrole (SGHP) dès 1921[6]. L'autre grande banque d'affaires, la Banque de Paris et des Pays Bas, est déjà engagée avec la Standard Oil avec une part majoritaire dans le capital[7]. Seule une maison, Desmarais Frères, reste indépendante et purement française.

Dans ce contexte complexe, ce chapitre tente, dans un premier temps, de tracer les processus de mise en place d'une industrie pétrolière française dans la décennie suivant la Première Guerre Mondiale. Ainsi se dégagent les conditions favorables à la création d'une grande entreprise nationale et se trouve favorisé le rôle grandissant de l'État dès lors que se produit l'intervention effective du pétrole mésopotamien. Dans un deuxième temps, il convient de mettre en valeur la stratégie de Desmarais Frères dans son insertion au sein de la politique pétrolière française, de façon générale, et au sein du groupe pétrolier nouvellement formé, en particulier. Il sera ainsi démontré les possibilités d'une coopération des entreprises dans la mise en place d'une structure concurrentielle.

1/ Naissance et affirmation d'une politique pétrolière française

La question du pétrole en France se résume dans la possibilité d'importer, en cas de besoin, des produits en dehors des deux grands « trusts ». Cette possibilité dépend de la politique que la France suivra

4. Archives économiques et financières B 59 707 : Extraits de *L'observateur Européen*, « Absorption progressive par les trusts des sociétés françaises d'importation et distribution depuis 1919 ».
5. Les conditions de la création de la nouvelle entité formant la future Shell-France sont bien présentées dans la notice éditée à l'occasion de l'inauguration de la raffinerie de Petit-couronne intitulée « Société des Pétroles Jupiter », le 5 janvier 1933, Archives du Service Historique de l'Armée de Terre (SHAT), Dossier «Office National des Combustibles Liquides 1928-1935 » : 2N86.
6. Joseph Huré, *De la naissance de la SGHP à la S.F. BP d'aujourd'hui*, Edité par la Direction de l'Information et des Relations Extérieures de la S.F. BP, Jepal, Paris, 1971.
7. Cette alliance va jusqu'à renforcer la position américaine au Moyen-Orient face aux Français et favorise leur entrée dans la TPC, voir : Eric Bussière, *Paribas, l'Europe et le Monde, 1872-1992*, Fonds Mercator, Anvers, 1992, p. 108.

en Pologne et en Roumanie. Il est primordial « que la France crée dans ces deux pays une organisation économique puissante »[1]. En effet, l'opportunité offerte par l'obtention de la part de 25% dans la TPC ne répond pas aux besoins français immédiats en matière de pétrole car le pétrole d'Irak ne pourra pas être produit avant le début des années 1930. Par ailleurs, la présence forte des compagnies françaises privées en Roumanie jouera un rôle important dans les négociations des prises de participations lors de la création d'une grande compagnie nationale en France. Il faut ensuite tenir compte de la situation de chaque acteur sur le marché français pour mieux repartir les rôles au sein de la future compagnie nationale.

1.1. La politique française de 1919 à 1924 : le rôle clé des compagnies privées

À partir de 1920, le gouvernement français veut mettre au point un programme visant à diminuer la dépendance de la France vis à vis de l'étranger (et à assurer son impératif de ravitaillement en temps de guerre). L'objectif principal est d'arriver à l'industrialisation et l'indépendance de « carburants nationaux ». Afin de tenter d'assurer à la France son indépendance d'approvisionnement en ce domaine, le sénateur Henry Bérenger inspire toujours la politique de prise en main des ressources pétrolières. Cependant, le sort de ces concessions n'est pas complètement réglé. En attendant, elle obtient aussi des participations dans les pétroles de Galicie Polonaise et de Roumanie. Dès la sortie de la Guerre, les compagnies privées jouent un rôle majeur dans la politique française dans ces pays. Dans ce contexte, la mise en place par le pouvoir public d'une structure adéquate de l'industrie pétrolière se fait à grands pas.

1.1.1. Le cadre législatif : la cohérence retrouvée

Les ressources du sous-sol français paraissent devoir rester infimes au regard de la consommation[2]. La politique française du pétrole doit se soucier d'abord, et contrairement à l'ordre logique, d'assurer le ravitaillement du pays en pétrole étranger avant d'en produire elle-même. D'où l'intérêt à établir une liberté du commerce. A la sortie de la Première Guerre Mondiale, le gouvernement, désirant tenir compte des enseignements reçus au cours des hostilités, examine la forme qu'il convient de donner à sa politique du pétrole. De 1919 à 1921, le Commissariat

1. Note du 17 janvier 1921, Archives de Total 82.8/553.
2. Voir : M. P. Mallet, *Approvisionnement de la France en hydrocarbures*, Paris, 1921.

Général aux Essences et Combustibles (C.G.E.C.)[1] et le Consortium assument la charge de l'approvisionnement pétrolier français. Les textes créant les organismes de la période de guerre n'avaient pas toujours fixé une limite précise de leur existence[2].

Le gouvernement se rallie à titre provisoire au principe de la liberté commerciale. Sa politique semble cependant s'orienter vers l'instauration d'un monopole d'État. Un décret du 4 décembre 1919, confère au C.G.E.C. un pouvoir de contrôle et à cet effet, subordonne l'importation des produits pétroliers à l'obtention d'une licence préalable. Le nouveau gouvernement Millerand suggère à la chambre de voter un texte mettant fin au monopole et instituant un régime transitoire du commerce libre. Le Parlement, au contraire, impose l'article 106 de la loi du 25 juin 1920 tendant à la continuation du monopole des importations jusqu'à la fin de l'année.

Dès 1921, un régime définitif de l'importation est mis en place. Le 7 mai 1921, un décret subordonne l'octroi de la licence préalable pour les essences et les huiles à un engagement de l'importateur d'acheter 50% de ses importations sur les stocks de l'État et institue l'obligation, pour ces mêmes importateurs, de constituer un stock permanent proportionnellement en qualité au dédouanement effectué. La loi du 9 juillet 1921 rectifie le décret précédent et établit une surtaxe temporaire payée par les importateurs d'essences et d'huiles pour compenser la différence entre le prix de revient des stocks détenus par l'État et leur prix de cession. Le décret du 28 février 1923 enfin[3] oblige les importateurs d'essence, de pétrole et autres à acquérir de l'État une certaine quantité d'alcool destinée à la force motrice[4]. Il faudra attendre 1925 pour que se définissent les divers éléments d'une politique française du pétrole avec la création de l'Office National des Combustibles Liquides (ONCL)[5]. Néanmoins, de ce régime résultent plusieurs avantages qui se répercutent au niveau du prix, des stocks et de l'outillage.

1. Par un décret du 2 juin 1920, il devient le « Commissariat Général aux Essences et Pétroles » et quitte le Ministère de l'Agriculture pour être attaché au Ministère des Travaux Publics (Sous-secrétariat des Mines et des Forces hydrauliques)
2. Daniel Murat, *L'intervention de l'État dans le secteur pétrolier en France*, Thèse pour le doctorat en Droit, Université de Paris, 1968, p. 44.
3. *Ibid.*, p. 61.
4. M. P. Mallet, *Approvisionnement de la France en hydrocarbures*, *op. cit.*, p. 12-13 ; Archives Desmarais 130 AQ 7 : « note précisant les conditions dans lesquelles a pu être réalisé l'écoulement d'alcool à la carburation »
5. Laurent Ursulet, *L'Office National des Combustibles Liquides (1925-1939)*, Mémoire de maîtrise sous la direction du professeur Dominique Barjot, Université de Paris-Sorbonne (Paris IV), 1999.

– Les prix

Les prix de vente de l'essence et du pétrole ont subi en France un abaissement considérable. Alors qu'en 1920, le bidon de l'essence (de dix litres) atteignait à Paris le prix de 14 francs, celui-ci s'établit en 1923, à l'époque même où les changes atteignent les cours les plus élevés qu'ils aient jamais connus[1], entre 8 et 9 francs. Compte tenu des droits fiscaux, la France est le pays d'Europe qui paie l'essence le moins cher[2]. Ce résultat est dû en bonne partie à l'âpre concurrence dont le marché français fait l'objet, mais surtout à l'ensemble des mesures légales et réglementaires prises. Voici les principales mesures prises au niveau du prix du pétrole entre 1919 et 1923 :

– Réduction considérable, de 90 francs à 4 francs par quintal, des droits de douane sur les huiles lourdes et combustibles[3].

– Réduction également considérable, par voie de décrets des droits d'octroi, à Paris, et dans les villes de province, sur les mêmes huiles.

– Application du tarif minimum aux huiles minérales de Russie, de Pologne et de Tchécoslovaquie.

– Abaissement des tarifs de transports des huiles minérales par chemin de fer.

– Révision dans un sens libéral de la réglementation des transports intérieurs des huiles minérales par voie d'eau.

– Mesures administratives destinées à favoriser le développement de la distribution en vrac par camions citernes et par pompes, etc.

– Les stocks

La France, qui avait manqué d'essence au plus fort de la guerre de 1917, qui avait failli en manquer en 1920 au moment des grèves des chemins de fer, a en 1923 un stock d'essence et de pétrole variant de 300 000 à 320 000 tonnes.[4] C'est la plus forte réserve dont elle ait jamais disposé. Elle le doit à l'institution légale, en 1921, du stock de réserves. Grâce à celui-ci, grâce à la disposition d'une flotte-citerne, le Gouvernement dispose en tout temps d'une période de quatre mois au minimum pour redresser complètement, si besoin est, son plan de ravitaillement. D'après l'expérience ancienne, ce délai représente sensiblement le double de celui strictement nécessaire, à moins que la France ne se trouve en état de blocus maritime effectif. Le pays est tout au moins

1. Archives Total, Service des Etudes Economiques et Financières de la Banque de Paris et des Pays-bas, *Conjoncture*, bulletin mensuel n°4, Avril 1976, p. 11. (Annexe 2.1.3).
2. Archives du Service Historique de l'Armée de Terre (SHAT), 2N6-1.
3. Loi du 5 août 1919.
4. Archives du SHAT, 2N6-1.

à l'abri, à ce sujet, de toute pression économique destinée à influencer sa politique en dehors des périodes d'hostilité.

– *L'outillage*

Sous l'impulsion des services des Essences et Pétroles, les armateurs et constructeurs français ont fait un effort considérable pour doter le pays de flottes-citernes qui lui manquaient totalement. La France qui ne disposait pas en 1918 que d'une flotte citerne n'atteignant pas 50 000 tonnes, possède 180 000 tonnes en 1923, dont 150 000 appartenant aux armateurs privés[1]. L'on peut ajouter à cela le programme de la marine de guerre, grâce auquel la flotte française pourra transporter en moyenne 1 200 000 tonnes de produits par an dès 1924[2]. Un effort parallèle s'est poursuivi pour la constitution des réserves à pétrole. En 1920, la France dispose d'une capacité de 550 000 tonnes, absolument inadéquate aux besoins de la guerre. La concurrence des importateurs et l'obligation légale de constituer des stocks ont permis de doubler cette capacité. En 1923, elle s'est trouvée portée à près de 1 100 000 tonnes[3].

1.1.2. La politique extérieure de la France : vers un processus de rationalisation

Plaçant le pétrole à la tête des préoccupations gouvernementales, la diplomatie française veille à une politique étrangère bienveillante[4] pour les intérêts en jeu.

1.1.2.1. L'effort diplomatique : additionner les éléments de négociation

La France, pays grand consommateur de pétrole, ne trouverait de sécurité absolue pour son ravitaillement en temps de guerre que dans trois cas de figure :

– si elle disposait de stocks considérables,

– si elle exploitait le pétrole dans son sous-sol,

– si elle réussissait à lui substituer les carburants nationaux par des produits de son sol.

Pour le surplus, il faut importer de l'étranger et importer par mer. Le problème du ravitaillement du pays en pétrole est donc fonction de la liberté des mers. De ce côté là, il ne peut y avoir qu'une sécurité

1. Archives de Desmarais Frères 130 AQ 5.
2. Archives du SHAT, 2N6-1
3. *Ibid.*
4. Georges-Henri Soutou (Dir), *Energie et relations internationales*, Société d'Étude Historiques et Relations Internationales Contemporaines, Paris, 1985.

relative, basée sur les alliances, et surtout sur une répartition géographique judicieuse de sources de pétrole importantes contrôlée par le capital national. L'effort à supporter doit être subordonné au potentiel d'une région où d'une autre en pétrole. C'est ainsi que la Roumanie n'offre qu'un appoint en pétroles légers. La marine française n'y trouvera pendant longtemps aucun approvisionnement en mazout[1]. La Galicie, où la France a investi des capitaux importants, ne peut d'autre part procurer à la France de ressources appréciables qu'en huile de graissage[2]. La production galicienne est en outre gravement menacée par les conditions médiocres d'exploitation. C'est ainsi que l'effort français, représenté par le gouvernement Poincaré, porte essentiellement et à la fois sur les régions contenant les seules grandes réserves pétrolifères connues à l'époque. Il s'agit principalement du pétrole du Moyen-Orient et du Caucase, mais aussi celui d'Amérique Latine.

Le ministère du Commerce, en liaison avec le ministère des Affaires Etrangères et avec le ministère des Finances, s'est acharné depuis la fin de l'année 1919 à tirer de la situation difficile tous les avantages possibles pour le pays. Les grandes lignes de la politique suivie sont les suivantes :

– En Mésopotamie, la France a dû défendre et continue de défendre les avantages que l'Angleterre lui a reconnue par l'accord de San Remo. Au cours des négociations à Londres, en août 1922 et en mai 1923[3], des avantages sensibles sont obtenus (reprise de 2,5% de participation supplémentaire, conquête de l'égalité de vote). Mais le problème n'est pas encore définitivement résolu. Une révision éventuelle des limites Nord de la frontière Turquie-Irak pourrait remettre tous les droits acquis en question[4]. La seule manière de parer au danger semble bien être de réaliser l'accord avec les groupes américains, en vue d'enlever aux Turcs l'appui des États-Unis qu'ils ont trouvé à Lausanne[5]. Le ministère des Affaires étrangères est dès longtemps saisi par le ministère du Commerce de tous les éléments de décision à ce sujet[6].

1. Archives Desmarais Frères, 130 AQ 4 : « rapport sur les exportations roumaines en 1939».
2. Dossier sur les rapports du Syndicat Franco-Belge et de la société du Naphte de Batoum : études et projets sur la place du naphte en Russie, Archives Desmarais Frères, 130 AQ 62.
3. Le gouvernement engage l'effort des entreprises privées dans ces négociations : on note la participation active du Directeur de la Compagnie Desmarais Frères, Robert Cayrol, aux cotés des représentants du Gouvernement. Maurice Guierre, *Robert Cayrol, de la Mer au pétrole l'unité d'une vie*, Editions Perceval, Paris, 1960.
4. Robert Lambel, « Le conflit anglo-turc de Mossoul », *L'illustration* n° 4320 du 19 décembre 1925, p. 683-684.
5. *Ibid.*
6. Archives Nationales F^{12} 9927, Conseil Supérieur de la défense Nationale, « Rapport annuel au sujet de la politique française du pétrole », 25 mars 1925.

– En Roumanie, les « trusts » s'étant mis d'accord pour traiter en commun le Gouvernement de Bucarest la question des terrains d'État, le ministère du Commerce a proposé et obtenu à Londres l'entrée dans le Syndicat International d'un groupe belge avec lequel les Français sont en accord de vote lui donnant le maximum d'influence[1]. Un peu auparavant, le ministère du Commerce a abandonné l'idée d'un traité de pétrole avec la Belgique, mais il obtient les mêmes résultats par la fusion des intérêts pétroliers de l'Union Parisienne et de la Société Générale de Belgique, sous le contrôle effectif de la France[2]. Si les négociations du Syndicat International échouaient, des mesures pourraient être prises avec les sociétés françaises établies dans ce pays en vue de tirer un avantage spécial de cette situation[3].

– Face aux ressources dont disposent les distributeurs liés aux groupes anglo-saxons, les ressources roumaines ne constituent qu'un contrepoids limité. De surcroît, celui-ci n'est que partiellement contrôlé par les indépendants. Dès 1919, le gouvernement français a donc imaginé de les compléter par des produits russes, créant ainsi des flux antérieurs à la guerre. De nombreux programmes et suggestions, basés sur le pétrole, ont été soumis par le ministère du Commerce au ministère des Affaires Etrangères. En 1923, ce ministère commence l'étude des conditions dans lesquelles la France pourrait prendre dans l'exploitation des pétroles du Caucase la plus large part possible d'influence[4].

1.1.2.2. Renforcer les efforts des compagnies privées

Cet effort s'est d'abord exercé pour la reprise des exploitations allemandes en Pologne et en Roumanie.

a) En Pologne : la précarité et la défense par le gouvernement

Les capitaux français ont acquis, malheureusement très souvent à haut prix, le contrôle de la majeure partie des anciennes sociétés allemandes[5]. Les anciens propriétaires dont Desmarais Frères principalement tentent encore au début des années 1920 de violentes offensives financières pour la reprise de ce contrôle[6]. Parallèlement, l'État poursuit sa politique

1. André Nouschi, « Les relations pétrolières franco-belges de 1919 à 1924 », in *Les relations franco-belges de 1830 à 1934*, Acte du Colloque de Metz 15-16 novembre 1974, Centre de Recherches Relations Internationales de l'Université de Metz, 1975.
2. Archives du SHAT, 2N6-1.
3. Archives de la CFP à Total, 92AA060-187, Historique CFP 1920-1958.
4. Archives du SHAT, 2N6-1.
5. Voir : Febus Grynberg, *Le pétrole polonais*, Thèse, Université de Nancy, 1937.
6. Archives de Desmarais Frères 130 AQ 63 : Rapports sur les incidents avec le gouvernement polonais à propos de la reprise des stocks de Limanowa.

continentale de pétrole, préconisée par Béranger et destinée à « résister à l'égard des trusts »[1]. C'est ainsi que, grâce aux efforts de l'État, des études de marché approfondies ont été faites sur le marché polonais offrant un maximum de contrôle des compagnies françaises[2]. De plus, la politique du Gouvernement a dû tendre le plus souvent à la défense des intérêts français contre toute attaque[3]. Elle y a réussi grâce notamment à la Convention Franco-Polonaise du 6 février 1922 qui procure le statut devenu indispensable aux sociétés et aux banques françaises privées. Il faut souligner aussi l'appui accordé au Syndicat franco-belge de la défense des sociétés pétrolifères ayant des concessions en Russie[4].

Ces efforts aboutissent à une reprise française des activités pétrolière en Pologne. Les Desmarais reprennent le contrôle de la société autrichienne Petroleum Licht-und-Kraft Gesellchaft (PLK) créée par Paul Desmarais et Fenaille et Despeaux en 1907[5]. Dès 1924, les biens de la PLK sont transférés à la société Limanowa sous le contrôle de Desmarais Frères. En 1926, se crée la Société anonyme française Silva Plana[6] qui succède à la Limanowa[7]. L'activité de la Silva Plana englobe la totalité de l'activité pétrolière à savoir l'industrie et le commerce du pétrole.

b) Les compagnies françaises et le pétrole roumain

Grâce à la forte présence des compagnies françaises, la fin victorieuse de la Guerre ouvre de nouveaux droits aux compagnies françaises privées. Les intérêts pétroliers français en Roumanie font l'objet d'une convoitise entre les raffineurs privés (Desmarais Frères) et les banques d'affaires (la Banque de Paris et des Pays Bas et la BUP). Pour ces banques, il existe un facteur assez favorable. Dans les années 1920, les ressources bancaires dans les pays de l'Europe de l'Ouest ne parviennent pas à suivre le rythme de l'inflation et voient leur volume et leur « pouvoir d'intervention » reculer par rapport à l'avant guerre[8]. Il s'ensuit initialement une lutte d'intérêts. Puis, une forme d'association se crée pour

1. Georges-Henri Soutou, « La politique économique de la France en Pologne (1920-1924) » in *Revue Historique* n° 509, janvier-mars 1974.
2. Archives de Total, 82.8/553.
3. Archives du SHAT, 2N6-1
4. Daniel Murat, *L'intervention de l'État dans le secteur pétrolier, op. cit.*, p. 59.
5. Archives de Desmarais Frères 130 AQ 66, dossier 1 : Statuts.
6. Archives de Desmarais Frères 130 AQ 63, dossier 2 : actions, Silva Plana possédée par la société Limanowa en liquidation.
7. Archives de Desmarais Frères 130 AQ 63 : « Dossier d'étude de M. Brisson sur la modernisation de Limanowa ».
8. Jean Bouvier, « Système bancaire et inflation au XXe siècle. De 1913 à la Seconde Guerre Mondiale », in *Bulletin de l'Institut d'Histoire Economique et Sociale de l'Université de Paris 1*, n°6, 1977, p. 59-100.

faire face à la concurrence des « trusts ». En plus du rôle diplomatique, l'État joue un rôle de catalyseur la réussite des compagnies privées en Roumanie.

– Le conflit d'intérêts privés est limité par la volonté gouvernementale

Dès 1919, les nombreuses sociétés, contrôlées auparavant par les Allemands, deviennent d'importantes possibilités pour les capitaux « alliés ». Il s'agit notamment de la principale entreprise Steaua Romana et de diverses entreprises moyennes : Concordia, Véga et Creditul. La France se présente comme la candidate favorite. D'abord, car La Royal Dutch-Shell contrôle l'Astra-Romana (deuxième producteur du pays) et la Standard Oil of New Jersey contrôle la Romano-Americana (quatrième producteur)[1]. Ensuite, parce que des compagnie françaises (Desmarais Frères et la Banque de Paris et des Pays Bas, notamment) avaient d'importants intérêts en Roumanie avant l'invasion allemande en 1916. Comme en Pologne, ces possibilités présentent pour la France un double intérêt : l'intérêt de certains milieux d'affaires et l'intérêt du Gouvernement.

L'organisation française en Roumanie doit d'abord tenir compte de tout un ensemble de conditions locales liées à la situation politique intérieure soumise à un programme de nationalisation et à l'urgence de redressement budgétaire. En 1920, il reste à amortir 87 millions de lei sur 100 millions empruntés en 1905[2]. Ensuite, elle doit aussi tenir compte de la situation des sociétés françaises et des divergences absolues de points de vue entre les divers groupes pétroliers intéressés en Roumanie. Enfin et surtout, tout organisme à créer doit tenir compte des conditions économiques qui dépendent de la situation géographique du pays. Le marché normal du pétrole roumain est le bassin danubien. Il faut donc que cette organisation soit fondée sous le contrôle commercial des pays Danubiens[3]. A cette contrainte s'ajoutent la concurrence et les divergences d'intérêts parmi les Français.

1. Philippe Marguerat, *Banque et investissement industriel, Paribas, le pétrole roumain et la politique française 1919-1939*, Droz, Genève, 1987, p. 13.
2. Jean Claude Brouin, *L'économie roumaine 1900-1939*, Dossier sur les problèmes et la société de l'économie roumaine. Ministère de l'éducation. L'évolution économique et sociale de l'Europe (Russie puis Union Soviétique comprise) et de l'Amérique du Nord du début du XXe siècle à 1939, dans le cadre de la question d'histoire contemporaine au programme des années 1975-76, 1976-77.
3. *Ibid.*

La Banque de Paris et des Pays-Bas (Paribas) réussit à obtenir de grands intérêts dans les affaires du groupe Omnium International de Pétrole (OIP) et la Steaua Romana dès 1921[1]. Face aux obstacles confrontés en 1920[2], Paribas milite en faveur d'un groupement réunissant tous les intérêts ci-dessus en une Société d'Étude. L'objectif est de concentrer, conduire et défendre dans toutes les questions les intérêts français en Roumanie et, le cas échéant, en France[3]. Les affaires de Paribas en Roumanie représentent la plus grosse immobilisation industrielle au cours de l'Entre-deux-guerres (40 à 50 millions de francs en 1921)[4]. Cette banque cherche à jouer un rôle majeur à côté des principaux raffineurs en accentuant son engagement envers l'industrie dans le cadre « des projets de renforcement du potentiel industriel du pays à l'issue du conflit »[5]. La Steaua Française est née en 1922 sous forme d'un syndicat regroupant Paribas, le groupe Champin (voir plus bas), la banque Mallet et ce que l'on appelle le groupe Mercier, c'est à dire les entreprises électriques dépendant de la Lyonnaise des Eaux et de l'Eclairage et dont Ernest Mercier est l'animateur[6].

Par ailleurs, grâce à une coopération franco-belge[7], la BUP monte également en puissance. La compagnie belge Petrofina accepte un réaménagement de son actionnariat en faveur d'un groupe français. Elle stabilise son contrôle sur le groupe Concordia en échange de l'entrée de la BUP parmi les actionnaires[8]. Avec la moitié des actions à vote plural (actions A), la BUP obtient la présidence du comité de direc-

1. Archives de la CFP à Total 92.2/-5, dossier : « Participation dans la Compagnie Française des Pétroles 1924/49 ».
2. Les difficultés de négociations avec le Gouvernement roumain et la concurrence d'un groupe, constitué de divers métallurgistes (Wendel et Schneider notamment), la BUP et de la Royal Dutch-Shell. Voir : Philippe Marguerat, *Banque et investissement industriel, Paribas, le pétrole roumain et la politique française 1919-1939, op. cit.*, p 33.
3. Rapport confidentiel du 6 avril 1921 à la suite d'une visite de MM. Paul Desmarais, Lefévre-Vacquerie et Brisson à MM. Mercier et Chapuy, Administrateurs de la Steaua Romana et de l'Omnium International de Pétrole. Archives de Total 82.8/553.
4. Philippe Marguerat, *Banque et investissement industriel, Paribas, le pétrole roumain et la politique française 1919-1939, op. cit.*, p. 41.
5. Eric Bussière, « Les réflexions d'un banquier sur la situation économique du monde à l'époque de la conférence de Gênes », in *Études et documents X*, CHEFF, 1998, p. 259-261
6. Philippe Marguerat, *Banque et investissement industriel, Paribas, le pétrole roumain et la politique française 1919-1939, op. cit.*, p. 28.
7. Les relations franco-belges de l'après-guerre s'inscrivent dans un cadre plus large d'une coopération économico-stratégique, industrielle et financière. Cf. Eric Bussière, *Les relations entre la France et la Belgique dans les rivalités économiques et financières en Europe : novembre 1918 - Mars 1935*, Thèse de doctorat à Paris IV sous ma direction de François Caron, 1988.
8. Eric Bussière, « La France et les affaires pétrolières au lendemain de la première guerre mondiale. La politique des groupes financiers à travers celle de la Banque de l'Union Parisienne, in *Histoire, Economies et Sociétés*, n° 2, 1982, p. 313-327.

tion qui fonctionne depuis février 1921. Le Conseil d'administration, désormais composé de dix-huit membres, contient sept Français dont le président de la BUP, Charles Sergent (vice-président), et Léon Wenger. Cette coopération aboutit à la mise en place d'un axe franco-belge en 1923[1]. L'action Petrofina est aussitôt admise au marché officiel de la bourse de Paris au moment où la Concordia reçoit huit millions de francs à titre d'avance sur dommages de guerre. Cet axe franco-belge ne va pas toujours sans tiraillements entre les partenaires. Il « contribue néanmoins fortement à conférer à la société anversoise » aussi bien qu'à la BUP « une capacité d'action qu'elles n'auraient vraisemblablement pas obtenue autrement »[2].

Les industriels du pétrole craignent de tomber sous la domination des banques, auxquelles ils ont toujours eu le souci légitime d'échapper. Bénéficiant de l'aide du Gouvernement français et appliquant ses conditions, Desmarais Frères suscite avec d'autres la création de la Société Française et Roumaine des Pétroles en mars 1921 (voir plus bas). Parallèlement, Desmarais Frères accélère son processus d'acquisitions pour contrôler l'Aquila Franco-Romana[3] et la Société Anonyme Colombia (dont un tiers est contrôlé par les Desmarais). Une fusion entre ces deux sociétés, plus tard en 1928[4] pour mettre les Desmarais au cinquième rang parmi les sociétés pétrolières opérant en Roumanie[5].

En plus des raffineurs et des banques d'affaires il y a les métallurgistes. Les métallurgistes s'intéressent aux affaires pétrolières en raison des débouchés qu'elles peuvent leur offrir. Il s'agit de prendre le contrôle ou participer à la prise de contrôle d'entreprises pétrolières, grosses consommatrices de leurs produits. Leur démarche s'inscrit aussi dans la conquête d'un accès effectif aux centres décisionnels au niveau national[6]. Les principaux groupes actifs en Roumanie sont Schneider-Creusot et surtout les métallurgistes de la première transformation liés à la Banque

1. Cet axe constitue « la base d'importants développements qui révèlent au fil du temps, qu'un groupe financier ne poursuit pas nécessairement les mêmes objectifs que les opérateurs industriels qu'il contrôle » : Michel Dumoulin, *Petrofina, Un groupe pétrolier international et la gestion de l'incertitude*, Tome 1 : 1920-1979, Editions Peeters, Louvain, 1997, p. 37.
2. *Ibid.*, p. 36.
3. Archives de Desmarais Frères 130 AQ 52, Dossier 2 : Livres de comptes bancaires.
4. Archives de Desmarais Frères 130 AQ 53, Dossier 3 : Fusion avec la Colombia ; 130 AQ 54, Dossier 3 : Liquidation : rapport sur les fonds de roulement de l'Aquila Franco-Romana et la Colombia.
5. Philippe Marguerat, *Banque et investissement industriel, op. cit.*, p. 99.
6. Danièle Fraboulet, *Les organisations patronales de la métallurgie : acteurs, stratégie et pratiques durant le premier XXe siècle*, Dossier pour l'habilitation à diriger des recherches, Université de Paris VIII, 2004, p. 203.

Mirabaud (groupe Champin)[1]. Cela tient au rôle joué par Marcel Champin à côté de d'Ernest Mercier en Roumanie en 1916-1917 au titre de militaire. Polytechnicien également et licencié en Droit, Champin a su profiter de l'occasion pour étudier l'industrie roumaine de production, de raffinage et de transport de pétrole[2]. Il participe avec Mercier à la prise de contrôle de la Steaua Romana et la formation de l'OIP dès 1920[3].

A cette époque Champin, administrateur-délégué de la société Louvroil-Recquignies[4], prend immédiatement dans l'industrie française des tubes une place de premier plan[5]. Il provoque, ensuite, la constitution du Comptoir des Tubes Soudés par rapprochement. Puis, il développe les moyens de production de la société qu'il dirige. En faisant de celle-ci le noyau d'une importante concentration (le groupe Champin). Par une meilleure adaptation des laminoirs à plusieurs possibilités, Champin réussit d'importantes réductions des prix de revient pour ainsi accroître la capacité du groupe. Les industriels de la métallurgie, ne peuvent cependant pas se passer de la collaboration avec les banques d'affaires.

– La constitution de la Société Française et Roumaine de Pétrole (SFRP) en mars 1921

La Société Française et Roumaine de Pétrole (SFRP) est constitué le 25 mars 1921 avec un capital de 500 000 francs[6]. Onze compagnies, dont celles du consortium constituent cette compagnie. Paul Desmarais, président de Desmarais Frères, est le président de son conseil d'administration. Son objet est le développement des relations commerciales de la France avec la Roumanie et la mise en valeur des ressources de ce dernier pays, pour tout ce qui touche à l'industrie pétrolifère. De façon générale, elle se charge de l'étude, de la recherche, de la préparation, de l'exploitation et de la négociation en Roumanie de toutes les affaires

1. Pour tout ce qui concerne leur alliances avec les banques, voir : Philippe Marguerat, *Banque et investissement industriel, op. cit.*, p. 14.
2. *Biographie de Marcel Champin (1875-1945)*, faite par la société Louvoil-Montbard-Aulnoye, 1945. (Archives Total).
3. Archives de Desmarais Frères 130 AQ 4 : « rapport sur les exportations roumaines en 1939».
4. Cette société est créée en 1920 à la suite de la fusion de la Société des Tubes de Louvoil et la Société des Forges de Recquignies qui, au préalable, avait déjà racheté les laminoirs à tubes d'Hautmont et des Travaux Métalliques d'Haumont. *Biographie de Marcel Champin (1875-1945)*, faite par la société Louvoil-Montbard-Aulnoye, 1945, (Archives Total).
5. *Ibid.*
6. Journal spécial : *Sociétés françaises par actions : feuille officielle d'annonces judiciaires et légales Tri-hébdomadaire*, vendredi 25 et samedi 26 mars 1921. Archives de Total 82.8/553.

industrielles, commerciales et financières[1]. L'initiative de Desmarais Frères ne fait que renforcer sa position sur le marché roumain grâce au soutien de l'État français. La naissance de cette société répond en fait à une volonté étatique. Pour l'État il est nécessaire de grouper les sociétés de producteurs et de raffineurs français en Roumanie de manière à ce que leur action soit entièrement conforme aux vues et aux besoins de la politique énergétique française[2].

Que ce soit en Roumanie ou en Pologne, l'appui apporté par l'État d'une manière quelconque aux sociétés est conditionnée formellement par des engagements précis :

- Le ravitaillement par priorité de la métropole en cas de crise ;
- L'emploi de personnel français dans la direction des entreprises ;
- Le maintien effectif du contrôle par le capital national.

Ces conditions ont été imposées à l'ensemble des sociétés françaises sinistrées en Roumanie. Le ministère du Commerce a accordé, pour la constitution de leurs mines et usines, des avances prélevées sur les bénéfices du Consortium Pétrolier. Ces avances s'élèvent à 33 millions de francs[3]. A la fin de 1923, la France se trouve associée à la plupart des tractations internationales sur le pétrole. Il y a très peu de temps encore les Américains comme les Anglais considéraient que la France ne devait avoir aucune part à l'exploitation mondiale du pétrole, ses fournitures étant largement assurées par les entreprises anglo-saxonnes.

L'importance des intérêts privés en Roumanie et en Pologne a joué un rôle important dans la formation en France d'un groupe pétrolier. En fait, dans l'effort du gouvernement pour regrouper tous les intérêts français en France et à l'étranger, les intérêts privés en Roumanie particulièrement seront pris en compte. C'est ainsi que lors de la constitution d'un groupement des compagnies en France, les compagnies adhérentes seront représentées par rapport à leurs actifs en France et à l'étranger. En 1923, les plus importants (en Roumanie) se trouvent dans l'ordre : le groupe dominé par Paribas (1262 actions-A), le Groupe Desmarais (1094 actions) et celui de la BUP (1025 actions). La future société sera contrôlée par deux commissaires du Gouvernement. Il a paru nécessaire, pour préparer l'organisation de cette Société qui prendrait le nom d'«Union

1. Archives de Desmarais Frères 130 AQ 39 : Procès-verbaux des assemblées générales.
2. Archives de Total 82.8/553, note du 17 janvier 1921 : Programme du gouvernement, p. 2.
3. Archives du SHAT, 2N6-1.

Nationale des Pétroles», de constituer un Syndicat au capital de 1.080.000 francs, qui prend le nom de « Syndicat Français d'Etudes Pétrolières »[1].

1.1.3. Vers la formation d'une compagnie française de pétroles

Le contexte de l'immédiat après-guerre conduit à une réaction de l'État. Sa volonté de regrouper les intérêts français en France et à l'étranger avec la participation des capitaux privés ne fait pas l'ombre d'un doute. Pour orchestrer ces intérêts, la piste technocratique semble imminente.

1.1.3.1. L'enjeu pétrolier impose une méthode technocratique

Lorsque survient la Première Guerre Mondiale, 40.000 actions allemandes représentant 25% que la Deutsche Bank possède dans la TPC, sont mises sous séquestre à Londres, puis, après le traité de paix, attribuées à la France, en vertu du Traité de San Remo en 1920. Que fera la France de ses nouveaux droits pétroliers ? L'Anglo-Persian Oil Company (A.P.O.C.)[2] est devenu le plus gros actionnaire de la TPC[3]. Or, ses représentants insistent pour que la part française soit dévolue à une société privée et non à un organisme public. Devant cette nécessité et l'intérêt de l'État de regrouper les intérêts français en France et à l'étranger, la participation des capitaux privés parait comme l'hypothèse préférée.

Raymond Poincaré, alors président du Conseil, compte sur Ernest Mercier pour animer et orchestrer les rapports du gouvernement avec les différents protagonistes. Polytechnicien et ancien ingénieur du Génie maritime, Ernest Mercier est très proche du gouvernement et du monde de l'entreprise à la fois. Il devient membre du cabinet technique de Louis Loucheur pendant la Guerre de 1914-1918 et crée l'Union d'Electricité en 1921, dont l'étude technique est publiée l'année suivante[4]. Influencé par la modernisation industrielle à l'américaine, Mercier cherche « l'organisation industrielle idéale »[5]. A travers ses écrits, sa conception d'une future organisation passe, avant tout, par de la production de masse (pour réduire les coûts et augmenter les salaires)[6] et par « des étapes intermédiaires »

1. Archives de Total 82.8/553, Note sur l'Union Nationale des Pétroles.
2. L'Anglo-Persian Oil Company (APOC) créée en 1909 devient l'Anglo Iranian Oil Company (AIOC) en 1935 et la British Petroleum Company (BPC) en décembre 1954.
3. La TPC, créée en 1911 devient l'Iraq Petroleum Company (IPC) le 8 juin 1929.
4. Cf. Ernest Mercier, *L'Union d'Electricité et la centrale de Gennevilliers*, Editions de la Revue Industrielle, Paris, 1922.
5. Ernest Mercier, « La production, le travail et les échanges », in *La Production et le travail*, Cahiers du Redressement Français, Série I, N°14, p. 9-11.
6. *Ibid.*

comme les accords commerciaux et les cartels[1]. Bien entendu, son idéal reste la fusion des différents producteurs au sein d'une seule industrie.

Dans son étude[2], Richard Kuisel s'efforce de démontrer, et il le fait de façon probante, que Mercier n'est pas un industriel comme les autres. L'historien américain ne prétend pas que Mercier conduit son existence en fonction d'une interprétation personnelle des doctrines saint-simoniennes[3]. Il montre cependant que, très vite, peu d'années après sa sortie de l'Ecole Polytechnique, vers 1910, après son stage à l'Ecole supérieure d'Electricité, le jeune ingénieur choisit un secteur industriel, celui de l'électrification, où il peut mesurer la nécessité de l'organisation industrielle. De plus, cette orientation met Mercier en contact avec l'équipe d'ingénieurs et de financiers réunis par Albert Petsche autour de la Compagnie Parisienne de Distribution d'Electricité (CPDE), dont le siège est situé avenue de Messine.

C'est dans ce qui est appelé « Le Groupe de Messine » que Mercier devient le collaborateur de personnalités comme Louis Loucheur, futur ministre de plusieurs cabinets, dont celui de Poincaré après la guerre. Les vastes opérations d'électrification organisées sous le contrôle technique de la CPDE le mettent en contact avec les grandes banques et les entreprises industrielles contrôlées par celles-ci[4]. Dans deux chapitres, Kuisel retrace la double activité industrielle de Mercier, celle du groupe Messine, consacrée à la modernisation de la production et de la distribution de l'électricité, et celle tournée vers le pétrole, en tant que fondateur et président de la Compagnie Française des Pétroles (CFP)[5].

La réussite de Mercier dans la rationalisation de la production de l'électricité dans la région parisienne, mais aussi son engagement dans l'activité pétrolière en Roumanie, lui permettent d'être le favori du gouvernement pour la mission pétrolière[6]. Sa mission consiste à rassembler l'État et les entreprises autour d'un objectif commun. Dans

1. Ernest Mercier, « Les conséquences sociales de la rationalisation en France », in *L'Aspect social de la rationalisation*, Cahier du Redressement Français, N° 10, p. 4.
2. Richard F. Kuisel, *Ernest Mercier, French Technocrat*, University of California Press, 1967.
3. Voir : Philippe Régnier (dir.), *Etudes saint-simoniennes*, Presses universitaires de Lyon, 2002 ; Antoine Picon, *Les saint-simoniens. Raison, imaginaire et utopie*, Paris, Belin, 2002.
4. Voir aussi : Jean-Pierre Daviet, « Ernest Mercier et son groupe face à la nationalisation de 1946 », in Laurence Badel (eds.), *La nationalisation de l'électricité en France. Nécessité technique ou logique politique ?*, Association pour l'histoire de l'électricité en France, Paris, 1996.
5. Richard F. Kuisel, *Ernest Mercier, French Technocrat, op. cit.*
6. Il débute dans l'industrie de pétrole en 1921, époque à laquelle il est devenu président de l'Omnium International des Pétroles (O.I.P.). En 1922, il prend, avec le groupe de l'Anglo-Persian, le contrôle de la Steaua Romana, la plus importante société pétrolière de Roumanie ; la même année, il créé la Steaua française, dont il devient le président. Cf. Richard F. Kuisel, *Ernest Mercier, French Technocrat, op. cit.*

une lettre (restée longtemps secrète) du président Poincaré adressée à Ernest Mercier le 20 septembre 1923, il est précisé que « toutes les sociétés françaises s'occupant de pétrole pourront, soit à la fondation, soit ultérieurement, participer au capital de la Compagnie dans une mesure importante proportionnelle aux capitaux nationaux investis dans chacune d'entre elles »[1].

ILLUSTRATION 2.1.2.
Extrait de la Lettre de Raymond Poincaré à Ernest Mercier

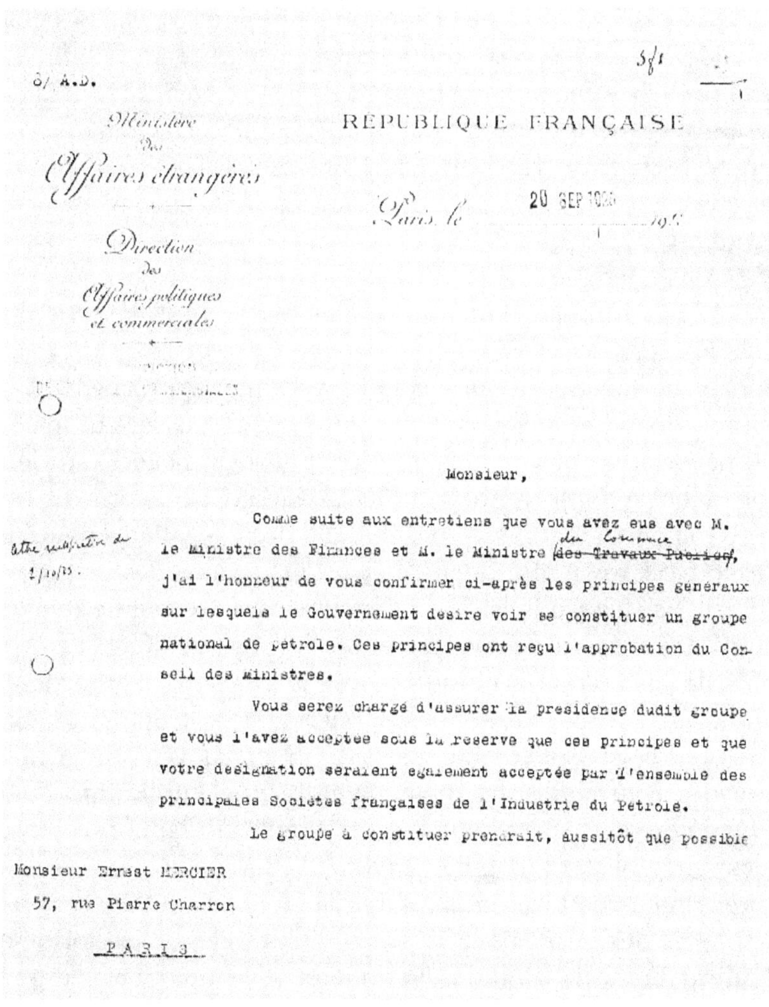

A.D.

Ministère des Affaires étrangères

Direction des Affaires politiques et commerciales

RÉPUBLIQUE FRANÇAISE

Paris, le 20 SEP 1923

Monsieur,

Comme suite aux entretiens que vous avez eus avec M. le Ministre des Finances et M. le Ministre ~~des Travaux Publics~~ du Commerce, j'ai l'honneur de vous confirmer ci-après les principes généraux sur lesquels le Gouvernement désire voir se constituer un groupe national de pétrole. Ces principes ont reçu l'approbation du Conseil des ministres.

Vous serez chargé d'assurer la présidence dudit groupe et vous l'avez acceptée sous la réserve que ces principes et que votre désignation seraient également acceptée par l'ensemble des principales Sociétés françaises de l'Industrie du Pétrole.

Le groupe à constituer prendrait, aussitôt que possible

Monsieur Ernest MERCIER
57, rue Pierre Charron
PARIS

Source : Archives Total

1. Lettre de Poincaré à Mercier : Archives de la CFP à Total, 89.14/13.

Pour l'État français, la mise en place d'un syndicat regroupant les différents acteurs pétroliers français est une étape indispensable pour la formation d'une compagnie nationale. L'objet immédiat du syndicat est l'étude de la reprise de participations cédées à la France dans la TPC et éventuellement dans les concessions qui seraient accordées dans d'autres pays : Roumanie, Russie, colonies françaises. D'autre part, il y a une prise de conscience au sein du gouvernement du fait qu'il faut attirer davantage de capitaux privés. D'où l'intérêt à motiver les entreprises en question au sein d'une organisation unie. Opposé au monopole du pétrole que beaucoup de députés socialistes veulent rétablir, le président Raymond Poincaré se décide, dans la lettre du 20 septembre 1923, à demander à Ernest Mercier de prendre la présidence du Syndicat Français d'Etudes Pétrolières (SFEP)[1]. L'action du gouvernement reste cependant secrète et, à la direction des pétroles et essences, on se refuse à toute explication sans pour autant démentir le bruit de cette initiative[2].

1.1.3.2. Le début de l'intégration financière : du Syndicat Français d'Etudes Pétrolières à la CFP

Mercier ne fait rien d'autre que trouver un rapprochement entre la volonté de l'État et l'action des entreprises du secteur pétrolier. L'État, négociateur des affaires au Moyen-Orient, négocie sur le plan interne la forme d'intervention la plus adéquate. La théorie du service public a toujours été utilisée comme celle des « frontières naturelles » par le pouvoir royal afin de justifier les extensions des compétences publiques. Se dégage ainsi la notion d'un service public inhérent à certaines activités. Les moyens utilisés ont toujours été les mêmes. De plus, la distinction primitive entre les fonctions d'autorité et les fonctions de gestion s'estompe[3]. L'intervention d'une situation où l'État et l'entreprise sont deux acteurs égaux et où l'aspect international impose des contraintes internes engendre une implication étatique d'un type nouveau. L'État réussi ainsi à établir un rapport contractuel avec les différentes compagnies privées.

Après une assemblée préparatoire, le 26 octobre 1923, les sociétés participantes désignent pour la plupart leur délégué. Se forme alors le Syndicat Français d'Etudes Pétrolières. Il a pour objet immédiat

1. *Ibid.*
2. *La revue pétrolière*, octobre 1923.
3. Cf. G. Liet-Veaux, « La théorie du service public, crise ou mythe ? », *Revue administrative*, mai-juin 1961.

l'étude et la reprise des participations cédées à la France dans la TPC et éventuellement qui seraient accordées dans d'autres pays. Ces participants sont au nombre de dix huit. La part souscrite par chacun est fixée à 60.000 francs (pour un total de 1.080.000 francs). Ces souscripteurs sont les suivants :

TABLEAU 2.1.2.

Les compagnies du Syndicat Français d'Etudes Pétrolières

Groupe des raffineurs	Groupe des banques
- Compagnie Industrielle des Pétroles - La Pétroléenne, - Desmarais Frères, - Lille Bonnières Colombes, - La Standard Franco-Américaine, - Société Algérienne des Pétroles de Tliouanet, - Pechelbronn (Société Anonyme d'exploitations minières), - La Steaua Française, - Aquila Franco-Romana, - Pétrofina, - Société des Naphtes de Limanowa - Société Française des Pétroles de Silva Plana,	- Banque de Paris et des Pays Bas, - Banque de l'Union Parisienne (BUP), - Crédit Mobilier, - Banque Nationale de Crédit, - Crédit Lyonnais, Société Générale pour favoriser le développement et le Commerce dans l'Industrie en France, Comptoir National d'Escompte de Paris, Le crédit Industriel*,

* Ces quatre compagnies de crédit demandent à participer en commun pour une part, dans le syndicat, dans la proportion d'un quart chacun, sont représentés ensemble par une seule personnalité. (Note du 7 novembre 1923, Archives de Total, 82.8/553).

Source : Lettre du 3 novembre 1923 adressée à Pétrofina (Archives Total, 82.8/553)

Le conseil est composé de dix-huit membres. Parmi ces membres est constitué un Comité de sept membres qui sont les suivants :

TABLEAU 2.1.3.
La composition du comité de direction du SFEP

Nom	Représentation
Ernest Mercier	Président
Edouard Cahen-Fuzier	Représentant de la Banque de l'Union Parisienne
Robert Cayrol	Représentant de Desmarais Frères
Paul Chapuy	Représentant de l'Omnium International des Pétroles et de la Société Colombia
Jules Chevalier	Représentant de la Banque de Paris et des Pays Bas
Maurice Gascheau	Représentant de la Limanowa
Léon Martin	Représentant de la Pétroléenne

Source : Archives Total 82.8/553 : note du 27 novembre 1923

L'approche de Mercier est pour le moins opportune. Comme pour toute négociation contractuelle, celle-ci tente de persuader les adhérents de l'avantage tiré de la collaboration. Selon la théorie des contrats, ce résultat est appelé parfois la rente organisationnelle ou le surplus. Le partage du surplus de cette coopération se trouve donc au centre de la négociation contractuelle[1]. C'est ainsi que dans un premier projet présenté le 17 octobre 1923 aux différents participants, Mercier se range à l'intérêt des participants. En effet, la répartition des parts offrant 40% aux raffineurs, 30% aux producteurs et 30% aux banques ne fait apparaître aucune participation de l'État bien qu'il apporte les actions de la TPC[2]. L'action de Mercier a un double avantage. D'une part, elle vise à faire engager un maximum de capital et donc recentrer l'intérêt sur un projet promoteur. D'autre part, elle respecte « la règle de proportion », voulue par Poincaré.

1. La théorie des contrats est une branche de la théorie néo-classique qui traite essentiellement des relations bilatérales (entre deux individus ou entre deux unités de décision). Les deux parties en présence doivent tenir compte de l'existence d'évènements aléatoires et de l'existence d'une asymétrie d'information où l'une des parties est mieux informée que l'autre. Bernard GUERRIEN, *Dictionnaire d'analyse économique*, Editions La Découverte, Paris, 1997, p. 97.
2. Archives de la CFP à Total, 82.8/553. Voir aussi André NOUSCHI, « L'État Français et les pétroliers anglo-saxons : la naissance de la Compagnie Française des Pétroles (1923-1924) », in *Relations Internationales, op. cit.*

Dans la réunion du 7 novembre 1923, Ernest Mercier rappelle au Conseil que le Comité sera vraisemblablement amené à demander à plusieurs des administrateurs d'accepter certaines missions particulières. Mercier s'entoure des compagnies privées et cherche à les impliquer directement dans un rôle diplomatique. Desmarais Frères prend part à travers son directeur Robert Cayrol, BUP et Petrofina à travers Léon Wenger, etc. Il lui apparaît, par exemple, que la collaboration de Leon Wenger sera particulièrement précieuse, notamment pour les tractations à poursuivre à Londres[1]. Comme Mercier, Wenger se situe dans la ligne défendue par le gouvernement français soucieux de permettre aux « indépendants » de conserver une part significative de marché face aux « trusts ».

La biographie de Léon Wenger, résumée par Michel Dumoulin dans son ouvrage consacré à Petrofina, présente un profil original de l'un des principaux acteurs du « groupement des intérêts français » dans les années 1920. « Né en 1879 dans une famille de magistrats d'origine alsacienne installée à Paris, Wenger s'était donné une double formation, scientifique et juridique, avant d'entamer une carrière dans la banque. À partir de 1904, il s'intéressa au pétrole à travers la participation prise par sa famille dans une petite affaire en Roumanie. Le pétrole devrait dès lors se révéler comme sa vraie vocation. Sa thèse en droit, publiée en 1913, sous le titre *Le pétrole, production Industrie, Commerce*, lui permit de faire le tour des principaux aspects d'une industrie en plein essor »[2]. Ce personnage fait de la Petrofina française un important opérateur industriel et commercial. Il jouera également un rôle important dans la rédaction des futures lois de 1928 aux côtés de Louis Pineau et Ernest Mercier[3].

Le SFEP doit se charger de constituer « une compagnie française et indépendante, qui tendrait à développer une production de pétrole sous contrôle français, un outil capable de réaliser une politique nationale du pétrole ». La synthèse de Raymond Poincaré sera validée par la suite comme la ligne directrice d'une politique pétrolière future :

> « La compagnie devra être essentiellement française et indépendante. Elle tiendra à développer une production de pétrole à contrôle français dans les différentes régions prospectrices. L'État pourra la charger,

1. Archives de la CFP à Total, 82.8/553.
2. Michel Dumoulin, *Petrofina, Un groupe pétrolier international et la gestion de l'incertitude, op. cit.*, p. 42.
3. *Ibid.*, p. 42, 45.

moyennant compensations équitables, si besoin est, de la mission d'entreprendre des travaux qu'il jugerait opportun »[1].

En janvier 1924, la seule presse spécialisée de l'époque, *La Revue pétrolifère*, écrit : « On a annoncé, avant les fêtes de Noël, le départ pour Londres de Ernest Mercier, président du Groupement National du Pétrole, de création récente et qui a pris, pour l'instant, la forme d'un syndicat d'études pétrolières : Ernest Mercier était accompagné, assurait-on, d'un éminent fonctionnaire qui a rendu de grands services pendant la guerre et qui a laissé, dans le monde du pétrole, à Londres, les meilleurs souvenirs. Le voyage de Mercier prend, de ce fait, un caractère presque officiel et consacre l'existence de ce groupement national destiné à recueillir des mains du gouvernement la part de la France dans le partage des gisements pétrolifères du monde »[2].

1.2. La création de la CFP : la consolidation des acquis nationaux

La mise en place de la stratégie d'organisation de la future Compagnie Française des Pétroles (CFP) se fait sous la direction de l'État autour des intérêts des compagnies pétrolières françaises[3].

1.2.1. La mise en place d'un système d'actions mixte

Dès la formation du Syndicat, l'État se penche sur la question du nombre des voix au sein de la future compagnie nationale. Les actions de cette compagnie sont divisées en deux catégories :

- Les actions-B sont les actions ordinaires ;
- Les actions-A, à vote plural, sont nominatives et ne peuvent être attribuées qu'à des personnes françaises, dont le Conseil d'administration est composé en majorité de Français. Le transfert ne peut être effectué qu'avec l'autorisation du Conseil d'administration. L'État exerce un contrôle sur la Société par l'intermédiaire de deux commissaires du Gouvernement qui veillent à la sauvegarde des droits de l'État et à l'exécution des conventions intervenues[4].

Le capital de la Société est reparti, suivant les vues du Gouvernement, entre les différentes sociétés de pétrole établies en France, sous la loi française, et les principales sociétés de Crédit :

1. Extrait de la lettre de Raymond Poincaré à Ernest Mercier du 20 septembre 1923, qui expose les intentions du gouvernement français concernant la CFP. (Archives de la CFP à Total 89.14/13)
2. *La revue Pétrolifère*, janvier 1924.
3. Archives de Total 82.8/553 : Dossier intitulé «Monsieur Wenger ».
4. Maurice MERCIER, *Revue Industrielle*, *op. cit.*

– ⅓ du capital a été réservé aux banques,

– ⅓ aux sociétés de raffinage,

– ⅓ aux sociétés d'exploitation, y compris les sociétés roumaines ou polonaises à contrôle français[1].

Bien que les sociétés alliées aux Trusts soient très largement représentées, on peut dire que les banques et les sociétés industrielles indépendantes réunissent ensemble un total d'actions représentant environ 55% du capital social initial. Paribas est le plus gros actionnaire de la CFP au titre des actions dont elle dispose à son nom et au nom de diverses sociétés qu'elle contrôle.

Dans l'hypothèse où le nombre des voix supplémentaires attribuées aux actions privilégiées est égal à 1/3 du total et le nombre de ces actions à 1/5 du capital, le droit de vote attribué à deux catégories de titres est le suivant :

– Actions de contrôle : 7/15

– Actions ordinaires : 8/15

Mais les promoteurs doivent détenir au moins 1/3 du capital pour être assurés de conserver le contrôle de l'affaire. Or, dans les conditions actuelles, seuls les « trusts » étrangers et quelques puissantes firmes françaises sont en mesure de remplir cette obligation.

Cela pousse le Gouvernement à mettre un cadre de loi permettant d'exercer une tutelle effective sur la CFP. Une proposition de loi (Lesache)[2] aboutit à ce que les actions-A nominatives ne peuvent être transférables sans l'accord du Conseil d'Administration. Elles seraient réservées à des personnes de nationalité française. L'État se charge, lui-même d'arrêter « la liste des sociétés qui devaient être appelées à souscrire le capital initial »[3]. Le montant primitif de 25 millions de francs, doit être souscrit au moyen de 12 500 actions-A de 500 F (représentant 6,25 millions de F et 250 000 voix), et de 37 500 actions-B de même valeur unitaire, mais nécessitant trois fois plus de fonds, et ne procurent que 13% du total des voix. Les actions se répartissent ainsi (actions de contrôle)[4] :

1. Archives de Total, SC 90/31 « Rapport (de Mercier) au Président du Conseil des Ministres sur la Compagnie Française des Pétroles ».
2. Archives de Total, 82.8/553 : Document intitulé « Action à vote plural, projet du Gouvernement ».
3. Ernest Mercier, « Rapport au conseil d'administration du 7 mai 1930 », cité in *Revue Pétrolière* du 10 mai 1930.
4. Pour les détails des participations, voir annexes.

Tableau 2.1.4.
Distribution du capital de CFP en 1924

Groupe de compagnies	Part en pourcentage
Banques françaises	22,1
Indépendants français (dont Desmarais Frères)	42,9 (14)
Groupes belges (dont Petrofina)	11,9 (3,6)
Trusts internationaux	23,1%

Source : Archives économiques et financières, B-0032309 : « Tableau de répartition du capital de 25 millions », le 25 mars 1924 (signé Mercier).

La nouvelle société est fondée le 28 mars 1924, au capital de 25 millions de francs, avec possibilité de porter le capital à 50 millions, sur simple décision du Conseil[1]. Le 17 mai 1924, une première convention est signée entre la CFP, représentée par son président Ernest Mercier, et le gouvernement français, représenté par le ministre des Finances (François Marsal) et celui du Commerce et de l'Industrie (Louis Loucheur)[2]. Elle a pour but de fixer les conditions de la cession de la part détenue dans la TPC[3]. Dès 17 juillet 1924, la CFP devient actionnaire effectif de la TPC[4]. Les statuts devront assurer aux capitalistes français une prépondérance dans la société. Les administrateurs et directeurs seront français, les premiers étant agrés par le gouvernement. Les compagnies françaises adhérentes sont bien représentées, notamment la compagnie Desmarais Frères avec son Président Paul Desmarais et son Directeur Général Robert Cayrol comme administrateurs[5].

La société aura quatre objets principaux :

– L'exploitation des ressources pétrolières obtenues ou à obtenir par accords diplomatiques et, au premier chef, les pétroles de Mésopotamie.

1. Maurice Mercier (secrétaire général de la CFP), « Les pétroles de Mossoul et la participation française », *Revue Industrielle*, novembre 1926, p. 513. (Archives de Total 82.8/553).
2. Archives de la CFP, SC 90/31.
3. Convention du 17 mai 1924, archives de Total 00TE539 – 32 : conventions avec l'État de 1924 à 1931. Voir aussi 92.10/-1 : CFP – PV des conseils d'administration 1924-1947.
4. *Ibid.*
5. Robert Cayrol, grand défenseur des intérêts de Desmarais Frères au sein de l'industrie française, est appelé, à plusieurs reprises, à défendre les intérêts pétroliers de la France au Moyen-Orient. Voir : Maurice Guierre, *Robert Cayrol 1883-1959 : De la mer au pétrole, l'unité d'une vie*, Paris : Perceval, 1960. p. 37-46.

– La prise de participation dans la production étrangère, en des pays assez variés pour que l'équilibre de notre ravitaillement soit assuré.

– L'obtention éventuelle de concessions en Russie en groupant les efforts français.

– La mise en valeur des richesses pétrolières qui pourraient être découvertes en France et en Algérie[1].

Cependant, la question des nouveaux intérêts français au Moyen-Orient n'est pas complètement réglée. En effet, les droits de la TPC consistent essentiellement en une lettre du Grand Vizir, du 28 juin 1914, adressée aux ambassadeurs d'Angleterre et d'Allemagne, leur promettant de concéder à la TPC les gisements de pétrole découverts ou à découvrir dans les vilayets de Bagdad et Mossoul[2]. En 1920, le sort de l'Empire ottoman n'est pas encore réglé. Seul est admis le principe des mandats sur certains territoires, notamment ceux détachés de l'Empire ; territoires déjà agités par l'affirmation des nationalismes locaux, qui provoquaient de nombreux troubles, en Turquie en Syrie et en Irak[3]. Et si, en 1921, les Anglais nomment le roi Fayçal, chassé de Syrie, roi d'Irak, celui-ci reste toujours sous la souveraineté de la Turquie (jusqu'au traité de Lausanne en juillet 1923 qui reconnaît l'indépendance de l'Irak)[4].

Il faut attendre 1926 pour que soient soldés les litiges de frontières entre ces deux pays. Ce n'est qu'à partir de cette date que se trouvent réglées les questions politiques dont dépendait la mise en exploitation des gisements présumés de Mésopotamie et que la question de participation française dans la TPC redevient d'actualité[5]. le capital de la CFP est porté à :

– 50 millions de francs, le 3 août 1926 ;

– 75 millions de francs, le 4 mai 1927 ;

– 150 millions de francs, le 2 avril 1928.

Toutes les opérations ont été poursuivies avec les seuls actionnaires initiaux, sans l'intervention du public, sauf, dans une mesure limitée, pour la dernière[6].

---

1. *Ibid.*
2. Jean Rondot, *La compagnie Française des Pétroles : du Franc-or au Pétrole-Franc*, Plon, Paris, 1962.
3. *L'illustration* du 19 décembre 1925, p. 683-693.
4. H. Coutau-Bégarie, *Géostratégie de l'océan indien*, Economica, Paris, 1993, p. 160.
5. Maurice Mercier, *Revue Industrielle*, *op. cit.*
6. Archives de la CFP, SC 90/31 : Rapport de Mercier du 13 décembre 1928.

« Celle-ci, bien que de beaucoup la plus importante, s'est effectué sans difficulté. Cela tient à ce que, dans l'intervalle, le succès des opérations de prospections de prospection de la TPC en Mésopotamie est devenu patent, et, qu'en particulier, la presse s'était étendue longuement sur les jaillissements exceptionnels de Baba-Gugur »[1].

1.2.2. Conséquences de la création de la CFP

Pour toute entreprise pétrolière française, le changement de l'environnement politique et l'entrée en jeu du pétrole mésopotamien est un facteur environnemental de première importance. Il est, en quelque sorte, un facteur libérateur d'énergie vitale pour toute entreprise française cherchant à faire des bénéfices dans le commerce du pétrole. La prise en considération par l'État de la dynamique interne et de l'opportunité nouvelle bouleverse radicalement la politique pétrolière de l'État. Cette politique passera essentiellement par une modification de structure de l'industrie pétrolière en France.

1.2.2.1. Le développement de la CFP et le rôle du pétrole de Mossoul

La CFP s'impose auprès des partenaires de l'IPC. Dès sa création, la CFP s'efforce de développer un programme de pétrole à contrôle français, dans les différentes régions productrices. Elle organise la mise en valeur des ressources et des avantages que l'État tient ou tiendra des accords diplomatiques ou autres, certains ou à intervenir en ce qui concerne le pétrole[2]. En 1925, la richesse des gisements de Mésopotamie reste hypothétique, non confirmée par la première mission géologique de la TPC en 1926 en Irak, qui donne lieu à des forages secs et fortement sulfureux. Ce n'est qu'en 1927 qu'un puits foré à Baba Gurgur, au nord de Kirkouk, découvre un pétrole de bonne qualité[3].

Cette découverte attire l'attention tant des politiques français que des partenaires étrangers de l'IPC sur l'importance de l'enjeu de la CFP et des intérêts pétroliers français en général[4]. Les premiers (les Français) considèrent qu'il est temps de s'intéresser à ce domaine nouveau, marché stratégique non encore réglementé ; quant aux seconds (les Anglais et les Anglo-Néerlandais), le fait de prendre conscience que non seulement ils perdent ainsi l'un de leurs meilleurs clients, mais

1. *Ibid.*
2. F. M. Bergounioux, *La France et le problème du pétrole*, Laboratoire de Géologie de l'Institut Catholique, Toulouse, 1941. p 119.
3. *Pétrole Informations* n° 1309. *op. cit.*
4. Archives du SHAT, 2 N 245-5.

qu'au surplus ils trouvent un concurrent, contribue à développer en leur sein des sentiments mitigés vis-à-vis de la CFP.

Cependant, dès le début des années 1920, un groupe de firmes américaines organisés au sein d'une seule compagnie, la Near East Development Company, s'arrange pour trouver un équilibre au Moyen-Orient[1]. Les Américains s'appuient sur l'argument de l'intervention en guerre du côté des Alliés, mais surtout sur le soutien de leur alliée française, la Banque Paribas. Celle-ci cherche à équilibrer tout à la fois l'influence de BUP et des compagnies anglaises au Proche-Orient. La banque cherche aussi à s'offrir un partenaire industriel le mieux placé dans ce domaine[2]. Pour y parvenir, elle opte pour l'alliance américaine. Ce retournement d'alliance détermine la constitution, en août 1920, de la Standard Franco-Américaine, associant la Standard Oil of New Jersey représentée au Conseil par son président A. C. Bedford et Paribas représentée par Horace Finaly. Ce dernier joue le rôle clé d'intermédiaire entre le gouvernement français et la Standard Oil dans les négociations qui débutent en 1922. En fait, la Standard assure la direction industrielle des affaires tandis que Paribas apporte son appui politique, pour l'obtention des concessions, et son assistance financière. C'est ainsi que Paribas favorise l'entrée des américains dans la TPC[3].

Les discussions « compliquées »[4] aboutissent à un accord définitif, *le Group Agreement*, le 31 juillet 1928 entérinant ceux de San Remo mais consacrant la participation américaine[5]. Le point de vue français est défendu avec vigueur par Mercier et Cayrol, aidées à maintes circonstances par Calouste Gulbenkian[6] qui a des droits personnels à faire valoir à l'égard de la TPC[7]. Le 8 juin 1929, on crée l'Irak Petroleum Company (IPC), avec une redistribution du capital :

1. E. P. Fitzgerald, « Business Diplomacy: Walter Teagle, Jersey Standard, and Anglo-French Pipeline Conflict in the Middle East, 1930-1931", in *Business History Review* 67 (Eté 1993), p. 207-245.
2. Eric Bussière, *Paribas, l'Europe et le Monde, 1872-1992, op. cit.*, p. 108.
3. *Ibid.*
4. Pour revenir sur la question de la négociation des intérêts français au Moyen-Orient aboutissant à la création de la CFP, Voir André Nouschi, « L'État français et les pétroliers anglo-saxons : la naissance de la Compagnie Française des Pétroles (1923-1924) », in *Relations internationales*, n° 7, 1976, p. 241-259.
5. Archives économiques et financières, B-0032310 : « D'arcy Exploration Company Limited and Others, and Turkish Petroleum Company Limited » *Agreement*, 1928.
6. « Gulbenkian, l'allié fidèle de la CFP », in *Pétrole Informations* n° 1309 – 29 mars / 4 avril 1974, « La CFP a cinquante ans », p. 9-13.
7. Archives Total, 92AA091/73.

TABLEAU 2.1.5.
Distribution du capital au sein de l'I.P.C.

Compagnie	Nombre d'actions	Part en %
British Petroleum	475.000	23.75
Royal Dutch-Shell	475.000	23.75
Compagnie Française des Pétroles	475.000	23.75
Near East Development Cy	475.000	23.75
- Standard Oil of New Jersey (50%)		
- Socony Mobil Oil (50%)		
Partex Gulbenkian	100.000	5.00

Source : Archives économiques et financières, B-32310 : « D'arcy Exploration Company Limited and Others, and Turkish Petroleum Company Limited » *Agreement*, 1928, p. 4 et p. 25.

Par la même occasion, les compagnies fondatrices de l'IPC signent (le 31 juillet 1928) le fameux accord de la Ligne Rouge (Red line). Le périmètre circonscrit par l'accord correspond approximativement aux frontières de l'ancien Empire Ottoman. L'Arabie y est incluse au même titre que l'Irak, la Syrie, le Liban, la Palestine, la Transjordanie (maintenant Jordanie), les Emirats du Golfe Persique, à l'exception de Koweit et de l'île de Bahrein où l'exploitation pétrolière avait déjà été prise en mains par d'autres (voir ANNEXE 2.1.2). L'accord stipule entre autres que les participants de l'IPC s'interdisent de se concurrencer dans les régions méridionales de l'ex-empire ottoman. Le principe des *basic proportions* fait obligation à faire participer l'IPC à toute extension envisagée par un ou l'autre des participants[1].

Cet accord prévoit le partage des pétroles à tirer de l'Irak. Il comporte également des clauses restrictives qui obligent tous les participants à respecter la solidarité pétrolière dans tout ce périmètre[2]. Chacun des participants s'est engagé, s'il fait des prospections ou s'il obtient des concessions dans ce périmètre, à ne pas les exploiter seul, mais à les apporter à l'ensemble des cinq partenaires pour que leur production soit partagée proportionnellement aux accords de base. En toute logique, le financement des programmes d'exploration et d'expansion des Compagnie du groupe IPC, arrêté par les groupes statuant à la majorité des trois quarts, est supporté par ceux-ci au prorata de leur « basic

1. Les archives du Centre de Documentation et de Synthèse (CDS) à TOTAL. Cote : 89.16/39.
2. Les archives du CDS chez Total. Cote : 89.16/42

proportion » dans la dite compagnie, mais conduirait à une révision dans le sens de la diminution de sa basic proportion dans toutes les autres Compagnies du groupe.

La signature du *Group Agreement* de 1928 marque, en fait, le point de départ de l'effort pétrolier entrepris au Moyen-Orient. Les droits très vagues de la TPC sont remplacés (avec l'IPC) par une concession portant sur tous les territoires irakiens à l'Est du Tigre. Cet accord fonctionnera sans trop d'à-coups jusqu'à 1946, lorsque les deux partenaires américains (la Standard et la Socony) déclarent que les clauses restrictives étaient contraires à la législation et la politique américaine[1]. La construction d'un pipeline s'impose pour transporter la production jusqu'à la Méditerranée.

En ce qui concerne le tracé de ces pipelines, les Britanniques ont une préférence pour le tracé Kirkouk-Haïfa (1000 km), à travers l'Irak, la Transjordanie, la Palestine, tous les territoires sous mandat britannique. La CFP, pour sa part, est favorable au tracé Kirkouk-Tripoli (860 km), à travers la Syrie et le Liban sous mandat français (voir carte ci-dessous). Si la décision de construire les deux pipelines, avec un tronçon commun de Kirkouk à Haditha sur l'Euphrate, bifurquant en deux branches, l'une nord, l'autre sud, peut étonner, elle a le mérite de maintenir un certain débit lorsque l'une ou l'autre, pour des raisons politiques, est empêchée de fonctionner[2]. L'État français est assuré d'un approvisionnement à long terme et peut se tourner à l'organisation de son industrie. Le groupe français Champin obtiendra une participation à hauteur de 46 % dans la construction des tubes nécessaires à ce pipeline[3].

1. *Ibid.* (CDS, cote : 89.16/42)
2. R. Hoveyda, *La CFP, Étude de géographie économique*, Thèse de doctorat, Université de Paris, 1958.
3. *Biographie de Marcel Champin (1875-1945)*, faite par la société Louvoil-Montbard-Aulnoye, 1945, Archives Total.

CARTE 2.1.1.

Concession d'exploitation et tracé des pipelines

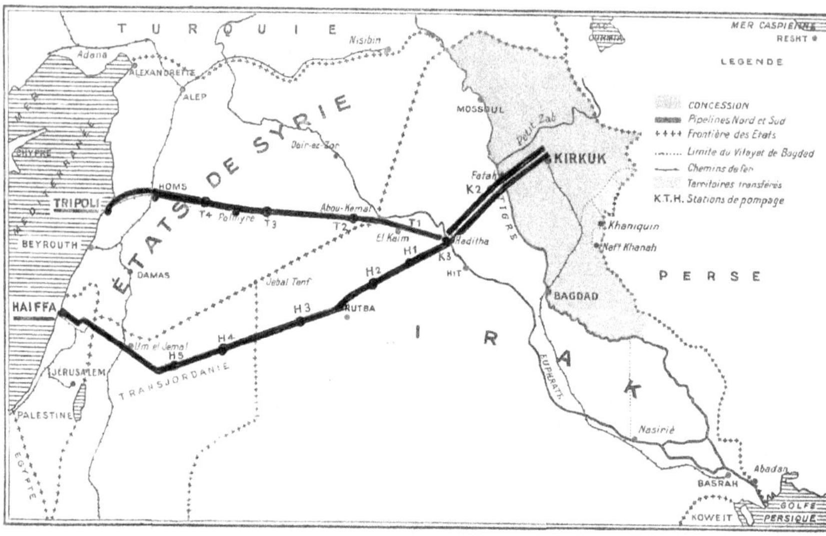

Source : Archives de Total 89.14/18

Parallèlement à son action au sein l'IPC, l'État prépare les conditions nécessaires à l'organisation du marché et du développement efficace de l'industrie pétrolière française. En 1925, la richesse des gisements mésopotamiens reste hypothétique. En tout cas, elle n'est pas encore confirmée par la première mission géologique de la TPC en 1926 en Irak[1], qui donne lieu à des forages secs ou fortement sulfureux. Ce n'est qu'en 1927 qu'un puits foré à Baba Gurgur, au nord de Kirkouk, révèle un pétrole de bonne qualité. Ces nouveaux gisements attirent l'attention des politiques français et rend plus que jamais possible la mise en place d'une grande industrie de raffinage. De ce fait, l'État s'implique de plus en plus fortement dans ce processus. L'objectif essentiel demeure la mise en place des moyens juridiques et structurels permettant d'encourager et promouvoir raffinage français sous le contrôle Étatique.

1.2.2.2. L'emprise grandissante de l'État

Parallèlement au rôle de rapprochement joué par Ernest Mercier, l'État lance les premiers jalons d'une « économie mixte » en créant en 1923 la Société nationale de Recherche sur le Traitement des Combustibles[2].

1. Archives de la CFP à Total : 82.8/553.
2. Daniel MURAT, *L'intervention de l'État dans le secteur pétrolier en France*, *op. cit.*, p. 60.

Il se prépare ainsi à lancer un long et complexe processus juridique lui permettant de diriger l'activité pétrolière en France.

a- L'intervention législative comme instrument de gestion dans les mains de l'État

Une loi du 10 janvier 1925 crée l'ONCL[1]. Sous la direction de Louis Pineau[2], le rôle de l'Office consiste non seulement à étudier toutes les questions relatives au pétrole, mais encore, grâce à un budget important qui lui est alloué, d'attribuer des primes aux navires-citernes navigant sous pavillon français, et de financer les recherches de pétrole tant en France que dans les colonies[3]. Dans le fond, la création de l'ONCL vient comme une réplique à la guerre commerciale livrée entre les compagnies privées en 1924[4]. Les « trusts » (la Standard Oil principalement), ayant conquis le marché français, créent un nouveau climat de guerre de prix. Les maisons françaises se défendent comme elles peuvent. C'est ce qui pousse les trusts à proposer la solution du contingentement de nouveau. L'action de l'État se joint au contingentement de ces entreprises dès la fin de cette même année. Le point de vue de l'État se traduit donc par l'action législative en établissant, à l'occasion de la création de l'ONCL, le principe de « la liberté contrôlée »[5]. L'article premier de la loi (du 10 janvier 1925) stipule que « l'importation en gros du pétrole brut, de ses dérivées et résidus est effectuée en vertu d'une autorisation préalable délivrée par le ministre du commerce et de l'industrie ».

L'ONCL est très comparable à un service public placé sous l'autorité directe du Ministre du Commerce et de l'Industrie[6]. Lors du premier conseil d'administration de l'ONCL, Louis Loucheur, devenu député, ministre du commerce, de l'industrie et des PTT, souligne qu'il s'agit « d'un problème intéressant au suprême degré les finances du pays, sa vie économique et son indépendance politique »[7]. D'ailleurs, Le rôle du directeur de l'ONCL est double et rappelle un peu celui du préfet, à la

1. Loi du 25 janvier 1925. *Annales ONCL*, 1926, p. 152.
2. C'est un militaire. Il rentre à l'Ecole Militaire en 1907 et devient capitaine à 26 ans. Il fut blessé à la bataille victorieuse de la tranchée de Colonne et passa à l'aviation. Il réussit ensuite le concours de l'intendance brillamment. La guerre terminée, Henry Béranger vint le chercher pour lui confier la direction de son service commercial jusqu'au moment de la création de l'ONCL. (Selon *L'industrie pétrolière* de Mars 1933, avril 1935.).
3. Voir : Laurent Ursulet, *L'Office National des Combustibles Liquides (1925-1939), op. cit.*, p. 63-66.
4. Takashi Hotta, *L'industrie du pétrole en France des origines à 1934, l'État et les entreprises pétrolières*, Thèse de doctorat, Université de Paris X Nanterre, Janvier 1990, p. 287.
5. Archives Nationales F[12] 9927, Conseil Supérieur de la défense Nationale, « Rapport annuel au sujet de la politique française du pétrole », 25 mars 1925.
6. L'ONCL sera rattaché au ministère des travaux publics par le décret du 25 juin 1936.
7. Cité par la revue *Le pétrole*, mai 1925, p. 135.

fois agent de pouvoir central et représentant du département. Il est « le délégué » permanent du Ministre[1] et assure le fonctionnement de ses services sous l'assistance d'un Conseil d'Administration.

L'article 7 de la loi ci-dessus[2] précise comme suit les ressources de l'ONCL :

– un impôt de 1,5 à 10 francs par tonne déclarée à la consommation que payent tous les importateurs de pétrole et de ces dérivés.

– Les soldes des comptes du Consortium Français d'importation de pétrole et essence, conformément aux dispositions de l'article 68 de la loi du 30 juillet 1920.

– Les subventions, dons, legs, libéralités et fonds de concours de toute nature que peut recevoir l'office des collectivités et des établissements publics comme les chambres de commerce.

– Toutes les recettes qui pourraient être faites par l'Office en rémunération des services rendus par lui au public.

Le rôle de cet office reste un moyen de contrôle douanier et une sorte d'infrastructure législative à l'industrie pétrolière. Jusque là, on ne peut pas faire un lien direct avec une stratégie de la CFP. Cependant, son action constitue une étape préliminaire avant la mise en place d'une loi qui favorise la raffinage français et prépare la création d'une compagnie nationale de raffinage. A partir de 1926, l'ONCL élargit son rôle en collaborant avec la CFP et des associations semi-publiques pour se charger de la mise en valeur des gisements pétroliers au Maroc, en Tunisie, en Madagascar et au Gabon[3]. La CFP aura aussi l'initiative de la création d'une grande compagnie de raffinage grâce aussi au soutien de l'État et la volonté et la participation de compagnies privées.

b- La réglementation du marché par les autorisations spéciales d'importation en 1928

Les 16 et 30 mars 1928[4], le Parlement adopte une loi relative à l'importation des produits du pétrole, destinée à « encourager le rétablissement

1. Le décret du 14 septembre 1925 fait un détail du fonctionnement de l'ONCL et resserre encore les liens par lesquels la loi le rattachait au Ministre du Commerce et de l'Industrie.
2. Olivier Lesourd, « Office National des Combustibles Liquides », in *Guide du pétrole, son industrie, son commerce, leurs fournisseurs*, 1939. p.183-185. Archives de l'Institut Français des Pétroles (IFP).
3. Archives de Total : 80.3/122.
4. «Loi du 30 mars 1928 relative au régime d'importation du pétrole », Archives de la CFP à Total 89.14/13.

de l'industrie du raffinage en France »[1]. Ces nouvelles lois remplacent en partie celle du 10 janvier 1925, mais ne changent en rien aux articles touchant à l'ONCL[2]. Cette loi est le résultat d'un long débat juridique entamé en 1923 à l'occasion d'une réunion du Conseil Supérieur de la Défense Nationale le 10 novembre 1923[3] fixant les objectifs urgents de l'industrie pétrolière. Concernant la question de l'application d'un tarif douanier[4], le débat commence par la déclaration du ministre des finances Lasteyrie qu'il est disposé à faire entreprendre une révision des tarifs douaniers s'appliquant aux essences et pétroles. Pineau (rapporteur) fait observer que cette révision était une opération très complexe, à ne pas effectuer brutalement sous peine de troubler profondément le marché général des produits pétrolifères en France. Trois ministres, dont le ministre des Travaux Publics (Le Brocquer) et le ministre du Commerce et de l'Industrie (Lucien Dior), insistent sur la priorité à donner à cette opération de révision des tarifs douaniers. Le Conseil Supérieur de la Défense donne alors son avis favorable à cette révision. Le débat reste ouvert en choisissant une solution intermédiaire, celle des autorisations spéciales qui sera à la base de la loi de 1928.

Les dispositions de la loi du 30 mars 1928 donnent à l'État le pouvoir de contrôler les importations de pétrole brut et de ses dérivés en instituant des autorisations spéciales : A10 pour les importations et le raffinage, et A3 pour la distribution. Ces autorisations sont assorties de contraintes, telle l'obligation que le transport d'au moins deux tiers des tonnages importés pour le marché intérieur soit effectué sous pavillon français.

> « Les obligations du titulaire de l'autorisation spéciale d'assurer éventuellement, en proportion de ces livraisons sur le marché intérieur et de la demande de l'État, l'exécution des contrats d'intérêt national pour l'acquisition du pétrole brut, de produits dérivés ou succédanés, la fabrication de ces usines de produis d'origine pétrolière utiles à l'économie générale du pays, ainsi que la poursuite de recherches scientifiques et techniques, soit directement, soit indirectement, par participation à des organismes crées à cet effet »[5].

1. Compagnie Française des Pétroles, *Rapport du conseil d'administration*, Assemblée Générale Extraordinaire du 20 mars 1929. Archives de Total 82.8/553.
2. Laurent Ursulet, *L'Office National des Combustibles Liquides (1925-1939),op. cit.*, p. 111.
3. Archives du SHAT, 2N6/1 : Conseil Supérieur de la Défense Nationale, Procès Verbal de la séance du 10 novembre 1923 (document secret), sous la présidence du Ministre des Affaires Etrangères.
4. Archives du SHAT, 2N6/1 : Conclusion numéro 6 du PV, du 10 novembre 1923.
5. Article 3 (e) de la loi du 30 mars 1928 (Archives Desmarais 130 AQ 1)

Le texte du 30 mars 1928 se trouve à l'origine du développement d'une industrie nationale de raffinage, alors quasiment inexistante, et de la constitution d'une flotte pétrolière française. La capacité de traitement des usines françaises, inférieure en 1927 à 300.000 T / an, atteindra 8 millions de tonnes en 1938. Mais, ce n'est pas tout. Cette loi fondamentale est un moyen de monopole. Certes, votée à la suite de longs débats parlementaires, elle a l'avantage de définir le cadre dans lequel l'industrie pétrolière française doit opérer. Les autorisations spéciales[1] constituent en réalité l'un des instruments de la politique économique française. Elles rentrent dans un régime défini comme « une application libérale du monopole d'État inscrit dans la loi française »[2] et donc de concurrence dirigée. De ce fait, elle donne le monopole d'importation et du raffinage du pétrole à l'État. C'est l'État qui délègue à des entreprises titulaires d'autorisation spéciales valables respectivement dix ans pour le pétrole brut (A 10) et trois ans pour les produits finis (A 3).

Les pétroles mésopotamiens ne rentrent pas dans le cadre de ces autorisations. « L'article 3 de la loi de 1928 et les dispositions correspondantes des décrets d'autorisations correspondantes n'obligent pas les bénéficiaires des autorisations d'importation de pétrole à prêter leur concours à tous les accords diplomatiques qu'il plaira au Gouvernement Français de contracter. Les seuls accords de ce genre qu'ait visés le législateur de 1928 sont ceux qui, comme les accords de San Remo, donnent véritablement une origine nationale à des pétroles extraits dans un pays étranger et ont trait au fonctionnement du régime national du pétrole. Tel n'est pas le cas pour les accords passés avec la Roumanie qui tendent simplement à l'achat de pétroles roumains »[3]. Cependant, au delà de la question des autorisations, les Desmarais conscients de leur rôle en tant que distributeurs, tentent de tirer profit de toutes les possibilités qui s'offrent.

2/ L'adaptation de Desmarais Frères au nouveau contexte et l'affirmation d'une économie mixte

La période entre 1924 et 1931 représente, pour Desmarais Frères, une mise au point stratégique passant essentiellement par la fixation de nouveaux objectifs. La création de la Compagnie Française des Pétroles

1. Voir les Archives de Desmarais Frères : 130 AQ 1, 130 AQ 2 et 130 AQ 3.
2. M. Charlot, rapporteur général de la loi du 30 mars 1928.
3. Archives Desmarais Frères: 130 AQ 26 : Chambre syndicale de l'industrie du pétrole, « Régime de l'importation des pétroles. Portée de la clause du contrat d'intérêt national », document confidentiel, 29 juin 1934.

(CFP) en 1924 amène à la modification de la structure du marché pétrolier. Plus que jamais, les dirigeants de la compagnie sont amenés à négocier le rôle de leur entreprise au sein de l'industrie pétrolière française nouvellement créée. Pour choisir un parmi les modèles permettant d'évaluer la marche de Desmarais Frères, pas à pas, notamment durant cette période, il convient se concentrer sur les missions et les objectifs stratégiques. L'adaptation de Desmarais Frères se fait par l'affirmation de son rôle sur le marché français et en négociant son rôle, avec l'État, au sein l'industrie pétrolière.

2.1. Desmarais Frères face à la création de la CFP

Si d'autres distributeurs-raffineurs français ont opté pour l'alliance avec la Standard Oil ou la Royal Dutch-Shell, Desmarais Frères a favorisé la voix patriotique en restant française. De ce fait, elle tente de bien négocier son rôle au sein de l'industrie française nouvellement créée.

2.1.1. Actionnaire de la CFP

Dès les débuts de la lutte diplomatique, Desmarais Frères se joint à l'action de l'État. Quand Raymond Poincaré charge Ernest Mercier de mettre au point l'organisation française qui s'occupera de la part française des pétroles d'Irak, il y a déjà d'excellents techniciens français, qui ne se laissent pas influencer par leurs collègues britanniques. En première ligne se trouve Robert Cayrol, directeur de Desmarais Frères[1]. Né en 1883, Cayrol appartient à une famille protestante. Diplômé de l'Ecole Navale en 1904, il fait une carrière dans la marine. Doté de très bonnes qualités de commandement, il devient attaché à l'État-Major Général en 1914, capitaine de frégate en 1916, puis capitaine de corvette en mai 1919. En 1920, il rejoint la Société Gnome et Rhône comme directeur commercial jusqu'à être appelé à prendre la direction de Desmarais Frères en 1923. Il y reste 37 ans et joue un rôle clé au sein de l'industrie pétrolière française.

1. Cf. Maurice Guierre, *Robert Cayrol 1883-1959, de la mer au pétrole, l'unité d'une vie*, Editions Perceval (en hommage à Robert Cayrol), Paris, 1960. (Archives de Total).

ILLUSTRATION 2.1.3.
Robert Cayrol

Source : Archives de Desmarais Frères à Total

Nommé administrateur de la CFP en 1924, Robert Cayrol a eu à seconder Ernest Mercier dans la défense des mêmes intérêts français à Londres et au Moyen Orient. « Il conquit l'estime et l'amitié de nos collègues anglais et américains par son entrain, sa cordialité, comme aussi par son exacte connaissance de toute l'affaire. Il n'est que juste de souligner la reconnaissance que nous lui devons »[1], écrit de lui le Ernest Mercier. La représentation de Desmarais Frères par son directeur et par son président Paul Desmarais comme administrateurs reflète non seulement sa part dans la compagnie (14%), mais aussi son rôle à joue et qu'elle aura à revendiquer dans la stratégie de la CFP en particulier et la politique pétrolière française de façon générale. Mais, la tâche est difficile. Desmarais Frères doit veiller sur ses intérêts devant les grandes ambitions affichées par la CFP.

1. *Ibid.*, p. 22-28.

Ni les revendications de Cayrol, ni les tentatives de la Chambre Syndicale des Raffineurs Français[1], ne réussissent à faire insérer dans les statuts un article interdisant expressément à la CFP la construction de raffineries et la distribution[2]. C'est ce qui prépare quelques réserves des banques parfois[3] et des raffineurs. D'où l'émergence d'incidents qui se produisent presque à chaque augmentation du capital et dont Mercier fait état dans son rapport du 13 décembre 1928[4]. Celles-ci s'arrêtent en 1928 après le jaillissement du pétrole de Baba Gurgur[5]. C'est à ce moment que toutes les conditions sont réunies, de part et d'autre, pour mettre en place une grande compagnie de raffinage, filiale de la CFP. L'adhésion de Desmarais Frères à ce projet ne fait plus l'ombre d'un doute.

2.1.2. Actionnaire et client de la Compagnie Française du Raffinage (CFR)

La création de la CFR représente pour la CFP et l'État Français un grand pas vers l'obtention d'une « rémunération normale de son brut »[6]. Quant à la commercialisation des produits, elle propose une entente amiable avec les organisations existantes sur le marché français, tout en réservant une position spéciale aux sociétés distributrices qui n'ont pas d'accès au pétrole brut par l'intermédiaire des sociétés-mères. Il s'agit de participer à la création de la filiale. Les distributeurs fondateurs prennent l'engagement de reprendre les produits à concurrence de 25% de leurs besoins, avec la possibilité d'écouler des tonnages supplémentaires moyennant un abattement progressif sur les prix[7].

Dès mars 1928, le rapporteur de la Commission des Mines, Etienne Charlot, après avoir rappelé que la CFP a bien réussi sa mission sacrée, annonce l'étape suivante : « Il n'est pas osé d'envisager l'hypothèse où un consortium français se déciderait enfin à investir des capitaux nécessaires en vue d'installer une grande raffinerie »[8]. Pour le Président de la CFP, raffiner est son « droit absolu ». Il fait alors appel au bon sens de tous les actionnaires quant à la décision de créer des raffineries, et la coopération de certains, pour l'écoulement des produits. Le 18 décembre

1. Archives de Total, 82.8/553 : Procès-verbal de la réunion du 2 octobre 1923.
2. Dans cette même réunion, Cayrol insiste sur la nécessité de la conclusion d'un contrat entre l'État et la Société. Voir également le PV la réunion du comité de direction de la SFEP du 17 janvier 1924, même cote.
3. Archives économiques et financières, B-32309.
4. Archives de Total, SC 90/31 : « Rapport au Président du Conseil des Ministres sur la CFP ».
5. *Ibid.*
6. Maurice Mercier, «Les pétroles de Mossoul et la participation française », *Revue Industrielle* de Novembre 1926, p. 513.
7. Selon les archives de Desmarais Frères (CAMT) 130 AQ 1 et les archives de la CFP à Total 00TE539-32.
8. Note sur le raffinage, Archives 130 AQ 6.

1928, Ernest Mercier avise le conseil de la CFP qu'il sollicitera l'avis du Président du Conseil[1]. Cette consultation débouche rapidement sur un projet de participation de l'État dans le capital de la CFP et dans celui de la filiale de raffinage envisagée, projet dont Mercier fait part au Conseil à la réunion du 13 février 1929. Il explique cette initiative par la nécessité d'établir une coopération avec l'État, « en raison du caractère national de la Compagnie »[2].

C'est grâce à cette initiative que l'État entreprend de rassembler des actionnaires de la future filiale. La recherche de solution, en liaison avec l'État[3], aboutit à l'élaboration de la nouvelle convention signée le 19 mars 1929, qui prévoie la création d'une compagnie française de raffinage dont l'État détient 10% du capital de 100 millions de francs, et la CFP 56% (la CFP dispose ainsi du contrôle de sa filiale). Les 34% restantes seront au groupe des importateurs français (six en tout), dont 18,7% pour la seule souscription de Desmarais Frères. Les statuts de la CFR lui attribuaient un objet très diversifié grâce auquel la société peut exercer plus tard son activité dans de bonnes conditions. Les raffineries sont construites et développées selon l'évolution de la demande. Grâce à une politique expansive, la CFR prend des participations, conjointement ou non avec la CFP. Celles-ci sont prises dans un nombre important de sociétés ayant des activités pétrolières ou pétrochimiques très diverses : stockage souterrain, transport par pipeline, raffinage conjoint avec d'autres raffineurs, pétrochimie.

La politique de Mercier se trouve tout de même confrontée à la contestation des grands groupes français Saint-Gobain et Pechiney qui souhaitent intégrer leur industrie à l'industrie française du pétrole. Bien que le gouvernement donne son avis favorable à travers le Ministre du Commerce et de l'Industrie (Loucheur), la position de Mercier reste néanmoins ferme[4]. Les tentatives de Saint-Gobain en mai 1929 à intégrer la CFP[5], à travers sa filiale la Compagnie des Produits Chimiques et Raffineries de

1. Archives de la CFP, 92.10/ -1.
2. *Ibid.*
3. Comme, aux termes d'une disposition expresse de la loi de 1928, l'État ne peut prendre de participation dans une société de ce genre sans une autorisation spéciale des chambres (article 8).
4. Jean-Pierre Daviet, *Un destin international, la compagnie de Saint-Gobain de 1830 à 1939*, Editions des archives contemporaines, Paris, 1988, p. 521.
5. Les négociations sont engagées le 17 mai 1929 au niveau le plus élevé en présence de Loucheur, ministre de travail et Président du Conseil d'administration de l'ONCL, et pour les compagnies : Ernest Mercier, président de la CFP la CFP, et la délégation PCRB présidée par Robert Vogüe, président de la PCRB. Selon Jean-Pierre Daviet, *Un destin international, la compagnie de Saint-Gobain de 1830 à 1939, op. cit.*, p. 519.

Berre (PCRB), n'aboutissent pas à un accord satisfaisant[1]. Mercier propose en effet un partenariat offrant 75% à la CFR et 25% à PCRB au sein d'une filiale envisagée. La ratification d'une convention État-CFP, plus tard en 1931, rend caduc tout accord possible entre la CFP et Saint-Gobain. Les acquis des distributeurs et de l'État sont alors consolidés.

D'un autre côté, la CFR envisage dès 1929 à la construction de deux (ou même trois) usines[2]. Il est de toute évidence que ce n'est pas avec son capital initial de 100 millions de francs que la CFR pourra mener à bien tous ses projets. Il est donc prévu dès lors que le capital sera porté, à bref délai sans doute, à trois cent millions de francs et qu'il pourra atteindre cinq cent millions. Pour les débouchés, aux termes de ces dispositions, la CFR est autorisée par l'État à raffiner 25% des besoins des sociétés distributrices[3]. Dès lors, deux grandes raffineries seront mises en construction :

– L'une en Normandie à Gonfreville, aux environ du Havre, sur le canal de Tancarville, sera inaugurée en 1933 dont la capacité initiale de traitement est de 900.000 tonnes de brut ;

– L'autre sur l'étang de Berre, en Provence, commencera en 1934 et mise en route en juillet 1935.

Par ailleurs, les 10 millions souscrits par l'État par l'intermédiaire de l'ONCL lui seront rétrocédés par la CFP qui les prélèvera sur sa souscription[4]. Le premier Conseil d'administration reflète dans sa composition, comme ils est naturel, la composition même du capital. Le président est Ernest Mercier, président de la CFP, l'administrateur délégué est Louis Tronchère. Les administrateurs sont Robert Cayrol (vice-président), Paul Desmarais, Henri Desprez, Paul-Emile Javary, Jules Meny, Alexandre Palliez, André Pellissier et André Risler. Maurice Mercier est secrétaire du Conseil d'administration. La présence de deux personnalités de Desmarais Frères au sein du conseil de la CFR offre une opportunité de proximité. C'est ce qui explique un fort degré d'influence de Desmarais Frères s'agissant des nouvelles orientations à venir.

C'est grâce à ce double intérêt (raffinage et distribution) que la part de certains distributeurs français dont Desmarais Frères se trouve augmentée dans la construction de la CFR au regard des parts des banques associés à la CFP. Desmarais Frères bénéficie déjà de rapports privilégiés avec la CFP. A partir de 1er août 1926 et dans la période transitoire qui s'écoulera

1. *Ibid.* Voir : p. 519-528.
2. Archives de la CFP, 92.10/ -1.
3. Compagnie Française des Pétroles, *Rapport du conseil d'administration*, Assemblée Générale Extraordinaire du 20 mars 1929. Archives de Total 82.8/553.
4. Archives Desmarais Frères, CAMT, 130 AQ 1.

entre l'attribution des autorisations spéciales d'importation de brut et le plein rendement des usines de la CFP, « la société Desmarais Frères sera autorisée à se faire attribuer par le Gouvernement Français les majorations d'importation directe de l'étranger qui lui seront nécessaires pour couvrir les insuffisances momentanées de la CFR »[1].

2.1.3. Affirmation de Desmarais Frères au sein de l'industrie pétrolière française

Face à l'augmentation du volume d'activité de la CFP et de son capital, Desmarais Frères joue la carte de la distribution et négocie sa part de marché en renonçant au raffinage.

2.1.3.1. A la recherche d'un accord avec la CFP-CFR sur le raffinage : vers une intégration verticale

En effet, certains importateurs, dénommés adhérents, prennent l'engagement d'acheter à la CFR (à part une marge de 20% réservée à l'importation) la totalité des produits contingentés du pétrole qu'ils auraient le droit de mettre à la consommation. D'autre part, aux termes d'une convention passée le 19 mars 1929 entre l'État et la CFR, les titulaires d'autorisations d'importation devraient être astreints à s'approvisionner auprès de la CFR en produits contingentés du pétrole, à concurrence de 25% de leurs mises à la consommation. C'est dans ces conditions qu'il a été signé, le 1er août 1929, une convention entre la CFR et Desmarais Frères, accord qui découle de la convention du 19 mars 1929 entre l'État et la CFP.

Selon cette convention, Desmarais Frères prend l'engagement, vis-à-vis de la CFR, de lui acheter chaque année, quand la CFR sera en mesure d'en effectuer la livraison, la totalité des produits finis du pétrole correspondant à leur part de distribution sur le marché. Les fuel-oils, les road-oils, les asphaltes, les brais, les cokes de pétroles ne sont pas compris dans la convention. La société Desmarais Frères, elle, « s'engage en accord avec les stipulations des décrets lui attribuant les autorisations spéciales d'importation de produits finis et pour toute la durée de ces autorisations, à réserver à la CFR l'exclusivité des achats à effectuer dans les raffineries françaises, en exécution de ces autorisations »[2].

Pour la plupart des autres raffineries, les liens qui unissent la raffinerie aux distributeurs qui ont fait leur déclaration de solidarité ne sont pas de simples contrats commerciaux. Elles ont plutôt pour base une communauté d'intérêts financiers qui créent une identité à peu près complète dans le

1. Archives de Total 82.5/13 : Article 7 de la convention de 1er août 1929.
2. Article 4 de la convention du 1er août 1929.

groupe. La Compagnie Desmarais Frères signe d'ailleurs un contrat d'exclusivité envers la CFR dans le cadre des contrats d'intérêt national[1] sans pour autant renoncer à son indépendance commerciale. Cette compagnie envisage en effet son développement en s'intégrant à la CFR. Elle cède une partie de son droit au raffinage pour avoir de plus larges droits dans la distribution. C'est ce que démontre une étude comparative faite par la compagnie se basant sur une vision qui cherche à réduire le coût de production des produits pétroliers. Cette étude se base sur des calculs comparatifs entre les parts de bénéfices pouvant être dégagés dans deux cas de figure : lorsque la CFR raffine à l'exclusivité des distributeurs (les adhérents de la CFR) et lorsque les distributeurs raffinent pour leur compte. En effet, sur la base des tonnages établis[2] d'après les mises à la consommation de 1929 majorées de 20% et des demandes nouvelles de gas-oil et d'huiles de graissage de Desmarais Frères et de Lille-Bonnière-Colombes, les raffineries auraient à livrer en produits pétroliers dans les deux cas :

– CFR (les raffineries de Normandie et de Provence), le total de : 1.929.000 Tonnes.

– Distributeurs raffinant pour leur propre compte, le total de : 971.000 Tonnes.

Sur les 971.000, les distributeurs pourraient avoir :

TABLEAU 2.1.6.

Les quantités raffinées dans les deux raffineries françaises ne faisant pas partie de la CFR (en 1930)

Une raffinerie au Havre	Une raffinerie à Saint Louis-du-Rhône
700.000 Tonnes (topping[1]-cracking[2]-huiles)	271.000 Tonnes (topping et cracking)

Source : Archives de Desmarais Frères 130 AQ 1

1. Archives 130 AQ 1 ; Archives Total.
2. Il faut tenir compte d'une réduction de 25 % qui tiennent compte des reprises obligatoires de la CFR.
3. Le topping est une distillation à la pression atmosphérique permettant d'obtenir un « naphta » et éventuellement du kérozène. On désigne aussi par topping une distillation à la pression atmosphérique rudimentaire permettant d'extraire du pétrole brut les fractions les plus légères essentiellement les essences et éventuellement le kérozène. Yves BARBIER, *Dictionnaire du pétrole*, Editions SCM, Paris, 1980, p. 181.
4. Le cracking (ou craquage) est, dans le raffinage du pétrole une opération de conversion. Les fractions obtenues par la première distillation ne correspondent pas aux produits utilisés. Il s'agit donc de modifier la structure et la masse moléculaire des hydrocarbures constituant ces fractions. Yves BARBIER, *Dictionnaire du pétrole*, *op. cit.*, p. 43.

Malgré que les investissements soient réduits pour les distributeurs par rapport aux devis de la CFR, car ils s'installent dans leurs entrepôts du Havre et de Saint Louis-du-Rhône, les calcules des bénéfices industriels montrent un avantage en faveur des sociétés raffinant auprès de la CFR :

TABLEAU 2.1.7.
Comparaison entre les bénéfices des distributeurs dans deux cas de figure (sommes en francs)

	CFR à l'exclusivité des distributeurs	**Les distributeurs raffinent**
Capital d'Établissement	567 000 000	234 000 000
Stocks et fonds de roulement	441 000 000	221 000 000
Total investi	1 008 000 000	455 000 000
Bénéfices		
Industriel		
Normandie	1 245 000 t. x 40 frs = 49 800 000	700 000 t. x 35 frs = 24 500 000
Provence	684 000 t. x 24 frs = 16 400 000	271 000 t. x 15 frs = 4 100 000
Total	68 200 000 (6%) 35%* = 23 170 000	28 600 000 (5,7%)
Protection douanière		
Normandie	1 245 000 t. x 72,5 frs = 90 262 500	700 000 t. x 72,5 frs = 50 750 000
Provence	684 000 t. x 60 frs = 41,040,000	271 000 t. x 60 frs = 16 100 000
Total	131 300 000 (11,8%) 35%* = 45 955 000	67 000 000 (15,4%)

Source: Archives de Desmarais Frères 130 AQ 1
**35% = 352 800 000 ; la part correspondant à la participation de l'État au capital de la compagnie.*

Comme montre le tableau ci-dessus, le bénéfice industriel (par tonne de brut traité) est plus faible dans le deuxième cas (5,7%). La raison est que les raffineries ont une moindre capacité, mais les opérations ont sensiblement la même rentabilité industrielle. D'autre part, la protection douanière est plus importante pour les distributeurs lorsqu'ils raffinent pour leur propre compte (15,4%), car la CFR absorbe une partie de la protection douanière du tonnage cédé aux distributeurs. Ainsi l'État peut favoriser le développement d'une seule grande compagnie de raffinage en lui intégrant l'amont, en capital, des plus grandes compagnies distributrices et leur aval dans la commercialisation, en encourageant le développement de leur distribution.

En économie industrielle, cela correspond au passage d'une analyse économique traditionnelle vers une analyse économique des coûts de transactions. En croisant la vision de John R. Commons qui fait de la transaction l'unité fondamentale de l'analyse économique[1], et celle de Alfred Chandler qui met en avant l'importance des innovations industrielles[2], Oliver Williamson souligne l'existence de formes intermédiaires. Cela conduit à l'analyse de contrats semblables à ceux entre la CFR et son partenaire principal Desmarais Frères et construit une théorie générale du choix des « arrangements institutionnels » ou gouvernance structures selon sa propre terminologie. Sur cette base, on peut mettre en rapport caractéristiques des transactions et formes institutionnelles, conçues comme des systèmes de contrats, selon un principe de diminution des coûts de transaction[3].

Cette forme d'intégration verticale devrait leur (la distribution et le raffinage) offrir un avantage concurrentiel dans la mesure où les procédés et la coordination administrative sont maîtrisés. En fait, la structure actuelle, basée sur une coordination ou même une « quasi-fusion » ne permet pas une unité parfaite de commandement, mais elle offre une forme d'unité stratégique. L'échec de certaines entreprises cherchant à développer une activité de raffinage distincte corrobore ce fait. On peut citer ici le cas de Saint-Gobain[4]. En effet, la nouvelle structure résulte d'un arrangement institutionnel qui minimise le coût (coût de transaction et coût de production) tel que le suggère Williamson[5]. Cependant, cette intégration verticale passe par la recherche du pouvoir pour le concentrer dans les mains de l'État. C'est ce qui s'oppose pour-

1. J. R. Commons, *Institution. Its place in Political Economy*, Madison: University of Wisconsin Press, 1934.
2. Alfred D. Chandler, « Organisational Capabilities and the Economic History of the Industrial Enterprise », *Journal of Economic Perspectives*, vol. 6, n°3, 1992.
3. Oliver E. Williamson, « The logic of Economic Organisation » in O. E. Williamson and S. G. Winter (ed.), *The Nature of the Firm*, Oxford, 1991.
4. Cf. Jean Pierre Daviet, *Un destin international : la Compagnie de Saint-Gobain 1830-1939*, Editions des archives contemporaines, Paris, 1988. p. 510-535.
5. Oliver E. Williamson, « The logic of Economic Organisation » in *Journal of Law, Economics and Organisation*, 4, 1988. p. 65-117.

tant à la vision de Williamson et de Ouchi[1]. Cette situation n'est-elle pas paradoxale ? En fait non, car l'on est dans le cadre d'une économie mixte. L'approche de l'État est à la fois contractuelle et dynamique. Il s'agit d'une politique de coopération (et non d'absorption).

C'est ainsi que Desmarais Frères signe la convention du 1er août 1929 qui l'engage vis-à-vis de la CFR de « lui acheter chaque année quand la dite CFR sera en mesure d'en effectuer la livraison et dans les conditions spécifiées à la présente convention, la totalité des produits finis du pétrole (définis à l'article 2), correspondant à la part de distribution que la Société Desmarais Frères pourra légalement demander aux raffineries établies en France »[2]. Les seuls produits pétroliers exclus de la convention sont : les fuels oils, les roads oils, les asphaltes, les brais et les cokes de pétrole. La CFR se réserve explicitement leur fourniture aux services de l'État. La société Desmarais Frères pourra toutefois obtenir de la CFR, par priorité par rapport à des tiers, à des prix égaux, dans des conditions égales, la fournitures des quantités de ces produits dont elle aurait l'écoulement dans le commerce. Les produits visés sont :

– Les essences de pétrole de qualités diverses,
– Les huiles minérales raffinées,
– Les gas-oils,
– Les fuels domestiques,
– Les fuels légers,
– Les fuels lourds de qualités diverses,
– Les huiles de graissage de base nécessaires pour l'exercice de leur commerce,
– Le butane, le propane et les gaz comprimés.

En revanche, la CFR s'engage, pendant la durée de la convention (soit 20 ans), à ne pas vendre en France métropolitaine de produits finis des catégories, énumérées ci-dessus, sans l'autorisation préalable de la société Desmarais Frères[3]. Sont exclus les fournitures aux titulaires d'autorisations spéciales d'importation, à concurrence de 25% de leur capacité de distribution. Dans les régions de la France qui ne seraient pas desservies par les usines de la CFR, la société Desmarais Frères utilisera pour son ravitaillement la partie des autorisations spéciales

1. Oliver E. Williamson, *Market and Hierarchies: Analysis and antitrust Implications*, Free Press, New York, 1975; William G. Ouchi, "Markets, Bureaucracies, and clans", *Administrative Science Quarterly*, n°25, p. 129-141.
2. Extrait de l'article 1 de la convention du 1er août 1929.
3. Selon l'article 5 de la convention du 1er août 1929.

d'importation qu'elle est dans l'obligation de recevoir directement de l'étranger. Pour le surplus, s'il en est, la CFR sera tenue soit :

– de procurer à la société Desmarais Frères aux points de ravitaillement prévus pour la totalité des régions ou zones[1] de la métropole française,

– par échange avec d'autres sociétés de raffinage,

– par transport à ses propres raffineries, les produits finis dont Desmarais Frères aura l'écoulement dans ces régions,

– d'autoriser par accord spécial dans chaque cas la société Desmarais Frères à se les procurer directement à d'autres raffineries.

L'entente vise à créer une complémentarité entre Desmarais Frères et la CFR. Dans cette complémentarité, on trouve d'abord, une validation du point de vue du distributeur privé exprimé à la veille de la création de CFP en 1923 par le directeur Robert Cayrol, celle qui consiste à sauvegarder les intérêts des distributeurs privés français. On y trouve, ensuite, une idée de contrôle du marché par le pétrole français raffiné par le CFR. Du fait de cette coopération, la compagnie Desmarais Frères se trouve propulsée au troisième rang de la distribution pétrolière en France (14%) derrière l'Economique (filiale de la Standard Oil, 17%) et Jupiter (filiale de la Shell, 16%)[2]. En France comme en Europe, de différentes formes de coopération portent encore leur fruit. Dans le secteur de la chimie, la Société de l'Azote a pu surmonter les effets de la crise de 1929 grâce à une formule banque/industrie et à son association au groupe allemand IG Farben. Mieux encore, le cartel qui regroupe IG Farben, le britannique ICI et Norsk Hydro réussi à maintenir une situation viable jusqu'en 1935, date d'une convention internationale sur l'Azote[3].

D'autre part, l'entente entre la CFP et l'État n'a pas été sans difficulté[4], mais elle a le mérite de défendre les intérêts français sur le plan international. Cette entente est d'autant plus utile quand il s'agit de questions fiscales, jouant en faveur de la Compagnie à long terme. A

1. – Zone d'action de la mer du Nord
   – Zone d'action de la Basse Seine
   – Zone d'action de l'Atlantique
   – Zone d'action de la Méditerranée
   – Zone d'action d'Alsace et de Lorraine
2. Edgar Faure, *Le pétrole dans la paix et dans la guerre*, Editions de la Nouvelle Revue Critique, Paris, 1939.
3. Bertrand de Lafargue, « Un exemple de partenariat industriel franco-allemand au sein d'une entreprise internationale : Norsk Hydro, 1905-1945 », in *Entreprise et Histoire*, n° 8, juin 1995, p. 51-61.
4. Emmanuel Catta, *Victor de Metz : de la CFP au groupe Total, op. cit.*, p. 242-264.

partir de 1924 la CFP gère la part française (23,75%) de l'IPC. Mais les risques courus dans l'activité d'exploration et de production à l'étranger sont très élevés. L'avantage en économies d'échelle dont bénéficient les compagnies américaines et britanniques place la concurrence à son plus haut niveau. La vente du brut de la CFP ne doit pas être assujettie au système d'imposition sur les bénéfices du droit commun, alors que les compagnies pétrolières internationales concurrentes jouissaient de régimes plus favorables. La prise de conscience du réel danger de la concurrence se traduit justement par la loi de mars 1928 favorisant le raffinage français.

2.1.3.2. Une coopération technique production/distribution : une intégration horizontale

La coopération entre Desmarais Frères et la CFR dépasse le cadre de l'arrangement institutionnel par le biais des conventions. Elle est aussi technique dès qu'il s'agit de l'écoulement de certains produits spéciaux, notamment celui du carburant alcoolisé. En fait, une très grande marge de manœuvre est laissée à l'entreprise Desmarais Frères pour pouvoir raffiner puis écouler le pétrole importé (roumain d'abord et mésopotamien ensuite), mais quelques contraintes s'imposent alors[1]. Il faut surtout s'adapter aux contraintes de la politique énergétique de l'État, celles qui résultent de la naissance de nouvelles contraintes techniques en relation avec le type de produit pétrolier à utiliser. En effet, sous la pression d'un lobby d'agriculteurs et l'initiative d'un député de l'Hérault, une loi est votée, le 28 février 1923, imposant aux sociétés de distribution de pétrole la reprise d'un contingent d'alcool équivalent à 10% de leurs importations d'essence[2].

De nouveau le raffinage et la distribution doivent faire preuve de complémentarité et d'adaptation pour répondre aux exigences de l'État. Dès les débuts de la CFP, l'État oblige les distributeurs de prendre en charge la vente de qualités de plus en plus importantes de produits pétroliers alcoolisés. La contrainte est si pesante qu'on a mis dix ans à trouver l'équilibre qui permet à parvenir à un mélange donnant satisfaction techniquement à l'usager et qui fournit également le moyen d'écouler les quantités prévues. Pendant cette période, le Service des Alcools n'avait pu livrer qu'une proportion d'alcool atteignant 2 à 3%

1. Archives de Desmarais Frères, 130 AQ 7.
2. « Note précisant les conditions dans lesquelles a pu être réalisé l'écoulement de l'alcool à la distribution », 24 février 1934, Archives Desmarais Frères, 130 AQ 7.

des importations d'essence qui était loin du maximum de 10% fixé par la loi de 1923.

De 1923 à 1929, la production d'alcool a oscillé entre 1.000.000 et 1.200.000 hectolitres. La coopération entre Desmarais Frères et la CFR dès 1929, modifie la tendance (au profit des agriculteurs). La production d'alcool augmente. Elle est de 1.700.000 hectolitres en 1930 et 2.400.000 hectolitres en 1931. La question de l'Essence de Tourisme/Alcoolisée (T/A) était « un fiasco technique »[1] au départ, selon les propres mots de Marcel Jacta, directeur technique à la consommation puis directeur de l'Exploitation. Mais les essais poussés à l'extrême aboutissent à un taux d'incorporation d'alcool d'environ 25% dès 1931. C'est alors que les Pouvoirs Publics décident la création d'un carburant « tourisme », alcoolisé à 10% qui devrait être vendu simultanément (et sans discrimination) avec le carburant tourisme non-alcoolisé[2]. L'intégration stratégique et financière d'une part, et la coopération technique de l'autre, résultent du prolongement d'une vision plus large de l'intégration.

2.2. Renforcement de l'influence de l'État au sein de la CFP : l'émergence d'une économie mixte

Parallèlement à la mise en place d'instruments juridiques à la base de la restructuration industrielle[3], l'État renforce son influence au sein de la CFP (voir tableau 4). Le 19 mars 1929, une nouvelle convention autorise l'État à souscrire au pair 35% du capital de la CFP, sous forme d'actions B (à une voix) et d'actions A (à vingt voix), de telle sorte qu'il soit assuré d'un droit de vote égal à 40% du nombre total des voix[4]. Cette convention est ratifiée par le Sénat et la Chambre des députés en 1930. Cette même année, le capital de la CFP est porté de 150 à 200 millions de francs. L'État devient alors le plus gros actionnaire, suivi par le groupe Paribas et Desmarais Frères.

1. Marcel Jacta, « de l'Alcool à l' « Azur » », in Henri Menjaud, *Desmarais Frères... op. cit.*
2. Voir : Chapitre 5.
3. Georges de Gasquet, *L'industrie française de raffinage du pétrole, évolution et structure*, Thèse, Université d'Aix-en-Provence, 1957.
4. Archives de la CFP à Total 92AA091/73.

TABLEAU 2.1.8.
Apports des actionnaires à la CFP de 1924 à 1931

	Montants en 1 000 Flc*	en 1 000 F75*
1924 Souscription de capital initial 50 000 actions à 500 (5 F)	250	32 250
1926 Augmentation de capital 50 000 actions au pair	250	22 775
1927 Augmentation de capital 1 pour 2 50 000 actions au pair	250	21 950
1928 Augmentation de capital 1 pour 1 150 000 actions avec prime de 10%	825	72 435
Totaux	1.575	149.410
1930 Augmentation de capital 100 000 actions (1 pour 3) avec prime de 10% +10 400 actions avec prime de 40%	622.8	50.945
1931 Souscription de l'État 220 985 actions au pair	1 104,9	94.690

Source : Archives de Total : 82.5/16
*1 Flc = (1 franc lourd) ; F75 = Francs de 1975.

En 1931, la souscription de l'État dans le capital de la CFP passe à 35% avec 45% des parts des votes. Les statuts de la CFP sont modifiés de manière à permettre à l'État de désigner au sein du conseil d'Administration un nombre d'administrateurs égal au quart du nombre total des administrateurs en exercice. Ainsi, deux commissaires le représentent au Conseil de la Compagnie. C'est ce qui met définitivement le sort de la CFP entre les mains de l'État. Toutefois, malgré l'établissement de ces liens avec l'État, la CFP reste une société de droit privé, dont la majorité des actions sont cessibles et dont la gestion ne dépend pas de l'administration[1]. C'est ce qui laisse une grande marge d'initiatives privée dans une logique de marché. D'ailleurs, c'est dans cette marge que se joue l'avenir des entreprises partenaires de la CFP.

1. Archives de Total 92AA091/73.

Pour résumer, le nouveau système constitue une véritable métamorphose. Passant d'une « logique de cartel » d'abord et d'une « logique de consortium » ensuite, on aboutit enfin à une forme de coordination plus poussée sous l'effet du rôle moteur joué par l'État. De plus, son rôle passe d'un simple coordinateur à un véritable acteur économique. En d'autres termes, il s'agit d'un passage de la notion de convention[1] à une notion d'économie mixte. Cette implication directe est liée à deux raisons principales. D'abord, parce que l'économie mixte a pour rôle de compenser « l'inaptitude du marché à trouver par lui-même les ajustements qu'exige la satisfaction des besoins de la collectivité »[2]. Ensuite, parce que, pour la France, ce type d'économie est strictement lié d'une part à la confiscation des actifs allemands à la suite du Traité de Versailles, de l'autre à la dépendance des entreprises privées par rapport à la défense nationale et à l'économie nationale.

GRAPHIQUE 2.1.1

Évolution de l'intervention de l'État français depuis la Première Guerre mondiale

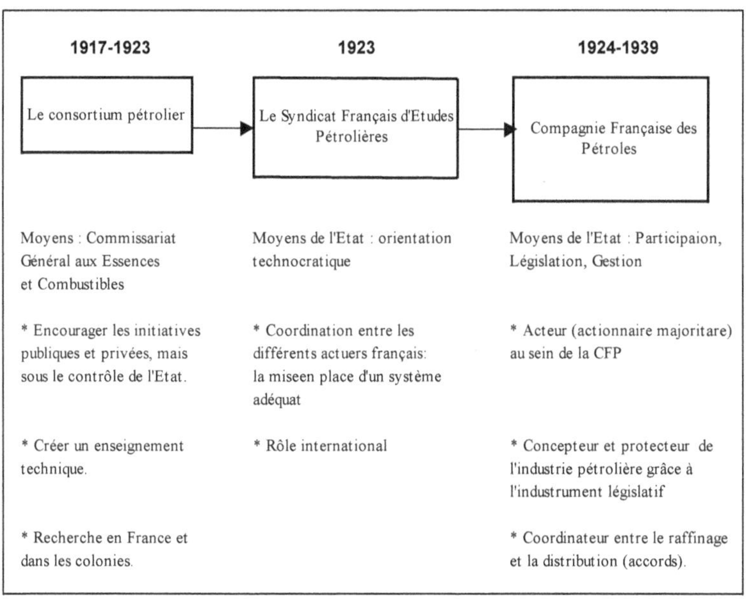

1. Les auteurs de « l'économie de convention » précisent qu'ils ont en commun l'hypothèse selon laquelle « l'accord entre les individus, même lorsqu'il se limite au contrat d'un échange marchand, n'est possible que dans le cadre commun, sans une convention constitutive ». Cf. « L'économie de conventions », *Revue Economique* de mars 1989, p. 182.
2. Jean KERNINON, *Les cadres juridiques de l'économie mixte*, Librairie générale de droit et de jurisprudence, Paris, 1991, p. 10.

Conclusion

Le développement accéléré de l'entreprise « intégrée » du type de la CFP est rendu possible grâce à l'économie mixte à la française. Ce type d'économie pousse la coopération entre la CFP et d'autres entreprises à un stade qu'on peut qualifier de «quasi-fusion ». La société ainsi créée n'est que le produit d'un système plus sophistiqué de droit de propriété privé permettant, par le support de la législation, d'atteindre l'efficience la plus grande. Cela rejoint en partie la réflexion d'Alchian et Demsetz. Elle s'inscrit dans le cadre de la théorie des droits de propriété, dans la mesure où la firme est une forme d'organisation efficiente de la production en équipe[1]. Pour garantir la coopération efficace des agents (les différentes entreprises privées pour notre cas), il faut qu'un agent (l'État français), le « moniteur » selon Alchian et Demsetz, se spécialise dans le contrôle des performances des membres de l'équipe. Cet agent doit bénéficier d'un statut supérieur aux autres agents. Il doit aussi s'appuyer sur une structure contractuelle et une structure de droits de propriété originale.

Sur le marché français, le développement est spectaculaire. Les acteurs français, à savoir la CFP, l'État et Desmarais Frères (celle-ci à la tête des compagnies privées), adoptent un arrangement contractuel qui tire parti des opportunités offertes par la loi de 1928. Leur vision est un contingentement d'un type nouveau jusqu'alors. Cette vision épouse celle des théoriciens néo-institutionnalistes[2] qui mettent en avant le critère de l'efficience. De même que l'arrangement de 1929 entre Desmarais Frères et la CFP, leur démarche se veut à la fois positive et normative ; elle est positive dans la mesure où elle voit dans le partage marché-organisations tel qu'il est le résultat d'un processus historique de minimisation des coûts de transaction ; mais elle est aussi normative dans la mesure où elle se propose de trouver les formes d'organisation qui lui semblent les plus efficientes. La concentration du raffinage au sein d'une seule organisation (CFR) et la spécialisation dans la distribution (pour Desmarais Frères) constitue bien entendu, une démarche normative bien que non définitive.

---

1. Armen A. Alchian et Harold Demsetz, "Production, Information costs, and Economic Organisation", *American Economic Review*, n° 62, 1972, p. 777-795.
2. Le néo-institutionnalisme ou théorie des organisations est un courant de pensée apparu au milieu des années soixante-dix ; son représentant le plus connu est Oliver Williamson. Voir notamment ses deux ouvrages: *Markets and Hierarchies*, Free Press, 1975 et *The Economic Insitutions of Capitalism*, Free Press, 1985.

Ce développement, assez spectaculaire pour une compagnie naissante, a le mérite de fournir la démonstration éclatante que, dans certains cas, la mise en place d'une structure internationale dans le cadre d'une économie mixte devient une nécessité absolue. La spécificité du cas de la CFP est qu'il appartient au domaine de l'économie mixte et au secteur pétrolier à la fois. Cela tend à nourrir le débat sur la théorie de l'entreprise, de façon générale, et, de façon plus précise les différentes structures possibles à adopter par la grande entreprise moderne naissantes. Cela est d'autant plus vrai dès qu'il s'agit du phénomène de l'importation des modes d'organisation américains adaptés tels quels, conceptions et éthiques comprises.

Toutefois, si aux États-Unis les étapes du développement structurel, industrie pétrolière comprise, sont franchies dès le début du XXe siècle[1], il en est pas de même ailleurs. Mais la remise à niveau nécessite des adaptations du type de la CFP. La théorie chandlerienne, issue de ce développement extraordinaire, se nourrit de l'histoire de l'entreprise, de l'éthique et des usages américains[2]. Or, en France la situation de l'industrie pétrolière et la spécificité de l'entreprise française, à l'époque de la formation d'une grande structure concurrentielle, exigent des approches nouvelles. Ils laissent place aux partenariats et aux arrangements institutionnels plutôt qu'aux fusions par absorption. De ce fait, la CFP des débuts des années 1930 n'a pas le style des grosses structures intégrées à l'américaine, celles dont Chandler analyse la mise en place inéluctable. Cependant, la forme de la CFP s'inspire du modèle américain et de ces structures (un pouvoir de négociation important, des économies d'échelle). En revanche, grâce à son actionnariat, elle bénéficie également des avantages des petites structures familiales nationales. La survie de Desmarais Frères en tant qu'entreprise familiale et paternaliste jusqu'en 1965 en est une preuve irréfutable[3].

Désormais, le développement de l'industrie pétrolière repose effectivement sur deux principes : le contingentement des importations et la

1. Alfred D. Chandler, Jr., *La main visible des managers, une analyse historique*, Paris, Economica, 1988. Voir aussi : Laurence Capron, « Les vagues de fusions et acquisitions aux États-Unis : 1887/1904, 1916/1929, 1950/1970 », in *Entreprises et Histoire*, n° 10, 1995, p. 21-46.
2. L'éthique ici est synonyme de la logique d'action ou le mécanisme de la logique dominante en matière de comportement dans les affaires.
3. Voir : Mohamed Sassi, « Desmarais Frères : A French Paternalistic Model », in Andrea Lorenz-Wende, Suzanna Fellman, Riita Hjerppe, *Companies-Owners-Employees*, EBHA 2002 proceedings, University of Helsinki Department of Social Science History, Première version disponible sur le WEB : http://www.valt.helsinki.fi/yhis/ebha2002/papers/**sassi**.pdf

protection du raffinage[1]. En 1932, Guillaume de Labarrière, docteur en droit et diplômé de l'Ecole Nationale Supérieure du Pétrole, souligne que, malgré ses huit années d'existence, la CFP n'est qu'au commencement de son développement. Créée pour répondre à un besoin de la politique économique française, elle rencontre de nombreuses difficultés à ses débuts. Le fait qu'elle ait réussi à les surmonter prouve sa vitalité[2].

Il reste à souligner le rôle des hommes, à commencer par ceux qui ont fait le démarrage fort d'une véritable politique française de pétrole. Ce rôle peut être mesuré à grande échelle, celle de l'économie nationale parfois. C'est le cas pour Ernest Mercier, initiateur et négociateur du rôle de l'État au sein d'une grande entreprise nationale. Richard Kuisel indique, dès la préface de son ouvrage, la raison pour laquelle il a entrepris la biographie d'Ernest Mercier :

> « La majorité des hommes d'affaires français, pendant la période d'entre les deux guerres, considéraient la politique, les affaires étrangères, les problèmes sociaux et l'économie politique avec une certaine appréhension et hésitaient à faire passer leurs propres opinions dans des actes. Cependant, quelques uns ne partageaient pas cette réticence et exprimaient ouvertement leurs vues sur ces sujets : certains patrons, même, faisaient activement campagne pour une réforme nationale : un des hommes d'affaires était Ernest Mercier (1878-1951) qui chercha à réformer non seulement les attitudes et les usages en cours dans le milieu des affaires, mais l'entière structure économique et politique de la France »[3].

En effet, il met bien en lumière le profil et la personnalité de Mercier, procédant peut-être d'une conception saint-simonienne[4], se cherchant de façon systématique l'expansion économique, l'utilisation scientifique des ressources, et une organisation économique à l'échelon national dirigée par des techniciens, misant avant tout sur leur compétence... Mercier est bien un « French Technocrat ».

1. Cf. Edgar Faure, *Le pétrole dans la paix et dans la guerre*, *op. cit.*, p. 91.
2. Guillaume De Labarrière, *Un instrument de politique économique nationale. Les sociétés de Pétrole à participation de l'État dans divers pays, la Compagnie Française des Pétroles*, Sirey, Paris, 1931.
3. Richard F. Kuisel, *Ernest Mercier, French technocrat*, *op. cit.*, p. 4.
4. Philippe Régnier (dir.), *Études saint-simoniennes*, Lyon, Presses universitaires de Lyon, 2002 ; Antoine Picon, *Les Saint-Simoniens. Raison, imaginaire et utopie*, Paris, Belin, 2002.

CHAPITRE 4

Les Années 1930 : la première période d'expansion

Introduction

L'un des grands paradoxes de l'entre-deux-guerres réside dans l'essor de l'industrie pétrolière durant les années 1930 et, ce, malgré les incertitudes. Si ces années représentent une période de crise française et mondiale, « les multinationales poursuivent leur essor... malgré les crises et le ralentissement des échanges... et le mouvement de création de filiales étrangères par des entreprises de toute taille s'accélère »[1]. La cause principale de la stagnation de l'économie française au cours des années 1930-1939 est vraisemblablement le refus de la France de pratiquer, en temps opportun, la politique monétaire imposée par l'évolution de la conjoncture internationale[2].

Dans cette période de stagnation[3], le pétrole devient l'une des seules cartes gagnantes dans la main du gouvernement. Les pouvoirs publics, ayant rejeté la dévaluation du franc, ne peuvent dès lors refuser de mettre l'économie nationale à l'abri des licences et des contingentements[4]. La politique de l'État tend alors vers plus de contrôle des secteurs énergétiques. Le pétrole apparaît donc comme l'une des opportunités qui émergent en périodes de crise. La réaction se manifeste notamment à travers l'ensemble des conventions du 30 juillet 1931 entre l'État et la CFP[5], mais aussi à

1. François Caron, *Les deux révolutions industrielles du XXe siècle*, Albin Michel, Paris, 1997, p. 171-172.
2. Alain Beltran, Pascal Griset, *L'économie française 1914-1945*, Armand Colin, Paris, 1994, p. 127-128.
3. François Caron, *Histoire économique de la France XIXe-XXe siècle*, Armand Colin, 1981, p. 193-198.
4. C. Rist et G. Pirou, *De la France d'avant guerre à la France d'aujourd'hui : vingt-cinq ans d'évolution de la structure économique et sociale française*, Sirey, Paris, 1939.
5. La loi portant ratification fait passer de 25 à 35% la participation de l'État au capital de la société, et la représentation aux assemblées de 35 à 40%. Voir : Chapitre 4.

travers un ensemble de mesures d'accompagnement qui tendent vers une réglementation presque totale du secteur pétrolier[1].

Le développement de la CFP a pour base celui de sa part de pétrole brut dans l'Irak Petroleum Company (IPC). Cette part est loin de suffire aux besoins de la consommation française. La compagnie a donc devant elle une large marge d'écoulement, sans qu'il se pose encore pour elle le problème de la commercialisation. Le point fort de la CFP demeure, cependant, le rapport de force favorable face aux pays producteurs au Moyen-Orient. Cela est grâce aux pressions et les accords secrets des trusts. L'accord d'Achnacarry en 1928, en particulier, s'efforce de limiter les effets de concurrence au niveau des prix des produits pétroliers[2]. Le chemin de la CFP n'est, cependant, pas sans difficultés. La Compagnie ne dispose d'une production pétrolière qu'à travers l'IPC. Comme il est naturel, son point de vue sur l'exploitation, sur le programme d'extension, n'est pas toujours le même que ceux de ces partenaires. Le programme semble très ambitieux. Le monopole d'État, étant limité à l'importation, est estimé en 1933 à 1.200 millions de francs de mise de fonds, plus les indemnités. L'État envisage alors de créer 100.000 fonctionnaires nouveaux[3]. Le président Ernest Mercier constitue autour de lui une équipe d'hommes de terrain et d'ingénieurs, en particulier Robert Cayrol et Jules Mény, l'un vice-président, l'autre administrateur délégué de la Compagnie.

Dans une première partie, ce chapitre présentera donc les différents axes de développement de la CFP en mettant en valeur sa stratégie et le rôle de l'État. La deuxième partie de ce chapitre se consacre à démontrer comment se développe en France un grand réseau de distribution pétrolière à travers Desmarais Frères. Afin de mieux saisir la démarche de la compagnie dans son contexte, il convient de s'appuyer sur un fond théorique.

1/ Le développement du raffinage français de 1931 à 1939 : vers un holding international

Cette période est dominée par l'augmentation croissante de la CFP, de ses approvisionnements en provenance de l'Irak, avec pour corollaires l'augmentation de sa flotte et le développement des usines créées par la CFR. La politique de la CFP est principalement axée sur les buts suivants :

1. Archives économiques et financières, B-0059707 et B-0059721.
2. Takashi Hotta, *L'industrie du Pétrole en France des origines à 1934, L'État et les entreprises pétrolières*, Thèse de doctorat, Université de Paris X, 1990, p. 12-13.
3. Archives économiques et financières, B 59707/1 : « Extrait des délibérations de la Chambre de Commerce de Nimes, séance du 4 octobre 1933 ».

– Rémunérer correctement ses actionnaires
– Au Moyen-Orient développer au maximum les possibilités ouvertes par l'accord de 1928 concernant les droits prioritaires réservés aux actionnaires de l'IPC à l'intérieur de la « ligne rouge ».
– Développer son implantation industrielle en France.
– Rechercher dans les colonies françaises et ailleurs d'autres possibilités de production.

C'est autour de ces axes que se déroule toute action de la CFP. Mais, du contrôle des sources de production que dépendra le développement du raffinage. L'expansion du marché reste, cependant, liée à la demande sur le marché français.

1.1. Le développement de la consommation

Pour la satisfaction de ses besoins pétroliers, la France optimise ses ressources pétrolières. De cette optimisation dépend le développement d'un raffinage français.

1.1.1. L'essor de la consommation pousse à l'expansion de l'IPC

L'évolution de la consommation française se fait selon le développement des besoins internes, mais aussi selon l'évolution de la conjoncture internationale. La production mondiale de pétrole a suivi une courbe ascendante au cous de la période de l'après guerre, atteignant en 1929 un maximum de 203.381.800 tonnes[1]. La consommation mondiale des produits pétroliers n'a pas cessé de croître depuis le début du XXe siècle. Elle commence à baisser à partir de 1930[2]. Les quatre principaux pays consommateurs de pétrole dans le monde à cette époque sont les États-Unis, la Russie, l'Angleterre et la France. Les États-Unis et la Russie étant eux mêmes producteurs n'ont pas à se préoccuper, jusqu'à nouvel ordre, de leur propre approvisionnement. L'Angleterre n'est pas productrice de pétrole, mais elle s'est assurée le contrôle des gisements persans, dont la production, au cours des années 1920[3]. Ces gisements lui ont permis de satisfaire à environ deux tiers de sa consommation. Pour la France, l'accélération de l'exploitation des pétroles de l'IPC s'annonce imminente.

1. C. Osiceanu, *Le combustible liquide mondial,* Institut Roumain du Pétrole, Bucarest, 1936, p. 17.
2. Grégory Thomas, *Le régime juridique du pétrole en France. L'Office National des Combustibles Liquides,* Thèse, Paris, 1934, p. 210.
3. Archives Total, 89.14/18.

Avant l'entrée en activité de la CFP, la situation de la France était beaucoup moins favorable. Malgré les recherches effectuées depuis la guerre, tant sur le territoire métropolitain qu'aux colonies, la production du pétrole brut était très limitée. Cette production ne représentait qu'une proportion très minime en regard des nécessités de la consommation. Les importations françaises sont presque stables dans la première moitié des années 1920. Ce n'est qu'à partir de 1927 que le rythme commence à vraiment s'accélérer :

TABLEAU 2.2.1.
Importations françaises totales de 1925 à 1931

Années	Importations en tonnes
1925	1.962.600
1926	2.046.473
1927	2.189.073
1928	2.621.634
1929	3.028.057
1930	3.549.092
1931	4.122.747

Source : *Vie Financière* du 8 février 1932

Dans la deuxième moitié des années 1930, le monde subit encore les effets de la crise de 1929. La consommation française est de 2 millions de tonnes en 1928 et de 4 millions tonnes en 1934[1]. Elle s'élève rapidement à 8 millions de tonnes en 1939[2]. Cependant, le développement de cette production se fait au bénéfice des actifs de l'IPC. La CFP semble donner une vigoureuse impulsion au développement de l'IPC dont elle tire la plus grande part de sa production annuelle dès 1935[3].

1.1.2. La CFP gère sa part dans l'IPC, à laquelle son histoire est intimement liée

Dès les années 1920, les relations avec les gouvernements au Proche-Orient sont particulièrement faciles. Même en Irak, reconnu souverain en 1932, l'influence des puissances occidentales demeure prépondérante. Dès le courant de 1931 et sans attendre la ratification finale des

1. Takashi HOTTA, *L'industrie du Pétrole en France des origines à 1934, L'État et les entreprises pétrolières, op. cit.*, graphique p. 327.
2. Archives Total, 92AA091/73.
3. Archives Total, 89.14/18.

conventions, tant de celle de l'IPC que celle de la CFP, des mesures sont prises pour procéder à l'exploitation industrielle des pétroles découverts dans la région de Kirkouk, où 31 puits productifs ont déjà été forés et nécessitaient la mise en place de moyens d'évacuation[1].

L'accord de 1928 est un bon instrument pour la CFP. En effet, une de ses clauses stipule que les participants de l'IPC s'interdisent de se concurrencer dans la région correspondant à la quasi-totalité des provinces méridionales de l'ex-empire ottoman[2]. Tout avantage acquis par l'un des Groupes doit être obligatoirement offert aux autres Groupes, de façon à respecter le principe de « basic proportions »[3]. Cela revient en effet à donner l'association de production que constitue l'IPC comme cadre à toutes les opérations pétrolières qui sont menées dans la région. Les dirigeants de la CFP poussent donc l'IPC à augmenter son domaine minier[4].

L'IPC se tourne, dès 1933[5], vers l'Ile arabique, où les américains sont déjà concessionnaires, et entreprend des recherches systématiques en Arabie Saoudite et dans les autres régions. L'IPC met alors en place les structures nécessaires à l'exploitation des nouvelles concessions. Un seul pays, le Yémen, est provisoirement négligé en raison de conditions politiques défavorables. C'est ainsi qu'est obtenue en 1935 la concession de l'Emirat de Qatar, en 1936, celle de Mossoul (Mossul Petroleum Company), en 1938, celle de Bossorah (Basrah Petroleum Company)[6]. D'autre part, l'anticlinal de Kirkuk, lieu de la première découverte, se révèle capable de produire beaucoup plus que les quatre millions de tonnes correspondant aux possibilités de transport des deux lignes de 16" posées de 1931 à 1933. C'est alors que le capital de la CFP est porté à 250 millions de francs, par décision du conseil d'Administration du 24 octobre 1933[7]. Mais la décision de construire une nouvelle conduite d'un diamètre de 16" n'est acquise qu'en 1938.

L'IPC obtient également une nouvelle concession en Irak à Bossorah, qui couvre toute la partie du territoire irakien non encore concédé. Aux termes de l'attribution de celle-ci, le gouvernement irakien reçoit en nature (ou en contre valeur) 20% du pétrole produit. Cette dispo-

1. Archives Total, 92 AA 091/73.
2. Archives économiques et financières, B 32 310.
3. Edward Peter Fitzgerald, "Business Diplomacy: Walter Teagle, Jersey Standard, and Anglo-French Pipeline Conflict in the Middle East, 1930-1931", in *International History Review* 67, Harvard College, Eté 1993, p. 207-245.
4. Archives Total, 00 AH 001 : dossier 128.
5. *Revue d'Economie Politique* de 1934, article « le pétrole en 1933 », p. 795-811.
6. *Ibid.*
7. Archives Total, 03AH358/2.

sition constituait la première hausse importante dans les redevances dues au gouvernement du pays producteur[1]. L'IPC ne contrôle alors qu'une part infime du pétrole mondial. A cette époque, les ressources pétrolières au Moyen-Orient, au Bahreïn et en Arabie Saoudite en particulier, s'annoncent très abondantes. Les premiers gisements de Bahreïn sont exploités par des compagnies américaines dès 1933. Le 13 janvier 1933, un accord de faveur est signé entre les américains et le roi Fayçal d'Arabie. Le roi semble alors privilégier les américains au britanniques[2]. L'essentiel de cet accord consiste dans la création d'une société pour la prospection et l'exploitation de champs pétrolifères de l'Arabie Saoudite[3].

La Société porte le nom de Californian Arabian Standard Oil Company. Ses actions sont partagées entre la Standard Oil of California et la Texas Oil Company. Les clauses de l'accord sont assez voisines de celles qui lient l'Irak à l'IPC. En fait, l'accord signe les prémisses de la domination américaine sur le pétrole saoudien. A cette époque, les sept grands (big seven) contrôle 65% des réserves mondiales connues et se partagent les zones de vente par accords sur les prix. Les recherches demeurent secrètes jusqu'à la découverte du puits de Dahran en mars 1938[4]. Par ailleurs, la surproduction pétrolière, difficile à freiner aux États-Unis[5], bouleverse les rapports français avec certains pays producteurs traditionnels tel que la Roumanie.

En outre, la CFP commence sérieusement à se préoccuper d'accéder à de nouvelles sources d'approvisionnement en dehors de l'IPC. Elle s'intéresse alors à des recherches entreprises à Madagascar et en Amérique du Sud[6]. La baisse des prix du pétrole dès 1930 offre à la France de forts avantages de négociation commerciale, notamment dans le cadre des rapports bilatéraux. Il en résulte un nouveau rapprochement commercial entre la France et la Roumanie. En effet, malgré les acquis français au Moyen-Orient, le pétrole roumain représente toujours une alternative de grande importance pour la satisfaction de la demande sur le marché français.

1. Archives Total, 92 AA 091/73.
2. Archives du Centre de Documentation et de Synthèse (CDS) à Total, « Le pétrole Saoudien », 89.16/42.
3. L'accord couvre la surface de 48.160 m².
4. Archives du CDS à Total, « Le pétrole Saoudien », 89.16/42.
5. La surproduction est due à la concurrence entre « trusts » et organisations soi-disant indépendantes. Dans certains autres pays, cette surproduction est voulue.
6. Archives Total, 92AA091/73.

1.1.3. Le pétrole roumain ou l'alternative stratégique

Dans l'attente de l'arrivée en quantités suffisantes du pétrole du Moyen-Orient, la France continue, dès 1930, de s'approvisionner en Roumanie. Selon la presse roumaine et le journal *Le Temps*[1], la France s'est obligée d'importer 400.000 tonnes de produits du pétrole roumain, en sachant que la consommation des produits pétroliers en France augmente chaque année de 300.000 tonnes. Ces quantités restent non confirmées par la diplomatie française. Selon les propos du ministre français des Affaires Etrangères, « ... Il n'a jamais été question pour le gouvernement français de procéder à l'achat d'une quantité déterminée de produits du pétrole brut »[2]. Il ajoute néanmoins que la négociation n'est pas terminée.

Cependant, la question de l'approvisionnement des grands consommateurs, et notamment de la marine de guerre et de celle de commerce en produits roumains a eu un large écho au Parlement et dans la presse française[3]. Les dispositions favorables des milieux officiels français se reflètent aussi dans les prévisions du traité de commerce franco-roumain selon lesquelles le gouvernement français « envisage avec bienveillance un arrangement portant sur 400.000 tonnes de pétrole brut et 200.000 tonnes de lampant de Roumanie »[4]. Les sources roumaines sont plus explicites sur cette question. Ce minimum obligatoire pourra être largement dépassé en dehors des prévisions du contrat en question[5].

1. Du 13 août 1930.
2. Archives Desmarais Frères 130 AQ 4, note du 13 août 1930 à propos de l'accord commercial franco-roumain – clauses concernant le pétrole (document de la Chambre Syndicale de l'Industrie du Pétrole).
3. *Le Moniteur du Pétrole Roumain*, n° 22, du 15 Novembre 1931.
4. *Ibid.*
5. Archives Desmarais, 130 AQ 4, « Convention franco-roumaine de pétrole », Rapport du professeur L. Mrazec, président de la délégation de l'État roumain, Extrait de *La Bursa* n° 1421 du 14 février 1932.

GRAPHIQUE 2.2.1.
Évolution de la part des importations de Roumanie de 1925 à 1931

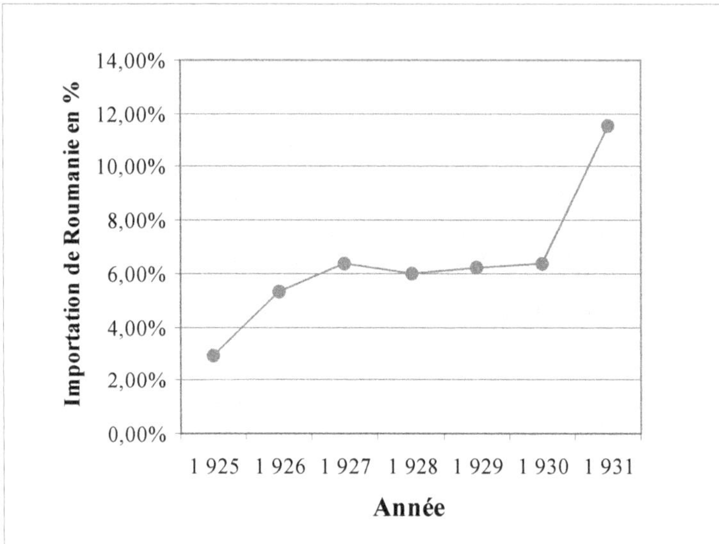

Source : *Vie Financière* **du 8 février 1932**

L'arrangement franco-roumain en 1932 est la première convention de ce genre entre un État consommateur et un État producteur en Europe. On applique pour la première fois la formule de la contingence dans une convention commerciale concernant le commerce du pétrole avec l'obligation de vendre, respectivement d'acheter un minimum de marchandise. L'accord peut même être considéré comme le premier effort à mettre de l'ordre sur le marché européen de pétrole si l'on tient compte de la remarque du Gouvernement français dans un communiqué officiel du 12 janvier 1932 : « La nouvelle convention, conçue pour trois ans, ouvre en France au pétrole roumain un débouché régulier appelé à se développer en même temps que pour un produit important, elle marque un premier effort d'organisation du marché européen »[1].

Ces relations privilégiées entre la France et la Roumanie dans les années 1930 répondent, en fait, à un besoin de protectionnisme économique non tarifaire. C'est l'époque où prédominent en Europe et dans le monde deux types de protection douanière : le contingentement par la loi (quotas d'importions) et les accords bilatéraux de clearing (similaires à des accords de

1. Archives Desmarais 130 AQ 4, « Convention franco-roumaine de pétrole », Rapport du professeur L. Mrazec, président de la délégation de l'État roumain, Extrait de *La Bursa* n° 1421 du 14 février 1932.

troc)[1]. C'est ce qui trouve parfaitement son application en matière de pétrole (particulièrement) pour la France, dans ces rapports avec la Roumanie. C'est ainsi qu'en décembre 1931, le Gouvernement français tient essentiellement à ce qu'une proposition favorable soit faite à la Roumanie.

Mais, la situation devient aussi vite presque plus tendue. En 1933, les Gouvernements Roumain et Français envisagent une opération comportant l'achat par le Gouvernement Roumain aux constructeurs de matériel militaire d'aviation d'un matériel important. Le paiement de ces achats doit se faire au moyen d'importations en France de pétroles bruts ou de dérivés, en provenance de la Roumanie pour une somme d'un million de francs[2]. La France tient à signer le traité de commerce (à cette date, toujours en discussion) et les roumains font de la question du pétrole une condition à la signature de l'accord.

Le président de l'ONCL (Louis Pineau), se chargeant de régler cette affaire, accepte dès 1931 le principe que l'arrangement soit traité par la chambre syndicale, du côté français, et par un cartel groupant tous les intérêts roumains, du côté de la Roumanie[3]. Mais il insiste pour que les quantités envisagées dans un tel arrangement soient supérieures aux importations de l'année 1931 en mettant en avant le chiffre de 600.000 tonnes[4]. En toute logique, l'ONCL invite les titulaires de permissions d'importation à procéder aux importations nécessités par le plan de 1933. Les liens entre l'industrie pétrolière française et l'État semblent encore plus que jamais étroits. Le pétrole ne peut être importé par les compagnies françaises qu'avec l'autorisation spéciale du gouvernement[5].

Cependant, dans le milieu des années 1930, les maisons françaises n'arrivant pas à se faire payer exportant de moins en moins en Roumanie. D'autre part, les roumains ont vu baisser leurs exportations de produits de pétrole d'une façon considérable[6]. Les revenus pétroliers du gouvernement roumain, assurés par des redevances[7], n'arrivent plus à soutenir les dépenses publiques. Les exportations roumaines en céréales sont

1. François Caron, *Les deux révolutions industrielles du XXe siècle*, Albin Michel, Paris, 1997, p. 143-144.
2. Archives Desmarais Frères 130 AQ 26, Chambre syndicale de l'industrie du pétrole, note confidentielle du 29 juin 1934, Rapport de Maître Gidel (Gilbert) sur le Régime de l'importation des pétroles et la portée de la clause du contrat d'intérêt national.
3 Archives Desmarais Frères 130 AQ 4 : Note du 5 décembre 1931.
4. *Ibid.*
5. Archives Nationales, F[12] 9927.
6. Archives Desmarais Frères 130 AQ 4 : « Conversation de Monsieur Eugène Saladin avec Monsieur Roger Sarret, attaché commercial de France à Bucarest le 28 août 1935 ».
7. Elles représentent 11% à 12% du total en moyenne pour la période 1933-1938, d'après *Monitorul Petrolului Roman*, années 1934-1940, cité in Philippe Marguerat, *Le troisième Reich et le pétrole roumain 1938-1940*, Genève-Leiden, 1977, p. 56.

minimes malgré la réforme agraire de 1932-1934[1]. D'une façon générale, avec la baisse des prix du marché mondial, les roumains arrivent difficilement à payer leur dette à l'étranger, à acheter et à payer du matériel de guerre. La dette publique atteint des niveaux alarmants en 1933-1934 et 1935-1936 avec consécutivement 20,5% et 9% des dépenses budgétées[2].

Si cette situation n'est pas redressée dans un temps relativement court, la France risque de perdre complètement ce débouché ainsi que son influence commerciale, financière et politique au profit de l'Allemagne. Le conflit d'intérêts touche les compagnies françaises. Les relations entre le groupe pétrolier de Paribas et Desmarais Frères se tendent. En 1935, le représentant des intérêts de la Société Française et Roumaine de Pétroles (et donc Desmarais Frères), membre du conseil de l'OIP, démissionne. Cela conduit à la rupture du « voting agreement » liant les deux groupes au sein de l'OIP[3].

Le marché pétrolier roumain est encore dominé par sept grandes compagnies, aucune ne compte de participation allemande. En revanche, cinq obéissent à une volonté française ou anglaise. Cependant, la part de l'Allemagne dans les importations roumaines ne cesse d'augmenter, notamment depuis 1934[4]. Se forme ainsi le Groupement Français des Sinistrés de l'Industrie du Pétrole en Roumanie. Ce groupement, représentant les intérêts privés en Roumanie, cherche un rapprochement entre les deux gouvernements français et roumain en vue d'un accord qui permet le rachat au Gouvernement roumain des redevances du pétrole brut[5].

L'attaché commercial de France à Bucarest Roger Sarret communique, dès août 1935, que le gouvernement français est sur le point de signer avec le Gouvernement roumain une convention relative à l'achat, par la France, des redevances de l'État roumain qui représentent environ 800.000 tonnes de pétrole brut[6]. Selon d'autres sources, la France compte acheter de la Roumanie une quantité de pétrole pour aviation représentant une valeur annuelle de 12 millions de francs[7]. Pour absorber de

1. Jean Claude Brouin, « Dossier sur les problèmes de la société et l'économie roumaine (1900-1939) », dans le cadre de la question d'histoire contemporaine au programme des années 1975-76, 1976-77 : L'évolution économique et sociale de l'Europe (Russie puis Union Soviétique comprise) et l'Amérique du Nord du début du XXe siècle à 1939. Université de Bordeaux III.
2. Philippe Marguerat, *Le troisième Reich et le pétrole roumain 1938-1940, op. cit.*, p. 67.
3. Philippe Marguerat, *Banque et investissement industriel. Paribas, le pétrole roumain et la politique française 1919-1939*, Librairie Droz, Genève, 1987, p. 117.
4. Philippe Marguerat, *Le troisième Reich et le pétrole roumain 1938-1940, op. cit.*, p. 72-80.
5. Archives Desmarais Frères 130 AQ 4 : Note du 5 décembre 1931.
6. *Ibid.*
7. Archives Desmarais Frères 130 AQ 4 : Reuters, « Franco-Rumanian Trade Pact. Sales of State Oil Levy », 13 février 1936.

pareilles quantités, Louis Pineau (ONCL) ne pouvant plus faire jouer de nouvelles licences générales en accordant des contingentements supplémentaires, voit de nouveau la solution dans la clause obligeant les détendeurs de licences à participer aux affaires d'intérêt national[1].

Cette convention vise une période de cinq ans. Un premier accord est signé en février 1936 après de longues négociations[2]. L'objet principal de ce nouvel accord semble être d'assurer au gouvernement roumain assez de devises françaises pour financer :

– de gros achats de matériel de guerre à fournir par la France ;

– le service des intérêts sur les emprunts contractés par le gouvernement roumain, ainsi que l'amortissement de ceux-ci ;

– Le règlement des dettes commerciales[3].

Les négociations franco-roumaines se prolongent ensuite pour aborder les aspects pratiques de cet accord. Elles aboutissent en 1939 à un accord global très favorable à la France. Il permet le contrôle ainsi que la surveillance des contrats de vente. C'est ce qui entrave l'activité allemande. La collaboration franco-roumaine englobe également la fourniture des matières premières et les accords de clearing[4]. Par ailleurs, une entente entre la Standard Oil et les groupes anglais, la Royal-Dutch et l'Anglo-Iranian, permet de compter que les 900.000 tonnes de la Romano-Americana suivront la politique des groupes anglais/français. Si l'on tient compte du fait que les sociétés roumaines sur lesquelles une action peut être exercée représentent environ 480.000 tonnes, 87%[5] de la production roumaine sont sous le contrôle anglo-français[6].

1.2. Développement du raffinage

L'ensemble des investissements de l'industrie française du pétrole remonte, en 1935, à plus de cinq milliards de francs. L'industrie pétrolière se développe avec une étonnante rapidité. Ainsi, entre 1928 et 1938, le nombre de raffineries en activité en France passe de 2 à 15. Derrière

1. Archives Desmarais Frères 130 AQ 4 : Contrats d'intérêt national.
2. Archives Desmarais Frères 130 AQ 4 : Documentation sur les négociations et les prix pratiqués.
3. Archives Desmarais Frères 130 AQ 4 : note de la chambre syndicale de l'industrie du pétrole : « Traité commercial franco-roumain ».
4. Archives Desmarais Frères 130 AQ 4, Réunion du 13 décembre 1939, reportée dans : «Accord franco-roumain : Réunion tenue le 28 décembre 1939 à la direction des carburants, sous la présidence de M. Pineau ».
5. Soit 5.804.000 tonnes sur 6.670.000, chiffre correspondant à la production de 1938.
6 Archives Desmarais Frères 130 AQ 4, «Accord franco-roumain : Réunion tenue le 28 décembre 1939 à la direction des carburants, sous la présidence de M. Pineau ».

l'action il y a la volonté. L'article 117 de la loi de finances du 31 mai 1933, prévoit que, dans un délai de trois mois à dater de sa promulgation, une commission cherchera les conditions pratiques d'organisation du monopole d'importation du pétrole et la possibilité d'établir en France le monopole de raffinage[1]. Dès lors, on estime qu'au bout de cinq ans, une raffinerie de pétrole doit être complètement rénovée[2].

En 1935, deux milliards et demi représentent le coût des raffineries récemment édifiées à la demande des pouvoirs publics, dans un but de défense nationale[3]. Il s'agit des deux usines que la CFR entreprend simultanément, dès sa création : celles de Gonfreville (près du Havre) et de Marseille (à la Mède)[4]. Leurs emplacements caractérisés par les facilités qu'ils donnent tant pour l'arrivée du brut que pour la livraison des produits.

Les capacités prévues pour ces deux raffineries sont de 700.000 t/an pour Gonfreville et de 500 000 t/an pour la Mède, de façon que la CFR soit en mesure de livrer sur le marché intérieur environ 30% de produits et 40% pour l'essence[5]. En 1936, la capacité de stockage de la seule raffinerie de Normandie atteint les 330.000 m³ pour 165 réservoirs qui se trouvent tous dans des cuvettes de terre d'une contenance analogue[6]. Progressivement, les deux raffineries augmentent de nouvelles installations : leur capacité globale pour 1938 atteint 2.060.000 t/an et au cours de cette même année, elles ont traité 1.980.000 tonnes. Voici les principaux ports pétroliers français :

– *Rouen*

Rouen tient traditionnellement la tête. Alors qu'en 1913 ses importations de pétrole ne dépassaient pas 225.000 tonnes, le trafic enregistré à l'entrée monte très rapidement dès 1924 à 607.000 tonnes[7]. Pour les années suivantes, les importations se présentent ainsi :

---

1. Archives économiques et financières, B 59 707, Chambre de commerce de Chambéry : Rapport de M. F. Lansard, «Le monopole de l'importation de pétrole », séance du 28 octobre 1933.
2. *La Revue pétrolière*, n° 529, 27 mai 1933.
3. Lettre du 1er août 1935 de la Chambre Syndicale de l'Industrie de Pétrole au Président du Conseil des Ministres, Archives de Desmarais Frères 130 AQ 1.
4. Voir la *Revue Pétrolifère*, n° 692 du 18 juillet 1936, numéro spécial consacré aux deux raffineries de la CFR. Voir aussi : Aloys Antony, *Les raffineries de pétrole de La Mède (Bouches du Rhône) et Gonfreville l'Orcher (Seine Maritime) de la C.F.R*, éd. Le Génie Civil, Paris, 1959.
5. Archives Total 92AA091/73.
6. Voir la *Revue Pétrolifère*, n° 692 du 18 juillet 1936.
7. Archives économiques et financières, B0059707.

TABLEAU 2.2.2.
Évolution des importations pétrolières du port de Rouen de 1927 à 1938 (en tonnes)

Années	**1927**	**1929**	**1932**	**1933**	**1938**
Quantités	826.000	1.106.000	1.548.400	1.564.120	1.200.000

Source : Archives Nationales, F^{12} 9920 : Documentation sur l'activité pétrolière des ports français.

Rouen est, en effet, le port avancé de Paris. Son bassin aux pétroles d'une surface d'eau de 20 hectares, s'étend sur 1.800 mètres et donne accès, à toute marée, aux navires calant 6 mètres de tirant d'eau ; des travaux prévus pour l'aménagement de l'estuaire porteront ce tirant d'eau à huit mètres. Entre 1929 et 1935, quatre raffineries modernes sont mises en service le long de la Seine en aval de Rouen. Dès lors près de la moitié des importations françaises d'hydrocarbures liquides transitent par le complexe pétrolier normand[1]. Rouen passe pourtant, pour la période de la nouvelle industrie, au deuxième rang après Le Havre[2].

– Le Havre

Dans les années 1930, les hydrocarbures s'imposent comme la principale activité du port du Havre[3]. La ville voit son trafic augmenter d'année en année grâce à l'activité des raffineries de Normandie (Compagnie Française de Raffinage) et de Port-Jérôme (Standard Franco-Américaine). La capacité annuelle de cette dernière est de 1.000.000 tonnes[4]. Elle reçoit son brut par pipe-line[5]. En 1932, le Havre n'a reçu que 543.321 tonnes d'hydrocarbures sur un total d'importation de 3.034.668 tonnes ; en 1933 les chiffres correspondants sont 1.1176.591 tonnes et 3.566.771 tonnes. Le pétrole représente donc près du tiers des arrivées de toutes marchandises. En 1934, la part prises par le pétroles dans le trafic total n'a fait que croître. Les importations montent à 1.824.543 tonnes (dont

1. Morgan LE DEZ, « La Normandie : foyer d'implantation des compagnies pétrolières (1919-1939) », colloque sur les compagnies pétrolières nationales, *Histoire, caractéristiques, comparaisons (entre-deux-guerres – fin du XXe siècle, A Comparative History of National Oil Companies*, 27-29 novembre 2003, CNRS, Paris, 2003.
2. Henry PEYRET, *Le pétrole et son économie*, Paris, 1935, p.154
3. Morgan LE DEZ, « La compagnie industrielle maritime (1920-1940) : regard sur un acteur portuaire du Havre » in *Etudes Normandes* n° 4, 2002, p. 5-18.
4. Maurice MERCIER, « La politique française du pétrole », *Revue Maritime*, 1936.
5. M. Lemaire, « La raffinerie de pétrole de la Standard Franco-Américaine de raffinage à Port-Jérôme (Seine-Inférieure) », *Le Génie civil*, n° 26, 30 juin 1934, Tome CIV, p. 577-583.

61.026 tonnes de cabotage national pour les pétroles bruts) et à 259.013 tonnes pour les raffinés[1].

– *Marseille*

En troisième position vient Marseille, si du moins on ajoute aux importations effectuées dans le port même dans son seul bassin (17.640 mètres carrés de surface d'eau), celles du port de Berre et l'Etang de Berre. Marseille dessert, en effet, la Raffinerie de Lavéra (S.G.H.P.) qui fonctionne depuis le 1er novembre 1933, celle de Berre (Société de Berre) en marche depuis janvier 1933 et enfin celle de Provence à Martigues (C.F.R.) qui entre en activité en 1935. Le trafic total pour 1934 (commerce spécial) s'élève aux importations à 699.885 tonnes pour les pétroles bruts, et 160.000 tonnes pour les raffinés[2].

– *Les autres régions*

Au Nord, Dunkerque importe, en 1933, 680.000 tonnes d'hydrocarbures et 693.597 tonnes en 1934. Sur le front Atlantique, Bordeaux a reçoit 584.000 tonnes en 1933 et 702.507 tonnes en 1934. Dans ce total, les produits bruts forment plus des cinq sixièmes (622.160 tonnes) tant les envois se sont accrus en quatre ans. Les produits raffinés, au contraire, seuls à constituer le tonnage de 360.000 tonnes en 1930, ne comptent plus en 1933, que pour 142.000 tonnes et 80.347 tonnes en 1934. Dans l'estuaire de la Gironde, les aménagements pour la réception des pétroles s'échelonnent sur plus de 80 kilomètres de Bassens à Pauillac et Blaye[3]. La Raffinerie de Pétrole de la Gironde, construite sur le Bec d'Ambes, est d'une capacité de 300.000 tonnes[4]. Parmi les autres ports pétroliers, il y a encore Sète, Strasbourg, Nantes et Donges, la Rochelle-Pallice, Cherboug, Brest, sans oublier Paris, qui avec 7% du trafic total en 1935 (14.891.583 tonnes) devient le plus grand port pétrolier[5]. La carte suivante fait le point sur les capacités des différentes raffineries :

1. L'activité pétrolière au Havre fera, très prochainement, l'objet d'une thèse de doctorat entreprise par Morgan Le Dez sous la direction du professeur Alain Leménorel, Université du Havre. Voir : Moragn Le Dez, *Le commerce et l'industrie des pétroles en Basse-Seine (1860-1939)*, Mémoire de DEA, Université du Havre, 2002.
2. Henry Peyret, *Le pétrole et son économie, op. cit.* p.155.
3. Henry Peyret, *Le pétrole et son économie, op. cit.* p.155.
4. Maurice Mercier, « La politique française du pétrole », in la *Revue Maritime*, 1936.
5. Archives Nationales, F12 9919 : Trafic pétrolier des ports.

CARTE 2.2.1.
Les principales raffineries et leurs capacités de production en 1936

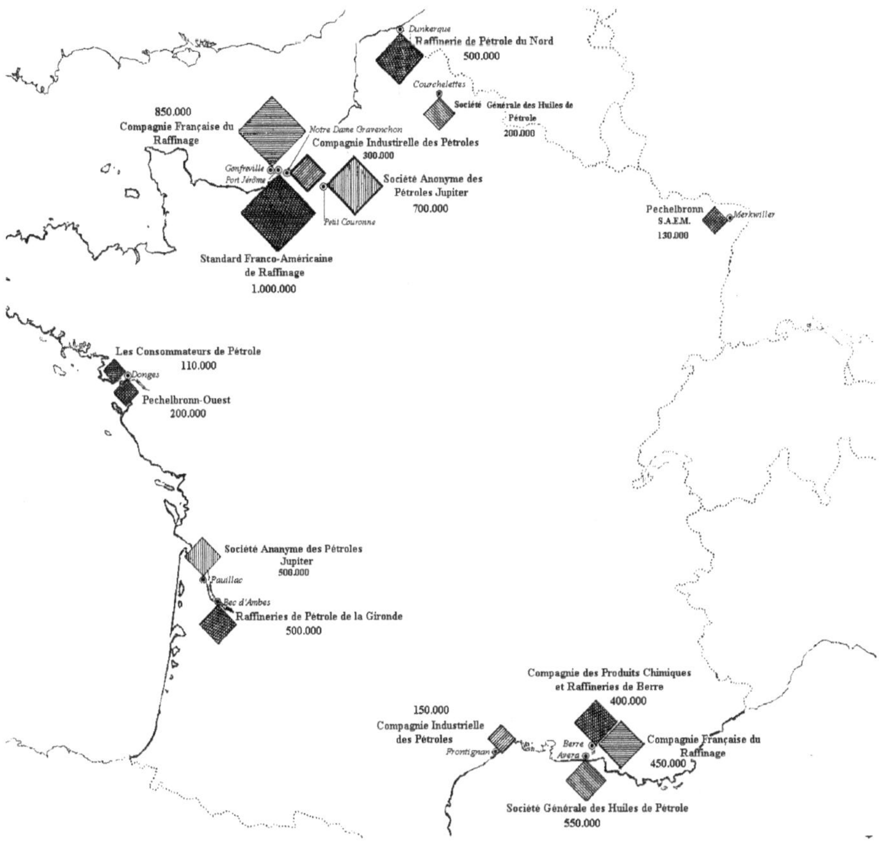

Source : Selon Maurice Mercier, « La politique française du pétrole », *Revue Maritime*, 1936.

En 1938, la part du pétrole brut représente 84% des importations d'hydrocarbures en France contre près de 6 % en 1928[1]. La capacité des usines françaises de raffinage s'élève à plus de 6.000.000 de tonnes :

1. Soit 6.968.530 en 1938 contre 188.165 tonnes en 1928.

TABLEAU 2.2.3.
La capacité des usines françaises de raffinage en 1938
(en tonnes)

Usines par régions	Capacités en tonnes
Estuaire de la Seine Méditerranée (Frontignan, Berre)	3.250.000
Estuaire de la Gironde	650.000
Estuaire de la Loire	500.000
Dunkerque	500.000
Total	6.050.000

Source : Frédéric-Marie Bergounioux, *La France et le problème du pétrole*, Laboratoire de Géologie de l'Institut Catholique, Toulouse, 1941, p. 123.

Durant la période précédente, l'État veille à ce que l'industrie française du raffinage fonctionne pleinement. A supposer que le raffinage du brut américain permet d'extraire 42% d'essence environ, sur lesquels 10% proviennent de la liquéfaction des gaz de sonde, on peut admettre que l'on extraira en moyenne 33 % d'essence des différents pétroles bruts qui pourront être traités en France[1]. Sur cette base le raffinage du pétrole est organisé durant toute la décennie précédant la Deuxième Guerre Mondiale. C'est ainsi que l'interventionnisme de l'État continue à accompagner le développement du raffinage durant cette période[2]. C'est en mai 1934 que le rapport général de cette commission du pétrole met fin à toute tentative de monopole[3]. La CFR continue tout de même son ascension. A la veille du conflit mondial, toutes les activités auxquelles participait la CFP étaient en plein développement :

• Pour la CFP, l'expansion se traduit par l'accroissement sensible des bénéfices ; pour la première fois en 1937, l'État reçoit une participation aux super-bénéfices : 5 millions de francs, qui augmentent en 1938 – 7 millions – auxquels s'ajoutent les dividendes attachés à sa participation de 35% au capital de la Société (54 millions)[4].

1. « Note sur l'organisation du raffinage en France », Archives de Desmarais Frères 130 AQ 1.
2. La loi de 1933, invitant à constituer une commission chargée de chercher les conditions pratiques d'organisation du monopole d'importation du pétrole, consacre le monopole du raffinage (Article 117 de la loi du 31 mars 1933).
3. Archives économiques et financières B-0032314, Procès-verbal de la sixième séance de la commission des pétroles, 1934.
4. Archives de la CFP : 3 P-1, reliure pour les brochures des exercices 1924 à 1946.

• Pour la CFR, le développement de ses activités se mesure à l'augmentation des tonnages de brut traité par ses deux raffineries : en Normandie, 1,37 Mt de brut et en Provence, 600 000 tonnes en 1939.

• Enfin, pour la Compagnie navale des pétroles (CNP) , la capacité de sa flotte exprime une activité en plein essor. Le port en lourd, en 1939, atteignait un montant de l'ordre de 75.000 tonnes.

Le développement si rapide du raffinage est amplifié avec l'accélération des efforts logistiques : le transport par pipelines et l'accélération de l'activité de la Compagnie Navale des Pétroles.

a- Les pipelines du Moyen-Orient

Dès novembre 1932, la pause des conduites commence et constitue une grande première mondiale de traversée aussi longue à travers des régions pour la plupart désertiques. Leur débit était de 4 millions de tonnes par an[1]. Le premier pétrole arrive à Tripoli en juillet 1934, à Haïfa à la fin de l'année. En 1939, l'IPC décide de doubler les lignes existantes, le débit global du réseau devant être ainsi porté à 13 millions de tonnes par an. Parallèlement, la sécurité politique du Moyen-Orient n'étant pas mise en doute, et le raffinage du brut avant son transport apparaissant plus réaliste, des études sont menées de projets de construction de raffineries dans la région de Haïfa (Anglo-Iranian et Royal Dutch-Shell) et de Tripoli[2].

ILLUSTRATION 2.2.1.

Construction du premier pipe-line de 12" Kirkouk-Méditerranée 1932-1934

Source : Archives Total

1. Archives Total : 92AA091/73.
2. *Ibid.*

b - Elargissement de l'activité de la Compagnie Navale des Pétroles (CNP)

Au milieu des années 1920, 55% des importations pétrolières françaises sont effectuées sous pavillon étranger. Les 45% restantes (soit 247.283 tonnes) sont effectuées sous pavillon français[1]. Avec des importations appelées à augmenter très rapidement, une réaction s'impose. Les pouvoirs publics interviennent depuis 1928 dans le domaine des navires pétroliers. Les décrets portant autorisation spéciale d'importation prévoient un pourcentage de transport par navires français agréés par les ministères intéressés. Le contrôle d'application de ces textes est assuré par le Comité des navires citernes pétroliers, qui fonctionne sous les auspices du Ministère de l'Industrie et du Commerce et du Ministère de la Marine Marchande. L'objectif poursuivi est de parvenir dès que possible à constituer une flotte qui permette d'assurer le transport des produits pétroliers nécessaires à l'approvisionnement de la France, sans dépenses de devises[2].

Cela ne signifie pas que tous les navires français seront matériellement utilisés au ravitaillement de la zone franc ; il est au contraire préférable qu'une partie de cet approvisionnement ait lieu au moyen de bateaux étrangers, les dépenses correspondantes étant récupérées par l'affrètement de navires français par des compagnies étrangères. Ainsi serait évité un monopole du pavillon national, et maintenue une certaine concurrence étrangère, stimulant utile sur le marché français des frets.

Les efforts du comité se poursuivent parallèlement avec le développement du transport pétrolier. L'État décide de créer la CNP en 1931, au même moment où il ratifie une convention avec l'IPC qui peut faire parvenir en France de pétrole brut[3]. Les statuts de la CNP définissent son objet dans un sens assez large : « Toutes opérations d'achat, de vente, d'armement, d'exploitation de navires et de bateaux de toute nature... Toute opération de navigation maritime ou intérieure, affrètement, remorquage, sauvetage, etc. ». Cet objet est précisé dès 1932 :

> « Le premier rôle de la CNP sera d'affirmer par son existence la liberté absolue de la CFP, aussi bien à l'égard de l'utilisation du fret pouvant exister actuellement, qu'à l'égard de tout programme de construction de bâtiments neufs ; d'établir une documentation aussi complète que

1. Archives économiques et financières, B-0059707.
2. Archives Total : SC 90/49.
3. Pierre Desprairies, Lucien Coucoureux, « La compagnie Française des Pétroles et les accord « Francs-Pétrole », les achats aux compagnies anglaises » in *Le Coût en devises de l'Approvisionnement pétrolier français*, Rapport au Conseil Supérieur de Pétrole, Ministère de l'industrie et du Commerce, Décembre 1955, p. 15.

possible sur la flotte pétrolière, les ports, les courants de transport et les frets pétroliers »[1].

La CNP a dont pour première tâche d'assurer les transports maritimes et de diminuer la dépendance française à l'égard des armements extérieurs. Son capital d'attente est de 1 million de Francs. Il est porté en 1937 à 10 millions et en 1938 à 20 millions. La CNP consacre ses premières années aux études de transports maritimes, et à l'affrètement des navires. Un automoteur fluvial de 600 tonnes fut acheté en 1934, et l'année suivante est commandé l'*Emile Miguet*, pétrolier de 21.500 tonnes, le plus grand navire pétrolier du monde (176 mètres), dont l'entrée en service a lieu en juillet 1937[2].

Ce navire est spécialement étudié pour transporter dans des conditions économiques le pétrole brut arrivant de l'Irak, à Haïfa et à Tripoli, et destiné à être raffiné près du Havre. Par l'acquisition de 50% du capital des Pétroles Mory spécialisés dans le commerce des soutes et la construction d'un dépôt à Pointe Noire, la CFP commence un développement commercial extérieur à la France[3]. Le développement de la CNP, qui se traduit par les tonnages croissants de sa flotte (commande en 1938 du Palmyre, deuxième pétrolier de 22.000 tonnes, de l'Octane, caboteur de 2700 tonnes, puis de deux navires de 16.000 tonnes au Danemark), est interrompu par la guerre en 1939[4].

ILLUSTRATION 2.2.2.
Le navire pétrolier : Emile Miguet

Source : Archives de Total

1. Archives Total : SC 90/49.
2. Archives Total : 92AA091/73.
3. Archives Total : 82.5/16.
4. L'*Emile Miguet* est écoulé par un sous-marin allemand dès le 12 octobre 1939. Archives Total : SC 90/49.

1.3. Développement de la distribution

Conséquence du développement du raffinage, la distribution présente elle-même des conséquences. Il s'agit surtout des problèmes liés à la réorganisation du marché français. Ceux-ci présentent un aspect organisationnel d'une part, et un aspect économique de l'autre.

1.3.1. La dimension organisationnelle

La maîtrise du marché de la distribution ne peut se faire en dehors des ententes entre entreprises et du contrôle des autorisations spéciales par l'État.

1.3.1.1. Le contingentement de 1932

Le 1er juin 1932, un accord[1] entre les sociétés de distribution avait été signé répartissant entre elles suivant certaines règles, au moyen de contingent, l'ensemble des ventes de pétrole raffiné et d'essence, faites par elles sur le territoire de la France métropolitaine. La raison du contingentement de la distribution aux années 1930 est la garantie de part de marché à un moment où le marché commence à connaître une grande instabilité. Cette entente est aussi un moyen d'éviter la concurrence déloyale[2].

Une compagnie telle que Desmarais Frères parvient à protéger ses stations de distribution de l'anarchie. Elle réussit également à limiter les risques qui se portent sur ses investissements. Il faut rappeler que la CFP vend toute sa production à la CFR. Celle-ci commercialise les sorties de ses raffineries, soit par des ventes directes à de gros consommateurs, soit par l'intermédiaire de diverses sociétés de distribution[3], dont Desmarais Frères. Pour Desmarais Frères, l'étude de la situation du marché et les raisons poussant à un contingentement est bien utile pour avoir une vision globale du marché.

Cette vision était bien nécessaire à l'époque étudier la répartition des raffineries sur le sol français et faire un programme de répartition des tonnages entre ces raffineries. Pour les distributeurs ayant un accord avec la CFR, une coordination s'impose. Il est surtout nécessaire de poser une hypothèse qui permet de lier les tonnages de pétrole brut à ceux des

1. L'accord était prévu « pour une période du 1er juin 1932 au 31 mars 1938. Faute d'avoir été dénoncé par l'un des signataires neuf mois au moins avant la date d'expiration, il se prolongera, par tacite de reconduction, par période de trois années » (Article II du contrat de contingentement)
2. Archives Desmarais Frères 130 AQ 8, lettre de Michler à Cayrol du 21 mars 1932.
3. Archives Total, 92AA091/73.

produits, plus particulièrement, à ceux de l'essence[1]. Cette hypothèse permet d'évaluer les tonnages et les pourcentages par rapport au total à attribuer à chaque raffinerie. En considérant que le raffinage du brut américain permet d'extraire 42% d'essence environ, sur lesquels 10% proviennent de la liquéfaction des gaz de sonde, il est admis que l'on extraira en moyenne 33% d'essence des différents pétroles bruts qui pourront être traités en France.

Comment les choses se présentent du point de vue de l'État ? En 1931, les estimations de consommation d'essence pour l'année suivante sont de deux millions de tonnes[2]. Sur cette base, si toutes les essences provenaient de brut raffiné en France et dans l'hypothèse envisagée ci-dessus, le tonnage global à traiter atteindrait 6 millions de tonnes. Il est hors de doute que les raffineurs suivront un programme de développement progressif et, que même en admettant que le programme total comprenne 6 millions de tonnes, il n'en sera exécuté que 60 à 70 % au plus en 1932.

Selon les mêmes estimations, il restera une marge de 30 % environ quand le programme de raffinage se complétera jusqu'à 6 millions de tonnes de brut. L'augmentation de la consommation de 1932 à 1945 maintiendra l'existence de cette marge de 30% qui atteindra vraisemblablement 80 à 100% en 1945 si aucune modification n'intervient dans le programme. Ces chiffres serviront de base pour la répartition des parts de marchés. C'est ainsi que le contingentement d'entreprises françaises garantit les parts de marchés nécessaires et favorise une base essentielle pour la réalisation des projets prévus par l'État.

Selon le projet de contingentement, adressé par Desmarais Frères à Léon Wenger[3], on a fait la répartition suivante pour servir comme base au contingentement de 1932 :

1. Archives Desmarais Frères, 130 AQ 6.
2. *Ibid.*
3. Archives Desmarais Frères 130 AQ 1.

TABLEAU 2.2.4.
Le partage du marché au regard du contingentement de 1932

Groupe	Quantité en brut (tonnes)	Quantité en Essence (tonnes)	Pourcentage
Compagnie Française des Pétroles	2.400.000	800.000	40 %
Les trusts : - La Standard Oil - La Royal Dutch-Shell - L'Anglo Persian	1.500.000 : 700.000 500.000 300.000	500.000	25 %
Groupe de raffineries françaises dont Pechelbronn	1.500.000	500.000	25 %

Source : Archives de Desmarais Frères 130 AQ 6.

Les 10% restantes, soit 200.000 tonnes d'essence et 600.000 tonnes de brut, seraient laissées à la disposition de la commission dans ce projet de contingentement, pour satisfaire certaines demandes spéciales ou de compléter certains chiffres qui paraissent insuffisants. Les contractants s'engageront à répartir entre eux, suivant certaines règles, l'ensemble des ventes de pétrole raffiné et d'essence, faites par eux sur le territoire de la France métropolitaine (y compris la Corse et la principauté de Monaco). Ils s'engageront aussi à pratiquer les conditions de ventes fixées et à prendre toute mesure utile, générale ou particulière, pour maintenir leur situation d'ensemble dans le commerce du pétrole en France[1].

Ils doivent également s'abstenir, sauf autorisation de leurs contractants, d'apporter une aide quelconque, directe ou indirecte, à une entreprise de distribution ne participant pas à l'accord : collaboration administrative ou technique, aide financière, prêt ou location de moyens de fabrication, de stockage, de transport ou de distribution, achat et affrètement en commun, ventes ou prêts de marchandises, etc. Les parts de marché de la distribution, à cette date, se présentent ainsi :

1. Selon le contrat de contingentement signé le 23 juin 1932, Archives de Desmarais Frères 130 AQ 6.

GRAPHIQUE 2.2.2.
Les parts du marché pétrolier en France en 1932

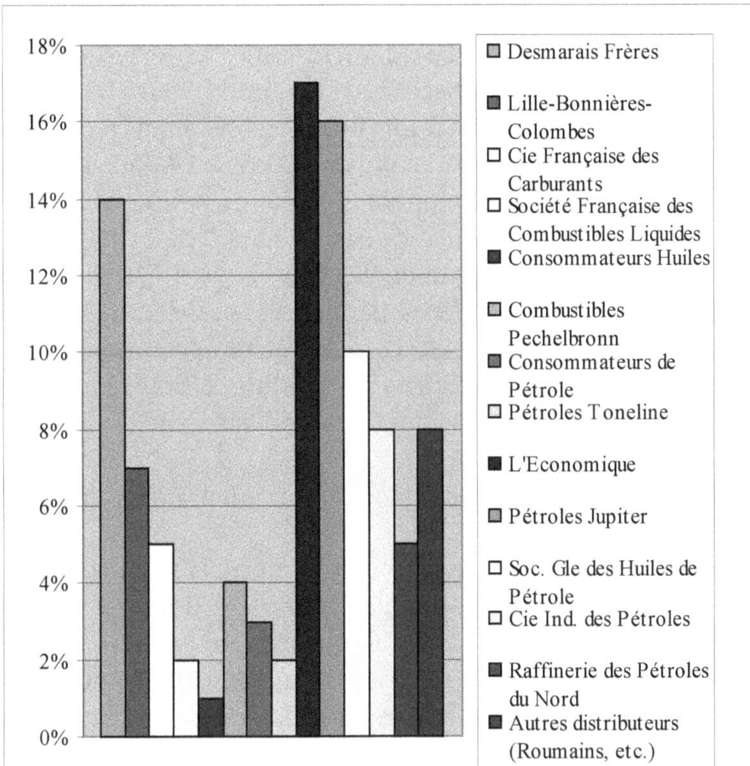

Source : *Henry* PEYRET, *Le pétrole et son économie, Librairie technique et économique, Paris, 1935, p. 147.*

Pour ce qui est de la distribution, les contractants s'engagent :

– à ne pas substituer d'appareils distributeurs fixes portant leur marque à ceux qu'aurait installés un cocontractant ;

– à ne pas approvisionner en camions citernes les détenteurs d'appareils distributeurs à la marque d'un confrère ;

– à ne pas installer d'appareils fixes chez les clients ayant déjà un appareil fixe à la marque d'un confrère[1].

Cet accord, valable pour la période de six ans (du 1er juin 1932 au 31 mars 1938), est prévu pour être reconduit par tacite pour des périodes

1. *Ibid.*

de trois ans (sauf en cas de dénonciation par l'un des signataires neuf mois au moins avant sa date d'expiration).

Cependant, la crise de 1929 commence à se faire sentir sur le marché français du pétrole. Le président de la CFP Ernest Mercier, à l'assemblée générale du 7 juin 1933, lance un avertissement : « Si aucun moyen n'intervient à temps pour discipliner les producteurs désordonnés, on sera réduit à laisser la crise produire tous ses effets »[1]. Lorsque le navire-citerne Henry-Desprez arrive au Havre le 14 août 1934 venant de Tripoli et amenant le premier chargement de pétrole brut de l'Irak, le marché français subit toutes les conséquences de la surproduction mondiale de carburant, notamment les prix baissent. De plus, les autorisations spéciales d'importation supérieures à la consommation laissent les distributeurs se faire une concurrence acharnée et de nombreuses sociétés pétrolières sont au bord de la faillite. L'État réagit alors en renforçant les réglementations qui régissent le marché.

1.3.1.2. Les autorisations spéciales d'importation : un instrument aux mains de l'État

Au milieu des années 1930, il y a en France 217 importateurs dont 42 titulaires d'autorisations spéciales contre 175 titulaires d'autorisations générales[2]. Les droits que comportent pour leurs titulaires les autorisations spéciales d'importation, conjuguées avec les autorisations particulières correspondantes, diffèrent selon qu'il s'agit d'autorisations spéciales de 20 ans ou d'autorisations spéciales de 3 ans. Dans son analyse du système des lois de 1928, Edgar Faure[3] ramène le monopole d'État à deux idées principales : le contingentement des importations et la protection du raffinage. Par rapport à la première idée, il souligne le passage dans les mains de l'État du travail qui appartenait aux organismes privés. Il s'agit de reconnaître implicitement qu'en raison des caractéristiques spéciales du marché pétrolier le contingentement est une nécessité. L'intervention gouvernementale trouve dès lors sa légitimité[4].

En ce qui concerne la protection du raffinage, le nouveau système apporte aux raffineurs, par les lois du 16 et 30 mars 1928[5], le bénéfice du régime dit « de l'exercice » pour leur usines[6]. Si les mesures prises

1. Archives de la CFP à Total, 48 ZY 336, dossier 2.
2. Archives Desmarais 130 AQ 2 et 130 AQ 3.
3. Edgar Faure, *Le pétrole dans la paix et dans la guerre*, Editions de la Nouvelle Revue Critique, 1939.
4. *Ibid.*, p. 91.
5. Voir le *Journal Officiel* du 31 mars 1928, Dalloz 1929-4-137.
6. Edgar Faure, *Le pétrole dans la paix et dans la guerre*, *op. cit.*, p. 92.

dans le régime précédant (loi de 1903) de protection douanière n'étaient pas intégrées dans un plan d'ensemble, la nouvelle loi intègre à la fois la nécessité à l'importation et les facilités de l'exercice. Sans comporter une définition rigoureuse du pétrole brut, les lois de 1928 rassure les raffineurs sur ce point. Ces derniers pouvant craindre de voir se reproduire la fraude du *french crude*, qui aurait permis à des concurrents peu scrupuleux de s'approprier le bénéfice d'efforts onéreux poursuivis pour établir des installations sérieuses.

La loi rassure les raffineurs dans la mesure où elle institut une Commission permanente[1] composée de représentants de l'État et de l'industrie, qui surveille l'exécution royale de ses dispositions[2]. Plus encore, la loi dispose que l'importateur doit toujours donner à l'Administration les facilités nécessaires pour la vérification de l'origine des marchandises. Ainsi, les titulaires d'autorisations spéciales d'importation sont tenus :

– d'entretenir en permanence des stocks de réserves proportionnels à leurs versements à la consommation ;

– d'adresser mensuellement à l'ONCL des déclarations destinées à permettre le contrôle des stocks ;

– de soumettre aux vérifications des agents de cet office et, le cas échéant, des agents de douane ;

– d'observer, pour les fournitures des services publics, les règles de priorité qui peuvent être édictées par décret rendu en Conseil des Ministres[3].

D'un point de vue pratique, une commission spéciale est désignée pour chercher « les conditions pratiques d'organisation du monopole d'importation du pétrole et la possibilité d'établir en France du monopole du raffinage »[4]. Ces études aboutissent à perfectionner le système de l'économie contrôlée et sont à l'origine des conditions générales des ventes. Celles-ci fixent un régime de prix strict.

1.3.2. Les conditions générales de ventes

Il est fixé, à chaque changement de cours, pour chacune des deux qualités de pétrole (pétrole ordinaire, et pétrole de luxe) un prix de base, port de mer. Un barème indique, pour chaque canton, la majoration de transport

1. Instituée par l'article 2 de la loi du 28 mars 1928.
2. Archives Desmarais Frères 130 AQ 26, Chambre syndicale de l'industrie du pétrole, note confidentielle du 29 juin 1934, « Régime de l'importation des pétroles. Portée de la clause du contrat d'intérêt national ».
3. Archives économiques et financières, B-0059705.
4. Loi de finances du 31 mai 1933, Art. 167.

correspondante[1]. Le prix de bas en un point quelconque est égal au prix de base port de mer, majoré des frais du transport indiqués au barème.

1.3.2.1. La question des prix selon les critères de distribution

En 1936, il est établi une feuille de cours donnant pour chaque canton les indications suivantes :

– *Le prix de base Monoprofit*, c'est à dire le prix-limite pour la vente du carburant tourisme au détail, à la pompe, tel qu'il est fixé par la formule monoprofit[2], compte tenu des modifications ultérieures à l'établissement de cette formule, de l'abattement de 10 francs imposé par le décret du 8 août 1935, et des frais de transport intérieurs. Le prix de base est fixé à l'hectolitre, droits d'octroi éventuels non compris.

– *La remise provisoire éventuelle.*

– *Le prix d'affichage régulier aux pompes,* qui est égal au prix de base Monoprofit diminué de la remise provisoire éventuelle. C'est du prix d'affichage régulier aux pompes que découlent les prix de vente[3].

En réalité, lors de la fixation des prix, la chambre syndicale communique simplement les prix de cession aux pompistes de marque. Ces prix sont indiqués à l'hectolitre pour le Carburant Tourisme vrac, hors octroi. De ces prix découlent tous les autres.

a- Le vrac

Les prix du vrac et du conditionné se présentent, dès 1936, comme ainsi :

– Prix d'affichage : 15 francs de plus à l'hectolitre que le prix de cession aux pompistes de marque, plus l'octroi éventuel.

– Pompistes libres : le prix de cession aux pompistes libres est de 3 francs à l'hectolitre inférieur au prix de cession aux pompistes de marque. Cet écart de 3 francs ne peut s'appliquer qu'à des livraisons de vrac, à l'exclusion des cylindres. Pour Paris et la zone de banlieue où le prix de Paris est applicable, cet écart n'est que de 2 francs.

– Wagon-citerne : le prix à appliquer pour les livraisons par wagon-citerne est le prix aux pompistes de marque diminué de 5 francs. Cet écart de 5 francs ne peut pas se cumuler avec l'écart de 3 francs pour les pompistes libres. C'est l'acheteur qui doit assurer le dépotage et le stockage.

1. Archives Desmarais Frères 130 AQ 6, « Nouvelles conditions générales des ventes ».
2. Décret du 8 août 1935.
3. Chambre Syndicale de l'Industrie du Pétrole, commission des prix du 3 août 1936, « Nouvelles conditions générales de vente », Archives Desmarais Frères 130 AQ 6.

– Agents-dépositaires vrac : certains dépositaires sont approvisionnés en vrac. Ils revendent, soit en vrac, soit des marchandises conditionnées dont ils ont assuré eux-mêmes le conditionnement. Les sociétés qui possèdent des agents-dépositaires vrac sont responsables des prix que ceux-ci pratiquent. En contre-partie de cette responsabilité, l'exclusivité leur est assurée. Du fait même que l'agent-dépositaire vrac est réservé exclusivement à une seule et même société, dont la responsabilité est engagée, les conditions de vente ne fixent pas le taux de la rémunération à consentir à cet intermédiaire[1].

Ces conditions, régissant du marché de la distribution en vrac, sont à la base du développement du réseau de Desmarais Frères. La distribution en vrac ouvre des possibilités d'adaptation aux petits marchés locaux et ruraux.

b- Le conditionné

Le marché du conditionné se présente comme ainsi :

– *Livraisons détail* : pour les livraisons de marchandises conditionnées, soit par fer par quantités inférieures à un wagon complet, soit par camion par toutes quantités, le prix à consentir pour les cylindres de 200 litres est le prix de cession aux pompistes de marque, majoré de 5 francs. Il est toutefois permis de ne pas appliquer cette majoration ou de ne l'appliquer que partiellement[2].

– *Livraisons par wagon complet* : pour les livraisons par wagon complet (8000 litres minimum expédiés en une seule fois à un même acheteur), le prix net à appliquer pour le cylindres de 200 litres est le prix pompistes de marque, diminué de 5 francs à l'hectolitre.

– *Clients dépositaires* : ils ne peuvent recevoir en dépôt que des marchandises conditionnées qu'ils revendent pour leur propre compte. Le prix net à appliquer aux clients dépositaires, toutes remises, allocations, ou commissions déduites, est, pour les cylindres de 200 litres, le prix de cession pompistes de marque diminué de 5 francs à l'hectolitre.

– *Dépositaires-camionneurs* : ils reçoivent en dépôt des marchandises conditionnées qu'ils revendent pour le compte d'une société. Les factures sont faites généralement par la société, exceptionnellement par le dépositaires-camionneur, mais dans les deux cas, la société est responsable des prix pratiqués. La rémunération des dépositaires-camionneurs ne doit pas dépasser 10 francs à l'hectolitre pour les livraisons faites dans

1. *Ibid.*
2. *Ibid.*

un rayon de 25 kilomètres et 8 francs à l'hectolitre pour les livraisons faites dans l'agglomération urbaine où est situé le dépôt.

Les conditions de vente du vrac et du conditionné sont à l'origine de l'organisation du marché pétrolier. Selon ceux-ci, mais aussi selon la variable du prix, les compagnies de distribution adaptent leurs stratégies commerciales.

1.3.2.2. Écarts de prix suivant qualité

En plus de la définition des prix selon des critères techniques et commerciaux, celles-ci sont déterminées selon des critères de qualité. Il faut souligner ici que la politique de Louis Pineau s'oriente, depuis 1927, vers le « développement des techniques d'exploitation des pétroles »[1]. C'est ainsi que sa politique de succédanés est axée essentiellement sur la promotion de la recherche scientifique dans ce domaine[2]. Dès lors, il existe en France de nouvelles techniques pour l'économie et l'emploi des carburants. Il existe, pour chacune des qualités de pétrole (en l'occurrence deux : luxe et ordinaire), un prix de base. D'autres facteurs réglementaires sont pris en compte dans la détermination de ces prix. Il s'agit notamment de :

– L'article 6 de la loi du 28 février 1923 impose aux importateurs d'essence l'obligation d'acheter à l'État un pourcentage déterminé d'alcool.

– L'article 36 de la loi du 30 décembre 1928 majore la taxe intérieure applicable à l'essence proprement dite.

– Les articles 1 et 4 de la loi du 21 mars 1934 réglementent l'importation du white-spirit pour favoriser l'emploi de l'essence de térébenthine.

– L'article 9 de la loi du 4 juillet 1931, en astreignant les importateurs à additionner l'alcool les essences autres que tourisme et white-spirits, individualise les essences tourisme et les essences autres.

– Le décret du 29 mai 1935 abroge l'interdiction d'importation et de vente des huiles raffinées ayant un point d'inflammabilité inférieur à 35°.

– La loi du 20 juillet 1934 individualise les huiles de graissage pour l'horlogerie et similaires en petits flacons. Celles-ci étaient classées jusque-là comme huiles lourdes ou huiles de vaseline dites water-white, selon le cas[3].

---

1. Discours de Louis Pineau, *Annales ONCL*, 1927.
2. Archives Nationales F[12] 9925.
3. Archives économiques et financières, B 59 705 : dossier intitulé « Régime fiscal et douanier des produits pétroliers, conférences du 11-12 mai 1927 et du 14 –15 mai 1928 à l'école du pétrole de Strasbourg, catégories légales des produits pétroliers 1923-1938 ».

On aboutit, pour des motifs divers, aux dix sept catégories légales qu'on peut classer de la façon suivantes :

TABLEAU 2.2.5.
Les différentes catégories légales de produits pétroliers

Les essences	Les huiles	Les fuels	Produits solides
- Essences tourisme ; - Essences autres que tourisme.	- Huiles minérales brutes ; - Huiles raffinées dites white-spirits ; - Huiles raffinées dites lampantes ; - Huiles raffinées autres ; - Huiles de graissage pour horlogerie et similaires ; - Huiles lourdes épurées, type water-white ; - Huiles minérales lourdes non épurées et dérivées ou résidus non repris ailleurs.	- Gaz-oil ; - Fuel-oils.	- Road-oils ; - Brais mous ; - Brais durs ; - Cokes de pétrole ; - Paraffine ; - Vaseline.

Source : Archives économiques et financières, B-0059705 : « Catégories légales des produits pétroliers 1923-1938 ».

Il est établi, pour chaque département, une feuille de cours donnant, pour chaque canton, le prix de base pétrole ordinaire à l'hectolitre. De manière générale, le prix de base du pétrole de luxe est supérieur de 9 francs à l'hectolitre au prix de base pétrole ordinaire[1]. Cependant, le carburant poids lourd se vend 35 francs de moins à l'hectolitre que le carburant tourisme[2]. Par ailleurs, le carburant poids lourds benzolé se vend 25 francs de moins à l'hectolitre que le carburant tourisme. Les super-carburants, eux, se vendent :

– 10 francs à l'hectolitre de plus que le carburant tourisme, quand il s'agit de produits ternaires contenant au moins 10% de benzol.

1. Archives Desmarais Frères 130 AQ 6, Note du 5 août 1936.
2. « Nouvelles conditions générales de vente » du 3 août 1936, Archives Desmarais Frères, 130 AQ 6.

– 20 francs à l'hectolitre de plus que le carburant tourisme, quand ils ne conditionnent pas d'alcool.

Ainsi le régime du pétrole en France reste sous le l'influence directe de l'État. Il est dicté avant tout par les intérêts de la défense nationale et établi par des lois. Le but évident recherché de cette réglementation est non seulement de contrôler la distribution par contingence, mais de couvrir les besoins du pays dans un avenir très prochain par un raffinage intérieur. D'un point vue macroéconomique, le contrôle du secteur pétrolier par l'État semble être imposé par le contexte international assez tendu, et l'effondrement des prix du pétrole brut en 1933. Le recours au protectionnisme, dans les années 1930, devient en quelque sorte le réflexe spontané des gouvernements, à la recherche d'un équilibre de leurs échanges internationaux. L'État réussit à influer sur deux agrégats économiques : le prix et le profit.

a- Le prix pour l'ensemble de la branche pétrolière

De façon générale, la politique des prix en matière de pétrole est l'attribut des conditions générales des prix. Cependant, les prix fixés du pétrole dépendent, en large mesure, de la conjoncture de l'époque. En fait, les prix français, stimulés à l'origine par un franc sous-évalué, commencent à baisser au début des années 1930. Il y a certes l'augmentation de la production pétrolière mondiale, mais les causes profondes sont d'ordre monétaire. En fait, la masse monétaire en circulation augmente de 50% jusqu'en 1930, tandis que le PNB baisse de 10 à 15%[1]. Le déficit budgétaire en 1932 atteint de graves proportions. D'où la mise en place d'une politique déflationniste qui ne peut résoudre la question de la production industrielle ni celle des prix français trop élevés.

Dans l'absolu, l'augmentation des prix favorise le développement de l'industrie pétrolière, mais seulement dans le cadre d'une élasticité prix rigide (égale à zéro). Les capitaux commencent à quitter le pays dès 1935-1936 et la production et l'investissement commencent à diminuer (-6% et -11% respectivement en 1937)[2]. En matière de pétroles, les prix n'échappent pas à ces conditions et subit leurs conséquences. Dès le début des années 1930, on aboutit à l'institution d'un comité de

1. Alain Beltran, Pascal Griset, *L'économie française 1914-1945, op. cit.*, p. 127-128.
2. François Caron, *Histoire économique de la France XIXe-XXe siècle*, Armand Colin, Paris, 1981, p. 197.

surveillance des prix pour freiner la hausse[1] et une entente entre les raffineurs (le contingentement de 1932).

b- Les premiers résultats et les bénéfices acquis en 1939

Malgré cette situation déplorable, ni la CFP, ni la CFR ne subirent le moindre coup. La production de Mésopotamie était réservée à des grandes organisations de vente depuis fort longtemps, l'article 12 de la convention avec l'État assurait largement la CFR de la vente de son pétrole raffiné. De son côté, l'État a pu réaliser les objectifs prévus par la loi de 1928 : 15 usines de raffinage dont la capacité de traitement s'échelonnait de 200.000 à 1.200.000 tonnes sont construites en France. En 1929, 100.000 tonnes de pétrole brut sont raffinées, en 1932 : 900.000, 5.500.000 en 1937 et plus de 7 millions de tonnes en 1938. La CFP enregistre son premier bénéfice supérieur à 10% en 1936. Elle verse alors un dividende de 5%. L'État français attend 1937 pour toucher les super-bénéfices auxquels il peut aspirer[2] : cinq millions de francs, qui augmentent en 1938 – sept millions – auxquels s'ajoutent les dividendes attachés à sa participation de 35% au capital de la société (54 millions). Le conseil d'Administration se permet l'affectation à un « fonds de prévoyance » de sommes importantes (56 millions de francs en 1938)[3].

TABLEAU 2.2.6.
LES DIVIDENDES DISTRIBUÉS DE 1936 À 1938

Année	Dividende global (1000 francs)	Dividende brut par action	Rendement en %
1936	237,5	0,25	5
1937	420	0,35	7
1938	540	0,45	9

Source : Archives Total, 82.5/16

La capacité de traitement des usines françaises, inférieure en 1927 à 300.000 tonnes par an, atteindra les 8 millions de tonnes en 1938[4]. Parallèlement à cette progression impressionnante des capacités de distil-

1. Archives de Desmarais Frères 130 AQ 6.
2. *Pétrole Informations* n° 1309 – 29 mars / 4 avril 1974, « La CFP a cinquante ans », p. 11.
3. *Ibid.*
4. *Le coût en Divises de l'Approvisionnement Pétrolier Français*, Rapport du Conseil Supérieur du Pétrole (Ministère de L'Industrie et du Commerce), décembre 1955, p. 10.

lation, s'opère un progrès moins frappant mais presque aussi important dans la gamme des produits que les raffineries sont capables de fabriquer et dans l'amélioration de leur qualité. C'est ainsi que successivement le butane et le propane avant la guerre, puis pratiquement toute la variété des essences, produits spéciaux et lubrifiants peuvent être fabriqués, sur le sol français, à partir du brut importé. Au total, la part des produits finis dans les importations françaises de produits pétroliers est passée en tonnage de 94% en 1929 à 18% en 1938.[1]

TABLEAU 2.2.7.
Le bénéfice commercial brut de la CFP de 1934 à 1940

Année	Bénéfices en francs
1934	67.000
1935	435.000
1936	562.000
1937	1.357.000
1938	1.751.000
1939	1.424.000
1940	1.236.000
Total	6.830.000

Source : Archives Total 82.5/16.

A la veille de la seconde guerre mondiale, toutes les activités auxquelles participe la CFP sont en plein développement. Le bénéfice commercial brut passe de 1.064.000 de francs de 1934 à 1936 à 4.532.000 de 1937 à 1939 (TABLEAU 2.2.7.). Les importations sont constituées aux 4/5 par des produits bruts et la France exporte une quantité croissante de produits raffinés (600 000 tonnes en 1937, dont la moitié vers son Empire)[2]. En outre, pour la CFR, le développement de ses activités se mesure à l'augmentation des tonnages des bruts traités par ses deux raffineries : en Normandie, 1,37 Mt de brut et en Provence, 600 000 tonnes en 1939. La même année, un décret du 20 mars supprime l'ONCL pour mettre en place une Direction des Carburants[3]. Celle-ci commence à fonctionner dès le 1er juin 1939 sous les auspices du Ministère des

1. *Ibid.*
2. Alain BELTRAN, Sophie CHAUVEAU, *Elf Aquitaine : Des origines à 1989*, Paris : Fayard, 1998, p. 18.
3. Voir : Olivier LESOURD, « La Politique Française du Pétrole », *Annuaire guide du pétrole*, 1948, Archives de l'Institut Français du Pétrole (IFP).

Travaux Publics. On peut dire qu'à la date de disparition de l'ONCL, son programme initialement défini est réalisé en plus grande partie.

2/ La stratégie de Desmarais Frères : l'adaptation de l'outil de production aux besoins du marché

Dans le contexte des années 1930, la stratégie de Desmarais Frères est surtout orientée par le marché. On peut alors parler d'une planification stratégique. Celle-ci tient compte de deux dimensions : l'adaptation de l'outil de production aux besoins du marché et le développement d'un réseau de distribution. Comme arrière-plan théorique, l'analyse considère la définition selon laquelle « la planification stratégique est un processus logique de raisonnement permettant d'identifier un ensemble de manœuvres stratégiques et de choisir celles qui donnent à l'entreprise les meilleures chances d'atteindre ses objectifs et de réaliser sa finalité »[1]. Il s'agit d'appréhender le processus adaptatif ayant permis à Desmarais Frères de mettre en place une grande structure de distribution dans un contexte de grande concurrence.

Face à de nombreuses contraintes d'ordre environnemental, les Desmarais acquièrent une certaine capacité à s'adapter aux évolutions changeantes de leur environnement. Du point de vue de la technologie, s'affirme la possibilité de concevoir un développement progressif et cumulatif sur une période plus ou moins longue grâce à des prises de position stratégiques, sur ce qu'on appelle des nœuds technologiques, dans la mise à jour de produits pétroliers nouveaux qui s'adaptent à la demande. La maîtrise de ce processus ouvre de nouveaux couples produits - marchés.

2.1. *Des contraintes au développement*

Les contraintes confrontées par la compagnie Desmarais Frères peuvent être classés selon deux critères. En premier lieu, il y a les contraintes d'ordre mondial sur lesquelles l'entreprise a peu ou aucune influence. On peut les classer comme celles inhérentes à l'industrie pétrolière en général. En deuxième lieu, il y a les contraintes de production

1. Cette définition est celle de Michel Montebello de l'Université d'Aix-en-Provence, Voir : Claude Sicard, *Pratique de la Stratégie de l'Entreprise, concepts opérationnels et procédures de succès*, Editions Hommes et Techniques, Paris, 1986, p. 73.

qui peuvent être liés à l'organisation de l'industrie sur le plan national et dont la compagnie a la possibilité d'exercer son influence.

2.1.1. Contraintes inhérentes à l'industrie pétrolière

Vue la spécificité de l'industrie pétrolière en tant qu'énergie non renouvelable et exigeante en investissements, celle-ci bénéficie de ses propres contraintes.

2.1.1.1. Les contraintes strictement techniques

Dans son ouvrage intitulé L'économie pétrolière : structure d'une industrie, publié en 1948, Paul H. Frankel rend compte de quelques contraintes spécifiques à l'industrie pétrolière. Les arguments développés par Frankel restent d'ailleurs valables aujourd'hui. En premier lieu, l'industrie pétrolière est très capitalistique. En dehors d'un nombre très limité de personnel qualifié, celle-ci exige très peu de capital travail. La main-d'œuvre constitue un élément relativement secondaire[1]. En revanche, les investissements en équipement sont lourds... d'où la nécessité de réfléchir en termes d'efficience, si l'on utilise un vocabulaire plus récent[2]. En résumé, il s'agit d'une industrie d'équipement et tout le succès dépend de la possibilité de le faire travailler convenablement. Les années 1930 étant une période de mutations technologiques[3], les investissements peuvent atteindre des sommes exorbitantes. Le problème central de l'économie du raffinage est ce que l'on appelle « l'écart entre le coût premier et le coût total »[4].

En effet, plus de la moitié du coût total correspond aux frais généraux et ne se rapporte pas directement au volume de la production. La productivité maximale passe obligatoirement par l'exécution d'un plan de productions régulières et l'utilisation d'un équipement à plein. Quand en 1932 la vente du carburant poids lourd chez Desmarais Frères ne croît que lentement et la branche végétale présente un résultat déficitaire, les conséquences se font vite sentir sur l'activité de l'usine Desmarais de Graville. Les dirigeants de Desmarais Frères ramènent cette crise non seulement à la crise générale des affaires, mais encore et surtout

1. Paul H. Frankel, *L'économie pétrolière. Structure d'une industrie*, Paris, 1948, p. 50.
2. L'idée d'efficience est opposée à celle de « gaspillage » des ressources, entendue au sens large. On dit d'une technique – ou d'une organisation de production – qu'elle est efficiente si elle permet d'obtenir la plus grande quantité de produit pour des ressources données. Voir : Bernard Guerrien, *Dictionnaire d'analyse économique*, La Découverte, Paris, 1997.
3. Voir : François Caron, *Les deux révolutions industrielles du XXe siècle, op. cit.*
4. Cité in P. H. Frankel, *L'économie pétrolière Structure d'une industrie, op. cit.* selon E. G. Robinson, *The structure of Competitive Industry*, Cambridge Economics Handbooks, Cambridge, London, 1937, p. 94.

à la baisse des matières premières pendant toute l'année[1]. L'arrêt des machines à intervalles rapprochés porte en effet un énorme préjudice à l'activité du raffinage. C'est ce qui se traduit par une énorme perte qui correspond à la perte de chaleur et de produits déclassés au commencement et à la fin de chaque période de fonctionnement.

2.1.1.2. Les contraintes liées à la conjoncture

Au début des années 1930, le fameux Krach boursier de New-York (1929) commence à se faire sentir en France. Une grave crise économique s'étend progressivement à l'ensemble du monde[2]. A la suite de la dévaluation de 30% de la livre sterling et de 40% du dollar et des dévaluations de presque toutes les monnaies, conséquences inéluctable de l'effondrement de l'économie mondiale[3], les prix en France sont devenus supérieurs de 25 à 35% aux prix des concurrents étrangers. De cette instabilité financière résulte l'incertitude économique et le ralentissement de la croissance du commerce mondial[4]. L'industrie pétrolière, en état constant de surproduction potentielle pour pouvoir faire face au développement si rapide des besoins, est de ce fait particulièrement exposée. Les prix s'effondrent sur les marchés d'exportation.

Suite aux mesures de restrictions volontaires imposées par les sociétés américaines, la production mondiale du pétrole baisse dans période 1930-1932. Elle est de 179.631.910 tonnes en 1932[5]. Ainsi en 1931, la compagnie Desmarais Frères connaît son premier résultat déficitaire. Selon ses dirigeants, le déficit de 5.253.379,90 francs est « la résultante directe de la déflation continue des cours d'origine du 1er janvier à la fin de l'année, et surtout de la continuation de la concurrence très âpre sur le marché des essences »[6]. La situation ne redevient à peu près normale que vers 1934-1935 quand la consommation mondiale retrouve son niveau de 1930 et aussi quand les efforts de coopération sur le plan de la distribution commencent à se concrétiser et à donner des résultats[7]. *La reprise de la consommation pétrolière se fait donc à partir de cette date.*

---

1. Archives de Desmarais Frères à Total, 99AC406, Dossier 4 : « Rapport des gérants à l'assemblée générale ordinaire du 29 juin 1933 ».
2. Alfred Sauvy, *Histoire économique de la France entre les deux guerres*, Fayard, Paris, 1965.
3. Voir notamment : Charles P. Kindleberger, *Grande crise mondiale 1929-1939*, traduit par Henri Paul Bernard, Economica, Paris, 1988.
4. François Caron, *Les deux révolutions industrielles du XXe siècle, op. cit.*, p. 143.
5. C. Osiceanu, *Le combustible liquide mondial, op. cit.*, p. 17.
6. Archives Desmarais Frères à Total, 99 AC 406, Dossier 4 : « Rapport des gérants à l'assemblée générale ordinaire du 29 juin 1932 ».
7. François Caron, *Histoire économique de la France XIXe-XXe siècle*, Armand Colin, Paris, 1981, p. 194.

2.1.2. Contraintes de production : la question du « carburant national »

Le mélange essence-alcool, tradition héritée des périodes de grandes pénuries (la Guerre de 1914-1918), reste en usage en France dans l'entre-deux-guerres. Vu l'augmentation des besoins énergétiques, l'objectif pour tous est d'absorber une part de des productions nationales pouvant servir de combustible. L'utilisation dans les moteurs d'un produit national tel que l'alcool fabriqué en assez grande quantité dans tous les pays agricoles, au lieu de l'essence importée, apparaît comme un moyen de se libérer de la dépendance des pays producteurs[1]. Comme pour l'écoulement de l'alcool sous la pression des agriculteurs, l'État constate que certains produits nationaux sont susceptibles de remplacer l'essence. Le mouvement est généralisé dans la plupart des pays d'Europe et même dans certains États de l'Amérique du Sud[2].

En France, l'initiative de l'emploi de l'alcool pour la carburation revient à M. Barthe, député de l'Hérault, qui, appuyé par 400 députés du groupe agricole de la Chambre, fait voter la loi du 28 février 1923 imposant aux sociétés de distribution de pétrole la reprise d'un contingent d'alcool équivalent à 10% de leurs importations d'essence[3]. Désormais, une production 1 million à 1,2 millions d'hectolitres d'alcool annuels doivent être absorbés par les carburants entre 1923 et 1929. Puis l'on passe à 1,7 en 1930 et 2,4 millions en 1931[4]. Ernest Mercier fait remarquer, dans une conférence organisée le 3 mai 1935 par le Centre Polytechnicien d'Etudes Economiques, que la distribution de l'Energie en France n'obéi plus aux lois traditionnelles de l'école libérale[5]. Dans la seule campagne 1935-1936, 4 millions d'hectolitres d'alcool sont achetés, dont 1.800.000 qui ont pu être employés[6].

À côté de l'alcool il y a le benzol. En 1930, la quantité annuelle de benzol allant à la carburation est de 65.000 tonnes. Le benzol représente alors 3,9 % de la consommation totale du carburant[7]. Cette part est appelée à augmenter constamment sous l'impulsion du Comité de

1. Archives Desmarais Frères 130 AQ 8 : Bureau Permanent International des Constructeurs Automobiles, « L'emploi obligatoire des carburants mixtes à base d'Alcool dans les différents pays, conséquences économiques et fiscales », mars 1932.
2. *Ibid.*
3. Archives Desmarais Frères, 130 AQ 7 : « Note précisant les conditions dans lesquelles a pu être réalisé l'écoulement d'alcool à la carburation », 24 février 1934.
4. *Ibid.*
5. Ernest Mercier, « Considérations sur une politique nationale de l'énergie », *La Journée industrielle*, 7 mai 1935.
6. F. M. Bergounioux, *La France et le problème du pétrole*, Laboratoire de Géologie de l'Institut Catholique, Toulouse, 1941, p 126.
7. Archives Desmarais Frères 130 AQ 7 : Chambre syndicale de l'industrie du pétrole, « La question du benzol », note du 23 décembre 1930.

l'Association des Producteurs de Benzol[1]. Mais ce n'est pas tout, car des efforts sont faits pour intégrer d'autres produits à la carburation. La collaboration entre l'ONCL, l'Office des inventions et l'Automobiles-Club de France démontre la possibilité d'employer le bois ou le charbon de bois pour la production d'un gaz pauvre susceptible d'alimenter les moteurs des camions[2].

TABLEAU 2.2.8.
Répartition de la consommation française de carburants (en tonnes)

Années	Essences	Alcool	Benzol	Total
1925	1.037.323	20.439	13.079	1.070.841
1926	1.028.374	23.848	13.400	1.063.522
1927	1.160.864	13.964	20.000	1.194.828
1928	1.423.882	16.219	28.000	1.468.401
1929	1.637.847	17.686	32.200	1.607.733
1930	1.867.689	28.042	40.000	1.945.731
1931	2.111.983	52.253	41.000	2.205.236
1932	2.193.836	69.120	38.900	2.304.856
1933	2.355.644	170.240	37.600	2.563.484
1934	2.294.687	196.800	37.900	2.528.700
1935	2.200.868	307.000	40.000	2.547.868
1936	2.278.568	345.280	79.700	2.703.548
1937	2.487.517	207.500	82.000	2.777.017

Source : *Les annales de l'ONCL, mai 1939.*

Cependant, quelques contraintes proviennent du fait que quelques problèmes se sont posés lors de ces essais. En hiver notamment, il y a des problèmes de démarrage. Le fait d'ajouter de l'alcool à une essence révèle que, sans starter, le départ à l'essence alcoolisée est moins facile qu'avec l'essence pure[3]. En effet, si le moteur ne part pas du premier coup, des condensations se produisent sur les bougies et, dans ces cas,

1. Archives Desmarais Frères 130 AQ 7 : « Note sur la production et sur la consommation du benzol en France ».
2. Archives Nationales, F^{12} 900415 : Minutiers de l'ONCL.
3. « Essai effectué à Montlhery sous le N° 2.046, carburant Essence-Alcool », Procès verbal du 16 mai 1933. Centre des Archives du Monde du Travail 130 AQ 7.

seul un remorquage peut assurer la mise en route. Les consommations ont tendance à augmenter aussi, ce qui a été à l'origine de nombreuses protestations de la part de la clientèle[1].

Durant l'année 1932, Desmarais Frères éprouve de grandes difficultés s'agissant l'écoulement de l'alcool. Les débouchés des mélanges ne sont pas suffisants pour permettre d'écouler les quantités d'alcool dont la reprise est légalement imposée. Bien plus encore, un article de la loi de finance de 1932 inflige à la compagnie des pénalités pour les retards dans l'écoulement de l'alcool. Cette même année, la pénalité s'élève au total de 2.590.955,85 francs. C'est seulement à partir de 1933 que Desmarais Frères obtienne les autorisations nécessaires pour effectuer les ventes d'essence tourisme à faible teneur en alcool. La compagnie arrive alors à résorber très rapidement les retards dans la reprise d'alcool et arrêter l'accroissement des « injustes » pénalités qui en résultent[2]. Devant ces contraintes, la diversification stratégique et de production devient pour Desmarais Frères comme une forme évidente d'adaptation.

2.2. La diversification comme moyen d'acquisition de parts de marché

Comme spécialiste de la distribution, les Desmarais doivent faire face à la concurrence des réseaux de distribution existants. Pour ne citer qu'un exemple, mais qui n'est pas le moindre, la Société des Pétroles Jupiter utilise une stratégie de diversification de production assez forte depuis l'absorption par elle de la Société Maritime des Pétroles en avril 1929. S'appuyant sur l'expérience mondiale de la Royal Dutch-Shell, la Société Maritime des Pétroles forme un cadre d'ingénieurs spécialistes français capables de mener à bien l'effort de la propagande qui s'impose[3]. Les consommateurs hésitent avant d'adopter un produit nouveau et il faut vaincre les résistances de toutes sortes. C'est ainsi que pour le bitume, ces ingénieurs se procurent le matériel spécial et entreprennent eux-mêmes les premières applications de bitume sur route, afin de faire connaître aux ingénieurs des Ponts et Chaussées et aux entrepreneurs la qualité des nouveaux revêtements et la technique de leur application.

1. Lettre de la Société Anonyme André Citröen à Monsieur Marcel Jacta, Directeur technique à la consommation (Desmarais Frères) du 17 mai 1933, contenant, dans un pli joint, un procès verbal mentionnant les essais effectués et leurs résultats ; La réponse de Monsieur Jacta du 22 mai 1933. Archives Desmarais Frères, 130 AQ 7.
2. Archives Total, 99AC406, Desmarais Frères, Dossier 4 : « Rapport des gérants à l'assemblée générale ordinaire du 29 juin 1934 ».
3. « Rôle de la Société Anonyme des Pétroles Jupiter dans l'évolution du marché du pétrole d'après-guerre », in *La Société des Pétroles Jupiter*, notice éditée à l'occasion de l'inauguration de la raffinerie de Petit-Couronne, 5 janvier 1933, p. 4-6.

La campagne entreprise pour développer le chauffage central aux huiles lourdes constitue un autre exemple caractéristique de cette propagande et des résultats qu'elle a permis d'obtenir[1].

La Société Jupiter se consacre également à l'aviation civile et commerciale en donnant des facilités de ravitaillement indispensables à son développement. « ...Elle s'est attachée à créer des services-stations dotées d'un matériel moderne sur la plupart des aérodromes, même là où le débit à escompter ne les justifiait pas commercialement... »[2] Compte tenu des forts taux de désengagements enregistrés dans les activités de diversification, la réussite pourrait être assimilée à la survie de la nouvelle activité. Dans ce contexte précis, « la diversification consiste à entrer dans de nouveaux domaines d'activités stratégiques »[3]. Un domaine d'activité stratégique est identifié en appliquant des principes de segmentation stratégique. En se diversifiant ainsi, la Société Jupiter entre dans un univers concurrentiel où les règles du jeu changent, car elle pénètre dans un domaine d'activité stratégique différent de son activité habituelle.

Face à la concurrence au niveau des utilisations diverses des produits pétroliers, la survie de Desmarais Frères dépend très largement de sa stratégie de marché. Le pétrole offre en fait de multiples possibilités. La diversification devient l'un des critères de réussite de toute compagnie industrielle ; elle l'est particulièrement pour l'industrie pétrolière des années 1930. Le secteur est en pleine expansion et la diversification de la production devient une nécessité stratégique de premier ordre. L'entreprise doit, soit entrer dans de nouvelles activités, soit pénétrer dans un domaine d'activité stratégique appartenant à une industrie où elle opère. La relation entre politique de diversification et performance a donné lieu, au milieu des années soixante-dix, à un vaste programme de recherche inauguré par la publication, en 1974, de la thèse de Rumelt[4]. A partir d'un échantillon de 246 firmes prises parmi les 500 premières entreprises américaines, Rumelt s'efforce d'apprécier la relation entre les performances des entreprises et le type de diversification. Il vient à

1. *Ibid.*
2. *Ibid.*, p. 5.
3. R. A. Pitts et H. D. Hopkins, "Firm diversity, conceptualization and measurement", *Academy of Management Review*, vol. 7, 1982, p. 620-629.
4. Richard P. Rumelt, *Strategy, Structure and Economic Performance*, Harvard University Press, Cambridge, Mass.,1974 ; R. M. Grant et A. P. Jammine, « Performance differences between the Wrigley/Rumelt strategic categories », *Strategic Magagement Journal*, 1988, vol.9, p. 333-346.

la conclusion que « les entreprises diversifiées à activités liées obtenaient de meilleures performances que toutes les autres »[1].

Les chercheurs ne mesurent pas la diversité de la même manière, mais « la classification la plus utilisée est celle formulée par Wrigley et affinée par Rumelt »[2]. Le degré de diversification y est apprécié en fonction de deux critères : le degré de spécialisation, mesuré par le poids de l'activité dominante dans le chiffre d'affaires[3], d'une part, le degré de connexité des diverses activités apprécié par le poids du groupe d'activités liées le plus important[4]. La connexité est définie en fonction des similitudes dans le domaine commercial, de la production ou de la recherche-développement. Une telle analyse permet notamment de savoir si le fait de mener conjointement deux activités offre à l'entreprise un avantage sur les concurrents spécialisés dans une seule activité.

A partir des critères de spécialisation et de connexité, Wrigley détermine quatre situations principales qui apparaissent dans ce tableau :

TABLEAU 2.2.9.
La classification de Wrigley

Degré de connexité*	Degré de spécialisation **		
	Fort > 95%	Moyen 95%>et>70%	Faible 70%>
Faible 70%>	Sans Signification		Firme à activités non liées
Fort >70%	Firme à activité unique	Firme à activité unique	Firme à activités liées

* Mesuré par l'importance du plus grand groupe d'activités connexes dans le chiffre d'affaires global de l'entreprise.
** Mesuré par l'importance de la plus grande activité dans le chiffre d'affaires global de l'entreprise.

Source : Richard P. RUMELT, *Strategy, Structure and Economic Performance,* Harvard Business School Press, 1974.

1. *Ibid.*
2. *Ibid.*
3. Deux seuils sont distingués : 95 et 70% du chiffre d'affaires.
4. Pour qu'une firme soit considérée comme ayant des activités liées, le groupe le plus important d'activités liées doit représenter au moins 70% du chiffre d'affaires.

Historiquement, la compagnie Desmarais Frères a connu beaucoup de changements dans son activité principale depuis sa création. Après la première guerre mondiale, la politique française des importations, ainsi que la politique industrielle, ont été profondément modifiées, nous l'avons vu, par l'entrée en jeu du pétrole mésopotamien. Chez Desmarais Frères, comme pour une grande majorité de compagnies pétrolières, l'on assiste à une diversification dans la production d'autres dérivés pétroliers. En conséquence, cela impose une modification dans la stratégie de la Compagnie et dans ces rapports avec son environnement.

Cette diversification mérite une attention particulière et une analyse bien approfondie, certes dans une perspective historique, mais avec certains critères qui ne sont pas forcement celles de l'époque. De quelle politique de diversification chez Desmarais Frères peut-il s'agir ? Pour mieux comprendre les choix de Desmarais Frères, il convient d'apprécier ces choix à la lumière des opportunités ou des alternatives qui s'offrent dans le secteur pétrolier en France dans les années 1930. En théorie il existe au moins deux formes de diversification de proximité :

– *La diversification par la technologie : dans ce type de diversification, l'entreprise s'appuie sur la maîtrise technologique pour l'étendre à de nouvelles applications et/ou clientèle*[1]. Cela est le cas chez Desmarais Frères dans la mise en place d'une stratégie organisée en branches : la branche végétale et la branche minérale. Chaque branche présente une large gamme de produits qui tentent de s'adapter aux besoins du marché.

– La diversification par la clientèle : L'entreprise décline une gamme de services de plus en plus complète à l'intention d'une clientèle précise. Elle exploite ainsi sa connaissance des clients[2]. On retrouve également ce type de diversification chez Desmarais Frères sous la forme d'alliance stratégique. En effet, la compagnie amplifie ses rapports de coopération avec le deuxième constructeur automobile français Citroën dans la mise en place d'un carburant automobile spécial et adéquat.

Les deux formes de diversification existent donc dans la stratégie de Desmarais Frères. Il convient alors d'examiner de plus près ces deux formes de diversification chez Desmarais Frères appliquées notamment de 1930 à 1935.

1. Voir : Philippe Very, *Stratégies de diversification, nouvelles perspectives,* Editions Liaisons, Paris, 1991. p. 25-29.
2. *Ibid.*

2.2.1. La diversification selon les branches d'activité

Desmarais Frères est distributeur avant tout, mais l'activité de raffinage demeure encore une priorité. Cette situation s'explique par deux impératifs : celui de garder des marges commerciales satisfaisantes liées au raffinage, mais aussi celui de la commercialisation de produits différenciés permettant d'obtenir de nouveaux parts de marché. Desmarais Frères joue ainsi un rôle de catalyseur vers une industrie pétrolière française intégrée.

2.2.1.1. Diversification vers la distribution

A partir de 1928 que l'usine Desmarais du Havre se consacre à l'entreposage et au conditionnement des produits raffinés[1]. En 1929, la distribution en vrac est lancée sur le marché de la consommation. Démarre ainsi tout un programme de rationalisation de la distribution. Les séparateurs d'air deviennent obligatoires dans toutes les stations services, pour être remplacés par les appareils à compteurs continus à partir de 1932[2]. La distribution pétrolière commence alors en France à connaître une véritable « révolution de production de masse » s'appuyant les moyens modernes de transport et de communication[3]. Desmarais Frères modernise ses équipements.

Pour faire face à la demande croissante sur le marché, la compagnie tourne ses investissements vers la distribution : 170 entrepôts, 100 stations relais, 15.500 pompes et un parc de wagons, camions et chalands citernes s'élevant à 1000 unités. Cela se fait en 1932 au moment de la mise en place d'un contingentement des distributeurs nationaux sur la base de la convention de 1929. Avec le développement des installation et réseau de distribution, la marque d'essence Automobiline (essence tourisme et poids lourds), créée depuis 1895, commence à disparaître progressivement. Elle laisse place à la marque Azur dès 1933, nouvelle plate forme de communication des essences de Desmarais Frères.

1. Raymond Sider, « L'usine et les entrepôts Desmarais du Havre : Un siècle d'industrie du pétrole au Havre 1879-1979 », dans l'*Escale* n° 261 de Novembre 1981, p. 18-22.
2. S. Miraucourt, « Histoire de la pompe à essence » dans *Culture Technique*, n° 9 février 1983. pp 171-177.
3. Alfred Chandler Junior fait remarquer qu'aux États-Unis la révolution de la production de masse s'est également accompagnée des débuts de l'organisation scientifique du travail avec les travaux de Taylor. Voir : *La main visible des managers*, Economica, Paris, 1988, p. 304-314.

ILLUSTRATION 2.2.3.
Un camion de livraison (Delahaye) utilisé par Desmarais Frères en 1927

Source : Archives Total

L'Azur symbolise l'ère nouvelle d'un produit devenu désormais de grande consommation. Sa composition est l'aboutissement de recherches et d'essais pour une composition essence-alcool, faite conjointement par des ingénieurs de Desmarais Frères et de Citroën, pour tous véhicules fonctionnant à l'essence[1]. Il devient très vite l'axe de communication autour de la marque Azur dès 1933.

> « Nous avons eu l'occasion, au début de la saison, de pousser nos efforts de publicité pour la vente de notre carburant sur Azur et, notamment, d'intensifier la distribution par nos représentants, nos Pompistes et nos Stations-Relais du dépliant que vous connaissez et dans lequel nous essayons de faire l'instruction des Usagers en ce qui concerne l'indice d'octane des carburants »[2].

Depuis, l'activité des établissements Desmarais Frères prend une nouvelle et très remarquable extension. A la fin de cette période, les ventes annuelles de la maison en essence, pétroles, huiles combustibles et de graissage, carburants divers, représentent une fraction appréciable du total consommé en France. L'indépendance financière de la maison lui assure, sur le marché français proprement dit, une primauté incontestable et incontestée. A la veille de la deuxième guerre mondiale, la maison dispose d'un organisme de distribution étendu et bien arti-

1. Archives Desmarais Frères 130 AQ 7, document intitulé : « Résumé des rapports que nous avons eus avec la société Citroën concernant l'Azur et l'essence T / A », 29 septembre 1933.
2. Lettre de Monsieur Jacta Directeur technique à la consommation (Desmarais Frères) à Monsieur Provost, Directeur du Laboratoire Citroën à Montlhery (le 19 avril 1933). Archives de Desmarais Frères, 130 AQ 7.

culé. Sept usines, dont deux *exercées*, c'est-à-dire soumises au contrôle permanent des services de la douane, cent soixante-dix dépôts, près de cent stations relais, plus de quinze mille cinq cent pompes distributrices, environ le cinquième du total des pompes fonctionnant en France, assurent son activité, notamment celle de la branche minérale. Il y a lieu d'ajouter à ceci plus d'un millier de wagons-citernes, camions, chalands, tracteurs et trains routiers.

ILLUSTRATION 2.2.4.
Un semi-remorque gros-porteur de Desmarais Frères

Source : Henry MENJAUD, *Desmarais Frères, un siècle d'industrie française du pétrole,* 1861-1961, Paris, Draeger, 1961 (non paginé).

2.2.1.2. La diversification dans l'activité de raffinage

Dans le période de l'entre-deux-guerres, le pétrole offre de larges possibilités de dérivés[1]. La multiplication de nouveaux besoins en énergie ouvre une grande marge de manœuvre pour les compagnies souhaitant se diversifier. Dans la première moitié des années 1930, la maison Desmarais cherche encore un créneau susceptible de lui rapporter des projets substantiels. Ainsi l'activité reste très fortement diversifiée autours de deux branches *minérale* et *végétale*. Deux des usines mentionnées appartiennent à la branche végétale[2]. Si l'année 1930 a été caractérisée comme la précédente par une augmentation des ventes de la branche *minérale produits blancs* en tonnage, elle aboutit pour cette branche à un résultat déficitaire. Par contre, la branche minérale huiles de graissage, tout en restant stationnaire comme tonnage (ce qui correspond d'ailleurs à la situation générale de cette industrie) donne des résultats très substantiels. Par ailleurs, la branche *minérale produits noirs*

1. Voir : André GRAETZ, *Pétroles naturels et carburants de synthèse,* Paris, 1931.
2. Archives de Desmarais Frères à Total, SC 90/54.

se développe de façon très intéressante « qui fait bien augurer de son avenir », mais les bénéfices restent modérés[1].

D'autre part, durant les deux années 1931 et 1932, on enregistre une nouvelle augmentation du tonnage des ventes *minérales produits blancs*. Dès 1932, c'est-à-dire quelque temps après la naissance de l'essence tourisme alcoolisée, les essais prolongés sont faits en vue d'obtenir un carburant binaire. Par ailleurs, la légère baisse des ventes du pétrole est amplement compensée par l'augmentation du tonnage des ventes essences. La compagnie éprouve quelques difficultés à écouler de l'alcool imposé par la loi. En 1933, le tonnage total vendu en minérales produits blancs (Essence, benzol et alcool) progresse par rapport à l'année précédente. La diminution de ventes de pétrole est amplement compensée par des ventes d'essence. Celles-ci augmentent amplement sous la marque Azur (lancée courant, on l'a vu, 1933).

La branche *végétale* connaît également une augmentation très sensible du tonnage de ces ventes. L'usine de Graville revient alors à son activité normale pour travailler de façon « économique et même équilibrée »[2]. L'activité est alors relancée. Grâce à la coopération avec les constructeurs automobiles, les recherches chez Desmarais Frères aboutissent à la mise au point d'un carburant *ternaire* (essence-alcool-benzol), un mélange qui peut conserver les qualités de l'alcool en faisant disparaître ses défauts au moyen d'une addition du benzol. Ce mélange n'est pas encore commercialisable. La question est de nouveau évoquée à la réunion de 12 juillet 1933 à l'ONCL. Depuis cette date et au moins jusqu'en septembre 1933, rien n'a été dit ou fait concernant cette essence et les constructeurs[3]. C'est au cours de cette période que Robert Cayrol intervient auprès de l'ONCL et provoque un arrêté autorisant la mise en vente d'un tel carburant *ternaire*, possédant les propriétés anti-détonantes d'un supercarburant et qui peut être vendu comme tel[4]. Dès juillet 1933, « toutes les pompes Desmarais Frères sont approvisionnées en carburant ternaire.

Néanmoins, l'année 1934 est nettement plus mauvaise que la précédente. Cependant, elle est marquée pour la branche *minérale huiles de graissage* par le lancement de la nouvelle marque Olazur en avril.

1. Archives de Desmarais Frères à Total, 99AC406, Dossier 4 : « Rapport des gérants à l'assemblée générale ordinaire du 29 juin 1931 ».
2. Archives de Desmarais Frères à Total, 99AC406, Dossier 4 : « Rapport des gérants à l'assemblée générale ordinaire du 29 juin 1934 ».
3. 130 AQ 7, « Résumé des rapports que nous avons eus avec la société Citroën concernant l'Azur et l'essence T / A », le 29 septembre 1933.
4. Marcel Jacta, « de l'Alcool à l' « Azur » », in Henri Menjaud, *Desmarais Frères… op. cit.*

C'est ce qui aboutit à une augmentation très importante des ventes malgré l'étroitesse du marché[1]. Sans la moindre publicité, en diffusant simplement chez les pompistes des tracts d'information technique, le supercarburant Azur prend un départ en flèche qui très rapidement dépasse le cadre de la clientèle habituelle et amène à Desmarais Frères celle des autres marques. Les ventes d'Azur ne cessent de progresser jusqu'en 1939, époque à laquelle il se vend plus d'Azur que n'importe quel autre super »[2].

2.2.2. L'alliance stratégique Desmarais Frères – Citroën

Les dispositions précédentes (concernant l'écoulement d'alcool) ne paraissant apporter jusqu'en 1932 qu'une faible amélioration de la situation, les sociétés de distribution ont réclamé et obtenu le véritable régime de liberté permettant l'emploi national de grandes quantités d'alcool. Depuis 1933, ces sociétés sont autorisées à incorporer de 10 à 13,5% d'alcool dans l'essence tourisme qui continue à être vendue sous le même nom. Desmarais Frères joue un rôle très important pour écouler les quantités d'alcools imposées par l'État grâce à sa coopération avec le constructeur automobile Citroën, le second constructeur automobile français de l'époque. Cette coopération est basée sur des essaies d'essence tourisme alcoolisé (T / A) afin de l'adapter au moteurs.

Dès le début des années 1930, le groupe Citroën est appelé à développer sa production, dans le cadre d'une grande initiative de rationalisation. A cette époque, la rationalisation, riche de ses méthodes plus élaborées ou entièrement inédites, s'étend en France à tout types de grandes entreprises[3]. André Citroën décide de refaire complètement son usine du quai de Javel où la firme est installée depuis les origines. Son but est de mettre sur pied, sur le modèle des grandes usines américaines, une chaîne de montage capable de produire jusqu'à 1000 voitures par jour. La nouvelle usine est inaugurée le 7 octobre 1933. L'objectif est de construire une chaîne de fabrication unique, « la plus belle du monde » et d'en faire un modèle de rationalisation[4].

Desmarais Frères n'échappe pas à son époque. Des nouvelles préoccupations émergent et ouvrent des domaines nouveaux : « recherche

1. Archives de Desmarais Frères à Total, 99AC406, Dossier 4 : « Rapport des gérants à l'assemblée générale ordinaire du 25 juin 1935 ».
2. *Ibid.*
3. Aimée Moutet, *Les logiques de l'entreprise. La rationalisation dans l'industrie française de l'entre-deux-guerres*, EHESS, Paris, 1997, p. 198.
4. Sylvie Schweitzer, *Des engrenages à la chaîne, les usines Citroën 1915-1935*, Presses universitaires de Lyon, Lyon, 1982.

du meilleur emplacement, le problème d'installation, organisation du service d'entretien, rendement optimum, mise en œuvre, etc. »[1]. Cela suppose de gros efforts de rationalisation. Dans la difficulté qu'éprouve Desmarais Frères à écouler les quantités d'alcool imposées par l'État, les dirigeants renforcent leurs efforts pour négocier un contrat de coopération avec Citroën. Se forge ainsi une forme de partenariat raffineur/automobiliste qu'on trouve en France, il y a quelques années, entre Renault et Elf et, aujourd'hui, entre Peugeot et Total.

ILLUSTRATION 2.2.5.
Les pompes à essence Desmarais Frères à l'époque Azur

Henry MENJAUD, *Desmarais Frères, un siècle d'industrie française du pétrole, 1861-1961, op. cit.*

Chez Desmarais Frères, les ingénieurs travaillent pour mettre à point un carburant qui prend en compte une quantité d'alcool et qui permet un bon fonctionnement de certains moteurs des automobiles Citroën. Desmarais Frères fournit le combustible nécessaire pour un essaie prolongé de sa marque d'essence nouvellement créée, Azur. Un fût d'essence tourisme pure et un fût de la même essence contenant 15% d'alcool (en vue de faire des essais comparatifs) ont été fournis pour les essais. Les correspondances entre Desmarais Frères et Citroën ont pour

1. Témoignage de Charles Bousquet, directeur commercial de Desmarais Frères (janvier 1948), dans Henri MENJAUD, *Desmarais Frères, un siècle d'industrie française du pétrole, 1861-1961, op. cit.*

but de trouver la formule adéquate. On y parvient en baissant si nécessaire la quantité d'alcool (côté Desmarais) et en adaptant les moteurs à l'essence proposé (côté Citroën). Les ingénieurs de chez Citroën arrivent à des résultats satisfaisants. Les essais de l'Azur aboutissent même à « des résultats excellents de tous points de vue : performance améliorée, consommation diminuée de 12%, culasse et pistons propres ; l'état général du moteur avec une huile très fluide (ARCTIC nouvelle) est excellent »[1].

2.2.3. De 1935-1939 : les fruits de la diversification

La situation chez Desmarais Frères ne se stabilise que dans la deuxième moitié des années 1930. En 1936, la compagnie enregistre un résultat bénéficiaire, pour la première fois depuis 1933[2]. Le redressement de la situation est dû à la continuation de la compression des frais généraux, d'une part, et à l'heureuse conclusion ou à la perspective prochaine d'accords commerciaux. La même année, le tonnage de ventes de la branche *minérale produits blancs* est du même ordre de grandeur que l'année précédente. Cependant, à partir du mois de juillet, les résultats de cette branche commencent à devenir bénéficiaire, pour prendre une allure satisfaisante au mois d'octobre. Parallèlement, la branche huiles de graissage continue à progresser d'une façon également encourageante en terme de bénéfices[3]. Ce résultat s'explique aussi par l'augmentation des prix mondiaux[4].

Les recherches pétrolières en France et dans les colonies s'accélèrent. Les investissements dans ce domaine passent de 7.404.000 francs en 1936 à 20.232.000 francs en 1937[5]. La CFP reçoit alors sa part du pétrole de l'Irak au prix de revient, soit environ 950.000 tonnes par an. Il s'ajoute à cela la part de Gulbenkian au prix du marché soit 50.000 tonnes par an (5%)[6]. Simultanément, les dévaluations du franc, décidées en 1936, en 1937 et en 1938, profitent pour l'ensemble des raffineurs français. La CFP commence à faire ses plus gros bénéfices à partir de 1937, comme on peut le constater dans ce tableau :

1. Archives Desmarais Frères, 130 AQ 7 : Lettre de Pierre Provost (Directeur du Laboratoire Citroën) à Monsieur Jacta (du 2 août 1933).
2. Archives de Desmarais Frères à Total, 99AC406, Dossier 4 : « Rapport des gérants à l'assemblée générale ordinaire du 25 juin 1937 ».
3. *Ibid.*
4. Voir T. Rifai, *Les prix du pétrole : Economie du marché et stratégie de puissance*, Technip, Paris, 1974.
5. Olivier Lesourd, *Guide du pétrole, son industrie, son commerce, leurs fournisseurs*, 1939, p. 182. (Archives de l'Institut Français du Pétrole).
6. Archives Total, 82.5/16.

Tableau 2.2.10.
Les bénéfices de la CFP de 1936 à 1938

Année	Bénéfices en francs
1936	562.000
1937	1.357.000
1938	1.751.000

Source : *Archives Total, 82.5/16.*

La progression des bénéfices est relativement lente, car la CFP n'atteint pas encore la maturité en termes d'investissement. Pour Desmarais Frères, le bénéfice net pour l'ensemble des branches de l'exercice 1936 atteint la somme de 3.074.799,66[1] avec une certaine stabilité des ventes comme le montre ce tableau :

Tableau 2.2.11.
Évolution des ventes globales de Desmarais Frères 1935-1938 (en tonnes)

Année	Ventes en tonnes
1935	342.361
1936	343.550
1937	341.134
1938	362.077

Source : *Archives Desmarais Frères 130 AQ 5, « Cahier des ventes ».*

Desmarais Frères s'installe donc comme le plus grand distributeur au service du raffinage français. L'accumulation des efforts de diversification dans l'industrie pétrolière est à l'origine de la logique qui caractérise l'industrie pétrolière depuis les années 1930. Desmarais Frères forme le maillon fort de la grande chaîne de l'industrie pétrolière française, un élément indispensable pour une structure intégrée verticalement. Dans sa coordination avec la CFP et son adaptation au marché, Desmarais Frères se trouve enracinée au sein de la filière pétrolière.

1. Archives de Desmarais Frères à Total, 99AC406, Dossier 4 : « Compte général d'exploitation 1936 ».

Ce terme « filière » ou « filière de production » revient fréquemment dans les discours des économistes et des politiciens chargés des affaires industrielles. Dans son sens le plus large, la notion de filière peut être définie comme la composition de succession des étapes technologiques de productions distinctes et séparables, associées à l'utilisation d'une ressource donnée ou à l'obtention d'un produit déterminé[1]. La filière pétrolière ouvre la possibilité à de multiples compétences comme le montre ce graphique :

GRAPHIQUE 2.2.3.
La filière de l'industrie pétrolière

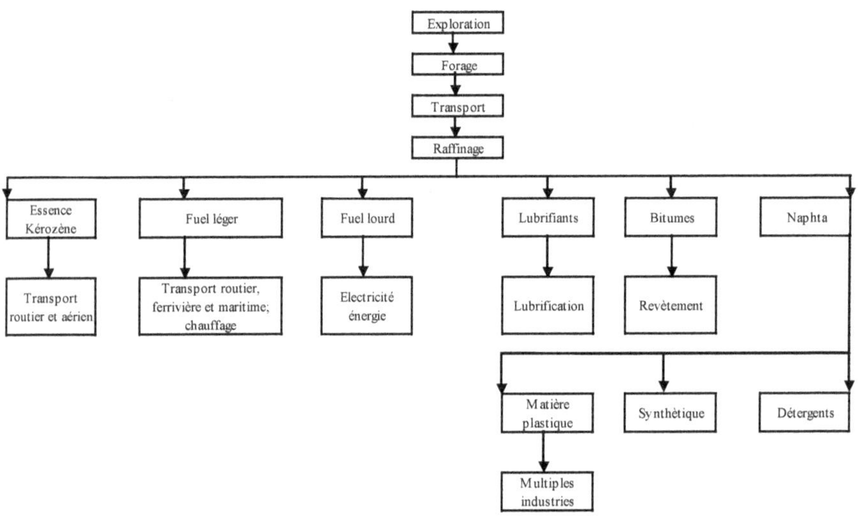

CONCLUSION

Le cas de la formation d'une industrie pétrolière française représente une grande innovation structurelle. Sous la coordination et le contrôle de l'État se met en place une grande industrie intégrée associant la CFP à Desmarais Frères. Desmarais Frères étant un des grands actionnaires de la CFP-CFR, mais surtout la seule compagnie privée demeurant purement française. Le « quasi-groupe » ainsi formé contrôle la totalité de la chaîne pétrolière du puits à la pompe (exploration, production,

1. D. SOULIÉ, *Compétitivité, rentabilité et stratégie de filière,* publié dans l'ouvrage de R. PERCEROU, *Entreprise, gestion et compétitivité*, Economica, Paris, 1984.

transport terrestre et maritime, raffinage et distribution des produits finis). La coordination entre raffinage et distribution est assurée par le biais de la réglementation très stricte. En exerçant un contrôle sur les autorisations d'importation et les prix sur le marché français, celle-ci réussit à garantir le développement harmonieux d'un raffinage et d'une distribution français. On peut souligner ici le rôle de l'initiative privée incarné par Desmarais Frères en tant que catalyseur pour un marketing de masse des produits pétroliers.

Cette « formule » franco-française Desmarais Frères-CFP n'échappe pas à tout un courant français de rationalisation industrielle qui commence à se répandre en Europe dès les années 1920[1]. La démarche de Desmarais répond, du moins jusque là, à la même logique qui s'est déployée au cours de la restructuration du processus de production. Les entreprises s'attaquent, en premier lieu, aux questions de « changements d'organisation technique» en s'inspirant des systèmes de production en usage aux États-Unis[2]. Néanmoins, plus que jamais, le développement de la CFP, comme celui de Desmarais Frères, répond de façon presque parfaite aux analyses de la théorie évolutionniste[3], car offre un cas exemplaire de *path dependancy*[4]. En effet, l'adaptation des entreprises françaises actrices sur le marché français aux contraintes rencontrées est une source de variations.

Si l'idée évolutionniste repose sur l'adaptation des agents et les processus par lesquels le système produit toujours des nouveautés et que ces derniers « ont toujours la capacité d'expérimenter et de découvrir de nouvelles règles et continuent ainsi à introduire des nouveautés comportementales dans le « système »[5], l'évolution de l'ensemble du système créé par l'État n'est pas aléatoire, mais il suit un « sentier » déterminé par les compétences accumulées et les apprentissages lui ayant permis d'évoluer dans l'environnement changeant. C'est ainsi d'ailleurs que l'économie (pétrolière en l'occurrence) de l'entre-deux-guerres, ayant

1. Voir: Aimée Moutet, *Les logiques de l'entreprise. La rationalisation dans l'industrie française de l'entre-deux-guerres, op. cit.*
2. *Ibid.*
3. R. R. Nilson et S.G. Winter, *An Évolutionary Theory Economic Change,* The Belknap Press of Harvard University Press, Cambridge (Massachusetts), 1982.
4. Laurent Tissot et Béatrice Veyrassat (eds), Technological trajectories, markets, institutions industrialized countries, 19th-20th centuries : from context dependency to path dependency = *Trajectoires technologiques, marchés, institutions : les pays industrialisés. 19e et 20e siècle. De la dépendance du contexte à la dépendance de sentier*, Peter Lang, Bern, 2002.
5. G. Dosi, R. R. Nelsen, « An introduction to Évolutionary Theories in Economics ». *Journal of Évolutionary Economics.* Vol. 4, p. 157.

connu un changement structurel, rapide et radical, « annonce celui de l'après-guerre »[1].

Ce qui reste remarquable dans le cas du développement de la CFP c'est l'aboutissement à des comportements convergents optimaux comme résultat des politiques publiques. La théorie évolutionniste indique comment la société apprend et aboutit parfois à ce genre de comportements, bien qu'ils soient souvent temporaires, suboptimaux, adaptatifs en relation avec les perceptions des contraintes de l'environnement national ou international. Sur le plan géopolitique et stratégique, le pétrole se montre encore plus stratégique, vital pour les économies. En conséquence, la région du Moyen-Orient devient l'objet d'une convoitise mondiale. Si la France met un pas géant dans le club des géants pétroliers, les États-Unis affirment déjà leur influence économique au sein de l'Europe toujours affaibli par la Première Guerre Mondiale[2].

1. François Caron, *Les deux révolutions industrielles du XXe siècle, op. cit.*, p. 145.
2. Georges Henri Soutou, *L'or et le sang : les buts de la guerre économique de la première Guerre Mondiale*, Fayard, Paris, 1989 ; voir aussi : Georges Henri Soutou, « Les buts de la guerre économique des États-Unis », www.stratisc.org, édité par ISC-IHCC-CHAE, 1999.

CHAPITRE 5

Les Compagnies Desmarais Frères et la CFP pendant la guerre 1939-1945

Introduction

En raison de son importance stratégique en temps de guerre, le secteur pétrolier constitue à lui seul un volet primordial de la mobilisation industrielle en France. La France avait sa place dans le concert des grands raffineurs de pétrole. En fort peu de temps, elle avait fait surgir la plus belle et la plus importante industrie de raffinage d'Europe, qui servit de modèle à plusieurs grands pays étrangers[1]. Elle avait créé un armement pétrolier moderne et homogène, accumulé des stocks importants en France et à l'étranger, jeté les bases purement françaises de l'industrie de l'hydrogénation, ouvert la voie aux carburants nationaux et engagé des prospections dans la France métropolitaine et d'outre-mer[2].

Cependant, si la France semble s'être bien rattrapée dans ce domaine, il n'en est pas de même pour son économie de façon générale à la veille de la Deuxième Guerre Mondiale. Ce qui semble moins paradoxal, sinon, est que la France n'a pas eu assez de temps de redresser sa situation économique[3]. En 1938, la France n'a pas encore surmonté la crise des années trente[4]. La production française des années 1936-1938 stagne

1. Mohamed Sassi, "The Émergence of a French Oil Industry between the Two Wars," *Business and Economic History On-Line 2003,* http://www.thebhc.org/publications/BEHonline/2003/Sassi.pdf
2. *Revue des carburants français,* Revue mensuelle, n°1, janvier 1938 ; Alain Perrodon, *Le pétrole à travers les âges,* Bouée, Paris, 1989 ; André Nouschi, *La France et le pétrole de 1924 à nos jours,* Editions Picard, Paris, 2001 ; Alain Beltran, *Elf Aquitaine. Des origines à 1989,* Fayard, Paris, 1998.
3. Alfred Sauvy, Histoire *économique de la France entre les deux guerres,* Economica, Paris, 1984.
4. Jean-Baptiste Duroselle, *La décadence, 1932-1939,* Editions du Seuil, Paris, 1983 ; François Caron, *Histoire économique de la France XIXe-XXe siècle,* Armand Colin, Paris, 1981 ; Alfred Sauvy, *Histoire économique de la France entre les deux guerres, op. cit.* ; Serge Berstein, *La France des années trente,* Armand Colin, Paris, 1988.

ou diminue[1]. Malgré une reprise économique fin 1938, la France n'a toujours pas retrouvé son niveau de production de 1930 en raison de l'insuffisance de l'investissement. La vulnérabilité est ainsi évidente vis-à-vis de l'Allemagne. Combler ce handicap suppose de gros efforts d'investissement et du temps. La réponse au problème complexe de la gestion des ressources pétrolières du pays suppose de grandes capacités d'adaptation. Devant les exigences de la mobilisation et les difficultés prévisibles en temps de guerre, une compagnie comme Desmarais Frères semble devoir faire face un défi stratégique double. Elle doit d'abord répondre aux variations de son environnement politique et économique. Elle doit ensuite sauvegarder l'essentiel de ses moyens internes.

1/ La « drôle de guerre » : une nouvelle politique économique compromise par la guerre

Pour l'État ou les entreprises, la période de la « drôle de guerre » se caractérise par une prise de conscience de la nécessité de préparer une guerre longue[2]. Les mesures économiques les plus urgentes doivent non seulement pallier les déficiences du passé, mais aussi mettre la France face à sa réalité économique.

1.1. Le contexte réglementaire

Compte tenu de l'expérience de la Guerre de 1914-1918[3], la France semble donc se mobiliser économiquement pour une guerre longue et totale : longue parce qu'elle suppose l'adoption de mesures macroéconomiques conjoncturelles et de longue durée à la fois, et totale parce qu'elle fait tout de suite appel à la mobilisation générale. Sur le plan social, le contexte se trouve, en effet, dominé par le contrôle des prix et des salaires auxquels le gouvernement semble s'attacher.

1. François Caron, *Histoire économique de la France XIXe-XXe siècle, op. cit.*, p. 193-198.
2. Voir : Jacques Marseille et Régis Bénichi, *Les 100 dates de la France en Guerre : 1939-1945*, France Loisirs, Paris, 2004.
3 La mobilisation économique et industrielle est déjà reconnu comme « une expérience traumatique archétypale, qui a restructuré et reconfiguré les schémas idéologiques tels qu'ils prédominaient avant 1914 », selon Jacques Sapir, « Effort de guerre et contestation sociale: Les effets inattendus de la mobilisation économique en Russie sur les équilibres sociopolitiques », *Mobilisation de la nation à l'ère de la guerre totale (1914-1945)*, Colloque organisé par le Département d'Histoire de l'Armement (DHAr) du Centre des Hautes Etudes de l'Armement (CHÉAr), sous l'égide du Comité pour l'Histoire de l'Armement (CHArme), à l'ENSTA à Paris : 26-28 octobre 2004.

1.1.1. *La politique de Paul Reynaud*

La période de la « drôle de guerre » semble être celle des plus grands paradoxes. La France cherche difficilement à sortir de la stagnation consommée des années 1930[1]. Avec l'arrivée de Paul Reynaud au Ministère de la Finance fin 1938, sous le Gouvernement Daladier[2], la situation se redresse sensiblement. Mais, l'héritage du Front Populaire reste tout de même lourd de conséquences.

GRAPHIQUE 2.3.1.
Production industrielle aux grandes dates entre 1929 et 1939
(Base 100 en 1929)

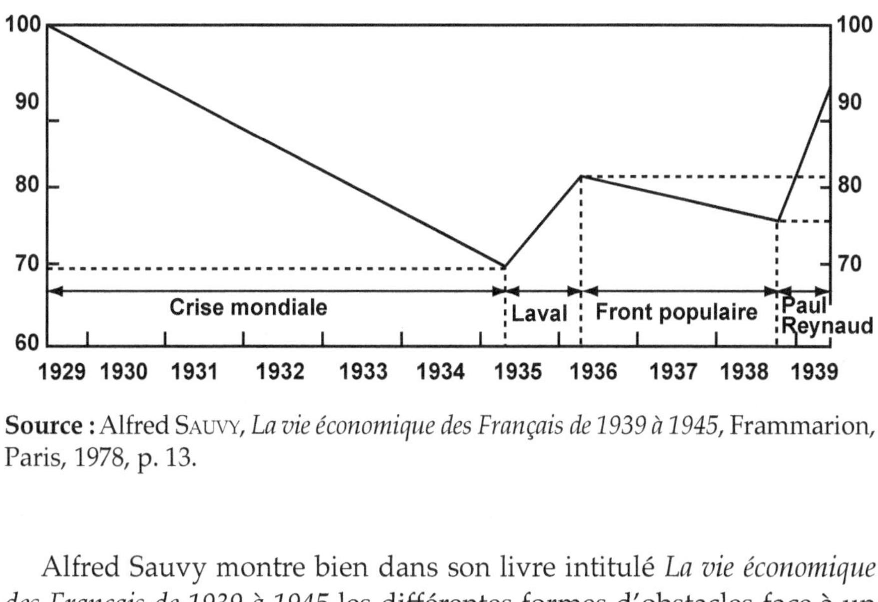

Source : Alfred SAUVY, *La vie économique des Français de 1939 à 1945*, Frammarion, Paris, 1978, p. 13.

Alfred Sauvy montre bien dans son livre intitulé *La vie économique des Français de 1939 à 1945* les différentes formes d'obstacles face à un gouvernement se préparant à la guerre[3] et la manière dont Paul Reynaud s'y attaque. La mission semble ressembler à la vocation de l'homme, un véritable libéral convaincu[4]. En effet, le secteur privé semble se résigner à la création de la richesse sous l'effet d'une politique faiblement

1. Voir notamment : Jean-Baptiste DUROSELLE, *La décadence, 1932-1939*, Imprimerie Nationale, 1985.
2. René REMOND et Janine BOURDIN (sous la direction de), *Edouard Daladier Chef de gouvernement avril 1938-septembre 1939*, presses de la F.N.S.P., 1978 ; Elizabeth DU REAU, *Edouard Daladier*, Fayard, Paris, 1993.
3. Alfred SAUVY, *La vie économique des Français de 1939 à 1945*, Frammarion, Paris, 1978.
4. Pierre LÉON, « La revanche du libéralisme économique 1938 à 1939 », Séminaire du 09 décembre 1971 à la Sorbonne, Cours pris par F. Boulfroy de Saint Aubin.

libérale du Front populaire. Sous un régime peu générateur de compétitivité, tous les acteurs économiques ne se préoccupent que peu des conséquences du déclenchement de la guerre. En 1938, le secteur de l'agriculture ne nourrit que 80% de la population, malgré la faiblesse de la densité d'occupation[1]. Les betteraviers, exerçant une forte influence sur la politique agricole du pays, se préservent d'augmenter leur production. Les industriels de seconde nécessité entendent maintenir leur activité, en invoquant l'argument de l'emploi[2].

Sur le plan diplomatique, comme le précise Pierre Léon, « dans la tentative de P. Reynaud, le poids de la politique internationale a été extrêmement lourd »[3]. Le climat européen et mondial s'assombri depuis 1935-36 et devient très malsain au cours de l'années 1938-39. La France court de plus en plus au vide géopolitique. De fait, l'effondrement de l'Espagne républicaine aboutit à l'établissement du régime de Franco qui parait assurer une situation très favorable aux allemands et aux italiens[4]. A l'est, l'Allemagne annexe l'Autriche en mars 1938. Le système diplomatique français à l'Est, visant à surveiller l'Allemagne, passe sous une domination (directe ou indirecte) allemande. La situation devient extrêmement menaçante. Compte tenu de la situation dans sa globalité, le régime de Reynaud s'attaque simultanément, avec des mesures d'austérité, aux questions internes et externes.

Pour parer aux problèmes liés à l'inflation et soutenir les activités des entreprises, dès le 10 septembre 1939, Paul Reynaud (à ce moment encore Ministre des Finances) institue par décret-loi le contrôle des importations et des changes et crée un Office des changes[5]. C'est d'ailleurs dans ce but que, ce même décret-loi institue le blocage des prix[6], qui sont fixés à leur niveau atteint au 1er septembre 1939. Dans le même sens, il n'hésite pas à s'attaquer à la question des lois des 40 heures qu'il juge comme un obstacle majeur[7]. Par décret-loi du 12 novembre 1939, Reynaud offre notamment la possibilité aux entreprises, sans autorisation spéciale, d'augmenter globalement le travail jusqu'à 50 heures par semaine[8]. Pour

1. Alfred Sauvy, *La vie économique des Français de 1939 à 1945*, *op. cit.*, p. 139.
2. *Ibid.*, p. 43.
3. Pierre Léon, « La revanche du libéralisme économique 1938 à 1939 », Séminaire, *op. cit.*
4. *Ibid.*
5. Le Dahir du 10 septembre 1939 instaure un contrôle des changes prohibant toute exportation de capitaux, sauf autorisation du ministre des Finances. (http://www.douane.gov.ma/rdii/pdf/t14ch07s01.pdf).
6. Archives Desmarais Frères 130 AQ 21.
7. Olivier Dard, *Les années 1930. Le choix impossible*, Librairie générale française, Paris, 1999, p. 213.
8. Voir : Pierre Léon, « La revanche du libéralisme économique 1938 à 1939 », Séminaire, *op. cit.*

éviter le développement de l'inflation (liée au financement de la guerre), une autre mesure vient bloquer les salaires dès le mois de novembre.

Par souci de trésorerie et de provision, s'affirme la nécessité de faire intervenir des mesures macro- et micro-économiques à la fois :

– *Le contrôle des mouvements de capitaux*. Le décret du 10 septembre 1939 est appliqué avec une grande souplesse : si les avoirs à l'étranger doivent être déclarés, aucune réquisition n'est en effet décidée[1]. Les détenteurs d'or peuvent vendre à la Banque de France leurs réserves d'or à un prix avantageux[2]. Les capitaux reviennent massivement, même aux dépens de ceux de la Banque d'Angleterre, ce qui inquiète les alliés britanniques. La France entre en guerre avec deux fois plus de métaux précieux qu'en 1914 (2816 tonnes contre 1203 tonnes)[3]. L'industrie pétrolière connaît toujours un magnifique essor. Cette mesure permet jusqu'alors le retour en France de plusieurs milliards de francs de capitaux qui sont réinvestis en fonds de Trésor. Par ailleurs, le pays continue toujours de s'approvisionner en hydrocarbures.

– *La formation de stocks disponibles*. Dès décembre 1939, l'État engage contractuellement les sociétés pétrolières notamment à la constitution de stock minimums à disposition de l'armée[4]. On fixe alors les règles permettant l'utilisation en commun par l'armée et par les sociétés des différents dépôts.

Diplomatiquement, afin de limiter les conséquences de l'isolement de la France, Reynaud s'oriente vers le renforcement de l'axe France - Grande Bretagne. L'entente franco-britannique se trouvant parfois compromise, la coopération entre les deux pays s'avère très tardive[5]. La mise en place d'un *Comité franco-britannique* par Jean Monnet pour une coopération économique et monétaire vient de ce fait tardivement aussi. Cependant, son action semble efficace. Le comité français, dit *Comité des*

1. André Piatier, *L'économie de guerre*, Librairie Générale du droit et de la jurisprudence, Paris, 1939.
2. L'encaisse-or est réévaluée sur la base d'environ 170 francs pour une livre sterling, selon Alfred Sauvy, *Histoire économique de la France entre les deux guerres*, *op. cit.* p. 385.
3. Robert Frank, « La position internationale de la France et son évolution pendant l'année 1940 », Colloque international organisé par le Centre de Recherches d'Histoire Quantitative de l'Université de Caen, *L'année 1940 en Europe*, 29-30 novembre 1990, p. 187-193.
4. Archives Desmarais Frères 130 AQ 30 : modèle de contrat à signer entre le Général Commandant en Chef des Forces Terrestres et les différentes sociétés ; 130 AQ 21, Notes du Syndicat des distributeurs.
5. Brian Bond, "Britain and the Continental Commitment 1939-1940", Colloque international organisé par le Centre de Recherches d'Histoire Quantitative de l'Université de Caen, *L'année 1940 en Europe*, 29-30 novembre 1990, p. 79-84.

programmes et des achats alliés est institué le 21 novembre 1939. Il est dirigé par Roger Auboin, directeur général de la B.R.I. Sa mission principale est de « mettre les Français en état de guerre sur le plan économique, et, pour cela, de faire la guerre à tous les ministères »[1].

1.1.2. L'application de la loi de 1938 : la question des approvisionnements pétroliers

Comme énergie vitale à l'économie et à la guerre, le pétrole préoccupe très particulièrement les pouvoirs publics.

1.1.2.1. Cadre juridique et système d'approvisionnement

La particularité du régime d'approvisionnement au moment de la préparation pour la guerre est la mise en place du système semblable à celui qui l'a emporté pendant la première guerre mondiale. Durant les derniers mois de 1939 et les premiers de 1940, aucune difficulté ne survient[2]. Le système n'est jusque là pas modifié et les Directions Départementales du Ravitaillement fonctionnent principalement pour assurer l'approvisionnement des Armées[3].

Cependant, sur le plan gouvernemental, face aux doutes[4], de grandes transformations se sont opérées à la fin du mois de mars 1940 à la suite d'un changement de ministère. Le service du Ravitaillement est, en effet, détaché du ministère de l'Agriculture et devient un ministère autonome[5]. Le ministère du Ravitaillement se trouve de ce fait composé du service propre du Ravitaillement détaché de l'Agriculture, du service Militaire des bois de guerre, de la Direction de eaux et Forêts et du service des Céréales et de l'Intendance[6]. Il reçoit

1. Alfred Sauvy, *La vie économique des Français de 1939 à 1945*, *op. cit.*, p. 43.
2. Voir : Pierre Esquilat, *Le ravitaillement de la France en temps de guerre*, (Thèse de Droit à Université de Toulouse, 1941), Sirey, Paris, 1941 ; Jean Ducasse-Allegret, *Le ravitaillement général durant la dernière guerre (1939-1945)*, Thèse de doctorat en Droit, Université de Poitiers, 1951 ; Daniel Delmonte, *Le ravitaillement et le marché noir dans le Var de 1939 à 1949*, Thèse de doctorat sous la direction d'André Nouschi, Université de Nice, 1976 ; En matière pétrolière, l'ensemble des archives Desmarais Frères 130 AQ 16 et 130 AQ 21 sont particulièrement représentatifs de cette période en termes de politique d'approvisionnement.
3. Jean Ducasse-Allegret, *Le ravitaillement général durant la dernière guerre (1939-1945)*, *op. cit.*, p. 70.
4. Le Gouvernement Daladier hérite du Front populaire une situation politique très instable. Arrivé au pouvoir en avril 1938, Daladier prend des ministres modérés et conduit à la rupture du Front populaire au profit d'une nouvelle majorité d'union nationale en novembre 1938. Ces changements politiques détournent la France d'une politique extérieure qui demeure attentive. René Remond et Janine Bourdin (sous la direction de), *Edouard Daladier Chef de gouvernement avril 1938-septembre 1939*, *op. cit.*
5. Décret du 1er avril 1940.
6. Jean Ducasse-Allegret, *Le ravitaillement général durant la dernière guerre (1939-1945)*, *op. cit.*, p. 71.

en plus les pouvoirs du commissariat du Gouvernement auprès de l'Office du Blé (nouvellement créé)[1]. Quelle est donc la part de l'activité pétrolière dans cette restructuration juridique ?

1.1.2.2. Le remaniement touche l'industrie pétrolière

Au début du conflit, l'industrie française des pétroles est parfaitement organisée pour assurer d'une manière régulière la distribution de ses produits sur l'ensemble du territoire. Tous les réservoirs de stockage sont remplis au maximum. Les transports, services ou organismes chargés du ravitaillement du pays en hydrocarbures ont rempli leur tâche sans défaillance. La loi du 11 juillet 1938 sur l'organisation de la Nation en temps de guerre prévoit une réglementation de la distribution. Dès la mobilisation, on crée les organismes adéquats : la Société d'Importation des Pétroles et Dérivés (SIPD) le 1er septembre 1939.

La SIPD revêt la forme d'une société anonyme dont sont actionnaires tous les importateurs titulaires d'autorisations spéciales d'importation (délivrées en application de la loi de 1928) ayant effectivement exercé les fonctions d'importateurs pendant les douze mois ayant précédé la guerre[2]. Ce groupement est placé en permanence sous le contrôle de l'État qui s'y trouve représenté par deux Commissaires. Son rôle principal consiste à « mettre en œuvre sur le plan pratique les directives des pouvoirs publics élaborées par la Direction des Carburants (DICA) »[3]. En résumé, « la politique française, à la veille de 1939 était donc juste, pour peu que tous les services aient travaillé comme l'ancien ONCL, injustement englobé dans le mépris mérité par d'autres offices, et trop tôt supprimé (1939) pour faire place à la "Direction de Carburants" »[4]. La DICA a pour rôle[5] :

– la détermination de la politique générale du ravitaillement et la France en produits pétroliers ;

– Réglementation et rationnement de la consommation ;

– Fixation et contrôle des prix de vente.

1. Alfred Sauvy, Histoire *économique de la France entre les deux guerres*, *op. cit.*, p. 385.
2. Archives Desmarais Frères 130 AQ 16, Note de l'OPCL sur l'organisation du ravitaillement de la France en produits pétroliers (1945).
3. Archives Desmarais Frères 130 AQ 16, Note de la Commission spéciale des affaires économiques (juillet 1940).
4. Maurice Lévêque, *Le pétrole et la guerre*, Les nouvelles Editions Debresse, 1958, p. 339.
5. Archives Desmarais Frères 130 AQ 11, « Instruction du 1 juillet 1939 relative à la réglementation de la consommation des produits pétroliers en temps de guerre ».

Les conséquences de la politique d'austérité se font très vite ressentir sur le marché des carburants. Les plus graves, en toute logique, celles subies par les détaillants[1]. Ceux-ci ferment leurs postes pour retard de paiement d'impôts. Mobilisés ou fermés, évacués dans un certain nombre de cas, ils ne peuvent s'acquitter en tout cas. Ayant même leurs stocks réquisitionnés et ne pouvant les renouveler pour le cas où ils pourront continuer à travailler.

1.2. La situation de l'industrie pétrolière en France durant la première phase de guerre

La place occupée par l'industrie du pétrole en France peut être sommairement résumée par les chiffres suivants :

TABLEAU 2.3.1.
Valeur des investissements pétroliers français en 1939

Installations et matériel	Sommes en francs
Raffineries et usines de traitement	4.500.000.000
Dépôts en entrepôts	3.250.000.000
Moyens de distribution (wagon-citernes, chalands, camions)	1.800.000.000
Pompes et emballages	1.500.000.000
TOTAL	11.050.000.000

Source : Archives Desmarais Frères 130 AQ 21, Note financière su l'industrie du pétrole en France (1941).

L'activité des entreprises pétrolières semble s'orienter vers la mobilisation pour la guerre tout en ayant une activité qui s'inscrit dans la continuité. Cette industrie avant guerre importe 7.000.000 tonnes qu'elle transforme. Elle distribue sur le marché intérieur un tonnage de 5.000.000 de tonnes et en exporte 1.000.000. Elle occupe un personnel, tant ouvrier qu'employé et pompiste de 120.000 personnes[2].

1.2.1. La CFP renforce ses liens avec l'IPC

Durant l'année 1939, la CFP continue d'investir fortement dans le cadre de l'IPC. A la fin de l'année, les immobilisations de la CFP (au

1. Archives Desmarais Frères 130 AQ 21.
2. Archives Desmarais Frères 130 AQ 21, Note financière sur l'industrie du pétrole en France.

31 décembre) sont de 719.000 francs lourds alors que ses participations passent à 7.144.000[1]. La CFP emprunte 12 millions de Florins hollandais à 4,5% (soit au 31-12 : 232 millions de francs). Le produit de cet emprunt, transféré à New-York, doit servir pendant la guerre à suivre les appels de l'IPC[2]. A cette époquc, l'IPC développe ses activités dans les territoires de Qatar, d'Oman, de la côte des Pirates (Abu Dhabi) Et c'est ce pays que la présence de Total au Moyen-Orient est la plus forte et la plus diversifiée)[3]. Pendant toute la période de la « drôle de guerre » qui se termine en 1940 par la guerre et l'occupation, la CFP continue à recevoir sa part de pétrole brut de l'Irak au prix de revient, soit 950.000 tonnes par an, à laquelle s'ajoute la part de Gulbenkian au prix du marché soit 50.000 tonnes par an (5 %)[4].

TABLEAU 2.3.2.
Le bénéfice commercial brut réalisé par la CFP de 1935 à 1940
(en francs lourds courants)

Année	Bénéfice en francs
1935	435.000
1936	562.000
1937	1.357.000
1938	*1.751.000*
1939	1.424.000
1940	1.236.000
AU TOTAL	**6.763.000**

Source : Archives Total 82.5/16

En dehors de son action au sein de l'IPC, la CFP réduit ses dépenses en dollars pour l'approvisionnement en pétrole brut. A la CFR, on enregistre dans la principale usine de la CFR à Gonfreville une augmentation considérable des produits noirs. La question est liée à une modification de l'approvisionnement en brut et ne pourra intervenir qu'au cours du 3e trimestre[5]. Au niveau managérial, la CFP change sa Direction dès le

1. Archives Total, 82.5/16.
2. Archives Total, 82.5/16.
3. Hervé L'HUILLIER, « La stratégie de la Compagnie Française des Pétroles durant la Seconde Guerre mondiale : sauvegarder l'essentiel », in *Histoire, économie et société,* n°3, 1992, p. 463-478.
4. Archives Total, 82.5/16.
5. Archives Desmarais Frères 130 AQ 16, « Compte rendu de la réunion du comité des fabrications du 3 mai 1940 ».

début de la guerre. Ernest Mercier se retire quelques mois plus tard, laissant sa place à quatre « partons » : le dauphin d'Ernest Mercier, Jules Meny, René de Montaigu, Victor de Metz et René Perrin. Ce dernier est chargé plus précisément de la compagnie Française de Raffinage et les trois autres se partagent les responsabilités au sein du groupe[1].

1.2.2. L'activité de Desmarais Frères et la mobilisation en état de guerre

La participation de Desmarais Frères à l'effort de guerre se fait de deux manière : d'abord en préservant une activité soutenue des deux branches d'activité principales, puis en s'engageant à mettre ses stocks au service de l'État.

1.2.2.1. Préserver l'équilibre entre les branches

Spécialistes de la distribution, les établissements Desmarais Frères présentent toujours une activité considérable de raffinage, axée sur deux branches : la minérale et la végétale[2]. L'activité végétale compense certes le manque en autorisations spéciales d'importations, mais joue aussi un rôle important dans le redressement de l'activité en cas de pénuries. En 1939, sur un exercice de huit mois[3], sur lequel ne pèse pas encore le ralentissement habituel des affaires « produits blancs » et « végétales », des derniers mois de l'année, la compagnie enregistre des résultats d'exploitation particulièrement favorables auxquels s'ajoutent les revenus du portefeuille, (notamment la Compagnie Française des Pétroles et la Compagnie Française du Raffinage), et les loyers d'immeubles[4].

Pendant ces huit mois l'activité des différentes branches se présente ainsi : pour les « produit blancs », la compagnie voit se confirmer encore, le succès des essences « Azur », ce qui permet d'atteindre un tonnage de ventes comparables à celui de la période correspondante de l'année précédente, compensant la baisse du pétrole, et la disparition à peu près complète du « Dynalco ». Les tonnages de vente en « produits noirs » sont en hausse, mais les résultats en sont déficitaires, principalement parce que la lutte au tonnage de l'hiver précédent n'a pas pu, par suite

1. « 1939-1945 : le purgatoire », in *Pétrole Informations* 29 mars/4 avril 1974, p. 11-13.
2. Voir chapitre 5.
3. Le rapport des gérants à l'assemblée générale du 29 février 1940 rend compte de l'exercice 1939, arrêté exceptionnellement au 31 août, selon une décision de l'assemblée générale extraordinaire du 11 octobre 1939 (Conformément à l'article 36 des statuts de la compagnie), Archives Desmarais Frères à Total, 99 AC 406 Dossier 3.
4. Archives Total, 99 AC 406 Dossier 3 : Conseil de Surveillance du 24 mai 1939.

de l'arrêt des comptes de la compagnie au 31 août, être compensée par les résultats espérés pour l'hiver 1939-1940[1].

Dans la branche « huiles de graissage »[2], la compagnie obtient en 1939 (tout en dépassant légèrement le chiffre correspondant de l'année précédente) un résultat légèrement bénéficiaire. Cela vient justifier les efforts que la compagnie avait entrepris en 1938 dans ce domaine, et qu'elle continue d'ailleurs en 1939, en profitant de l'expérience acquise[3]. En ce qui concerne le département « végétale », la compagnie réalise des augmentations de sorties dans les différentes fabrications, sauf pour le « soja », où les restrictions administratives continuent à faire sentir leurs effets durant cette période de l'année. Les efforts de Desmarais Frères aboutissent néanmoins à faire ouvrir légèrement le contingent d'importation en fin du 1er semestre. Mais malheureusement trop tard pour que, avec la guerre, la compagnie puisse en profiter[4]. Les résultats d'exploitation sont néanmoins satisfaisants dans l'ensemble, pour ce département.

1.2.2.2. Desmarais Frères au service de l'armée

La compagnie est appelée dès les débuts de la drôle de guerre à mettre ses stocks à disposition de l'État. Dès le 2 novembre 1939, Desmarais Frères signe avec l'État un contrat de stockage et de passage d'hydrocarbures pour les besoins en cas de déclenchement d'une guerre[5]. D'autre part, l'usine de Blaye est équipée pour le traitement du benzol pour le compte du service des poudres. 4500 tonnes de ce produit sont réceptionnées et transformées pour la plupart en benzénique dans la période de 1939 à 1940[6]. La compagnie pétrolière s'engage notamment à stocker l'essence aviation dans son stockage d'ingrédients en emballages, dans ses entrepôts d'Ivry et de Colombes[7]. Elle s'engage également à effectuer, suivant les ordres de

1. Archives Total, 99 AC 406 Dossier 3 : Rapports des gérants aux AG du 29 juin 1939 et du 29 février 1940.
2. Les premières gammes des huiles de graissage sont proposées au début des années 1920, voir : *Guide de Graissage et code de la route. Huiles Desmarais Frères*, édition de juin 1925, BNF 4-WZ-4582.
3. Archives Total, 99 AC 406 Dossier 3 : Bilans successifs.
4. Archives Total, 99 AC 406 Dossier 3 : Rapport de l'AG du 19 décembre 1941.
5. Archives Desmarais Frères 130 AQ 16, Ministère de l'Armement, Direction des Poudres Explosifs et Produits Chimiques, contrat de stockage, 2 novembre 1939.
6. « Trois quart de siècle d'une usine », *L'étoile Bleue*, Bulletin d'informations publié par le Comité central d'entreprise de la société Desmarais Frères, Avril 1952, p. 11.
7. *Ibid.*

l'Administration, des expéditions et des livraisons en acuité, soit FOB[1] départ appontement dans des chalands, soit départ embranchement particulier dans des wagons, soit par chargement de camions[2].

> « Ce stock… devra être tenu, en cas de nécessité, à la disposition de l'Armée qui pourra en disposer en totalité sans préavis à charge pour elle de restituer ultérieurement sur place, mais dans le plus court délai, les quantités empruntées ». « Le commissaire militaire… pourra empêcher toute sortie de marchandise, dès que le stock d'essence tombera au-dessous du minimum indiqué »[3].

Pour Desmarais Frères ou toute autre entreprise pétrolière en France, le déclenchement de la guerre fait sentir ses conséquences dès la signature de l'armistice le 22 juin 1940. Non seulement les destructions immobilisent, totalement ou en partie, l'activité industrielle, mais aussi elles font subir à l'économie du pays les conséquences les plus profondes[4]. L'invasion impose une sorte de retour vers l'autarcie en raison des difficultés des communications maritime. De ce fait, le pays se trouve dans une situation de grande pénurie et s'oriente vers le développement de l'agriculture (notamment l'élevage), mais aussi l'utilisation et la prospection aussi complète que possible des ressources du sous-sol[5].

2/ Un contexte d'Economie de pénurie

La réussite de la politique pétrolière du gouvernement français après l'armistice dépend très largement de la réussite ou non à introduire une dynamique de mobilisation. Les organismes privés d'achat et de distribution sont au centre des nouvelles structures créées par l'État.

2.1. Les problèmes liés à l'économie de pénurie

La conséquence directe de la situation de pénurie est le contrôle du secteur pétrolier par l'État.

1. Free on Board : Emballage, Chargement, Prétransport, Dédouanement et Chargement à bord du navire sont à prendre en charge (risque et frais) par le vendeur.
2. Article 6 du contrat de stockage.
3. Archives Desmarais 130 AQ 16, Articles 3 et 4 du « Projet de contrat du 28 décembre 1939 », signé en janvier 1940 entre le Général Commandant en Chef des Forces Terrestres et les différentes sociétés pétrolières.
4. Jean Chardonnet, *Les conséquences économiques de la guerre 1939-1946*, Hachette, Paris, 1947.
5. *Ibid.*

2.1.1. L'invasion handicape l'industrie pétrolière française

Contrairement à ce que démontre des études dans d'autres secteurs énergétiques ayant connu une certaine continuité, telle que le secteur de l'électricité[6], l'industrie du pétrole en France souffre dès le début de la guerre d'une rupture brutale. Bien qu'il n'échappe pas à quelques dégradations en termes d'exploitations[7], dans le secteur de l'électricité, on parle plus d'incertitudes[8]. Dans l'industrie pétrolière il est plutôt question de discontinuité.

La situation de l'industrie pétrolière française est complètement renversée. Avant la guerre, la France est le plus gros importateur de produits bruts d'Europe, le « crude oil » représentait près des neuf dixièmes du tonnage qu'elle importe[9]. Au moment de l'invasion, le matériel important dont dispose la France est détruit, saisi comme prise de guerre ou dispersé[10]. Une grande partie des raffineries françaises est anéantie. La raffinerie de Normandie est incendiée le 9 juin 1940 puis partiellement démantelée[11]. La raffinerie de Provence est réduite à traiter des fonds de réservoirs, puis bombardée.

En juillet 1940, lors de l'inventaire exigé par les allemands, la zone non-occupée possède un stock de 180.000 tonnes[12] d'essence auto et 10.000 tonnes de lubrifiants[13]. Ces quantités appelées à se réduire constamment. L'Emile Miguet est coulé. Le Palmyre, deuxième navire de haute mer de la CNP

6. Pierre Lanthier, « Vichy et l'Occupation dans le moyen terme : investissements et structures organisationnelles des équipementiers électriques de 1930 à 1955 » et Anne Dalmasso, « Opportunités et contraintes de l'économie de guerre : Neyrpic (NBPP) de 1935 à 1945 », Troisième colloque du GDR 2539 du CNRS, *Les secteurs de l'énergie sous l'occupation*, Université d'Artois, Arras 25-27 novembre 2004.
7. Alain Beltran, « Les entreprises d'électricité (production thermique) » in *Histoire, économie et société*, n°3, 1992, p. 437-443.
8. Intervention d'Yves Bouvier, « Cohésion et stratégies d'un groupe industriel en période d'incertitude : la CGE dans la Seconde Guerre mondiale », Troisième colloque du GDR 2539 du CNRS, *Les secteurs de l'énergie sous l'occupation*, Université d'Artois, Arras 25-27 novembre 2004.
9. Archives Total, SC 89/11.
10. Archives Desmarais Frères 130 AQ 21, Circulaire n° 13 du 21 mai 1941 du Comité d'Organisation des Combustibles Liquides, Direction Technique : « Dommages de guerre provoqués par les autorités militaires françaises et anglaises dans les raffineries, usines, entrepôts et dépôts » 1942.
11. Selon le témoignage Edmond Gunziger, Ingénieur E.C.P. Directeur d'usines au Havre (1943), in Henry Menjaud, *Desmarais Frères, un siècle d'industrie française du pétrole, 1861-1961*, Paris, Draeger, 1961, chapitre *1940-1945*.
12. En outre les stocks de pétrole brut existants dans les raffineries de la région Marseille-Sete qui correspondent à un stock potentiel supplémentaire d'environ 80.000 tonnes d'essence.
13. Archives Desmarais Frères 130 AQ 16, « État approximatif des stocks d'essence, auto et de lubrifiants, existants en zone non occupée au début de juillet 1940 (Raffineries et dépôts) ».

presque achevé en 1940, échoue en Basse-Loire[1]. Le transport maritime du pétrole est complètement anéanti avant la fin 1940 et jusqu'à la libération[2]. Les seules importations pétrolières de produits finis, très faibles (301.000 en 1941 : voir Graphique 2), proviennent de pays Européens (Allemagne, Roumanie) et de ce fait utilisent des moyens de transport terrestres.

TABLEAU 2.3.3.
Les estimations de pertes de l'industrie pétrolière en juin 1941 (après les grandes destructions)

Nature des dégâts	Sommes en francs
Dommages matériels	1.500.000.000
Les stockes terrestres et flottants	2.250.000.000
Sommes avancés par l'industrie[3]	*800.000.000*
I) TOTAL	**4.550.000.000**

Source : Archives Desmarais Frères 130 AQ 21, Note financière sur l'industrie du pétrole en France (1941).

Par ailleurs, la part de la CFP dans l'IPC est mise sous séquestre dès juin1940, lorsque la France est envahie par l'Allemagne et l'Italie rentre en Guerre. Les livraisons ne reprendront pas avant 1945[4]. Les stocks nationaux sont réduits à un tonnage représentant trois semaines de consommation d'avant guerre[5]. Le blocus n'en permet pas le renouvellement. Mais, le 1er juillet 1940, une commission allemande d'armistice exige au Gouvernement français une liste complète de toutes les installations de production d'huile minérale au même moment qu'une liste de fabricants d'armes[6]. De cette situation de pénurie résulte une reprise de contrôle, forcée, par l'État de la politique des approvisionnements. En plus des nouvelles missions de contrôle, attribués à de nouveau secrétaires d'État[7], de nouvelles structures d'organisation et de contingentement sous contrôle gouvernemental sont aussitôt mises en place.

1. Archives Total, 82.5/16 et SC 90/-49 (notes diverses et brochure « La CFP 1924/1954).
2. *Entreprise*, supplément au n°547 du 3 mars 1966, *L'Age du Pétrole*, p. 14.
3. Les sommes avancées par l'industrie française correspondent, soit au titre d'installations essence/avion, soit pour assurer depuis l'armistice, et dans des conditions précaires, une distribution de fortune.
4. Archives Total, 82.5/16.
5. Archives Total, 82.5/16.
6. Archives Desmarais Frères 160 AQ 16, Lettre du 1er juillet 1940 de la Commission allemande de l'armistice à la Délégation française pour cet effet (document traduit).
7. Jean DUCASSE-ALLEGRET, *Le ravitaillement général durant la dernière guerre (1939-1945), op. cit.*, p. 72.

2.1.2. L'étendu des pénuries renforce le rôle de l'État

Les adaptations sont d'abord celles de l'État et ensuite celles des entreprises pétrolières. Les revers de 1940 ont vite fait ressentir les répercussions sur la position française au Moyen-Orient. La production de l'IPC qui ont atteint près de quatre millions de tonnes en 1939, tombe à 2,5 millions l'année suivante, et même à 1,4 millions en 1941[1]. Les importations par Tripoli et Haïfa cessent complètement. Seule la ligne sud du pipeline est maintenue, avec une production doublée pour alimenter les forces anglaises opérant au Moyen-Orient. Sous le régime de l'occupation, les importations pétrolières, dont les quatre cinquièmes provient auparavant de deux Amériques et du Moyen-Orient, se trouvent remplacées par des contingents insignifiants, en provenance de l'Europe, à peine quelques milliers de tonnes de produits raffinés, dans les mois précédant la libération.

GRAPHIQUE 2.3.2.
Le problème des importations pétrolières françaises pendant la guerre (en milliers de tonnes)

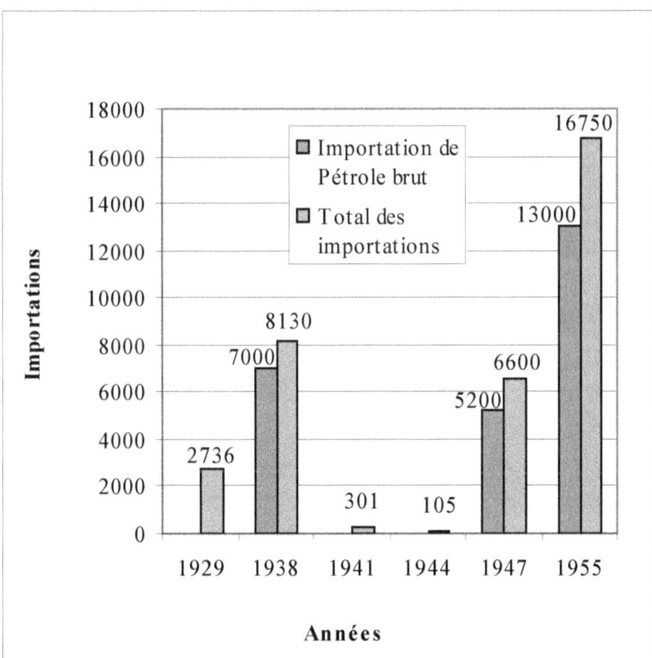

Source : Archives Total : SC 89/11

1. Archives Total, 92 AA 091/73.

Les importations atteignent leur minimum durant 1941 et 1942[1] et dépendent en grande partie du pétrole roumain contrôlé par l'Allemagne[2]. Sur une base de 60.000 tonnes par mois, la Délégation allemande donne son feu pour alimenter le pays par wagons-citernes seulement[3]. Le rôle des importateurs se résume, de ce fait, à l'achat des produis finis par cargaisons, de les transporter et de les stocker, soit en stockage maritime, soit en dépôts intérieurs. Leurs ventes ne sont alors permises qu'aux grossistes par unité de livraison, chaland, wagon complet ou gros camion. L'implication de l'État se manifeste de trois manières :

• *Les quantités à importer doivent être déterminées par l'État*, en considération des ressources intérieures et suivant des règles déterminées par le Secrétariat de l'Energie. Selon les informations fournies aux archives de Desmarais Frères[4], l'importation comporte :

- La part des produits bruts dont l'État déterminera l'importance. Les produits en provenance de l'Etranger ou de la métropole représentant la part d'activité réelle donnée aux raffineries.
- La part des produits finis pour lesquels l'achat par les importateurs ne pourra s'effectuer que sous licence.

• *Renforcement du contrôle des stocks* : On s'appuie sur le principe des déclarations obligatoires. La loi du 17 septembre 1940 prévoit que la déclaration des stocks de produits rationnés est obligatoire dans des conditions déterminées par un arrêté spécial[5]. Une limite maximum de licence doit être fixée pour chaque importateur afin d'éviter la concentration de trop grandes quantités entre les mains d'un seul intéressé. Toutes les attributions en quantités venant de l'extérieur ou des raffineries sont fixées par l'État. La répartition est alors faite par le Pool des Carburants en tenant compte des régions où chacun d'eux exerce son activité d'une façon plus particulière[6].

• *La participation majoritaire à toute nouvelle activité pétrolière.* Quand la Société Nationale des Pétroles d'Aquitaine (S.N.P.A.) est créée en

1. Archives Desmarais Frères 130 AQ 29 : GAC, AG du 21 juin 1943, Rapport du Comité directeur.
2. Archives Desmarais Frères 130 AQ 16, Mémento de la réunion de la Commission des Affaires économiques et non militaires du 18 juillet 1941 de la section « pétroles ».
3. *Ibid.* (130 AQ 16)
4. Notamment 130 AQ 29
5. Jean Ducasse-Allegret, *Le ravitaillement général durant la dernière guerre (1939-1945), op. cit.*, p. 100.
6. Archives Desmarais Frères, 130 AQ 21.

septembre 1941 au capital de 250.000 francs[1], l'État prend une participation de 50% et offre 14,1% à la CFP déjà majoritairement étatique[2].

Les entreprises pétrolières françaises s'adaptent tant bien que mal. Mais, un retournement de la situation en faveur des alliés peut très vite changer la situation.

2.2. *Conséquences : l'organisation du secteur pétrolier sous le contrôle de l'État*

A la suite des grandes destructions allemandes, la mobilisation industrielle prend un sens tout autre. L'invasion allemande met tout son poids pour inciter à la collaboration du secteur énergétique français de façon générale[3], mais aussi du secteur pétrolier très particulièrement. La délégation allemande d'armistice pour l'économie demande, dès le 8 août 1940, d'accélérer la remise des indications concernant toutes les réserves existantes, en donnant l'état où elles étaient à la fin de juillet 1940. L'ordre doit être exécuté dans un délai d'une semaine[4]. La délégation se décide en outre d'exercer, sur la zone non-occupée, une influence décisive sur la gérance et la répartition des réserves d'huile minérale[5]. Désormais tout cela implique, pour le gouvernement français, la mise en place et l'extension progressive de normes et de règles qui lui sont propres. D'autant plus que, face à l'urgence, les mesures à prendre ne peuvent alors que refléter la personnalité du pouvoir en exercice et/ou le système imposé par les ravisseurs allemands.

2.2.1. *L'intervention corporatiste du Gouvernement de Vichy*

Pour comprendre les fondements de la méthode étatique d'appréhender un secteur fortement stratégique tel que le pétrole, il est nécessaire de passer en revue le caractère du gouvernement de Vichy. Bien entendu, il ne faut pas perdre vue la domination allemande jusque

---

1. Archives Total, 82.5/16.
2. Archives Total, 82.5/16.
3. Voir l'exemple de l'électricité : Pierre Lanthier, « La construction électrique française entre Vichy et l'occupation », in *Histoire, économie et société*, n°3, 1992, p. 345-453.
4. Archives Desmarais Frères 130 AQ 16, « Lettre de la Délégation allemande d'armistice pour l'économie à la Délégation française auprès de la Commission allemande d'armistice » (Wiesbaden, le 8 août 1940, signé : Hemmen).
5. *Ibid* (130 AQ 16).

là sur la France[1]. Le tournant décisif est sans doute le 10 Juillet 1940 à Vichy quand une Assemblée nationale réunie pour la circonstance donne les pleins pouvoirs au maréchal Pétain, signant l'arrêt de mort de la IIIe République et créant l'État français[2]. Chef militaire prestigieux lors de la Première Guerre mondiale, Pétain est, en 1940, respecté, et bénéficie du soutien de l'Église catholique et d'une popularité considérable, faisant même l'objet d'un culte de la personnalité : le « maréchalisme ». La Révolution nationale met l'accent sur le retour à une société traditionnelle, patriarcale et hiérarchisée où règne l'ordre moral ; elle prône les valeurs traditionnelles, telles que la religion, le patriotisme, l'importance de la famille et du travail de chacun[3].

Le nouveau gouvernement entreprend un programme de réformes qui prend le nom de Révolution nationale et dont le but est de restructurer la société française. Le monde du travail est réorganisé en fonction d'un système corporatiste, fondé sur une nouvelle charte du travail (loi du 4 octobre 1941). En outre, des « Comités d'organisation » sont institués par secteurs de productions[4]. L'administration française se trouve, dès la naissance de Vichy, investie d'une autorité législative considérable du fait de l'absence de tout contrôle parlementaire, de la faiblesse des groupes d'intérêt, en particulier des associations de petites et moyennes entreprises[5]. Vichy repose donc sur un paradoxe, puisqu'il s'agit d'un gouvernement à la fois traditionaliste, réactionnaire et moderniste reposant sur un certain dirigisme[6] et une planification[7] économiques. La mise

1. Voir, Jean Baptiste Duroselle et André Kaspi, « Chapitre : La défaite de la France et l'armistice », in *Histoire des relations internationales de 1919 à 1945*, Armand Colin, Paris, 2001, p. 267-281 ; Julian Jackson, *The fall of France, The Nazi Invasion of 1940*, Oxford University Press, London, 2003.
2. Loi constitutionnelle du 10 juillet 1940, signée à Vichy.
3. Jean-Pierre Azéma et François Bédarida (Eds), *Le régime de Vichy et les français*, Actes du Colloque organisé par l'Institut Français des Temps Présents (IHTP), Fayard, Paris, 1992 ; Christian Lépagnot, *Histoire de Vichy 3, La révolution nationale*, Diffusion ICED, Genève, 1980 ; Marc-Olivier Baruch, *Le régime de Vichy*, Editions de la découverte, Paris, 1996 ; Henri Michel, *Pétain et le régime de Vichy*, 4è édition, Presses Universitaires de France, Paris, 1993.
4. Hervé Joly (Eds), *Les Comités d'organisation et l'économie dirigée du régime de Vichy*, Actes du colloque International à Caen, 3-4 avril 2003, Centre de Recherche d'Histoire Quantitative, Caen, 2004.
5. Michel Margairaz et Henry Rousso, « Vichy, la Guerre et les entreprises », in *Histoire, économie et société*, n°3, 1992, p. 337-364 ; Jérôme Cotillon, *Ce qu'il reste de Vichy*, Armand Colin, Paris, 2003.
6. *Ibid.* ; Bernard Chenot, *L'organisation économique de l'État*, Dalloz, Paris, 1965, p. 241 ; Jérôme Cotillon, *Ce qu'il reste de Vichy*, Armand Colin, Paris, 2003.
7. Richard F. Kuisel, « Vichy et les origines de la planification économique : 1940-1946 », *Mouvement Social*, 1977.

en place de cette politique, entamée avec une large perte de pouvoir financier de Vichy[1], repose sur trois objectifs principaux[2] :

– gérer à court terme une situation de pénurie,

– engager la collaboration des entreprises au sein de la collaboration étatique[3].

– et modifier durablement les rapports entre l'État, l'économie et la société dans le cadre de la révolution nationale.

Ainsi, le système fondé sur des « Comités d'organisation », instauré dès le 16 août 1940[4], devient l'instrument infaillible de ce dirigisme. Ces comités sont dotés de pouvoirs énormes[5]. Elles sont des organismes « semi-publics »[6] (voir Graphique ci-dessous), dirigés et contrôlés par des hommes nommés directement par les ministères concernés, et dont la décision ont force de loi[7]. On peut même penser que le nouveau système est un héritage vivant de l'organisation de l'économie allemande sous l'autorité du IIIe Reich (1933-1945). Dans l'économie allemande, la répartition des branches et des entreprises se fait selon les différents groupes économiques. Le reste de la répartition en groupes spécialisé étant réalisé par les groupes eux-mêmes[8]. Se gardant toujours de suivre une démarche technocratique[9], le nouveau Gouvernement attribue la mission à Jean Bichelonne. Ce dernier étant animé par un état d'esprit industrialiste, bien caractéristique des technocrates des années 1930[10]. La

1. Hans Umbreit, « Les politiques économiques allemandes en France », in Olivier Dard, Jean-Claude Daumas, François Marcot, *L'occupation, l'État français et les entreprises*, Actes du colloque de Besançon, mars 1999, Association pour le développement de l'histoire économique, 2000, p. 25-35.
2. Dominique Barjot, « Introduction », in Hervé Joly (Eds), *Les Comités d'organisation et l'économie dirigée du régime de Vichy, op. cit.* p. 7-20.
3. Voir : Michel Margairaz et Henry Rousso, « Vichy, la Guerre et les entreprises », art. cité.
4. *Journal Officiel* du 18 août 1940, p. 4731.
5. Dominique Barjot, « Introduction », in Hervé Joly (eds), *Les Comités d'organisation et l'économie dirigée du régime de Vichy, op. cit.*, p. 7-20.
6. Selon Dominique Barjot, « Introduction », in Hervé Joly (eds), *Les Comités d'organisation et l'économie dirigée du régime de Vichy, op. cit.*, p. 7-20.
7. Les décisions des comités d'organisation n'auraient pas la force obligatoire par elles-mêmes ; il leur faudrait la signature du ministre qui pourrait la déléguer au Commissaire du Gouvernement. J. Ramond, *Les Comités d'organisation*, Thèse de doctorat en Droit, Université de Paris, 1945, paragraphe « Décisions des Comités d'organisation », p. 37-40.
8. Johannes Bähr et Ralf Banken, « L'organisation de l'économie allemande sous le National-Socialisme 1933-1945. Synthèse et bilan critique des recherches », in Hervé Joly (eds), *Les Comités d'organisation et l'économie dirigée du régime de Vichy*, Actes du colloque International à Caen, 3-4 avril 2003, Centre de Recherche d'Histoire Quantitative, Caen, 2004, p. 21-38.
9. Robert O. Paxton, *La France de Vichy (1940-1944)*, (Traduit de l'américain par Claude Bernard), Editions du Seuil, Paris, 1973.
10. François Caron, *Histoire économique de la France XIXe-XXe siècle*, Armand Colin, Paris, 1981, p. 199.

formule utilisée peut donc être assimilée à une forme de corporatisme d'État plutôt qu'à un étatisme direct.

En matière pétrolière également, des textes législatifs ou réglementaires pour l'ensemble du problème des carburants sont même proposés par les Comités d'organisation[1]. L'État commence ainsi à exercer un contrôle effectif sur tous les organismes qui seront chargés de l'organisation des carburants de toutes catégories et de leur répartition (Comité d'organisation du pétrole et dérivés, Pool des carburants liquides, Comité d'organisation des carburants de remplacement, comptoir de producteurs, comptoir de répartition, organisations syndicales de toutes sortes)[2]. Le comité d'organisation de l'industrie des combustibles minéraux solides est lié à une branche distincte[3]. Le texte de la loi du 16 août[4] se montre effectivement assez « souple pour s'adapter immédiatement à des besoins nouveau »[5] tels que le contrôle de la structure d'organisation de l'industrie pétrolière (GRAPHIQUE 2.3.3).

1. Archives Desmarais Frères, 130 AQ 21 : Note du 7 avril 1941 adressée par le Syndicat des Distributeurs d'Essence au Détail, à la Direction des Carburants.
2. Archives Desmarais Frères, 130 AQ 21.
3. Marie-France CONUS et Jean-Louis ESCUDIER, « Le comité d'organisation de l'industrie des combustibles minéraux solides et la formation professionnelle : en rupture et continuité (1938-1948) », in Hervé JOLY (eds), *Les Comités d'organisation et l'économie dirigée du régime de Vichy, op. cit.*, p. 265-280.
4. L'article 2-3 de la loi du 16 août donne aux Comités compétence pour « organiser l'acquisition et la répartition des matières premières et produits nécessaires aux fabrications de la branche d'industrie considérée ».
5. André MATHIOT, « L'intégration des comités d'organisation au droit français », RDP, 1943, p. 28, repris dans André DE LAUBADÈRE (et al.), *Pages de doctrine*, LGDJ, 1980, tome 2, p. 10.

GRAPHIQUE 2.3.3.
L'organisation générale de l'industrie pétrolière sous le Gouvernement de Vichy

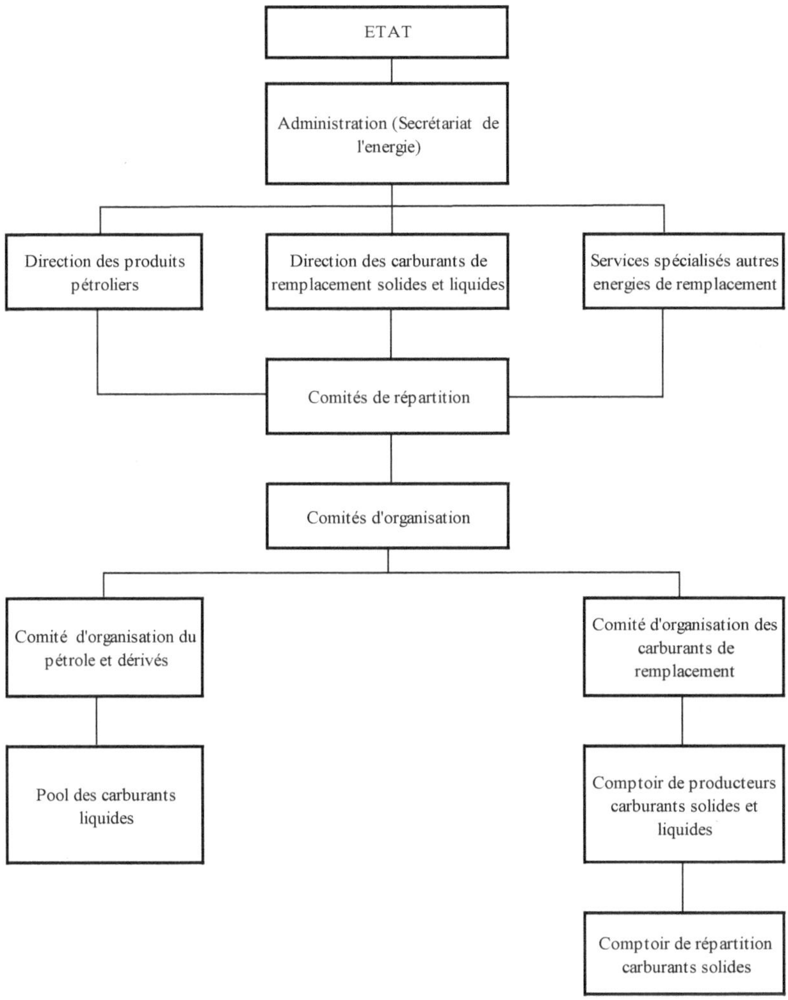

Sources : Archives Desmarais Frères 130 AQ 16 et 130 AQ 21

Comme pour la majorité des Comités d'organisation des divers secteurs[1], le Comité d'organisation des combustibles liquides (ou COCL) est dirigé de grands patrons. Ainsi Jules Mény, nouvellement président

1. Environ 80% des présidents des CO sont des partons selon le recensement de Hervé JOLY, « Les comités d'organisation, un ensemble vaste et disparate », in Hervé JOLY (eds), *Les Comités d'organisation et l'économie dirigée du régime de Vichy, op. cit.*, p. 83-94.

de la CFP, prend la tête du Comité[1] alors que Robert Cayrol, Directeur de Desmarais Frères, se charge de la vice-présidence[2]. Ce dernier présidera le Comité à la suite de la disparition de Meny en 1943. De ce fait, une symbiose et un langage unique sont assurés entre les technocrates du gouvernement et les grands patrons. Ce comité se caractérise par son caractère plutôt directif, même s'il fait appel à une très grande collaboration des entreprises.

2.2.2. La mission du Comité d'organisation des combustibles liquides

La mission du Comité d'organisation des combustibles liquides dépend directement du Comité des répartitions. Ce dernier constitue une véritable plaque tournante entre les différentes missions énergétiques[3]. Celles-ci sont représentées par le SIPD ou le GAC (organes se chargeant d'approvisionnement), d'une part, le Pool des Carburants chargé de la distribution, de l'autre. Ainsi, les mesures à prendre sont inspirées par les impératifs de régularité, de prévisibilité, de contrôle aux différents points de la chaîne administrative[4]. Obéissant à une logique de branche[5], le Comité d'organisation des combustibles liquides se scinde rapidement en deux Comités distinctes : celui du Pétrole et Dérivés et celui des Carburants de Remplacement. Chacun de ces deux comités se subdivise lui-même en branches.

• *Comité d'organisation de pétroles et dérivés.* Ce Comité est exclusif de tout carburant de remplacement solide ou liquide et de toute énergie de remplacement. Il doit être obligatoirement dirigé par une personnalité au courant des questions à débattre et complètement indépendante des trusts internationaux[6]. Ses membres doivent être responsables solidairement avec le directeur. Ils doivent comprendre un représentant des raffineurs, Un représentant des importateurs et grossistes, un représentant des transporteurs, un représentant du commerce de détail et un représentant des lubrifiants.

1. *Pétrole Informations* 29 mars/4 avril 1974, p. 11.
2. Archives Desmarais Frères, 130 AQ 16.
3. Archives Desmarais Frères 130 AQ 21, Note sur le Comité d'organisation des combustibles liquides.
4. Archives Desmarais Frères 130 AQ 21.
5. Hervé Joly, « Les comités d'organisation, un ensemble vaste et disparate », in Hervé Joly (eds), *Les Comités d'organisation et l'économie dirigée du régime de Vichy, op. cit.*, p. 83-94. Selon H. Joly, grâce à cette logique « ...les Comités d'organisation ont eu un impact à l'échelle locale et régionale. Dans un certain nombre de cas, leur ambitions ont été plus larges : impériales ou européennes, dans le cadre de l'Europe allemande ».
6. Archives Desmarais Frères, 130 AQ 21.

• *Comité d'organisation des carburants de remplacement.* Ce comité doit comporter un directeur responsable choisi parmi les personnalités compétentes pour l'ensemble des problèmes à traiter, les membres de ce comité doivent comprendre un membre pour la production des carburants synthétiques, un membre pour la production de l'alcool de carburation, un membre pour la production de benzol, un membre pour le gaz et l'électricité, un membre pour la production des produits destinés aux gazogènes, un membre pour la distribution des carburants solides et énergies de remplacement[1].

• *Le pool des carburants liquides.* La nécessité de la création d'un pool est apparue pour la mise en commun des produits, du matériel de stockage et des moyens de livraison[2]. Sa structure une division et autant de branches principales que d'activités intéressées[3]. La direction de chaque branche est confiée à ceux des membres du Comité exécutif de la branche intéressée. Il est convenu, sous l'impulsion du Commandant militaire allemand dès juillet 1940[4], que la désignation des chefs de Districts soit faite de façon à ce que le Pool s'organise d'une manière à la fois « concentrée et décentralisée »[5].

2.2.3. *De la SIPD*[6] *à la GAC*[7]

En principe, la SIPD coordonne l'action de ses membres. Mais, si les événements mettent les importateurs dans l'impossibilité d'accomplir convenablement leur mission, l'État peut se substituer à eux. La SIPD devient alors l'acheteur C.I.F.[8] des cargaisons dont l'État aurait assuré l'achat à l'étranger et le transport jusqu'aux ports français[9]. Dans les faits, le département « Ravitaillement » de la SIPD peut borner son rôle à une simple coordination des achats de ses adhérents (tant Raffineurs, acheteurs de bruts qu'importateurs de produits finis) dont les services

1. Archives Desmarais Frères 130 AQ 21.
2. Voir : Joseph Huré, *De la naissance de la S.G.H.P. à la S.F. BP d'aujourd'hui*, Jépal, Paris, 1971, p. 54.
3. Archives Desmarais Frères 130 AQ 21.
4. Archives Desmarais Frères 130 AQ 16, « Lettre de la Commission spéciale des Affaires Economiques, Délégation Française à M. Robert Cayrol aux bons soins de M. Beaufort », Wiesbaden, le 23 juillet 1940.
5. *Ibid.*
6. Société d'Importation des Pétroles et Dérivés.
7. Groupement d'Achat des Carburants.
8. Cost, Insurance, Freight (Coût, assurance, fret). Le transport C.I.F. est un régime de livraison par mer où le vendeur assume les frais et les risques d'emballage, de chargement, de prétransport et de dédouanement.
9. Archives Desmarais Frères, 130 AQ 16.

d'achat à l'étranger conservent leur autonomie et continuent à remplir leurs fonctions normales.

Mais la SIPD apparaît donc comme acheteur unique dans les relations avec le ministère des Finances (contrôle des changes pour l'obtention des licences d'importation- Douanes pour la comptabilité et le contrôle des importations). Les départements militaires (Services des Essences, Marine, Air) conservent également l'autonomie de leurs services d'achats[1]. Les conseils de la SIPD leur permettent, toutefois, d'orienter leurs achats sur des marchés permettant de réduire les sorties de devises appréciées.

Le département « Ravitaillement » a en revanche un rôle difficile à jouer pour obtenir après de délicates négociations à Londres les frets nécessaires à la réalisation des plans d'importation. Les seules difficultés du département « Répartition » (qu'il est plus exact d'appeler département « Distribution ») sont celles relatives au défaut de moyens de transport et de distribution dont par la suite de réquisitions massives les sociétés distributrices ne se trouvent disposer pendant plusieurs mois qu'en quantité insuffisante[2].

2.2.3.1. Le problème de stabilisation des prix appelle à de nouvelles adaptations

La SIPD n'est pas un organisme financier. Elle ne possède aucun moyen d'intervenir, ni dans la stabilisation des prix de vente ou des prix d'achat à l'importation, ni dans la péréquation des prix entre produits pétroliers et produits de remplacement. Son fonctionnement suppose que les prix de vente suivent au moins de manière mensuelle les fluctuations des prix d'achat à l'importation, à moins qu'une caisse *ad hoc* ne prenne en charge la stabilisation des prix[3]. Par ailleurs, elle ne règle pas non plus les problèmes financiers posés par l'intégration dans la distribution des produits pétroliers, des produits nationaux de remplacement[4]. C'est ainsi qu'en mars 1940 se crée la Caisse de Compensation du Pétrole et des Produits Dérivés[5]. Son objet et de stabiliser les prix de vente en absorbant les différences constatées d'un mois à l'autre dans les prix d'achat C.I.F. Cette caisse constituée à un moment où les prix

1. Archives Desmarais Frères, 130 AQ 16 et 130 AQ 25.
2. Archives Desmarais Frères 130 AQ 21.
3. Archives Desmarais Frères 130 AQ 25, Rapport sur le but de la fonction de la SIPD.
4. Takashi Hotta, « L'industrie du pétrole au temps de la pénurie (1939-1948) : ravitaillement et répartition », Intervention ponctuelle au séminaire du Professeur Dominique Barjot (Salle Pierre Léon), Sorbonne-Paris IV, le 13 février 2002.
5. Décret du 9 Mars 1940.

d'achat C.I.F. se trouvent pendant plusieurs mois en régression peut fonctionner normalement grâce à ces circonstances favorables jusqu'à l'Armistice.

A partir du moment où une stabilisation des prix est imposée de façon presque absolue[1] (toute modification de prix devient subordonné à une longue procédure) et où simultanément les prix d'achat à l'importation devient aberrants, la caisse de compensation se trouve placée dans l'impossibilité de jouer son rôle. Le rôle de stabilisation envisagé pour elle à l'époque de sa création ne peut plus être rempli que par un organisme dont le financement est garanti par l'État. La SIPD, qui a fonctionné à partir du 1er septembre 1939, est mise en sommeil en 1941[2]. Mais, à l'allemande, une organisation est rarement supprimée. On se contente d'en créer d'autres[3]. On crée alors le Groupement d'Achat des Carburants (GAC), le 31 octobre 1941[4], en vue de réaliser les importations allemandes et continuer à jouer un rôle d'acheteur unique des produits pétroliers nécessaires à l'économie civile.

2.2.3.2. *Création et rôle du GAC*

Les changements rapides appellent constamment à des adaptations. Le GAC doit, aux termes de sa convention avec l'État[5], tenir un compte particulier qui prend en charge tous écarts entre-les prix de cession à la distribution, d'une part, et les prix d'achat à l'importation ou à la production nationale des produits mis à la disposition de la distribution, d'autre part. Ce compte particulier prend également en charge :

– les frais généraux du Groupement,

– les dommages causés aux produits détenus par le Groupement ou pour son compte et qui n'auraient pu être couverts par une assurance. Le solde de ce compte, qu'il soit positif ou négatif, est absorbé périodiquement (en fait mensuellement) par le Trésor Public. Ainsi le GAC joue un double rôle financier :

• il absorbe toutes les variations dans le temps des prix d'achat tant à l'importation qu'à la production nationale pour substituer à ces prix

1. Loi du 21 octobre 1940.
2. Archives Desmarais Frères 130 AQ 16, Note OPCL du 12 avril 1945.
3. Johannes Bähr et Ralf Banken, « L'organisation de l'économie allemande sous le National-Socialisme 1933-1945. Synthèse et bilan critique des recherches », art. cité, p. 27.
4. Loi du 31 octobre 1941.
5. Cette convention est contresignée par le ministre des Finances, alors que la convention SIPD n'était signée que du ministre des travaux Publics et son avenant (du 25 février 1941) que du ministre de Production Industrielle (Archives Desmarais Frères, 130 AQ 16).

d'achat un prix de cession fixé au gré des pouvoirs publics et aussi stable qu'ils souhaitent.

- Il réalise la péréquation totale des prix des produits de diverses origines.

Par ailleurs, comme la SIPD, le GAC est entre les mains de la Direction des Carburants. Comme le stipule la convention, il est l'instrument d'exécution des programmes de Ravitaillement du Gouvernement « dans le cadre des directives données par la Direction des Carburants ». Le tableau ci-dessus montre la liste des compagnies faisant partie du GAC et leurs participations :

TABLEAU 2.3.4.
Les participations des sociétés du GAC

Sociétés	Sommes en francs	Part en %
ABCO Petroleum	2.000	0,005
Antar	500.000	1,18
Berre	1.693.000	4
Desmarais Frères	1.769.000	4,2
CFR	14.541.000	34,45
SGHP	3.113.000	7,37
CIP	1.269.000	3
Jupiter	4.405.000	10,43
RPN	1.174.000	2,78
Standard	*4.992.000*	*11,82*
TOTAL	**42.221.000**	**100**

Source : Archives Desmarais Frères 130 AQ 29.

Les chiffres montrent une faible participation de Desmarais Frères, alors que les représentants anglo-saxons (la Standard Oil, la Shell et la SGHP) gardent une présence relativement forte. Les achats sont orientés vers les produits noirs et particulièrement le fuel-oil. Dès avril 1940, les calculs effectués par certaines sociétés montrent qu'il est plus rentable de pousser au maximum leur production de gas-oil et de fuel-oil[1]. La réticence de Desmarais Frères à prendre pleinement part dans l'activité d'achat est, certes, motivée par les pertes causées par les bombardements. Mais les raisons sont vraisemblablement d'ordre tactique. Le

1. Archives Desmarais 130 AQ 16, « Comte rendu des deux premières réunions du comité des fabrications ».

métier de la compagnie étant de la distribution, la compagnie aurait pu augmenter sa part de marché. Robert Cayrol, Vice-président du Comité d'organisation et toujours Directeur de Desmarais Frères, aurait bien pu orienter sa compagnie à des investissements plus conséquents.

La Compagnie Desmarais Frères, sous les directives de Robert Cayrol même, préfère en revanche organiser des chantiers forestiers pour la distillation de l'alcool telle que la Distillerie de Bourges construite en 1941[1]. Cela permet à la fois de préserver l'activité du personnel de la Compagnie contre le « chômage » (alors que l'industrie pétrolière souffre d'une grande pénurie de personnel)[2] ou la déportation et d'encourager la production agricole nationale (la betterave notamment). Voilà l'exemple d'un patron (Robert Cayrol), au centre même de l'organisation vichyste et qui fait partie de ceux qui se servent de leur position favorable sous l'occupation pour protéger leur main-d'oeuvre[3]. Cayrol est convaincu que la situation de l'occupation ne tiendra pas longtemps.

2.3. *Le tournant 1942 : un retour à l'espoir pour le pétrole français*

La volonté américaine d'intervenir massivement dans la guerre, annoncée par la mise en place d'une industrie de guerre, relance la machine pétrolière des alliés.

2.3.1. *L'annonce du « Victory Program » anime les investissements de la CFP*

Les prémices d'un changement de tendance en faveur des Alliés modifient profondément l'attitude de la CFP. L'été 1942, son conseil d'administration demande à René de Montaigu d'aller se fixer à Lisbonne afin de maintenir les contacts avec Londres et lui confère dans ce but des pouvoirs pleins et entiers[4]. Les indicateurs d'un redressement des Alliés commençaient déjà à apparaître. Face aux puissances de l'Axe, ils s'efforcent de coordonner leurs efforts. Une mobilisation massive des énergies commence à se manifester notamment aux États-Unis[5].

---

1. Archives Total, SC 90/54.
2. Archives Desmarais, 130 AQ 16, « Comte rendu des deux premières réunions du comité des fabrications ».
3. Robert Cayrol s'inscrit donc en défaut du constat selon lequel tous les patrons ont collaboré : Annie Lacroix-Riz, « Les comités d'organisation et l'Allemagne : tentative d'évaluation », in Hervé Joly (Eds), *Les Comités d'organisation et l'économie dirigée du régime de Vichy*, *op. cit.*, p. 47-62.
4. *Pétrole informations*, n° 1309- 29 mars/4 avril 1974.
5. Pierre Manniot, *Les États-Unis et la neutralité de 1939 à 1942*, Paris, 1946.

Une véritable économie de guerre est donc mise en place[1]. Cela conduit à tourner l'essentiel de la production industrielle vers la satisfaction des besoins de l'armée. Le président Roosevelt lance ainsi, en janvier 1942[2], le *Victory Program*[3]. On pose alors quelques jalons pour la solution des problèmes d'après-guerre. Les conditions matérielles des alliés se trouvent améliorées et l'alliance anglo-américaine redonne le moral à l'activité pétrolière au Moyen-Orient[4]. L'IPC et la CFP s'en trouvent parmi les meilleurs bénéficiaires.

En réalité, l'avenir pétrolier de la France dépend en particulier de l'avenir de la Compagnie Française des Pétroles. La stratégie de la CFP pendant la guerre n'est rien d'autre que « sauvegarder l'essentiel »[5] de ses intérêts au Moyen-Orient principalement, mais en France également. Il s'agit ici de sauvegarder ses outils de production, ses outils de raffinage, le lien avec ses actionnaires et la relation avec les Majors. Cette stratégie est donc axée sur une diversification géographique dans l'amont comme dans l'aval[6]. Elle s'applique, cependant, avec prudence en raison du médiocre niveau de ses ressources.

Pour tout ce qu'il s'agit de ses relations extérieures, la CFP bénéficie d'ores et déjà de la garantie de ses intérêts au sein de l'IPC. Son actif principal est confié à des mains sûres. D'autant plus que le groupe CFP dispose à New York de 20 millions de dollars : il s'agit d'un emprunt habilement négocié par Victor de Metz en juin 1939, auxquels s'ajoutent 5 millions provenant de la revente de matériel de raffinage commandé aux États-Unis peu avant la guerre[7].

A partir de décembre 1942, la CFP augmente ses investissements en France. Conjointement avec la CFR, elle constitue la Compagnie Technique pour les Hydrocarbures[8]. La CFP lance alors un emprunt obligataire de 160 millions de francs à 4%. Parallèlement, la compagnie prend 1125 des

1. Dominique Barjot et alii, *Les sociétés, la guerre, la paix 1911-1946*, SEDES, 2003.
2. Jean-Baptiste Duroselle, *Histoire des relations internationales de 1919 à 1945,* Calmann-Lévy, Paris, 1974.
3. Pour le détail des procédures prises dans ce programme, voir notamment « The Victory Program », Chapitre XI, in Mark S. Watson, *United States Army in World War II, The War Department, Chief of Staff: Prewar Plans and Preparations,* Center of Military History United States Army, Washinghton, D.C., 1991, disponoble aussi sur le web : http://www.army.mil/cmh-pg/books/wwii/csppp/ch11.htm, site créé le 12 Décembre 2002, visité le 1 janvier 2005.
4. Jean-Baptiste Duroselle, *Histoire des relations internationales de 1919 à 1945, op. cit.*, p. 370.
5. Hervé L'Huillier, « La stratégie de la Compagnie Française des Pétroles durant la Seconde Guerre mondiale : sauvegarder l'essentiel », art. cité, p. 463-478.
6. *Ibid.,* p. 470-471.
7. *Pétrole informations,* n° 1309- 29 mars/4 avril 1974.
8. Archives Total, 82.5/16.

5000 actions de 1000 francs d'un capital prévu pour la construction d'un pipeline reliant le Rhin à la Méditerranée via le Rhône[1]. En 1942 et 1943, la CFP continue à suivre les appels de l'Irak Petroleum Company (IPC) à partir des fonds situés hors de France. A cette époque, l'activité de l'IPC retrouve son rythme habituel et la production en Irak se redresse après une baisse en 1941 (graphique ci-dessous).

GRAPHIQUE 2.3.4.
Production irakienne pendant la Guerre
(en tonnes)

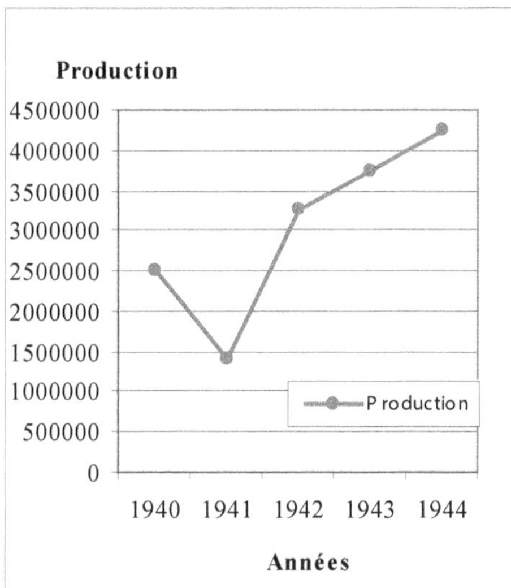

Source : *Pétroles Informations*, n°1309, 29 mars/4 avril 1974, p. 12.

Le graphique ci-dessus, montrant l'évolution de production irakienne, reflète parfaitement les efforts d'investissement du Groupe IPC.

2.3.2. Le reprise d'activité de la CFP

La production de l'IPC, compromise un moment, reprend : de 1.400.000 tonnes en 1941, elle atteint 4 millions de tonnes en 1944. Marcel Champin, nommé président de la CFP par délégation en août 1944, meurt quinze mois plus tard. Victor de Metz lui succède comme président-directeur général[2]. Sa première mission est surtout diplomatique. Il s'agit de

1. Hervé L'HUILLIER, « La stratégie de la Compagnie Française des Pétroles durant la Seconde Guerre mondiale : sauvegarder l'essentiel », art. cité, p. 472.
2. *Pétrole Informations*, n° 1309 – 29 mars/4 avril 1974, p. 12.

rattraper le retard de production ainsi que de renforcer la position de la CFP au Moyen-Orient. Une première étape est accomplie : dès la fin de la guerre, la France reprend ses enlèvements réguliers de brut irakien[1].

En janvier 1945, la CFP s'emploie à reprendre sa place dans l'IPC, c'est-à-dire au sein du conseil d'administration de laquelle elle avait été écartée par la guerre. Dès la libération de Paris en 1944, elle demande aux groupes une certaine compensation sur sa part des bénéfices accrus à ces derniers sur les quelques 12 millions de tonnes produits en 1941 à 1944 inclus[2]. Une longue négociation est entamée dès 1945. Elle ne sera terminée qu'en mars 1949 par le versement d'une indemnité globale de 500.000 livres (1.400.000 dollars), non imposable en Angleterre, attribuée par les groupes à la CFP en 1950[3].

TABLEAU 2.3.5.
Évolution du cours de l'action CFP pendant la guerre

Années	Cours nominal 5 Francs lourds	Coef. d'inflation par rapport à 1934
1939	12,50	1,5
1940	9,52	
1941	16,45	
1942	*18,25*	
1943	23, 25	
1944	26,00	3,8

Source : Archives Total, 82.5/16

Cette évolution positive des cours pendant la guerre (malgré la baisse logique des transactions) est due à la continuité de la demande de fonds de la part de l'IPC. En fait, dès 1941, les travaux d'exploration, en Irak notamment, et les opérations de production à Kirkouk ont besoin de ressources[4]. La CFP doit y répondre, faute de perdre sa place dans le consortium. Ainsi, elle fait appel à ces actionnaires une première fois en 1941 pour 200.000 actions (2.200.000 francs lourds) émises avec une prime de 10%. En 1942, elle émet un emprunt à 4% d'une somme de 1.600.000 francs lourds. Puis en 1944, elle fait de nouveau appel à ses actionnaires pour 800.000 actions correspondant à la somme de 4.400.000 francs lourds[5]. Toutes les

1. *Ibid.*
2. Archives Total, 82.5/16
3. *Ibid.*
4. *Ibid.*
5. Archives Total, 82.5/16, « Guerre 1940-1944 ».

transactions sont rendues possible grâce au système de financement mis en place via les États-Unis. Dès la déclaration de la guerre, la CFP confie à des banques américaines (Morgan Guaranty Trust notamment) le solde net de l'emprunt en florins contracté peu de temps auparavant, ainsi que cinq millions de dollars provenant de la CFR[1]. Par ce moyen, la CFP reste informée également.

Paradoxalement, l'activité de Desmarais Frères en France semble très compromise. Au moment de la libération, le tonnage global des moyens de transport appartenant à la compagnie représente 27.9%, de son tonnage d'avant guerre, soit un recul de 72.1 %. Pour l'ensemble des industries françaises du pétrole, la perte représente 53 %. Les Etablissements Desmarais Frères perdent alors 78.7% du tonnage de leurs camions, 59.6% de celui de leurs wagons-citernes et 74.8% du tonnage de leurs chalands. Enfin 4.9 % seulement des pompes sont en activité à la libération, soit un recul de 95.1%[2]. Plus que jamais, Desmarais Frères doit compter sur son alliance stratégique avec la CFP, mais surtout sur son personnel.

3/ La survie de Desmarais Frères pendant la guerre

La reprise de production au sein de l'IPC et le retour de la confiance chez les leaders de la CFP modifie, certes, l'attitude des acteurs (patrons tout spécialement) sur le marché français. Cette période correspond aussi au moment où la concertation avec le personnel commence à vraiment s'institutionnaliser[3]. Cela peut très bien s'expliquer par la volonté de Desmarais Frères de sauvegarder son avenir à long terme en s'attachant à son personnel (en chômage technique), malgré la destruction de près de 80% de ses exploitations. Mais, l'action de la compagnie envers son personnel n'a pas connu de rupture pendant la guerre.

3.1. Les destructions portent préjudice à l'activité de la compagnie

L'ampleur des destructions des installations de Desmarais Frères se font ressentir non seulement au niveau de l'entreprise, mais aussi au niveau national.

---

1. Hervé L'Huillier, « La stratégie de la Compagnie Française des Pétroles durant la Seconde Guerre mondiale : sauvegarder l'essentiel », art. cité, p. 469.
2. Archives Total, SC 90/54 « L'entreprise et l'invasion », 1946.
3. Jean-Claude Daumas, « La révolution Nationale à l'usine. Les politiques sociales des entreprises sous l'occupation, in Olivier Dard, Jean-Claude Daumas, François Marcot, *L'occupation, l'État français et les entreprises*, *op. cit.*, p. 181-195.

3.1.1. Les destructions anéantissent les exploitations de la compagnie en France

Les Etablissement Desmarais Frères sont sévèrement atteints par les événements. Indépendamment des destructions d'installations ou de matériel exécutées sur l'ordre des autorités militaires françaises, les usines de Blaye, Colombes, Graville, Ivry, Juvisy, Le Havre, subissent dix-neuf bombardements aériens[1]. Les dépôts en supportent au total cent trente-sept, sans compter les mitraillages aériens. Presque tous les grands centres sont bombardés à plusieurs reprises. Les bombardements témoignent de l'ampleur des destructions.

TABLEAU 2.3.6.
Nombre de bombardements subits par les principales usines et dépôts de Desmarais Frères

Usines et dépôts	Nombre de bombardments
Les usines	
Graville	6
Le Havre	5
Juvisy et Ivry	3
Les dépots	
Saint-Marc (près de Brest)	12
Rennes	9
Alençon	6
Rouen et Saint- Michel (prés se Saint-pol-sur-Ternoise)	4
Arras, Avranches, Caen, Cherbourg, Lille-Marquette, Lorient, Marissel (prés de Beauvais), Rouxmesnil (près de Dieppe), Sens-Est.	3

Sources: Archives Desmarais Frères à Total, SC 90/54 : « L'entreprise et l'invasion », 1946 ; « De la ruine aux prémices de l'ère du gigantisme (1940-1956) », *Revue de a Porte Océane*, juillet 1947.

L'huilerie de Graville est partiellement détruite, la savonnerie entièrement[2]. Les installations, entrepôts, et ateliers de Blaye et du Havre

1. Archives Desmarais Frères à Total, SC 90/54 : « L'entreprise et l'invasion », 1946.
2. Didier RINGUENET, *Le commerce et l'industrie du pétrole au Havre des origines aux évènements de Suez (1861-1956)*, Mémoire d'Histoire Contemporaine, Université de Rouen, Octobre 1974, p. 131.

sont intégralement brûlés. Plus de la moitié de la capacité de stockage globale de la maison est gravement endommagée ou anéantie.

CARTE 2.3.1.
L'étendu des destructions des usines Desmarais Frères

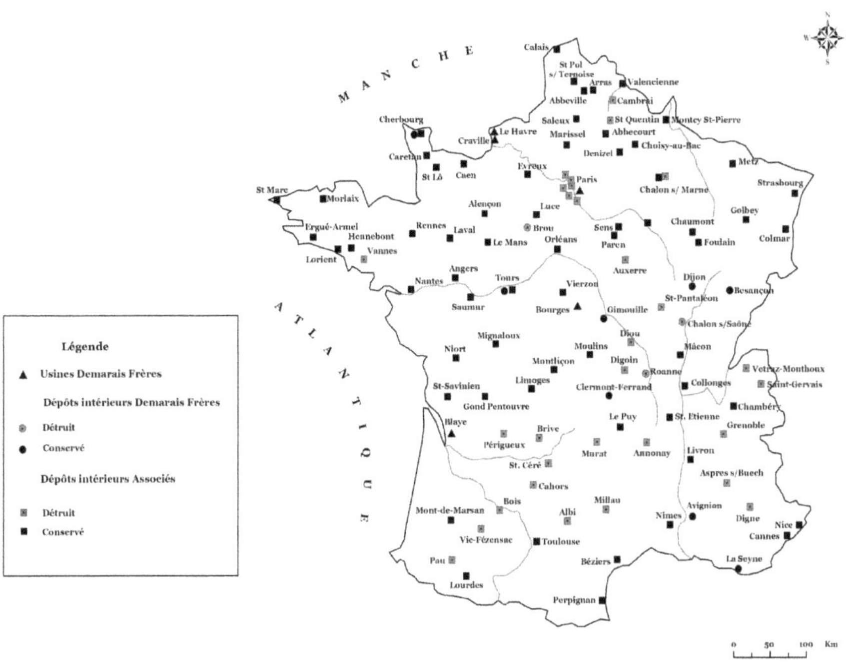

Sources: Archives Desmarais Frères à Total, SC 90 / 54 : « L'entreprise et l'invasion », 1946.

En juin 1940, sur l'ordre des autorités militaires, les services du Siège abandonnent la capitale. Archives et personnel sont repliés près de Bordeaux, et répartis entre Blaye et les domaines voisins de Bedou, Cazeaux et Tayac. Peu après l'occupation de Blaye par les troupes ennemies, en juillet 1940, les services du Siège réintègrent leurs immeubles dans la capitale. Le dernier bombardement en date s'est produit la nuit du 15 août 1940 à Blaye quand

> « …une dizaine d'avions anglais viennent de lancer leurs fusées qui éclairent le fleuve, les réservoirs et une raffinerie de pétrole de l'estuaire… et la première vague déverse une pluie de bombes explosives par le travers de l'usine Desmarais Frères. Les premières bombes tombent

> sur l'entrepôt de fuels. Des réservoirs déchiquetés, déferlent dans un sifflement sinistre 20 millions de litres de combustibles... »[1].

Les circonstances et les destructions de la guerre exercent un choc en retour très accusé et direct sur toutes les branches d'activité de la maison.

3.1.2. Les conséquences micro-économiques : la remise en question des parts de marché

La régression brutale des ventes aboutit rapidement à un véritable effondrement. Les produits minéraux livrés à la consommation en 1944 par Desmarais Frères représentent à peine 4,4% des tonnages d'avant guerre (1935) soit une déperdition de 95,6%. Cette régression ressort à 96,2% pour les produits blancs, 94,1% pour les huiles combustibles, à 70,8% pour les huiles de graissage[2]. Dans la branche végétales, le total des produits livrés à la consommation en cette même année de guerre représente 7,5 % du tonnage normal, soit une déperdition de 92,5% la régression est de 95,8% les huiles, 90,4 pour les savons, et 93,6 pour les tourteaux. Enfin, la totalité des dommages de guerre supportés par les Etablissements Desmarais Frères est évaluée à près de trois cent millions de francs[3].

Les destructions, subies par Desmarais Frères ajoutées à l'emprise de l'État sur l'activité pétrolière, affectent fortement la compétitivité de l'entreprise. Bien que le contexte de guerre soit très particulier et ne laisse donc pas trop d'option de choix économiques, on peut se demander si le système mis en place par le gouvernement de Vichy aurait pu conserver une attitude plus souple à l'égard des entreprises. En d'autres termes, était-il possible d'éviter une rupture complète avec un système de concurrence parfaite qui préserve une relative liberté d'action, et éviter ainsi une quelconque démotivation? Le raisonnement planificateur ne prive t-il pas l'entreprise de son enthousiasme tel qu'il est souligné dans un article récent Jacques Sapir ? :

> « ...l'enthousiasme et à la précipitation sont contradictoires aux notions qui sous-tendent la dimension purement politique de la mobilisation et qui renvoient à l'action discrétionnaire et autoritaire, à la prédominance du sentiment et de l'émotion sur le calcul. La société ne se

1. Témoignage d'André Vallée (ingénieur chez Desmarais Frères) du 9 juin 1940, Henry Menjaud, *Desmarais Frères : Un siècle d'industrie française du pétrole 1861-1961, op. cit.*
2. Archives Total, 99 AC 406, Dossier 4.
3. Archives Desmarais Frères à Total, SC 90/54 : « L'entreprise et l'invasion », 1946.

> mobilise qu'à travers la création d'un contexte qui induit l'enthousiasme, la prédisposition aux sacrifices, y compris le grand »[1].

L'économie de guerre légitimant, tel que Vichy, la notion de planification[2], semble tuer toute concurrence parfaite, génératrice d'initiatives. Elle intervient sur le choix des produits importés ou raffinés. Le pool des carburants ne peut qu'enregistrer les offres et les soumettre à l'agrément de l'État et ensuite organiser la répartition entre les intéressés, tant des carburants liquides importés ou raffinés que des carburants de remplacement liquides en provenance des producteurs français[3]. Cela se contredit avec la vocation classique de l'entreprise et lui confère un rôle non compétitif. L'idée de concurrence, depuis longtemps associée à celle de compétition sportive, correspond à l'égalité des chances, du moins au départ. Les participants à une compétition n'ont cependant pas besoin d'être identiques, ni de disposer des mêmes ressources, mais ils sont tous soumis aux mêmes règles, personnes n'ayant la possibilité de les infléchir en sa faveur[4].

Or dans le cas de la formation du Pool, ce jeu est faussé par le caractère contraignant de la participation. C'est ce qui limite très largement et d'emblée les performances de toutes les entreprises membres. Les producteurs de carburants liquides de remplacement sont en fait groupés au sein d'un comptoir de production qui doit permettre de déterminer la part de production de chacun d'eux. Un comptoir de producteurs met à la disposition du pool des carburants les quantités déterminées par l'État en vue de leur répartition par le réseau de distribution des carburants liquides[5].

---

1. Jacques Sapir, « Effort de guerre et contestation sociale: Les effets inattendus de la mobilisation économique en Russie sur les équilibres socio-politiques », *art. cité.*
2. O. Francks, *Central Planning Control in War and Peace,* The London School of Economics, London, 1947 ; Pour la cas français, voir notamment Richard. F. Kuisel, « Vichy et les origines de la planification économique : 1940-1946 », art. cité.
3. Archives Desmarais Frères 130 AQ 21.
4. « La version « imagée », « intuitive », de la concurrence parfaite » in Bernard Guerrien, *Dictionnaire d'analyse économique,* La découverte, Paris, 1997, p. 96-97.
5. Archives Desmarais Frères, 130 AQ 21.

GRAPHIQUE 2.3.5.
Comparaison avec ventes clientèle Desmarais Frères par dépôt actif Desmarais Frères et dépôt actif confrères (septembre et octobre 1940)

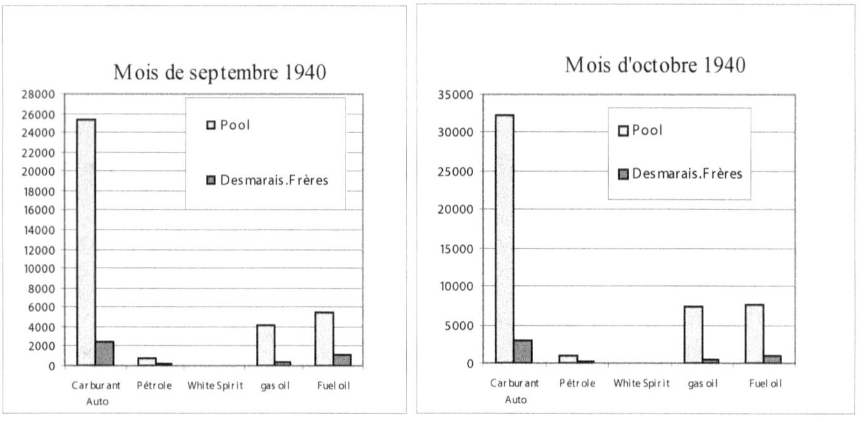

Source : Archives Desmarais Frères 130 AQ 16 : Rapport de la SIPD à Robert Cayrol, Directeur de Desmarais Frères (29 novembre 1940).

Le tableau suivant montre la part en pourcentage des ventes de Desmarais Frères par rapport aux ventes totales du Pool pour le mois d'octobre :

TABLEAU 2.3.7.
Part des ventes de Desmarais Frères par rapport aux ventes totales du pool pour le mois d'octobre 1940

	Pool	Desmarais Frères	Part en %
Carburant Auto	32.267	2.816	8,7%
Pétrole	858	142	16,5%
White spirit	105	5,4	5,1%
Gas oil	7.441	592	8%
Fuel oil	7.508	902	12%

Source : Archives Desmarais Frères 130 AQ 16 : Rapport de la SIPD à Robert Cayrol, Directeur de Desmarais Frères (29 novembre 1940).

Les parts de ventes de Desmarais Frères pour le mois d'octobre 1940 (présentés ci-dessus) sont représentatifs de toute la période. Les membres du pool prennent respectivement leurs responsabilités et se trouveraient ainsi parfaitement en état d'être consultés lorsque le comité consultatif de la branche est réuni. Comme le montre le graphique et le tableau ci-dessus, les ventes de Desmarais Frères restent strictement proportionnelles aux ventes de l'ensemble des ventes du pool. Cela résulte d'une absence totale d'activité commerciale basée sur un marketing propre, notamment dans la mise en place de carburants spéciaux.

3.1.3. Les conséquences macro-économiques

L'ensemble des pertes et de baisse de l'activité pétrolière chez Desmarais Frères se reflète au niveau national. Les graphiques ci-dessous font ressortir, avant la guerre, un niveau élevé et à partir de l'invasion, en juin 1940, un effondrement profond. Elles atteignent leur synclinal en1944, année de la libération, et reprennent ensuite leur marche ascendante[1].

1. On peut exprimer les variations relatives intervenues dans les activités de Desmarais Frères par des graphiques. Ces graphiques ont pour objet de permettre à l'œil de saisir facilement les traits significatifs des nombres et leurs variations relatives au cours de la période envisagée. Ayant à comparer les tendances de plusieurs courbes exprimant, soit des éléments différents, tels que mètres cubes, tonnes, francs, soit des éléments identiques, mais d'un ordre de grandeur très variable, pour éviter toute erreur d'interprétation il convient de retenir la méthode des indices à échelle logarithmique qui assure la sincérité des comparaisons. Les courbes s'étendent à la décade allant de 1935 à 1944 inclus.

GRAPHIQUE 2.3.6.
Ventes en Huiles minérales Desmarais Frères de 1935 à 1944 (en tonnes)*
(Base 1935 = 100)

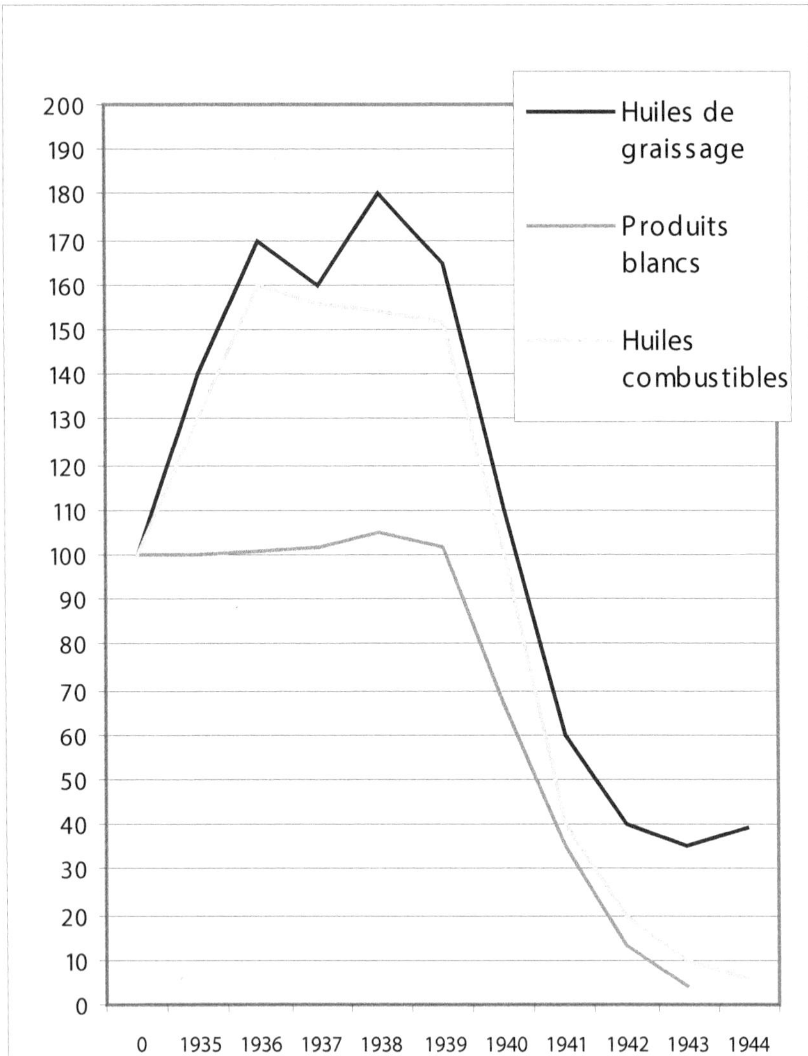

Source : Archives Desmarais Frères à Total, « L'entreprise et l'invasion », 1946, SC 90/54.
* Y compris exportations.

Le tableau suivant représente les parts des ventes Desmarais Frères (en pourcentage) pour la même période (1935 à 1944) :

TABLEAU 2.3.8.
Ventes huiles minérales Desmarais Frères de 1935 à 1944
Tonnages comparés (en pour cents)

Année	Produis blancs	Huiles combustibles	Huiles de graissage
1935	75,9	23,5	0,6
1936	70	29,2	0,8
1937	69,9	29,3	0,8
1938	71,3	27,8	0,9
1939	70,8	28,4	0,8
1940	66,7	32,3	1,0
1941	69,4	29,0	1,6
1942	71,2	26,7	2,1
1943	65,9	31,0	3,1
1944	65	31,3	3,7

Source : Archives Desmarais Frères à Total, « L'entreprise et l'invasion », 1946, SC 90/54.

Pendant la guerre, les parts en pourcentage de ventes des produits blancs baissent en faveur des huiles de graissage. On enregistre également une légère augmentation de la part des ventes des huiles combustibles au détriment des produits blancs. Cela se traduit par une baisse des bénéfices. Le chiffre d'affaires, en hausse constante jusqu'en 1939[1], atteint un palier inférieur en 1940, et s'effondre ensuite, pour ne reprendre qu'à partir de 1944. Les dépenses d'exploitation atteignent leur maximum en 1939. Elles fléchissent dès 1940, avec le ralentissement des transactions. Dès 1943 elles reprennent une allure ascendante.

1. Le chiffre d'affaire 1939 augmente de 50% par rapport à 1935 (Archives Total, SC 90/54).

GRAPHIQUES 2.3.7.
Ventes en matières végétales de 1935 à 1944 (en tonnes)
(Base 1935 = 100)

France* Desmarais Frères

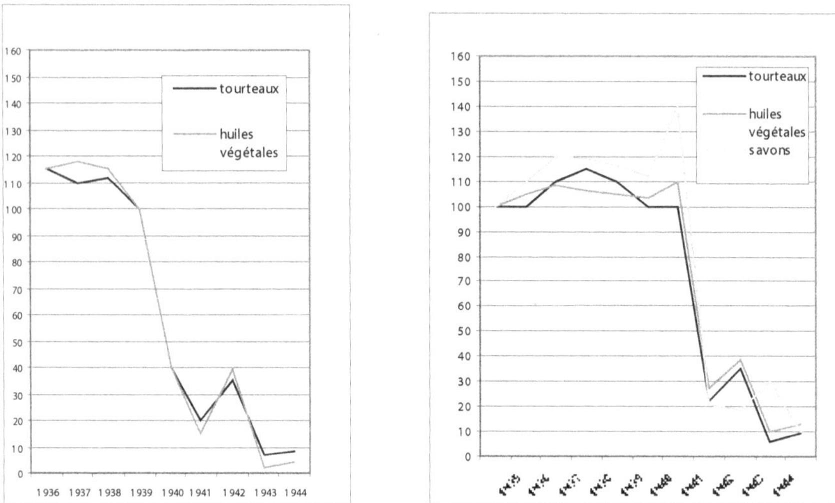

Source : Archives Desmarais Frères à Total, « L'entreprise et l'invasion », 1946, SC 90/54.
* Y compris Desmarais Frères

La période de la guerre correspond donc à une baisse profonde (d'environ 50% par rapport à 1935) quant aux résultats des établissements Desmarais Frères[1]. Son activité est modifiée qualitativement également tendant à dépendre de l'activité du groupe SIPD et du Pool de distribution. Comme on peut le constater, pour Desmarais Frères, la guerre est loin de constituer une période de quelconque continuité que ce soit en termes d'exploitation ou en terme de d'investissement. Malgré les pertes de la guerre, les dirigeants de Desmarais Frères gardent une attitude de confiance en l'avenir et une vision à long terme.

3.2. Desmarais Frères et la gestion du personnel durant la guerre

La maison s'ingénie à favoriser les activités nouvelles et à conserver une grande partie de son personnel d'avant guerre (4000 employés) : plus de la moitié. Il s'agit d'un effectif dépassant de loin les besoins du moment. Certains collaborateurs sont reclassés, soit dans les nouvelles

1. Archives Desmarais Frères à Total, « L'entreprise et l'invasion », 1946, SC 90/54.

branches créées par la Maison, soit dans les organismes de centralisation professionnels, dont les circonstances favorisaient la création.

3.2.1. Permanence d'un management familial : le rôle paternaliste de Robert Cayrol

Comme l'affirme J. C. Daumas, ni Vichy, ni l'occupation n'ont remis en cause a position, la fonction et la puissance des patrons[1]. Cela est d'autant plus vrai quand il s'agit d'une compagnie qui a connu les plus grosses destructions. Il va sans dire que la prise de décision joue un rôle central dans la gestion d'une entreprise ; pour certains c'est l'essence même de la gestion[2]. L'une des caractéristiques du leadership chez Desmarais Frères, c'est la prise de décisions qui ont un retentissement sur l'ensemble de l'entreprise ou sur l'une de ses composantes. Mais, la réussite de l'entreprise durant la guerre à sauvegarder sa cohésion sociale ne s'explique pas seulement par la capacité des gérants de la famille Desmarais à veiller au bon déroulement de leurs affaires. Elle tient aussi à leur capacité à s'attacher de grands serviteurs de l'entreprise. Ces derniers ont toujours su influencer le comportement de leurs collègues et de leurs subordonnées.

Grâce au rôle joué par Robert Cayrol, la guerre met en valeur un paternalisme préexistant de la compagnie envers ses employés. On peut penser que le paternalisme chez Desmarais Frères obéit à la tradition française selon laquelle les grandes familles patronales arrivent parfaitement à combiner stratégie de famille et stratégie de renouvellement[3]. Le cas de Desmarais Frères reste toutefois très original. En effet, avec le grave problème des destructions (ou réciproquement avec l'élargissement de la compagnie dans la période de l'entre-deux-guerres), on arrive à conserver le sentiment d'appartenance à la famille élargie. Ce succès est essentiellement lié à deux facteurs de grande signification qu'on retrouve dans la période de la guerre :

- L'objectif de départ des fondateurs de la compagnie consiste à veiller à ce que la compagnie garde son indépendance commerciale et financière. C'est ce qui avait contribué à renforcer le sentiment patriotique au sein de l'entreprise.

---

1. Jean Claude Daumas, « La logique des entreprises sous l'Occupation », O. Dard, F. Marcot, J. C. Daumas (Dir.), *L'occupation, l'État français et les entreprises*, ADHE, Paris, 2000.
2. H.A. Simon, *The New Science of Management Decision*, New York, Harper and Row, 1960.
3 Alain Beltran, *Un siècle d'histoire industrielle en France (1880-1970) : industrialisation et sociétés*, éditions Sedes, Paris, 1998, p. 92.

• Le travail en équipe repose sur l'idée qu'il faut avoir un personnel permanent et fidèle. Cela devient une priorité pour les employeurs et influe sur la relation employeur/employé.

GRAPHIQUE 1.2.1. *Evolution du stock mensuel à l'usine du Havre de janvier 1916 à août 1918 (en kg)*

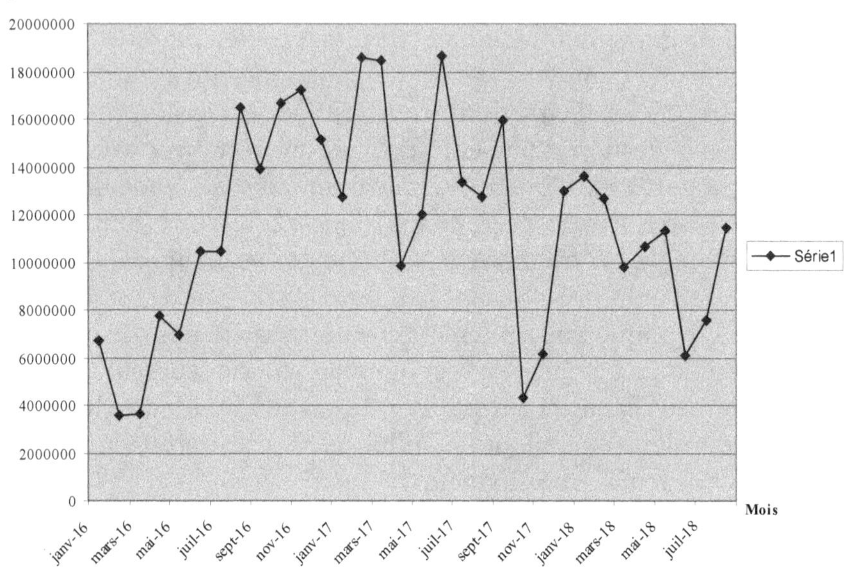

Ainsi la volonté de Robert Cayrol de prendre en charge le personnel pendant la guerre devient une forme comme une autre de saboter l'Occupation. Très bon élève de l'Ecole Navale et ancien Officier de Marine, il confirme pendant cette période « son autorité ferme mais bienveillante »[1]. Cela se manifeste dans l'action d'abord, quand il organise des chantiers forestiers et fait construire dès 1941 une distillerie d'alcool à Bourges. Il réussit ainsi à arguer, auprès de l'occupant, des affectations agricoles de son personnel pour éviter aux jeunes le Service du Travail Obligatoire, auquel très peu de personnes de chez Desmarais Frères ont été assujetti[2].

1. Maurice GUIERRE, *Robert Cayrol 1883-1959, de la mer au pétrole, l'unité d'une vie*, Editions Perceval, 1960, p. 39.
2 *Ibid.*, p. 9.

La clé pour l'explication de la permanence de cet esprit d'entreprise réside donc vraisemblablement dans ce paternalisme familial[1]. Il s'agit d'un paternalisme restant à l'écoute de son personnel et de son environnement. Il réside dans l'attitude ensuite, une attitude qui tend à rassembler les équipes autour d'un but commun : travailler pour la Libération du pays. Il se défend par exemple tant les camarades qui ont choisis de continuer la lutte hors de France que ceux qui y sont restés[2]. Pour Robert Cayrol, il faut partout défendre la France pour qu'elle soit vivante. Ce paternalisme se manifeste aussi à travers la mobilisation de ressources financières.

3.2.2. La mobilisation financière pour le personnel renforce le paternalisme

La prise en charge financière du personnel traduit un mode de gestion paternaliste bien spécifique.

3.2.2.1. La prise en charge du personnel est la raison de sa stabilité

Le personnel est cruellement touché par les événements. La compagnie porte le deuil de soixante-cinq fidèles agents de maîtrise, employés, ouvriers, directeurs, disparus ou morts au combat, en captivité ou en service commandé. En revanche, le nombre des travailleurs requis pour le travail forcé en Allemagne a été faible, à peine un demi pour cent de l'ancien ancien effectif, moins de 1% de l'effectif de guerre le plus réduit : en tout, vingt-deux personnes. De ces déportés, aucun n'est désigné par les Etablissement Desmarais Frères. Ils sont choisis par les représentants des pouvoirs publics, en exécution des consignes données par les autorités occupantes, sur les listes du personnel, où figure en regard de chaque nom la marque indiquant que le travailleur est jugé indispensable à la Maison. Chaque tentative de prélèvement est âprement discutée et le résultat montre l'efficacité de cette résistance et des pourparlers[3].

Souvent, des mesures de protection sont prises à l'insu de du personnel, et même, en quelque sorte, à son corps défendant. Ainsi, l'avantage d'un jour de fermeture supplémentaire, le samedi, est supprimé par la Direction, sans commentaires, et sans qu'il soit possible, à ce moment, d'en expliquer les raisons. En effet, aucune activité urgente ne justifie une

1. Jean-Claude Daumas, « Deux modèles de capitalisme familial : capitalisme dynastique et capitalisme viager dans l'industrie lainière française au XIXe siècle «, in Jean-Claude Daumas (dir), *Le capitalisme familial : logiques et trajectoires,* (actes de la journée d'études de Besançon du 17 janvier 2002), Presses Universitaires Francomtoises, Besançon, 2003.
2. Maurice Guierre, *Robert Cayrol 1883-1959, de la mer au pétrole, l'unité d'une vie, op. cit.*, p. 40.
3. Archives Desmarais Frères à Total, SC 90/54 : « L'entreprise et l'invasion », 1946

augmentation des heures de travail, mais certains des Etablissements de la compagnie étant soumis au contrôle des autorités occupantes, il est jugé prudent de rétablir le travail, ou plus exactement une apparence de travail en fin de semaine[1], afin d'éviter que ce jour supplémentaire ne donne aux occupants le prétexte d'invoquer un excédent de personnel et ne les incite à des prélèvements massifs de travailleurs[2]. Ce sont des circonstances qu'il convient de ne pas perde de vue quand on se reporte à ces années troublées.

La Maison est ainsi arrivée à conserver un personnel d'une valeur professionnelle certaine, fidèlement attaché depuis de longues années à son entreprise et à sa profession[3]. Cet attachement apparaît d'autant plus méritoire, que sous le régime de l'invasion les meilleures volontés risquaient d'être ébranlées par la réglementation impitoyable bloquant salaires et allocations, supprimant toutes les libertés, instituant le règne de la misère, en vue notamment de décourager les travailleurs et de provoquer leur exode vers les usines de guerre de l'ennemi[4].

La stabilité du personnel résulte sans doute d'une certaine continuité. Le patronat pendant la période de Vichy, connaît une grande stabilité[5]. Entre 1935 et 1940, les dépenses de personnel, appointements, salaires, indemnités diverses charges sociales, représentaient environ le tiers du total des dépenses d'exploitation. Elles atteindront plus de deux cinquièmes en 1942, près de deux tiers en 1943. Elles sont de plus des trois quarts en 1944, à la sortie de la guerre, quand la maison « s'ingénia à favoriser les activités nouvelles et à conserver une grande partie de son personnel d'avant la guerre, plus de la moitié, effectif dépassant de loin les besoins du moment »[6], comme montre ce graphique :

1. Maurice Guierre, *Robert Cayrol 1883-1959, de la mer au pétrole, l'unité d'une vie, op. cit.*, p. 38-40.
2. Voir notamment : Denis Peschanski et Jean-Louis Robert, *Les ouvriers en France pendant la seconde guerre mondiale*, actes du colloque, Paris-CNRS, 22-24 octobre 1992 / [organisé par le] Centre de recherche d'histoire des mouvements sociaux et du syndicalisme, Université Paris-I [et l'] Institut d'histoire du temps présent, Centre national de la recherche scientifique, Paris, 1992.
3. Henri Menjaud, *Desmarais Frères, un siècle d'industrie française de pétrole, op. cit.*
4. Archives Desmarais Frères à Total, SC 90/54 : « L'entreprise et l'invasion », 1946.
5. Hervé Joly, « Prosopographie des dirigeants des Comités d'organisation », Olivier Dard, François Marcot, Jean-Claude Daumas (dir.), *L'occupation, l'État français et les entreprises, op. cit.*, p. 245-259.
6. Archives Total, côte SC 90/54, « L'entreprise et l'invasion », 1946.

GRAPHIQUE 2.3.8.
Le coût relatif du personnel Desmarais Frères de 1935 à 1944
(Base 1935 = 100)

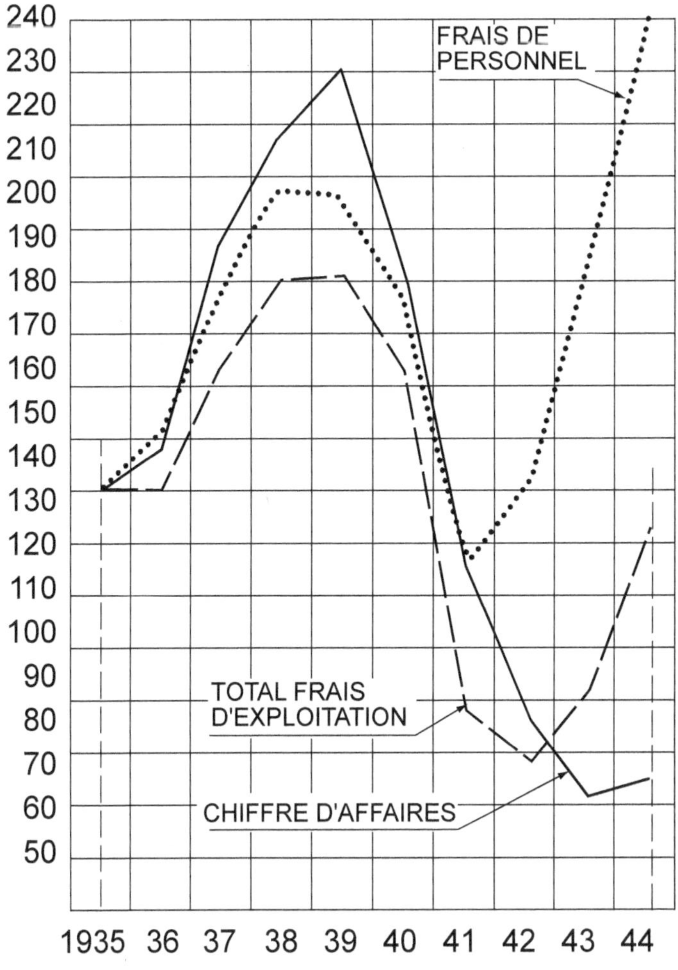

Source : Archives Total, SC 90/54, « L'entreprise et l'invasion », 1946.

Le graphique met en évidence la réalité des efforts. En 1944, le chiffre d'affaires de Desmarais Frères n'était plus, par rapport à 1939, que de 29%, tandis que les dépenses de personnel étaient passées à 115%. Ces dépenses interviennent pour 62% et 70% dans les comptes d'exploitation respectivement pour les années 1943 et 1944. En quelque sorte, le problème de la guerre a mis en exergue une certaine solidarité et une prise en charge de la compagnie par son personnel. Il existe ainsi une solidarité qui renvoie à une sorte de paternalisme social, non loin d'une vision quasi-religieuse de l'entreprise, qui a un but bien plus moral que matériel. Mais, s'agit-il là d'une quelconque forme de domination ?

3.2.2.2. Typologie du style paternaliste chez Desmarais Frères

Un moyen d'analyse typologique est celui du recours au cadre général de l'analyse sociologique. Puis, il est possible de définir la méthode en question par rapports aux méthodes paternalistes les plus connus en France. L'objectif recherché est d'aller du plus général au plus particulier. Il s'agit de réduire, pour une raison méthodologique, le champ de recherche à un seul critère sociologique connu. Puis, il convient d'élargir l'analyse par la démarche comparative. Si on part du constat Wébérien selon lequel toutes les relations sociales ne sont pas équilibrées, c'est-à-dire qu'il existe une relation d'infériorité/supériorité résultant de l'usage de situations légitimes[1], comment peut-on juger le rapport entre le personnel de Desmarais et leurs patrons ?

Il existe selon Max Weber trois formes principales de domination : charismatique (on suit la personne du chef), traditionnelle (on obéit à la personne du détenteur du pouvoir déterminé par la tradition) ou légale-rationnelle (on obéit à un ordre impersonnel)[2]. Ainsi, le cas de Desmarais Frères semble plutôt du type traditionnel parce qu'il obéit à une certaine tradition. La raison est que la pratique paternaliste chez Desmarais Frères est non loin de celle qui vise à substituer à l'échange travail-salaire l'échange subvention-service[3]. En revanche, on est surtout bien loin de l'idée selon laquelle le paternalisme est né pour répondre à la une nécessité d'une hiérarchie : un « dominant » et un « dominé »[4]. Ce dernier type de paternalisme trouve peut-être ses racines au XIXe siècle ; certains auteurs comme Louis Moreau de Bellaing, pensent que le paternalisme est né au XIXe siècle pour concilier libéralisme et traditionalisme[5]. Pour d'autres, cette situation de fait ne peut être que

1. Max WEBER, *Essai sur la théorie de la science*, Pocket, Paris, 2000. Max Weber (1864-1920) propose, dans ce livre qui réunit quatre études fondamentales, de jeter les bases d'une théorie des sciences sociales. Il veut construire les concepts importants qui leur sont propres, et montrer en quoi elles sont spécifiques. Il tente de définir ce qui peut être la «neutralité « du savant, ce que doivent être les rapports de l'économique et du politique, quelles peuvent être les lois des sciences de l'homme et des sociétés. Il donne enfin sa définition de la sociologie et des méthodes de celle-ci. Ce livre est donc la clef théorique de toute son œuvre - et donc d'une large part de la sociologie de notre temps.
2. Max WEBER, *Economie et société*, Tome 1, *Les catégories de la sociologie*, Pocket, Paris, 1995.
3. François EWALD, *Histoire de l'État Providence*, Grasset & Fasquelle, Paris, 1996, p. 95-102.
4. Louis Moreau DE BELLAING, *L'État et son autorité – l'idéologie paternaliste*, Anthropos, Paris, 1976.
5. *Ibid.*

passagère, dans l'attente d'une intervention de l'État[1], comme il a été le cas pour l'intervention du gouvernement français dans le secteur pétrolier durant la crise de la Première Guerre mondiale.

D'autres exemples montrent que le cas de Desmarais Frères n'est pas très isolé, bien que les nuances soient si évidentes. Depuis sa création en 1836, l'entreprise Schneider demeure familiale jusque dans le deuxième quart du XXe siècle[2]. En dépit du nombre d'ouvriers, le paternalisme s'exerce de façon pesante, jusqu'au moindre détail, c'est à dire que chaque ouvrier ressentira sur ses épaules la pression de la famille Schneider. Cela nécessite même quelque précision terminologique pour marquer le passage d'une certaine forme paternaliste à une autre[3]. Il faut dire que les Schneider ont toujours réussi à mettre la justice de leur côté. Au tribunal correctionnel d'Autan, les moindres délits aux dépens de l'usine sont punis[4].

Chez Desmarais Frères, en revanche, on voit d'abord des employés qui se dévouent complètement à leur entreprise. Ils ont une attitude d'être eux-mêmes propriétaires. « ... Comme les locaux étaient exigus (déjà) et difficiles à agrandir, nous avions les employés du P.L.M. qui, leur journée finie, venaient veiller le soir après dîner pour faire les travaux de comptabilité... », témoignait Paul Baduel en 1928[5]. D'autre part, les dirigeants agissent en tant que pères de famille. C'est ainsi que, durant la guerre, les chefs de la maison restent proches matériellement de tous les employés. Puis, quelque temps après la fin de la guerre, on propose la création d'un fonds de solidarité destiné à venir en aide aux familles des prisonniers. Les propriétaires de la maison, les directeurs, et tout le personnel apportèrent leur contribution au fonds. Voilà donc un style comparable au « paternalisme traditionnel » de chef d'entreprise qui préférait « encadrer les ouvriers, les enraciner par des avantages sociaux plutôt que d'élever leurs salaires »[6] .

Une conséquence essentielle du paternalisme chez Desmarais Frères réside dans une main-d'œuvre plutôt stable. En 1945, à la sortie de la guerre 174 employés chez Desmarais Frères ont une ancienneté moyenne

1. J. Lambert, *Essai sur les origines et l'évolution d'une bourgeoisie. Quelques familles du patronat textile de Lille – Armentières*, Thèse de droit, Paris, 1954.
2. Denis Woronoff, « Une statue pour Eugène Schneider «, *L'Histoire*, n° 186, p. 10-12 ; Jean-Louis Beaucarnot, *Les Schneider, une dynastie*, Hachette, Paris, 1986 ; Joseph-Antoine Roy, *Histoire de la famille Schneider et du Creusot*, Paris, Rivière, 1962.
3. Gérard Noiriel, « du patronage au paternalisme : la restructuration des formes de domination de la main-d'œuvre ouvrière dans l'industrie métallurgique française », *Le Mouvement social*, n° 144, 1988.
4. F. Pique -de Bry, *Le paternalisme dans l'opinion des industriels français au XIXe siècle, thèse de doctorat ès sciences économique*, Paris, 1980, p. 394-401.
5. Henri Menjaud, *Desmarais Frères ..., op. cit.*
6. Alain Beltran, *Un siècle d'histoire industrielle en France (1880-1970), op. cit.*, p. 97-98.

de 13 ans et 2 mois (cf. graphique ci-dessous). La moyenne d'ancienneté est un facteur très important de transfert de valeurs et des méthodes entre les générations. C'est aussi un facteur très révélateur de la stabilité du personnel. On peut remarquer, en effet, d'après ces chiffres comme d'après certains témoignages[1], l'attachement des agents – employés, ouvriers et cadres – Il se transmet à travers les générations, comme une sorte d'usage héréditaire. C'est ainsi que dans quinze familles connues, on dénombre une moyenne de onze collaborateurs qui se sont succédés en deux à cinq générations. Cette stabilité est l'atout fondamental sans lequel la compagnie ne peut songer à son avenir.

Conclusion

L'économie pétrolière française sort très éprouvé de la guerre à cause des destructions, mais surtout de la rupture du circuit mondial d'échanges. La fin victorieuse de la guerre devrait accélérer les reconstructions pour retrouver en moins de cinq ans le potentiel pétrolier d'avant les hostilités[2]. Ce qui semble comme premier stimulant de cette reprise est que les intérêts de la CFP au Moyen-Orient sont intacts, voire revigorés. La demande du marché français pour la reconstruction étant forte, l'intérêt stratégique demeure double : il faut un maximum de capital français et un maximum de pétrole français.

Desmarais Frères est plus que jamais liée à la CFP. L'expérience de la guerre renforce l'emprise étatique sur l'industrie pétrolière française. L'autonomie de Desmarais Frères se trouve réduite par rapport à l'administration française. Dans ce contexte, la réalité économique et culturelle de la maison Desmarais Frères se trouve extrêmement menacée. Mais le rôle de son directeur Robert Cayrol comme trait d'union entre le secteur privé et le gouvernement de Vichy pendant la guerre (Vice-Président puis Président du Comité d'Organisation des Combustibles Liquide dès 1943) ajouté à sa forte notoriété durant l'entre-deux-guerres, offre une certaine garantie à la compagnie. La compagnie peut toujours bénéficier d'une place de faveur en tant que premier interlocuteur de l'État et de la CFP. Une seule orientation stratégique semble cependant être la plus adéquate. C'est celle de renforcer son orientation vers l'aval en faisant valoir son expérience de distributeur pétrolier.

1. Voir le témoignage, fait le 24 octobre 1960, de J. Bagotier alors employé en retraite de Desmarais Frères. (Henri Menjaud, *Desmarais Frères ..., op. cit.*)
2. « L'age du pétrole », *Entreprise*, supplément du N°547, 3 mars 1966, p. 14.

Conclusion deuxième partie

Les années de 1919 à 1945 sont une période durant laquelle l'ascension de la CFP domine la scène pétrolière en France. Pour Desmarais Frères cette période est marquée par sa grande capacité d'adaptation environnementale. Stratégiquement, la compagnie choisie de s'allier à la stratégie pétrolière de l'État sous l'égide d'Ernest Mercier. Cette intégration au sein des objectifs de l'État s'accompagne par une prise de position vers la distribution pétrolière tout en gardant une marge de manœuvre dans le raffinage. La compagnie assure en plus la distribution du pétrole français. Elle met l'accent sur l'activité de distribution : dès 1925-1930 elle développe son infrastructure (pompes) et ses transports (camions). Grâce à la complémentarité Desmarais Frères / CFP, les importations des produits raffinés baissent sensiblement : au total, la part des produits finis dans les importations françaises de produits pétroliers est passée en tonnage de 94% en 1929 à 18% en 1938[1].

L'adaptation de Desmarais Frères se fait aussi au niveau technique. Le développement extraordinaire des techniques dans le secteur automobile accompagne de très près l'évolution de la technique pétrolière. De 1920 à 1940, le nombre des automobiles augmente considérablement. L'évolution des moteurs exige d'élever sans cesse l'indice d'octane des essences. Desmarais Frères suit de très près les dernières techniques de raffinage quand un premier progrès est acquis en 1930 avec la mise au point du *reforming thermique*, variante du cracking[2], qui donne des essences à haut indice d'octane. A partir de 1930, la compagnie Desmarais Frères entreprend la mise au point d'un carburant ternaire (essence-alcool-benzol) qui par son utilisation de l'alcool permet de résoudre largement le problème posé à l'agriculture par les excédents d'alcool résultant de l'effort de production pendant la guerre de 1914-1918. Dès juillet 1932 toutes les pompes Desmarais Frères sont alimentées par le nouveau supercarburant baptisé « Azur ».

---

1. Rapport du Conseil Supérieur du Pétrole (Ministère de L'Industrie et du Commerce), « Le coût en Divises de l'Approvisionnement Pétrolier Français », Décembre 1955.
2. Voir Annexe 2.3.3.

La période de la Seconde Guerre mondiale contraste avec la période précédente qui est celle d'un grand essor. Les bombardements causent de très nombreux dégâts aux divers dépôts de Desmarais Frères. Grâce aux initiatives de son directeur Robert Cayrol, la compagnie sauvegarde une certaine activité discrète dans la production d'alcool dans la région de Bourges. Les besoins pétroliers du moment poussent à se développer un troisième procédé, l'alkylation ou alcoylation. Ce moyen facilitera, un peu plus tard, la production d'essences d'avion à indice d'octane supérieur à 100, ainsi que de dérivés pour la pétrochimie. Ce kérosène, qui était la seule partie vendable dans la première période, celui-là même que l'éclairage électrique avait laissé sans emploi, le voilà promu en 1945 à une nouvelle carrière : le combustible des moteurs à réaction sous le nom de carburéacteur. En réussissant sa stratégie de marché, Desmarais Frères réussit à maintenir une situation financière solide[1]. Il s'ajoute à cela les bénéfices dégagés de son capital au sein de la CFP et de la CFR.

En ce qui concerne la CFP, l'équilibre du bilan de la CFP est très largement assuré. On enregistre une progression constante même pendant la période de guerre, à la fin de laquelle les disponibilités sont très abondantes[2]. La guerre ne fait que ralentir cette ascension. L'évolution des activités de la CFP peut être mise en valeur à travers les bilans comparés des années 1924, 1929 et 1939[3] :

Tableau 2.3.9.
Comparaison des actifs long terme
(en millions de francs)

	31.12.24	31.12.29	31.12.39
Immobilisations	5	-	719
Participations	41	1.151	7.144

Source : Archives Total, 82.5/16.

L'actif long terme du bilan est presque entièrement constitué sur toute la période par le poste « Participations », essentiellement les participations dans le groupe IPC et dans la CFR. Ceci est wxprincipalement dû à l'effort demandé aux actionnaires, d'une part, et à la dimension

1. Archives Total, 99 AC 40 : Assemblées générales Desmarais Frères.
2. Archives Total, 82.5/16.
3. Voir : Annexe 2.3.3.

stratégique[1], de l'autre. Ainsi, l'endettement long terme est relativement important à fin 1939 (coefficient d'endettement 31,6%)[2] et diminue ensuite en valeur relative ; fin 1944 le coefficient d'endettement n'est plus que de 23,1%. Le très faible montant d'endettement court terme à fin 1944 s'explique par l'arrêt de l'exploitation et la disparition des dettes et créances correspondantes.

1. Hervé L'Huillier, « La stratégie de la Compagnie Française des Pétroles durant la Seconde Guerre mondiale : sauvegarder l'essentiel », in *Histoire, économie et société*, n°3, 1992, p. 463-478.
2. Archives Total, 82.5/16.

TROISIÈME PARTIE

Après la Seconde Guerre mondiale : Les défis de la modernisation (1945-1974)

Introduction troisième partie

Pour l'industrie pétrolière française, l'immédiat après-guerre est l'époque de tous les paradoxes. Sur le sol français, les destructions anéantissent presque toutes les installations pétrolières. A l'étranger, en revanche, les intérêts français au sein de l'IPC et au Moyen-Orient en général se trouvent indemnes. Si pour la CFP la sauvegarde d'une capacité d'autofinancement était possible[1], il n'en était pas de même pour les compagnies ayant la grande partie de leurs capitaux investis en France, telle que Desmarais Frères. D'où une divergence stratégique majeure, mais qui cache une certaine complémentarité.

La CFP attachait encore plus d'importance à la progression des ressources en brut[2]. Une stratégie d'investissement et de diversification des sources de production, durant toute la période des Trente glorieuses se trouve à l'origine de son épanouissement. La géostratégie et la diplomatie sont l'un des éléments clés dans cette analyse. En effet, la fin victorieuse de la guerre en faveur des alliés donne une nouvelle légitimité à une présence de plus en plus forte des compagnies américaines au Moyen-Orient. S'ouvre alors une course au pétrole, qui met face à face les grandes compagnies américaines et les traditionnelles compagnies européennes opérantes dans la région.

Très touchée par les destructions (la reconstruction prendra sans doute plus de temps), Desmarais Frères attache plus d'importance à la reconstruction et au développement de son réseau de distribution. Sa stratégie repose à la fois sur la dimension sociale et l'efficacité commerciale. La dimension sociale peut révéler des traditions françaises dans la gestion des ressources humaines. La permanence d'un management familial peut aussi se trouver à l'origine d'un management « paternaliste » permettant la stabilité d'une main-d'œuvre hautement productive. Dans un secteur de pointe comme celui du pétrole, les aspects commer-

1. Hervé L'Huillier, « La stratégie de la Compagnie Française des Pétroles durant la Seconde Guerre mondiale : sauvegarder l'essentiel », in *Histoire, économie et société*, n°3, 1992, p. 463-478.
2. Emmanuel Catta, *Victor de Metz, de la CFP au groupe Total*, Total Edition Presse, 1990.

ciaux reflètent la capacité d'adaptation de la compagnie. Ils reflètent également ses capacités organisationnelles.

La fusion entre Desmarais Frères et la CFP en 1965 se justifie donc très largement par la forte « spécificité » des actifs en aval. D'où la nécessité d'une forme ultime d'intégration permettant d'économiser des coûts de transaction[1] (par rapport à la traditionnelle coordination par le marché entamée dès les milieux des années 1930)[2]. Elle offre une meilleure utilisation de l'effet « d'économies d'échelle » et la mise en œuvre de relations contractuelles plus efficaces et moins coûteuses en information.

1. Oliver E. Williamson, « The logic of Economic Organisation » in O. E. Williamson and S. G. Winter (ed.), *The Nature of the Firm*, Oxford, 1991.
2. Mohamed Sassi, « The Émergence of a French Oil Industry Between the Two Wars », in *Business and Economic History On-Line 2003*, URL: http://www.thebhc.org/publications/BEHonline/2003/Sassi.pdf, Actes du Colloque de la *Business History Conference (BHC)*, Lowell, Massachusetts, Juin 2003.

CHAPITRE 6

1945-1955 : De la reconstruction à l'expansion

Introduction

La reprise de l'activité économique à la sortie de la guerre met la France devant de nouveaux enjeux de mobilisation nécessitant une vive réaction politique et économique[1]. Les défis de reconstruction concernent tous les domaines d'activité. Avec l'acceptation par la France du Plan Marshall[2] en juin 1947[3], celle-ci s'engage dans un long processus de développement de son infrastructure économique. Les secteurs de bases et les grandes industries sont les plus concernées[4], mais l'information économique (avec la création de l'INSEE) et la gestion des relations financières extérieures (marquée par la personnalité de Guillaume Guindey)[5] prend encore plus d'ampleur. Le secteur pétrolier, lui, bénéficie de l'urgence et la pression grandissante des besoins. Les États-Unis et, dans une mesure

1. François Bloch-Lainé et Jean Bouvier, *La France restaurée 1944-1954, dialogue sur les choix d'une modernisation*, Fayard, Paris, 1986 ; H. Van der Wee, *Histoire économique mondiale 1945-1990*, Bruxelles, Academia Duculot, 1990, Chapitre 1, « De la guerre à la reconstruction », p. 12-34.
2. Maurice Lévy-Leboyer, *Le Plan Marshall et le relèvement économique de l'Europe*, Comité pour l'Histoire économique et financière, Paris, 1991.
3. A l'origine, l'aide américaine massive destinée à accélérer les relèvement des économies européennes et enrayer la progression électorale des parties communistes. Voir : Hubert Bonin, *Histoire économique de la France depuis 1880*, Masson, Paris, 1988, p. 138-139.
4. Des missions de productivité sont envoyés aux États-Unis pour importer les méthodes et les technologies américaines, notamment dans les secteur du BTP et quelques grandes industries dont le pétrole, voir : Dominique Barjot, « Catching up with America : The Story of Productivity Missions in the French Publics-Works Industry after the Second World War », in Dominique Barjot, (dir), *Catching up with America : Productivity Missions and the Diffusion of American Economic and Technological Influence after the Second World War*, Presses de l'Université de Paris-Sorbonne, 2002, p. 359-385 ; Henri Morsel, « Les missions de productivité aux États-Unis de l'industrie française de l'aluminium », in Dominique Barjot, (dir.), «La reconstruction économique de l'Europe 1945-1953», *HES*, n°2, 1999, p. 297-301.
5. Solenne Lepage, « La direction des Finances extérieures face à la modernisation et à la nécessité de restaurer la puissance internationale de la France (1946-1950) », in Dominique Barjot, (dir.), « La reconstruction économique de l'Europe 1945-1953 », *HES*, n°2, 1999, p. 255-274

bien moindre, le Royaume-Uni dominent la vie économique et politique mondiale. Cette domination paraît particulièrement évidente en matière financière du fait de la pénurie du dollar (dollar gap). Cependant, la France bénéficie de quelques sérieux atouts permettant la réintégration dans le système pétrolier mondial :

– l'opportunité de la présence française au cœur des gisements pétroliers mésopotamiens à travers la Compagnie Française des Pétroles (CFP) ;

– un niveau d'industrialisation d'avant guerre assez élevé, notamment en matière pétrolière (grandes raffineries) ;

– l'expérience des compagnies pétrolières ayant appris à survivre face à la concurrence ;

– la volonté de l'État relayée par des Hommes comme Pierre Guillaumat, à la tête de la Direction des Carburants (DICA) depuis 1944.

Les affaires pétrolières deviennent alors plus que jamais politiques. Tel est le cas en Italie autour d'Enrico Mattei[1]. L'appareil mis en place par Guillaumat se dote d'une double légitimité, technique et politique[2]. Bénéficiant du soutien du Corps des Mines[3], à une exception près[4], il lance la grande phase menant à indépendance définitive du pétrole français[5]. On s'efforce alors de réaliser les objectifs d'un plan Monnet (1946)[6] prévoyant un développement des exploitations au Moyen-Orient

---

1. Andrea Giuntini et Daniele Pozzi, *Energia per il territorio. Enrico Mattei e l'industria del matano in Italia,* Giona, Traccazzano (Milano), 2003.
2. Georges-Henri Soutou et Alain Beltran, *Pierre Guillaumat, la passion des grands projets industriels,* colloque organisé par l'Institut d'histoire de l'industrie, le 18 janvier 1994 au Ministère de l'industrie, des postes et télécommunications, Edition Rive Droite, Paris, 1995.
3. Jérôme Lecanu, « Entre innovation et tradition, la conversion des Ingénieurs du Corps des Mines au pétrole », Georges-Henri Soutou et Alain Beltran, *Pierre Guillaumat, la passion des grands projets industriels, op. cit.,* p. 175-189.
4. Pierre Despairies est le premier énarque ayant occupé les fonctions de Conseiller référendaire à la Cour des Comptes et Adjoint du Directeur des Carburant), à l'origine (en collaboration avec Lucien Coucoureux, Administrateur civil à la Direction des Finances Extérieures du Ministère des Finances) du rapport sur « Le coût en Devise de l'Approvisionnement pétrolier de 1955 » (Décembre 1955). Il est également à l'origine de l'idée du rassemblement des sociétés de distribution, dans lesquelles l'État est majoritaire, au sein de l'Union Générale des Pétroles (UGP, le noyau de ce qui deviendra Elf Aquitaine plus tard en 1962), créée en 1959. Selon le propre témoignage de P. Desprairies dans une interview faite par Patricia Bas, Entretien n°1, Cassette 1, Comité pour l'Histoire Economique et Financière de la France (CHEFF), le 15 mai 2003.
5. Christian Stoffaës, « L'obsession historique de la dépendance énergétique : données économiques », in Georges-Henri Soutou et Alain Beltran, *Pierre Guillaumat, la passion des grands projets industriels, op. cit.* p. 51-67.
6. Philippe Mioche, *The origins of the Plan Monnet,* Badia Fiesolana, San Domenico (Italie), 1984.

et dans l'Union française ainsi qu'une rationalisation à tous les niveaux de l'activité pétrolière. L'intervention de l'État se fait donc à travers des outils poussant l'industrie pétrolière vers plus de concentration[1].

D'autre part, la préparation en France de la mise en place d'une grande industrie de raffinage exige une adaptation structurelle de la distribution. Pour Desmarais Frères, jouer le rôle du premier distributeur pétrolier français nécessite de profondes transformations dans son organisation afin de faire face à l'augmentation de l'activité (prévue par le plan Monnet), mais aussi à la concurrence des *trusts*. Ainsi l'adaptation s'accompagne d'une exigence de productivité[2]. Il s'ensuit la nécessité d'une rationalisation de la gestion du personnel.

1/ La reconstruction et le développement du pétrole français

Devant un contexte diplomatique complexe, la Compagnie Française des Pétroles dispute sa place au Moyen Orient. Pour la CFP, la période allant de 1945 à 1950 est consacrée à la modernisation de sa stratégie[3].

1.1. De la prise de position au Moyen-Orient à la diversification des sources d'approvisionnement

Dès la sortie de la guerre, les approvisionnements français se font selon deux impératifs : le premier est de réduire le coût du pétrole importé, le second est de rechercher et produire le pétrole en zone franc.

1.1.1. Un nouveau contexte : la course au pétrole

La course au pétrole s'avère plus âpre à la fin de la guerre qu'avant celle-ci. Sur cette question, Jean Chardonnet consacre dans son ouvrage *La course du pétrole*[4] un chapitre intitulé « La course du pétrole dans le camp allié (1938-1944). L'offensive américaine ». Il souligne notamment l'impact de la politique américaine sur l'économie pétrolière et,

---

1. Hervé L'Huillier, « L'État au service de l'industrie française de 1945 à 1972. Des fondamentaux de l'État aux fondamentaux de l'Industrie » in Georges-Henri Soutou et Alain Beltran, *Pierre Guillaumat, la passion des grands projets industriels*, *op. cit.*, p. 85-96.
2. Jonathan Zeitlin, *Governing Work and Welfare in a New Economy*, Oxford University Press (Royaume-Uni), 2003.
3. Hervé L'Huillier, « La stratégie de la Compagnie Française des Pétroles durant la Seconde Guerre mondiale : sauvegarder l'essentiel », in *Histoire, économie et société*, n°3, 1992, p. 473.
4. Jean Chardonnet, *La course du pétrole*, Editions du Chaîne, Paris, 1945.

par conséquent, sur la géopolitique du Moyen-Orient, qu'il convient de rappeler ici. En fait, dès 1944, les alliés se savent des vainqueurs en puissance. Depuis, ils ont porté leur attention surtout sur l'après-guerre. Les évènements militaires de l'époque montrent à l'évidence, comme durant la Seconde Guerre mondiale, le rôle déterminant du carburant dans l'économie et la vie d'un pays[1]. Aussi, plus fortement que par le passé, les alliés convoitent les grands gisements de pétrole encore inexploités, pour s'en assurer la part la plus substantielle possible. Pendant la guerre même, ils pensent déjà au ravitaillement de l'après-guerre.

Les États-Unis sont les premiers à entrer dans cette course[2]. En 1945, les États-Unis produisent deux tiers du pétrole mondial dans leurs champs de Texas, de l'Oklahoma, du Kansas et de Californie. Ils accaparent progressivement de la production de l'Amérique centrale, de Curaçao, d'Aruba, de la Trinidad, dont ils ont payé les gisements par quelques vieux destroyers délaissés[3]. Ainsi, en avril 1942 ils ont occupé militairement le Venezuela, qui est le troisième et parfois le deuxième producteur mondial[4]. L'« impérialisme du pétrole »[5] ne peut donc manquer de s'intéresser aux plus riches gisements mondiaux, ceux du Moyen-Orient. Bénéficiant de l'appui des autorités fédérales[6], les sociétés américaines groupent leurs efforts en Arabie Saoudite en 1947 au sein de l'Arabian American Oil Company (ARAMCO)[7].

Dès la fin 1943, les États-Unis créent la *Petroleum Reserves Corporation*, dont le but théorique est d'acquérir du pétrole à l'extérieur de l'Union, de l'emmagasiner et de le répartir[8]. Dans la pratique, cet organisme représente les intérêts américains dans les négociations internationales relatives au pétrole[9]. Deux moyens sont utilisés pour arriver à leurs fins : tantôt par la lutte pour acquérir des concessions, tantôt par la

1. Maurice Lévêque, *Le pétrole et la guerre*, Nouvelles Éditions Debresse, Paris, 1958.
2. Robert Goralski et Russell W. Freeburg, *Oil and War: How the Deadly Struggle for Fuel in WWII Meant Victory or Defeat*, William Morrow, New-York, 1987.
3. Jean Chardonnet, *La course du pétrole*, *op. cit.*, p. 21.
4. A titre indicatif, 9% de la production mondiale en 1937 avec une production de 27.677.512 tonnes, F. M. Bergounioux, *La France et le problème du pétrole*, Editions du Laboratoire de Géologie de l'Institut Catholique, Toulouse, 1941, p. 80.
5. Jean Chardonnet, *La course du pétrole*, *op. cit.*, p. 21
6. Voir : Henry Peyret, *La bataille des trusts*, Presse Universitaire de France, Paris, 1954, p. 31.
7. La Standard Oil of California et la Texaco (possédant une structure productive en Arabie Saoudite : la Ghawar) se décident en 1946 à réduire chacune leur participation de 50 à 30%, la Standard Oil de New Jersey reçoit un pourcentage égal, la Socony est admise à la possession des 10% restants. Ainsi se crée l'ARAMCO (Archives du Centre de Documentation et de Synthèse (CDS) à Total, « Le pétrole saoudien : Juin 1970 », 89.16/42).
8. *The Federal Register*, July 2, 1943, p. 9044.
9. Anthony Sampson, *The Seven Sisters, The Great Oil Companies and the World They Made*, Hoddar and Stoughton, 1975, p. 96.

conquête progressive de parts importantes dans les sociétés pétrolières[1]. Les États-Unis obtiennent ainsi, par différents moyens, des concessions supplémentaires en Egypte et dans le Golfe Persique[2]. Mais le principal domaine de l'expansion américaine est l'Arabie Saoudite, qui renferme les réserves les plus considérables[3]. L'accès est facilité par une politique de « finance prédatrice »[4], une stratégie d'infiltration du dollar dans les rouages administratifs et économiques du pays[5].

Les américains annoncent, à partir du 6 février 1944, la construction d'un réseau de pipelines de 2000 mètres unissant les côtes du Golfe Persique (Ras-Tanura) à la Méditerranée. C'est ce qui dérange la position des britanniques dans la région. Le projet modifie, en effet, profondément la donne « géoéconomique » dans toute la région, selon une terminologie récente plus adéquate[6]. Militairement, les compagnies s'engagent à mettre à disposition de la marine et de l'armée une réserve permanente d'un milliard de baril[7]. Economiquement, les pipelines d'Arabie permettent aux Américains de tourner la position économique de Suez sous contrôle britannique. Mais, ce n'est pas tout.

Grâce à un effet certain de « rétroaction positive »[8], les sociétés américaines, unies en vue de transporter le pétrole de la région par ce moyen, acquièrent une place de choix sur le marché pétrolier au Moyen-Orient. Cette affaire provoque l'opposition des intérêts anglais et américains dans la région. Les anglais ont compris le danger que présente, pour leur commerce du pétrole et pour leur prépondérance politique dans le Proche-Orient, une mainmise exclusive des États-Unis

1. Raymond F. Mikesell et Hollis B. Chenery, *Arabian Oil. Amaerica's stake in the Middle East*, The University of North California Press, 1949, Chapitre VII : « Middle East Oil and united States Foreign Policy », p. 90-109.
2. Fonds du Centre de Documentation et de Synthèse (CDS) à Total, BIP n° 3806 : Dossier 128, réf. : 00AH001.
3. CDS à Total, «Le pétrole saoudien », Juin 1970, cote 89.16/42 « Monographie des pays du Moyen-Orient : La Péninsule arabique : L'Arabie Saoudite » cote : 89.16/59.
4. Edward Luttwak, *The Endangered American Dream*, Simon & Schuster, 1993. Traduction française: *Le rêve américain en danger*, Odile Jacob, Paris, 1995, p. 399.
5. L'application de la « Diplomatie du Dollar » en Arabie Saoudite remonte à 1935 : Archives CDS à Total, 89.16/42. L'instrument de la *Dollar Diplomacy* est appliqué pour la première fois aux États-Unis de 1909 à 1913 par le Président William Howard Taft et son Secrétaire d'État Philander C. Knox, Voir la page du Site du *U.S. Departement of State* : http://www.state.gov/r/pa/ho/time/gp/16324.htm
6. Edward Luttwak, « From geopolitics to geo-economics. Logics of Conflicts, Grammar of Commerce », *The National Interest*, été 1990, cité in Pascal Lorot, « Géoéconomie, Nouvelle grammaire des réalités internationales », http://www.diplomatie.fr/cap/ressource/FD001147.pdf
7. Jean Chardonnet, *La course du pétrole*, *op. cit.*, p. 26.
8. Voir la « Conclusion » du Chapitre 1.

sur l'Arabie Saoudite[1]. Cela ouvre donc la grande parenthèse d'une stratégie mondiale du pétrole. Ce contexte conduit la France à accélérer ses efforts diplomatiques pour prendre part dans cette course.

1.1.2. La reconquête des acquis de la CFP dans l'IPC : les Heads of Agreement de 1948

Le système de restrictions imposé par le *Group Agreement* de 1928 à l'intérieur de la Ligne Rouge paraît dépassé dès la sortie de la guerre, puisque du temps de Jules Meny toutes les concessions encore libres ont été prises. D'autre part, il y a assez d'huile au Moyen-Orient pour couvrir les besoins de chaque groupe à condition de trouver une formule ralliant les desiderata de chacun[2]. Ainsi, d'autres accords, les *Heads of Agreement* signés en 1948, se substituent en partie au *Group Agreement* de 1928. De la confrontation entre les Anglais et les Français, d'une part, et les Américains de l'autre, naît une stratégie d'entente[3]. Cette stratégie épargne à l'ensemble des *trusts* une concurrence trop élevée en présence de gisements suffisants dans la région. Les nouveaux accords offrent à la CFP la possibilité de se fournir, selon les besoins, au prix de revient et non pas au prix mondial[4]. En contrepartie, l'Arabie est enlevée du territoire délimité par la « Ligne Rouge ». Toute poursuite contre les groupes américains de l'IPC étant entrés dans l'ARAMCO est abandonnée[5]. Victor de Metz se montre plutôt préoccupé de l'expansion de la CFP :

> « au-delà de la contestation litigieuse, il y avait une poursuite d'objectifs différents plutôt qu'une opposition de principe entre la CFP et les autres groupes, celui des américains en particulier. Ceux-ci voulaient la liberté de participer à l'ARAMCO et ils avaient agi en conséquence pour tirer profit de son développement, et sans doute aussi par souci géopolitique. Le groupe français voulait éviter une paralysie de l'IPC et au contraire favoriser la poursuite de ses recherches et l'expansion de sa production »[6].

En conséquence, la Compagnie Française des Pétroles obtient satisfaction sur l'essentiel : la levée de tout empêchement qui peut ou rend improbable les développements de l'IPC[7]. Avec les nouveaux accords,

1. Irvine H. ANDERSON, *Aramco, The United States and Saudi Arabia: a study of the dynamics of foreign oil policy 1933-1950*, Princeton University Press, 1981.
2. Archives Total, 92AA091/73.
3. Janine BREMOND et Alain GELEDAN, *Dictionnaire des théories et mécanismes économiques*, Hatier, Paris, 1984, p. 130.
4. *Pétrole Informations*, N°1309 – 29 mars/4 avril 1974, p. 13.
5. Archives Total, 92AA091/73.
6. Emmanuel CATTA, *Victor de Metz, de la CFP au Groupe Total*, Total Edition Presse, Paris, 1990, p. 86-87.
7. *Ibid*, p. 88.

les programmes de production ne sont plus décidés à la majorité des groupes, mais résultent chaque année de l'addition des besoins individuels exprimés par les groupes pétroliers. Chacun contribuant au prorata de sa *basic proportion* aux dépenses de capital nécessitées par la mise en œuvre du programme total. Mais ceux des groupes les « moins permanents », c'est-à-dire réclamant un tonnage d'huile inférieur à leur *basic proportion* du total, sont indemnisés de façon adéquate par les groupes recevant davantage que leur *basic proportion* d'huile[1]. Cet accord sera remanié en 1952, lorsque seront adoptés la formule de partage des bénéfices entre la Compagnie et l'État et le principe du versement à l'État irakien, par chacun des groupes, d'un impôt sur les bénéfices.

1.1.3. L'élargissement et la diversification des sources d'approvisionnement

La forte mobilisation diplomatique initiée par la CFP et assistée par le Gouvernement se reflète immédiatement sur le terrain dès 1947. A cette époque, les efforts de la CFP se concentrent au Moyen-Orient et la gestion de ses intérêts dans l'IPC[2]. Parallèlement, l'ambition du Gouvernement français se tourne vers la mise en valeur des pétroles du Sahara et de l'Afrique occidentale.

CARTE 3.1.1.
Routes des importations de pétrole brut en France en 1947

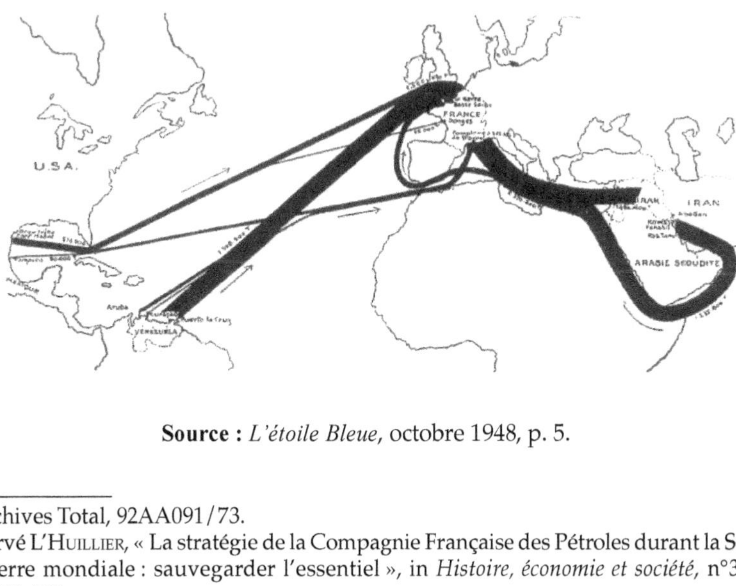

Source : *L'étoile Bleue*, octobre 1948, p. 5.

1. Archives Total, 92AA091/73.
2. Hervé L'HUILLIER, « La stratégie de la Compagnie Française des Pétroles durant la Seconde Guerre mondiale : sauvegarder l'essentiel », in *Histoire, économie et société*, n°3, 1992, p. 463-478.

1.1.3.1. Généralisation des efforts de prospection

En 1947, la CFP participe déjà aux heureux résultats des travaux d'exploration effectués en Irak. Une société du groupe de l'IPC, la Basrah Petroleum Company, titulaire d'une concession couvrant la partie méridionale de l'Irak, découvre en 1948 l'important gisement de Zubeïr. En 1949 débute la production de la Qatar Petroleum Company[1]. Pour élargir et multiplier ses sources d'accès au Moyen-Orient et dans d'autres parties du monde, la CFP a depuis la guerre élargi son champs géographique d'activité, en s'efforçant dans le même temps de prendre position sur le marché mondial des produits pétroliers :

a) en participation avec l'IPC elle effectue des travaux de recherches au sud de la péninsule arabique, sur l'Océan indien, dans les États d'Hadramaut et d'Oman.

b) En association avec l'Anglo Iranian Oil Cy (AIOC) seule (33% CFP, 66% AIOC), elle fait des recherches dans les eaux territoriales de l'État d'Abu Dhabi, sur le Golfe Persique.

c) Elle a pris place dans des travaux de recherches pétrolières au Canada, notamment à la province d'Alberta et Saskatchewan[2], ainsi qu'au Venezuela.

d) Enfin, et là c'est le seul de ses investissements étrangers en dehors de l'Irak et de Qatar qui lui assure un nouvel accès immédiat au pétrole brut, elle prend 6% du capital du « consortium iranien »[3] chargé de reprendre l'exploitation des pétroles d'Iran (en 1954).

---

1. « L'age du pétrole, le groupe Total dans le monde du pétrole », *Entreprise*, Supplément au n° 547, 3 mars 1966, p. 15.
2. Voir : Alain Perrodon, *Le pétrole à travers les ages*, Bouée, Paris, 1989, p. 133.
3. Le « consortium iranien » est formé à l'issue de la crise de nationalisation iranienne de 1951 à 1953 et le renversement du Gouvernement de Mossadegh en 1954. Il regroupe les principales compagnies américaines : Socal, Exxon, Mobil, Gulf, Texaco et Iricon (groupement de sept sociétés indépendantes américaines) avec la BP et la Shell britanniques et la CFP française. Archives Total, Les grandes dates pour l'OPEP et les appauvrissements pétroliers mondiaux au début de la décennie à la fin de 1978, BIP n° 3806 : Dossier 128, réf : 00AH001 ; Voir aussi : J. De Launay et J.M. Charlier, *Histoire secrète du Pétrole,* Presse de la Cité, Paris, 1985, pp 87-91.

GRAPHIQUE 3.1.1.

Les liens de propriété entre les compagnies pétrolières internationales au Moyen-Orient en 1954

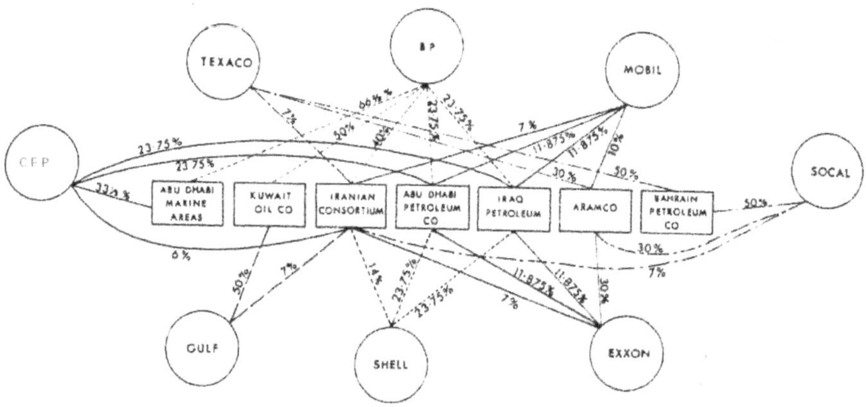

Source : Multinational Hearing, Part 5, d'après Anthony SAMPSON, *The Seven Sisters, The Great Oil Companies and the World They Made*, *op. cit.*, p. 260.

1.1.3.2. Les découvertes dans les colonies

Par souci de diversification, la Compagnie Française des Pétroles ne se satisfait pas voir augmenter sa part de pétrole brut en provenance d'Irak et de Qatar. Elle se joint aussi au Bureau de Recherche des Pétroles (BRP) dans ces efforts de recherche en Afrique du Nord notamment[1]. Créé et contrôlé par l'État, le BRP institué en France en 1945 pour mettre en œuvre un programme national de recherche dans les colonies françaises du continent africain[2]. Les recherches démarrent en 1946 à la suite de la mise en place d'un plan quinquennal sous la supervision de Pierre Guillaumat, directeur des carburants et président du Conseil d'administration du BRP de 1945 à 1951, puis de 1954 à 1959[3]. La carte

1. Alain BELTRAN et Sophie CHAUVEAU, « Destins croisés. Aperçus de l'histoire du groupe Elf-Aquitaine et de la CFP-Total », in *Bulletin de IHTP*, second semestre 2004, p. 20-29.
2. Ordonnance du 12 octobre 1945. Le BRP a pour mission de coordonner la recherche en France et Outre-mer, participer au financement, travaux, avec prise de participation dans les différentes sociétés formés à cet effet.
3. Pierre PÉAN et Jean-Pierre SÉRÉNI, *Les émirs de la république : l'aventure du pétrole français*, Seuil, Paris, 1982, p. 22.

géologique et topographique du Gabon est alors établie et la SNPA fore 6521 mètres[1]. Les zones de prospection couvrent 3.900.000 hectares.

Le BRP se charge, lui-même, de créer un certain nombre de sociétés de prospection, en particulier la Société Nationale de Recherches Pétrolières en Algérie (SN-Repal) en 1946[2] dont la direction est attribuée à un homme de finances : Roger Goetze[3]. C'est alors que débute l'exploration au Sahara algérien et la Société Nationale des Pétroles du Languedoc et de la Méditerranée (SNPLM), créée en 1944, obtient un permis de recherche de 830.000 hectares dans la région de Montpellier[4]. En 1948, la CFP participe à une mission géologique organisée au Sahara par la SN-Repal. Dès la fin de cette la mission, un accord est conclu entre les deux sociétés pour associer leurs efforts de recherche dans le Sahara algérien[5]. La même année, le BRP annonce ses premières découvertes au Maroc (Oued Mellah) et en Tunisie (Cap-Bon). En 1949, la SPAFE est créée pour se charger d'opérations au Gabon, au Congo et au Cameroun. Cette même année en France, on estime les réserves récupérables du « Lacq supérieur » à 2.500.000 tonnes[6].

En 1952, des permis couvrant 240 000 Km² seront attribués à l'association CFP / BRP. La CFP fonde alors une filiale, la Compagnie Française des Pétroles Algérie (CFP-A), à laquelle elle transmet ses titres miniers. En prenant ce risque saharien, la CFP se conforme sans doute à la directive du président Poincaré de développer une production de pétrole sous contrôle français, mais elle agit aussi comme une entreprise dynamique, désireuse d'être présente partout où des recherches sont entreprises avec une relative probabilité de succès.

Le pétrole algérien devient pour la CFP l'atout majeur permettant de devenir un grand producteur à l'échelle mondiale. En 1952, elle ne dispose que de 4.941.000 tonnes. Il faudra attendre 1956, une année considérée comme celle du pétrole algérien[7] (et qui coïncide avec la crise de Suez)[8], pour voir jaillir des quantités beaucoup plus importantes.

---

1. Archives Total, Archives Total : B. Serren « Chronologie du groupe Elf », Réseau d'information du groupe Elf Aquitaine, Avril 1981.
2. Rabah Mahiout, *Le pétrole algérien*, Editions En.A.P, Alger, 1974, p. 110-114.
3. Nathalie Carré de Malberg, *Entretien avec Roger Goetze, haut fonctionnaire des Finances : Rivoli, Alger, Rivoli 1937-1958*, CHEFF, Paris, 1997.
4. Archives Total : B. Serren, « Chronologie du groupe Elf », Réseau d'information du groupe Elf Aquitaine, Avril 1981 ; *Une grande industrie : le pétrole*, Brochure de Union des chambres syndicales de l'industrie du pétrole, Décembre 1947.
5. « L'Age du pétrole », in *Entreprise* supplément au n° 547 du 3 mars 1966, p. 17.
6. Jean Lartéguy, *La grande aventure de Lacq*, Gallimard, Paris, 1961, p. 89-90.
7. Rabah Mahiout, *Le pétrole algérien*, *op. cit.*, p. 113.
8. James Bamberg, *British Petroleum and Global Oil, 1950-1975. The Challenge of Nationalism*, Cambridge University Press (UK), 2000, Chapitre 3 "The Suez crisis", p. 75-99.

On découvre, en effet, au cours de la même année les deux gisements d'Edjeleh et de Hassi Messaoud, puis de Hassi R'Mel[1]. Ce gisement mis à jour sur un permis de SN-Repal (en commun avec CFP-Algérie) se révèle produire du gaz humide et non du pétrole. Il s'agit de gaz renfermant des hydrocarbures liquéfiables par condensation. En 1960, la production atteint 18.661.000 tonnes. En 1965, elle a produit 34 millions de tonnes. En fait, elle contrôle 6% de toute la production du Moyen-Orient, et 25% de celle de l'Algérie « indépendante »[2].

1.2. Les mesures de développement du pétrole français

La position diplomatique favorable de la France favorise une grande marge de manœuvre pour le développement de l'industrie française du pétrole. Elle offre les possibilités de prendre des mesures de développement stratégiques à terme. Ces mesures sont principalement motivées par l'acquisition d'une grande « autonomie de décision » en termes finances extérieures[3]. Il s'agit de la mise en place d'un système de payement en francs, d'une part, et d'un effort de développement des meilleures techniques de l'époque, de l'autre. Se combinant, ces deux axes stratégiques font la force du système de développement de l'industrie pétrolière mis en place. Elles expliquent les raisons profondes du décollage du pétrole français. Les politiques investissements à long terme étant, par nature, génératrices de progrès technique.

1.2.1. Les accords francs-pétrole

L'un des procédés utilisés pour réduire la charge en devises imposée à la balance des comptes française par l'approvisionnement en produits pétroliers a été la conclusion, avec les compagnies américaines installées dans le Proche-Orient, d'accords prévoyant le règlement en francs d'une partie du pétrole brut livré par elles à la France[4]. De tels accords avaient déjà été conclus par certains gouvernements étrangers, notamment les gouvernements britannique et néerlandais[5]. Ces opérations rentrent

---

1. Alain Beltran et Sophie Chauveau, « Destins croisés. Aperçus de l'histoire du groupe Elf-Aquitaine et de la CFP-Total », art. cité, p. 23.
2. « L'age du pétrole », in *Entreprise*, supplément au n° 547 du 3 mars 1966, p. 17-25.
3. Hubert Bonin, *Histoire économique de la IVè République …*, p. 264.
4. André de Lattre, *Servir aux finances*, CHEFF, Paris, 1999, p. 94-95. Voir aussi : Solenne Lepage, *La direction des finances extérieures de 1946 à 1953. Les années fondatrices ou le magistère de Guillaume Guindey*, Thèse de doctorat, Ecole nationale des chartes, 1996.
5. Voir : André de Lattre, *Politique économique de la France depuis 1945*, PUF, Paris, 1966.

dans le cadre de la stabilisation monétaire inhérente au lancement d'un plan d'encouragement aux exportations[1].

Dès le début de l'année 1950, des pourparlers sont engagés avec les compagnies américaines par la direction des Finances Extérieures et aboutissent, dans le courant de la même année, à des échanges de lettres entre le Ministre des Finances et le Président de chaque compagnie[2]. Ces échanges de lettres qui constituent les premiers accords dits « franc-pétrole » sont par la suite renouvelés, soit par de nouveaux échanges de lettres, soit par tacite reconduction.

Ils sont intervenus avec les seules compagnies américaines qui livrent à la France du pétrole brut en provenance du Moyen-Orient ; (c'est-à-dire avec la California-Texas Oil Company, avec Esso Export Corporation, avec la Gulf, avec la Socony Vaccuum Oil Company, avec l'Arabian American Oil Company (ARAMCO), avec l'Atlantic Refining Company et suivant un accord conclu en 1954[3], avec l'American Independent Oil Company). En revanche, à une exception près, d'ailleurs toute récente et d'une importance limitée, aucun accord du même genre n'a été conclu avec les compagnies qui livrent à la France du pétrole brut normalement payable en livres sterling.

Ces accords déterminent, d'une part, le pourcentage de paiement en francs des livraisons de pétroles brut, d'autre part, les modalités d'utilisation des francs ainsi versés aux Compagnies. Un pourcentage de règlement en francs a été fixé dans chaque accord. Il était, en moyenne de 25%. Ce pourcentage a été par la suite progressivement révélé, soit par modification des termes de l'accord initial, soit par entente tacite entre les compagnies et l'Administration ; il est en 1954 proche de 40%.

La définition des modalités d'utilisation des « francs - pétrole » constitue la partie la plus importante et plus délicate des accords. En effet, dans tout système comportant le règlement en francs de marchandises normalement payables en devises fortes, la difficulté essentielle est d'éviter que l'économie en devises réalisée grâce à ces règlements en francs ne soit en fait compensée par un manque à gagner en devises. Des précautions doivent donc être prises pour que le montant de ces francs soit limité dans une mesure compatible avec leurs possibilités d'utilisation, et pour que les investissements et les exportations financées au moyen de ces francs soient exclusivement des opérations présentant

1. Michel Margairaz, *L'État, les finances et l'économie, histoire d'une conversion, 1932-1952*, CHEFF, 2 tomes, 1991, p. 1054.
2. Archives Total, 80.3/117.
3. Pierre Desprairies et Lucien Coucoureux, « Le coût en devises de l'Approvisionnement pétrolier français », Rapport au Conseil Supérieur du Pétrole, Décembre 1955.

un caractère « supplémentaire », qui n'auraient pu être réalisées si un tel système n'avait été institué.

1.2.2. L'accélération du développement technique

Les techniciens transforment les conditions de la production. Le développement de la technique constitue un vecteur de croissance de l'exploration, du raffinage et du transport. Comme avant 1940, il faut mettre en valeur l'effort des techniciens. Il a joué un rôle décisif dans l'accélération des découvertes, dans l'extension de la production et dans le développement des activités de raffinage et de distribution. Déjà, dès 1948 au Moyen-Orient, la CFP ne se contente pas du rôle de simple partenaire financier et commercial dans le cas de découvertes exploitables : ses ingénieurs siègent tout de suite aux divers comités techniques[1]. Le renforcement de l'intervention de l'État est certainement plus évident dans ce domaine[2]. Il s'accompagne de spécifications techniques parfois très contraignantes. La France est riche de l'expérience des ses ingénieurs au Moyen-Orient (de la CFP notamment) tente constamment de consolider ses acquis.

Les efforts s'accélèrent dans la mise en place d'un enseignement technique initié dans la période de l'entre-deux-guerres, mais qui s'accélère à la sortie de la Deuxième Guerre mondiale. Dans ce domaine, la France possède dès 1950 un vaste centre de formation unique dans son genre[3]. Il forme des spécialistes pour l'industrie du pétrole : l'Institut Français des Pétroles (IFP)[4]. Cet institut dispose d'une école d'application, Ecole Nationale Supérieure du Pétrole et des Moteurs. Il dispense des formations pour des ingénieurs dans quatre domaines de spécialisation :

– Prospection géologique et géophysique[5].

– Forage et exploitation des gisements de pétrole.

1. Emmanuel Catta, *Victor de Metz, de la CFP au Groupe Total*, Total Edition Presse, Paris, 1990, p. 145.
2. Hervé l'Huillier, « L'État au service de l'industrie pétrolière de 1945 à 1972 – Des fondamentaux de l'État aux fondamentaux de l'industrie », in Georges-Henri Soutou et Alain Beltran, *Pierre Guillaumat, la passion des grands projets industriels, op. cit.*, p. 85-93.
3. Voir : Jacques Guillerme, *Pétrole, année 100*, Edition Fleurus, 1959, p. 120.
4. L'IFP est fondé dès 1944 par l'État. Il a une mission d'étude, de formation et de documentation. Jacqueline Lecourtier, « Les actions de l'IFP depuis sa création et stratégie actuelle », Séminaire organisé par le CHEFF dans le cadre de séminaires État-Energie, le 14 décembre 2004.
5. La géophysique est, d'une manière générale, la science qui étudie les phénomènes physiques dont la terre est le siège. L'exploration géophysique, que la recherche du pétrole met en profit, découle des différences qui existent entre les propriétés ou les dispositions respectives des divers matériaux de l'écorce terrestre. Les principales méthodes sont la sismique, la gravimétrie, la magnétomérie, le sondage électrique et la méthode telurique. (*Le langage pétrolier*, Editions Gauthier-Villars, 1964).

– Raffinage, Génie chimique et recherche scientifique.
– Moteurs et applications des produits dérivés du pétrole[1].

Par ailleurs, des mises à jour sont faites à travers les rapports des missions de productivités, organisés aux États-Unis dans le cadre du Plan Marshall[2]. La mise en place des techniques découvertes par les ingénieurs français autant que celles existantes chez les concurrents (et souvent alliés) anglo-saxons se font ainsi appliquer sans tarder. Ainsi dans les vastes programmes de développement des investissements pétroliers se fait dans les différentes activités pétrolières.

1.2.2.1. L'exploration

L'amélioration des moyens de transport, en particulier l'utilisation de la jeep et la mise au point de nouveaux pneumatiques, rendent possibles jusqu'au cœur des déserts les travaux d'exploration et de forage[3]. La photogéologie se révèle comme méthode efficace pour repérer sur une vaste échelle les anomalies structurales. La réfraction sismique a fait elle-même de grands progrès grâce en particulier à la Compagnie Générale de Géophysique (CGG) ; celle-ci, par exemple, mettra au point en 1960 l'enregistrement magnétique des explosions sismiques. Les données géologiques profondément différentes entre les régions nord et sud du Sahara impliquent des méthodes d'exploration particulières[4]. La CGG deviendra l'un des leaders mondiaux pour la fourniture intégrée de services et équipements géophysiques. Il fournira des services d'acquisition en sismique terrestre et en sismique marine, de traitement des données sismiques et d'études de réservoir[5]. Parallèlement, l'Institut Français du Pétrole va apporter aux sociétés la collaboration précieuse de ses laboratoires pour l'étude et la synthèse des données de l'exploration.

Dans le domaine de la production, on retrouve les mêmes contributions positives des techniciens : composition des boues de forage, méthodes de déviation, carottage électrique, diagraphie par induction, forage au diamant, autant de domaines où des inventions utiles

1. Jacques Guillerme, *Pétrole, année 100, op. cit.*, p. 120.
2. Henri Morsel, « Les missions de productivité et le modèle américain », in *Entreprises et Histoire*, N° 19, 1998, p. 165-167 ; voir notamment : Dominique Barjot, « Catching up with America : The Story of Productivity Missions in the French Publics-Works Industry after the Second World War », art. cité, p. 359-385.
3. Edward Wald, *Le pétrole dans le monde, ses hommes et ses techniques*, traduction et préface de René Juan, Payot, Paris, 1960, p. 67-72.
4. Alain Perrodon, *Le pétrole à travers les ages*, Bouée, Paris, 1989, p. 167-169.
5. Voir, « Dossier sur la Compagnie Générale de Géophysique », *Les Echos*, le 7/10/2004, Sur le Web : http://www.lesechos.fr/compagnie_generale_de_geophysique.htm

améliorent les possibilités d'action. Et les difficiles problèmes posés par les forages sous marins sont à leur tour progressivement résolus, ouvrant un champ immense aux investigations. La CFP et la RAP possèdent en Algérie dès 1948 des appareils de forage à grande profondeur du type « Rotary »[1] (Voir annexes) susceptibles, pour les appareils lourds, de dépasser 3000 mètres. Par ailleurs, les travaux des géophysiciens commencent au Sahara en 1949[2].

Grâce à des méthodes et des instruments nouveaux, les recherches commencent à donner des résultats si satisfaisants dès le début des années 1950. Le volume des réserves prouvées dans le monde quintuple de 1950 à 1963. La part française dans ces découvertes ne cesse d'augmenter en France et au Sahara. C'est ce que démontre la documentation de l'Association Française des Techniciens du Pétrole en 1959[3]. Le bilan fait apparaître qu'en dix ans, 67 découvertes dont 46 d'huile sont portés à l'actif du BRP. Ils permettent de chiffrer les réserves, à la fin 1958, à 500 millions de tonnes d'huile et à plus de 1.000 milliards de m^3 de gaz[4].

1.2.2.2. Le raffinage : une grande contribution à la modernisation industrielle

Autant que l'exploration, le raffinage constitue le deuxième axe de développement de l'industrie pétrolière. Dans ce domaine, il s'agit pour la Compagnie Française du Raffinage (CFR) de rééquiper les raffineries avec les installations les plus modernes de l'époque avec des plus grandes capacités. Le secteur bénéficie du développement d'un ensemble de sociétés d'ingénierie permettant de livrer clef en main les installations les plus complexes. Il s'agit entre autres de Technip et de ETPM. A croire un témoignage récent de Pierre Desprairies[5], dans la période de 1946 à 1950, une raffinerie est construite tous les trois mois

1. La méthode de forage rotary (*rotary drilling*) consiste à attaquer les roches au moyen de trépans que l'on fait tourner de leur axe. Les débris rocheux sont continuellement évacués par un courant de boue. Les quatre parties essentielles d'une installation rotary sont : le train de tiges et son trépan, le système de pompage de la boue, la table de rotation et le dispositif de lavage et de régulation de l'avancement. Cf. *Le langage pétrolier, op. cit.*
2. Archives Total, B. Serren, « Chronologie du groupe Elf», Réseau d'information du groupe Elf Aquitaine, Avril 1981.
3. Association Française des Techniciens du Pétrole, « Aperçu sur les principales découvertes de ces dix dernières années », *Bulletin de l'A.F.T.P.*, n° 134 du 31 mars 1959.
4. *Ibid.*, p. 3-10.
5. A l'époque Pierre Desprairies est Conseiller Référendaire à la Cour des Comptes Adjoint au Directeur des Carburants. Après des Etudes en Histoire, il intègre l'Ecole Nationale d'Administration en 1948. Il sort à la Cour des Comptes et devient le premier énarque à s'occuper de l'administration de l'énergie. Après un passage au cabinet du ministre de l'industrie Jean Louvel il entre à la direction des carburants sous la tutelle de Jean Blancard et l'influence puissante de Pierre Guillaumat.

et, vers 1950-1951 on achève la construction des raffineries[1]. Cependant, on continue à moderniser les raffineries existantes avec de nouvelles extensions[2]. Les deux raffineries de la CFR les plus équipées sont :

• La Raffinerie de Normandie (mise en service depuis 1933) connaît depuis la libération de très grandes transformations compte tenu des dégâts de guerre. Dès 1946, on construit :

- un superfractionnement[3] des essences légères produisant de l'isopentane, qui est un des constituants de l'essence « aviation ».
- une distillation atmosphérique et sous-vide d'une capacité d'un million de tonnes par an dont la section sous-vide fournit les distillats paraffineux servant de base à la fabrication des lubrifiants et de la paraffine ;
- les unités de fabrication d'huiles de graissage d'une capacité de production de 120.000 tonnes par an qui constituent l'ensemble le plus puissant d'Europe[4].

• La Raffinerie de Provence est moins touché par les destructions. Dès avant 1939, elle possède un bel ensemble d'unités principales : distillations atmosphériques[5] et sous-vide[6], cracking thermique[7], et d'une grande unité combinée, alors unique en Europe. Cette unité comporte une section de distillation, une section de réduction, une section de cracking-reforming, un raffinage de l'essence de cracking et effectuant toutes les opérations de transformation du pétrole en produits finis.

1. Entretien thématique de Pierre Desprairies avec Patricia Bas, entretien n°1, cassette 1, Comité pour l'Histoire Economique et Financière de la France (CHEFF), le 15 mai 2003.
2. « L'age du pétrole », *Entreprise*, supplément au n° 547, mars 1966, p. 26.
3. Dans l'industrie pétrolière, fractionnement est synonyme de distillation fractionnée. Fraction : Terme de raffinage désignant un produit de la distillation fractionnée obtenu dans un intervalle de température bien déterminé et le plus souvent très étroit. Une fraction se compose d'un certain nombre d'hydrocarbures différents. (*Le langage pétrolier, op.cit*).
4. Archives Total, SC 90/49.
5. Distillation atmosphérique (*Atmospheric distillation*) : C'est une distillation opérée dans une tour de fractionnement à la pression atmosphérique. *Le langage pétrolier, op. cit.*
6. Distillation qui s'effectue dans une tour de fractionnement sous une pression inférieure à la pression atmosphérique. C'est le « brut réduit » obtenu par distillation « atmosphérique » que l'on soumet à la distillation sous vide. La réduction de la pression a pour effet d'abaisser le point d'ébullition des gas-oils lourds et permet de les séparer du brai à une température qui ne risque pas de les décomposer. *Ibid.*
7. Cracking : craquage, rupture des molécules, c'est-à-dire transformation thermique ou thermo-catalytique de grosses molécules contenues dans les fractions lourdes du pétrole pour obtenir des hydrocarbures légers à pouvoir antidétonant élevé, procédé qui permet d'élever l'indice d'octane d'une essence en augmentant au même temps la quantité d'essence qu'on peut tirer du brut. Fabio Zubin, *Dictionnaire technique Anglais-Français du pétrole*, Editions Total, 1971, p. 56.

Dès 1946, la mise en route d'une polymérisation vient de compléter ce groupe d'installations. Les efforts continuent encore.

Les fractions d'huiles paraffineuses provenant de la distillation sous vide sont traitées dans un déparaffinage à la méthylethylcétone. Enfin, par un traitement de finition à la terre, les huiles obtenues, prennent leur couleur et leur reflet définitifs. Au début des années 1950, la Raffinerie de Normandie se dote d'une capacité de stockage de 600.000 m³, celle de la seule Raffinerie de Provence dépasse les 700.000 m³. La capacité de la raffinerie de Normandie ne cesse d'augmenter. Elle passe de 3 millions de tonne par an en 1950 à 10.300.000 tonnes par an 1963[1].

En 1950, une nouvelle distillation atmosphérique est entrée en fonction chez la CFR. Elle est d'une capacité de traitement de 1 million de tonnes par an. En 1952, un nouvel et important ensemble d'unités est mis en route. Il s'agit d'unités de cracking catalytique avec reforming et récupération des gaz, ainsi qu'une nouvelle polymérisation. Le cracking catalytique est du type « fluide » dans lequel le catalyseur, de granulation très fine, est entraîné dans un courant d'air ou de vapeurs et s'écoule, comme un liquide, au sein de ce courant. Littéralement fluidifié, il circule en circuit fermé entre un réacteur où il agit sur la charge à craquer (mélange de gas-oil et de distillat paraffineux) et un générateur. Ce cracking catalytique permet de traiter 1.620 tonnes de mélange gas-oil[2]-distillat[3] par jour et de produire en grandes quantités des essences à très haut indice d'octane.

La mise en exploitation de ces unités nouvelles a nécessité un développement simultané des moyens de production d'énergie (vapeur et électricité de l'usine) et une augmentation importante d'alimentation en eau[4]. En quelques années, les capacités de raffinage en France augmentent considérablement. Au 1er juillet 1948, la capacité de traitement des raffineries françaises atteint 11.175.000 tonnes, dépassant de 3.000.000 de tonnes celles de 1938[5]. En 1949, la capacité de traitement des raffineries métropolitaines est déjà de 13 millions de tonnes par an, de quoi satisfaire une consommation intérieure française de 7,8 millions de tonnes de produits pétroliers[6].

1. « L'age du pétrole », *Entreprise*, supplément au n° 547, mars 1966, p. 26.
2. Gas-oil (en anglais : Gazoline) : Produit du raffinage du pétrole brut, intermédiaire entre les distillats légers et les bases pour huiles de graissage. Le gas-oil est utilisé principalement pour l'alimentation des moteurs diesel et semi-diesel. Il peut être soumis au craquage pour fabriquer de l'essence. Il est également employé pour produire du gaz destiné à enrichir le gaz de houille. (*Le langage pétrolier, op.cit*).
3. Distillat : Liquide obtenu par condensation d'une vapeur dans un appareil de distillation. *Ibid.*
4. Archives Total, SC 90/49.
5. *L'étoile Bleue*, Octobre-Nobembre-Décembre, 1948.
6. B. SERREN, *Chronologie du groupe Elf, op. cit.*

GRAPHIQUE 3.1.2.
Part des produits finis dans les importations des produits pétroliers

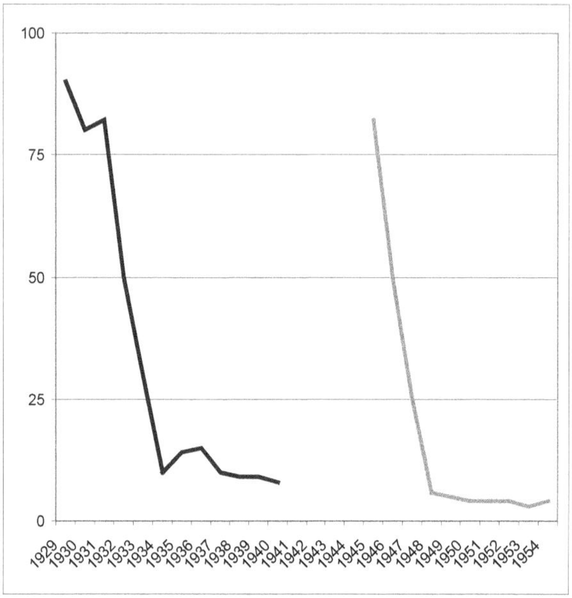

Source : Rapport au Conseil Supérieur du Pétrole : « Le Coût en devises de l'Approvisionnement pétrolier français », Décembre 1955, p. 8.

Le graphique ci-dessous est très démonstratif de la reprise de l'activité du raffinage français, dans la mesure où la part (en pourcentage) des importations des produits finis chute fortement. Il y a d'une part une reprise très rapide en quelques mois de l'activité du raffinage. D'autre part, l'activité semble cette fois confirmée et exprime une autosatisfaction en pétrole raffiné.

1.2.2.3. Le transport pétrolier

Le volume de l'activité pétrolière augmente considérablement grâce à un système de production très souple. Il permet, en effet, à la CFP de recevoir chaque année un tonnage correspondant à ses besoins, qu'ils soient inférieurs ou supérieurs au pourcentage de base[1]. De plus en plus de moyens de transport sont alors nécessaires. Les mesures qui s'avèrent parmi les plus urgentes sont celles qui concernent le transport du pétrole brut depuis les champs de pétrole jusqu'aux raffineries. Dans

1. « L'âge du pétrole », in *Entreprise* supplément au n° 547 du 3 mars 1966, p. 15-16.

une moindre mesure vient le transport du pétrole depuis les raffineries jusqu'aux consommateurs en passant par les dépôts.

Le pipeline irakien de 16" décidé en 1938, doublant l'ancien, est mis en construction dès 1945. L'ouvrage, d'une capacité de 17 millions de tonnes par an, est terminé en 1952. Il sera à son tour doublé dix ans plus tard pour que la capacité globale de l'Irak du Nord atteint près de 50 millions de tonnes[1]. L'industrie française fournit une grande partie des tubes[2]. Un important matériel de forage destiné aux exportations de différentes sociétés opérant à l'intérieur de la Ligne Rouge est commandé aux États-Unis pour être mis en œuvre vers 1947-48[3].

D'autres gros travaux de remise en état sont également mis en œuvre au Qatar. Il s'agit notamment des sondes, forées avant l'ouverture des hostilités, sabotées au moment de l'avance japonaise en Indonésie en 1942[4]. L'ensemble des pipelines met à la disposition de la CFP des quantités très importantes de pétrole brut : 1,6 million de tonnes en 1950, presque 5 millions de tonnes en 1952, 8 millions de tonnes en 1953. Un peu plus tard, avec le succès du pétrole du Sahara, commence la construction du pipe-line de 24" (en double) qui évacue le pétrole d'Hassi Messaoud vers la côte[5]. La totalité des travaux se font sous l'égide de compagnies françaises devenues spécialistes dans ce domaine[6].

En ce qui concerne le transport à l'intérieur de la France, on décide de construire le pipeline Le Havre-Paris dès 1947. L'étude de faisabilité rend incontournable sa construction. En effet, les prix de revient comparés du transport de l'essence et du Gas-oil par le pipeline et par bateaux sont nettement à l'avantage du pipeline pour les débits prévus alors, et le sont encore pour les débits futurs[7]. Le pipeline se présente comme un simple tube continu d'une longueur de 250 kilomètres environ (200 du Havre à Colombes – 50 dans la région parisienne). Le tube est construit en acier sans soudure répondant aux spécifications de l'American Petroleum Institute et capable de supporter la pression maximum de pompage prévue de 70 kg/cm² (voir Tracé du pipeline : ANNEXE 3.1.3).

Par ailleurs, la Compagnie Française des Pétroles (CFP) renforce son transport maritime et accélère la constitution d'une flotte de

1. *Ibid.*, p. 16.
2. Dominique BARJOT, *La trace des bâtisseurs. Histoire du Groupe Vinci*, Vinci, 2003, p. 50-51.
3. Archives Total, 92AA091/73.
4. Archives Total, 92AA091/73.
5. Alain BELTRAN et Sophie CHAUVEAU, « Destins croisés. Aperçus de l'histoire du Groupe Elf Aquitaine et de la CFP-Total », art. cité, p. 21.
6. Dominique BARJOT, *La trace des bâtisseurs. Histoire du Groupe Vinci, op. cit.*, p. 50-51.
7. *L'étoile Bleue*, Revue d'entreprise Desmarais Frères, Janvier-février-mars, 1948.

navires-citernes. Dès la libération, la Compagnie Navale des Pétrole (CNP) entreprend avec ardeur le renflouement et la remise en État du « Palmyre », d'abord à Nantes, puis à Saint-Nazaire aux chantiers de Penhoët[1]. Dès qu'il reprend la mer en juin 1946, le pétrolier est réquisitionné par le Gouvernement français. Il est employé à transporter une grande partie du pétrole brut vénézuélien sur le Havre : 100 000 tonnes en 1946 et près de 200 000 en 1947[2].

En 1948, la CNP met en service trois navires livrés respectivement en janvier, en mars et en juin[3]. L'administration de la Marine Marchande ayant entrepris la reconstitution de la flotte avec une vigueur à laquelle il faut rendre hommage, l' «Emile Miguet » est remplacé par le « Bagdad », pratiquement identique. Le navire est remis à la CNP à Penhoët en 1949. Chaque année de nouveaux navires avec de plus grandes capacités sont livrés et achetés dans un souci de réduire les coûts de transport.

Depuis la fin de la Guerre, l'amélioration des navires-citernes dans le monde suit l'évolution de la production pétrolière. En 1949, le cap des 30.000 tonnes de capacité est dépassé par le navire « Bérénice ». Depuis lors la marche ascendante a continué : un navire de 86.000 tonnes, construit au Japon entre en service et deux de 100.000 tonnes sont commandés dès 1957[4]. Un article de l'*Economist* à l'époque analyse les avantages et les inconvénients des très gros navires estime que l'équilibre doit se trouver vers des navires de 65 à 70.000 tonnes[5].

Les frais de transport constituent une part d'importante du coût des produits pétroliers, qui peut connaître des variations considérables en amplitude, mais qui au taux de base, dit USMC flat, est de l'ordre de 40% du prix du produit sur la relation Golfe Persique-France, et de 20% sur la relation Méditerranée Orientale-France. La baisse des frets a ramené ces pourcentages aux alentours de 30% et 15%. Au moment de la pénurie de transport occasionnée par la guerre de Corée, il s'est élevé à 75% et 45%.

Si l'industrie pétrolière française avait dû payer entièrement en devises le coût du transport de brut importé en France en 1954 (23,6 MT), elle aurait dû décaisser :

1. Archives Total, SC 90/49.
2. *Revue de la Porte Océane*, juillet 1947.
3. Archives Total, SC 90/49.
4. Jean Majorelle, *L'économie d'énergie*, Institut d'Etudes Politiques, Université de Paris, (Fascicule II), 1957, p. 199. [BNF : 8-Z-34194].
5. *The Economist*, 2 février 1957.

• 103 400 000 $ monnaie de compte en en excluant le brut pur façonnage mais en y incluant les importations au titre de l'achat-vente, qui n'est qu'une forme de façonnage.

• 93 540 000 $ en excluant le façonnage et l'achat-vente, c'est-à-dire en se considérant que le brut importé pour les besoins de la métropole, de l'Afrique Française du Nord, des TOM ravitaillés à partir de la métropole, et des exportations de produits excédentaires.

Or, le décaissement effectif n'a été que de 43 250 000$ monnaie de compte pour la même année calendaire, dont seulement 34 675 000 tonnes au titre ravitaillement de notre zone franc.

Les chiffres afférant aux années 1948-1953 montrent de façon très nette les progrès réalisés en six années d'investissements intensifs en navires-citernes. Il fait d'ailleurs apparaître en même temps la flambée des frets consécutive à la guerre de Corée et leur baisse depuis 1948, baisse considérable si l'on considère que depuis cette date, les tonnages de brut importé en France ont plus que doublé.

GRAPHIQUE 3.1.3.
Coût en devises des frets correspondant au ravitaillement

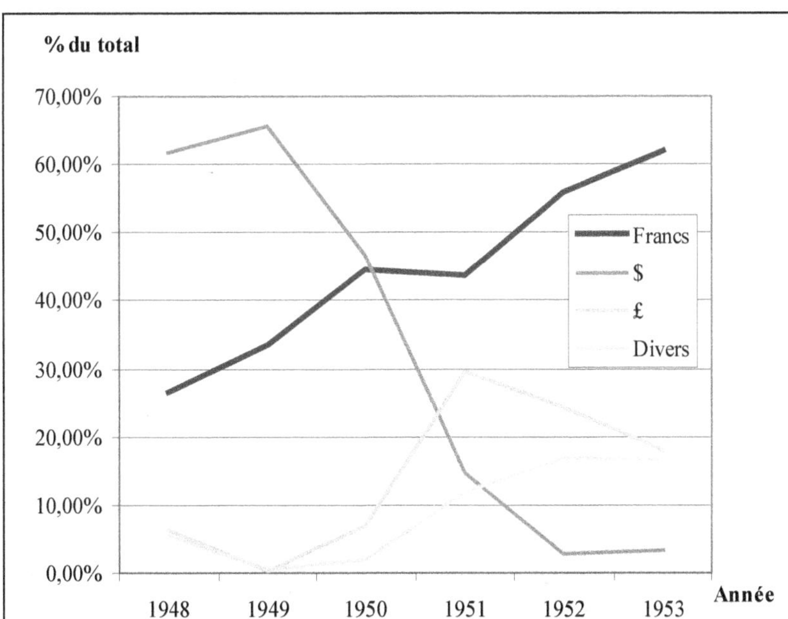

Source : Rapport au Conseil Supérieur du Pétrole : « Le Coût en devises de l'Approvisionnement pétrolier français », Décembre 1955, p.13

On peut donc retenir de ces diverses évaluations qu'entre 1948 et 1954 la part des frets payés en francs, pour le transport des produits consommés sur le marché français, est passée du 1/4 aux 2/3. De tels chiffres se suffisent à eux-mêmes, sans plus de commentaires.

Le bilan du travail de la CFP et du pétrole français est très positif. Mais, sa position face aux Majors reste faible à ce stade de développement. Le volume de la production mondiale augmente relativement plus rapidement. De 280 millions de tonnes en 1938, elle dépasse le chiffre de 500 millions en 1950 et dépassera les 1500 en 1965[1]. La majorité de cette production est cependant entre les mains des deux plus grands *trusts* anglo-saxons la Standard Oil et la Royal Dutch-Shell. Le tableau suivant montre une comparaison chiffrée en dollars des deux géants pétroliers aux débuts des années 1950.

TABLEAU 3.1.1.
Résultat comparatifs de la Royal-Dutch Shell et la Standard Oil Company (New Jersey)

Années	Chiffres d'affaires (en millions de francs)	Bénéfices (en millions de francs)
	Royal-Dutch Shell	
1951	1.424.314	120.353
1952	1.616.000	125.605
1953	1.700.000	130.000
	Standard Oil (New Jersey)	
1951	1.352.000	185.000
1952	1.455.000	182.000
1953	1.494.000	193.000

Source : Henry Peyret, *La bataille des trusts*, Presses Universitaires de France, Paris, 1954, p. 26

Ces chiffres ne sont pas comparables à ceux de la CFP qui, en cours de modernisation stratégique, investit dans la seule année 1954 la somme de 1.166.000 dollars de matériel français au sein de l'IPC[2]. Les recettes couvrent, au cours de la même année, environ 25% du montant des

1. « L'âge du pétrole », *Entreprise*, Supplément au N° 547, 3 mars 1966.
2. Pierre Desprairies et Lucien Coucoureux, « Le coût en devises de l'Approvisionnement pétrolier français », Rapport au Conseil Supérieur du Pétrole, Décembre 1955, p. 67.

dépenses[1]. Les conclusions du Conseil Supérieur du Pétrole de 1955 considèrent que le seul choix[2] pour devenir une puissance pétrolière est que la CFP prenne position sur les marchés extérieurs :

> « Le commerce et l'industrie du pétrole sont des faits internationaux. Si notre pays veut jouer le rôle d'une grande puissance pétrolière, elle doit pouvoir vendre et acheter du brut ou des produits finis, partout où des occasions s'offrent pour elle de le faire de façon rémunératrice pour sa balance des comptes. Nous avons trop souvent l'occasion de déplorer la faiblesse de nos positions commerciales à l'étranger pour qu'on puisse envisager de décourager la seule compagnie à capitaux français qui soit en mesure de lui acquérir de semblables positions »[3].

Tout en fournissant le pétrole nécessaire à l'industrie et à la consommation automobile française, la CFP investit donc massivement et durablement. Son développement à l'amont s'accompagne du développement de la distribution nationale. Desmarais Frères s'y trouve dans la première ligne face aux nouveaux enjeux de l'après-guerre.

2/ L'entreprise Desmarais Frères et la reconstruction : modernisation de la distribution et gestion interne

L'adaptation de la stratégie de Desmarais Frères face au contexte nouveau de l'après-guerre se fait aux deux niveaux externe et interne. L'entreprise ajuste d'abord sa stratégie en fonction des nouvelles exigences organisationnelles de l'entreprise moderne. Elle se charge également de mettre en place une politique de personnel plutôt prévoyante.

2.1. L'entreprise face à l'expansion du marché de la distribution pétrolière

La conjoncture de l'après-guerre était très favorable autant pour Desmarais Frères que pour la CFP. La période de 1945 à 1955 est une période de reconstruction qui s'accompagne d'une accélération de la consommation.

1. *Ibid.*, p. 48.
2. Ou « mal nécessaire » selon leur propre expression.
3. Pierre Desprairies et Lucien Coucoureux, « Le coût en devises de l'Approvisionnement pétrolier français », Rapport au Conseil Supérieur du Pétrole, Décembre 1955, p. 70.

2.1.1. Desmarais Frères reprend sa place sur le marché

Grâce à sa vitalité, Desmarais Frères a pu rétablir en quelques années plus qu'intégralement son potentiel industriel et d'adapter ses moyens aux exigences de la distribution moderne. Dès la sortie de la guerre, la consommation pétrolière prend une allure ascendante avec le changement progressif du régime de l'approvisionnement. Pour ce qu'il s'agit de l'approvisionnement des consommateurs, on met définitivement fin au rationnement des fuel-oils dès 1948 et des essences en 1950, avec la fin de l'affrètement par le Ministère de la Marine Marchande en 1948[1]. D'autre part, les raffineurs distributeurs réactivent dès 1946 les accords de raffinage d'avant guerre[2]. Cela permet d'éviter les transports parasitaires en organisant tout un réseau d'échanges. Il tient également les marges des Producteurs et des Raffineurs à l'écart des compétitions commerciales. Dans ce processus d'ouverture de marché, la compagnie Desmarais Frères doit répondre à l'augmentation la demande et faire face et à la concurrence.

2.1.1.1. Un marché de consommation favorable à l'extension de réseaux de distribution pétrolière

Avec la garantie des ressources abondantes du pétrole de l'Irak, l'adhésion de la France au Plan Marshall et l'accélération des efforts industriels, toutes les conditions sont présentes pour le développement du marché français de la distribution pétrolière. Ce développement remarquable est facilité par une série d'évènements :

– Les organisations communautaires du temps de guerre sont progressivement dissoutes. La liberté est rendue aux achats de pétrole brut et de produits finis (fin du GAC par étapes entre 1949 et 1950)[3] et à la distribution (fin du Pool des Carburants par étapes aussi entre 1947 et 1950)[4].

1. Archives Desmarais Frères 130 AQ 28, Procès verbaux des réunions du Comité directeur, « dossier 3 : études et notes sur la dissolution du GAC (1947-1950) » et « dossier 4 : Caisse de compensation gérée par le GAC : créations, bilans, fonctionnement, dissolution (1941-1950) ».
2. En particulier de faire place aux 25% de la CFR, Voir chapitre 4 notamment (pour le cas de Desmarais Frères) et Joseph Huré, *De la naissance de la S.G.H.P. à la S.F. BP d'aujourd'hui*, Edité par la Direction de l'Information et des Relations Extérieures de la S.F. BP, Jepal, Paris, 1971, p. 46 (pour l'exemple de la SGHP).
3. Archives Desmarais Frères 130 AQ 28, Procès verbaux des réunions du Comité directeur, « dossier 3 : études et notes sur la dissolution du GAC (1947-1950) ».
4. Archives Desmarais Frères 130 AQ 29, « Etudes et notes sur la dissolution du GAC » ; Joseph Huré, *De la naissance de la S.G.H.P. à la S.F. BP d'aujourd'hui, op. cit.*, p. 69.

– Un accord franco-britannique ouvre aux sociétés françaises à forte participation britannique (la SGHP[1], Shell France[2], etc.) le bénéfice de la législation française sur la répartition des dommages de guerre, avec réciprocité dans la situation inverse.

– Un contrat d'approvisionnement avec l'AIOC est renouvelé. Aussi, les filiales françaises des compagnies anglaises continuent a assurer, par rapport aux prix officiels du pétrole brut, un rabais. Il permet de tenir compte des dégradations qui interviennent sur le marché des bruts[3].

En 1954 la France consomme près de trois fois plus de produits pétroliers qu'avant la guerre[4]. Le tableau suivant montre comment a évolué, depuis 1938, la consommation française des produits pétroliers. Les chiffres donnés ne concernent ni les exportations, ni les soutes (approvisionnement des navires).

TABLEAU 3.1.2.
La consommation française de produits pétroliers de 1938 à 1954
(en milliers de tonnes)

	1938	**1949**	**1954**
Essences (Auto et supercarburants)	2 646	1.913	3.750
Pétrole lampant	134,5	129,7	97
Gas-oil	304	751,7	1.325
Fuel-oils fluides	855	999,3	2.478
Fuel-oils lourds	440	3.110,4	4.587
Lubrifiants	288,4	246,5	383
Bitumes	310	394,7	725
Gaz liquéfiés	41,5	77,9	335
Autres produits	86,2	142,9	279
Total	5.105,6	7.766,1	13.959

Source : *Le Figaro* du 20 janvier 1955.

1. Société Générale des Huiles du Pétrole, filiale de l'Anglo-Iranian Oil Company (AIOC) qui devient British Petroleum (BP) en 1954. Voir : James BAMBERG, *British Petroleum and Global Oil, 1950-1975. The Challenge of Nationalism*, Cambridge University Press, Royaume Uni, 2000, chapitre "Management and Culture", p. 48-74.
2. Ex-Jupiter (ex-Deutsche de la Meurthe) devient Shell France en 1948 avec une majorité de 60% pour le Groupe Royal Dutch-Shell. Voir : *Shell Information*, « Shell France : Un double anniversaire », N° 289 janvier/février/mars 1989 ; Dominique BARJOT, *Colas, Histoire (1930-1970)*, Tome 1, Contexte, Paris, 1990.
3. Joseph HURÉ, *De la naissance de la S.G.H.P. à la S.F. BP d'aujourd'hui*, *op. cit.*, p. 68.
4. *Le Figaro* du 20 janvier 1955 : Enquête de Pierre Locardel.

Comme le montre le tableau, l'évolution est plus marquée au niveau des Essences et Gas-oil. C'est la conséquence directe du développement de l'automobilisme[1]. On remarque également une large sensible augmentation des Gaz liquéfiés due principalement à la grande découverte du gaz de lacq en décembre 1951 et le développement rapide de l'exploitation[2]. L'enquête faite par Pierre Locardel du *Figaro* (du 20 janvier 1955) montre que les transports absorbent 50% de la consommation pétrolière, dont 28,5% est pour le seul transport routier. Cependant, la consommation française est moins importante par rapport à ses voisins européens. C'est ce qui s'explique par la dépendance énergétique de manière générale[3]. Dans leur ensemble, les Français sont traditionnellement parmi ceux qui consomment le moins d'énergie en Europe.

GRAPHIQUE 3.1.4.

Energie Thermique consommée par habitant en 1953 dans quelques pays européens
(en tonnes d'équivalent charbon)

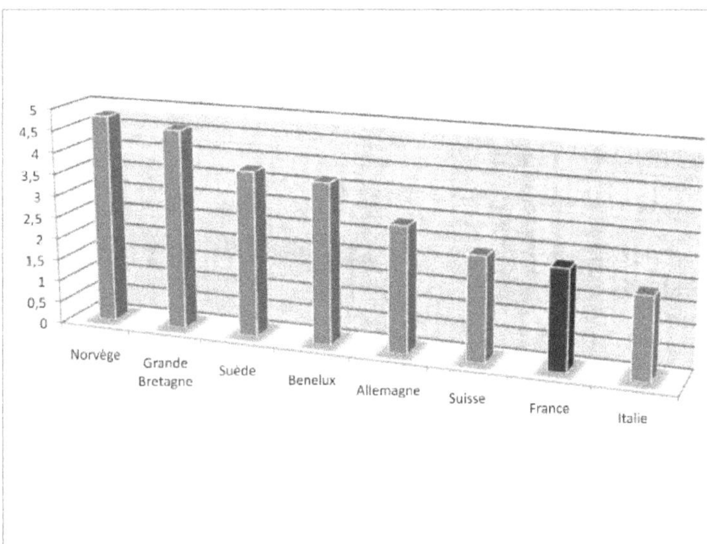

Source : Rapport au Conseil Supérieur du Pétrole : « Le Coût en devises de l'Approvisionnement pétrolier français », Décembre 1955, p. 2.

1. Jean-Louis LOUBET, « L'industrie automobile française : un cas original ? », in Dominique BARJOT, (Dir), « La reconstruction économique de l'Europe 1945-1953 », *HES*, n°2, 1999, p. 255-274.
2. Voir : Jean LARTÉGUY, *La grande aventure de Lacq*, *op. cit.* ; Alain BELTRAN et Sophie CHAUVEAU, *Elf Aquitaine : des origines à 1989*, Fayard, Paris, 1998, p. 34-53.
3. Christian STOFFAËS, « L'obsession historique de la dépendance énergétique : données économiques », in Georges-Henri SOUTOU et Alain BELTRAN, *Pierre Guillaumat, la passion des grands projets industriels*, *op. cit.*, p. 51-67.

Jusqu'à la première moitié des années 1950, chaque français dispose de l'équivalent en énergie de 2,3 tonnes de charbon par an, en dessous de la moyenne européenne, moins à la même époque que la Norvège (4,71), l'Angleterre (4,53), la Suède (3, 70), Le Benelux (3,64), l'Allemagne (2,94) et la Suisse (2,40)[1]. Cependant, la part du pétrole dans la consommation française d'énergie ne cesse pas d'augmenter, comme le montre le graphique suivant :

GRAPHIQUE 3.1.5.

Part du pétrole dans la consommation française d'énergie

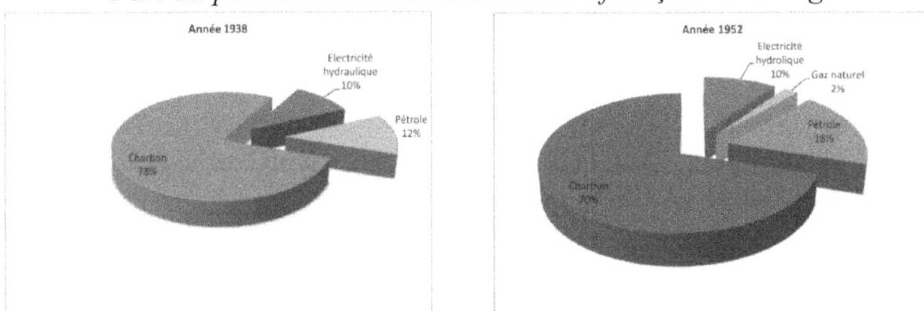

Source : Rapport au Conseil Supérieur du Pétrole : « Le Coût en devises de l'Approvisionnement pétrolier français », Décembre 1955, p. 2.

L'augmentation de la part du pétrole et l'émergence du gaz dans la consommation énergétique se font au détriment de la consommation charbonnière. C'est ce favorise plus d'efficacité économique. On peut noter aussi que la consommation de l'électricité hydraulique reste constante en terme de part de marché.

Jusque là, ces résultats sont au niveau des objectifs de l'État. Le plan Monnet (1946), prévoyant un rétablissement de la consommation dès 1948, prévoit une augmentation considérable dans les années suivantes. Le Gouvernement entend favoriser le développement de l'emploi des fuel-oils dans l'industrie et pour le chauffage[2]. Plus tard en Novembre 1953, le rapport de la commission de l'Energie au Plan établi estime que cette part se situera aux alentours de 20 % en 1957. L'objectif du Gouvernement est aussi d'encourager une distribution française permettant l'écoulement de la production de la CFR et des raffineries françaises.

1. Rapport au Conseil Supérieur du Pétrole : « Le Coût en devises de l'approvisionnement pétrolier français », Décembre 1955, p. 2-4.
2. « Le pipeline Le havre-Paris », *L'étoile bleue,* Revue d'entreprise Desmarais Frères, janvier-février-mars, 1948, p. 8-9.

2.1.1.2. Desmarais Frères s'adapte à la demande du marché

Devant un marché en plein développement et continuellement sous la pression de la concurrence et l'élargissement de la consommation, Desmarais Frères doit renforcer ses stratégies commerciales. Dès le début de la période 1945-1955, la compagnie concentre ses efforts sur le développement de son réseau des postes distributeurs de carburant auto, gaz-oil, pétrole, etc. A la libération, Desmarais Frères a pu maintenir en activité 830 appareils. En cinq ans, près de 8.800 appareils ont été remis en état de marche[1]. La compagnie pense d'ores et déjà à la rationalisation de ses implantations. Ainsi, la remise en place d'une structure adéquate de distribution s'accompagne d'une orientation marketing[2]. C'est à dire un marketing de plus en plus spécialisé et décentralisé et qui met le client au centre d'intérêt de toute l'organisation. Ainsi, pour la direction régionale :

> « ... le client n'est pas une entité, c'est un être de chair qui vit, est malade, revient à la santé, fait des crises nerveuses, même de fugues, qu'il est plus facile de perdre que de conquérir. Il faut le comprendre, le dorloter, voire le corriger ; mais il ne faut jamais se trouver en situation d'avoir tort »[3].

Les enquêtes de l'Institut National de la Statistique et des Etudes Economiques (INSEE) servent de base pour Desmarais Frères pour la réorganisation de sa distribution sur le marché français[4]. Dès le 30 septembre 1950, date à laquelle se termine une opération du recensement du parc automobile, la compagnie modifie sa stratégie de marché[5]. En plus de la détermination du type de véhicules en circulation et leur nombre, les chiffres de l'INSEE fournissent des indicateurs sur les zones de grandes consommations. On peut constater par exemple que 30% des véhicules du type « camions et camionnettes » sont répartis dans les six départements suivants :

1. P. Bert, « Les distributeurs », *L'étoile Bleue*, Juillet 1950, p. 14.
2. Elle est d'ores et déjà une *marketing oriented firm*, à emprunter l'expression américaine de Philip Kotler. Voir : Philip Kotler et Bernard Dubois, *Marketing Management*, MIT University of Chicago, 1989.
3. J. Arnaud, *La boussole, op. cit.*, p. 15
4. Voir : INSEE, *L'espace économique français, population, production, revenus par département*, Ministère des Finances et des Affaires Economiques (direction de la conjoncture et des études économiques), Presses Universitaires de France, Paris, 1955.
5. « Les transports routiers » in *La Boussole* (Bulletin d'informations et d'études publié par la commission de productivité du Comité Central d'Entreprise de Desmarais Frères), n°2, 1952, p. 5.

TABLEAU 3.1.3.
Répartition des « Camions et camionnettes » par Région

Région	Répartition en %
Seine	14,3
Nord	5
Seine-et-Oise	3,6
Bouches-du-Rhône	2,9
Pas-de-Calais	2,5
Rhône	2,4

Source : « Les transports routiers » in *La Boussole*, n°2, décembre 1952.

Le tableau met en évidence les zones de consommation forte. C'est ce qui permet pour Desmarais Frères une meilleure adaptation des efforts logistiques et financiers.

Grâce à toutes les données de l'enquête, Desmarais Frères peut plus facilement déterminer ses stocks moyens par région, optimiser ainsi ses moyens logistiques et gérer au mieux la répartition de son personnel. De plus, en croisant les données de l'INSEE avec d'autres données sur la consommation pétrolière, la Direction commerciale de Desmarais Frères réussit également à dégager des données plus précises sur les qualités et les quantités des produits consommés, comme le montre le tableau suivant :

TABLEAU 3.1.4.
Estimations des consommations types dès 1951

Type de Véhicules	Carburant utilisé	Consommations moyennes aux 100 km
< 1Tonne	Essence	10 litres
< 1Tonnes	Essence	15 litres
2 Tonnes	Essence	19 à 22 litres
3,5 Tonnes	Essence Gas-oil	30 à 32 litres 22 à 24 litres
5 Tonnes	Essence Gas-oil	34 à 36 litres 25 à 27 litres
7 Tonnes	Gas-oil	28 à 30 litres
10 Tonnes	Gas-oil	32 à 34 litres
15 Tonnes	Gas-oil	36 à 40 litres
Autocars	Essence Gas-oil	35 litres 25 litres

Source : *La vie des Transports*, 23 février 1952.

Grâce à ce type de tableaux, la compagnie peut aisément déterminer avec un maximum de précision la consommation de chaque catégorie de véhicule par région.

De la progression du transport routier, la compagnie Desmarais Frères gère au mieux ses ventes en fonction du prix de revient calculé sur la base des consommations par région et par produit. Elle peut également optimiser ses investissements dans le cadre du développement de son réseau en France métropolitaine. L'ouverture des responsables commerciaux sur les nouvelles méthodes de vente permet de pousser plus loin leurs techniques de commercialisation.

2.1.2. Desmarais Frères rentre dans l'âge du marketing

Desmarais Frères inclus les techniques des études de marché parmi des activités de son service commercial dès le début des années 1950[1]. Importés principalement des États-Unis[2], ces techniques font leur ascension à cette

1. *La boussole*, n° 1, Octobre-Novembre-Décembre, 1952.
2. Harm G. SCHRÖTER, "Advertising in West Germany After World War II. A Case of Americanisation", *Entreprises et Histoire*, n°19, 1998, p. 15-33.

époque en France[1]. Grâce à ces études, une compagnie peut largement réduire les coûts de la distribution. Elles permettent, en effet, de connaître (de façon approximative) ses clients possibles par catégories diverses et les périodes pendant lesquelles se feront les achats les plus importants. Dans ce but, Desmarais Frères utilise les « indices » de l'INSEE. Pour chaque région, l'INSEE fait ressortir un indice appelé « indice de richesse vive » ou mieux « indices Nicolas », du nom de leur créateur.

Les « indices Nicolas » reposent sur les résultats obtenus en rassemblant des données telles que les chiffres de population (classification par âge), le nombre de ménages, les bénéfices déclarés (industriels et agricoles), les chiffres d'affaires, etc. Toute l'astuce de M. Nicolas a été de fixer la « richesse vive » du pays en unités telle qu'elle soit égale au nombre de ses habitants. En utilisant ces indices, calculés pour chaque département, les services commerciaux de Desmarais Frères comparent la population d'un département (ou d'une ville) à sa richesse vive pour être fixé sur ses possibilités[2] (voir ANNEXE 3.1.4). Les résultats aboutissent à la détermination des régions présentant les variations relatives positives les plus élevées. Celles-ci sont les plus prometteuses et il convient de rechercher les causes, d'en déterminer l'ampleur et la durée possibles. Les cas extrêmes sont présentés dans ce tableau :

TABLEAU 3.1.5.
Variations relatives des richesses extrêmes (parmi les régions) en 1951

Départements favorables	**Départements défavorables**
1° Seines ; 2° Seine-et-Oise ; 3° Bouche-du-Rhône ; 4° Bas-Rhin ; 5° Moselle.	1° Alpes Maritimes, Basses-Pyrénées ; 2° Saône-et-Loire, Euru, Isère ; 3°Gironde.

Source : *La boussole*, n° 1, Octobre-Novembre-Décembre, 1952, p. 14.

Il est, néanmoins, à préciser que la baisse proportionnelle de l'indice d'une région par rapport à une autre ne veut pas dire nécessairement qu'il y a eu baisse en valeur absolue. De même, inversement, un département en hausse pourrait fort bien avoir baissé en valeur absolue, moins toutefois que l'ensemble. L'intérêt réside donc dans la détermination des

1. Gabriel-Louis Campion, *Traité des entreprises privés, 2, L'exploitation. Achat et production. Étude de marché et vente*, 4è édition, Presses Universitaires de France, Paris, 1961.
2. *La boussole*, n° 1, Octobre-Novembre-Décembre, 1952, p. 14.

zones offrant des possibilités latentes, de clients potentiels pour écouler le plus de produits chers (Supercarburant, Olazur) par rapport à leurs correspondants banaux (essence, huile). Mieux encore, la compagnie Desmarais Frères fabrique par elle-même les indices départementaux concernant les supercarburants en utilisant la ventilation des ventes pour chaque département (ANNEXE 3.1.5).

D'autres données sont nécessaires dans la démarche de lancement d'un nouveau produit. Elle permet de déterminer par exemple le conditionnement optimum et sa capacité, le nombre d'unités à grouper, le mode d'écoulement principal (grossistes ou détaillants), les stocks à mettre en place dans chaque région selon les possibilités d'écoulement, des prix, etc.[3]. D'où l'utilisation des « Indices Nielsen» par Desmarais Frères[4]. Ces « indices » font en particulier ressortir les ventes réalisées au consommateur par marque, par lieu, par genre de boutique, etc. et bien d'autres renseignements précieux portant sur les stocks, les prix, les taux de rotation, les résultats publicitaires.

A l'époque, la société AC Nielsen Company est spécialiste des études de marchés. Ses indices reflètent la situation d'une industrie ou un commerce. Elles sont basées sur l'étude permanente des magasins types représentant aussi exactement que possible l'ensemble des magasins d'une catégorie donnée. Aujourd'hui Nielsen sort des Panels détaillants permettant de quantifier les DN (indice de Distribution Numérique)[5]. Nielsen se positionne aussi comme le baromètre des audiences des programmes télé aux États-Unis et dans plusieurs pays (notamment en Europe). En dehors de recours à l'organisme officiel, l'INSEE, très peu d'entreprises françaises des années 1950 utilisent les données des entreprises d'études de marché, très peu nombreuses à l'époque en France.

2.2. *La réorganisation des services et la création de nouveaux départements*

Dans un contexte incitant à plus d'intégration avec le raffinage, l'entreprise devient un peu comme une armée[6]. On ne peut jamais gagner une bataille sans s'organiser en fonction des besoins et des enjeux en

3. Frederic NEPVEU-NIVELLE, *Lancement des produits : voies et moyens de réussite commerciale*, Paris, Dunod, 1963 ; Voir aussi : Yves CHIROUZE, *Le marketing.1, De l'étude de marché au lancement d'un produit nouveau*, 4è édition, Chotard, 1991.
4. P. WALSER, « La fameuse question des indices », *La boussole*, N°1, 1952, p. 12.
5. Ex : si DN = 50, alors on a 50% du marché.
6. On retrouve cette analogie dans certains travaux dont : Gil FIÉVET, *De la stratégie : l'expérience militaire au service de l'entreprise*, InterÉd, Paris, 1993 ; Anne MARCHAIS-ROUBELAT, *De la décision à l'action : essai de stratégie et de tactique*, Economica, Paris, 2000, p. 103-194 et 245-344.

question. Devant les différentes options de choix de méthode d'organisation, l'entreprise doit opter pour celles les plus adéquates. C'est-à-dire qui répondent le plus à ses besoins et se trouvent dans les limites de ses capacités organisationnelles. Dans ce sens, les possibilités pour l'entreprise dépassent le cadre théorique de l'époque si l'on intègre l'élément « d'apprentissage »[1] dans sa propre évolution.

2.2.1. La modernisation de la structure hiérarchique chez Desmarais Frères

Quand en 1863, Henri et Charles créent leur société en nom collectif « Desmarais Frères », la structure hiérarchique était, bien évidemment, très simple. La distribution des tâches n'y est pas moins. « Monsieur Charles Desmarais tenait la caisse et remplissait le rôle de chef de bureau, Monsieur Henri Desmarais, lui, était l'homme de l'extérieur, de la bourse des Huiles, l'homme d'affaires »[2]. Déjà en 1876, la « petite société » ne comptait que onze employés[3]. Ce n'est qu'à partir des années 1880, quand la société construit ses usines de Blaye et du Havre, que la société commença à connaître une structure plus complexe, avec un directeur pour chaque usine, un chef de personnel, des chefs de secteur et un besoin croissant pour du personnel qualifié. En 1900, Desmarais Frères comptait environ 250 ouvriers et ouvrières[4]. Dans les années 1930, les parts de marchés sont presque établies et la société connaît déjà toutes les activités liées au pétrole. Elle développe alors des activités sur tous les départements français. Depuis, elle emploie près de 4000 salariés et sa structure s'est développée d'une manière constante pour connaître de différentes formes adaptatives. Cela s'est fait en fonction de l'expansion nationale de son réseau de distribution.

A la sortie de la Deuxième Guerre mondiale (1946), la compagnie ne compte que 3000 employés[5]. Mais son activité est appelée à augmenter fortement avec l'expansion du marché. La direction chez Desmarais Frères accorde une grande importance à la mise en place d'une structure d'organisation adéquate et capable de répondre aux exigences d'expansion nationale. Il faut souligner ici de grands reformes de

1. Dans l'étendue des possibilités organisationnelles à la fin des années 1940, les théories évolutionnistes commencent à faire leur apparence, notamment à travers un article d'Armen A. Alchian, « Uncertainty, Évolution, and Economic Theory », *Journal of Political Economy*, n°58, 1950, p. 211-221.
2. Souvenirs de Paulin Baduel – 1928 – alors Directeur commercial et fondé de pouvoirs, après 52 ans de présence chez Desmarais Frères, C.A.M.T., 130 AQ 13.
3. *Ibid.*
4. Souvenirs de M. Abel Bernard, Directeur de l'usine Desmarais Frères à Blaye. (Mars 1944), Henri Menjaud, *Desmarais Frères, op. cit.*
5. *L'étoile Bleue,* (Revue d'entreprise Desmarais Frères), Janvier-février-mars, 1947.

structures sont entamées par l'État dès la sortie de la guerre[1]. Il va sans dire, aussi, que la structure d'une société de la taille de Desmarais Frères est fortement influencée par les entreprises du secteur pétrolier de son époque et les entreprises ayant une taille semblable. Cela reste valable même si les exigences internes des compagnies font qu'on a une multitude de structures plus ou moins variables. On peut comprendre l'évolution de la structure organisationnelle chez Desmarais Frères à travers une base théorique sans laquelle aucun point de repère ne peut être obtenu.

2.2.1.1. Le commandement chez Taylor et Fayol

A l'origine se trouve la conception, par Frederick Winslow Taylor, d'une organisation qu'il appelle « direction administrative » et qu'il oppose à l'organisation de type militaire (line), fondée sur la fonction du chef, et qui a prévalu jusque là. Ce chef est chargé de responsabilités dans de nombreux domaines. Comme ceux-ci évoluent et se développent, les connaissances nécessaires sur chacun d'eux deviennent volumineuses et hors de portée d'un seul homme. Il convient donc de répartir la besogne de direction de telle manière que, depuis le directeur adjoint en descendant tous les échelons de la hiérarchie, chaque individu ait le minimum possible d'attributions[2]. Autrement dit, ce qu'il avait réalisé dans le travail d'atelier en le morcelant entre plusieurs exécutants, Taylor le préconisait aussi pour l'acte de commandement par la mise en place de huit contremaîtres qui, chacun dans leur domaine, donneraient des ordres aux ouvriers et leur apporteraient leur aide. A l'encontre de Taylor, Henri Fayol, faisant la synthèse des expériences et des réflexions du début du XXe siècle[3], préconisait l'unicité de commandement à tous les niveaux hiérarchiques[4]. Cela postulait une polyvalence toujours plus improbable des chefs avec un allongement de la ligne hiérarchique[5].

---

1. F. Braudel et E. Labrousse, *Histoire économique et sociale de la France*, IV. 3, 1950-1980, PUF, 1982, p. 1129.
2. F. W. Taylor, *La direction scientifique des entreprises*, texte traduit par Luc Maury, Paris, Dunod, 1971.
3. Daniel A. Wren, « The influence of Henri Fayol on Management Theory and Education in North America », *Entreprises et Histoire*, n° 34, Décembre 2003.
4. Voir : *Entreprises et Histoire*, n° 34, Décembre 2003, numéro consacré à Henri Fayol.
5. Henri Fayol, *Administration industrielle et générale*, éd. Dunod 1999, Paris.

2.2.1.2. Le principe de l'organisation Staff & Line

Entre les deux guerres mondiales[1], un compromis fut trouvé entre le deux types de structures sous le nom de *Staff & Line*, structure qui combine les deux modèles en mariant leurs avantages et minimisant leurs inconvénients. Le principe général est que chaque chef de la ligne hiérarchique (*line*), du directeur au chef d'équipe et au chef des ventes, a toutes les attributions nécessaires à la gestion de son secteur et que, pour ces décisions, il prend l'avis des spécialistes qui sont à sa disposition et s'appuie sur leur compétence particulière, leurs informations, les services qu'ils fournissent. Ces hommes sont déplacés en état-major (*staff*) à divers niveaux de la hiérarchie. Ils ne donnent pas d'ordre, mais conçoivent des politiques, conseillent la hiérarchie dans ses décisions, contrôlent l'application des politiques dans leur domaine. L'organigramme de Desmarais Frères d'après-guerre s'inspire de la forme *Staff & Line*. En effet, il montre (graphique ci-dessous) une distinction évidente entre les deux branches « minérale » et « végétale » avec des services et des sous-directions propres. En même temps, ces deux branches sont soumises à des directions communes (la Direction du personnel et la Direction financière). L'organigramme se présente donc, dès 1947, très proche de la forme multifonctionnelle-type présentée par Alfred Chandler[2].

1. Alain Chatriot, "Fayol, les fayoliens et l'impossible reforme de l'administration durant l'entre-deux-guerres", in *Entreprises et Histoire*, n° 34, Décembre 2003, p. 84-97.
2. Alfred D. Chandler Jr., *Scale and Scope. The dynamics of industrial capitalism*, The Belknap Press of Harvard University Press, 1990, p. 44.

Graphique 3.1.6.
Organigramme de Desmarais Frères en 1947

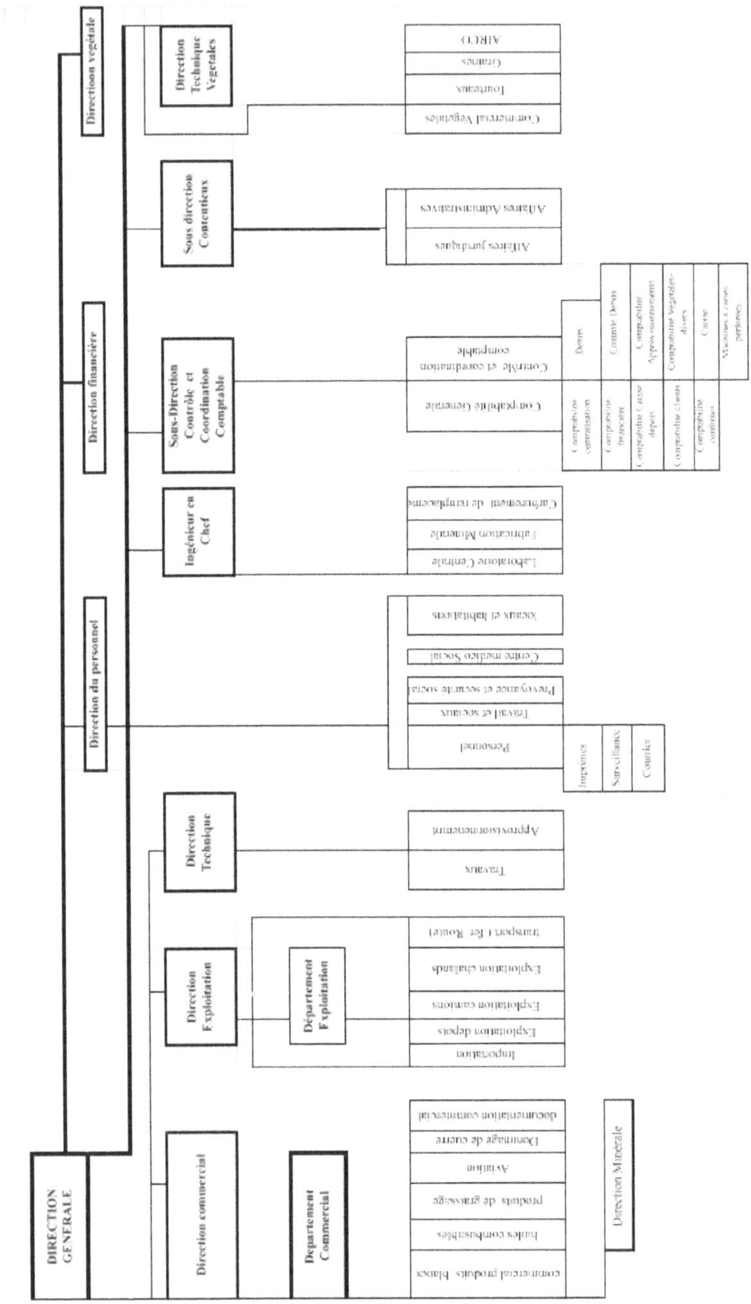

Source : *L'étoile Bleue*, Revue d'entreprise Desmarais Frères, Avril-mai-juin 1947, p. 6.

Les conclusions du Comité Central d'Entreprise lors de sa réunion de décembre 1947 fait le point sur les grandes orientations sociales de l'entreprise[1]. La dimension organisationnelle est évoquée au premier ordre. Lors de la réunion Stéphane Desmarais (Président de la compagnie) annonce la mise en place d'un projet d'étude (auprès d'un bureau d'études) pour l'amélioration du travail au sein du siège. A l'issue de cette étude, « les chefs de maison pourront être amenés à procéder à des nouvelles modifications en tant que structure et organisation de travail qui donneront peut-être lieu à de nouvelles classifications dans les services »[2].

Dès le début des années 1950, des modifications interviennent sur l'organigramme de la compagnie. La métamorphose marque un passage vers une forme plutôt multidivisionnaire[3]. Il s'agit principalement de la délégation de plusieurs fonctions par la création de sous-directions (six) avec le passage des deux grandes directions (Directions financière et du personnel) sous une direction unique (Direction administrative). Celle-ci se chargeant également de la mission d'organisation. Tout cela est fait dans un souci d'une parfaite coordination avec la direction générale, sous l'autorité de Robert Cayrol, puisque la direction générale délègue, mais reste en lien direct avec les services techniques et de communication. On peut ainsi noter que la mise en place d'un grand service « Publicité » dépend à la fois de la direction commerciale, de la direction générale et de la direction de l'exploitation. Cette opération vise à abaisser le coût des investissements irréversibles en capitaux fixes dans ce service (Publicité) à travers son utilisation maximum. On aboutit en 1954 non seulement à une « structure de gouvernance » gérée par un ordre de priorité en délégant, mais à augmenter visiblement la productivité de tous les services.

1. Comité Central d'Entreprise, 2e session de l'exercice 1947, du 18 au 20 décembre 1947.
2. *Ibid.*, p. 2.
3. Alfred D. Chandler Jr., *Scale and Scope. The dynamics of industrial capitalism, op. cit.*, p. 44.

GRAPHIQUE 3.1.7.
Organigramme de Desmarais Frères en 1954

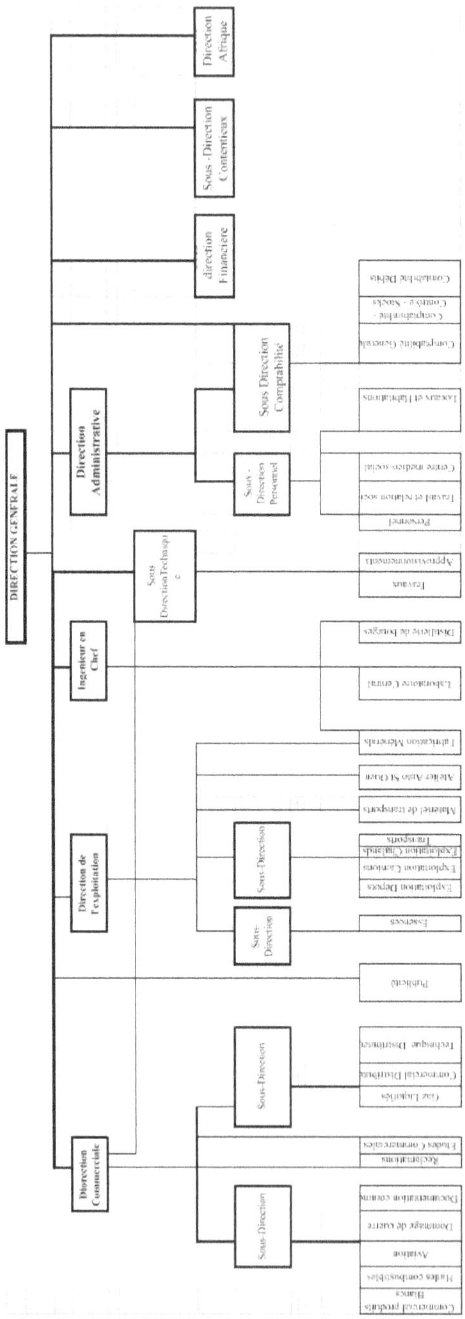

Source : Archives Total

2.2.2. *La mise en place de nouveaux départements : le rôle de la direction régionale*

Un trait caractéristique de la structure hiérarchique de Desmarais Frères, qui prend une forme cohérente dès 1947, est la large autonomie donnée à chaque directeur régional. La direction générale n'intervient que pour déterminer des objectifs annuels et donner les directives de la stratégie globale. Cependant, sous l'autorité de la sous direction commerciale, le directeur régional est seul responsable des résultats commerciaux de sa région. Il travaille en coopération avec les services commerciaux des produits blancs, des huiles et combustibles ainsi que ceux des produits de graissage. Le directeur régional gère les activités des différents secteurs et représentants commerciaux sous son contrôle. Et c'est le directeur commercial qui est directement responsable des résultats commerciaux devant le directeur général.

La direction régionale a une double mission : d'une part, faciliter le travail des représentants en le contrôlant (en vertu d'instructions générales ou particulières reçues des services commerciaux). D'autre part, tenir ses services au courant de l'évolution des affaires et leur soumettre les problèmes qu'elle ne peut résoudre. Tout en jouissant d'une très grande liberté pour organiser son travail, elle n'a aucun pouvoir permanent. Ceux qui peuvent leur être délégués, le sont à titre temporaire et toujours en fonction de l'évolution du marché. Son action est essentiellement et uniquement commerciale. On compte en totalité huit directions régionales : Amiens, Bordeaux, Lille, Lyon, Nancy, Marseille, Paris et Strasbourg. Celles-ci dirigent 13 secteurs et de nombreuses usines et dépôts[1].

3/ La gestion du personnel chez Desmarais Frères : une vision à long terme

Comme dans toute entreprise, le personnel de Desmarais Frères a des caractéristiques qui reflètent un type dérivé de culture d'entreprise. Il apparaît, à partir des archives de Desmarais Frères et des journaux d'entreprise, que la question de l'éthique fait l'objet d'un choix décisionnel. C'est-à-dire que, le plus souvent, elle ne relève pas d'un comportement spontané, mais « d'une sorte de programmation mentale » et un d'apprentissage continu, comme il est souligné par Geert Hofstede dans le cadre de ses recherches sur la diversité culturelle dans le cadre

1. J. Arnaud, *La boussole*, n° 0 du nouveau journal d'entreprise de Desmarais Frères, 1951, p. 15.

des entreprises[1]. Cette « éthique » se nourrit, cependant, de la longue histoire de la compagnie. La volonté de la direction chez Desmarais Frères est illustré, entre autres, par la création du journal d'entreprise (l'*Etoile Bleue* dès 1947, puis *La Boussole* à partir de 1950) dont le but est de « renseigner et de resserrer les liens entre les membres du personnel de la maison »[2].

3.1. Principales caractéristique du personnel de la compagnie

Dans la durée, la stabilité et l'esprit familial s'affirment comme les principales caractéristiques des employés chez Desmarais Frères.

3.1.1. La stabilité

La stabilité est probablement la caractéristique la plus frappante du personnel de Desmarais Frères. Elle s'explique en premier lieu par l'attachement des agents, employés, ouvriers et cadres. Il se transmet parfois même à travers les générations, comme une sorte d'usage héréditaire. C'est ainsi que, dans quinze familles connues, on dénombre une moyenne de onze collaborateurs qui se sont succédé en deux à cinq générations. Quant à la longévité des carrières, elle est illustrée par le nombre de Médailles du Travail et d'Ancienneté des services remises depuis 1895 jusqu'à 1961. Elles ont été remises à 3197 agents, représentant 52350 années de travail. Sur la période de 1890 à 1946, la moyenne des années d'ancienneté par personne est de treize ans et deux mois. La moyenne des âges sur cette même période est de plus de quarante et un ans[3]. La stabilité permet ainsi de conserver les collaborateurs expérimentés.

1. Geert Hofstede, *Vivre dans un monde multiculturel*, Les éditions d'organisation, Paris, 1994.
2. Interview de M. Decote, Directeur administratif chez Desmarais Frères, l'*Etoile Bleue*, Avril-Mai-Juin, 1948, p. 2.
3. Henri Menjaud, *Desmarais Frères, Un siècle d'industrie française du pétrole*, *op. cit.*

GRAPHIQUE 3.1.8.
Pyramide des anciennetés (établie en 1961)

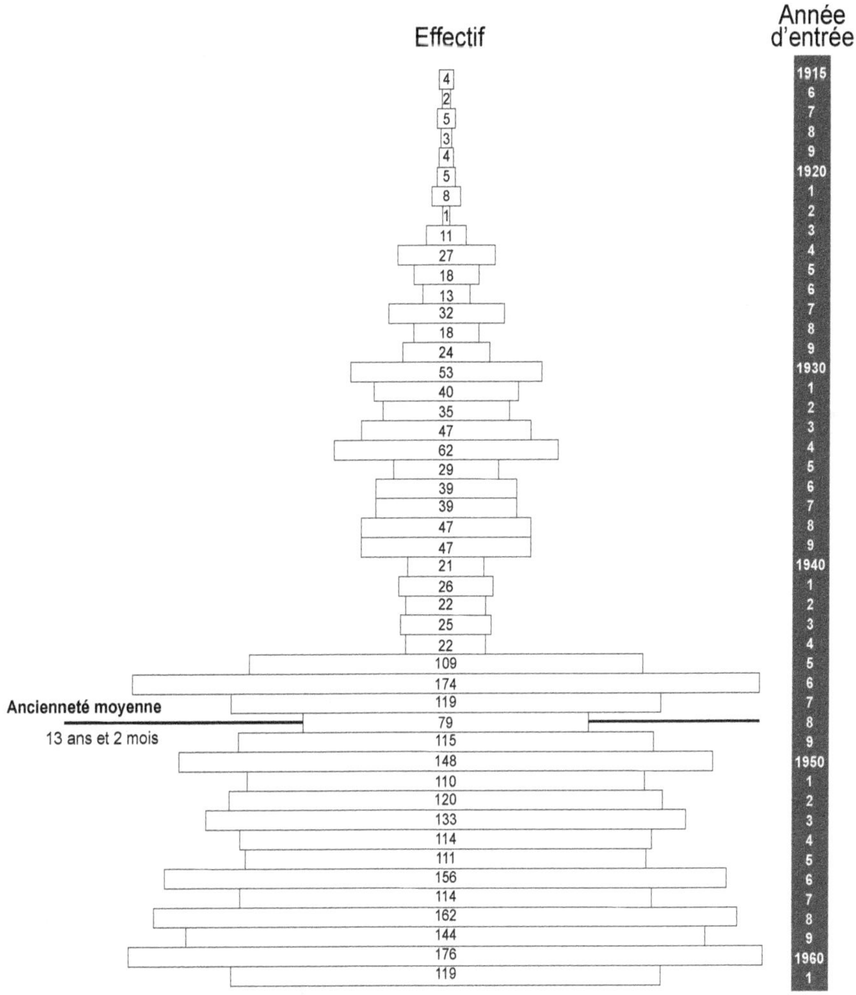

Source : Henri Menjaud, *Desmarais Frères, un siècle d'industrie française du pétrole, 1861-1961*, Paris, Draeger, 1961 (non paginé).

3.1.2. L'esprit de famille

De la période de la guerre, la compagnie Desmarais Frères sort enrichie d'une grande cohésion. Dès les débuts de la création de la Société jusqu'à la fin de la deuxième guerre mondiale, en tout cas, l'esprit de famille du personnel de Desmarais Frères ne semble pas avoir changé. Il s'exprime, tel que dans les grandes entreprises familiales françaises[1], à travers une forme de confiance mutuelle et une adhésion totale de chacun à un seul objectif commun. C'est ce qui offre la possibilité « d'alléger les coûts de transaction »[2]. Ce genre de comportement résulte d'une tradition française d'une « soumission des individus au groupe »[3] qu'on retrouve dans une majorité de grandes entreprises familiales telles que les Rothschild ou Pont de Numours (qui reste à 40% familiale jusqu'en 1960)[4], ou encore les Schneider[5].

Plusieurs témoignages de personnes ayant travaillé dans la Compagnie montrent comment aux moments où un besoin urgent de travail survient, tout le personnel, sans exception, est prêt à venir travailler la nuit quand il le faut. La question ne se pose même pas !

> « ...C'était une histoire de changement de cours que notre directeur commercial avait oublié et dont nos représentants de province devaient être prévenus avant le jour. Il fallut rédiger les dépêches, faire les copies, établir les bordereaux (tout cela à la main, bien sûr) et courir au Service télégraphique de nuit... »[6],

témoigne J. Bagotier (employé en retraite de Desmarais Frères), en 1960, en parlant de son ancienne entreprise à ses débuts aux années 1900. L'anecdote dit beaucoup sur l'existence de cet esprit familial jusqu'aux années 1960.

Cet esprit se renforce durant les périodes de grandes ruptures d'activité, notamment durant les deux guerres mondiales. La contribution de tous les membres de l'entreprise à la création de fonds de solidarité durant la Deuxième Guerre Mondiale en est une meilleure preuve. Des mesures ont été prises afin de soulager, à la mesure des moyens, l'immense misère des travailleurs réduits à des rations de famines (834 calories à Paris pour un minimum vital de 2440). Des cantines et des coopératives ont été ouvertes dans les grandes agglomérations. Des colonies de vacances ont été créées pour les enfants des salariés. Pour les victimes des bombardements, on a créé des comités d'entraide ;

1. Voir : Jacques Marseille, *Les Wendels, 1704-2004 : trois cents ans d'histoire économique française*, Perrin, Paris, 2004.
2. Michel Hau, « Traditions comportementales et capitalisme dynastique. Le cas des grandes familles », in *Entreprises et Histoire*, n° 9, Septembre 1995, p. 55.
3. *Ibid.*, p. 54.
4. *Ibid.*
5. Jean-Louis Beaucarnot, *Les Schneider, une dynastie*, Paris, 1986 ; Gérard Noiriel, « du patronage au paternalisme : la restructuration des formes de domination de la main-d'œuvre ouvrière dans l'industrie métallurgique française », *Le Mouvement social*, n° 144, 1988 ; Denis Woronoff, « Une statue pour Eugène Schneider », *L'Histoire*, n° 186, p. 10-12.
6. Henri Menjaud, *Desmarais Frères, Un siècle d'industrie française du pétrole, op. cit.*

pour les absents, le Pécule des prisonniers et le Fonds de solidarité, ce dernier destiné aussi bien aux familles du personnel retenu en Allemagne qu'aux agents privés de travail par le sous-emploi. La liste des exemples est encore longue. Ces actions ne peuvent que consolider et renforcer la forte implication des employés dans l'activité de leur entreprise. Ainsi, dans l'œuvre générale de reconstruction, à la fin de la deuxième guerre, chacun fait de sa tâche une affaire personnelle, se sentant concerné par l'objectif tout autant que son patron. On s'identifie avec « la maison », personnalisée mieux que par un nom : par une famille.

3.2. Le problème de la formation du personnel chez Desmarais Frères

À chaque niveau de sa hiérarchie, la maison Desmarais Frères est logiquement tenue de donner une place importante à la formation de son personnel. La formation n'est pas une fin en soi, elle n'est qu'un levier de régulation permettant d'ajuster au mieux les compétences disponibles avec les exigences des emplois, les potentiels et les aspirations de chacun avec les opportunités de carrière.

3.2.1. Identification et analyse des besoins

A la sortie de la guerre s'affirme le besoin de créer des centres de formation professionnelle, parfois à titre provisoire[1]. En ce qui concerne la compagnie Desmarais Frères, il s'agit de dispenser une préparation accélérée à certaines professions qualifiées, d'où la nécessité d'identifier les différents besoins en compétences. A l'époque, celles-ci risquent à terme d'accuser certains dysfonctionnements, ensuite vérifier si la Compagnie a répondu à ces besoins. D'une manière générale, les besoins apparaissent à trois niveaux :

• Le niveau « institutionnel », qui s'inscrit étroitement dans la logique de fonctionnement et de développement de la compagnie et de ses ressources humaines.

• Le niveau « sectoriel », qui ne concerne qu'un métier de l'entreprise, qu'un aspect de ses activités, qu'une unité de travail.

• Le niveau « individuel », qui concerne les situations particulières de tel ou de tel salarié.

---

1. Jean Fombonne, *Personnel et DRH. L'affirmation de la fonction personnel dans les entreprises : France (1930-1990*, Vuibert, Paris, 2001, p. 433-443.

La compagnie Desmarais Frères a été très souvent confrontée à un problème de manque de personnel à plusieurs niveaux de sa hiérarchie. Cela se produit généralement quand il survient une augmentation brusque de son volume d'activité, ou bien quand il survient un changement significatif dans la structure du marché de la consommation. C'est le cas lors de la deuxième guerre mondiale et de la période de 1945 à 1950 notamment. Cela exige une extension, dans la structure existante, et une période de réajustement et de formation du personnel adapté aux postes nouvellement créés. Desmarais Frères a toujours répondu à ces exigences de deux manières :

a) L'augmentation des heures de travail du personnel existant. L'usage remonte aux débuts de l'histoire de Desmarais Frères : « ce qui était vrai il y a cinquante ans, l'est encore maintenant », précise un article du journal d'entreprise Desmarais Frères, *La Boussole*, en 1951[1]. Très souvent Desmarais Frères se trouve contrainte à leur offrir une responsabilité nouvelle, comme c'est le cas dans les débuts de l'activité de la Compagnie, précisément en 1876. A cette époque la demande sur le marché commence à dépasser largement la capacité de production de la société. Les deux frères Desmarais se font aider le soir pour faire leur comptabilité par des employés, comme le montre ce témoignage : « ... Comme les locaux étaient exigus (déjà) et difficiles à grandir, nous avions des employés du P.L.M. qui, leur journée finie, venaient veiller le soir après dîner pour faire des travaux de comptabilité ... »[2]. Par usage héréditaire, cela a joué évidemment un rôle important dans la formation de nouveaux responsables de futurs postes. Ainsi, aux débuts des années 1950, on valorise encore plus l'expérience en leur sein, plutôt que les qualifications. Le salaire d'un ouvrier expérimenté chez Desmarais Frères est toujours lié au salaire de l'ouvrier débutant (ou non-qualifié) selon la formule S = (k) x (s). (k) exprimant la classification professionnelle ou encore le chemin parcouru par rapport à un débutant[3].

b) Le groupement de certains secteurs de production sous une seule direction. Cette pratique a été courante à la société Desmarais Frères dans les périodes de lancement de nouveaux produits pétroliers. On note par exemple, à la fin de la deuxième guerre mondiale, « le rattachement

1. « Pour une meilleure rémunération du travail », *La Boussole*, n° 0, 1951, p. 25.
2. Souvenirs de Paulin Baduel en 1928, in Henri Menjaud, *Desmarais Frères, Un siècle d'industrie française du pétrole*, *op. cit.*,.
3. « Pour une meilleure rémunération du travail », *La Boussole*, n° 0, 1951, p. 25-26.

du secteur « gas-oil » au service des produits blancs, afin de marquer l'évolution de cette consommation »[1]. L'émergence de grands marchés (et de marchés potentiels), accompagnée d'une augmentation de la consommation pétrolière, entre 1946 et 1955 nécessite une mobilité grandissante au sein du personnel. D'où la nécessité de se doter de grandes capacités d'adaptation organisationnelle permettant de répondre aux besoins en main-d'œuvre.

En dehors des périodes très fastes où les besoins en main-d'œuvre qualifiée sont supérieurs à ce dont on dispose, l'on peut se poser la question si Desmarais Frères prévoit des formations à la suite d'un diagnostic de ses besoins. Aucun document d'archives ne peut prouver que la Compagnie organise des formations, dans le but de permettre à ses salariés de s'adapter aux modifications de l'organisation du travail. Néanmoins, l'analyse de certains chiffres sur le personnel peut être révélatrice de la manière dont Desmarais se prépare pour ce genre de problème ; chez la maison Desmarais Frères, à la fin de la seconde guerre mondiale, deux tiers des cadres et trois quarts des agents de maîtrise sont des anciens ouvriers. Aussi « ...grâce à sa politique en matière de recrutement comme de fin de carrière, l'entreprise s'est constamment efforcée de régulariser les mouvements de personnel »[2]. Il s'ajoute à cela la stabilité[3] frappante du personnel de l'Entreprise, qui ne fait qu'améliorer leur expérience.

On peut, donc, constater que la formation fait partie intégrante du système de recrutement chez Desmarais Frères, car même si, à la fin de la période d'entre les deux guerres, les « diplômés » sont représentés par 150 cadres et ingénieurs environ, l'entreprise privilégie et compte, pour une très grande partie, sur les employés et les ouvriers pour occuper des postes de responsabilité plus tard. C'est ainsi qu'à la fin de la seconde guerre, lors de la création d'un réseau de directions régionales, des chefs de secteur ont évolué à des postes de directeurs et ailleurs, des agents directs ont été mis en place comme chefs de secteur. De cette façon et dans les conditions normales de travail la Compagnie a pu répondre aux trois besoins de formations précités. Cela laisse imaginer la lourdeur de la tâche de la direction du personnel chez les Desmarais. Cependant, avec les yeux d'aujourd'hui, en jugeant la méthode Desmarais, on peut mettre le doigt sur certaines anomalies.

---

1. Extrait d'une conférence prononcée devant le personnel, par Charles Bousquet, Directeur Commercial de Desmarais Frères (Décembre 1945), 130 AQ 13.
2 D'après Henri MENJAUD, *Desmarais Frères, Un siècle d'industrie française du pétrole, op. cit.*
3. Voir plus haut.

3.2.2. Analyse des performances de la gestion du personnel chez Desmarais Frères

La gestion prévisionnelle du personnel, est une démarche relativement récente. Ses premiers développements datent de la fin des années 1960. A cette époque, les directions de personnel des grandes entreprises et des principales administrations s'efforçaient de promouvoir un outil de connaissance des ressources disponibles et de leur projection dans l'avenir afin de mieux maîtriser les risques de dérives des volumes d'emplois et des équilibres budgétaires. Limitée à certaines considérations « arithmétiques », la gestion prévisionnelle du personnel est purement quantitative et souvent bien théorique. A cette gestion prévisionnelle des effectifs s'est substituée progressivement la gestion prévisionnelle des emplois et des compétences (GPEC), dont les dernières formalisations constituent une innovation majeure de la gestion des ressources humaines à la fin des années 1980[1]. La GPEC peut aider les entreprises à poser autrement la problématique de l'emploi, en appréciant plus rigoureusement toutes les incidences à terme des choix politiques de l'entreprise, afin de faciliter la définition de mesures plus appropriées à la régulation du « marché interne » de l'entreprise.

Cette démarche, appliquée à Desmarais Frères, pourrait constituer un fond théorique permettant de comprendre et de dégager quelques anomalies dans le processus d'apprentissage organisationnel (en général) et de la gestion prévisionnelle des ressources (en particulier) dans la période de 1946 à 1955. La démarche se présente ainsi :

1. Christelle Lambert, *La gestion prévisionnelle des emplois et des compétences : un processus d'apprentissage*, Thèse de doctorat en Gestion, sous la direction de Hervé Penan, Université de Toulouse 1, 1998.

GRAPHIQUE 3.1.9.
Les étapes de la démarche GPEC

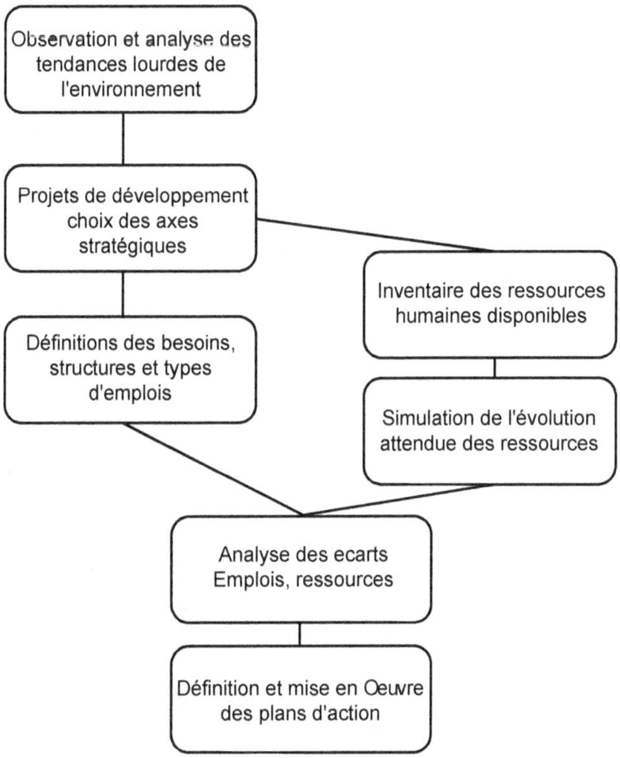

Source : d'après B. Martory, *Les méthodes de bord sociaux,* Nathan, Paris, 1992.

La question de la gestion prévisionnelle chez Desmarais Frères ne se posait pas de la même façon dans l'entre-deux-guerres et durant la guerre. Cependant, le problème est toujours le même, car les changements techniques et organisationnels combinés à l'évolution des produits se traduisent par la disparition de certains métiers mais aussi par la création de nouvelles fonctions et de nouveaux postes de travail. Très souvent, la Compagnie s'est trouvée « gênée par sa structure » et dans l'obligation de traiter ces problèmes en urgence. Pour une entreprise de l'importance de Desmarais Frères à la sortie de la Seconde Guerre mondiale, cela peut influer négativement sur sa compétitivité et perd ainsi de ses parts de marché.

Entre 1938 et 1944, période dans laquelle Desmarais Frères a subi de graves destructions, la Compagnie ne s'est pas préparée au niveau de la gestion prévisionnelle de son personnel. Les chiffres nominaux montrent bien, en effet, un déséquilibre significatif entre les différents secteurs de production, même si tout ces secteurs ont connu une augmentation annuelle réelle bien supérieure à celle de l'avant guerre. En d'autres termes, la reprise a profité à certains secteurs, et pas à d'autres. En effet, en 1945, Desmarais Frères a retrouvé, par rapport aux bilans de 1939 seulement 22% de son activité pour le carburant-auto et 20% pour les fuels, alors que le gas-oil et les fuels pour les produits de graissage ont connu une évolution respective de 80 et 70%. Ce déséquilibre a laissé un chemin libre aux concurrents pour prendre la plus grande part du marché des fuels et des carburants auto[1]. Ce qu'on peut tirer comme conclusion de cela est que, juste avant la fin de la guerre, la Compagnie n'a pas été préparée aux enjeux nouveaux de l'après-guerre. Un manque de préparation qui n'est pas forcement dû à un manque d'organisation, mais bien à l'insuffisance de l'analyse prévisionnelle des écarts entre emplois et ressources[2].

Cette absence de méthode formalisée s'explique par le recours aux anciennes pratiques paternalistes qui s'affirment notamment pendant la guerre[3]. La question de la formation et de la sélection semble pourtant cruciale. Elle n'apparaît pourtant pas parmi les préoccupations majeures des dirigeants de Desmarais Frères. Même avec la modification de la structure managériale dans les débuts des années 1950, la « fonction Personnel » ne bénéficie pas encore de sa dimension méritée. La nouvelle Sous-direction du personnel (passant sous la Direction administrative) préserve la même division des tâches. L'organisation bénéficie de services distincts, mais ne répondant pas aux nouveaux besoins[4]. Elle n'a ni les outils ni la charge de gérer la mission prévisionnelle. Le processus de modernisation semble, en effet, assez lent. La mobilisation du personnel provoque une incitation à la productivité[5], alors que les solutions pourraient plutôt passer par des solutions organisationnelles.

1. Des négociations ont abouti, plus tard, à la reconnaissance, comme droit absolu, des tonnages d'alcool distribués d'avant guerre par le moyen d'Azur. Voir 130 AQ 2.
2. Voir figure1, ci-dessus.
3. Voir : Chapitre 6.
4. Le premier service est le Services Personnel. Il gère les payes, les recrutements, les retraites, etc. Ensuite, il y a le Service Travail et Relations Sociales qui intègre un centre médico-social. Le troisième, enfin, est le Service des Locaux et Habitations (Archives Total).
5. Dans les discours répétés des dirigeants, l'appel à réduire les dépenses d'exploitation est très requérant. Voir : *La boussole*, n°1, octobre 1952.

Celles-ci ont la possibilité, selon les principes évolutionnistes[1], d'intégrer la dimension de « l'histoire » dans l'amélioration des modes de recrutement (l'ancienneté, la fidélité, les usages, etc.). Alfred D. Chandler, rendant hommage à l'approche évolutionniste (et jouant de son autorité d'historien), affirme que « pour l'histoire des entreprises industrielles les routines acquises (*learned routines*) sont celles appliquées par les activités fonctionnelles...afin d'améliorer des produits et des processus existants, ou de développer des innovations... »[2]. Desmarais Frères peut encore utiliser des méthodes plus contractuelles[3]. Il s'agit de rendre plus systématique le recours à des niveaux de formations exigés, bien que cela semble trop s'éloigner de sa vocation paternaliste et familiale.

3.3. La motivation du personnel chez Desmarais Frères

Obtenir un équilibre entre emplois et ressources ne suffit pas pour le bon fonctionnement de la compagnie. L'orientation du travail par la direction de Desmarais Frères se fait alors dans un grand souci (voire un souci majeur) de productivité. Le début des années 1950 témoigne de la grande mobilisation dans ce sens[4]. En effet, le moteur principal de la bonne exécution du travail, c'est la motivation du personnel. Le taylorisme[5], malgré sa perception « raisonnable » du rapport entre le salarié et l'organisation, a connu ses échecs devant les revendications pour l'amélioration des situations du travail et les statuts des salariés. En attendant qu'il reprenne des formes plus déguisées[6], d'importants travaux apparaissent, dès les années cinquante, dans le domaine de la

1. Il s'agit, selon la vision évolutionniste, de dégager des critères qui permettent (entre autres) d'expliquer suivant quelles logique les firmes évoluent et se transforment. Voir : G. Dosi, D. J. Teece, S.G. Winter, « Les frontières des entreprises », *Revue d'Economie Industrielle*, 1er trimestre 1990, cité in B. Coriat et O. Weinstein, *Les nouvelles théories de l'entreprise*, Le livre de poche, Paris, 1995, p. 117-119.
2. Alfred D. Chandler, "Organisational Capabilities and the Economic History of the Industrial Enterprise", *Journal of Economic Perspectives*, vol. 6, n°3, 1992, p. 86.
3. M. C. Jensen et W. H. Meckling, « Theory of the Firm: Managerial Behavior, Agency Cost, and Ownership Structure", *Journal of Financial Economics*, octobre 1976, p. 305-360.
4. « Vers un intéressement collectif à notre productivité », in *La boussole*, n°1, octobre 1952, p. 1-7.
5. Au début du XXe siècle Taylor a développé une approche scientifique afin de déterminer la méthode la plus efficace pour réaliser le travail. Elle consiste essentiellement à séparer la conception et l'exécution du travail. La contestation du modèle taylorien prendra rapidement tournure dans la première moitié du 20e siècle. Voir : Michel Pouget, *Taylor et le taylorisme*, Presse Universitaires de France, Paris, 1998.
6. Stephen P. Waring, *Taylorism transformed: scientific management theory since 1945*, Chapel Hill, University of North Carolina Press, 1991; ou encore: Guillaume Duval, *L'entreprise efficace, à l'heure de Swatch et McDonald's : la seconde vie du taylorisme*, 2e édition, La découverte, Paris, 2004.

motivation (les travaux d'A. Maslow, entre autres). L'objectif dans cette étude est, bien entendu, de chercher chez Desmarais Frères des facteurs comparables à ces théories et en faire une analogie, pour faire ensuite l'état des lieux de la manière dont la compagnie a motivé son personnel.

3.3.1. L'analyse des conditions de travail chez Desmarais Frères

Les travaux de Maslow[1] vont d'abord renouer avec l'idée que tout individu agit parce qu'il est motivé et spécifier ensuite que l'essentiel de ses motivations est déterminé par un ensemble de besoins hiérarchisés. Cette hiérarchie comporte cinq grands types de besoins :

- Les besoins physiologiques correspondant aux diverses satisfactions élémentaires recherchées par tout être humain (boire, manger, dormir, etc.),
- Les besoins de sécurité associés à la prévention de l'intégrité de l'individu face aux différentes menaces qui pèsent sur lui,
- Les besoins sociaux liés aux processus d'identification de l'individu à un groupe ou à une collectivité,
- Les besoins de reconnaissance justifiant l'estime de soi et la reconnaissance par autrui,
- Les besoins de réalisation de soi-même traduisant le besoin d'accomplissement de ses potentialités créatrices dans l'action.

Ces besoins existent tous à l'état latent chez l'individu, mais leur manifestation concrète est subordonnée à une distribution hiérarchisée de telle façon que les besoins « supérieurs » ne peuvent être également sollicités que si les besoins « d'ordre inférieur » ont été plus ou moins satisfaits. Malgré le caractère discutable de ce principe de hiérarchie des besoins, la théorie de Maslow reste un référentiel majeur de l'étude de la motivation. En effet, justifiant la complexité du comportement humain par la diversité des besoins qui sont à leur origine, on peut apprécier l'impact que peut avoir cette formalisation de la motivation sur les méthodes de gestion des organisations dès lors qu'elles considèrent la dimension humaine comme l'un des facteurs essentiels de leur production.

Desmarais Frères figurait-elle parmi ces organisations ? Il sera prématuré de répondre à cette question sans au moins avoir un point de vue différent, celui de F. Herzberg. Ce dernier refuse le principe de

1. Abraham. H. Maslow, *Motivation and personality*, 3è éd. Harper & Row, New York, 1987. La première version de l'ouvrage de Maslow sort aux États-Unis en 1954. Les postulats dégagés commençaient déjà à se diffuser dès les débuts des années 1950.

la hiérarchie des besoins car il considère que ceux-ci peuvent être actifs simultanément. Une série d'observations et d'expériences permet à Herzberg de formuler deux types de facteurs concourent à préciser les termes du comportement au travail[1] :

• *Les facteurs d'ambiance,* identifiés comme étant dans l'entreprise ; les conditions du travail, la politique et les modes de gestion, la rémunération, le type d'encadrement, les relations interpersonnelles, et dont le rôle essentiel est de neutraliser le mécontentement.

• *Les facteurs de satisfaction,* seuls susceptibles, à ses yeux, de produire la motivation du salarié – ce sont la réalisation de soi, la reconnaissance du travail et de son engagement, le continu du travail, les responsabilités, les possibilités de promotion.

L'approche de la motivation développée par Maslow, puis Herzberg envisagent ce qui motive l'individu mais n'abordent pas explicitement les processus permettant de comprendre comment l'individu est motivé. C'est précisément ce que se sont efforcés de faire les tenants de la théorie de la motivation cognitive[2]. Pour ces derniers, l'être humain adopte un comportement s'il pense que celui-ci peut conduire au but désiré. La perception du résultat de l'action est aussi déterminante pour la motivation que la définition du besoin. Le comportement résulterait alors du processus suivant :

BESOIN ➡ STIMULUS ➡ MOTIVATION ➡ ACTION ➡ RESULTAT

Autrement dit, la détermination à s'engager (motivation M) dépend de la valeur attribuée aux différentes conséquences possibles de ce comportement (valence V) et de la probabilité subjective attribuée à l'avènement de ces conséquences (espérance E) : $M = V \times E$. La formule suggère donc que la motivation sera nulle, inexistante si la valence ou l'espérance égale à zéro.

Si l'on tient compte de toutes ces théories, quelle part de la Gestion des Ressources Humaines chez Desmarais Frères a été donné à la motivation à son personnel ? En effet, les dirigeants de la Compagnie n'ont pas négligé ce facteur. Plusieurs actions ont été prises dans ce sens. D'autant plus que devant la nécessité d'augmenter la productivité du personnel, plusieurs mesures concrètes sont prises. Elles sont articulées autours de deux exigences : la solidarité et la prévoyance vis-à-vis du

---

1. F. Herzberg, B. Mausner, B. Snyderman, *The motivation to work*, 2e éd. J. Wiley, New York, 1996
2. G. Archier, *Mobiliser pour réussir*, éd. du Seuil, Paris, 1989.

personnel et l'amélioration de l'ambiance au travail. Ces politiques sont les suivantes :

3.3.1.1. La politique de prévoyance sociale et de logement

Depuis la fin du XIXe siècle et jusqu'au début de la deuxième guerre mondiale, le régime de prévoyance était sous la forme d'une mutuelle appelée à intervenir en cas de maladie[1]. L'objectif initial de ce système, inventé au XIXe siècle, est de concilier le libéralisme de la classe bourgeoise et le traditionalisme de l'ancienne classe noble[2]. Chez Desmarais Frères, cette institution était née de la fusion de deux sociétés de secours portant des noms caractéristiques de l'époque : « L'Union Fraternelle » et la « Solidarité Ouvrière », à Blaye. D'autre part, était apparu en 1913 un organisme de capitalisation destiné à constituer des rentes de fin de carrière. L'action de la compagnie sur ce plan montre une véritable continuité. La « Caisse de prévoyance des Employés des Etablissements Desmarais Frères » mise en marche dès 1947, remonte à une époque antérieure. Elle prit en 1937 la forme d'une assurance de groupe à cotisation mixte (contre le décès et la vieillesse), en vue de compléter les assurances sociales. Dès ses débuts, cette institution a donc pour vocation de faciliter aux employés la formation d'un capital dont ils pourraient disposer, eux même ou leurs familles, au moment de l'arrêt de leur activité, a duré pendant environ vingt-cinq ans. La guerre de 1939 a donné, contrairement à ce qu'on pouvait croire, une impulsion décisive au régime. Mais, il fallut d'abord, en présence d'une réduction massive des effectifs, aider les chômeurs avec un « fonds de solidarité »[3].

C'est en 1947, au sortir de la guerre, que le régime fut profondément transformé et prit une forme différente du précédent. D'abord, l'indépendance de gestion : l'assurance de groupe cédait la place à une caisse autonome, distincte de la Société Desmarais Frères, administrée par un conseil dans lequel siègent côte à côte des représentants des employeurs et du personnel. D'autre part, au régime de capitalisation un peu compromis par les vicissitudes monétaires, succédait selon la tendance nouvelle, le système de la répartition. Une gestion prudente

1. François Ewald, *Histoire de l'État Providence,* Grasset & Fasquelle, Paris, 1996, p. 95-102.
2. Voir : Louis Moreau De Bellaing, *L'État et son autorité – l'idéologie paternaliste,* Anthropos, Paris, 1976.
3. Archives Total, SC 90/54, « L'entreprise et l'invasion », 1946.

a constitué des réserves propres à assurer aux membres de la Caisse de plus solides garanties d'avenir.

A la fin de l'entre deux guerres et indépendamment des logements de fonction (700 au total), dans les dépôts ainsi que dans les stations-service, l'entreprise a poursuivi une politique très libérale : soit par la fourniture de logements à l'aide de la contribution sur les salaires, soit par des prêts généralement effectués par la caisse de retraites. Au total, sur 3300 familles du personnel et des gérants de stations, 1400 ont été logées ou aidées[1]. La période de la deuxième guerre mondiale témoigne aussi de la solidarité des dirigeants de Desmarais Frères à l'égard de son personnel. Ce personnel, il fallait le faire vivre, non seulement matériellement mais aussi physiquement.

3.3.1.2. La création des facteurs d'ambiance

On peut regretter de ne pas disposer de données archivistiques en rapport avec l'aménagement du milieu du travail, un vecteur important de la motivation des salariés. Cependant, la compagnie n'a pas manqué de créer des facteurs pour l'amélioration de la vie associative dans le travail. En effet, dès 1937, l'association Azur a été fondée à l'initiative de vingt collaborateurs du Siège Social. L'activité de promoteurs, appuyée par la direction, a permis de créer rapidement et de rendre vivantes les sections de culture physique, natation, de cyclisme, de tennis, de football, de basket-ball. Ces deux dernières sont même passées à la compétition en 1938. L'association a acquis, à Asnières la disposition d'une propriété comportant cinq courts de tennis découverts et trois courts couverts, dans laquelle elle a ensuite aménagé une salle omnisports sur parquet couvert.

Les actions pour la vie associative dépendent de la direction et la sous direction du personnel qui a un rôle organisationnel. Dans un souci de communication interne, l'organisation sportive a pris le nom de « Azur-Sport ». Désormais, elle regroupe les fervents de football, athlétisme, basket-ball, tennis, camping, natation, culture physique, permettant ainsi au personnel de la maison de consacrer quelques loisirs à l'éducation du corps[2]. Il ne s'agit pas, en l'occurrence, de former des champions ou des professionnels, mais de réaliser une œuvre utile et plus simple (une bonne gymnastique est simple, disaient les platoniciens) : maintenir un bon moral par l'élimination des toxines qui encombrent notre organisme,

1. Henri Menjaud, *Desmarais Frères, Un siècle d'industrie française du pétrole, op. cit.*
2. « Azur Sport : Association sportive du personnel, région parisienne », *L'étoile Bleue*, Janvier-Février-Mars, 1947, p. 5-8.

comme la calamine et les résidus de combustion encombrent les organes d'un moteur. Fixateurs d'oxygène, les muscles sont des régénérateurs puissants. La santé du corps est une des conditions importantes de celle de l'esprit. Les anciens n'ignoraient pas la vertu des exercices physiques. Après la musique, disaient-ils, c'est par la gymnastique qu'il y a lieu de former les corps et les caractères : « c'est le meilleur moyen de conserver un esprit constamment en éveil et une santé inaltérable ».

3.3.2. Le degré de réussite de la politique sociale

Grâce à sa politique sociale la Compagnie Desmarais Frères a pu répondre à certains besoins du personnel qui répondent aux « facteurs d'ambiance » et aux « facteurs de satisfaction » de Herzberg. Sinon, du moins, les dirigeants de la Compagnie Desmarais Frères n'ont pas négligé l'importance de la stabilité interne. Le système de gestion n'a pas connu les méthodes de gestion utilisées actuellement, mais il a évolué en répondant constamment aux besoins naissants du personnel. Ainsi les besoins élémentaires de Maslow (les besoins physiologiques et les besoins de sécurité) ont été la priorité de la direction de la compagnie depuis sa création. Cela a été concrétisé aux moments les plus difficiles de son existence, notamment dans la deuxième guerre mondiale. La mise en place de fonds de solidarité, la politique de logement et de prévoyance sociale ont permis de voir le personnel comme le capital le plus important de la Compagnie. Le résultat était qu'à la fin de la deuxième guerre mondiale, après une réduction de l'activité de la Compagnie de 95%, le capital social était presque intact. La reprise a donc été moins difficile qu'on pouvait l'imaginer.

Logiquement, et selon les besoins de Maslow, on ne peut pas satisfaire les besoins secondaires si les besoins physiologiques et de sécurité ne sont pas satisfaits (d'ailleurs, la question ne se pose plus au rang du personnel du moment que les besoins élémentaires ne sont pas totalement satisfaits). C'est ainsi, dès que tout revient en marche, les « besoins secondaires » deviennent la principale occupation des dirigeants de la Compagnie. En effet, en réservant une place privilégiée à la promotion des employés et ouvriers (qui constituent 2/3 des cadres et plus de 3/4 des agents de maîtrise), on participe à la fois à la satisfaction des « besoins sociaux » et celles de « reconnaissance ». Combiné à des actions dans ce sens, la création des associations sportives participe largement à la satisfaction d'un besoin « d'accomplissement », d'autant plus que cela va unir tout le personnel dans un seul objectif.

Conclusion

De façon générale, les années 1945 à 1956 sont une période clé pour la compréhension de la France énergétique d'aujourd'hui. Elle correspond à une reconstruction accélérée de l'industrie pétrolière française par l'acquisition d'intérêts pétroliers supplémentaires au Moyen-Orient et dans l'Union française. Il s'agit donc d'une période d'investissements massifs. Les investissements dits « productifs » sont pour la plus grande part des investissements commerciaux, mais comprennent en 1954 les 10% par baril versés à British Petroleum (BP) pour l'acquisition des 6% du Consortium iranien. Les investissements dits « improductifs » sont pour la presque totalité des investissements en exploration autres que l'IPC[1] ; 1954 comprend les premières dépenses d'exploration au Sahara. A signaler également que la reconstruction des raffineries de la CFR après la guerre et l'extension de leur capacité au cours de cette période se sont faites sans secours à la CFR et ses actionnaires[2]. Grâce aux efforts de diversification, la Compagnie Française des Pétroles accède au statut du premier groupe pétrolier européen en rapidité de croissance[3]. Cette période met aussi en valeur la double vitesse de croissance de cette industrie. Le développement touche, en effet, plus fortement l'amont que l'aval. La CFP gagne du terrain au niveau de la production ; elle commence de ce fait à orienter ses objectifs stratégiques vers les marchés internationaux.

En revanche, les parts de marchés des principaux grands distributeurs français, tels que Desmarais Frères, stagnent malgré un développement très fort des ventes[4]. En plus de la concurrence traditionnelle des trusts, naissent des nouveaux distributeurs du pétrole français : « Le pétrole était produit dans les raffineries françaises et quiconque mettait les capitaux voulus dans les pompes distribuait de l'essence... », témoigne Jean Blancard, l'un des architectes de la politique pétrolière française dans cette période[5]. Ainsi l'expansion du marché français s'accompagne d'une pression concurrentielle encore plus forte.

1. Archives Total, 82.5/16.
2. Archives Total, 86.12/5.
3. « Compagnie Française des Pétroles : Continent's Foremost and Fastest-Growing Oil Group », *The Financial Times*, Mercredi 16 Janvier 1963.
4. Statistiques du Comité Professionnel du Pétrole, « Produits blancs et Gas-Oil : Statistiques des ventes par sociétés, années 1948 à 1967 » ; « Fuel-Oils : statistiques des ventes par sociétés, années 1948 à 1967 », Octobre 1968.
5. Entretien thématique de Jean Blancard avec Patricia Bas, entreptien n° 1, Cassette 1, CHEFF, 27 février 2003.

Desmarais Frères modernise sa structure et développe une stratégie de marché qui naît d'un nouvel esprit marketing orienté vers le client (*marketing orientation*)[1]. La compagnie s'offre aussi les moyens de motiver son personnel et renforcer sa productivité. Se développe alors en France un réseau de distribution moderne avec notamment « Azur » comme la plus grande marque française jusqu'alors. Ces marges se concentrent sur l'activité de distribution. Cela limite fortement ses possibilités compétitives face aux concurrents anglo-saxons. Mais, elle bénéficie toujours de son statut privilégié au sein de la CFP en tant qu'actionnaire à 14% (et actionnaire de la CFR à 18,6%). De ce fait, elle peut bénéficier de tous les avantages que puisse offrir un pétrole raffiné en France en grande quantité. Cependant, l'influence de Desmarais Frères au sein du groupe est largement réduite. La maison ne semble pas suivre le développement formidable du réseau de la CFP en Europe, en Afrique et même en Amérique du Nord.

1. Voir : Phillip Kotler, « From Sales Obsession to Marketing Effectiveness, *Harvard Business review 55*, (Novembre/Decembre), 1977, p. 67-75 ; Bernard J. Jaworsky et Ajay K. Kohli, « Market Orientation. Antecedents and Consequences », *Journal of Marketing 57*, Juillet 1993, p. 53-70.

CHAPITRE 7

Vers La fusion entre la CFP Total et Desmarais Frères (1955-1965)

Introduction

La diversification réussite des sources d'approvisionnement et élargissement de l'activité de raffinage au sein de la Compagnie Française des Pétroles (CFP) donnent lieu à un besoin de contrôler un réseau de distribution. Dès 1954 la CFP crée sa propre compagnie de distribution la Total-Compagnie Française de Distribution (Total-CFD). Pour la CFP, la formation d'un réseau de distribution pour écouler sa production devient une étape incontournable d'une croissance la plus rapide en Europe parmi les quelques groupes pétroliers[1]. Le groupe ayant contrôlé, en quelques années, l'amont de l'activité pétrolière en France cherche à garantir définitivement les débouchés de son pétrole raffiné.

Le contexte économique des années 1955 à 1965 favorise tout type de concentration. D'une part, la CFP se trouve contrainte aux efforts de rassembler toutes les ressources disponibles (capitaux, réseaux, savoir-faire, etc.) pour pouvoir s'imposer sur le plan national et international. D'autre part, la compagnie, fondée sur un monopole d'État, doit épouser l'action du gouvernement de Pierre Mendès France. Ce dernier préparant la France à une libéralisation et visant à améliorer les structures productives[2]. Pour Desmarais Frères, toute forme de rapprochement avec la CFP semble lui donner satisfaction au double titre de ses intérêts dans le capital de la CFP et de la CFR, dont Desmarais Frères est actionnaire fondateur, et de ceux de sa distribution qui voit se poursuivre une collaboration déjà vieille de près de trente ans. Mais, la compagnie bien qu'attachée fermement à son identité, depuis sa fondation en 1861,

1. « Compagnie Française des Pétroles : Continent's Foremost and Fastest-growing Oil Group », *The Financial Times*, Mercredi 16 janvier 1963.
2. Jean Saint-Geours, « État et Energie. Histoire des politiques énergétiques au XXe siècle », Séminaire organisé par le CHEFF, séance du 12 octobre 2004.

n'est elle pas contrainte à accepter son intégration au sein de la CFP ? Une fusion entre la CFP et les différents distributeurs qui en sont actionnaires (dont Desmarais Frères) répond à un besoin, devenu urgent, d'intégration verticale. Une restructuration de la distribution pétrolière de la production de la CFP semble s'imposer dans un contexte où les risques liés à la concurrence des trusts augmentent avec l'augmentation de l'ambition européenne de la CFP.

Dès les débuts des années 1950, la CFP se trouve confrontée à trois défis principaux en présence de la grande concurrence des *trusts*. D'abord, réussir l'intégration totale de l'amont à l'aval. Ensuite, intégrer la dimension de diversification devenue nécessaire avec la nécessité de développer la filière de la pétrochimie. Enfin, assurer la bonne conduite de la dimension organisationnelle. La mise en valeur de la démarche du groupe nouvellement formé nécessite l'utilisation d'une méthodologie exploitant la théorie de l'entreprise industrielle comme principal support à des données archivistiques et bibliographiques riches et diverses. Dans cette perspective, il convient, dans un premiers temps, de mettre en lumière les circonstances (ou les facteurs) favorisant cette fusion. Puis, dans un second temps, il parait nécessaire de mettre en valeur la logique stratégique derrière le processus de restructuration établie lors de la fusion.

1/ Les facteurs de la fusion

Toute fusion est le résultat à la fois d'un besoin et d'une prédisposition. De multiples facteurs s'additionnent pour donner naissance à la fusion entre la CFP et Desmarais Frères.

1.1. La pression du marché

Dès le milieu des années 1950, le marché pétrolier commence à connaître une évolution incontournable due à l'augmentation de la consommation, mais aussi à l'intérêt croissant de tous les pays à augmenter leur rente pétrolière. On se trouve alors face, d'une part, à une expansion rapide du marché et, d'autre part, des dissymétries certaines.

1.1.1. Expansion rapide du marché

L'expansion du marché s'explique en premier lieu par l'augmentation de la consommation, d'un côté, et au développement rapide du transport intérieur et du stockage, de l'autre.

1.1.1.1. Le développement de la consommation

Selon les statistiques du Comité Professionnel du Pétrole (CPP)[1], l'année 1951 marque le point de départ d'une consommation massive d'hydrocarbures. Le marché pétrolier français se développe chaque année à un rythme voisin de 11% à l'exception de 1957, année pendant laquelle une très légère régression se produit sous l'effet de la crise de Suez, et de 1959, année consécutive à la dévaluation du franc et l'adoption d'un ensemble de mesures d'austérité économique. En 1957, la consommation française des produits pétroliers diminue un peu par rapport à l'année précédente. D'après les chiffres publiés par le CPP, la consommation du marché intérieur se passe à 17.601.800 tonnes contre 17.632.700 en 1956, soit une faible diminution de 0,4%. Au contraire en 1956, un gain de 12% a été réalisé par rapport à 1955[2].

La tendance à l'expansion du marché français des produits pétroliers a donc été arrêtée par les évènements du Proche-Orient. Ceux-ci ont rendu nécessaire le rationnement de l'essence, du gas-oil et des fuels pendant une importante partie de l'année. En outre, par suite de l'augmentation des taxes lors de la remise en vente libre de ce produit à la fin du mois de juin, la forte majoration du prix de vente de l'essence, a contribué à freiner les achats des automobilistes[3]. Les chiffres indiqués dans le tableau suivant concernent le marché intérieur métropolitain (économie civile) et le marché des soutes (avitaillement des navires français et étrangers à l'exclusion de l'Afrique du Nord, des Territoires d'Outre-mer et de la Sarre).

1. Comité Professionnel du Pétrole, *Statistiques des ventes Produits blancs et Gas-oil, Années 1948 à 1967*, Octobre 1968. (Disponibles aux Archives Total).
2. Archives Total, SC 89/11.
3. Archives Total, 92 AA 091 -73.

Tableau 3.2.1.
Consommation française des Produits pétroliers en 1957

	Tonnes	**Variations sur 1956**
Marché intérieur		
Gaz Liquéfiés	584.134	+13,2
Essences aviation	182.080	+ 14,2
Essences Auto et super carburants	4.367.546	-2,9
Essences spéciales	57.757	-5,7
White spirit	50.076	+5,7
Kérosène (pétrole lampant)	96.606	-13,3
Carburéacteur	101.285	+4
Gas-oil	1.434.824	-8,1
Fuels	9.252.001	+0,6
Lubrifiants	481.393	-1,1
Paraffines et cires	16.428	-12,8
Bitumes	977.654	+3,9
Total marché intérieur	**17.601.784**	**-0,4**
Soutes		
Avitaillement des navires français	1.125.185	-16,3
Avitaillement des navires étrangers	562.351	-16,6
Total marché des soutes	**1.687.536**	**-16,4**
Total marché français	**19.289.320**	**-2**

Source : *La revue Française de l'énergie*

Dès le début des années 1960, la demande de produits pétroliers est appelée à augmenter sensiblement par rapport à la période précédente. Avant 1959, la progression du marché était de 5 millions de tonnes tous les quatre ans. Cette étape est franchie en deux ans entre 1959 et 1961, puis chaque année en 1962 et 1963[1]. Le fuel domestique, essentiellement utilisé pour le chauffage, est d'ailleurs le produit dont la consomma-

1. Statistiques du Comité Professionnel du Pétrole, années 1948 à 1967 (disponibles à Total et à l'IFP).

tion s'accroît en moyenne le plus vite (30% en moyenne par an)[1]. La consommation des fuels légers connaît des variations plutôt irrégulières à partir de 1955 : elle est de +20% en 1962, mais de +4% en 1963[2]. Les fuels lourds, en revanche connaissent une reprise sensible (+16% en 1962 et +25% en 1963).

La demande d'essence d'aviation suit une évolution très particulière en raison du développement de l'aviation à réaction : en progrès sensible jusqu'à 1958, elle ne cesse de diminuer depuis pour retomber en 1963 à un niveau voisin de celui de 1955. En revanche, la consommation de carburéacteur qui, jusqu'à 1959, demeure inférieure de moitié à celle de l'essence aviation, passe brutalement au premier rang en 1960 (+134% par rapport à l'année précédente) et continue à augmenter.

De façon générale, le marché français des produits pétroliers à partir de 1950 (et jusqu'à 1973) se compare à une véritable « révolution énergétique ». La consommation des carburants automobile passe de moins de 3 millions de tonnes en 1950 à 16,5 en 1973, celle des fuels domestiques de 0,7 à 33 millions et celle des fuel-oils lourds industriels de 3 à 43 millions de tonnes. Si la courbe de la consommation des produits pétroliers tend à la hausse, celles des combustibles minéraux solides et du gaz tendent à la baisse.

La part de marché des produits pétroliers par rapport à l'ensemble des produits énergétiques augmente également. A titre indicatif, de 1961 à 1968, elle passe de 32.5% à 52,5% alors que celle des combustibles minéraux solides passe de 53,5% à 32,3%[3]. Parallèlement à cette évolution de la consommation, la garantie des sources d'approvisionnement devient plus que jamais d'actualité. En effet, la production mondiale de pétrole en 1964 atteint le chiffre déjà énorme de 1500 millions de tonnes. Les perspectives établies, cette même année, par les meilleurs économistes montrent qu'elle atteindra trois milliards de tonnes en 1980[4].

En 1965, la France consomme moins de pétrole que l'Allemagne et la Grande Bretagne. L'Italie est classé quatrième (37,34 millions de tonnes).

1. Rapport de l'Union des Chambres Syndicales de l'Industrie du Pétrole, « L'industrie Française du Pétrole » en 1962-1963 (Archives Total).
2. *Ibid.* (Rapport de l'UCSIP)
3. Comité Professionnel du Pétrole, *Pétrole 72, Eléments statistiques, activité de l'industrie pétrolière,* Paris, 1973, voir tableau p. 28.
4. R. Salmon (dir.), « L'âge du pétrole », *Entreprise,* supplément au N° 547 du 3 mars 1966, p. 38.

GRAPHIQUE 3.2.1.

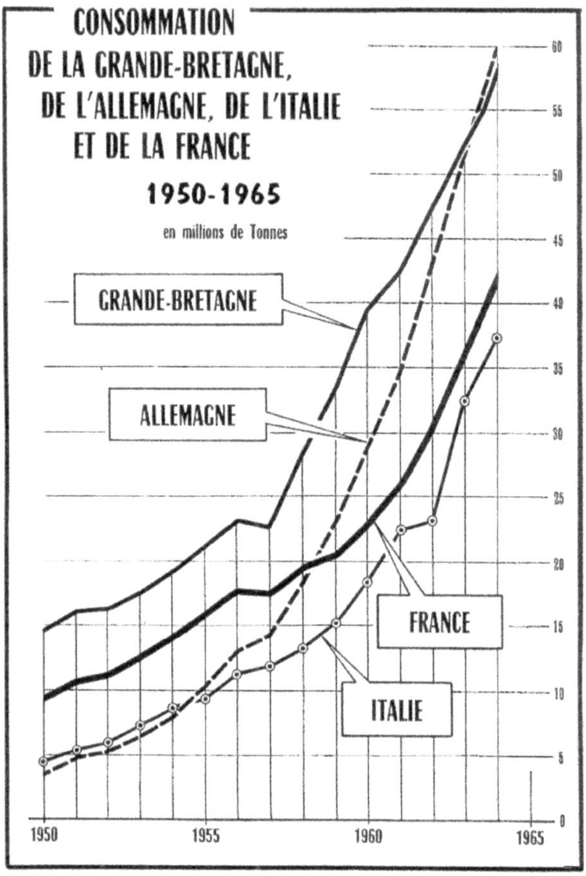

Source : *Pétrole Informations*, octobre 1965.

La constante progression allemande se confirme d'une année sur l'autre. Bien que le taux d'augmentation ait baissé par rapport aux années précédentes (+15,7% de 1963 à 1964 contre 20,1% de 1962 à 1963 et 24% de 1961 à 1962). La consommation italienne double du tonnage de 1960 à 1964 (respectivement 18,49 et 37,34 millions de tonnes). Le développement rapide, dès les années 1950, de la consommation en France, mais aussi le déséquilibre croissant des ventes entre l'hiver et l'été impose dans le secteur des transports intérieurs de produits pétroliers des efforts comparables à ceux qui sont entrepris dans celui du stockage.

1.1.1.2. Les développement du transport intérieur et du stockage

La première des conséquences de l'accroissement de la consommation est le développement du transport par pipeline. C'est ainsi que le pipeline de produits raffinés Le Havre-Paris, qui a été mis en service en mars 1953 avec une capacité de transports initiale de 1 million de tonnes par an, n'a cessé de faire l'objet d'aménagements nouveaux afin d'accroître sa capacité de transport. D'abord doté de stations de pompage supplémentaire, il a ensuite bénéficié des autorisations administratives qui ont permis, au cours des années 1961-1962, de le doubler par la pose d'une seconde canalisation parallèle à la première et d'un diamètre légèrement supérieur (30 centimètres au lieu de 25). Cette seconde canalisation s'étant trouvée saturée beaucoup plus vite que prévu, une nouvelle autorisation administrative permettant le triplement de la ligne a été délivrée en 1963[1].

La troisième conduite d'un diamètre de 50 centimètres est posée en 1964 entre Rouen et Paris. Elle sera prolongée ultérieurement jusqu'au Havre. Comme ils l'ont fait lors du doublement de la conduite, les Pouvoirs Publics ont subordonné l'autorisation de triplement à la signature d'un protocole assurant sur la Seine des garanties de trafic d'hydrocarbures à la batellerie. Prévu à l'origine pour les seuls produits blancs, le pipeline Le Havre-Paris transporte aussi certains fuels, soit au total 45 qualités commerciales différentes à partir de 8 produits de base.

Le succès remporté par le pipeline Le Havre-Paris a suscité en France plusieurs autres projets de construction de conduites de produits raffinés reliant des raffineries à des régions de forte consommation. *Le pipeline de la vallée du Rhône,* qui doit relier les raffineries de l'étang de Berre à Lyon, Dijon et la Suisse, fait l'objet d'études approfondies. Sa réalisation pourrait être entreprise sans délai dès la délivrance des autorisations sollicitées des Pouvoirs Publics en mai 1963. Parmi les autres liaisons en projet, il convient de mentionner : *le pipeline* Strasbourg-Lorraine[2], qui relierait les nouvelles raffineries des environs de Strasbourg à Metz et à Nancy, celui du Nord de Dunkerque à Lille et peut-être Valenciennes et Mézières[3].

Dans le domaine de la navigation fluviale, il y a lieu de mentionner que le transport des hydrocarbures représente une part sans cesse plus importante du trafic toutes marchandises réalisé sur les voies navi-

---

1. Archives Total, 92.81/-3.
2. Voir : Dominique Barjot, *La trace des bâtisseurs, Histoire du Groupe Vinci,* Vinci, 2003, p. 50-58.
3. Archives Total, 92 AA 091/73.

gables françaises : 9,5 % en 1938, 11% en 1953, plus de 17 % en 1962[1]. Une certaine modernisation de la flotte fluviale est intervenue aux débuts des années 1960. Les transports fluviaux demeurent néanmoins handicapés en France par l'insuffisante modernisation des voies navigables qui limite l'emploi d'unités de gros tonnage à un nombre extrêmement réduit de liaisons.

Des progrès sensibles vont au contraire être enregistrés dans le domaine des transports ferroviaires grâce à l'emploi de rames de fort tonnage et aussi grâce à une augmentation très sensible de l'importance du parc. A la suite des difficultés de l'hiver 1962-1963, la S.N.C.F. accepte notamment une augmentation globale d'environ 30 % du parc de wagons réservoirs. Les camions citernes font pour leur part l'objet de perfectionnements techniques nombreux. Il y a lieu de noter que leur capacité globale, traduisant ainsi une hausse constante de leur capacité moyenne. Les sociétés pétrolières, disposant de parcs propres relativement limités, recourent dans une large mesure aux services des transporteurs publics et des entreprises de location.

En ce qui concerne le stockage, l'évolution suit pratiquement le même rythme que le transport. Au cours du premier semestre 1963, les sociétés de distribution ont reçu les autorisations qu'elles avaient sollicitées en vue de la construction des stockages supplémentaires[2]. Elle peut ainsi poursuivre, sur un rythme sensiblement accéléré, le travail d'adaptation continu auquel elles ont consacré de grands efforts depuis la fin de la deuxième guerre mondiale. En plus des moyens de stockage dont disposent les raffineries, la capacité des stockages en distribution, qui sont de 2,4 millions de m^3 au 1er janvier 1953, passe à 3,5 le 1er janvier 1960 et à 4 à la fin de1962 dont 750.000 m^3 dans la région parisienne. Elle est augmentée de 1,5 million de m^3 par les programmes réalisés en 1965. Ceux-ci portent en particulier sur 600.000 m^3 dans la région parisienne ; ils permettront de faire face aux variations parfois très fortes de la demande dans cette région[3].

En ce qui concerne les fuels, une baisse de quelques degrés de la température au cours de l'hiver a pour effet d'accroître sensiblement la consommation. Ce phénomène devient de plus en plus marqué en raison de l'élévation continuelle du niveau de vie qui se traduit par des exigences plus grandes en matière de chauffage. Il en résulte parfois des pointes de consommation d'une amplitude excessive qu'il importerait de réduire

1. Archives Total, 82.5/16.
2. Archives Total, 92.81/-3
3 Archives Total, 92.81/-3

grâce au développement des stockages chez les consommateurs. Les pointes saisonnières sont sensiblement moins marquées dans le secteur des produits blancs. Les stockages à la consommation sont d'ailleurs plus importants dans ce secteur, les stations-service disposant en général de cuves de grande capacité. Grâce à la coopération de tous les professionnels, la distribution des produits blancs est ainsi toujours assurée dans de bonnes conditions quelles que soient les hausses momentanées de la demande à certaines périodes de l'année (départs en vacances, fêtes, etc.).

1.1.2. Les dissymétries du marché : naissance des sociétés d'État

Les années 1950 sont marquées par une transformation progressive et profonde de la donne sur le marché pétrolier. D'une part, il y a la montée progressive des pays de l'OPEP. D'autre part, l'émergence rapide de nouvelles compagnies pétrolières très vite devenues concurrentes.

1.1.2.1. La monté des producteurs qui s'organisent (l'OPEP)

La régulation du marché pétrolier américain provoque une baisse mondiale des prix pétroliers et favorise, de façon presque immédiate, la formation d'une organisation des pays producteurs. Par souci de protectionnisme, le National Petroleum Council (N.P.C.) impose, dès 1949, des mesures limitant l'importation des produits pétroliers[1]. On applique alors le principe suivant lequel les importations sont destinées seulement à compléter, et en aucun cas supplanter, la production nationale. D'autres mesures dans ce sens sont prises, en 1954, s'avèrent insuffisantes. En 1959, Eisenhower décide un contingentement autoritaire des importations, destiné à stabiliser leur part de 12% seulement de l'approvisionnement pétrolier des États-Unis[2].

> « Le marché américain, jusqu'alors débouché naturel des productions en expansion du Venezuela et du Moyen-Orient, se trouvaient ainsi brusquement limité. Ceci a contribué à la baisse sensible des prix, amenant les pays exportateurs de pétrole, durement touchés dans leur revenu pétrolier, à créer à la fin de l'été 1960 une organisation commune de défense : l'OPEP »[3].

---

1. Antony Sampson, *The Seven Sisters, The Great Oil Compagnies and The World They Made*, Hoddar and Stoughton, London,1975.
2. Voir : Gérard Pilé et Alain Cubertafond, *Pétrole : le vrai dossier*, Presses de la Cité, Paris, 1975, p. 29-31.
3. *Ibid.*, p. 31.

Par ailleurs, la pression concurrentielle des *trusts* pétroliers américains s'exercera, naturellement, dans le reste du monde (et particulièrement dans les pays européens, grands consommateurs de pétrole).

A la veille de la deuxième guerre mondiale, la production du Moyen-Orient ne s'élève qu'à 14 millions de tonnes par an ; en 1956, à 180 millions de tonnes. En 1938, la CFP importe son pétrole de deux sources principales : 39,9% du pétrole provient du Moyen-Orient et 54,2% du Venezuela et des États-Unis. En 1955, seuls 6,6% sont fournis de l'hémisphère ouest alors que la part du Moyen-Orient passe à 90,79%[1]. La même année, à Bandoung, les pays non alignés affirment le droit des peuples colonisés à disposer d'eux-mêmes et la volonté des pays du Tiers Monde de développer leur économie.

En 1959, Shell et BP (ex Anglo-Persian) décident unilatéralement de réduire les prix du pétrole, d'où une baisse des revenus des États producteurs. Les pays exportateurs du pétrole (Arabie Saoudite, Irak, Iran, Koweït, Venezuela) qui produisent 398,7 millions de tonnes de pétrole, soit 38% de la production mondiale, se réunissent à Bagdad en septembre 1960 et refusent la baisse unilatérale des prix du baril décidée par les *Majors*. C'est alors que se crée l'OPEP (Organisation des Pays Exportateurs du Pétrole) avec comme première mission « la décolonisation du pétrole »[2] et comme objectif l'unification de leurs politiques pétrolières[3].

Il s'en suit une série de nationalisations qui laissent entrevoir quelques difficultés pour les pays importateurs. Elles commencent dès la fin des années 1930 au Mexique[4], mais s'accentue le développement extraordinaire de l'exploration pétrolière après la Deuxième Guerre mondiale. Au Moyen-Orient, l'Iran nationalise son pétrole depuis 1951[5]. Les nationalisations, en effet, conduit (du moins momentanément) à la rupture du système de marché construit et géré par les *Majors*[6] depuis les années

1. *Ibid.*, p. 32.
2. *Pétrole Informations*, n° 314 du 20 septembre 1961.
3. Voir : L. Mihailovitch et J. J. Pluchart, *L'OPEP*, Presses Universitaires de France, Paris, 1980.
4. Catherine E. Jayne, *Oil, war and Anglo-American Relations: American and British Reactions to Mexico's Exporopriation of Foreign Oil Properties, 1937-1941*, Greenwood Press, 2000.
5. En avril 1951 Mossadegh est nommé président d'un comité chargé de diriger la politique iranienne des hydrocarbures en Iran et met l'accent sur le fait que les accords intervenus avec la compagnie britannique British Petroleum n'assuraient pas la sauvegarde des intérêts iraniens. Le 30 avril 1951, Mossadegh fait voter une loi de nationalisation du pétrole iranien. Voir les Archives du CDS à Total : « Chronologie pétrolière 1974 » (89.16/41).
6. Les *Majors* sont : la Standard Oil of New Jersey (États-Unis), Royal Dutch-Shell (Grande-Bretagne et Pays-Bas), Mobil Oil (États-Unis), Texaco (États-Unis), Gulf Oil (États-Unis), British Petroleum (Grande-Bretagne) et la Standard Oil of California (États-Unis).

1920. La production et la commercialisation du pétrole brut passe, en partie, sous le contrôle direct des pays producteurs.

Ce parallèle entre l'évolution du marché américain et la manifestation des pays producteurs explique-t-il tout sur la formation de deux camps ? L'appel à « l'égalité » par les pays producteurs provoque-t- il un écart plus grand entre « les deux mondes », puisqu'il légitimera ce que l'on pourrait appeler la dynamique de l'inégalité ? A ce sujet, François Perroux :

> « dérange les certitudes confortables de « l'orthodoxie économique » qui nient l'existence d'effets nets négatifs imputables à l'activité des firmes transnationales négligeant les phénomènes d'emprise de structure et occultant les aspects destructeurs de la course aux armements. Plus fondamentalement encore, il (nous) place devant un véritable choix de civilisation. Bousculant nos préjugés, notre hypocrisie ou notre bonne conscience, il nous invite de façon pressante, car le temps nous est compté, à préférer l'économie de tout l'homme et de tous les hommes à l'économie du meurtre et de l'enrichissement »[1].

L'analyse de F. Perroux s'oppose donc fondamentalement à toute vision considérant l'OPEP comme l'un des « avatars » de croissance[2]. Le pétrole étant une énergie épuisable, une croissance durable ne doit pas se fonder sur des rapports inéquitables, si l'on tient compte de la conception de F. Perroux. La course au pétrole serait-elle à l'origine de cette remise en question de valeurs fondamentales régissant les rapports entre nations ? Selon F. Perroux, « maintes circonstances conduiraient à penser, si l'on avait quelque goût pour les généralisations rapides, qu'il est aussi opportun de concevoir le monde économique comme un ensemble de rapports patents ou dissimulés entre dominants et dominés que comme un ensemble de rapports entre égaux »[3]. En effet, une coopération plus équitable permet un développement plus durable et cohérent : « une nation politiquement organisée, remodelée contre sa vocation par une stratégie marchande, ne résiste durablement et avec cohérence que si elle prend une vue précise de la structure qu'elle préfère pour son peuple tout entier »[4].

---

1. Daniel Dufourt, « L'idée d'un nouveau développement chez F. Perroux », in François Perroux, *Dialogue des monopoles et des nations. « Equilibre » ou dynamique des unités actives*, Presses Universitaires de Grenoble, 1982, p. 24-35.
2. André Nouschi, *La France et le pétrole de 1924 à nos jours*, Picard, Paris, 2001, p. 93-95.
3. François Perroux, *L'économie du XXe siècle*, PUF, Paris, 1964, p. 27.
4. François Perroux, *Dialogue des monopoles et des nations. « Equilibre » ou dynamique des unités actives*, *op. cit.*, p. 147.

Quoi qu'il en soit, cette situation laisse entrevoir de nouveaux rapports internationaux entre pays producteurs et pays consommateurs. Une situation d'autant plus inquiétante que la CFP se doit de prendre des dispositions d'ordre stratégique. Le mot d'ordre devient alors la diversification. Il devient incontournable, aussi bien pour les politiques[1] que les dirigeants la CFP, d'accentuer l'exportation de nouvelles zones, notamment dans des pays et des régions n'appartenant pas à l'OPEP à cette époque[2], de mieux équilibrer leur portefeuille d'actifs ainsi que de prendre en compte les risques politiques associés aux ressources dont ils disposent. Pour cela, il est impératif de se donner les moyens d'accéder à la rente minière et se mettre en situation de pouvoir rivaliser avec les grands acteurs internationaux.

1.1.2.2. La concurrence : les sociétés d'État des pays consommateurs

A partir du début de la décennie 1950, parallèlement avec la montée en puissance progressive des producteurs, l'activité pétrolière dans le monde, et par conséquent en France, connaît des mutations nouvelles qui transforment son paysage traditionnel. Résultat du climat de concurrence acharnée entre les sociétés pétrolières, on voit s'intensifier une logique d'alliance et de cartels, d'une part, et l'apparition des indépendants privés et des compagnies d'État dans divers pays européens après 1957, de l'autre. En Italie, l'effort d'investissement considérable de l'État (de 20 à 25% du PNB) au milieu des années 1950 aboutit à la création de holdings d'État (Iri, Eni, Enel)[3].

En fait, les Italiens sont les premiers à contester l'ordre établi par les *Majors* en nouant directement le dialogue avec les États producteurs[4]. L'Italie compte tirer avantage de « l'accentuation de la compétition sur le marché du brut en d'obtenir, à des conditions plus avantageuses, les approvisionnements de pétrole dont elle a besoin »[5]. Enrico Mattei offre, en plus des 50%, une association à l'Iran, ce qui met la part iranienne à 75%. Cet accord provoque la fureur des trusts qui voient le *fifty-fifty*

1. Le 12 octobre 1945, on créé déjà le Bureau de recherches de pétrole (BRP), chargé d'établir un programme national de recherches de pétrole (Voir chapitre 7).
2. Afrique du Nord, Mer du Nord, Amérique du Sud, Alaska, Golfe de Guinée, etc.
3. Augusto Graziani (eds), *L'economia italiana 1945-1970*, Il mulino, Bologna, 1975; Pour l'histoire de l'Eni (Ente Nazionale Idrocarburi), voir : Manlio Magini, *L'Italia e il petrolio : tra storia e cronologia, Mondadori*, Milano, 1976.
4. Les archives du CDS « Le pétrole saoudien (annexes) juin 1971» à TOTAL (89.16/61). Voir aussi : G. Pilé et A. Cubertafond, *Pétrole, le vrai dossier*, Presses de la cité, Paris, 1975.
5. Enrico Mattei, « Problèmes internationaux du pétrole », Conférence faite le 8 janvier 1959, à Rome, au Centro Italiano di Studi per la Riconciliazione Internazionale, in *Problèmes de l'énergie et des hydrocarbures*, ENI, 1961, p. 131.

dépassé dans un proche avenir et donc leurs marges colossaux réduits. Il en résulte que les sociétés étrangères, américaines et canadiennes opérant en Iran, adoptent le système Mattei. Les anglais, cependant, se contentent momentanément d'une prospection réduite.

En France, le général de Gaulle donne pour instructions à la CFP et à l'Erap[1] de conclure des accords du même type avec les pays producteurs et de briser le monopole du cartel. La Belgique (Petrofina), l'Espagne (Hispanoil) et le Japon suivent bientôt l'exemple. Quoi qu'il en soit, une la CFP doit appréhender un environnement continuellement en mouvement ou une concurrence à caractère dynamique durant cette période. La compagnie doit gérer une situation où les mécanismes et les acteurs du marché ne sont pas les mêmes et où le fonctionnement même du marché produit ces changements ?

En fait, la situation est si complexe au point qu'une vision globale du marché s'avère si nécessaire. Mais, cette vision ne doit pas exclure, selon Jérôme Bourdieu[2], « la multiplicité des point de vue, et leur caractère fragmentaire ». Ce dernier résulte essentiellement du fait que « la dynamique globale du marché est une résultante de ces points de vue partiels qui, en tant que tels, ne peuvent accéder à la vision globale ». « Seuls certains agents, parce qu'ils sont plus lucides, c'est-à-dire parce qu'ils occupent des positions où il est possible d'être lucide, peuvent entrevoir, anticiper, et parfois contribuer à produire l'expression de la logique profonde du marché. », toujours selon J. Bourdieu. L'action de CFP à cette étape de son histoire devrait s'inscrire donc dans la recherche de cette lucidité incontournable.

Ces dissymétries forment pour les entreprises pétrolières françaises non intégrés une double menace qui mérité d'être traité très vite. La théorie économique distingue depuis longtemps deux types de menaces : le premier est lié au risque et le second est lié à l'incertitude[3]. Dans le cas précis des compagnies françaises, les deux menaces existent. D'ailleurs, menace liée à l'incertitude peut s'amplifier dans la présence simultanée d'une menace par le risque. A priori, dans le domaine pétrolier, la diversification traite le risque et l'intégration verticale traite l'incertitude.

---

1. L'Erap est née, en 1965, comme résultat d'une fusion entre plusieurs sociétés nationales fondées à partir de 1939. L'Erap a hérité des droits et obligations de la Rap et du BRP qui ont orienté l'essentiel de l'effort pétrolier national à partir de 1945. *Revue Française d'énergie*, janvier 1966, p. 237.
2. Jérôme Bourdieu, *Anticipations et ressources finies, le marché pétrolier américain dans l'entre-deux-guerres*, EHESS, Paris, 1996. p. 71-72.
3. Frank H. Knight, *Risk, uncertainty and Profit*, Boston et New York, 1921.

1.2. Les contraintes de production

La pression et les mécanismes du marché pétrolier forment un tout indissociable qu'il faut appréhender dans sa globalité. Cependant, pour de raisons méthodologiques, voici les principales contraintes de production.

1.2.1. Une industrie très capitalistique

L'industrie pétrolière est capitalistique, plus particulièrement pour les opérations d'exploration. En revanche, les coûts variables de production sont faibles. L'amortissement exige donc un rythme élevé de production. Pour la société non intégrée, la marge bénéficiaire est d'une précarité alarmante : déjà en 1953, les raffineurs indépendants partout dans le monde, protestant contre un relèvement du prix du pétrole brut, assuraient qu'une hausse de deux dollars par tonne sur celui-ci, ou une baisse de 5% sur l'essence, suffirait à mettre en déficit beaucoup de petites raffineries et peut-être à les éliminer définitivement. En France, au milieu des années 1950, il y a eu une grande prise de conscience de l'État d'un besoin de remise à un niveau requis d'investissement pour équilibrer le secteur pétrolier. Mais, dans toutes les étapes de l'exploitation pétrolières, les investissements sont lourds et risqués.

En 1955, dans l'absence d'une cohérence de l'approvisionnement pétrolier, la politique de construction de navires-citernes risque de dépasser son but. Le problème de suréquipement peut commencer à se poser dès qu'une production nationale atteint cinq millions de tonnes[1]. L'activité portière, à 55% pétrolière, connaît un ralentissement notable à cette époque[2]. En conséquence, il y a une grande nécessité de devenir compétitif dans l'exportation d'affrètement. Pour ce qui concerne la CFP, la solution dans ce domaine réside dans la confirmation de sa position internationale en s'orientant encore davantage vers des activités extérieures en exportant. La réalisation de cet objectif dépend, bien entendu, de la capacité du raffinage certes, mais surtout de la quantité des investissements dans la recherche de gisements productifs.

1. P. Desprairies et L. Coucoureux, "Le coût en devises de l'approvisionnement pétrolier français », *Rapport au Conseil Supérieur du Pétrole*, Ministère de l'industrie et du Commerce, Dédembre 1955, p. 79.
2. *Ibid.*

1.2.2. Une industrie où jouent les effets d'économies d'échelle

Depuis les débuts de l'analyse économique moderne avec Adam Smith et surtout depuis les études d'Alfred Marshall[1], il est admis que les prix de revient unitaires doivent diminuer avec la taille des unités, jusqu'à un certain stade. Le phénomène est appelé « économie d'échelle »[2]. L'économie pétrolière étant très capitalistique, les marges sont faites sur des coûts de production. Les charges de structure étant fixes, plus la production vendue augmente, plus les charges unitaires fixes diminuent, ce qui conduit à un accroissement des bénéfices[3]. Le regroupement des équipements de production aboutit souvent à ce résultat. Sur un petit territoire, il est difficile de bénéficier d'économies d'échelles.

Le rendement est la relation entre les variations des quantités produites (*output*) et les variations des facteurs nécessaires pour les produire (*input*); Les rendements d'échelle relient la production à une combinaison de facteurs qui varient tous deux simultanément, ils sont croissants si l'output augmente dans une proportion plus grande. L'augmentation de la production permet une diminution constante du coût par unité (et donc du coût moyen), il y a économie d'échelle ; à condition de pouvoir distiller la production sur le marché. Les économies d'échelle sont évidents à deux niveaux : celui des coûts de production[4] et celui des coûts de transaction[5]. De cet impératif naissent des questions, liées à la « taille optimale »[6] et aux limites d'interaction entre la stratégie et la structure[7], qui tentent de déterminer les frontières de la firme. La détermination de la taille optimale tient surtout compte la structure du marché concurrentiel. Les petits raffineurs ou distributeurs pétroliers ont une grande marge de manœuvre (selon le degré de l'intégration) pour réduire leurs coûts respectifs.

---

1. Alfred MARSHALL, *Principles of Economics*, 8è édition, Macmillan and Co, London, 1920, (consultable sur le Web: http://www.econlib.org/library/Marshall/marP.html ; traduction française: *Principes d'Economie politique*, Gordon and Breach, Paris, 1971.
2. Yves MORVAN, *Fondements d'économie industrielle*, 2è édition, Economica, Paris, 1991, p. 221-241.
3. Paul H. FRANKEL, *Essentials of Petroleum, a Key to Oil Economics*, Frank Cass, London, 1969.
4. M. H. RIORDAN et O. E. WILLIAMSON, "Asset specificity and Economic Organisation", in *International Journal of Industrial Organnization* 3, 1985, p. 371.
5. *Ibid.*, p. 373.
6. Yves MORVAN, *Fondements d'économie industrielle, op. cit.*, p. 227.
7. Oliver E. WILLIAMSON, « Hierarchical Control and Optimum Firm Size », in *Journal of Political Economy* 75, 1967, p. 123-138.

1.2.3. L'intérêt de l'intégration

La question de l'intégration verticale dans l'économie pétrolière a fait l'objet d'une étude élargie à la fin des années 1950[1]. A la date de la fusion de Desmarais Frères et Total-CFD, il n'existe pratiquement qu'un seul marché mondial du pétrole brut, celui des *Majors* ou des sept sœurs. En effet, durant les années 1960 et 1970, les sept plus grandes firmes multinationales qui exploitent, développent, produisent, transportent, raffinent, et distribuent 70% à 80% du pétrole que consomme le « monde industrialisé » en dehors des États-Unis[2]. En réalité, les échanges s'effectuent entre les sociétés affiliées relevant, pour chaque groupe, d'une société mère. Les relations d'échanges pétroliers entre les filiales obéissent aux principes de l'intégration verticale et aux systèmes des prix internes qui diffèrent largement du système et des mécanismes des prix sur un marché traditionnel[3].

D'un point de vue économique, l'industrie pétrolière doit constituer un ensemble qu'on ne peut diviser en secteurs indépendants. La vraie source du profit se trouve dans la possibilité de faire payer finalement au consommateur un prix bien supérieur au total des frais d'extraction, de raffinage, de transport et de distribution. Les importations à bas prix représentent un important profit pour les sociétés qui en disposent. Si l'on regarde du point de vue des pétroliers, le profit se situe notamment dans l'extraction et dans la vente au détail. C'est ce qui oblige à fixer des prix pour le pétrole brut et pour les produits raffinés. A chacune des deux phases est associé une forme de surplus. Le surplus, c'est la différence entre le prix de vente du produit et son coût de production (salaires, machines, bâtiments, infrastructures).

Au niveau de l'extraction, certains gisements sont immenses, d'autres réduits ; certains sont profonds, voire maritimes, d'autres affleurent presque. Malgré ces différences, il faut qu'il y ait un seul prix pour le pétrole brut. Il sera basé sur le coût du gisement le moins productif. Pour les autres sources, dont le coût d'extraction est plus bas, le bénéfice supplémentaire est appelé rente différentielle[4]. Le prix moyen est égal au prix marginal. D'où un risque de guerre des prix qui se manifestera

1. M. G. Chazeau et A. E. Khan, *Intégration and Competition in the Petroleum Industry*, New Haven, Yale University Press, 1959.
2. Voir : Antony Sampson, *The Seven Sisters, The Great Oil Compagnies and The World They Made*, *op. cit.*
3. Antoine Ayoub, « Évolution du marché pétrolier : de l'intégration verticale à la décentralisation » in A. Ayoub et Jacques Percebois (Dir), *Marchés et Stratégies*, Economica, Paris, 1987.
4. En théorie, ce devrait être le propriétaire foncier (au Moyen-Orient, l'État). Mais, les compagnies pétrolières dominant ces jeunes États, se sont approprié la quasi-totalité de la rente jusqu'aux années 1970.

effectivement plus tard. Si les compagnies veulent bénéficier de la rente différentielle, elles doivent nécessairement s'entendre. Il en est de même pour le pétrole transporté.

Le principe fondamental est que le prix de vente X au puits dans un pays donné est déterminé par la relation :

$$a + f = X + f'$$ Avec :

a : prix de vente FOB[1] au Texas ;
f : frais de transport Texas-côte Est (New York) ;
f' : frais de transport au point de vente à la côte Est.

Ce système appelé de cotation des prix affichés (*posted prices*), adopté aux États-Unis (au Texas) en 1949, devrait se maintenir jusqu'en 1959 de façon stricte et même servir de référence jusqu'à nos jours[2]. La même logique s'applique pour la vente au détail : un pétrole plus proche de son consommateur se voit automatiquement augmenté d'un fret imaginaire. C'est sur cette structure des prix que se sont basés les calculs de rentabilité pour chaque secteur. Pour les grandes sociétés, il s'agit là d'une simple question de comptabilité intérieure. C'est l'ensemble des opérations intégrées qui s'avèrent profitable, car si une compagnie contrôle toute la filière, elle peut faire apparaître le surplus là où elle est en situation de monopole. Là où il existe une grande concurrence, elle peut pratiquer des prix très compétitifs pour liquider ses rivaux.

La survie de la distribution pétrolière française sur en France dépend de la formation d'un seul groupe « soumis au contrôle stratégique d'une société mère qui en assure la direction »[3]. La prise de conscience de ces faits par les dirigeants de la CFP et de Desmarais Frères explique vraisemblablement leur action. « … la conjonction ordonnée de ces efforts doit permettre à l'industrie du pétrole de maintenir et de développer son dynamisme », déclare le président de la CFP en 1966[4], annonçant ainsi l'étape qui suivra la fusion.

1.3. La politique pétrolière de l'État et l'expansion européenne de la CFP : 1955-1965

L'arrivée de la Ve République coïncide avec le développement extraordinaire de la CFP en Europe. L'expansion pétrolière est notamment

1. Free on Board.
2. Jean Masseron (Dir), *L'économie des hydrocarbures*, Technip, Paris, 1991, p. 54.
3. Yves Morvan, *Fondements d'économie industrielle, op. cit.*, p. 280.
4. *Petroleum management*, janvier 1966.

marquée par l'ouverture du Commerce international et européen (traité de la CECA[1] et du Marché Commun[2]), par le développement spectaculaire du pétrole presque entièrement importé et de la dépendance extérieure. La politique française, accompagnant l'expansion de la CFP, favorise les reformes des structures, d'une part, et en encourageant à la compétitivité internationale, de l'autre.

1.3.1. Une politique économique qui favorise les fusions

Le pari pétrolier est certes gagné. L'économie française peut déjà s'appuyer sur son indépendance pétrolière. En dehors de la crise de Suez et ses conséquences immédiates sur l'approvisionnement pétrolier, 1955-1965 représente nouvelle une page dans l'histoire de la France économique et industrielle. Après une décennie de reconstruction et d'investissements massifs, le gouvernement (de Pierre Mendès France) se fixe pour objectif la libéralisation des échanges dès 1954[3 et 4]. Les efforts se tournent alors vers la préparation de la France à cette libéralisation. D'où la nécessité d'améliorer les structures productives, aussi bien dans l'industrie que dans l'agriculture.

La libéralisation commence alors très doucement parce qu'« extrêmement difficile »[5]. « Les hommes qui formaient les brain-trust d'Edgar Faure et de Pierre Mendès France avaient pour but d'engager la France dans la voie de « l'expansion », comme l'on disait alors, en tenant compte des contraintes de structure. Il fallait, certes, les modifier, mais en assurant les transitions »[6]. Du côté de la Direction des Carburants, Pierre Guillaumat et Jean Blancard encouragent le groupement des distributeurs sur le marché, d'abord autour de la CFP à partir de 1954, puis

1. Le traité instituant la Communauté européenne du charbon et de l'acier (CECA) a été signé à Paris le 18 avril 1951 par la Belgique, l'Allemagne, la France, l'Italie, le Luxembourg et les Pays-Bas. Ayant été conclu pour une durée de cinquante ans et étant entré en vigueur le 23 juillet 1952, il arrive à expiration le 23 juillet 2002. Voir : Jean de Soto, *La Communauté européenne du charbon et de l'acier (CECA)*, 3e édition, PUF, Paris, 1965.
2. Signé en mars 1957, le traité de Rome instituant la Communauté économique européenne (C.E.E.) est ratifié en juillet 1957 par l'Assemblée nationale et le Sénat.
3. Jean Saint-Geours, « État et Energie. Histoire des politiques énergétiques au XXe siècle», Séminaire organisé par le CHEFF, séance du 12 octobre 2004.
4. Jean Saint-Geours devient membre du cabinet de Pierre Mendès France en 1954.
5. Jean Saint-Geours, « État et Energie. Histoire des politiques énergétiques au XXe siècle», Séminaire organisé par le CHEFF, séance du 12 octobre 2004.
6. F. Braudel et E. Labrousse, *Histoire économique et sociale de la France, IV.3, 1950-1980*, PUF, 1982, p. 1129-1130.

Elf cinq ans plus tard[1]. Les efforts pour une plus grande « compétitivité » annoncés au IIe Plan du Gouvernement (1954-1957) commencent à produire leurs effets[2]. Une nouvelle étape d'expansion qui s'annonce si la France pousse encore ses grandes entreprises nationales vers le développement international[3].

L'expansion économique prend un tout autre sens avec le retour au pouvoir Charles de Gaulle en 1958 et l'établissement de la Ve République. Jean Saint-Geours, sous-directeur du Trésor et chargé des interventions économiques en 1958, témoigne d'une « résurgence » de l'esprit d'interventionnisme dont il est complètement favorable[4]. Il apparaît donc un mouvement de libéralisation qui entraîne une diminution des contraintes de l'économie, mais ce n'est que plus tard qu'il interviendra[5]. Pierre Guillaumat, de son côté, « confirme son attachement au Général de Gaulle et son appartenance à la famille issue de la résistance »[6]. Son entrée en politique est très significative[7]. Il exprime un retour de l'interventionnisme de l'État, un volontarisme pour l'indépendance, notamment vis-à-vis des États-Unis. Ayant en esprit les thèmes initiaux de reconstruction, de rétablissement d'une indépendance, Charles de Gaulle entend jouer deux atouts propres à séduire l'Europe et à lui permettre de s'émanciper à la tutelle américaine :

– la bombe atomique française qui doit offrir une alternative, à terme, au parapluie de l'*US Air Force*,

– le pétrole « franc » qui doit permettre de desserrer l'emprise des majors européens sur l'approvisionnement européen en hydrocarbure[8].

---

1. Pierre Desprairies, « La construction de l'industrie pétrolière française », in Georges-Henri Soutou et Alain Beltran, *Pierre Guillaumat, la passion des grands projets industriels*, colloque organisé par l'Institut d'Histoire de l'Industrie, le 18 janvier 1994 au Ministère de l'Industrie, Editions Rive Droite, Paris, 1995, p. 79-93.
2. André Gueslin, *Nouvelle histoire économique de la France contemporaine, 4. L'économie ouverte 1948-1990*, La découverte, Paris, 1989, p. 67-71.
3. Voir : Charles-Albert Michalet, « Panorama général de la présence de l'industrie française dans l'économie mondiale : 1950-1975 », in *L'industrie française face à l'ouverture internationale*, Colloque organisé par le Comité d'histoire industrielle, Economica, Paris, 1991.
4. Jean Saint-Geours, « État et Energie. Histoire des politiques énergétiques au XXe siècle», Séminaire organisé par le CHEFF, séance du 12 octobre 2004.
5. Richard F. Kuisel, *Le capitalisme et l'État en France : modernisation et dirigisme au XXe siècle*, Gallimard, 1981, Chapitre VII.
6. Jérôme Lecanu, « Entre innovation et tradition, la conversion des Ingénieurs du Corps des Mines au pétrole », in Georges-Henri Soutou et Alain Beltran, *Pierre Guillaumat, la passion des grands projets industriels*, colloque organisé par l'Institut d'histoire de l'industrie, le 18 janvier 1994 au Ministère de l'industrie, des postes et télécommunications, Edition Rive Droite, Paris, 1995, p. 175-189.
7. Il est appelé à se charger du Ministère des Armées dans le premier gouvernement de la Vème république.
8. Pierre Pean et Jean Pierre Séréni, *Les émirs de la République*, *op. cit.*, chapitre « La bataille contre les *Majors* », p. 57.

La politique du gouvernement visant à reformer les problèmes liés aux structures[1] (entamée dès la sortie de la guerre) mène vers de plus en plus de concentration, comme le montre le rapport du Commissariat Général du Plan pour la période 1950-1972[2]. Cette politique résulte de l'augmentation des besoins pétroliers, de la nécessité d'une coopération avec l'Algérie émancipée de la tutelle française et du développement de la recherche dans la zone franc[3]. Fusions et scissions deviennent les moyens les plus efficaces et donc les plus approprié de la concentration industrielle[4]. Une vague de fusions[5] s'imposent donc, dès le début des années 1960, comme le montre l'exemple de Saint-Gobain et Pont-à-Mousson[6] ou encore ceux de la SODEC et de la CGE[7]. Ainsi s'impose à la CFP de constituer en France une structure propre adaptée à l'évolution du système économique[8].

L'intervention la plus directe de l'État est celle qui régit les questions fiscales. L'utilisant comme une arme à double tranchant, l'État utilise la fiscalité pour protéger le marché intérieur et renforcer l'orientation internationale (et européenne en particulier) de la CFP. Une statistique publiée par le Ministère des Finances précise que les perceptions effectuées sur les seuls produits pétroliers représente déjà 6,74% du budget général en 1952. Ce pourcentage s'accroît sensiblement au cours des années suivantes jusqu'au maximum de 11,02% en 1958 pour se situer ensuite aux alentours de 10%. Cependant, d'après la Commission des Comptes de la Nation, la part qui revient aux hydrocarbures (pétrole, gaz naturel, carburants, etc.) dans la production nationale totale se lève à 2,6% en 1952 à 3,8% en 1962. Le secteur pétrolier supporte donc une marge fiscale proportionnellement beaucoup plus forte que la part qu'il représente dans la production nationale.

---

1. F. Braudel et E. Labrousse, *Histoire économique et sociale de la France, op. cit.*, p. 1129.
2. F. Jenny et A.-P. Weber, *Concentration et politique des structures industrielles*, La documentation française, Paris, 1974.
3. Henri Madelin, *Pétrole et politique en méditerranée occidentale*, Presses de la fondation nationale des sciences politiques, Paris, 1973, p. 18.
4. Yves Morvan, *La concentration de l'industrie en France*, Armand Colin, Paris, 1972, Chapitre 1, Section 2, « Les processus de fusion et de scission », p. 56-67.
5. Armand Derhy, « A quelles logiques obéissent les vagues de fusions et acquisitions ? », *Revue française de gestion*, n° 122, janvier février 1999.
6. Roger Martin, « Les concentrations dans la grande industrie, deux exemples : le verre et l'acier », in Georges-Henri Soutou et Alain Beltran, *Pierre Guillaumat, la passion des grands projets industriels*, Editions Rive Droite, Paris, 1995, p. 75-94. Voir aussi : Dominique Barjot, *La trace des bâtisseurs. Histoire du Groupe Vinci*, Vinci, 2003, p. 52.
7. Dominique Barjot, *La grande entreprise française de travaux publics (1883-1974). Contraintes et stratégies*, Thèse de doctorat, Université de Paris IV-Sorbonne, 1989, p. 2249-2251.
8. Yves Morvan, *Fondements d'économie industrielle, op. cit.*, « Groupes de société », p. 277-309.

1.3.2. L'expansion européenne de la CFP

La CFP développe dès les débuts des années 1950 ses réseaux dans la majorité des pays européens à travers des participations dans des sociétés pétrolières importantes :

• En Italie : elle prend une participation de 50% des actions de la *Società per Azioni Petroli Alto Adriatico,* contrôlée en partie (depuis sa création en 1937) par la FIAT[1]. L'affaire sera contrôlée en totalité par la CFP au début des années 1960. En matière de distribution dans ce pays, la CFP prend, dès 1959, une participation de 50% dans un groupe important : la *Distribuzione Lombarda Carburanti Spa* (DILCA) constitué en 1952. La compagnie française préserve sa part de 50% jusqu'en 1984 lorsqu'elle prend sous son contrôle l'ensemble du réseau du groupe sous le nom Total Sipa[2].

• Au Pays-Bas : en 1955, la CFP prend une participation de 50% dans la N.V. Industriel Produten Companie (crée en février 1935). Celle-ci passe sous le contrôle total de la CFP dès 1965.

• En Angleterre : En août 1955, la CFP constitue sa filiale en Grande Bretagne pour se charger de ses activités dans pays. Celle-ci est constituée sous le nom de *Total Oil Products (Great Britain) Ltd.* Son activité est controlée à 99,99% par la CFP. Son capital initial de 100.000 livres quintuple en cinq ans[3].

• En Allemagne : En octobre 1955, la CFP constitue la *Deutsche Total* (DETO) d'un capital de 500.000 DM[4]. Le développement du capital sur les dix années à venir montre l'expansion de la compagnie sur le marché allemand :

1. La CFP achète 128.580 actions, mais cède à la FIAT 3580. Elle garde, en totalité, 125.000 actions sur 250.000. Archives Total, 92.81/2.
2. Archives Total, 92.81/2.
3. La première augmentation est effectuée pourtant en 1958 : 180.000 Livres, puis 500.000 Livres en 1960. Archives Total, 92.81/2.
4. *Ibid.*

TABLEAU 3.2.2.
L'évolution du capital de la Deutsche Total de 1955 à 1965

Année	Capital en DM	% des possessions en actions
Décembre 1955	500.000	100
Mars 1956	3.000.000	100
Octobre 1957	10.000.000	100
Décembre 1958	15.000.000	100
Novembre 1959	20.000.000	100
Décembre 1960	25.000.000	100
Décembre 1961	31.000.000	100
Décembre 1965	45.000.000	100

Source : Archives Total, 92.81/2.

La CFP bénéficie ainsi de l'extraordinaire développement de la consommation sur du marché européen. Cette croissance européenne de la CFP, s'ajoutant aux autres facteurs, rend nécessaires la formation en France d'un groupe capable de rivaliser avec les *Majors*. L'expérience doit s'appliquer à l'échelle française, d'abord, car tous les ingrédients d'une grande structure de distribution, sous un commandement unique, sont réunis. Elle s'appliquera en Europe, ensuite, autour de filiales qui forment les noyaux locaux de ce qui dépend ou dépendra de la CFP. La fusion entre Desmarais Frères et la CFP peut être, donc, considérée comme le véritable départ de la CFP en tant que groupe international totalement intégré.

2/ LE PROCESSUS DE LA FUSION : VERS L'INTÉGRATION DES ACTIVITÉS DE LA CFP

Vu l'importance économique et stratégique du pétrole pour l'État et la CFP elle-même, l'organisation de la structure de l'industrie prend l'importance de la stratégie militaire[1]. L'objectif de la CFP semble avoir les

1. Dans ce sens, l'étude comparative entre stratégie militaire et stratégie d'entreprise faite par Anne Marchais-Roubelat, permet de revisiter certaines stratégies d'entreprise à travers cet angle de vue. Voir : Anne MARCHAIS-ROUBELAT, « Stratégie militaire, stratégie d'entreprise : Même combat », site de l'Institut de Stratégie Comparée : http://www.stratisc.org/strat/strat_060_ROUBELAT.html. Pierre-Maurice CLAIR assimile la stratégie militaire à la stratégie de diversification dans le domaine pétrolier, voir : *La diversification des approvisionnements pétroliers, justifications, modalités et limites d'une stratégie économique offensive*, Economica, Paris, 1981, p. 62.

mêmes objectifs et les mêmes caractéristiques d'une démarche militaire. Il s'agit de garantir l'indépendance pétrolière de la France. La réponse à cet objectif passe par le contrôle d'un réseau de distribution assez solide et une structure intégrée. La Fusion entre Total-CFD et Desmarais Frères répond donc à un besoin d'organiser les lignes défensives et de préparer une attaque adéquate dans un environnement économique complexe et continuellement en mouvement. Sur le plan stratégique, il s'agit de garantir l'indépendance pétrolière de la France.

2.1. Les étapes de la fusion

La superposition des actions ne permet pas d'affirmer de façon assez claire si toutes celles-ci sont conscientes et suivant une planification déterminée à l'avance. Cependant, la fusion CFP-Desmarais Frères apparaît comme une étape essentielle dans une logique de long terme. Les restructurations faites en conséquence témoignent de l'existence d'une stratégie globale.

2.1.1. Les étapes du rapprochement de la CFP et de DF depuis l'origine

La relation entre la CFP et Desmarais Frères remonte à la date de la création de la CFP. Quand le gouvernement de Raymond Poincaré invite Ernest Mercier 1924 à constituer la CFP, avec l'appui de certaines banques et de quelques distributeurs de produits pétroliers[1]. La société Desmarais Frères, étant le plus grand distributeur français de l'époque, devient l'un des plus grands actionnaires de la nouvelle compagnie (14% du capital). Deux de ses représentants entrent au Conseil d'administration de la CFP, parmi lesquels Robert Cayrol le directeur général de Desmarais Frères. La coopération entre les deux compagnies connaît depuis lors plusieurs stades de développement. Cette coopération se manifeste de deux façons : d'abord sous la forme d'une entente pour le partage du marché et les autorisations spéciales d'importation[2]. Ensuite, sous la forme de conventions permettant plus d'intégration du secteur

1. Mohamed Sassi, « Le rôle du technocrate : Ernest Mercier et la mise en place d'une industrie française entre les deux guerres », *Bulletin de l'IHTP*, n° 184, Deuxième Semestre 2004, p. 5-19.
2. Les autorisations spéciales, appelées A3 et A10, constituent l'un des instruments de la politique française depuis la loi du 30 mars 1928. Cette loi fondamentale votée à la suite de longs débats parlementaires, définit le cadre dans lequel l'industrie pétrolière française doit opérer. En fait, elle donne le monopole d'importation et du raffinage du pétrole à l'État. C'est l'État qui délègue à des entreprises titulaires d'autorisation spéciales valables respectivement dix ans pour le pétrole brut (A 10) et trois ans pour les produits finis (A 3).

pétrolier. Cette compagnie envisage en effet son développement en se rapprochant de la CFP.

Quand l'État décide de créer la Compagnie Française du Raffinage (CFR) en 1929, Desmarais Frères participe à hauteur de 18,6% dans le capital de la compagnie. Ainsi Desmarais Frères s'implique définitivement dans le développement de l'industrie pétrolière française et garde une place privilégiée dans sa relation avec la CFR. En effet, le 1er août 1929, une convention entre la CFR et ses divers adhérents selon laquelle, les sociétés adhérentes prennent l'engagement, vis-à-vis de la CFR, de lui acheter chaque année quand la CFR sera en mesure d'en effectuer la livraison de la totalité des produits finis du pétrole correspondant à leur part de distribution sur le marché. Les fuel-oils, les road-oils, les asphaltes, les brais, les cokes de pétroles ne sont pas compris dans la convention. La société Desmarais Frères pourra toutefois obtenir de la CFR, par priorité par rapport aux tiers, à des prix égaux, dans des conditions égales la fourniture des quantités de ces produits dont elle aurait l'écoulement dans son commerce.

La coopération au niveau de la distribution entre Desmarais Frères et la CFP remonte à 1931 quand elle signe un contrat d'exclusivité avec la CFR dans le cadre des contrats d'intérêt national[1]. Son indépendance commerciale reste, cependant, intacte. En effet, elle ne fait que céder une partie de son droit au raffinage pour avoir de plus larges droits dans la distribution. C'est ainsi que la compagnie Desmarais Frères consacre le plus grand de son activité à la distribution et développe son réseau national sous la fameuse marque Azur ainsi que son partenariat avec les constructeurs automobiles (Citroën tout particulièrement) dès les débuts des années 1930[2]. A la fin de la Deuxième Guerre Mondiale, la coopération entre Desmarais Frères et la CFP se fait à son plus haut niveau hiérarchique, quand en 1945 Robert Cayrol (Directeur de la maison Desmarais) est nommé vice-président de la CFP. Une nouvelle page de coopération s'ouvre entre les deux compagnies s'appuyant sur une complémentarité presque parfaite raffinage-distribution lancée avant la Deuxième Guerre[3].

1. Archives 130 AQ 1.
2. Archives 130 AQ 7 ; voir chapitre 5.
3. Voir : Mohamed Sassi, « The Emergence of a French Oil Industry Between the Two Wars », in *Business and Economic History On-Line 2003,* URL: http://www.thebhc.org/publications/BEHonline/2003/beh2003.html, Colloque BHC, Lowell, Massachusetts, June 2003.

En 1954, Total Compagnie Française de Distribution (Total-CFD) est créée dans le but de développer un réseau de distribution[1]. Le groupe commence alors sa politique d'absorption préparant ainsi le futur groupe Total-CFP[2]. Ainsi, en 1955, les deux sociétés Lille-Bonnières Colombes (LBC) et Société Française des Carburants (SFC) passent aux couleurs « Total » et signent le passage de leurs actifs de distribution à Total-CFP à la fin de 1958. Le processus de fusions avec les différents distributeurs français reste cependant assez lent. La CFP se préoccupe principalement de développer son implantation en Europe, avec notamment la constitution d'un réseau Total en Grande-Bretagne[3]. L'activité européenne de la CFP connaît déjà une grande expansion partout en Europe, principalement l'Italie, la Hollande et l'Allemagne où elle investie très fortement.

Les propositions concernant l'intégration des actifs commerciaux des deux réseaux provoquent des discussions assez vives entre le réseau Azur de Desmarais Frères et Total-CFD de la CFR. Du côté de la CFR, on s'efforce de ne rien brusquer au cours des pourparlers menés avec Desmarais Frères à partir de 1958 en vue d'un accord de coordination des développements des réseaux Azur et Total. Pour eux, l'évolution du marché français ne peut que conduire à la fusion des deux réseaux[4]. Mais, « la forte personnalité de Robert Cayrol – qui était l'un des « défenseurs historiques » de la CFP au conseil de l'Irak Petroleum face aux groupes américains – n'est pas de nature à faciliter la fin d'une situation de concurrence de moins en moins justifiée »[5]. La disparition de Robert Cayrol en 1959, mais aussi l'accroissement des ressources de brut de la CFP, accélèrent le processus de fusion. Un projet d'accord tendant à l'absorption des actifs commerciaux de Desmarais Frères par la CFR et la CFP est mis en étude, à partir de 1960[6]. Le portefeuille de Desmarais Frères à cette époque se présente comme suit :

1. La CFP et la CFR passent des accords en 1955 sur l'utilisation réciproque « de la marque Total et de l'emblème CFP » (Conseil de la CFR du 4 janvier 1965).
2. On rappelle ici que la CFP a changé son nom en Total-CFP en 1985, puis Total en 1991.
3. TotalFinaElf, « 80 ans d'histoire », *Synergies,* numéro spécial du 16 octobre 2000, p. 14.
4. Archives Total, 82.8/48.
5. Emmanuel Catta, *Victor de Metz, De la CFP au Groupe Total,* Total Edition Presse, Paris, 1990, p. 256.
6. Archives Total, 82.8/48.

TABLEAU 3.2.3.
Répartition du Portefeuille de Desmarais Frères au 31 décembre 1960

	Participation	Placement	Total
Distribution	30.393.077	3.000.210	33.393.287
Océan indien	666.748		666.748
Distillerie	37.545		37.545
Holding	20.557.018	53.966.000	74.523.018
	51.654.388	56.966.210	**108.620.598**

Source : Archives Total, 82.8/48.

Ces masses conserveront leur valeur depuis la date du 31 décembre 1960 jusqu'à l'opération effective de la fusion. En ce qui concerne le holding, la composition de son portefeuille sera modifiée depuis décembre 1960 par suite d'achats, de ventes ou de souscriptions. Il conviendra donc de faire la balance de ces opérations[1]. Le Holding étant considéré n'avoir disposé d'aucun fonds de roulement. Un excédent des achats sur les ventes représente un enrichissement du holding au dépens de la Distribution et inversement.

La même année (1960), la CFP prend le contrôle de l'Omnium Français de Pétroles (OFP) et son réseau de distribution OZO, avec lequel elle était associée, et, également commence à resserrer ses liens avec d'autres distributeurs indépendants. C'est en 1960 également que la société signe son premier contrat d'achat d'un de ces distributeurs, l'Union Générale des Pétroles (UGP)[2]. Ainsi, la CFP montre son intention de maîtriser le marché de détail (Fuel-oils domestiques, légers et lourds).

Très vite, la Total-CFD commence à acquérir une place confortable sur le marché français. De 0.21% de part de marché du détail en 1955, elle passe à 4.75% en 1960 et à 8.48% en 1965 juste avant la fusion avec Desmarais Frères (7.45% de part de marché de détail en 1965). A la veille de la fusion la CFP accède en France à la troisième position, pour le marché des essences, derrière Esso et la Shell. Desmarais Frères (Azur) préserve tout de même une position forte également, comme le montre ce tableau :

1. Archives Total, 82.8/48.
2. Archives Total, 82.8/48.

TABLEAU 3.2.4.
Le marché français de l'essence et du supercarburant en 1964

Nombre de points de vente		Part du marché	
Total-CFD	7.000	Esso	18,5%
Azur	6.000	Shell	18,3%
Esso	5.740	Total	15,5%
Shell	5.600	*Azur*	*9,6%*
Antar	4.643	Pétroles BP	9,2%
Pétroles BP	3.500	Antar	7,5%
Mobil	2.000	Mobil	6,0%
Avia	2.000	Avia	5,3%
Pétrofina	2.000	UIP	3,8%
UIP	1.800	Pétrofina	3,5%
Autres	4.000	Autres	2,8%
Total	44.283		

Source : *Oil and Gas*, mars 1964

Malgré la supériorité en nombre des points de ventes chez Total-CFD, elle n'est classée que troisième (15,5%) derrière Esso (18,5%) et Shell (18,3%). Il en est de même pour Desmarais Frères, classée deuxième en nombre de points de ventes, mais quatrième et termes de part de marché. Ces « anomalies » s'expliquent forcement par un problème de productivité lié à un moindre degré d'intégration d'activité pour Desmarais Frères (coût de production et d'achat plus élevé) et à un retard organisationnel pour Total-CFD (l'intégration des nouvelles absorptions sont en cours) par rapport aux concurrents anglo-saxons.

L'écart constaté s'explique également par une déficience publicitaire nette. En effet, les études préliminaires (à la fusion Azur et Total-CFD) de la CFP ont montré que l'automobiliste ne juge pas à partir des faits, mais aussi en fonction des impressions : l'image qu'il se fait des marques[1]. L'image de « grande marque » est étroitement liée au niveau d'implantation à la fois sur le plan quantitatif et qualitatif : chaque station constitue, en effet, un support publicitaire d'une valeur indéniable. Mais, la formation d'une telle image est déterminée par

1. Archives Total, 82.8/44.

la pression publicitaire de la marque. Ainsi que le montre le tableau ci-après : la fréquence avec laquelle une marque est considérée comme « grande » est davantage liée à la pression publicitaire ressentie par les automobilistes qu'à l'importance réelle de son implantation.

TABLEAU 3.2.5.

Les écarts entre les images de marque de distribution pétrolière en France en 1964

	(La plus grande marque) – (La plus petite marque)	(Fait le plus de publicité) – (Fait le moins de publicité)
Shell	+85%	+75%
Esso	+74%	+59%
Total-CFD	+15%	+17
BP	+8%	-6%
Azur	-20%	-24%

Source : Archives Total 82.8/44.

Comme il est démontré dans ce tableau, la supériorité anglo-saxonne est tout à fait évidente. Cela s'explique par leur longue expérience et par leur forte pénétration publicitaire. Leurs stratégies, établies à une échelle mondiale, sont établies depuis de longues dates. Cette situation renforce la conviction de ce que peut apporter la fusion des deux marques Total et Azur. Comme il sera démontré plus bas, les deux compagnies (Desmarais Frères et la CFP) ne manquerons pas de remédier à la question de la pression publicitaire lors de la fusion. Le tableau 3 montre les acquisitions de Total-CFD et son élargissement depuis 1957. Ils reflètent son ambition de contrôler une grande partie du marché en France.

TABLEAU 3.2.6.
Acquisitions de Total-CFD de 1957 à 1966

Année	**Société**	**% du marché de détail**
1957	S.E.P.S.O.	0,17%
1958	Lille Bonnière & Colombes Société Française des Carburants	2,93% 0,88%
1960	Bimié et Fils Carburants Excelsior Martel	0,05% 0,32% 0,02%
1961	Bordelaise des Carburants (SURCAF) Vendômoise des Pétroles	0,02% 0,12%
1962	ERDA (Anciennement Régis et Troy.)	0,01%
1964	Docks des Alcools (D.D.A.) OZO S.A.F. (anciennement Huilcombus)	0,47% 3,25%
1965	Champenoise des carburants Desmarais Frères	0,84% 7,45%
1966	Ismert	0,13%

Source : Statistiques du Comité Professionnel du Pétrole, Fuel-oils, Recueil des états annuels pour la période de 1948 à 1967, Octobre 1968.

Total-CFD assure, désormais par le contrôle de la distribution, les débouchés du raffinage (Figure 1). Elle s'offre ainsi la possibilité de garantir et de développer des positions acquises dans un marché en expansion rapide sur lequel s'exerce une vive concurrence. Cependant, le principal avantage reste dans la possibilité de coordination efficace de ces débouchés, par la mise en place d'une politique de distribution unifiée et d'une stratégie adaptée à la nouvelle entité.

Pour Henri Mintzberg[1], la stratégie prend forme dans un flux continu d'actions. En d'autres termes, elle consiste à déterminer les objectifs à long terme et adopter une série d'actions ainsi qu'à fixer l'allocation des

1. Henry MINTZBERG, « Patterns in Strategy Formation », *Management Science*, mai 1978, p. 934-948.

ressources pour les atteindre. C'est aussi la façon dont l'entreprise alloue les ressources (choix d'allocation des ressources) pour modifier l'équilibre concurrentiel à son avantage. Derrière l'opération de fusion, l'idée de base est que « 1+1 » ne font pas 2, mais 3 voire 4. De la fusion doit naître une nouvelle entité, qui permettra une plus grande rentabilité du capital[1]. Cette opération de fusion s'inscrit-elle dans une stratégie globale et une démarche à long terme du groupe ? Quels éléments peut-on dégager de cette stratégie ?

2.1.2. Métamorphose d'une stratégie : vers l'élargissement des débouchés

Durant période précédente (1945-1955), la stratégie de la CFP se compare à la dite stratégie de « grignotage » telle que Lidell hart l'a décrite[2]. Dès la pénurie momentanée provoquée par la crise de Suez en 1956, il devient impératif de pouvoir rechercher du pétrole ailleurs[3]. Ainsi la stratégie consiste essentiellement à rechercher la décision par une série d'actions successives, d'engagements successifs individuellement très réduits. Cette stratégie est adaptée aux circonstances suivantes :

- Objectif important
- Des moyens limités
- Une marge de liberté d'action insuffisante.

C'est ce qui s'applique aux conditions de la politique pétrolière de la CFP :

- Un objectif important : l'indépendance.
- Des moyens limités : une situation pétrolière nationale réduite, au regard des grandes puissances pétrolières.
- Une marge de liberté d'action étroite : la pression du marché est si forte.

Le changement dans la stratégie de la CFP s'opère dans la période de 1956 jusqu'au milieu des années 1960, et notamment avec la Fusion avec Desmarais Frères. S'opérant sous une présence renforcée de la Dica et la législation, la politique de la CFP est dictée, en grande partie, par l'État. La CFP rentre même dans un période de production idéo-

1. Régis Khaber, Jean-Louis Mourier, Christian Parisot, « Les fusions d'entreprise, une logique économique ? », in *Recherche économique et financière – Le Point mensuel – Aurel-Leven*, juillet-août 2000.
2. B. H. Lidell Hart, *Histoire mondiale de la stratégie*, Plon, Paris, 1962.
3. TotalFinaElf, *8O ans d'histoire*, *op. cit.*, p. 11-12.

logique sans référence aux besoins de marché[1]. C'est une période qui peut être qualifiée comme celle de « production systématique et d'encadrement défensif »[2]. Elle se caractérise essentiellement par la recherche de ressources pétrolières dans l'ex-empire colonial. S'affiche alors une volonté de « concurrence dirigée » en amont et en aval. C'est ainsi que la CFP se donne les moyens d'accéder à la rente minière et se mettre en situation de pouvoir rivaliser avec les grands acteurs internationaux.

La grande opération de fusion s'accompagne par une diversification, notamment dans le secteur de la pétrochimie[3]. C'est-à-dire qu'elle représente une étape préparant une autre. De façon générale, la stratégie de diversification conduit à investir dans des secteurs annexes de son activité principale, d'amont et d'aval, complémentaires et différents[4]. Tout cela étant, l'essentiel de la stratégie de la CFP se fixe sur le développement de ses capacités de raffinage dans une perspective de développent au niveau européen.

GRAPHIQUE 3.2.2.
Croissance des capacités de la CFP-Total de 1952 à 1967

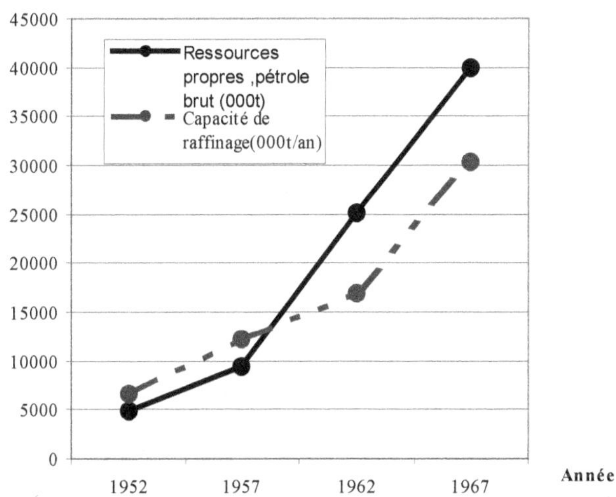

Source : M. DELPONT, « Un groupe pétrolier européen intégré, la CFP et ses traits propres », *Total Information n° 30*, p. 6-9.

1. Hervé L'HUILLIER, « L'État au service de l'industrie pétrolière française de 1945 à 1972. Des fondamentaux de l'État aux fondamentaux de l'industrie », in Georges Henri SOUTOU et Alain BELTRAN, *Pierre* Guillaumat*, la passion des grands projets industriels,* Edition Rive Droite, Paris, 1995, p. 87-88.
2. *Ibid.*, p. 87.
3. Voir : chapitre 9.
4. Selon L. RAPP, *Les groupes d'entreprises publiques,* Presses Universitaires de France, Paris, 1986, p. 10.

Le graphique montre l'augmentation des ressources de la CFP en pétrole brut. Celle-ci s'accompagne de l'augmentation des capacités de raffinage. Ce développement extraordinaire en amont s'accélère au fur à mesure que le développement en aval est assuré.

L'activité de la CFP suit l'évolution du marché européen. Vers la fin des années 1950, ce marché évolue avec une très grande rapidité. La consommation des produits pétroliers se développe de manière inégale entre les différents pays européens[1]. Cette consommation se développe surtout en France et en Italie (pays relativement pauvres en charbon), alors qu'en Allemagne le charbon constitue encore 80% de son énergie. Il existe donc dans ce pays un potentiel non négligeable pour le développement de la consommation pétrolière. En 1957, les experts allemands prévoient qu'en 1965 la consommation des fuels de la république fédérale atteindra 17,5 millions de tonnes, soit l'équivalent de la consommation française de tous les produits pétroliers en 1957. Sans atteindre de telles proportions, les prévisions des États membres de la CEE conduisent à estimer qu'entre 1958 et 1965 la consommation du marché commun aura doublé[2]. L'expansion certaine de la CFP s'accompagne de grandes adaptations des modes de gestion.

2.2. *Les caractéristiques du rapprochement*

Le rapprochement entre les deux structures de distribution (Desmarais Frères et Total-CFD) se fait notamment à travers l'adaptation des méthodes de gestion, mais aussi à travers la réorganisation de la distribution.

2.2.1. *Changement des modes de gestion*

Les changements des méthodes de gestion se manifestent à plusieurs niveaux. Il s'agit notamment de la gestion financière et du management des hommes. Au niveau de la gestion financière, très vite la compagnie fait appel à l'expérience des grands groupes français tels que Saint-Gobain, Pechiney[3] et CGE au milieu des années 1960 pour se doter de méthodes financières et comptables mieux adaptées. Ainsi la pratique du bilan consolidé était donc acquise dès la fusion avec Desmarais

1. *Produits pétroliers marché européen,* collection des « Analyses des secteurs », Dafsa, 2ème trimestre 1972, p. 2-3.
2. *L'étoile Bleue,* 2ème trimestre 1959, p. 37.
3. Dans le cadre d'un accord de coopération avec Pechiney. Voir : *Pétrole Information n° 1309* - 29 mars / 4 avril 1974. p. 20.

Frères en 1965[1]. Les analystes financiers et les banques y trouvaient une présentation plus réelle de la situation de la Compagnie.

Dès 1965, le groupe Total-CFP est une entreprise largement diversifiée et présente dans de très nombreux pays. Cela exige non seulement une harmonisation du mode du fonctionnement, mais surtout des modifications des méthodes à plusieurs niveaux. Les états publiés présentent la synthèse des comptes de 140 sociétés affiliées, dont la moitié environ constitue, au sein du groupe, des ensembles économiques distincts, notamment ceux de la Compagnie Française du Raffinage, de l'Omnium Français de Pétroles et de la Compagnie Française des Pétroles (Algérie)[2]. Ces documents permettent aux actionnaires de prendre une vue d'ensemble plus complète des intérêts directs et indirects de la compagnie et de la situation financière et économique du groupe.

Les sociétés dans lesquelles la CFP détient de façon directe ou indirecte plus de 50% du capital social, cette intégration est totale. Elle s'applique à tous les éléments d'actif et de passif figurant à leur bilan, à l'ensemble des charges et produits figurant à leurs comptes de résultats[3]. Les droits des actionnaires minoritaires, correspondant à leur pourcentage de participation, sont inscrits aux postes « intérêts minoritaires » et « Résultats de l'exercice – part des minoritaires. Les sociétés dans lesquelles la participation de la CFP, directe ou indirecte, est inférieure à 50% ne sont en principe pas consolidées et figurent pour leur valeur comptable nette. On a toutefois procédé dans certains cas à une intégration proportionnelle, consistant à retenir chacun des éléments du bilan et des comptes de résultats au prorata du pourcentage de participation détenu par le groupe. Cette méthode a été appliquée soit en raison de l'importance des investissements réalisés par les sociétés consolidées, soit en raison du rôle de gestion directe assumée par la CFP[4]. La différence entre le prix de revient comptable au bilan social de la CFP des participations ainsi intégrées et leur valeur résultant de l'opération consolidation figure au passif sous la rubrique « Plus-value de consolidation ».

---

1. Emmanuel Catta, *Victor de Metz, De la CFP au Groupe Total, op. cit.*, p. 393.
2. Compagnie Française des Pétroles, « Conférence de presse du 25 novembre 1966 : états consolidés au 31 décembre 1965 », Archives Total, 92 AA 060/202.
3. *Ibid.*
4. *Ibid.*

TABLEAU 3.2.7.
Situation consolidée de la CFP au 31 décembre 1965
(En millions de francs)

Actif					**Passif**
Valeurs immobilisées			Capitaux permanents		
Frais d'établissement :			- Capital social		791,6
- Primes de remboursement des obligations	46,8		- Prime d'émission et réserves		1.059,3
- Autres frais d'établissement	32,6	79,4	- Provision pour risques généraux		210,1
Immobilisations	8.801,6		- Plus-value de consolidation		859.0
amortissements	5.170,9	3.630,7	Situation nette		2.920,0
Prêts à plus d'un an		448,0	Intérêts minoritaires		708,8
Titres de participation		265,1	Provisions pour pertes et charges		139,1
Dépôts et cautionnements		13,0	Dettes à long et moyen terme : - Emprunts obligataires - Autres emprunts		591,7
Total des valeurs immobilisées		**4.436,2**	**Total des capitaux permanents**		**5.029,9**
Valeurs d'exploitation		729,2	Dettes à court terme		
Valeurs réalisables et disponibles			Emprunts moins d'un an	480,4	
Clients et débiteurs divers	1.434,8		Effets à payer	476,4	
Titres de placement, prêts à court terme et disponible	1.419,1	2.853,9	Fournisseurs et créanciers divers	1.716,0	2.672,8
			Résultats de l'exercice		
			- Part du groupe	264,4	
			- Part des minoritaires	52,2	316,6
		8.019,3			**8.019,3**

Source: Archives Total, 92 AA 060/202.

Au niveau du management des hommes, la direction joue à la fois le rôle d'architecte de la stratégie de l'entreprise et celui d'un chef d'orchestre qui en dirige le développement. Eloigné des méthodes de marketing, Victor de Metz s'était contenté d'approuver ces sélections, faisant confiance aux « services compétents », en particulier à la direction « Étude Distribution » de la CFR[1].

2.2.2. Réorganisation de la distribution

L'organisation de distribution commence bien avant l'intervention de la fusion. En effet, elle tente d'installer une structure adéquate optimale permettant un développement à long terme et par la mise en place d'une politique de communication efficace.

2.2.2.1. Vers plus de décentralisation

A partir d'avril 1963, le groupe CFP commence à rencontrer les vieux problèmes de la distribution, notamment ceux liés à la centralisation et la décentralisation. Le 15 janvier 1964, une commission générale mixte a abouti au projet de structure à la lumière des structures existantes dans les principales sociétés de distribution et propose en définitive d'adopter une organisation :

– centralisée dans la conception et le contrôle.

– décentralisée dans l'animation et l'exécution environ en 10 régions, 40 zones commerciales et 50 dépôts.

Le premier objectif était donc d'alléger les bureaux urbains et donner plus de rôle au chef de région (la coordination et l'animation des exécutants commerciaux, exploitants et techniques de sa région, la connaissance de son personnel, son rôle de représentant régional de la Direction Générale. Pour cela il doit disposer de moyens nécessaires. Il s'agit entre autres du commandement collectif de son personnel dans le cadre du statut et des règles de la société et, par le canal des chefs de dépôts, de l'exploitation optimum des dépôts et des moyens de transports et de l'encaissement rapide des fonds, etc. C'est une tendance générale, dans la distribution du pétrole, de grouper les services qui « gèrent les ventes » (dépôts, livraison, facturation, encaissement, entretien). Cela facilite la tâche des clients, des vendeurs et du personnel de gestion. C'est ainsi que l'organigramme de l'ensemble a pris une forme qui prend en considération les unités de travail les plus importantes avec les problèmes de commandement correspondants (Graphique 3.2.3).

---

1. *Ibid.*, p. 178.

GRAPHIQUE 3.2.3.
Organigramme Régional de Desmarais Frères en 1964

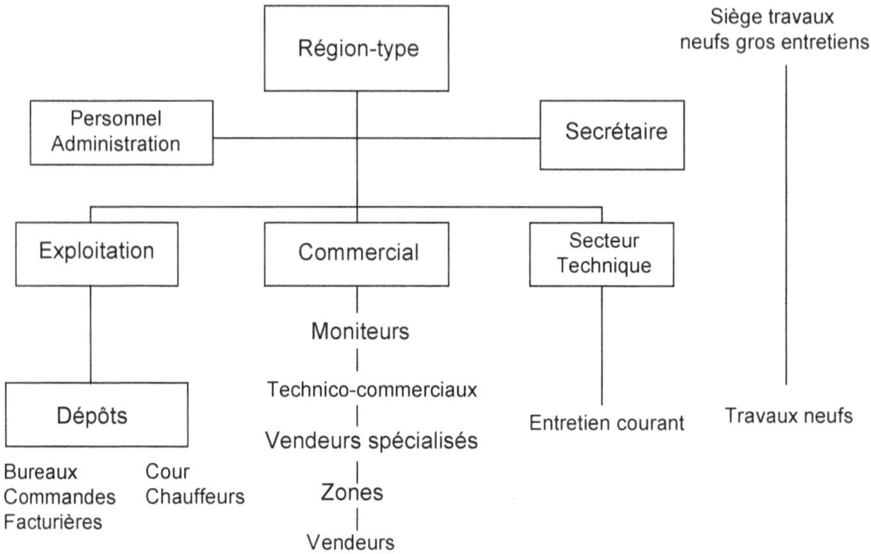

Source : Archives Total, 82.8/48

Là encore la forme d'organisation s'inspire très largement de l'organisation adoptée en France par Esso, Shell et BP et par les grandes compagnies américaines. Il est reconnu que des responsables locaux sont en mesure de mieux connaître leur marché, de résoudre plus vite les problèmes de coordination courante, de développer les ventes par une animation plus directe du personnel et une utilisation meilleure des politiques définis par le siège.

2.2.2.2. Politique promotionnelle

Depuis février 1964, une étude a été faite par la CFR en vue dégager des éléments de décision conduisant au choix d'une stratégie promotionnelle optimale des marques Azur (de Desmarais Frères) et Total (de Total-CFD)[1]. Cette recherche est faite en deux phases :

• *Une analyse en profondeur* qui analyse les mécanismes de choix d'une marque d'essence par l'automobiliste (dégagement du contexte psychosociologique de ce choix).

• *Une étude en extension* qui vise à vérifier les hypothèses de travail et de quantifier des schémas explicatifs de leurs comportements et

1. Archives de Total : 82.8/44.

attitudes. Elle a été réalisée à l'aide d'entretiens dirigés auprès d'un échantillon de 1197 automobilistes[1].

L'étude réalisée conduit à dégager certains principes fondamentaux qui ont guidé l'action de la CFR et qui sont valables aujourd'hui[2]. Ces principes sont :

– L'étendue du réseau et la qualité du personnel sont des facteurs déterminants de la vente.

– Le rendement de chaque point de vente dépend de l'impact publicitaire général de la marque.

– Il existe un marché potentiel pour une grande marque française[3].

– Il n'y a pas d'incompatibilité entre la clientèle de Total et d'Azur.

De ces principes, plusieurs options peuvent s'offrent. Elles vont de l'unification complète des deux canaux de distribution, par la disparition de la marque Azur en faveur de Total, jusqu'au maintien de l'état actuel en assurant la distribution des produits par deux canaux distincts et peut-être concurrentiels. La meilleure option stratégique était de l'unification complète sous la marque Total qui permet :

– d'étendre considérablement le réseau Total, d'unifier et d'améliorer la sélection et la formation du personnel, et d'accroître ainsi la force d'attraction de chaque point de vente du groupe.

– de donner à Total un impact maximum, moyennant des investissements publicitaires minimum et de créer ainsi l'image d'une véritable grande marque.

– de drainer, par conséquent, le marché potentiel existant pour une « grande marque française».

– de compenser largement les pertes éventuelles occasionnées par la mauvaise humeur d'une petite minorité des clients gagnés à la suite de l'agrandissement de la marque est en effet largement supérieur à ces pertes.

---

1. L'échantillon est représentatif de l'ensemble de la population des automobilistes, il a été cependant stratifié à l'intérieur des régions afin d'obtenir un maximum de clients d'Azur et de Total.
2. Les conclusions de l'étude mettent en valeur la spécificité du secteur pétrolier. L'étude montre, par exemple, que deux tiers des automobilistes déclarent que « toutes les marques se valent sur le plan technique ». C'est la proximité ou l'amabilité du personnel qui fait décider du choix ou non d'une marque. (Voir : Archives Total : 82.8/44 : Étude Psychologique).
3. L'étude montre qu'il y a un intérêt à concentrer le maximum d'efforts publicitaires sur une seule marque. C'est, en effet, le seul moyen de se situer dans le « club des grands » et d'effectuer d'une force d'attraction supplémentaire chaque point de vente.

Le choix définitif de la marque Total se justifie essentiellement par le fait que le logo représentait le drapeau français, connotation sans doute voulue par la direction de la CFR, propriétaire de la marque, qui entendait s'appuyer sur le sentiment national pour créer son réseau de distribution. Cette opération étant considérée comme prometteuse et financièrement bénéficiaire, elle a été exécutée très rapidement[1].

Conclusion

La fusion entre CFD-Total et Desmarais Frères répond de façon adéquate au besoin de parer à la pression grandissante du marché. Ainsi, la CFP (bientôt CFP-Total puis Total) assure désormais l'avenir de la France dans le domaine pétrolier. Elle représente une étape incontournable dans l'histoire de la CFP et Desmarais Frères. Mais, n'est rendu possible que grâce à une démarche plutôt évolutionniste quand le groupe CFP-CFR procède à une réduction drastique des coûts et des effectifs, intensifie sa réactivité décisionnelle, externalise le maximum d'activités et favorise la croissance externe.

Cette fusion a finalement permis à la CFP d'intégrer l'activité pétrolière de l'amont à l'aval. Mais, cela n'aurait pas eu lieu sans s'assurer du débouché au raffinage et sans la grande coopération des entreprises qui renoncent à leur autonomie en faveur de la fusion totale. Dans le contexte des années 1960 où les techniques de communication connaissent développement extraordinaire, cette fusion s'avère particulièrement bénéfique en termes d'économies d'échelle et d'impact publicitaire auprès du consommateur. La fusion des marques sous un commandement unique permet d'atteindre « la taille optimale nécessaire à la pleine exploitation des économies d'échelle »[2]. Le groupe se trouve ainsi en mesure de rivaliser avec la concurrence des trusts (Esso et Shell) qui possédaient, avant 1965, les réseaux de distribution les plus grands en France.

C'est ainsi qu'on peut mettre en valeur le rôle de Desmarais Frères dans la mise en place d'un grand groupe pétrolier français. Certes, le nom de Desmarais Frères a disparu de la scène pétrolière française, mais sa présence reste si forte en terme d'usages, de comportements, voire

---

1. Au début de l'année 1965. L'opération a nécessité une préparation assez longue d'un an. (Archives de Total 82.8/44).
2. Alfred D. Chandler, *Organisation et performances des entreprises*, Editions d'organisation, Paris, 1993, p. 57.

d'éthique dans les affaires. La coopération remarquable de Desmarais Frères dans sa relation avec la CFP avec la forte présence étatique, pendant plus de quarante ans, reste d'un héritage organisationnel important dans la mise en place de structures intermédiaires. Dans ce domaine plus qu'ailleurs, les opérations de fusion deviennent une nécessité avec la fusion de Total, Fina et Elf (en 1998). La reprise du nom Total, de nouveau, peut apparaître comme une revanche de Desmarais Frères.

Cependant, si la fusion vient compléter le schéma évolutionniste dessiné par Ernest Mercier entre les deux guerres[1], celle-ci ouvre de nouveaux défis. Elle prépare une longue étape d'évolution vers la mise en place d'une forme d'organisation idéale. La spécificité du secteur pétrolier nourrit un débat déjà ouvert[2] sur des systèmes industriels évoluant vers des tailles inconnues en France jusqu'alors[3]. De la stratégie nationale et internationale de la CFP dépendra sans doute de sa structure organisationnelle[4]. L'adéquation de celle-ci suppose inévitablement une inspiration anglo-saxonne, mais aussi une prise en charge de la spécificité du cas français.

1. Mohamed Sassi, « Le rôle du technocrate : Ernest Mercier et la mise en place d'une industrie française entre les deux guerres », art. cité.
2. Chez une entreprise diversifiée telle que Saint-Gobain, l'interaction entre stratégie de croissance et diversification provoque, dès les années 1930, des structures d'organisation assez développées. Jean Pierre Daviet, « Stratégie et structure chez Saint-Gobain : un modèle français dans les années 1930 ? », *Histoires et entreprise*, n° 1, avril 1992, p. 42-60.
3. Voir : Franck Bancel, "Directions in French Corporate Governance Since 1945", *Entreprises et Histoire*, n° 21, 1999, p. 44-58.
4. Alfred D. Chandler, *Stratégie et structures de l'entreprise*, Editions d'Organisation, 1962, p. 30-31.

Chapitre 8

Les résultats de la fusion : 1965-1974

Introduction

Le contexte du milieu des années 1960, marqué par une vague de réorganisation des structures d'entreprises au niveau européen[1], fait que l'État mobilise sa volonté dans ce sens. Cette ambition touche autant le gouvernement de Pompidou (1962-1968) que celui de la Vè République. Pour celui-ci la modernisation de l'économie française constitue l'objectif majeur. Il s'agit constituer des champions nationaux afin de hisser l'industrie française au niveau de l'industrie allemande et de créer de grands groupes européens. Les autorités publiques favorisent alors toute forme de concentration horizontale entre firmes[2]. De grandes opérations de concentrations annoncent le début d'un processus, dès le début de la décennie[3]. Puis, entre 1965 et 1972, de nombreuses fusions ont lieu dans des secteurs clés tels que les banques, l'industrie chimique, l'acier, etc.

L'action de l'État s'exprime alors par deux moyens : par l'intervention directe en tant qu'actionnaire de compagnies telles que UAP, GAN, BNP, Elf Aquitaine, Aérospatiale ou indirectement à travers des moyens légaux et fiscaux (la baisse des impôts pour les entreprises fusionnées par exemple). Les principaux groupes nationaux tels que Saint-Gobain et

1. Youssef Cassis, *Big Busines: The European Experience in the Twentieth Century*, Oxford University Press, London, 1997.
2. Yves Morvan distingue entre la « concentration fonctionnelle » qui consiste dans le rapprochement des sociétés fabricant des produits différents mais répondant à une même fonction et la « concentration conglomérale » qui consiste dans le rapprochement des sociétés n'ayant aucun intérêt technique commun. Yves Morvan, *La concentration de l'industrie en France*, Armand Colin, Paris, 1972, p. 31-32.
3. Le nombre d'entreprise de plus de 500 salariés, ayant fusionné en 1962, atteint les 1400. Recensement Industriel INSEE, 1962.

Pont-à-Mousson[1] ou la SODEC et de la CGE[2], Creusot Loire, BSN-Evian-Kronenbourg ou encore Pechiney-Ugine-Kuhlmann[3] se sont formés durant cette période.

Dans ce contexte, la CFP-Total présente l'avantage de se situer à l'intersection des tendances de l'époque. Son essor exceptionnel et celui de l'industrie pétrolière dans son ensemble, dès le début des années 1960, inspirent les gouvernements successifs de l'époque. Là encore, il s'agit rassembler les entreprises au sein de groupes de tailles européennes capables de rivaliser avec les *Majors*. C'est la raison pour laquelle il est intéressant de s'interroger sur les résultats de la fusion CFP-Desmarais Frères. A cet égard, dans un premier temps, il convient de définir les performances de la CFP-Total durant la période postérieure à la fusion, puis de s'interroger sur les facteurs de sa croissance. On peut postuler que, dans une large part, elle résulte des grands choix stratégiques de la firme. Selon l'approche classique en économie industrielle, une telle analyse des stratégies suppose celle de l'évolution des structures d'organisation tant de la société mère que de l'ensemble du groupe.

1/ Performance de la CFP-Total après les opérations de fusion

La performance de la CFP après 1965 s'explique par une forte croissance commerciale. Celle-ci résulte, dans une large mesure, d'une stratégie d'investissement adéquate.

1.1. La croissance commerciale de la CFP

La deuxième moitié des années 1960 correspond à une phase d'expansion économique qui offre à la CFP des conditions satisfaisantes de développement et d'augmentation des bénéfices, autorisant des investissements importants principalement dans les activités d'exploration et de la distribution.

1. Roger Martin, « Les concentrations dans la grande industrie, deux exemples : le verre et l'acier », in Georges-Henri Soutou et Alain Beltran, *Pierre Guillaumat, la passion des grands projets industriels*, Editions Rive Droite, Paris, 1995, p. 75-94. Voir aussi : Dominique Barjot, *La trace des bâtisseurs. Histoire du Groupe Vinci*, Vinci, 2003, p. 52.
2. Dominique Barjot, *La grande entreprise française de travaux publics (1883-1974). Contraintes et stratégies*, Thèse de doctorat, Université de Paris IV-Sorbonne, 1989, p. 2249-2251.
3. Ludovic Cailluet, *Stratégies, structures d'organisation et pratiques de gestion de Pechiney des années 1880 à 1971*, thèse de doctorat d'histoire à l'université de Lyon II, 1995.

1.1.1. L'exploration/production : vers la consolidation et la pleine maturité

Ayant acquis la dimension de l'activité complètement intégrée, une période de « déploiement intensif »[1] commence. L'attention de la CFP/CFR se tourne vers le développement international et la consolidation de ses acquis. Son action touche autant l'exploration/production que le raffinage et la distribution.

1.1.1.1. La production

L'importance du groupe sur le plan des quantités de produits en jeu : en 1967, 40 millions de tonnes de ressources en brut ; 30 millions sont traitées et vendues[2]. Ces ressources représentent 2% de la production mondiale en 1967 (1.750 milliards de tonnes), mais plus de 52% de la quantité traitée par les raffineries françaises. Près de 74% de ces ressources proviennent du Moyen-Orient et 24% environ du Sahara[3]. La présence des intérêts pétroliers français au Moyen-Orient a eu de permettre à la CFP non seulement de fournir à l'économie nationale des quantités croissantes de pétrole, mais aussi de bien négocier sa position nationale et internationale. Le tableau suivant présente les ressources pétrolières de la CFP provenant du Moyen-Orient au milieu des années 1960.

TABLEAU 3.3.1.
Évolution des ressources de la CFP en provenance du Moyen-Orient de 1963 à 1969 (en pourcentage)

Année	Irak Nord IPC/MPC	Irak sud BPC	Qatar QPC	Iran IAEPM	Abu Dhabi ADMA ADPC	Oman PD (Oman)	Dubai Duma	TOTAL
1963	47,9	18,3	10,2	20,1	3,5	-	-	**100**
1964	41,7	21,1	8,8	19,2	9,3	-	-	**100**
1965	37,5	23,9	7,9	17,7	13,1	-	-	**100**
1966	32,4	23,4	7,3	20,7	16,2	-	-	**100**
1967	29,1	21,5	7,7	23,1	17,6	1	-	**100**
1968	33,9	16,5	6,4	21,8	21	3,1	-	**100**
1969	28,4	12,9	5,5	26,7	22	4	0,6	**100**

Source : Archives Total, 92 AA 091/73

1. Hervé L'HUILLIER, « L'État au service de l'industrie pétrolière française de 1945 à 1972. Des fondamentaux de l'État aux fondamentaux de l'industrie », in Georges Henri SOUTOU et Alain BELTRAN, *Pierre Guillaumat, la passion des grands projets industriels*, Edition Rive Droite, Paris, 1995, p. 88.
2. Archives Total, 92 AA 091/73.
3. *Ibid.*

Le tableau reflète l'importance des ressources venant de l'Irak à travers l'Irak Petroleum Company (IPC), la Mossoul Petroleum Company (MPC) et la Bossorah Petroleum Company (BPC) sur toute la période. On peut souligner l'importance et la régularité des quantités venant de la Qatar Petroleum Company Qatar (QPC).

1.1.1.2. L'exploration

Dans le domaine de l'exploration et dans un souci de diversification, la CFP développe rapidement ses recherches dans le reste du monde dès la fin des années 1960. Elle procède à de nouvelles implantations en Australie, à Madagascar, en Afrique du Sud, en Angola. Dès 1966, elle consolide sa présence sur le continent américain et crée en 1970 sa filiale Total Petroleum North America (TOP-NA). En regroupant les activités de la French Petroleum of Canada (FPC) et de la Leonard Refineries Inc., elle constitue un ensemble puissant s'intéressant autant à l'exploration qu'au raffinage et au commerce de produits pétroliers[1]. Par ailleurs, le groupe initialise la prospection dans la mer du Nord et l'Indonésie.

En mer du Nord, pour la prospection d'une large partie de leur domaine minier, les filiales de la CFP sont associées aux filiales du groupe Elf[2]. Elles le font le plus souvent dans une formule de un tiers/deux tiers reproduisant ainsi l'expérience de l'Algérie. Cette répartition résulte du protocole d'association de 1963. Ce dernier détermine que la CFP est opérateur dans les eaux de la mer du Nord relevant de la souveraineté britannique, Elf dans les zones norvégiennes et néerlandaises. Les recherches ainsi entreprises conduisent en 1968 à la découverte du champ d'huile et de gaz du Grand Ekofisk, de Frigg (gaz) en 1971, puis du gisement de pétrole d'Alwyn en 1975[3].

En Indonésie, la CFP signe en 1968 un «contrat de partage de production» avec la société Pertamina : ils portent sur la zone sud-ouest de Sumatra. La compagnie française crée à cet effet sa filiale Total Indonésie. Elle mène, dès l'année suivante, ses premiers travaux d'exploration à Sumatra, en mer de Java et à Kalimantan (Bornéo). En 1970, la CFP devient opérateur sur le permis de la Mahakam. Elle découvre les champs de Bekapai (offshore, en 1972), Handil (1974), puis en 1980, les champs de Tambora (pétrole et gaz) et de Tunu (essentiellement gaz)[4].

1. Archives Total, 92.81/4 et5.
2. L'UGP devient Elf en 1967.
3. Archives Total, 92.81/4 et5 ; 92 AA091/74.
4. Archives Total, 92 AA 060-195.

1.1.2. De la consolidation des acquis à l'expansion internationale

Grâce à l'intégration de son activité de l'amont à l'aval, l'entreprise peut optimiser ses bénéfices. D'où la complémentarité raffinage / distribution[1].

1.1.2.1. Le raffinage

Parallèlement à l'augmentation de ses ressources, la CFP augmente ses capacités de raffinage. Elle construit des raffineries de nouveaux marchés avec l'objectif d'intégrer des débouchés. La construction de raffineries de proximité permet de réduire les coûts supplémentaires de transport vers les distributeurs. Ainsi, la CFP accroît ses prises de participations dans de nouvelles raffineries : dès mars 1966, aux États-Unis, Total Americana prend une participation d'environ 1/3 dans Leonard Raffineries, société qui exploite à Alma (Michigan) une raffinerie de 1.500.000 tonnes par an et dessert un réseau de 800 points de vente[2].

En 1967, en Afrique du Sud, elle participe à la National Petroleum Refiners of South Africa (Natref). En Australie, en 1969, elle prend une participation de 50 % dans la raffinerie de Matraville[3]. Aux Antilles, la Compagnie s'associe à la SARA[4]. En Angleterre, elle fait de même à la raffinerie de Killingholme (Lindsey Oil Refinery - LOR - mise en service en 1968) ; mais aussi, en Suisse, au Gabon, etc. Durant l'année 1972, en Europe, la CFP s'associe à la décision de construction de la raffinerie de Flessingue en Hollande. Elle contribue à la l'amélioration des raffineries de Trieste et de Mantoue en Italie[5].

En France, les installations existantes sont améliorées constamment : c'est le cas de la Raffinerie de Normandie (Gonfreville) et la raffinerie de Provence où elle augmente les capacités des unités de distillation. En 1956, Foster Wheeler française construit pour la CFR, à la raffinerie de Provence, un four de reformage catalytique qui est le plus gros de son époque[6]. En septembre 1972, Foster Wheeler Française achève la réalisation, clé en main, de l'unité de distillation atmosphérique D11. Elle représente, à cette époque, l'une des plus importante du monde de sa catégorie. « D'une capacité nominale de 9 millions de tonnes par an,

1. Voir : Jean-Pierre Angelier, *La rente pétrolière. Eléments pour une interprétation théorique de la structure des prix des produits de l'industrie pétrolière internationale,* Collection « Energie et société », publiée sous la responsabilité de l'Institut Economique et Juridique de l'Energie de Grenoble, Editions du CNRS, Paris, 1976.
2. Archives Total, 92 AA 091/73.
3. Archives Total, 92.81/3.
4. Archives Total, 92 AA 060-200 : Développement de l'activité de la CFP 1924-1973.
5. *Ibid.*
6. Archives Total, 82.5/16.

soit près de 30.000 tonnes par jour, cette nouvelle unité de distillation fait passer de 14,3 à 23,3 millions de tonnes la capacité annuelle de la raffinerie de Normandie »[1].

ILLUSTRATION 3.3.1.
L'unité de distillation atmosphérique D11

Source : Archives Total

La capacité de la raffinerie de Gonfreville passe en 1972 à 23,3 millions de tonnes par an. La CFR lance à cette époque la construite de la raffinerie des Flandres à Dunkerque. Le groupe participe majoritairement (51% du capital) en 1970 à la construction de la raffinerie de Lorraine (Thionville) d'une capacité de 3 millions de tonnes. Les autres participants sont Esso (40%) et UGP (9%)[2].

Si, dans les pays de la CEE, la capacité du raffinage augmente plus rapidement qu'ailleurs, c'est surtout grâce au développement rapide de la CFP. La part de l'Europe occidentale dans le raffinage mondial augmente considérablement. Elle passe de 18% en 1960 à 28,5% en 1970 (pour la seule CEE, de 12,3% à 19,5%). Celle des États-Unis, en revanche, tombe de 40% à 25% respectivement pour les mêmes années[3]. L'augmentation du volume d'activité des raffineries européennes se reflète dans l'évolution des tailles moyennes des raffineries dans la CEE :

1. *Pétrole Informations* n° 1309 - 29 mars / 4 avril 1974, p. 21.
2. Archives Total, 92 AA 091/73.
3. Direction des Carburants, *Activité de l'industrie pétrolière en 1970*, Ministère du développement industriel et scientifique, Dica, 1970, p. 25.

TABLEAU 3.3.2.
Évolution de la taille moyenne des raffineries de la CEE

	1960		1965		1971	
	Mt/an*	Nombre d'usines**	Mt/an	Nombre d'usines	Mt/an	Nombre d'usines
France						
Allemagne	2,9	14	3,8	18	5	24
Belgique	1,9	21	2,7	30	3,5	35
Italie	1,3	6	3,2	5	5	7
Pays Bas	1,5	26	2,8	36	4,3	36
	7,7	3	7,7	4	9,3	7
CEE	2,2	70	3,2	93	4,5	109

* millions de tonnes par an

** on prend en compte ici les raffineries ayant une capacité de 250.000 tonnes par an.

Source : Direction des Carburants, *Activité de l'industrie pétrolière en 1970*, Ministère du développement industriel et scientifique, Dica, 1970, p. 25.

Parmi les raffineries construites ou agrandies en Europe, la France se classe au premier rang. Les débouchés pétroliers dépendent de l'effort de la distribution sur le plan national.

1.1.2.2. La distribution

La CFP capitalise sa distribution sur le marché français, mais sa présence est considérable également au niveau international.

A) Le marché interne : le passage au premier rang

Dès la fusion de la CFR (et son réseau de distribution Total-CFD) avec Desmarais Frères, la situation du marché pétrolier français est modifiée pour augmenter les débouchés de la CFP :

a) Par sa filiale Total-CFD, la CFR commercialise les produits sortant des raffineries par l'intermédiaire de son propre réseau. En 1967, les parts de marché sont les suivantes :

Tableau 3.3.3.
Part de marché de la CFR selon le type de carburant en 1967

Carburant	Part de marché
Essence + super	26,7%
Gas-oil	27,1%
Fuels : marché de détail	21,9%

Source : Archives Total, 92 AA 091/73

Total-CFD se positionne au premier rang pour chaque famille de produit devant la Shell et Esso. Cela ne tient pas compte de la frange de production de la CFR écoulée par un certain nombre d'autres repreneurs, avec lesquels elle a des liens commerciaux de durée variable. Le graphique suivant montre la place la position de la Total-CFD sur le marché de la distribution pour l'essence et le supercarburant.

Graphique 3.3.1.
Parts de marché des compagnies pétrolières actrices sur le marché français pour le Carburant -Auto en 1967 (Essence et Supercarburant)

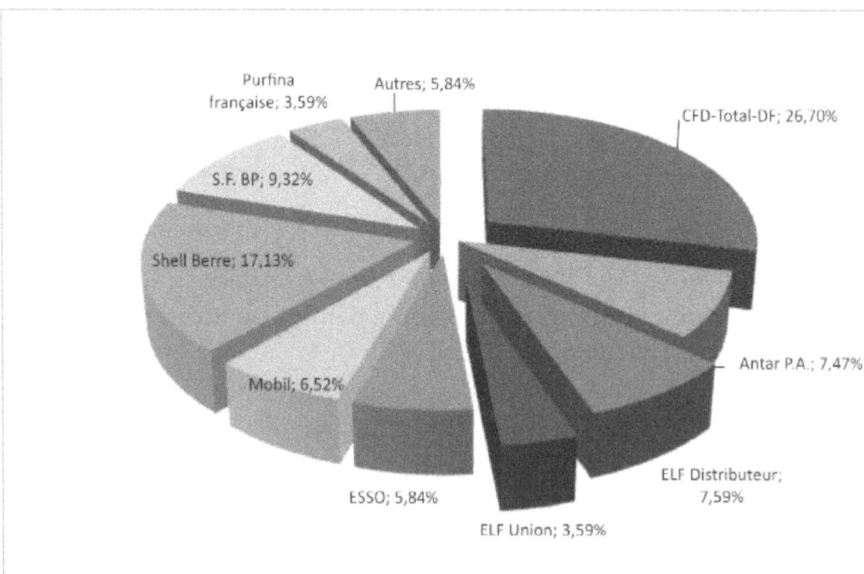

Sources : Statistiques du Comité Professionnel du Pétrole, Produits blancs et Gas-oil, Recueil des états annuels pour la période de 1948 à 1967, Octobre 1968 ; Archives Total, 92 AA 091/73.

En somme, la part de la distribution française sur le marché français est de 48,9 % contre 51,1% aux compagnies étrangères[1]. Cette part augmentera légèrement avec l'augmentation progressive de la part d'Elf sur le marché.

b) Un réseau de 12.400 points dc vente (sous la marque Total) assure le long des routes de France le service à la clientèle. Un réseau de nuit se trouve en permanence à la disposition de la clientèle sur les principaux axes. Le groupe fait et poursuit un gros effort en vue de vendre ses produits par l'intermédiaire de stations-service modernes « capables de répondre aux impératifs de sécurité et aux désirs d'une clientèle toujours plus exigeante »[2]. Dans les grandes villes, la CFR créé de vastes stations jumelées aux grands parkings souterrains (Relais des Champs-Elysées, Relais Malesherbes-Anjou, Relais des Invalides à Paris, Relais de l'Esplanade à Metz, Relais des quinconces à Bordeaux). Les stations Total commencent également à jalonner les autoroutes en France et dans les pays étrangers, en Italie notamment. En France, huit stations sont déjà ouvertes en 1967[3] ; dix-sept autres stations seront construites avant 1972[4]. Ainsi, pour la CFP le contrôle du marché français est la priorité numéro un. En effet, réussir à contrôler une activité complètement intégrée, avec une grande part de marché, servira de base pour les développements internationaux.

B) Le marché international : un réseau qui s'élargie

En 1968, le réseau de la CFP s'étend sur 50 pays et comprend plus de 8.000 points de vente. Soixante-dix sociétés environ, dont une soixantaine à l'étranger, assurent l'activité commerciale du groupe. En dehors de Total-CFD l'on compte notamment la Société Française des Gaz Liquéfiés et Air Total France[5]. Souvent connue sous le nom Total, la CFP est présente se la plupart des grands marchés de l'Europe occidentale, sur la quasi-totalité du continent africain, au Liban, ainsi qu'en Australie[6]. Il s'agit de réseaux créés dans le milieu des années 1950 par la CFP ou en participation avec des distributeurs français, notamment Desmarais Frères[7].

---

1. Archives Total, 92 AA 091/73.
2. *Ibid.*
3. Vemars, Ressens, La Couline, Vency-Nitry, Pierre Benito, Saint-Rambert d'Albon, Portes les Valence, Préjus.
4. Archives Total, 92 AA 091/73.
5. Archives Total, 92 AA 091/73.
6. Archives Total, 92.81/1, 92.81/2 et 92.81/3.
7. La compagnie Desmarais Frères participe à la création plusieurs filiales de la CFP en Afrique. Archives Total, 92.81/2.

TABLEAU 3.3.4.
La présence de la CFP dans le monde en 1968

En Afrique	En Europe	En d'autres pays
Tunisie	Allemagne	Australie
Algérie	Pays-Bas	Ile Maurice
Maroc	Belgique	La Réunion
Afrique Noire francophone	Italie (Total remplaçant Aquila)	Nouvelle Calédonie
Nigeria et Ghana	Suisse	Tahiti
Afrique Orientale Anglophone	Grande Bretagne	Liban
République Sud Africaine	Autriche	
Ethiopie-Somalie	Luxembourg	
Madagascar		

Source : Archives Total, 92 AA 091/73.

Par ailleurs, hors la France, quarante-sept compagnies aériennes s'approvisionnent en carburant Total dans soixante-dix aéroports internationaux :

TABLEAU 3.3.5.
Aéroports avitaillés par Air Total

En Europe	En d'autres pays
Pays de la CEE	Afrique (les plus grands aéroports)
Suisse	Australie
Grèce	Irak
Espagne	Japon
Portugal	Syrie
Autriche	Liban
Danemark	Tahiti

Source : Archives Total, 92 AA 091/73 et 89.16/39.

Grâce à cette présence internationale et au contrôle d'une grande partie du marché français, la CFP peut compter sur son activité intégrée pour renforcer sa présence internationale. Le développement de la CFP s'explique par une volonté d'expansion de la part de la direction du groupe.

1.2. *Les facteurs de la croissance*

Tout l'art dans la mise en place d'une stratégie de croissance rapide réside dans les choix d'investissements destinés à chaque branche de l'activité pétrolière.

1.2.1. *La stratégie d'investissement*

Les opérations réussites de fusions en France ouvrent encore l'appétit d'investir en amont. Peu avant l'annonce définitive de fusion avec Desmarais Frères en 1965, la CFP augmente ses investissements notamment au Moyen-Orient. Cet effort d'investissement apparaît déjà dans le bilan de la CFP, à la lecture des postes concernant les actifs immobilisés, les titres de participation et les prêts à plus d'un an[1]. Ces postes représentent en réalité les sommes transférées par la maison mère à ses sociétés affiliées, soit à titre de participation à leur capital, soit sous forme d'avance à long terme. Au 31 décembre 1964, les fonds ainsi comptabilisés s'élevaient à 3.031,7 millions de francs[2]. Elles se répartissent, suivant les diverses activités, de la façon suivante :

TABLEAU 3.3.6.
Répartition des investissements de la CFP selon la branche d'activité en 1964

Type de société	Sommes en millions de francs
Sociétés de recherche	425,0
Sociétés de production	986,3
Sociétés de transport et de stockage	18,8
Sociétés de raffinage	264,3
Sociétés de distribution	930,3
Sociétés diverses	407,0
Total	***3.031,7***

Source : Archives Total, 84 ZY 336.

1. Archives Total, 84 ZY 336.
2. *Ibid.*

Comme on peut le constater, la part de la distribution dans les investissements (930,3 MF) avoisine ceux de la production (986,3 MF). Ces deux postes représentent plus de 63% de l'ensemble des investissements. Le tableau reflète également les efforts dans la recherche pétrolière (425 MF).

Après les dernières opérations de fusion (Desmarais Frères en 1965-1966 et Ismert en 1966)[1], les investissements s'accélèrent. Sur la production de 40 millions de tonnes de pétrole traitées en 1967, près d'un milliard d'investissements pour le groupe CFP dont la majeure partie est couverte par autofinancement[2]. Les investissements des différentes compagnies internationales tendent pourtant à la baisse depuis le milieu des années 1960. Leur part des dépenses d'exploration et de production, qui atteint 68% du total des investissements en 1956, tombe à 56% en 1961, 45% en 1969 et 37% seulement en 1971[3].

Cette tendance s'explique notamment par des attributions de concessions offshore[4] aux États-Unis qui ont été longtemps repoussées. Ce n'est qu'en 1972 qu'une reprise des investissements est enregistrée[5]. Il en est tout autrement avec la CFP notamment en 1965, année de la fusion avec Desmarais Frères. Cela peur s'expliquer par le passage obligé de la remise en cause des anticipations de *cash flow*[6]. Les fusions d'entreprises ayant dicté en grande partie les variations des marchés boursiers. En complexifiant l'analyse des risques, ils ont entraîné une contre réaction de l'État qui, lui-même, investit plus.

Grâce à la fusion de Desmarais Frères et la Total-CFD, la part de la France dans les investissements de la CFP est considérable. Avec une

1. Voir chapitre 8.
2. Archives Total, 92 AA 091/73.
3. Gérard Pilé et Alain Cubertafond, *Pétrole : le vrai dossier*, Presses de la cité, Paris, 1975, p. 149.
4. Offshore : pris au sens large, les travaux offshore se rapportent à la mise en valeur des diverses sources de l'océan et de son sous-sol : ils concernent surtout les gisements sous-marins de pétrole et de gaz naturel. Dans le langage courant, le terme offshore désigne généralement des techniques pétrolières mises en œuvre en mer. Alain Beltran et Sophie Chauveau, *Elf Aquitaine. Des origines à 1989*, Fayard, Paris, 1998, p. 77.
5. La reprise amorcée se confirme en 1973 et le mouvement s'accélère en 1974 puisque, selon certaines estimations concernant les sociétés pétrolières américaines, près de 19 milliards de dollars auront été investis en 1974 sur lesquels près de 10 milliards consacrés à l'exploration pétrolière et la mise en œuvre d'autres sources d'énergie. Gérard Pilé et Alain Cubertafond, *Pétrole : le vrai dossier*, *op. cit.*, p. 149.
6. Régis Khaber, Jeal-Louis Mourier, Christian Parisot, « Les fusions d'entreprises, une logique économique ? », *Recherche économique et financière – Le point mensuel – Aurel-Leven*, juillet-aout 2000.

somme de 205,6 millions de francs investis en France en 1965, la part de la CFP dans les investissements totaux représente 72,21%[1].

TABLEAU 3.3.7.
Les investissements de la CFP en France de 1964 à 1971

	1964	**1965**	**1966**	**1967**	**1968**	**1969**	**1970**	**1971**
Montant en millions de francs	188	205,6	208,48	190,41	163,9	-	195,7	110,14
Ensemble des investissements	356	284,7	490,41	673,65	587,7	553,1	1016,19	680,23
%	52,8	72,21	42,5	28,26	27,98	-	19,25	16,19

Source : Emmanuel CATTA, *Victor de Metz, de la CFP au Groupe Total*, Total Edition Presse, Paris, 1990, p. 374.

Ces efforts d'investissement reflètent les efforts pour le contrôle d'une activité intégrée sur le marché français. A partir de la fin des années 1960, avec la fixation définitive des parts de marché, les investissements se font de façon plus harmonieuse. La CFP orientera de nouveau ces investissements vers les marchés extérieurs et vers la production. La politique d'expansion de la CFP se base donc sur le contrôle de la distribution en France et l'investissement à l'étranger notamment à travers des filiales qu'elle contrôlera progressivement[2]. Quelles sont les ressources financières disponibles permettant à la CFP d'investir aussi massivement ?

Dans un domaine aussi capitalistique que l'industrie pétrolière, la réalisation d'investissements d'une telle importance nécessite la mise en œuvre de ressources financières considérables. La CFP en pleine expansion, ne peut jusque là compter sur l'autofinancement. Pour concilier équilibre financier et développement rapide, la compagnie renforce encore ses capitaux à long terme dont elle dispose, en faisant appel à ses actionnaires et en sollicitant le recours à l'épargne[3]. Dans la période où la CFP procède à la consolidation de sa position sur le marché français (entre 1955 et 1965), la compagnie procède par trois fois à des augmentations de capital qui lui apportent 600 millions de francs d'argent frais.

1. Emmanuel CATTA, *Victor de Metz, de la CFP au Groupe Total*, Total Edition Presse, Paris, 1990, p. 374.
2. Les dossiers 92.81/3, 92.81/4 et 92.81/5 (Archives Total) tracent, selon la branche, les investissements de la CFP dans de filiales étrangères (en Afrique, en Europe et aux États-Unis) jusqu'en 1982.
3. Archives Total, 82.5/16.

Dès 1965, d'autres fonds importants sont demandés à l'épargne. La CFP lance, en effet, des emprunts obligataires sur trois places financières européennes[1].

Afin de détourner le problème majeur des coûts en devises fortes, la CFP lance le 23 octobre 1965 à Luxembourg un appel au marché financier de l'euro-dollar. Celui-ci procure au groupe CFP 20,5 millions de dollars. L'ensemble des opérations procure des ressources globales représentant plus de 500 millions de francs. Ce sont ces sommes qui serviront, dans un premier temps, à financer les nouvelles recherches de pétrole et de gaz, ainsi qu'à développer les installations en amont et en aval.

1.2.2. Les résultats financiers de la croissance

Pour la première fois, l'industrie pétrolière française passe du statut de consommateur au statut de véritable producteur pétrolier. Sur le plan des résultats, la fusion entre Desmarais Frères a été une réussite extraordinaire. En 1972, les ventes des produits finis avaient atteint quelques 50 millions de tonnes (dont 25 millions en France). Cette activité se reflète dans les résultats financiers, notamment au niveau du bénéfice net consolidé qui est passé d'environ 50 millions de dollars en 1965 à 116 millions en 1972. En prenant pour base (indice 100) l'année 1965, la CFP vient très largement en tête en 1972 avec un indice de 219 devant Mobil (179), Exxon (157) et Socal (155).

De même, le *cash flow* consolidé[2] s'est accru considérablement, passant de 196 millions de dollars en 1965 à 360 millions en 1972[3]. Au sein des entreprises françaises, le groupe CFP fait partie du lot de tête. Toujours pour l'année 1972, la CFP tient le premier rang pour le *cash flow* (1.811 millions de francs)[4] et pour le bénéfice net (578 millions), venant avec 14.154 millions, au deuxième rang pour le chiffre d'affaire consolidé (hors taxes) derrière la Régie Renault (17,8 milliards)[5]. Au niveau mondial, la CFP se situe pour la production au huitième rang, derrière les sept « grands ». Au fil des années sa place s'est améliorée : sa

1. *Ibid.*
2. La consolidation résulte de l'obligation légale faite à toute entreprise détenant le contrôle d'autres entreprises ou exerçant sur elles une influence notable d'établir des comptes consolidés et un rapport sur la gestion du groupe. L'objet des comptes consolidés est de présenter la situation financière du groupe de sociétés contrôlées par la CFP comme si celles-ci ne formaient qu'une seule et même entité. Cette consolidation est effectuée ici par intégration proportionnelle. Elle peut être effectuée par intégration globale ou par mise en équivalence. Voir : Gilbert Riebold, *Cash Flow et tableau de financement intégral,* Editions de l'organisation, Paris, 1984.
3 *Pétrole informations* n° 1309 – 29 mars / 4 avril 1974, p.17-21.
4. Le *cash flow* : bénéfice net + amortissements et provisions.
5. *Pétrole informations* n° 1309 – 29 mars / 4 avril 1974, p.17-21.

production qui ne représente que 3/1000 de la production mondiale en 1950, atteint 1,8% du total mondial en 1960 et autour de 3% en 1970. Elle est alors présente dans plus de 50 pays à travers 210 filiales et environ 25.000 employés[1].

2/ Les grands axes de la stratégie de la CFP

Le niveau d'une croissance durable résulte des bons choix stratégiques et de la bonne gestion environnementale. Pour comprendre les choix stratégiques de la CFP, il est indispensable (méthodologiquement) de faire une séparation entre les différents facteurs environnementaux. La matrice SWOT, utilisée aujourd'hui comme instrument efficace de diagnostic environnemental d'entreprise[2], peut servir de méthode d'évaluation historique des choix stratégiques effectués par la compagnie[3].

Tableau 3.3.8.
La matrice SWOT de H. Weilhich

	Interne	Externe
Bon	FORCES	OPPORTUNITES
Mauvais	FAIBLESSES	MENACES

Source : Pascal Reysset et Tierry Widemann, *La pensée stratégique*, PUF, Paris, 1997.

L'intérêt de cette matrice pour une telle analyse stratégique historique est qu'elle obéit à la séparation méthodologique voulue entre l'interne et l'externe. Elle permet aussi de souligner les éléments favorables à l'expansion de la CFP. Les débouchés en pétrole brut étant assurés, autant pour la CFP que pour les majors, l'analyse ne tient compte que des déterminants de la stratégie commerciale de la compagnie française. L'approche environnementale permet enfin de confronter à ses choix stratégiques les positions de l'entreprise par rapport aux grands enjeux de l'environnement. Partant de cet angle de vue, il convient ici d'examiner les éléments ayant créé le mécanisme de la forte croissance de la CFP depuis 1965.

1. *Ibid.*
2. Pascal Reysset et Tierry Widemann, *La pensée stratégique*, PUF, Paris, 1997.
3. Tito Conti, *L'autodiagnostic de l'entreprise, l'auto-évaluation : un moyen efficace pour atteindre l'excellence*, JVDS, Paris, 1997, p. 56-61.

2.1. Déterminants externes de la croissance

Les opportunités constituent le domaine d'action dans lequel le projet peut espérer jouir d'un avantage différentiel. Une entreprise porteuse d'un projet aura un avantage différentiel lorsque ses compétences propres lui permettront d'exploiter une opportunité plus facilement que ses concurrents. C'est-à-dire lorsqu'elle peut exploiter les facteurs clés de succès plus facilement.

2.1.1. L'émergence d'un large marché de consommation en France et en Europe

Pour une société intégrée comme CFP, l'augmentation de la consommation en France et en Europe se reflète l'étendue de l'opportunité de développement.

2.1.1.1. Le marché français : un rythme de croissance soutenu

Les importations de pétrole brut, qui sont restées stables au niveau de 55 millions de tonnes de 1962 à 1967, s'élèvent à 66 millions de tonnes en 1970, à 110 millions de tonnes en 1972, pour atteindre 161 millions en 1973[1].

1. Union des chambres syndicales de l'industrie du pétrole, L'industrie française du pétrole 1973,

Graphique 3.3.2.

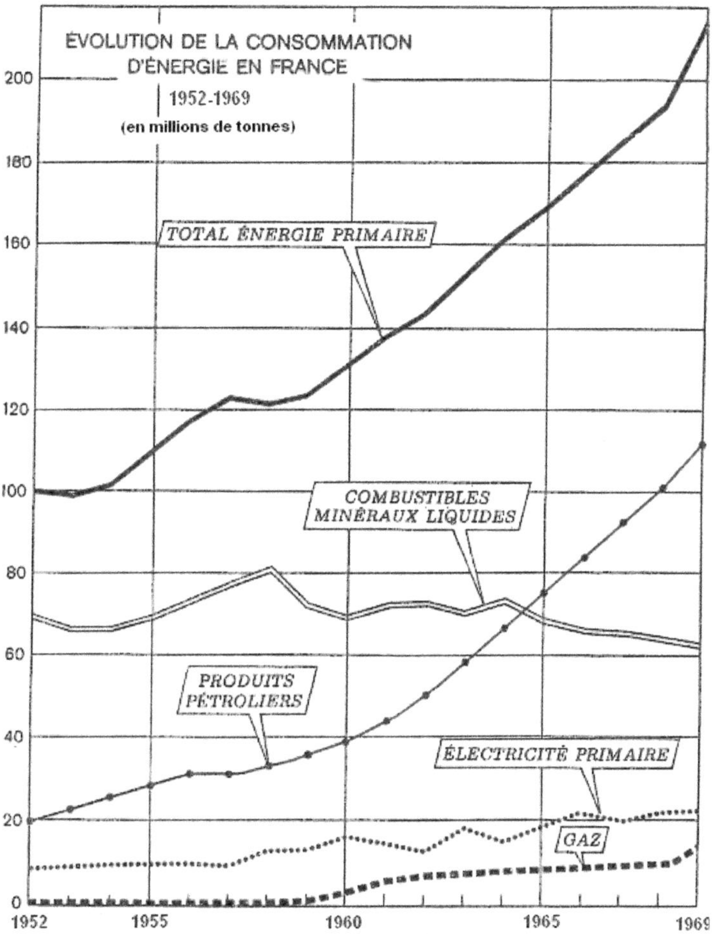

Source : Henri Madelin, *Pétrole et politique en Méditerranée occidentale*, Fondation nationale des sciences politiques, Paris, 1973, p. 118, d'après le Comité professionnel du pétrole.

Le graphique montre de façon nette une augmentation constante des importations des produits pétroliers et du gaz.

2.1.1.2. Le marché européen : une grande opportunité pour la CFP

A la fin des années 1960, l'Europe Occidentale (la CEE)[1] consomme 27% des produits Pétroliers et dispose d'une capacité de traitement

1. Allemagne (RFA), Belgique, Luxembourg, Pays-bas, France et Italie.

qui représente 28% de la capacité mondiale[1]. L'offre et la demande de produits pétroliers sont donc équilibrées et les échanges de produits finis avec les autres contrées sont marginaux. Dans tous les pays européens, la croissance de la consommation a été importante, de l'ordre de 12%. Cette croissance est plus rapide que celle enregistrée aux États-Unis (5%) mais inférieure à celle du Japon (+ 24%).

L'on peut regrouper les différents produits pétroliers en trois ensemble : les produits légers (GPL, carburants, naphtas), les distillats moyens (kérosène, gaz, diesel, oil), les produits lourds (fuels, bitumes, lubrifiants). On constate alors une grande stabilité de la part respective de ces catégories dans la consommation européenne, des compensations apparaissant dans les regroupements qui sont fait dans ces trois ensembles. Par exemple, les naphtas se développent beaucoup plus vite que les carburants, mais l'ensemble des produits légers accroissent leur production à peu près au même rythme que les distillats et les fuels[2].

TABLEAU 3.3.9.
Structure des différents marchés européens en 1968
(en pourcentage)

Pays	Essence	Gas-oil Diesel-Oil	Fuel-oils lourds	Autres produits	**Total**
Allemagne (RFA)	14,1%	44,7%	23,5%	17,7%	**100%**
Belg. - Lux.	10,6%	36,5%	34,2%	18,7%	**100%**
France	17,0%	46,6%	21,6	14,8%	**100%**
Italie	14,1%	27,9%	40,9%	21,3%	**100%**
Pays-bas	12,4%	27,3%	39,0%	21,3%	**100%**
Total C.E.E.	**14,4%**	**39,3%**	**29,1%**	**17,2%**	**100%**

Source : *Pétrole*, 1968.

De ce tableau, il ressort des différences très importantes entre les différentes zones de consommation européennes. Les pays méditerranéens se caractérisent par une très grosse consommation de fuel lourd et une consommation relativement faible de distillats alors que le centre de l'Europe est un gros consommateur de distillats et un consommateur relativement faible de

1. *Produits pétroliers. Marché européen*, collection des « analyses des secteurs, DAFSA, 2è trimestre, 1972.
2. *Ibid.*

fuel lourd. Ceci est dû à la fois à des raisons liées à la structure industrielle de ces pays et au type d'énergie disponible localement.

En ce qui concerne les prix, on distingue deux marchés principaux, celui des carburants et celui des fuels. Le premier se caractérise par une certaine inélasticité de la demande aux prix, aucun autre produit ne concurrençant les carburants dans leur emploi. La part des taxes dans le prix de vente y est considérable (jusqu'à 78%) ; elle représente l'essentiel des taxes perçues sur les produits pétroliers par les différents États. En France, cette part s'élève à 93% en 1970 et à 10% environ sur l'essence pour compenser partiellement l'augmentation du prix de revient des produits pétroliers, la fiscalité française est de nouveau la plus lourde de l'Europe[1]. Le marché des fuels, au contraire, est un marché où la concurrence s'exerce de façon sévère entre les différentes formes d'énergie. La part des taxes y est beaucoup plus faible et la fiscalité constitue davantage un outil de politique énergétique (protection des autres sources d'énergie) qu'une source de revenus[2].

Dans l'ensemble, la part de l'Europe dans les importations mondiales augmente sans cesse. Dans un objectif de sécurité consécutivement à la crise de 1967[3], elles passent de 27 millions de tonnes à 317 millions de pétrole brut en 1968[4]. Dès 1970, la progression de la consommation dans l'Europe occidentale est d'environ 10%, celle de la Communauté européenne est de 12% environ. Cette progression est nettement moins forte aux États-Unis (5%), mais plus élevée au Japon (17%)[5].

TABLEAU 3.3.10.
Taux de croissance de la consommation pétrolière en Europe par pays en 1970/1969

France	Allemagne	Italie	Belg. Lux.	Pays Bas	Total CEE
15%	11%	14%	11%	10%	12%

Source : Direction des Carburants, *Activité de l'industrie pétrolière 1970,* Ministère du développement industriel et scientifique, DICA, 1970, p. 27.

1. *Produits pétroliers. Marché européen,* collection des « analyses des secteurs, DAFSA, 2è trimestre, 1972, p. 3.
2. *Ibid.*
3. En 1967, 40% des approvisionnements pétroliers européens passent par la canal de Suez. Henri MADELIN, *Pétrole et politique en méditerranée occidentale,* Presses de la fondation nationale des sciences politiques, Paris, 1973, p. 42.
4. *Ibid.*, p. 31.
5. Direction des Carburants, *Activité de l'industrie pétrolière 1970,* Ministère du développement industriel et scientifique, DICA, 1970, p. 27.

Le taux de croissance des marchés de la Communauté Européenne tend à diminuer mais est resté relativement élevé en 1970. Cela montre bien que ces marchés sont encore bien loin d'être saturés et que la croissance des besoins reste un phénomène général. La France en 1970 est le pays dont l'économie est la plus dépendante des consommations pétrolières.

En 1973, elles atteignent les 700 millions de tonnes de pétrole brut et 40 millions de tonnes de produits raffinés[1]. Les estimations de l'époque montrent que les besoins totaux de pétrole de l'Europe doubleraient de 1970 à 1980 et attendraient en 1985 près de 1,5 milliard de tonnes par an. Comme les ressources européennes de brut en mer du Nord demeureront marginales par rapport à l'accroissement des besoins, l'Europe verra s'accroître sa dépendance énergétique vis-à-vis des pays tiers et notamment des pays en voie de développement[2]. L'un de ses principaux problèmes en matière pétrolière devient donc la sécurité de ses approvisionnements. Quel rôle joue la CFP pour assurer l'approvisionnement français et européen ?

2.1.2. Des rapports durables avec les pays producteurs : un réalisme de la CFP et un volontarisme de l'État

La dépendance, jusque-là, du pétrole venant du Moyen-Orient impose un soutien diplomatique fort et spécial à la CFP notamment en Irak.

2.1.2.1. La double initiative État-CFP

Le réalisme de la politique de la CFP l'amène à choisir le Moyen-Orient comme premier terrain d'application. La région recèle les plus grosses réserves connues au monde[3], bien placées du point de vue de la géographie de la consommation comme pouvant répondre aux besoins de la France et de l'Europe sur le long terme. De plus, la variété des bruts de la région du Moyen-Orient convient aux installations de raffinage de la CFP. Mais, si le Moyen-Orient présente bien des avantages en matière de coût et de réserves, les tensions politiques dans la région deviennent menaçantes pour garantir des approvisionnements réguliers.

---

1. Union des chambres syndicales de l'industrie du pétrole, *L'industrie française du pétrole 1973*, 1973, p. 9.
2. Henri Madelin, *Pétrole et politique en méditerranée occidentale*, *op. cit.*, p. 38-47.
3 Archives Total, 00AH001 / 128, BIP n° 3806 : Les grandes dates pour l'OPEP et les appauvrissements pétroliers mondiaux au début de la décennie à la fin de 1978.

L'émancipation de pays parfois pétrolifères, suite à la création de l'OPEP en 1960[1], et la hausse de la consommation d'énergie, surtout sous sa forme pétrolière, nécessitent une anticipation de l'État. Le contexte des années 1960 reste tout de même favorable car l'influence de l'OPEP demeure marginale sur le marché pétrolier[2]. Les acteurs certes plus nombreux que par le passé mais encore dominés par des compagnies intégrées du puits jusqu'à la pompe, transport compris, sur lequel les prix sont stables et assez peu rémunérateurs pour les pays producteurs[3]. Mais, compte tenu de l'instabilité au Moyen-Orient (comme en Algérie ou au Gabon), la situation reste risquée. Ainsi, la France apporte :

– une politique industrielle volontariste conjuguant intérêts privés et nationaux au sein des deux compagnies, la CFP et Elf Erap.

– et une diplomatie mêlant les liens traditionnels avec l'ex-empire avec des initiatives nouvelles comme la notion d'accord État-État. Les sources d'approvisionnement sont diversifiées : contrat avec NIOC (National Iranian Oil Company) le 27 août 1966 et avec l'INOC (Iraq National Oil Company) le 4 février 1968[4]. Ces contrats voient les compagnies étrangères agir comme prestataires de service. « Ils prennent la forme d'une assistance technique, rémunérée en pétrole brut ou en gaz naturel, ou de contrats d'agence : l'entrepreneur n'est remboursé de ses travaux de recherche qu'en cas de découverte, et reçoit en contrepartie le droit d'acquérir à prix préférentiel une part de la production des gisements qu'il a contribué à découvrir »[5].

Cette double approche est reflétée par l'existence de deux compagnies distinctes, la CFP et Elf-Erap. La CFP, plus indépendante des pouvoirs publics, continue à agir indépendamment, mais toujours avec le soutien de l'État. Au Moyen-Orient, l'État met tout son poids aux cotés de la CFP pour mener une coopération internationale bien particulière :

1. J. Montel, « Concession Versus Contract », in Zuhayr M. Mikdashi, Sherill Cleland, Ian Seymour, *Continuity and Change in the World Oil Industry*, The middle East Research and Publishing Center, Beirut, 1970, p. 103-117.
2. Même au moment de la guerre de Six Jours 1967, la crise n'était que passagère. Le gouvernement irakien du général Aref fait occuper militairement les installations de l'IPC et décrète un embargo contre les pays soutenant Israël. Cet embargo ne dure guère et le sommet arabe réuni en septembre 1967 à Khartoum y met un terme. Voir : Pierre Razoux,, *La Guerre dis Six Jours 5-10 juin 1967 : du mythe à la réalité*, Economica, Paris, 2004.
3. *Bulletin de l'industrie pétrolière*, n° 10012, 15 janvier 2004, p. 6.
4. Archives Total, Fonds du Centre de Documentation et de Synthèse (CDS), 89.16/41 : Chronologie pétrolière 1974.
5. Alain Beltran et Sophie Chauveau, *Elf Aquitaine. Des origines à 1989*, *op. cit.*, « Les contrats pétroliers », p. 156.

> « La CFP a toujours été soucieuse de faire de l'activité industrielle un moyen privilégié d'entente avec les pays dont le sous-sol contenait ces richesses minières. C'est une attitude résolument positive qu'elle a tenu à observer devant l'évolution politique et psychologique qui a marqué depuis deux décennies les pays du Moyen-Orient... Cette politique traduit une vocation commerciale propre à faire mentir l'image d'une France casanière, et vouée à l'exportation des seuls produits de luxe »[1].

Les relations d'interdépendance économique avec les pays du Moyen-Orient, base de la politique française, sont un élément important du développement de ces pays. C'est dire que l'activité industrielle et pétrolière ne se suffit pas à elle-même, et qu'elle débouche sur le problème des relations humaines. Des relations fécondes sont établies avec les pays des pays hôtes[2]. L'approche française permet aussi d'introduire de nombreuses sont les sociétés industrielles ou commerciales. Au premier rang de ces entreprises figurent les fournisseurs de l'industrie pétrolière, depuis les sociétés de services, jusqu'aux fabricants de matériel de forage, de production et de transport[3].

Grâce à ce même réalisme, la CFP trouve aussi une agilité à résoudre quelques situations complexes : en 1963 en Irak avec le vote de la loi 80 réduisant à moins de 2000 km² les concessions des trois sociétés exploitantes, IPC, MPC, BPC[4] ou encore à mener parallèlement les opérations de consolidation de ses intérêts dans les autres pays du golfe[5]. Ainsi, en 1972, la CFP mène un jeu habile entre ses partenaires de l'IPC (Mobil, Shell, BP, Exxon) et le gouvernement irakien, qui vient de nationaliser les champs de Kirkouk (au Nord de l'Irak). Le contrat décennal signé entre Paris et Bagdad lui permet pratiquement de ne pas être touchée par cette nationalisation des gisements de l'IPC et de la MPC 1972[6]. Tant pour les quantités de brut livrées que pour le prix[7].

L'expérience de la CFP en Irak porte ses fruits à Alger. Après la nationalisation décrétée à Alger 1971[8], et contrairement à Elf, la CFP, une fois indemnisée, décide d'aider la SONATRACH et établit avec elle

1. Archives Total, 92 AA 091 : René Montaigu (ancien Directeur Général Adjoint de la CFP), « Présence pétrolière de la France au Moyen-Orient », 1970.
2. *Ibid.*
3. *Ibid.*
4. Emmanuel Catta, *Victor de Metz, de la CFP au Groupe Total, op. cit.*, p. 295-304.
5. *Ibid.*, p. 304-311.
6. En février 1973, L'IPC accepte la nationalisation contre une indemnisation de quinze millions de tonnes de pétrole livrées aux ports de Banias et de Tripoli. Archives Total, Fonds du Centre de Documentation et de Synthèse (CDS), 89.16/41 : Chronologie pétrolière 1974.
7. *Le Nouvel Economiste*, n° 298, 10 Août 1981, p. 23-24.
8. L'Algérie nationalise à 51% son pétrole et à 100% son gaz.

de nouveaux rapports[1]. Il faut rappeler qu'à cette époque, l'Algérie entreprend une politique pétrolière qui contribue à détacher le pays des rapports de domination qu'exerce « le centre » capitaliste[2]. Par un même réalisme, la CFP en devient même la principale associée.

2.1.2.2. Des rapports pour contenir la crise

Grâce aux rapports privilégiés, la CFP sera-t-elle le plus grand gagnant du retournement de la situation en faveur des pays producteurs[3] qui commence à la fin des années 1960 ? Trois conférences décisives de l'OPEP à Caracas (décembre 1970), Téhéran (février 1971) et Tripoli (avril 1971) amorcent une longue période de hausse des prix du baril tout en réduisant l'influence des *Majors*[4]. Il faut rappeler que la demande mondiale d'énergie, et en particulier du pétrole (comme il est montré plus haut), continuent à croître régulièrement. Certaines insuffisances d'investissements, notamment en moyens de transport, des difficultés et des retards dans la mise en exploitation de nouveaux gisements[5] se conjuguent avec la forte demande de l'Europe, du Japon et le développement des achats aux États-Unis. La difficulté de dialogue Nord-Sud[6] fait basculer le marché mondial d'une situation caractérisée par la domination des acheteurs à celle dominée par les vendeurs en 1974.

L'essentiel de la production de la CFP étant en Irak et dans d'autres pays de l'OPEP (60% environ)[7], le groupe subit des conséquences néfastes au départ de la crise. Dès 1974, les activités du raffinage de la CFP, comme celles des autres compagnies, subissent la concurrence des pays de l'OPEP. L'État et la CFP misent sur les rapports privilégiés développés récemment avec ce pays pour équilibrer la tendance. Un accord de coopération économique et technique est signé le 12 mars 1974 à Bagdad entre les deux pays, comportant l'octroi à l'Irak de crédits

1. *Le Nouvel Economiste*, n° 298, 10 Août 1981, p. 23-24.
2. S. A. Gozali et G. De Bernis, « Les hydrocarbures et l'industrialisation de l'Algérie », *Revue Algérienne des Sciences Juridiques, Economiques et Politiques*, vol. 6, n°1, mars, 1969, cité in Jean Pierre Angelier, *La rente pétrolière. Eléments pour une interprétation théorique de la structure des prix des produits de l'industrie pétrolière internationale*, Editions du CNRS, Paris, 1976, p. 76.
3. Marwan Iskander, « Economic development plans in oil exporting countries and their implications for oil production targets », in Zuhayr M. Mikdashi, Sherill Cleland, Ian Seymour, *Continuity and Change in the World Oil Industry*, The middle East Research and Publishing Center, Beirut, 1970, p. 39-63.
4. Voir : Pierre Terzian, *L'étonnante histoire de l'OPEP*, Editions Jeune Afrique, Paris, 1983.
5. Direction des Carburants, *Activité de l'industrie pétrolière 1970, op. cit.*, p. 15-21.
6. Voir : Pedro H. Van Meurs (Dir.), *Le problème de l'énergie et le dialogue Nord-Sud*, Colloque international d'économie pétrolière, Université Laval, Québec, 1981.
7. Archives du Centre de Documentation et de Synthèse (CDS) à Total, 89.16/39 : Conférence sur l'énergie : le groupe Total, septembre 1974.

français totalisant 500 millions de dollars. Les deux pays signent également un document indiquant les projets qui pourraient être réalisés en commun dans les différents secteurs de l'industrie pétrolière, de l'exploitation des richesses minérales et de l'agriculture.

Dans cette même perspective, la CFP renforce de nouveau sa stratégie de diversification géographique. Celle-ci se traduit d'abord par la reprise de l'exploration en France (Villeperdue, Melun). Elle participe dès 1975 aux forages sur le permis de la mer d'Iroise. Les mêmes années, Total Hispania est constituée pour des recherches offshore. On commence également l'exploration en Birmanie et en Angola, puis on développe des travaux de la Franco-tunisienne des pétroles dans le sud tunisien (la région de Sfax). Les nouveaux contrats permettent de rattraper un certain retard par rapport aux *Majors* qui bénéficient d'une plus grande diversification des ressources. Cependant, la CFP trouve l'occasion de prendre l'avantage en Irak tout en diversifiant ses recherches pétrolières. C'est ainsi que plus tard la CFP cueille les fruits de sa stratégie coopérative. En 1980, la CFP enlève environ 10 millions de tonnes de brut saharien, soit presque autant que ses enlèvements irakiens (13 millions de tonnes)[1].

2.2. *Déterminants internes de la stratégie*

Le développement de la stratégie de la CFP s'appuie en interne sur un régime d'importation jusque là très favorable (loi de 1928), mais également sur une stratégie de diversification permettant de rattraper un certain retard notamment en matière de pétrochimie. La matrice suivante, inspirée de la matrice SWOT, offre un angle d'attaque pertinent pour cette analyse. Elle se base sur deux critères : l'importance et la performance.

	Important	Peu Important
Performant (forces)	Forces à entretenir	Fausse force
Peu performant (faiblesses)	Faiblesses à combattre	Facteurs secondaires

On peut ainsi évaluer dans quelle mesure la CFP-Total a pu répondre aux exigences de son développement.

1. *Le Nouvel Economiste*, n° 298, 10 Août 1981, p. 23-24.

2.2.1. La CFP bénéficie d'un cadre juridique favorable à son développement

L'un des tous premiers éléments déterminant la stratégie de la CFP est la marge de manœuvre exprimée par l'État, que ce soit par la législation ou par sa présence aux conseils d'administration de la CFP.

2.2.1.1. L'État comme acteur et protecteur au sein de la CFP

L'un des éléments environnementaux internes est le rôle de l'État. Bien que traditionnellement considéré comme un facteur externe, son rôle est à la fois interne et externe. Les principes régissant les rapports entre la CFP et l'État jusqu'aux débuts des années 1990[1] sont celles fixés par des conventions et notamment la loi du 25 juillet 1931[2]. La participation de l'État peut aller jusqu'à 35% du capital avec un supplément de droit de vote allant jusqu'à 10%. Deux commissaires du Gouvernement sont ayant les mêmes pouvoirs que les administrateurs, ainsi que des droits spécifiques. La nomination du président de la CFP doit être approuvée par arrêté de deux ministres. Cependant, le fonctionnement interne de la Compagnie est proche de celui de toute entreprise privée.

Par ailleurs, la législation pétrolière française joue un rôle interne au sein de la CFP en raison du caractère mixte de l'industrie pétrolière française. La législation est donc l'instrument de décision indirect qui oriente le développement de la compagnie pétrolière. Le régime du pétrole en France est celui d'un monopole d'importation régit par la loi de mars 1928. La coopération institutionnelle et économique entre pays européens ne met pas fin à ce régime. Le traité de Rome du 25 mars 1957 vise entre autres objectifs, dans l'optique d'une politique commune d'énergie, à une unification des réglementations pétrolières des états membres, notamment par son article 37. Celui-ci prévoit l'élimination ou la transformation de certaines pratiques nationales d'organisation du marché, au terme d'une période transitoire de douze années divisée en trois étapes d'égale durée[3].

L'élaboration d'une politique commune d'énergie suppose que les diverses formes d'énergie soient régies du moins par des accords présentant des caractéristiques assez voisines. Or, il n'en est rien puisque le

---

1. Robert Castaigne (Directeur Financier de Total en 1999), « D'une compagnie fondée à l'initiative de l'État à une société privée », *Synergies, 1924-1999 : Histoire de Total,* Magazine interne de Total, 1999, p. 22.
2. Voir : Mohamed Sassi, « Le rôle du technocrate : Ernest Mercier et la mise en place d'une industrie française entre les deux guerres », *Bulletin de l'IHTP, n° 84, Pétrole et gaz : nouvelles perspectives et outils de recherche,* Second semestre 2004, p. 6- 19, disponible également sur le web : http: / / www.ihtp.cnrs.fr / dossier_petrole / petrole_sassi.html
3. Archives Total, 92 AA 091 / 74.

Traité de Paris instaurant la C.E.C.A. concerne le charbon[1], celui de Bruxelles créant l'Euratom l'atome, et le Traité de Rome instituant la C.E.E. le pétrole, ses dérivés et le gaz naturel[2]. La marche vers une coordination des politiques nationales demeure piétinante[3].

De l'examen de la recommandation en date du 22 décembre 1969 adressée par la C.E.E. à la France[4], il ressort :

– d'une part, que le Gouvernement français, après avoir apporté certaines mesures d'aménagement du régime d'importation des produits pétroliers (accroissement progressif des contingents de pétrole et dérivés en provenance des états membres ; assouplissements accordés lors des renouvellements par décrets des 26 février 1965 et 27 février 1968 des autorisations spéciales d'importation de dérivés du pétrole, etc.), n'en continue pas moins à considérer que les pouvoirs qu'il tient de la loi du 30 mars demeurent et sont compatibles avec l'article 37 du traité de Rome ;

– d'autre part, que la C.E.E., consciente du fait que le contingentement introduit des entraves à la libre circulation du pétrole et des produits finis en provenance des autres états membres[5] et soucieuse de ne pas ignorer les effets de disparités qui demeurent en dépit des progrès que constituent les mesures prises, est prête à discuter avec le Gouvernement français des dispositions permettant, jusqu'à l'institution d'une politique commerciale pour les produits concernés, d'en pallier les effets[6].

La position du Gouvernement français n'a donc guère varié, et l'on peut estimer qu'elle n'évoluera pas sensiblement à l'avenir dans le sens souhaité par la C.E.E. Du fait qu'il considère la loi de mars 1928 compatible avec le Traité de Rome, le préciput dont bénéficie la CFR ne saurait être en bonne logique considéré par la Direction des Carburants comme contraire aux dispositions du Traité de Rome. Par souci de préserver les

1. L'entrée en scène de la C.E.C.A. a fait d'ailleurs comprendre, dès le milieu des années 1950, que les fermetures étaient inéluctables pour ajuster les charbonnages français à la compétition européenne. La France accélère la concentration des sièges d'extraction afin de ramener la production de 59 à 53 millions de tonnes en 1965. En 1968, le plan d'André Bettencourt annonce de nouvelles baisses. Jean-Pierre Williot, « Du plan Jeanneney au plan Bettencourt », Séminaire GRHEN, *Le tournant énergétique des années 1960*, mardi 9 décembre 2003.
2. Archives Total, 92 AA 091/74.
3. Voir : Armelle Demagny-Van Eyseren, « L'Europe à la recherche d'une politique pétrolière commune du Traité de Rome au premier choc pétrolier », in *Bulletin de l'IHTP*, n° 84, Second semestre 2004, p. 30-49.
4. Archives Total, 92 AA 091/74.
5. Il s'agit notamment des règles d'imputation sur les droits de mise à la consommation prévus par les autorisations d'importation.
6. Archives Total, 92 AA 091/74.

acquis de la CFR, le rôle du service public est mis en évidence à l'échelle européenne. Mais ses contours sont jusque là flous[1] en attendant un changement du contexte économique[2].

2.2.1.2. Les autorisation spéciales d'importation : opportunité ou force ?

La délégation des importations (à des sociétés accréditées par l'État) prend la forme de deux sortes d'autorisations spéciales d'importation, l'une pour le pétrole brut, l'autre pour la distribution des produits finis. Avec l'arrivée du pétrole algérien en France dès 1959, le gouvernement fait savoir que la loi de 1928, modifiée par l'ordonnance du 24 mai 1958, lui permettait d'imposer des « contrats d'intérêt national ». La CFP et la Shell acceptent de reprendre, à prix élevé[3] et en exécution du « devoir national », quelques millions de tonnes de pétrole brut « orphelin » des groupes d'État[4]. S'impose dès cette époque d'idée de former une société intégrée regroupant les sociétés de recherche et de production (Rap, BRP et leurs filiales)[5].

En novembre 1960, l'UGP est constituée au capital de 300 millions de francs[6]. La même année, l'UGP prend le contrôle de 60% de l'Union industrielle des pétroles (UIP). Celle-ci offre au groupe l'avantage d'être une société coiffant le réseau de distribution de la Caltex américaine. Les pétroles de l'Algérie et du Gabon sont importés librement et en priorité par l'UGP. Cette opportunité incite le gouvernement à trouver un moyen de favoriser le développement de ce groupe. L'importation du brut étant sous le contrôle de l'État, en réalité la Direction des Carburants (Dica).

Par le biais des « autorisations spéciales », la Dica détermine la part du marché de chaque société et fixe le prix[7]. Ainsi, les décrets Leblond

1 Jacques Percebois, « L'apport de la théorie économique aux débats énergétiques », in *Revue de l'énergie*, n° 509, « 50 ans », septembre 1999.

2. E. Cohen et C. Henry mettent en évidence le caractère incontestable de cette évolution en donnant comme exemple la distribution du pain qui a longtemps été un service public. E. Cohen et C. Henry, « Service public, secteur public », *Rapport de CAE*, La documentation française, 1997.

3. Au prix de 2,08 dollars le baril, soit 28 cents de plus que les dernières propositions des majors aux pétroliers d'État. Pierre Péan et Jean Pierre Sérini, *Les Emirs de la République. L'aventure du pétrole tricolore*, Seuil, Paris, 1982, p. 61.

4. Henri Madelin, *Pétrole et politique en méditerranée occidentale*, *op. cit.*, p. 116.

5. L'idée est de pousser leur intégration verticale jusqu'au stade de raffinage. « La création de l'UGP » : le témoignage de Jean-Marcel Jeanneney, IHTP, CNRS, 23 mars 1981, cité in Alain Beltran et Sophie Chauveau, *Elf Aquitaine. Des origines à 1989*, *op. cit.*, p. 77.

6. Elle est fruit de l'apport de la Rap (33,3%), de la SN Repal (33,3%) et du Groupe des exploitants pétroliers ou GEP (33,3%).

7. Pierre Péan et Jean-Pierre Sérini, *Les Emirs de la République. L'aventure du pétrole tricolore*, *op. cit.*, p. 56.

sont signés dès février 1963[1]. Ces décrets ramènent la durée des autorisations spéciales à dix ans. L'État a pu ainsi accorder et renouveler ces autorisations de façon discrétionnaire. Le mot importation comprend tous les produits finis mis sur le marché qu'ils soient réellement importés ou issus de raffineries nationales, puisqu'un centre de raffinage est considéré comme un territoire sous douane.

a) *Les autorisations de raffinage A 10* couvrent une période de dix ans. Leur objectif est de contrôler le secteur du raffinage et de donner un traitement au pétrole brut de la Zone Franc. Elles fixent la quantité maximum d'essence destinée à la vente en France qu'une société est autorisée à raffiner à partir du pétrole brut étranger, c'est-à-dire non produit en France ou en Zone Franc[2]. Ainsi, les quotas d'importation augmentent disproportionnellement en faveur du groupe de l'UGP.

TABLEAU 3.3.11.
Modifications des quotas d'importation à la suite du décret Leblond en février 1963

	Quotas en 1962	Quotas en 1963 et après
UGP	4,65 %[a]	14,50 %
CFP	40,15 %	37,81 %
Antar	9,525 %	9 %
Shell	16,05 %	13,605 %
BP	10,575 %	8,955 %
Esso	13,575 %	11,497 %
Mobil	5,475 %	4,628%

[a] Quotas initial de la Caltex.
Source : Alain BELTRAN et Sophie CHAUVEAU, *Elf Aquitaine. Des origines à 1989*, Fayard, Paris, 1998, p. 82.

La part de l'UGP dans les quotas d'importation augmente sensiblement en triplant. Les quotas des autres sociétés françaises (CFP et

1. Ces décrets sont au nom du Directeur des Carburants Maurice Leblond. Ils sont préparés conformément aux directives gouvernementales et publiés au *Journal Officiel* du 28 février 1963, signés par le Premier ministre Georges Pompidou et par les ministres des Finances et de l'Industrie.
2. *Produits pétroliers : Marché européen*, collection des « analyses des secteurs », Editions Dafsa, 2e trimestre 1972, p. 30.

Antar) sont légèrement réduits. Ceux des compagnies étrangères le sont nettement plus[1].

A la suite d'une recommandation de la Commission européenne visant à l'harmonisation des politiques énergétiques et à l'élimination des discrimination entre les pays membres, une augmentation des autorisations A10 a pris effet au premier janvier 1971[2]. Cette augmentation est prévue de telle façon que l'autorisation A10 puisse s'appliquer à toute l'essence raffinée aux fins de consommation intérieure, quelle que soit l'origine du pétrole brut. Ainsi, les pétroles bruts de la Zone Franc ne sont plus exclus des contingents de raffinage et perdent leur statut privilégié.

TABLEAU 3.3.12.
Contingentement français de raffinage : Autorisations A10

	1965		Janvier 1971	
	1000 t/an	%	1000 t/an	%
Sociétés internationales				
Shell				
Groupe BP	816,30	18,1	2.754,33	18,14
Esso	537,15	12,0	1.812,44	11,94
Mobil	689,92	15,3	2.327,90	15,33
	277,61	6,1	936,70	6,17
Total	2.320,98	51,5	7.831,37	51,58
Sociétés françaises				
Groupe CFP[1]	768,77	17,0	2.593,96	17,08
Elf Erap	870,00	19,4	2.935,52	19,33
Antar	540,00	12,1	1.822,05	12,00
Total	2.178,77	48,55	7.351,53	48,42
Total général	**4.499,75**	**100,00**	**15.182,90**	**100,00**

Source : *Produits pétroliers : Marché européen,* collection des « analyses des secteurs », Editions Dafsa, 2e trimestre 1972, p. 30.

1. Alain BELTRAN et Sophie CHAUVEAU, *Elf Aquitaine. Des origines à 1989, op. cit.*, p. 82.
2. *Produits pétroliers. Marché européen,* collection des « analyses des secteurs, DAFSA, 2è trimestre, 1972.

Outre les contingents individuels de raffinage A10 fixés pour un tonnage déterminé, la CFR bénéficie d'un contingent supplémentaire spécial représentant 25% du tonnage total d'essence consommée en France. Pour les sociétés qui ont à la fois des activités de raffinage et de distribution, les autorisations A10 et A3 (ci-dessous) ne sont pas cumulatives : le contingent de distribution maximum d'une société est le plus important des deux. Ceci est devenu sans signification depuis que les contingents A10 ont été relevés pour couvrir toute l'essence raffinée quelle que soit l'origine du brut utilisé[1]. Le montant total des autorisations laisse une marge importante de développement tant pour le marché global que pour chaque société.

b) *Les autorisations de distribution d'essence A3* (fixées pour trois ans). Les autorisations accordées jusqu'au premier janvier 1971 sont les suivantes :

Tableau 3.3.13.

Contingentement français de la distribution : Autorisations A3

	1968		Septembre 1970		Janvier 1971	
Sociétés internationales	1000 t/an	%	1000 t/an	%	1000 t/an	%
Shell	2150,0	14,9	2311,25	14,9	2877,5	14,9
Groupe BP	1493,0	10,3	1584,22	10,2	2002,1	10,4
Esso	2050,0	14,1	2128,50	13,7	2607,5	13,5
Mobil	775,0	5,4	833,13	5,4	1023,0	5,3
Autres	128,0	0,9	137,60	0,9	177,0	0,9
Total	6596,0	45,6	6994,70	45,2	8687,1	45,0
Sociétés françaises						
Total-CFR	4225,0	29,2	4562,50	29,5	5680,9	29,4
Elf Erap	2100,0	14,5	2257,09	14,6	2810,0	14,6
Antar	1300,0	9,0	1479,20	9,6	1841,0	9,5
Indépendants	237,5	1,7	173,23	1,1	276,0	1,4
Total	7862,5	54,4	8472,02	54,8	10607,9	55,0
Total Général	**14458,5**	**100,0**	**15466,72**	**100,0**	**19295,0**	**100,0**

Source : *Produits pétroliers : Marché européen,* collection des « analyses des secteurs », Editions Dafsa, 2e trimestre 1972, p. 31.

1. Archives Total, 92 AA 091/73.

Le groupe Total-CFR Comprend Total-Compagnie Française de distribution, 10% du contingent attribué à la Société Parisienne des Essences et les contractants de la marque Total. Elf Erap comprend la société Elf union, Elf UIP et les contractants de la marque Elf. Seule l'essence (à l'exclusion de l'essence aviation et du carburéacteur) reste contingentée. Ces contingents comprennent toutefois maintenant toute l'essence raffinée en France quelle que soit l'origine du pétrole brut utilisé pour la produire[1].

Parallèlement, il était imposé aux sociétés de raffinage – distribution de s'approvisionner dans les raffineries françaises pour 90% au moins de tous les produits que ces sociétés vendaient sur le marché intérieur. Etant donné qu'une faible partie seulement des contingents de distribution A3 était détenue par de petits distributeurs indépendants dispensés de cette obligation, les importations d'essence étrangère étaient limitées effectivement au dixième de la consommation intérieure française. L'objectif du gouvernement se trouve ainsi réalisée par le contrôle de la part de 55% du marché.

2.2.2. Diversification comme élément essentiel de la stratégie : développement de la pétrochimie

Pour toute entreprise pétrolière du milieu des années 1960, le secteur de la pétrochimie est son *vecteur de croissance*, si l'on peut prendre en considération le point de vue d'Igor Ansoff dans sa détermination des éléments fondamentaux de la stratégie d'entreprise[2]. Le vecteur de croissance, c'est la direction dans laquelle la firme s'oriente à la fois dans la fabrication et dans les débouchés. Les composantes de ce vecteur sont :

TABLEAU 3.3.14.
Les composantes du vecteur de croissance

Produits *Débouchés*	Traditionnels	Nouveaux
Traditionnels	Pénétration plus accentuée du marché existant	Effort de développement technique
Nouveaux	Extension du marché en largeur	**Diversification complète**

Source : J. WANTY et I. HALBERTHAL, *La stratégie d'entreprise à long terme*, Dunod, Paris, 1971, p. 16

1. *Produits pétroliers : Marché européen*, collection des « analyses des secteurs », Editions DAFSA, 2è trimestre 1972, p. 32.
2. Les quatre éléments sont : Le champ d'activité, son vecteur de croissance, ses avantages compétitifs et, enfin, son potentiel de synergie. Harry I. ANSOFF, « Vers une théorie stratégique des entreprises », *Economies et Sociétés*, Tome II, n° 3, mars 1968.

L'activité pétrochimique de la CFP remonte aux débuts des années 1950[1]. C'est aux États-Unis qu'est née la pétrochimie où elle a pris un développement énorme pendant la Seconde Guerre mondiale. Elle s'est d'abord principalement limitée à la fourniture du butadiène[2] nécessaire pour les caoutchoucs synthétiques et à l'extraction des aromatiques dont certains servent à la fabrication des explosifs[3]. C'est essentiellement en France, par la Compagnie Française du Raffinage, que le groupe CFP manifeste son activité en matière de pétrochimie. En 1950, la CFR commence la production de matières de base qui s'étendent plus tard dans les débuts des années 1960 à la gamme éthylène[4], propylène[5] et leurs polymères[6], qu'elle fournit à différentes usines implantées principalement à proximité des raffineries[7]. Le graphique suivant montre la montée progressive de l'utilisation du pétrole pour l'industrie chimique.

1. Archives Total, 92 AA 091/73.
2. Butadiène : Hydrocarbure insaturé (oléfine) de formule $CH_2=CH-CH=CH_2$, diène dont la polymérisation en présence de styrène ou de nitrile acrylique, fournit les principaux caoutchoucs de synthèse actuels. *Dictionnaire de la langue française, Encyclopédie : noms communs, noms propres,* 1994.
3. « L'age du pétrole », *Entreprise,* supplément au n° 547, 1966.
4. Ethylène : hydrocarbure instauré gazeux incolore de formule C_2H_6. C'est un des composants des gaz associés au pétrole dans les gisements d'hydrocarbures. Alain BELTRAN et Sophie CHAUVEAU, *Elf Aquitaine. Des origines à 1989, op. cit.,* « Glossaire », p. 353.
5. Propylène : Hydrocarbure éthylénique (comportant une double liaison entre deux de ses carbones) de formule C_3H_6 obtenu par craquage ou reformage des fractions pétrolières ou par la déshydrogénation du propane ; le propylène est une des plus importantes matières premières de la pétrochimie et la base de nombreux polymères. Alain BELTRAN et Sophie CHAUVEAU, *Elf Aquitaine. Des origines à 1989, op. cit.,* « Glossaire », p. 355.
6. Polymère : édifice composé par la répétition d'un ou de plusieurs groupes d'atomes, ou motifs, attachés les uns aux autres par des liaisons chimiques. Un polymère résulte de la réaction chimique de monomères qui constituent ensuite les motifs du polymère. Alain BELTRAN et Sophie CHAUVEAU, *Elf Aquitaine. Des origines à 1989, op. cit.,* « Glossaire », p. 355.
7. Archives Total, 92 AA 091/73.

GRAPHIQUE 3.3.3.

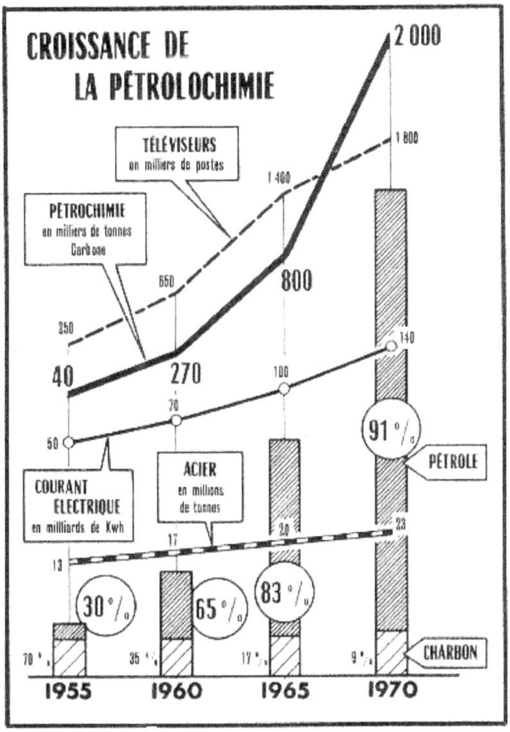

Source : *Pétrole Informations*

Comme on peut le constater, la situation des années 1960 se caractérise par le passage de l'âge de la carbochimie à l'âge de la pétrochimie.

En 1961, la CFR possède des participations importantes dans des entreprises fabricant à partir de ces matières de base des produits intermédiaires pour les détergents, les matières plastiques et le caoutchouc butyl (SOCABU) : 35% du capital de pétrosynthèse qui fabrique du dodecylbenzène, 33,3% de la société Manolène, qui fabrique du polyéthylène, 22,3% de la société SOCABU. La mise en service d'une nouvelle unité de production d'éthylène de 50.000 tonnes par an de la CFR : 50% du capital dans la société Pétroplastique qui fabriquera du polyéthylène à haute pression[1]. La CFR élargit dans ses propres raffineries la gamme de produits chimiques, tel que le montre ce tableau :

1. Archives Total, 92 AA 091/73.

TABLEAU 3.3.15.
Ce que produit la CFR en 1965/1966

	Produits et capacité de production	**Utilisations**
Raffinerie de Normandie	Ethylène : 100.000 tonnes/an Propylène	Polyéthylène, oxyde d'éthylène. Détergents, additifs, produits chimiques divers.
	Polymères de propylène : diamères, trimères, tetramères, heptènes.	Détergents, additifs, produits chimiques divers.
	Butadiène	Caoutchouc synthétique
	Base-isobutadiène	Caoutchouc Butyl
	Hydrogène sulfuré	Acide sulfurique
	Charge pour carbon black[1]	Noir de fumée
Raffinerie de Provence	Propylène : 20.000 tonnes/an	Détergents, additifs, produits chimiques divers.

Source : *L'étoile Bleue*, n°54, Eté 1966, p. 19.

A la suite de la construction par Foster Wheeler Française du four de reformage catalytique en 1956, on construit des unités auxiliaires du complexe pétrochimique de Gonfreville[2]. A la même époque, la CFR s'associe dans un premier temps au groupe Erap/Aquitaine pour créer des filiales communes réunies sous le titre d'ATO. Dès 1965, des modifications dans la structure du raffinage se sont intervenues dans le but d'obtenir davantage de produits gazeux, particulièrement utiles pour l'industrie chimique. La diversification dans la pétrochimie s'accompagne d'une augmentation des efforts d'investissements dans ce secteur

1. Carbon Black : noir de carbone. Sorte de noir de fumée, obtenu généralement en provoquant une combustion contrôlée d'hydrocarbures liquides ou gazeux avec un apport limité d'oxygène. On distingue, suivant les procédés généralement employés pour obtenir, les noirs « au four » et les noirs « au tunnel ». *L'étoile Bleue*, n° 52, 1er trimestre 1966, « Le langage pétrolier », p. 37.
2. *Pétrole Informations* n° 1309 - 29 mars / 4 avril 1974, « Les voies nouvelles du développement », p. 17-21.

dès la fin des opérations de fusion[1]. Des investissements massifs sont enregistrés dès 1966 :

TABLEAU 3.3.16.
Les investissements de la CFR dans la pétrochimie de 1964 à 1967 (en millions de francs)

Année	1964	1965	1966	1967
Investissement	8.4	4.6	29.9	19.8

Source : Archives de Total : 82.8 / 42.

Ces efforts restent, cependant, relativement limités en comparaison avec ceux du Canada et la Grande-Bretagne. Ceux-ci ont vite suivi les États-Unis en orientant leur fabrication dans ce sens[2]. En Europe continentale, le développement de la pétrochimie a été tardif parce que les principaux produits chimiques de synthèse étaient issus de la distillation de la houille. Un nouvel effort d'investissement à niveau très supérieur est nécessaire pour lui permettre d'acquérir la position qu'elle peut revendiquer en ce domaine.

Dès lors, les capacités du groupe CFP-Total n'ont pas cessé de croître préparant ainsi des conditions favorables pour l'entrée dans l'ère de la pétrochimie. Ainsi se créé Total-Chimie en 1968, comme filiale de la CFP/CFR. Celle-ci s'unit à Hoechst pour réaliser une unité pétrochimique au Havre. Les résultats de cette stratégie d'investissements se reflètent au niveau national comme le démontre le graphique plus haut. Il en résulte que les activités pétrochimiques des deux groupes pétroliers français se concentrent en 1969. Le groupe Erap/SNPA forme l'Union Chimique Elf Aquitaine (UCEA). Ce dernier constitue à son tour à part égale avec Total Chimie la Compagnie de Pétrochimie qui met en commun les moyens des deux groupe.

1. Archives de Total : 82.8 / 42.
2. « L'age du pétrole », *Entreprise*, supplément au n° 547, 1966.

GRAPHIQUE 3.3.4.
La situation de l'industrie pétrolière française en 1970

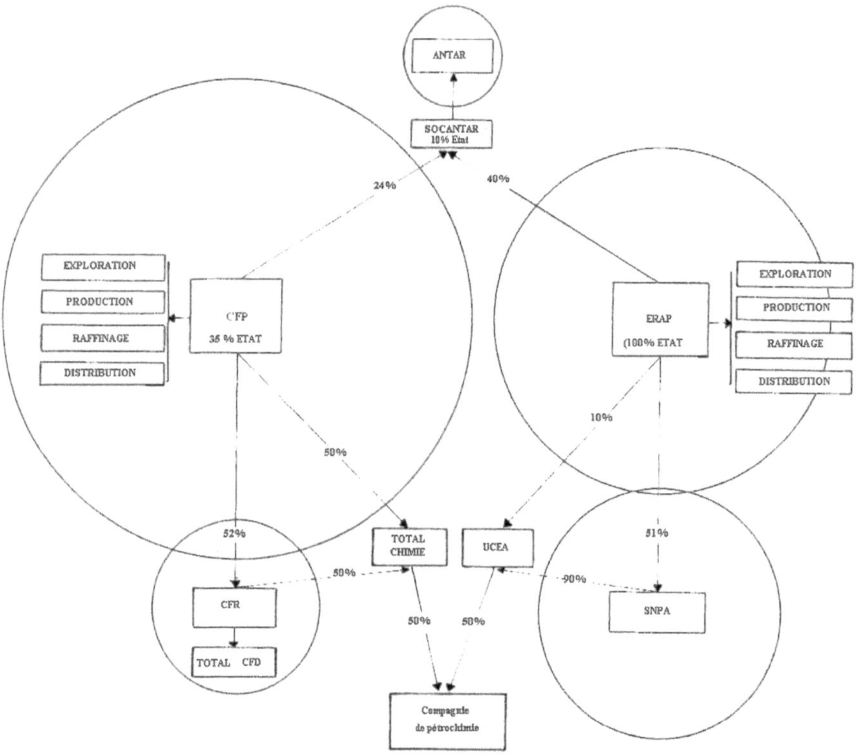

L'activité pétrochimique semble donc transformer la structure du marché français. Elle représente un point de rapprochement entre la CFP et l'Erap.

Mais ce n'est pas tout, car le groupe CFP s'engage dès 1970-1971 dans l'énergie nucléaire. On commence alors à créer une filiale de recherche de minerai d'uranium, Total Compagnie Minière et Nucléaire. Celle-ci entreprend des travaux de prospection en Australie, en Afrique du sud et en Mauritanie[1]. Cette diversification dans l'activité de la CFP qui s'ajoute au développement de son réseau en France et dans le monde impose t-elle une réflexion nouvelle sur une structure d'organisation adéquate ?

1. *Pétrole Informations* n° 1309 - 29 mars / 4 avril 1974, p. 20.

3/ Évolution de la structure d'organisation

Il est certain qu'avec le développement de l'activité de la CFP et surtout avec l'entreprise de la diversification, une remise en ordre au sein de ses directions s'impose. Mais, quel modèle peut elle adopter ?

3.1. Une logique de filières de production

L'organisation de l'industrie pétrolière se fait selon la séparation conventionnelle entre amont pétrolier : exploration et production d'une part, et l'aval pétrolier : raffinage, distribution et pétrochimie d'autre part. Ce « découpage du système productif » est à l'origine de la logique de filière[1] dans l'industrie pétrolière. La filière est, en fait, une forme particulière de la stratégie d'intégration horizontale au sein d'une seule activité de l'entreprise. Certains théoriciens expliquent la diversification selon la logique de filière. Pour eux, elle est un moyen pour l'entreprise d'étendre ses compétences technologiques à d'autres activités appartenant à la même filière[2]. Cela est valable pour l'industrie pétrolière, organisée selon des stratégies liées à une famille de produits[3]. Selon la définition de D. Soulié, « une filière est composée de la succession des étapes technologiques de production distinctes et séparables, associées à l'utilisation d'une ressource donnée ou à l'obtention d'un produit déterminé »[4].

La filière comprend le potentiel d'intégration verticale dans une industrie, mais elle ne s'y limite pas. Elle peut englober plusieurs industries qui sont liées par les technologies ou les produits. Ainsi, la filière du raffinage regroupe plusieurs produits repartis en catégories et fabriqués selon des procédés divers. Il en est de même pour la filière de la pétrochimie, ou encore pour la distribution qui touche à plusieurs segments de clientèle. La concentration des entreprises par la fusion (Desmarais Frères pour la distribution) ou le regroupement d'activités (le cas de la pétrochimie CFP/SNPA) résulte, dans le fonds, de la recherche d'équilibre entre filières. En d'autres termes, il permet d'avoir la taille optimale

1. Yves Morvan, *Fondements de l'économie industrielle*, 2è édition, Economica, Paris, 1991, p. 243-275.
2. J. H. Lorenzi et J. L. Truel, *Se diversifier par les stratégies de filières*, Harvard l'Expansion, n° 19, Hiver 1980/81, p. 37-55.
3. Par opposition à la stratégie « conglomérale », selon la terminologie utilisée par Jean-Pierre Daviet, « Stratégie et Structure chez Saint-Gobain : un modèle français des les années 1930 » in *Entreprises et Histoire* n°1, Avril 1992, p. 42-60.
4. Daniel Soulié, « Compétitivité, rentabilité et stratégie de filière », in R. Percerou, *Entreprise, Gestion et Compétitivité*, Economica, Paris, 1984.

nécessaire pour chaque filière afin de répondre au besoin d'intégration verticale. Les adaptations structurelles tiennent compte de l'importance de chaque filière.

3.2. Métamorphose de la structure organisationnelle : la recherche de l'efficience

L'élargissement de la CFP impose non seulement un mode de gestion nouveau[1], mais surtout de trouver une synergie nouvelle entre les entités fusionnées ou regroupées. Il s'agit de conserver une cohérence d'ensemble de l'entreprise et de s'appuyer sur ses forces pour entrer dans de nouvelles activités. Dans la littérature de gestion, synergie et diversification sont des concepts inséparables. Harry Igor Ansoff définit la synergie comme l'effet 2+2=5 par lequel la firme peut obtenir de l'exploitation de ses ressources un rapport combiné supérieur à la somme de ses éléments[2]. Comme l'organisation pétrolière s'appuie sur des apprentissages et des routines, l'organisation doit tenir compte de cet impératif. Ce défi implique des « compétences davantage organisationnelles qu'individuelles »[3].

En outre, avec les grandes opérations de diversification (notamment la création de Total-Chimie) et face à ce changement de taille lié au développement interne et externe, le groupe CFP se trouve confronté à de gros travaux de restructuration. D'autre part, en France, la recherche de nouvelles structures d'organisation devient un phénomène général dès les débuts des années 1960[4]. En France comme dans d'autre pays de l'Europe, on tend vers l'adoption du modèle multidivisionnaire au fur et à mesure que la diversification des plus grands groupes s'accentue[5]. Les dirigeants de la CFP sont contraints à reconsidérer l'ensemble des stratégies suivies, à inventer de nouvelles politiques, et à réfléchir à des

1. Voir : Chapitre 8.
2. Igor H. Ansoff, *Corporate Stratgy*, McGraw Hill, New York, 1965.
3. G. Dosi, D. Teece, S. Winter, « Les frontières de l'entreprise : vers une théorie de la cohérence de la grande entreprise », Revue d'économie industrielle, n°51, 1er trimestre, 1990, p. 243. Les auteurs ne méprisent pas la compétence individuelle, mais considèrent que leur valeur dépend de leur emploi dans des montages organisationnels particuliers. (*Ibid.*)
4. Patrick Fridenson, « France : the relatively slow development of big business », in A. D. Chandler, F. Amatori, and T. Hikino, (eds.), *Big business and the Wealth of Nations*, Cambridge University Press, Cambridge, 1997. p. 207-245. Voir aussi : E. Campagnac, « Système d'organisation et culture d'entreprise : l'histoire de Bouygues » in P.-J. Bernard et J.-P. Daviet (dir), *Culture d'entreprise et innovation*, Presses du CNRS, Paris, 1992, p. 25-39.
5. Voir : Youssef Cassis, *Big Business. The European Experience in the Twentieth Century*, Oxford University Press, London,1997.

modes d'organisation adaptés à son objectif. Cela doit tenir compte de la propre histoire du groupe.

La CFP, plus que jamais préoccupée par la question organisationnelle, tente de faire preuve de beaucoup de créativité dans sa recherche d'un mode d'organisation adéquat. Elle se trouve confronté à des possibilités de choix très divers. D'un coté, il y a la possibilité d'adoption de modèles issus de la grande entreprise française, tels que Saint-Gobain ou Pechiney qui font figure, au milieu des années 1960, d'entreprises ayant fait leurs preuves au niveau organisationnel. On procède, dès 1966, dans différentes directions à tester de différentes solutions de conseil[1]. Des comparaisons se font également avec l'organigramme de l'Erap (au niveau raffinage-distribution) et Antar[2].

D'autre part, il y a la possibilité d'adoption d'un modèle d'organisation importé. On passe alors en revue les différentes solutions adaptées par les concurrents étrangers pour faire face aux changements récents de l'environnement. La spécificité « des actifs » de la CFP nécessite une réflexion approfondie dans la quête de la structure adéquate. Ainsi, dans les premiers contacts pris avec McKinsey en 1970, on souligne l'importance de plusieurs points concernant la problématique propre à Total. Il s'agit principalement du concept de l'unité de commandement CFP/CFR, comme il l'a mentionné Victor de Metz en décembre 1967[3], et de la place faite aux unités fonctionnelles[4].

1. Ludovic Cailluet, « McKinsey, Total-CFP et la M-Form. Un exemple français d'adaptation d'un modèle d'organisation importé », *Entreprises et Histoire*, n° 25, 2000, p. 34.
2. Archives Total, 89.16/39 : Conférences sur l'énergie.
3. « ... Pour développer les activités du Groupe dans le domaine du raffinage, de la recherche et de la pétrochimie, il est nécessaire de coordonner ses efforts ; dans ce but la CFP et la CFR constituent une société à part égale », séance du conseil d'administration du 6 décembre 1967, cité in Emmanuel Catta, *Victor de Metz, de la CFP au Groupe Total, op. cit.*, p. 406.
4. Archives Total, 83.12/1 : Lettre de F. Berbigier (de la CFP) à L. Bouvard (de McKinsey) du 11 décembre 1970.

GRAPHIQUE 3.3.5.
Organigramme de la CFP, janvier 1969

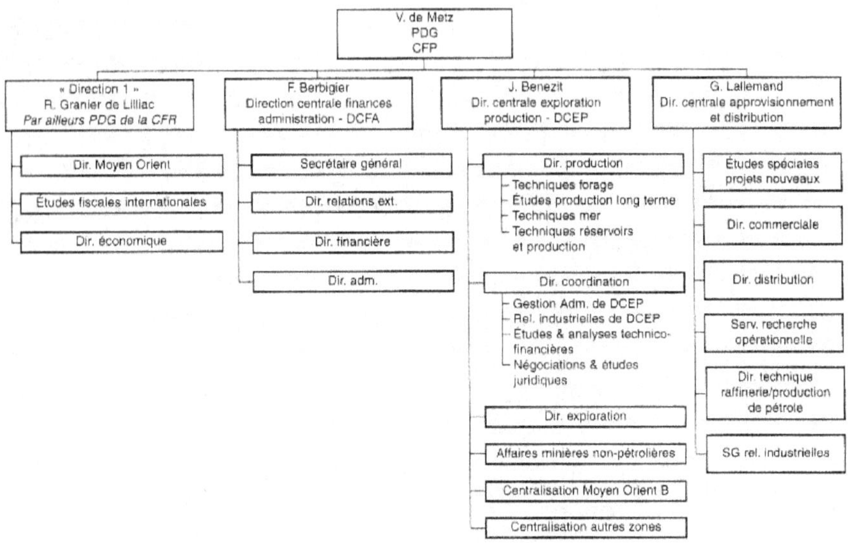

Source : Archives Total, 89-1/2, selon Ludovic Cailluet, « McKinsey, Total-CFP et la M-Form. Un exemple français d'adaptation d'un modèle d'organisation importé », *Entreprises et Histoire*, n° 25, 2000, p. 30.

L'analyse récente de l'interaction entre la stratégie et la structure dans les grandes firmes met en évidence les conditions pour une firme performante[1]. Basée sur les économies des coûts de transaction, elle décrit un cadre théorique permettant de déterminer les frontières de la firme et les mécanismes qui contribuent à sa performance dans ces frontières :

1. Voir : Staffan CANBACK, Philip SAMOUEL, David PRICE, "Strategy and Structure in Interaction: What Determines the Boundaries of the Firm", http://canback.com/strastru.pdf

GRAPHIQUE 3.3.6.
Cadre théorique de l'interaction stratégie/

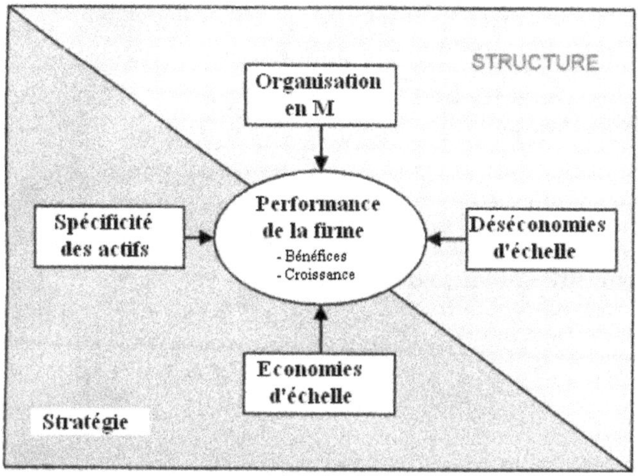

Source : Staffan Canback, Philip Samouel, David Price, "Strategy and Structure in Interaction: What Determines the Boundaries of the Firm", http://canback.com/strastru.pdf

Le graphique montre que les quatre mécanismes en corrélation influent sur la performance de la firme. Deux facteurs sont stratégiques : la *spécificité des actifs* et les *économies d'échelle*. Deux facteurs sont structurels : la *forme en M* et les *déséconomies d'échelle*. Oliver Williamson estime que les frontières de la firme peuvent s'élargir en adoptant une structure appropriée[1].

Basée sur les travaux pionniers d'Alfred Chandler sur l'évolution de la firme américaine[2], Oliver Willamson démontre que la forme en M diminue les coûts de transaction internes par rapport à l'organisation en U. Pour lui, la spécificité des actifs est l'élément le plus important dans la détermination du degré d'intégration[3]. Ce fait se confirme dans le cas de la CFP puisqu'il s'avère impossible d'adopter ni le modèle de la Shell, ni celui d'Esso. La spécificité des actifs de la CFP, et en particu-

1. Oliver WILLIAMSON, *Markets and Hierarchies : Analysis and Antitrust Implications*, Free Press, New York, 1975, p. 117.
2. Alfred CHANDLER, Jr, *Strategy and Structure : Chapters in History of the American Industrial Enterprise*, MIT Press, Cambridge, 1962.
3. M. RIORAN et O. WILLIAMSON, "Asset Specificity and Economic Organisation", *International of Industrial Organisation*, n° 3, 1985, p. 365-378.

lier son rapport au sein de l'activité pétrochimique avec la CFR[1] avec ATO (filiale commune avec l'Erap), fait aussi qu'elle ne peut adopter littéralement le modèle proposé initialement par McKinsey[2]. Ainsi, le choix de la CFP se dirige, en fin, vers une offre standard mais innovante.

Les échanges avec McKinsey aboutissent à un système d'organisation multidisciplinaire, une séparation entre unités opérationnelles et directions fonctionnelles (staff & line) avec une distinction entre décision stratégique et décision de pilotage. Chaque division a sa propre direction, sa structure fonctionnelle et fonctionne comme une « quasi-firme ». Après un échange d'idées avec les dirigeants de Total-CFP, on met en place la structure suivante dès 1974 :

1. Voir : Emmanuel Catta, *Victor de Metz, de la CFP au Groupe Total, op. cit.*, « Orientation nouvelles », p. 403-416.
2. Ludovic Cailluet, « McKinsey, Total-CFP et la M-Form. Un exemple français d'adaptation d'un modèle d'organisation importé », *Entreprises et Histoire*, n° 25, 2000, p. 36.

GRAPHIQUE 3.3.7.

Organigramme de Total après l'intervention Mckinsey, août 1974

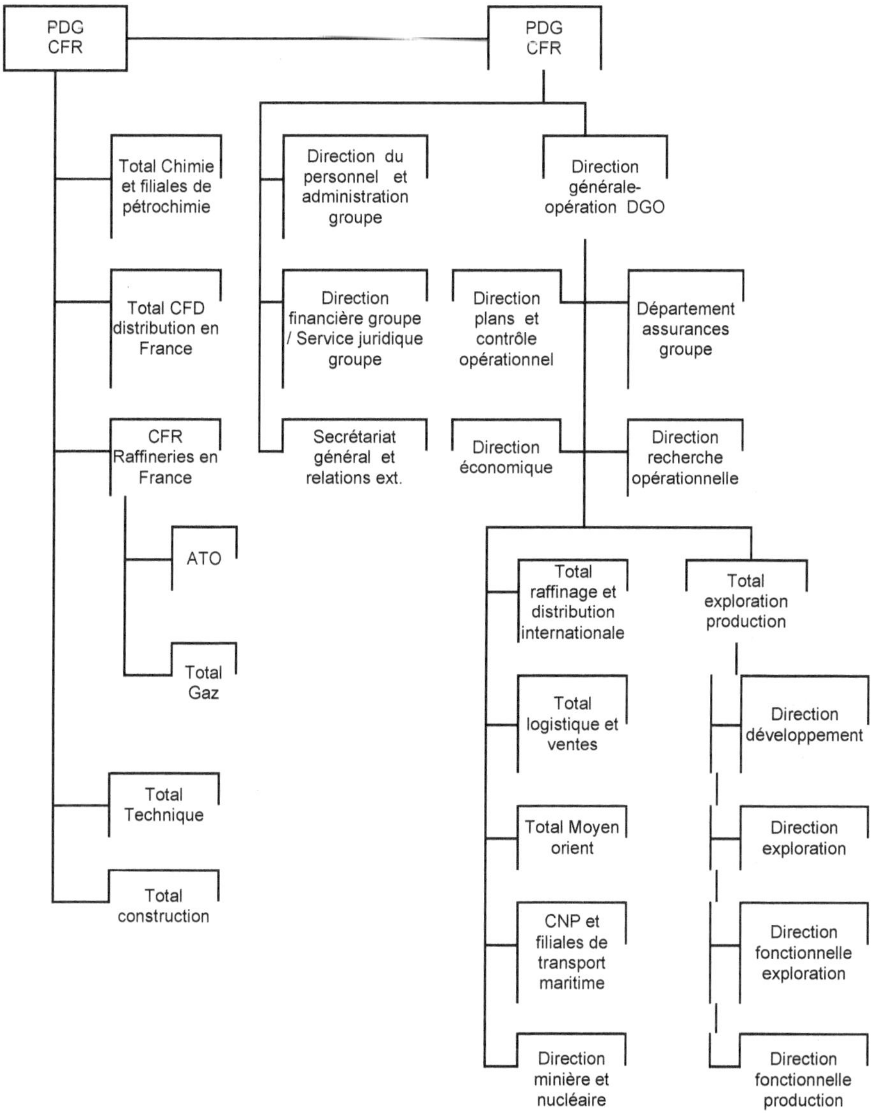

Sources : Archives Total

Comme on peut le remarquer, l'organisation fait une séparation théorique entre deux entités spécialisées (CFP-CFR), mais en pratique, elles dépendent d'une seule direction, la direction CFP/CFR. Ces diverses activités de la CFP sont exercées à travers plus de cent-quarante sociétés dans lesquelles la CFP détient des participations, pour la plupart majoritaires. La CFP est donc d'abord une société de holding. Pour la France et l'Algérie, dans les domaines du raffinage, de la distribution et de la pétrochimie – mais non pour la production – les activités du groupe dépendent de la Compagnie Française du Raffinage. En dehors de cette exception, le contrôle de la marche des filiales est exercé par les diverses directions techniques de la CFP.

Conclusion

A travers cette lecture environnementale, ce chapitre permet de saisir certains éléments clés de la stratégie de la CFP après sa fusion avec Desmarais Frères. Au delà de la croissance du volume d'activité en amont et en aval, la CFP franchit en définitive le stade de l'intégration verticale de son activité. En effet, tous les éléments d'un système à « rétroaction positive » sont réunis. Le contrôle de la chaîne de production pétrolière offre la possibilité d'économiser des coûts de transaction[1] grâce à une meilleure utilisation de l'effet « économies d'échelle ». L'achèvement de cette intégration est illustré par la structure réalisée dès 1974. Celle-ci offre à son tour une grande flexibilité stratégique et une coordination administrative de plusieurs unités d'exploitation[2]. Le tout se fait dans une démarche dynamique et innovante. Cet esprit est sans doute l'une des clés essentielles pour la réalisation de combinaisons productives nouvelles[3].

La structure adoptée par la CFP semble répondre au mieux à ses exigences stratégiques :

– *A la croissance des investissements en amont.* Cela nécessite une mobilisation financière importante et une grande capacité d'autofinancement[4].

1. Oliver E. Williamson, "Transaction Cost Economics", in R. Schmalensee et R.D. Willig (eds), *Handbook of Industrial organisation*, vol. 1, Elsevier Science Publishers, Amsterdam, 1989.
2. Alfred D. Chandler, *La main visible des managers*, Economica, Paris, 1988, p. 351.
3. J. Stan Metcalfe et Uwe Cantner (eds), *Change, transformation and development*, Communications de la 8ème conférence de la International Joseph A. Schampeter Society, organisée à l'Université de Manchester en 2000, Phusica-Verlag, New York, 2003.
4. Barjot (Dominique) et Lescent-Giles (Isabelle), (dir.), « L'autofinancement », Entreprise et Histoire, n° 22, octobre 1999, p. 104-121.

La diversification dans ce domaine nécessite la formation d'un grand nombre d'équipes d'un degré de spécialisation élevé.

– *Aux spécificités de ses stratégies de marché* : la diversification et l'innovation dans la pétrochimie d'une part ; l'élargissement de sa part de marché dans la distribution pétrolière, de l'autre.

– *Au rythme de croissance de l'entreprise*. Le *cash flow* consolidé passe de 196 millions de dollars en 1965 à 360 millions de dollars en 1972. En définitive, la disparition de Desmarais Frères s'est faite au profit du groupe CFP-Total, son effort dépassant largement le supplément de chiffre d'affaires produit.

Conclusion troisième partie

Malgré une forte présence de l'État, que traduit notamment l'influence du corps des Mines, la CFP a acquis avec le temps un net caractère privé. Son extension nationale et internationale, réalise grâce à l'acquisition d'entreprises privées, lui offre un pouvoir de négociation favorable. Il se manifeste à travers le rôle des hommes, en particulier dans leurs choix stratégiques et à travers leur liberté d'action. Leur rôle est bien souligné dans les revues spécialisées de l'époque : « L'avantage des successeurs d'Ernest Mercier et de leurs collaborateurs, c'est d'avoir tout à la fois porté la CFP au premier rang de l'industrie pétrolière mondiale et, surtout, acquis assez de connaissances et de prévoyance pour utiliser toute la gamme de leurs possibilités »[1]. A ce rôle s'ajoute l'initiative diplomatique de l'État et l'impulsion donnée par son soutien sur le plan géostratégique, particulièrement au Moyen-Orient[2].

La fusion entre Desmarais Frères et la CFP constitue un mariage réussi entre deux formes de savoir-faire à la française. La compagnie Desmarais Frères est parvenue à préserver, de 1945 à 1965, l'originalité de sa culture propre[3]. Celle-ci reposant tout à la fois sur une stratégie commerciale innovante et sur un haut degré de motivation du personnel lui-même entretenu par une culture forte d'institution. L'histoire de Desmarais Frères montre l'importance des incitations volontaires à l'efficacité accrue des hommes. Le cas de Desmarais Frères éclaire ainsi sur la nature de l'autorité au sein de l'entreprise. Cette autorité ne se limite pas à la famille propriétaire. Elle concerne aussi les dirigeants salariés. « L'autorité ferme et bienveillante » de l'un des grands patrons peu connus de l'époque contemporaine en France, Robert Cayrol, reflète parfaitement l'image type de l'homme d'affaire charismatique telle qu'on l'a vu s'imposer durant les années 1950 et 1960.

1. *Pétrole Informations*, 29 mars / 4 avril 1974, p. 21.
2. Emmanuel Catta, *Victor de Metz, de la CFP au Groupe Total, op. cit.*, p. 295-416.
3. Voir : Philippe-Jacques Bernard et Jean-Pierre Daviet, *Culture d'entreprise et innovation*, Presses du CNRS, Paris, 1992.

L'ascension de la CFP, particulièrement depuis le milieu des années 1950, est dans une large mesure, le produit de la rencontre de la stratégie d'une grande entreprise moderne, mais aussi d'une politique vigoureuse et cohérente de l'État français ainsi que son alliance avec les intérêts privés nationaux comme l'attente de la collaboration étroite de trois parties prenantes depuis la prise de conscience du retard pétrolier de la France après la première guerre mondiale.

Conclusion générale

La fusion réussie entre Desmarais Frères (marque Azur) et la CFP (marque Total) n'a été possible que grâce à deux éléments clés : la synergie, créée grâce à l'action de l'État[1], et un souci constant d'atteindre un niveau d'économies d'échelles semblable à celui des « Majors ». Pour Igor Ansoff, la synergie est source de valeur ajoutée. Elle peut être définie comme l'effet 2+2=5 par lequel la firme peut obtenir de l'exploitation de ses ressources un rapport combiné supérieur à la somme de ses éléments[2]. Comme l'organisation pétrolière s'appuie sur « des apprentissages et des routines »[3], l'organisation doit tenir compte de cet impératif. D'autre part, l'existence de rendements d'échelle croissants justifie une intégration verticale, puis la présence d'une seule entreprise. En découle l'intérêt de mettre en œuvre des relations contractuelles plus efficaces et moins coûteuses en informations pour accélérer le processus d'intégration[4]. Ce défi implique des « compétences davantage organisationnelles qu'individuelles »[5] pour atteindre le modèle de l'entreprise pétrolière moderne.

Le développement accéléré de l'entreprise intégrée, comme le montre l'exemple de la Compagnie Française des Pétroles (CFP), est rendu possible en France grâce à une forme spécifique, l'économie mixte.

1. L'industrie pétrolière française étant tributaire de missions de service public, comme cela a été souligné par Jacques Percebois concernant les industries de réseau de façon générale : Jacques PERCEBOIS, « Cinquante ans de débats énergétiques et de réflexion économique », *Revue de l'énergie*, n° 509, « 50 ans », septembre 1999.
2. Igor H. ANSOFF, *Corporate Strategy*, McGraw Hill, New York, 1965.
3. Giovanni DOSI et Richard R. NELSON, « An introduction to Évolutionary Theories in Economics », *Journal of Évolutionary Economics*, vol. 4, 1994, p. 157.
4. Oliver E. WILLIAMSON, "Transaction Cost Economics", in R. SCHMALENSEE et R.D. WILLIG (eds), *Handbook of Industrial organisation*, vol. 1, Elsevier Science Publishers, Amsterdam, 1989.
5. G. DOSI, D. TEECE, S. WINTER, « Les frontières de l'entreprise : vers une théorie de la cohérence de la grande entreprise », *Revue d'économie industrielle*, n°51, 1er trimestre, 1990, p. 243. Les auteurs ne méprisent pas la compétence individuelle, mais considèrent que sa valeur dépend de son emploi dans des montages organisationnels particuliers.

L'évolution de la structure de l'industrie pétrolière française[1], à travers les différents processus d'apprentissage[2], met en lumière au moins une forme originale de ce type d'économie. Trois facteurs spécifiques, établis dans les années 1920, sont à l'origine de ce qui est devenu, dès les années 1930, une entreprise « semi-étatique » :

– La coordination entre les entreprises privées dès 1923 en vue de créer une société pétrolière française[3], puis sa représentativité par un administrateur au sein de la CFP dès 1924.

– La prise de dispositions législatives, successives depuis la Première Guerre mondiale, favorisant les intérêts des entreprises françaises aussi bien que ceux de l'État[4].

– La prise de participation par l'État de 30% dans le capital de la Compagnie Française du Raffinage (filiale de la CFP) en 1929, puis 35% de la CFP-Total (45% des parts de votes) dès 1931.

La combinaison de ces trois facteurs offre à l'État une large marge d'intervention au sein de la CFP-Total, désormais la plus grande entreprise pétrolière française. La CFP-Total s'est fixé comme objectif de s'aligner sur ses grands concurrents. Pour ce faire, elle a du tenir compte de la spécificité de la structure du marché français et déterminer les formes transitoires ou adaptatives requises par son développement. A cet égard, il faut se poser la question suivante : la structure de l'industrie pétrolière française, présidée par le CFP-Total, fut-elle le produit endogène de la technocratie française ou le résultat d'une américanisation exogène ?

Il est nécessaire de tenir compte de la combinaison de deux données fondamentales explicatives :

• Le marché mondial est concurrentiel et l'industrie pétrolière est très capitalistique. C'est ce qui prédispose à construire un cartel international

1. Mohamed Sassi, « Évolution of the Structure of the French Oil Economy Between the Wars : Towards a French Holding Company », *Business and Economic History On-line*, Business History Conference (BHC), 2004, http://www.thebhc.org/publications/BEHonline/2004/Sassi.pdf
2. Giovanni Dosi et Richard R. Nelson, art. cité.
3. Mohamed Sassi, « Le rôle du technocrate : Ernest Mercier et la mise en place d'une industrie française entre les deux guerres », art. cité, p. 6-19.
4. On peut citer notamment l'article 106 de la loi du 25 juin 1920 tendant à la continuation du monopole des importations jusqu'à la fin de l'année ; le décret du 7 mai 1921 qui subordonne l'octroi de la licence préalable pour les essences et les huiles à un engagement de l'importateur d'acheter 50% de ses importations sur les stocks de l'État ; la loi de 1928 concernant les autorisations spéciales d'importation, etc. Voir : Daniel Murat, *L'intervention de l'État dans le secteur pétrolier en France*, thèse pour le doctorat en Droit, Université de Paris, 1968.

et pérenniser les parts de marché mondiales, ce qui tend à fonctionner au profit des grandes compagnies anglo-saxonnes.

• Il existe en France une tradition française d'intervention étatique dans l'économie selon le modèle colbertien[5]. On se trouve donc dans une situation où une Nation veut conquérir son indépendance en matière énergétique. Pour la réalisation de cet objectif en matière pétrolière, il faut se doter de grandes entreprises de dimension internationale. Cela implique deux conséquences :

– L'intervention de l'État

Cette intervention de l'État se fait avec la volonté de combler le retard par rapport aux pays leaders (les États-Unis, la Grande Bretagne et les Pays-Bas). La France est un pays suiveur en ce qui concerne l'industrie pétrolière. Les décideurs politiques doivent tenir compte du contexte spécifique lorsqu'ils s'engagent dans un apprentissage de ce type. En fait, comme l'affirme Gerschenkron à propos de ce même type de problèmes (dans le cadre de la théorie des substituts)[6], ils sont amenés à mettre en place des institutions et des politiques qui n'ont jamais existé dans les pays présentant de meilleures performances économiques et technologiques. Pour le cas français, cela suppose l'intervention du capital public au sein de la CFP, ainsi que la mise en place d'une législation interventionniste créative.

– Un niveau de savoir-faire élevé

Dans un secteur aussi technologiquement concurrentiel que le pétrole, l'intervention publique trouve ses limites[7]. D'où la nécessité,

5. Jean-Baptiste Colbert (1619-1683) est issu d'une famille de marchands drapiers de Reims. Il devient conseiller d'État en 1649. Puis, sous le règne effectif de Louis XIV (à partir de 1661), le roi lui fait cumuler les charges. Il est contrôleur général des finances, c'est-à-dire à la fois ministre de l'Économie, ministre du Budget et ministre des Finances. Pour résorber le déficit chronique, il réorganise le système fiscal et douanier selon le modèle du protectionnisme accru et du mercantilisme. Il s'attaque ainsi aux privilèges, supprime des douanes intérieures, crée la Ferme générale (1680), simplifie la comptabilité publique et édicte de grandes ordonnances. Voir : Daniel Dessert, *Colbert ou le serpent venimeux*, Complexe, « Questions à l'histoire », Paris, 2000 ; Laurent Dingly, *Colbert, Marquis de Seignelay, le fils flamboyant*, Perrin, Paris, 1997.

6. A. Gerschenkron, *Economic Backwardness in Historical Perspective*, The Belknap Press, Cambridge (Mass.), 1962, p. 7.

7. Cf. « Le rôle des États, du secteur public et des entreprises privées dans l'économie pétrolière : pétrole, États et grandes sociétés », *Annales de l'Economie Collective*, n° 1, Liège, 1966.

aux yeux des technocrates français comme Mercier ou Loucheur, de faire collaborer autour du même objectif le capital public et le capital privé, l'initiative publique et l'initiative privée. C'est là le sens de la collaboration de l'État, à travers la CFP, avec le principal groupe privé, la maison Desmarais Frères. Cette collaboration passe par la mise en place d'une entreprise mixte, associant une majorité de capitaux privés et une minorité de capitaux publics. Le schéma suivant illustre parfaitement le réseau que forme l'État en partenariat avec la CFP et les entreprises privées.

GRAPHIQUE 3.3.8.
Le système de contrôle de l'État appliqué au transport pétrolier

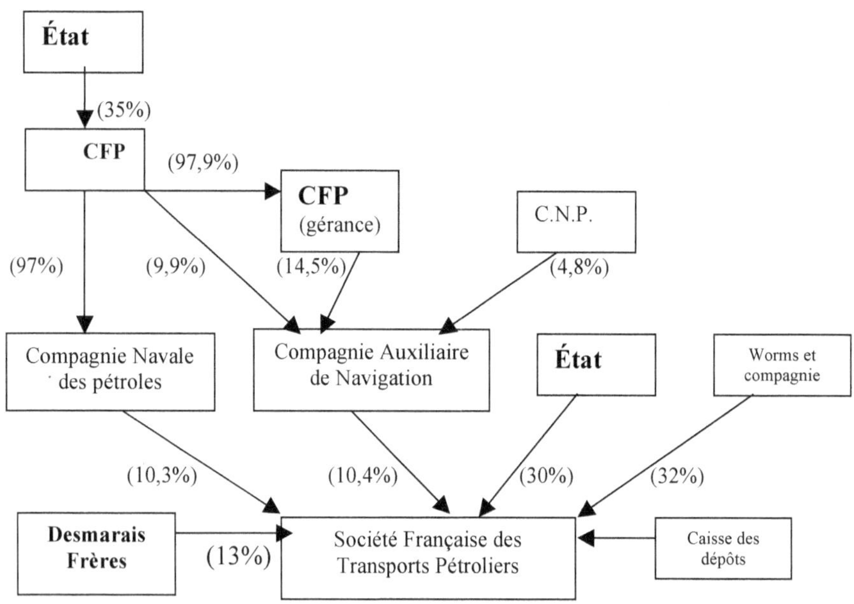

Source : Yves Morvan, *La concentration de l'industrie en France*, Armand Colin, Paris, 1972, p. 226.

Le contrôle d'une industrie complètement intégrée se fait donc de l'amont à l'aval. La CFP constitue un modèle original de grande entreprise à la française, dont il peut être intéressant de comparer les caractéristiques avec celles de quelques-unes des plus grandes entreprises privées françaises.

Ces entreprises appartiennent à trois types :

– Le modèle ferroviaire ou, de manière plus récente, le modèle des plus grandes compagnies d'électricité. C'est le modèle de la compagnie privée assurant un service public. Il s'agit notamment de compagnies telles que la Compagnie des Chemins de Fer du Nord[1] ou la Compagnie du Paris-Lyon-Marseille (PLM) avant leur nationalisation en 1937[2]. Dans le domaine électrique, on peut citer l'exemple d'entreprises comme l'Union d'Électricité dirigée par Ernest Mercier, celui de l'Énergie Industrielle[3] ou encore celui de la Société de l'Énergie Électrique du Littoral Méditerranéen[4].

– La grande firme industrielle à la française. Ces firmes industrielles obéissent à un modèle d'organisation hiérarchique de type fayolien (fonctionnel)[5]. Comme les sociétés du service public, elles empruntent leur modèle d'organisation à l'administration telle que mise en place par l'Ancien Régime et Napoléon Bonaparte. Ces grandes entreprises sont, comme la CFP, confrontées à la concurrence internationale (anglo-saxonne ou allemande). De ce modèle ressortent des firmes telles que Saint-Gobain[6], Schneider et Cie[7], Alais, Froges et Camargue (AFC-Pechiney)[8], Lafarge ou encore Rhône-Poulenc[9]. Ces firmes

1. François Caron, *Histoire de l'exploitation d'un grand réseau. La compagnie des Chemins de fer du Nord (1846-1937)*, Paris, Mouton, 1973.
2. En 1937, l'État nationalise toutes les compagnies ferroviaires et crée la SNCF (Société Nationale des Chemins de Fer).
3. Catherine Vuillermot, *Pierre-Marie Durand et l'énergie industrielle : histoire d'un groupe électrique 1906-1945*, CNRS, Paris, 2001.
4. Dominique Barjot, « Le rôle des compagnies d'électricité dans l'industrialisation de la Provence : l'exemple de l'Energie Electrique du Littoral Méditerranéen », in Philippe Mioche, *Histoire économique de la Provence*, Aix-Marseille, Publications de l'Université de Provence, 1998, 1998, p. 195-216.
5 Henri Fayol (1841-1925) est un des précurseurs français du management. Ses principes relatifs à l'organisation, l'administration et gestion ont connu le succès aux États-Unis. Fayol a été « réimporté » en France après la Seconde Guerre mondiale, par les consultants américains, profitant de l'engouement pour le modèle américain. Il faut rappeler que Fayol préconisait l'unicité du commandement à tous les niveaux hiérarchiques, ce qui postulait une polyvalence (improbable) des chefs, avec un allongement de la ligne hiérarchique. Voir : Henri Fayol, *Administration industrielle et générale*, 2ème éd., Dunod, Paris, 1999.
6. Jean-Pierre Daviet, *Un destin international : la Compagnie de Saint-Gobain 1830-1939*, *op. cit.* ; Jean-Pierre Daviet, « Stratégie et structure chez Saint-Gobain : un modèle français dans les années 1930 ? », *Entreprises et Histoire* n° 1, avril 1992, p. 42-60.
7. Agnès D'Angio, *Schneider et Cie et les travaux publics*, Droz, Paris, 1995.
8. Ludovic Cailluet, « Un exemple français d'acquisition de capacités organisationnelles : Alais, Froges et Camargue (AFC-Pechiney) : d'une Avant-Guerre à l'autre », *Entreprises et Histoire*, n° 13, p. 115-127.
9. Fabienne Gambrelle, *Rhône-Poulenc 1895-1995*, Albin Michel, Paris, 1995 ; Pierre Cayez, *Rhône Poulenc 1895-1975 : contribution à l'étude d'un groupe industriel*, Armand Colin, Paris, 1988.

conservent généralement leur mode d'organisation fayolien[1], mais cela n'empêche pas la pénétration partielle des méthodes américaines, comme on le voit dans l'automobile (Citroën, Renault et Peugeot) ou l'industrie des pneumatiques (Michelin). Certaines, pour faire face à une démultiplication rapide de leurs activités, adoptent les deux modèles à l'image du chimiste américain Dupont de Nemours entre 1911 et 1921.

– Le modèle de la société d'économie mixte qu'illustre l'exemple de la Compagnie Nationale du Rhône, laquelle réunit en son sein des capitaux publics nationaux ou régionaux avec des capitaux semi-publics (Chambres de commerce) ou privés.[2] Ou encore, la Compagnie Nationale des Matières Colorantes fondée 1916[3] et l'Office National de l'Azote fondé en 1924[4]. Ce type d'entreprise réussit son adaptawtion grâce à « la création et de l'échange d'expertises multiples »[5]. Il partage avec les deux précédents un modèle fayolien d'organisation conçu sur le modèle des grandes administrations techniques (mines et électricité, travaux publics, etc.).

En définitive, la CFP ou (CFP-Total) hérite de ces trois modèles tout en subissant plus que les autres entreprises du secteur de l'énergie l'influence du modèle américain d'organisation des entreprises.

1. Alain Chatriot, "Fayol, les fayoliens et l'impossible reforme de l'administration durant l'Entre-deux-guerres", in *Entreprises et Histoire*, n° 34, décembre 2003.
2. La compagnie est née à la suite d'une loi adoptée par le Parlement en 1921, à partir du constat de la nécessité d'une intervention, dans le prolongement d'un interventionnisme étatique développé pendant la Première Guerre Mondiale. Cf. Alexandre Giandou, *La Compagnie Nationale du Rhône (1933-1998). Histoire d'un partenaire régional de l'État*, collection « Histoire industrielle », Saint-Martin-d'Hères, Presses universitaires de Grenoble, 1999.
3. En s'appuyant sur Francolor Pigments Villiers Saint Paul, fondée en 1872.
4. Voir : Jean-Pierre Daviet, *Un destin international, la compagnie de Saint-Gobain de 1830 à 1939, op.cit.*
5. Armand Huchatel, "L'avenir de la grande entreprise industrielle : vers une rationalisation des processus d'apprentissage ?", in *Entreprises et Histoire* n° 10, décembre 1995, p. 61-68.

Documentation

1/ Sources d'Archives

1.1. Archives Nationales

1.1.1. Archives Desmarais Frères (130 AQ) au Centre des Archives du Monde du Travail (CAMT)

1.1.1.1. Autorisations spéciales d'importation

130 AQ 1

a) Premières demandes d'autorisations spéciales (1924-1931)
b) Évolution des autorisations spéciales (1930-1934)
c) Unification du régime (1935)
d) Mécanisme des A3 et des A20 : études er réglementations (1931-1936)
e) Autorisations d'importation de brut (1929-1935)

130 AQ 2

a) Deuxième train d'autorisations spéciales (1930-1935)
b) Troisième train des autorisations spéciales (1934-1937)
c) Quatrième train des autorisations spéciales (1937-1941)
d) Cinquième train d'autorisations spéciales (1941-1944)

130 AQ 3

a) Renouvellement des A3 (1946-1950)
b) Autorisations spéciales de (1950-1959)
c) Renouvellement des A3 (1952-1963)
d) Renouvellement des autorisations de raffinage (1949-1955)
e) Imputations sur les autorisations spéciales : discussions et rapports mensuels.

1.1.1.2. Aspects commerciaux

A) Politique des importations : Les relations franco-roumaines

130 AQ 4

a) Les premières négociations (1930-1938)
b) Contrats franco-roumains (1936-1939)

c) Contrats d'intérêt national (1939-1945)

B) Ventes de la maison Desmarais Frères

130 AQ 5

a) Cahier des ventes

b) Comptes divers et comparaison de la consommation

130 AQ 6

a) Conditions générales de vente (1936-1939)

b) Contrat de contingentement, projet, négociation et vérification des contingentements, études, (1930-1935)

c) Problèmes de litiges (1928-1935)

d) Etudes des frais de transport de l'essence en vrac (avec carte de dépôts et des prix et barèmes des majorations de transport). (1934-1937)

C) L'alcool-carburant et les supercarburants

130 AQ 7

a) Documentation de la Direction Générale (1932-1933)

b) Documentation technique diverse (1936-1945)

130 AQ 8

Documentation technique sur les supercarburants (1928-1939)

130 AQ 9

Documentation sur l'alcool-carburant (1951-1958)

130 AQ 10

a) Les supercarburants pendant la Seconde Guerre mondiale (1941-1942)

b) L'Azur après la seconde guerre mondiale (1948-1961)

1.1.1.3. L'industrie Pétrolière en Temps de guerre

A) Problèmes posés à l'industrie pétrolière en temps de guerre

130 AQ 11

a) Organisation générale de la nation (1938-1957)

b) Organisation de la distribution des produits pétroliers en cas de conflit (1938-1940)

c) Nationalisations (1944-1945)

d) Association professionnelle pétrolière (1951-1957)

e) Projet de réglementation de la distribution de produits pétroliers en période de crise avec la DICA (1958)

f) Règlement dans les usines Desmarais en prévision d'attentats du F.L.N. (1957).

B) La main-d'œuvre

130 AQ 12

a) Documentation générale (1940-1944)
b) Main-d'œuvre de la maison Desmarais frères (1940-1944)

C) Les dépôts

130 AQ 13

a) Généralités : législation, études, notes, correspondances (1934-1939)
b) Mobilisation du matériel de transport (1933)
c) Bombardement et évacuations (1939-1944)

D) La distribution des produits pétroliers

130 AQ 14

a) Organisation de la distribution civile (1940-1942)
b) Réquisition de l'armée française (1939-1946)

130 AQ 15

a) La réquisition allemande avant et après l'armistice (1940-1946)
c) Autres contrats (1941-1943)

130 AQ 16

a) Contrats avec le service des Essences (1939-1947)
b) Contrats hors de l'armée française (1940-1947)

E) L'approvisionnement

c) Situation au début de l'occupation (1940-1941)
d) Ravitaillement de l'Afrique du Nord (1945)
e) Notes sur les organismes assurant le ravitaillement (1945)
f) Divers (1939-1940)
g) Circonscriptions industrielles : cartes, notes sur l'organisation des circonscriptions régionales des carburants ; liste des commissaires régionaux (1944)

F) Rapports avec les autorités allemandes

130 AQ 17

a) Correspondance avec les Allemands sur les problèmes techniques, les réquisitions et les autorisations pour l'industrie pétrolière (1940-1942)

b) Affaires Allemandes et autrichiennes après la guerre : affaires allemandes, pétrole en Autriche, la Sarre (1945-1954)

1.1.1.4. Plans de redressement pour l'industrie pétrolière d'après-guerre

A) Plans de redressement des importations et moyens de stockage

130 AQ 18

a) Plan d'importation (1944-1952)

b) Plan des 200.000 m3 (1945-1948)

c) Programme d'urgence : listes des dépôts, répartition géographique, visites aux dépôts (1941-1945)

d) Difficultés d'approvisionnement pendant l'hiver 1962-1963

e) Carte des dépôts pétroliers assurant le stockage et la distribution des produits blancs, du gasoil et du fuel au 1er octobre 1958.

B) Commission du plan de modernisation des carburants

130 AQ 19

a) Le raffinage (1938-1955)

b) Transports et distribution (1946-1950)

130 AQ 20

a) Diverses autres sous-commissions (1946-1948)

b) Lubrifiants et carburants (1946-1948)

c) Gaz (1946-1950)

d) Fuels (1946-1948)

130 AQ 21

a) Rapports semestriels au 1er Plan (1946-1952)

b) Rapports semestriels au 2ème Plan (1953-1957)

130 AQ 22

a) Procès-verbaux des réunions de la commission de modernisation des carburants (1946-1958)

b) Extrait du journal « France Document » qui relate le 1er Plan (1947)

1.1.1.5. Documentation générale sur les divers plans

A) Plans (documentation générale)

130 23

a) Sur le 2ème Plan (1947-1953)

b) Sur le 3ème Plan : texte au J.O. (1959)

c) Fascicule du plan intermédiaire (1960)

d) Sur le 4ème Plan (1961-1965)

B) Commission de l'énergie

130 AQ 24

a) Rapports et plans de prévisions (1960-1965)

b) Rapports généraux de la commission (1953-1957)

c) Comptes-rendus des réunions (1956-1959)

d) Documentation diverse sur la politique énergétique de la France (fascicules et brochures) (1955-1963).

1.1.1.6. Rapports de la maison Desmarais avec organismes professionnels

A) La SIPD (Société pour l'Importation des Pétroles et de ses dérivés)

130 AQ 25

a) Dossiers des Assemblées et du Conseil (1939-1952)

b) Bilans et notes comptables (1940-1946)

c) Organisation générale :

d) Rapport sur le but de sa fonction (1939)

e) Statuts (1940)

f) Souscription de la maison Desmarais (1939-1940)

g) Contrat avec l'Etat pour la distribution (1941)

B) Le COCL (Comité d'Organisation des Combustibles Liquides)

130 AQ 26

a) Les commissions paritaires (1940-1948)

b) Divers (1941-1946)

c) Circulaires et rapports émanes du COCL (1941-1945)

C) LE CIDP (Centre Intersyndical du Pétrole)

I30 AC 27

Comptes-rendus du conseil de direction (1946-1949)

D) LE GAC (Groupement d'Achat des Carburants)

I30 AQ 28

a) Procès-verbaux des réunions du comité directeur (1941-1950)

b) Dossiers des Assemblées (1941-1953)

I30 AQ 29

a) Statuts et liste des personnes ou sociétés admises à faire partie du GAC (1941)

b) Budget estimé (1947)

c) Etudes et notes sur la dissolution du GAC. Le GAC et les problèmes d'importation : licences, rapports divers (1947-1950)

d) Caisse de compensation gérée par le GAC : créations, bilans, fonctionnement, dissolution (1941-1950)

e) Divers : rapports, notes, comptes-rendus de voyages d'étude

E) L'ONCL (Organisation Nationale des Combustibles Liquides)

130 AQ 30
Procès-verbaux du Conseil (1927-1934)

130 AQ 31
Idem. (1935-1939)

130 AQ 32
a) Budgets (1927-1939)
b) Documents, coupures de journaux, notes sur l'organisation de l'ONCL (1925-1938)
c) Recherches de pétrole effectuées en France et aux Colonies par l'ONCL : législation, articles de presse, rapports (1925-1929)
d) Commission des mines : circulaires et rapport de M. Baron (1938-1939)
e) Comité Consultatif des Combustibles Liquides : convocations, procès-verbaux, instructions (1932-1940)

F) La DICA (Direction_des Carburants)

130 AQ 33_
a) Procès-verbaux des réunions (1964-1947)
b) Notes et rapports sur les hydrocarbures (1946-1948)
c) Commission permanente des douanes dépendant de la DICA (1940-1960)

G) Conseil supérieur des alcools

130 AQ 34
Procès-verbaux des séances (1948-1958)

130 AQ 35
a) Comité permanent (1935-1950)
b) Divers : études, rapports, Journal Officiel sur les ventes d'alcool et son statut (1949-1950)

H) Conseil supérieur du pétrole

130 AQ 36
a) Comptes-rendus des réunions (1952-1955)
b) Décret de création, règlement intérieur, membres du conseil (1952)
c) Rapports divers (1952-1953)
d) Article du « Pétrole Information » sur la quasi disparition du Conseil Supérieur du Pétrole (1960)

e) Bulletin d'information (1952-1956)

1.1.1.7. Filiales de Desmarais Frères et sociétés dans lesquelles ils possèdent des participations

A) Desmarais Hermanos

Société anonyme constituée le 21 décembre 1918, alors qu'elle n'était auparavant qu'une succursale de Desmarais Frères.

I30 AQ 37

a) Titres de propriété : actes d'achat de terrains, inventaire des dépôts et constructions (1922-1928).

b) Statuts et modifications Expropriation : correspondance, notes et montant de la somme donnée par le gouvernement espagnol (1898-1928).

c) Correspondance à propos du droit de douane du Mijdrecht Rapports avec la Société Espagnole d'Affrètement (Compraflet) : correspondance et contrats (1920-1936).

I30 AQ 38

a) Dossiers divers : tarifs douaniers, complément au code Desmarais, rapport sur les terrains potassiques de la région de la région de Peguera Saldes Gosol, tableaux de change de Madrid (1914-1929).

b) Rapports aux A.G. de la Compagnie du Monopole des Pétro en Espagne (1924 -1934).

B) Société Française et Roumaine des Pétroles

Société anonyme créé le 1er Mars 1921, ayant pour objet le développement des relations commerciales de la France et de la Roumanie et la mise en valeur des ressources roumaines pour tout ce qui touche à l'industrie pétrolifère.

I30 AQ 39

a) Procès-verbaux des Assemblées générales (1921-1944).

b) Dossiers des Assemblées générales (1922-1928).

130 AQ 40

Idem. (1929)

130 AQ 41

a) Idem. (1942-1946)

b) Dossier de l'Assemblée générale de liquidation (30 décembre 1950)

130 AQ 42

a) Procès-verbaux du conseil d'administration et registre des présences (1921-1944)

b) Copie de lettres (1926-1929)

c) Copie de lettre « série F » (1928-1929)

130 AQ 43
Idem. (1929-1931)

130 AQ 44
Copie de lettres « série G et H » (1931-1934)

130 AQ 45
Copie de lettres « série H » (1934-1944)

130 AQ 46
Comptabilité :
• Journal général (1921-1944)
• Journal synthétique (1930-1939)
• Grand livre (3 vol.) 1921-1943)

130 AQ 47
Comptabilité (suite) :
• Grand livre (2 vol.) (1944-1949)
• 2 livres des comptes bancaires de la société des Naphtes de Batoum et de la Compagnie Havraise de Magasinage et de Transport et de la Société Immobilière Paris-Ouest (1930-1945)
• Comptes généraux des opérations de liquidation de la société, pièces de caisse et correspondance (1929-1951).

130 AQ 48
a) Statuts : constitution de la société et modifications (1921-1934).
b) Inscription au tribunal de Commerce et modifications (1921-1941).
c) Relevés de comptes, comptes-courants (1926-1960).

130 AQ 49
a) Installation matérielle : inventaire du mobilier du bureau (1950)
b) Impôts et correspondance avec M. Chaveneau, conseiller fiscal (1930-1950)
c) Correspondances (1938-1950)

C) Colombia

Société anonyme siégeant à Bucarest dont un tiers des actions est entre les mains de la maison Desmarais Frères. En 1928 mandat a été donné à la Société Française et Roumaine des Pétroles pour réaliser la vente de ses actions.

130 AQ 50
a) Documentation générale (1936-1945)
b) Procès-verbaux des réunions du comité de Paris (1936-1940)

c) Actions (1931-1942)

130 AQ 51

a) Correspondance entre Colombia et l'Omnium Française des Pétroles (1939-1944)

b) Dossiers divers, études et notes : Steaua, Colombia, Aquila, etc. (1920-1945)

c) Documentation sur les dommages de guerre subis par les sociétés en Roumanie (1942-1952)

D) Aquila Franco Romana

Société anonyme ayant pour but l'exploitation du pétrole en Roumanie. La maison Desmarais Frères en est un des gros actionnaires. Cette société fusionna avec la Colombia.

130 AQ 52

a) Comptes de caisse (1923-1929)

b) Livres de comptes bancaires (1919-1922)

c) Comptes généraux des opérations de liquidation (1928-1935)

130 AQ 53

a) Actions (1926-1929)

b) Fusion avec la Colombia (1927-1936)

130 AQ 54

a) Liquidation : Rapports et correspondances (19928-1942)

b) Accords entre l'Omnium Française des Pétroles et la Société Française et Roumaine des Pétroles pour la vente des produits Colombia (1937)

130 AQ 55

Dommages de guerre subis avant la fusion, répartition par actionnaire (1928-1942)

E) Etoile du Caucase

En 1904 Fenaille et Despeaux décident d'organiser un dépôt de produits du naphte à Batoum. En 1905 ils constituent donc un société russe, l'Etoile du Caucase, donc la maison Desmarais Frères devint actionnaire et que les Bolcheviques nationalisèrent en 1917.

130 AQ 56

a) Historique et projets de statuts (1904-1905)

b) Achats de terrains à Batoum et plan, procès-verbaux du conseil d'administration (1905)

c) Procès-verbal de l'assemblée extraordinaire de (1922)

d) Transferts d'actions (1922)
e) Documentation imprimée sur les sociétés et le commerce en Russie

130 AQ 57
Livres de comptabilité (7 vol.) (1906-1913)

130 AQ 58
a) Pièces de caisse de Batoum (1907-1910)
b) Dossier sur le tarif 5 %

130 AQ 59
Correspondance (1904-1917)

F) Naphte de Batoum

Société anonyme constitué en 1921 dont la maison Desmarais Frères est le plus gros actionnaire (près de la moitié des voix aux assemblées) juste avant la maison Fenaille.

130 AQ 60
Rapports des Assemblées Générales (1923-1936)

130 AQ 61
a) Registre de délibération des Assemblées Générales (1921-1949)
b) Registres des présences (1921-1949)
c) Registre des délibérations du Conseil d'administration (1921-1927)
d) Comptabilité (1921-1949)

130 AQ 62
a) Comptabilité (suite) : situation de caisse (1922-1924)
b) Comptes courants (1922-1924)
c) Inscriptions modifications au registre de commerce (1941-1949)
d) Souscriptions des premiers actionnaires (1921-1922)
e) Correspondance diverse (1921-1929)
f) Copie de lettres (1921-1926)
g) Dossier sur les rapports du Syndicat Franco-Belge et de la société du Naphte de Batoum, études et projets sur la place du naphte en Russie (1919-1932)

G) Silva Plana

Société anonyme française, crée en 1926 pour le développement de l'industrie et du commerce du pétrole, successeur de la société Limanowa dissoute, elle possède une filiale polonaise, successeur légal de la société autrichienne PLK liquidée en 1924[1].

130 AQ 63

a) Dossier général et statuts (1926-1934)

b) Actions : Répartition des actions de la Silva Plana, Étude sur une réduction de capital (1927-1931)

c) Dossier d'étude de M. Brisson sur la modernisation de Limanowa (1929)

e) Correspondance, notes, rapports sur les incidents avec le gouvernement polonais à propos de la reprise des stocks de Limanowa (3 dossiers) (1936-1938)

H) Limanowa

Holding de PLK[2] qui fusionna avec la société Silva Plana en 1926[3]

130 AQ 64

a) Procès-verbaux des Assemblées (1920-1926)

b) Procès-verbaux du conseil (1920-1926)

c) Situation de la société au (30 septembre 1927)

d) Situation de la société au (1er décembre 1932)

e) Situation de la société au (31 octobre 1933)

f) Liquidation (1920-1933)

I) Milag

Société allemande d'entrepôts d'huiles minérales, constituée en 1910 en S.A.R.L. La maison Desmarais Frères est actionnaire, cède ses parts en 1926, payables en actions de la Silva Plana.

130 AQ 65

a) Constitution de la société : documentation, projets, études (1910-1927)

b) Ventes de la Milag et achats de la Silva Plana (19269-1928)

c) Devis de stations-service de la Milag (1931)

J) Petroleum Licht-und-Kraft (PLK)

Société crée en 1907 par Paul Desmarais et la maison Fenaille et Despeaux sous le nom de Petroleum Licht-und-Kraft Gesellchaft qui construisit une raffinerie à Limanowa et dont les biens furent transférés à la société Limanowa en 1924[4].

---

1. Voir 130 AQ 66.
2. Voir 130AQ 66 à 77.
3. Voir 130 AQ 65.
4. Voir 130 AQ 64.

130 AQ 66

a) Statuts (1920-1927)

b) Conflit avec le gouvernement autrichien sur le paiement de dommages de guerre (1920-1938)

130 AQ 67

Correspondance sur ce conflit (1919-1938)

K) Compagnie Havraise de Magasinage et de Transport

130 AQ 68

Dossiers des Assemblées (1922-1946)

130 AQ 69

a) Procès-verbaux des assemblées (1920-1954)
b) Statuts et modifications (1930-1954)
c) Inscriptions diverses au registre de commerce (1920-1941)
d) Actions (1920-1955)

130 AQ 70

a) Subventions de l'Etat (1933-1935)
b) Prêts à Azur-Sport (1943-1944)
c) Dossier de liquidation (1954-1956)
d) Documentation (1945-1955)

130 AQ 71

Comptes-courants à la Banque de l'Union Parisienne (1931-1947)

130 AQ 72

a) Comptes-courants chez Desmarais Frères (1942-1952)
b) Comptes-courants à la Samuel Montagu and C° (1934-1946)
c) Comptes-courants à la Barclays Bank Limited (1934-1942)
d) Déclarations fiscales (1932-1952)

130 AQ 73

Comptabilité : Pièces comptables et bilans (1937-1954)

130 AQ 74

Idem. (1947-1952)

130 AQ 75

Comptabilité (suite) : études des bilans, pièces de caisse, pièces de comptabilité (1934-1948)

130 AQ 76

Correspondance : copies de lettres (1930-1942)

130 AQ 77

a) Correspondance (suite) : Idem (1944-1949)
b) Notes, correspondance sur les participations (1932-1942)
c) Divers : Achats non réalisés de matériel, etc. (1940-1948)

L) Compagnie des Transports Rhenans

130 AQ 78

Dossiers des Assemblées et du Conseil (1922-1938)

130 AQ 79

a) Idem. (1939-1950)
b) Dossier sur la Soflumar[1] (1937-1950)

M) Francita et Realita

Francita est une société anonyme constitué en 1932 sous l'appellation de Société des Films en Couleurs Naturelles pour l'exploitation d'un nouveau procédé. En 1933 elle crée une filiale, Realita, qui est une société des Films Documentaires en couleurs naturelles, fondée pour la production et la vente des films Francita dans certains pays. La société Desmarais Frères possède des participations dans ces deux sociétés depuis 1933 et Paul Desmarais leur a consenti des prêts en 1934.

- Francita :

130 AQ 80

a) Renseignements sur les statuts et les possibilités commerciales (1935-1938)
b) Brevets : textes, enquêtes, correspondance (1933-1938)
c) Conventions et entretiens techniques et commerciaux (1933-1938)
d) Correspondance diverse (1933-1938)
e) Bilans et procès-verbaux d'Assemblées (1933-1934)
f) Ouvertures de crédit : prêts de la maison Desmarais Frères (1933-1939)

- Realita :

a) Statuts et renseignements commerciaux (1932-1934)
b) Correspondance avec les actionnaires (1933-1934)
c) Dossiers des Assemblées (1933-1938)
d) Notes et correspondances du Syndicat de gérance (1933-1938)
e) Correspondances (1935-1937)
f) Brevets avec l'Angleterre et l'Allemagne (1936-1939)

1. Société d'armement fluvial dans laquelle la Compagnie des Transports Rhénans a des participations.

g) Comité et conversations techniques et commerciaux (1935-1937)

- Francita et Realita

130 AQ 81

Dossier personnel de M. Brisson : correspondance, notes et rapports (1933-1943)

N) Comptoir des Essences Synthétiques

Cette société a été crée en exécution du décret du 10 juillet 1936 en vue d'assurer l'exécution des contrats passés avec des sociétés productrices d'essence de synthèse par l'ONCL le 1er octobre 1934.

130 AQ 82

a) Statuts, liste des actionnaires, souscription de Desmarais (1936-1938)

b) Procès-verbaux du conseil et des Assemblées (1937-1939)

c) Dossier des réalisations et besoins du comptoir et substitution de la SPID au comptoir en 1941

O) Compagnie Française des Brais de Pétrole

Société anonyme ayant pour objet toutes les opérations d'achat et de vente en gros de brais de pétrole.

130 AQ 83

a) Statuts (1933)

b) Dossiers des Assemblées (avec lacunes) (1936-1948)

c) Procès-verbaux du Conseil (avec lacunes pour les années (1939-1940 et 1943-1955) (1934-1961)

P) Compagnie Française des Essences synthétiques

Société anonyme ayant pour objet la vente de l'essence synthétique.

a) Statuts (1934)

b) Procès-verbaux du Conseil et des assemblées (1934-1941)

Q) Comptoir des raffineries Françaises

Société anonyme ayant pour objet la vente en gros pour le compte des raffineurs français actionnaires des essences et huiles raffinées.

130 AQ 83

a) Statuts et modifications (1936-1938)

b) Procès-verbaux du Conseil et des Assemblées (1936-1940)

c) Bilan (1938)
d) Liste des contrats de livraison (1937-1939)
e) Ravitaillement (1937-1940)

R) Société de Distribution des Gaz des Pyrennées

130 AQ 84
a) Dossiers des Assemblées (1943-1960)
b) Divers : correspondance avec Desmarais Frères, documentation diverse. (1941-1953)

S) Adour Essence

Société à responsabilité limitée fondée en 1930 pour la distribution locale de l'essence et contrôlée dès 1931 par la maison Desmarais Frères.

c) Bilans provisoires (1930-1933)
d) Correspondance avec Desmarais Frères à propos d'un litige avec le directeur de l'ONCL au sujet de dédouanements (1931)
e) Correspondance à propos de la liquidation (1933)

T) Dépôt des Pétroles de Cherbourg

Société anonyme dont Paul Desmarais est administrateur.

130 AQ 85
Rapports annuels, bilans et procès verbaux d'Assemblées (1920-1938)

130 AQ 86
Idem. (1939-1957)

130AQ 87
Idem. (1952-1957)

130 AQ 88
Idem. (1958-1963)

130 AQ 89
a) Procès-verbaux du conseil de gérance (1947-1959)
b) Correspondance diverse sur les travaux de l'entrepôt(1919-1941)
c) Étude pour la construction d'un dépôts vrac d'essence à Saint Malo (1931-1938)

U) Raffineries du Midi

Société anonyme transformée en 1956 en SARL et dont Stéphane Desmarais est l'un des trois gérants.

130 AQ 90
Procès-verbaux de la réunion du comité directeur (1923-1940)

130 AQ 91
Procès-verbaux du conseil de gérance (1941-1959)

130 AQ 92
a) Rapports annuels (1946-1952)
b) Raffineries du Midi en Algérie (1927-1939)

130 AQ 93
- Plan de réorganisation (1949-1950)
- Description et plan du dépôt d'Hussein Dey à Alger (1939-1953)
- Documentation générale sur l'industrie du pétrole en Algérie (1928-1968)

130 AQ 94
a) Statuts et rappel historique (1928-1968)
b) Accord de 1928 avec les trois sociétés Desmarais Frères, la Pétroléenne et les Pétroles Jupiter (1928)
c) Dossier du personnel : état et réorganisation du siège (1954)
d) Estimations des divers entrepôts (1927)
e) Contrats avec les établissements Bosc (1926-1932)

V) Société Immobilière Paris-Ouest

C'est une SARL dont le gérant est la Compagnie Havraise de Magasinage.

130 AQ 95
Etudes de bilans (1936-1948)

130 AQ 96
a) Dossiers d'Assemblées (1941-1948)
b) Journal (1933-1939)
c) Divers : comptes-courants, factures, états de gérance… (1946-1950)

130 AQ 97
a) Statuts (1940)
b) Cessions et répartitions d'actions (1947-1949)
c) Plans, surfaces, état des locations, liste des locataires de la rue de Civry (1948)
d) Coupures de presse sur la législation des loyers (1940-1943)

130 AQ 98
a) Assurances diverses contractées pour la rue de Civry (1933-1942)

b) Correspondance avec les fournisseurs de papier peint, peinture et de combustible (1933-1940)
c) Copie de lettres (1935-1950)

W) Société Générale d'Entreposage des Hydrocarbures

Société anonyme crée dans le but de construire et d'exploiter en France des entrepôts pour les huiles minérales et liquidée en 1961

130 AQ 99
a) Projets de statuts (1936)
b) Procès-verbaux et rapports d'Assemblées (1937-1961)
c) Bilans (1937-1947)
d) Appels de fonds (1936-1942)
e) Dossier sur l'entrepôt de Bordeaux-Bassens (1936-1946)

X) Société des Transports pétroliers par pipe-line

130 AQ 100
a) Procès-verbaux du comité constitutif (1940-1950)
b) Procès-verbaux du conseil (1950-1955)

Y) Société Franco-Sarroise des Pétroles

C'est une SARL fondée le 25 février 1949, ayant pour objet le commerce du pétrole et de ses dérivés. La maison Desmarais Frères qui en était actionnaire, céda ses parts en 1960 à la suite du rattachement économique de la Sarre à l'Allemagne.

130 AQ 101
Dossiers d'exercices : bilans, comptes d'exploitation, procès-verbaux d'Assemblées, correspondance (1949-1960)

Z) Rototype
Société anonyme fondée le 12 février 1935, ayant pour objet la fabrication, la vente et la location de machines à composer des caractères d'imprimerie.

130 AQ 102
a) Dossiers des Conseils (1936-1939)
b) Dossiers des Assemblées (avec les statuts de 1935) (1936-1937)
c) Correspondance adressée (1935-1939)
d) Entretiens téléphoniques de M. Devèze et M. Brisson (1935-1939)
e) Correspondance de la maison Desmarais à propos de la construction de la Rototype (1935-1939)

130 AQ 103
a) Bilans (1937-1953)
b) Journal (1935-1939)

1.1.1.8. Documents Microfilmés

130 AQ 104
Statuts et modifications (1838-1927)

130 AQ 105
Procès-verbaux d'assemblées (28 décembre 1927- 27 mai 1950)

130 AQ 106
Idem (9 mai 1956- 30 septembre1950)

130 AQ 107
Registre de délibération du conseil de surveillance (29 décembre 1927-2 décembre 1947)

130 AQ 108
Idem (29 mai 1948- 28 février 1955)

130 AQ 109
Idem (7 avril 1955-21 mai 1965)

1.1.2. Archives Nationales : Série F^{12} (Commerce et industrie)

F^{12} 2711 à F^{12} 2715
Statistiques sur le commerce et l'industrie (1789-1903).

F^{12} 4931 à F^{12} 4976
Etablissements insalubres et dangereux (1861-1908).

F^{12} 4948 et **F^{12} 4949**
Réglementation du transport et de l'emmagasinage des essences minérales et du pétrole (1864-1893).

F^{12} 4952
Transport maritime du pétrole (1857-1877).

F^{12} 5127
Dossier Henri Boutheroue-Desmarais.

F^{12} 5128
Dossier Alexandre Deutsch, dossier Charles Despeaux.

F^{12} 6483
Dossier constitué sur les huiles minérales, le pétrole et le bitume (1868-1894). Régimes douaniers successifs, révision des tarifs en 1892, documents industriels et commerciaux.

F^{12} 6916 et **F^{12} 6817**
Réponse des chambres du commerce à l'enquête du conseil supérieur du commerce de l'industrie (1890-1891).

F^{12} 7033 et **F^{12} 7034**
Demande d'autorisations d'importation 1915-1917

F^{12} 7485, F^{12} 7486 et **F^{12} 7487**
Hydrocarbures (1880-1911)

F^{12} 7491
Huiles de graissage

F^{12} 7609 à **F^{12} 7620**
Etablissements dangereux et insalubres.
Statistiques par département, modification de la nomenclature, classement (1879-1920).

F^{12} 7681
Dossier 12 : Pétrole 1916.

F^{12} 7713
Dossier 1 : Pétrole, ravitaillement.
Dossier 3 :
- Rapport fait à la commission de l'armée sur le ravitaillement en pétrole, essence, huiles lourdes, huiles à graisser par le sénateur Henri Béranger, 11 décembre 1917.
- Section technique de l'automobile et des moteurs à pétroles.

Dossier 5 : chambre syndicale de l'automobile et des industries s'y rattachant. Syndicat des fabricants de cycles.
Dossier 8 : Statistique d'importation et d'exportations.

F^{12} 7715
- Rapport Avenol, 28 octobre 1917.
- Services techniques, industrie pétrolière (1917-1919).
- Comité général du pétrole décret constitutif, arrêté concernant les membres, correspondance 1917-1919.
- Délégations, candidatures, projet de loi (modification du régime douanier), correspondance.
- Procès verbaux des séances, notes 1918.

- Double fonds sur les navires ordinaires pour le transport des pétrole (U. Hunziker) 1917.
- Réparation interalliée, « Petroleum executive » 1917.
- Pétrole : achat, provenance exotique 1918.

F[12] 7716

- Pétrole, Ravitaillement.
- Pétrole, correspondances.
- Rapport fait à la commission de l'armée sur le ravitaillement en pétrole, essences huiles lourdes, huiles à graisser par le sénateur Henri Béranger. 11 décembre 1917.
- Commissariat général des essences et combustibles.
- Etudes diverses : pétroles et huiles minérales
- Comité du pétrole, contrôle des prix.
- Organisation et fonctionnement.

F[12] 7741

Engrais et tourteaux
(3) Dossiers des maisons de commerce, (b) Desmarais Frères.

F[12] 7066

Roumanie : Berlad 1990; Bucarest 1875-1905 ; Costantza 1894-1905.

F[12] 7070

Espagne: Santander 1850-1896.

F[12] 7172

Russie: Bakou 1890-1896 ; Batoum: 1880-1894.

F[12] 9919

Trafic pétrolier des ports.

F[12] 9920

Documentation sur l'activité pétrolière des ports français.
Rouen (1931), projet de bassin pour les hydrocarbures à Port-Jérôme (1926-1929).
Port autonome du Havre (CIM, 1937).

F[12] 9921

Commission des dépôts d'hydrocarbures. Stockage (1933-1939).
Installations des ports (1933-1937). Statistiques.

F[12] 9922

Office National des Combustibles Liquides (ONCL).

1.1.3. Centre des Archives éc

onomiques et financières (à Savigny-le-Temple)

B-0032309 à **B-0032214**
Politique pétrolière entre les deux guerres.

B-0059705/1
Période : de 1923 à 1938
- Régime fiscal et douanier des produits pétroliers.
- Conférences faites à l'école du pétrole de Strasbourg des 11 et 12 mai 1927 et 14 et 15 mai 1928 sur les catégories légales de produits pétroliers.

B-0019303/2
Période : de 1941 à 1945
Cargaisons déroutées, Pétrole : correspondances entre contrôleur financier et divers services (1941-1945).

1A-0000452/1
Période : de 1949 à 1952
- Pétrole, participation française dans l'exploitation de gisements pétroliers du Moyen-Orient.
- Importations et consommations : note de la Direction des finances extérieures concernant le TAP-line (Transarabian pipe-line), article d'un ingénieur de la Standard Oil Company de Californie sur la particularité de construction et du plan du pipe-line transarabe.
- Note de la direction des programmes économiques (service des transport).
- Fiches de renseignements sur les compagnies pétrolières françaises.
- Rapport OECE (Comité du pétrole).
- Projets de décrets, PV des séances de la Commission interministérielle d'examen instituée par l'article 2 de la loi du 30 mars 1928.

B-0024838/2
Période : de 1951 à 1958
- Problème de crédit des sociétés pétrolières, transfert de crédits pétroliers à moyen-terme consentis par des banques installées hors d'Algérie : correspondance, télégrammes, rapports (1960-1968).
- Approbation d'un projet de protocole relatif au compte de péréquation du gaz naturel d'Hassi R'Mel destiné à ramener à 3,15 F le m^3 le prix de vente aux clients privilégiés : correspondance, texte officiel, rapports, projet de convention, projet de protocole (1958-1960).
- Recherche d'hydrocarbures dans le Sahara et participation des territoires et pays d'outre-mer de la zone franc à des sociétés de recherche de pétrole : correspondance, ordre du jour d'une réunion interministérielle (1951-1958).

1A-0000410/4
Période : de 1956 à 1957

- Financement de la recherche et de l'exploitation du pétrole : correspondance, comptes-rendus de séances du Conseil d'administration du Bureau de Recherches de Pétrole (mai 1957).
- Réouverture du canal de Suez : note, correspondance d'outre-mer de la zone franc (1956).

B-0059712/1
Période : de 1953 à 1957
Régime d'importation des produits pétroliers, transfert d'autorisations spéciales d'importations de produits dérivés du pétrole. Projets de décrets.
Réunions de la Commission interministérielle d'examen : travaux préparatoires, procès verbaux.

B-0060123/1
Période : de 1904 à 1965
Pétrole, stockage, entrepôts réels spéciaux : dossiers d'entreprises.

B-0059721/1
Période : de 1933 à 1965
Législation sur les taxes intérieures de consommation, législation pour la protection douanière aux raffineries de pétrole contre les importations étrangères : travaux préparatoires, questions (1933-1939).
Suggestions en vue d'une réforme fiscale : rapports (1944-1965).

B-0059793/2
Période : de 1955 à 1968
Construction et exploitation des pipelines, réglementation douanière concernant l'expédition du pétrole et du gaz naturel saharien : textes, rapports.

B-0044020/2
Période : de 1955 à 1969

- Liban, relations avec les pays étrangers, États-Unis, installations de banques américaines au Liban. Intérêts américains dans la compagnie libanaise de pétrole, fourniture de matériels de guerre, aide économique, doctrine Eisenhower au Liban, aide financière, aide alimentaire (1955-1968).
- Irak, négociations entre la compagnie pétrolière IPC (Irak Petroleum Company) et le Liban pour l'agrandissement de la raffinerie de Tripoli, négociations économiques (1959-1969).

1.2. Archives du SHAT (Service Historique de l'Armée de Terre), Série N7 : 1863 à 1940

a) Période de 1863 à 1919

- Mission militaire française en Roumanie
5 N116, 142-143, 151, 174, 200-201,
6 N 217-218, 223
7 N 1451-2 et 12, 1452-13, 1455-1 et 3, 1456-2

- Mission militaire française en Pologne
6 N 5, 212-213,
7N 800, 1450-7 à 9
16 N 3060-3, 3061-1 et 3
3255-1 et 4, 3256–2 et 3
20 N 529-2

- Pétrole
5 N 278,
6 N 153, 298
10 N 187,
13 N 57-59
20 N 181-3, 187-2, 1081-1, 1084-1 à 8

- Ravitaillement en pétrole
13 N 60-61

- Ravitaillement des populations civiles
3 N 11-12, 4 N 11, 5 N 131-3, 272, 273-1
6 N 19, 65, 253
10 N 87, 187, 13 N 17-18, 51-69,
16 N 240, 2656, 17 N 155

- Essence
7 N 1271, 1953, 8 N 13
13 N 57-59, 66
16 N 2639, 2656, 2802-2805, 2841-2842

- Essence d'aviation
5 N 278,
6 N 99, 297

b) Période de 1920 à 1940

- Pétrole : importations
2 N 6-6, 24-2, 83-2 et 3, 88-89, 255-1,

6 N 496-4,
7 N 2447-1

- **Politiques du pétrole**
2 N 6-1

- **Pétrole Proche-Orient**
2 N 245-5
7 N 4190-4

- **Mossoul**
7 N 3216-3

- **Pologne**
4 N 94-1,
7 N 2817, 2988, 2989-1, 2990-2994, 2998-3005
3008, 3011, 3021-3024, 3029, 3085, 3086-10
27 N 64-2

1.3. Archives Municipales du Havre

a) Sous-série F^2 : Commerce et industrie.

Carton 18 *:* Docks entrepôts
– Liasse 4 : huiles minérales lourdes (1907-1922)
– Liasse 5 : huiles lourdes et déchargement des navires (1901-1905)

Carton 21: Entrepôts Desmarais pour les pétroles.
– Liasse 9 : conventions avec la ville du Havre, prorogations (1884-1914).
– Liasses 10 : bulletins mensuels de relevé des quantités (en litres et en kilogrammes) de pétrole importé par la maison Desmarais Frères, (1914-1921).
– Liasse 11 : bulletins mensuels de relevé des quantités des importations de Desmarais Frères (1910-1919).
– Liasse 12 : Entrepôt spécial de pétrole (1923).

Carton 27 : Police du port.
– Liasse 4 : navires porteurs de marchandises dangereuses. Conditions de séjours (1909-1914).

b) Sous-série F^4: Marchés et subsistances

Carton 22 : Cartes d'alimentation.
– Liasse 6 : essence à usage domestique et automobile (1917-1918).
– Liasse 7 : pétroles (1915-1918).

1.4. Les archives privées : Archives Total

1.4.1. Les dossiers Desmarais Frères

87.1/ - 20
Comité Desmarais, 1961-1964 ; Réunion du 6 novembre 1961 et documents d'accompagnement ; copie du procès verbal de l'A.G.O. du 28 août 1961 ; procès verbal de la réunion du 6 novembre 1961. Note relative à la récupération des taxes grevant la constitution du pipeline

89.10/ - 5
Société du Pipeline Méditerranée : compte rendu de la réunion du 11 octobre 1963 relatif au rapport du groupe d'experts, mandaté par le ministère de l'industrie, préconisant la réalisation d'un pipeline dans la zone rhodanienne (liaison Berre Lyon Suisse).

SC 90./ - 9
Brochures et documents intéressants l'histoire du groupe – Regards sur Compagnie Française des Pétroles, 1960. – Desmarais Frères, un siècle d'industrie française du pétrole, 1861-1961, 1 exemplaire + 1 copie. Mory, 1804-1945. L'industrie française de pétrole.

SC 90./ - 35
Rapports CFP – Desmarais – Correspondances et notes.

SC 90./ - 54
Desmarais Frères « L'entreprise et l'invasion » - Paris 1946.
Historique de la maison depuis 1860 et dégâts causés par la guerre.

91.8/ - 7
CFR : AGE – procès-verbaux du conseil d'administration – convention entre CFR et la société Desmarais – Absorption, fusion SFC / CFR – correspondance.

91.8/ - 90
Correspondance Compagnie Française des Pétroles et de Raffinage – CFP et CFR et ministère : succession de Granier de Lilliac PDG de la CFR par Monsieur Grosnier CV 20/12/1971 – Renouvellement du mandat de Victor de Metz et de Desmarais et nomination.

92.10/ - 34
CFP – Premiers participants – Desmarais frères – Huileries – Banque Indochine – L'économique – Electricité et Gaz du Nord – Banque Josse Allard.

82.5/ - 13
Le raffinage dans le cadre de la CFP – Etudes et contacts avec le gouvernement à propos de la constitution de la CFR 1928 – 1931 – Lettre de Mercier à R.

Poincaré sur cette question – Décembre 1928. Notes de Victor de Metz sur cette période –

82.8/ - 44
Desmarais Frères – Fusion marques Azur et Total – Accord entre Desmarais, CFP et CFR – Statuts – Capital actions Correspondances

82.8/ - 45
Desmarais Frères – AGO – AGE

82.8/ - 46
Desmarais – Bilan 1959 – AGO 1959 à 1965 – AGE 1963 à 1965

82.8/ - 47
Desmarais – Conseils de surveillance

82.8/ - 48
Desmarais – Marque : Accord – Fusion : Autorisations officielles relatives avec UGP – Fusion : Problème de structure de groupe 1964 – Opérations de fusion 1964/66

86.12/ - 5
Organisation de la DCAD : DDI : Instructions N° 57 et 58 de 1967/68 – Notes et études de création Déc. Janv. Oct. 1966 – Notes : organisation de la CFP Oct. 1952 – Notes : les fonctions du délégué CFP États Unis, Oct. 1949 – Création de la DTRP

92AA091 – 141
Documentation : Groupe Total : participations financières – Omnium financier de Paris OPSA – Omni Service – SFCL devenue Société Financière d'Auteuil – PRETABALL / SICOMI – Total Oil Holdings Limited – Crédit Chimique – Absorption de Desmarais, etc.

93AA112 – 8
Marques Azur – Recherches et correspondances concernant les marque Desmarais. Fusion avec TCFD

93BA078 – 80
Caisse de retraite du personnel des sociétés Desmarais – Rachats

93BA078 – 100
Contrat Fonds d'épargne Desmarais – 4708

93BA078 – 125
Caisse de Retraite du personnel des société Desmarais ; Situation au 30/12/1966

93BA079 – 367
Journaux de paie – Desmarais

95AF251 – 245
Desmarais F. (MELLE)

95AC384 – 58
Terrain Desmarais Le Havre

97AC280 – 184
Caisse de retraite Desmarais

98LV868 – 135
08802 – DA1415 pièces relatives à la transformation de Desmarais Frères en société anonyme : extraits revêtus mention bureaux hypothèques.

98LV868 – 208
44058 – DA1417 Dossiers terrains : Nanterre – Dépôts ponts des anglais EX DF EX STAF – Dépôts EX OZO – Dépôts Desmarais – Dépôts Nanterre Ponts aux Anglais – zone vente (préfecture) – Négociations avec Casino – Estimation terrain STAF & EX DF.

1.4.2. Les dossiers Compagnie Française des Pétroles (CFP)

00AH001 – 1
Chronologie historique de la CFP de 1923 à 1960

00TE539 – 32
CFP, Convention avec l'État de 1924 à 1931 / CFP, Convention avec l'État de 1924 à 1971.

92.2/ - 5
Steaua française – participation dans la Société Française Combustibles Liquides (SFCL) : 1930-1937 - Participation dans la CFP : 1924-1939.

92.10/ - 1
CFP – PV des Conseils d'administration.

92.10/ - 98
CFP- Publications légales

92.22/ - 29
CFP – IPC – TPC – D'Arcy Exploration Company – textes anglais – in the high court of justice – 5 volumes reliés.

82.5/ - 16
Etudes sur les moyens financiers du développement de la CFP (1924 – 1954).

84ZY336 (22 dossiers)
CFP : Registres procès-verbaux, Comités, Conseils, Assemblées, Comité de direction.

89.14/ - 10, -11, -13
Historique de la CFP, constitution : lettre de Poincaré du 20/09/1923 – Convention avec l'État de 17 mai 1924.
Avenant modifiant la convention du 19 mars 1929 avec l'État, etc.

SC 90./ - 31
Problèmes liés à la ratification de la convention CFP avec l'État 1930/1931 – Avis de M. Henry Béranger, Sénat 1931.

89.14/ - 22
L'œuvre et le rôle de la CFP par Maurice Mercier, frère d'Ernest Mercier 1946.
Lettre du président Ernest Mercier à Raymond Poincaré le 18 décembre 1928 présentant la situation du raffinage et les difficultés auxquelles il est confronté.
Note du 14 décembre 1931 : la CFP et la politique française du pétrole.

91AA118 – 1
CFP – Brochure compte spécial (1924 – 1952).

92AA091 – 58
Documentation de la DIRE – Historique CFP – La CFP et l'IPC : les Heads of Agreement (1948).

92AA091 – 59
Compte rendu d'Ernest Mercier du 20/12/1940.

92AA091 – 74
Extraits des mémoires de Léon Wenger : 55 ans de pétrole 1904-1959.
États Consolidés du 31 décembre 1965.
Conférence de presse du 25 novembre 1966.
Expansion du groupe CFP 1950-1960.

92.81/ -1, -2, -3, -4, -5
Classeurs répertoriant les filiales CFP par domaines : distribution, commercialisation, études et services, engineering, holding, finance, investissement participation financière, date de liquidation, les sièges sociaux, membres du conseil d'administration, les principaux actionnaires, l'objet et l'activité de chaque société.

2/ SOURCES IMPRIMÉES ET AUTRES TYPES DE SOURCES

2.1. *Publications officielles*

- *Journal Officiel* du 31 mars 1928, Dalloz 1929-4-137.
- *Journal Officiel* du 28 février 1963.
- Journal spécial : *Sociétés françaises par actions : feuille officielle d'annonces judiciaires et légales Tri-hébdomadaire*, vendredi 25 et samedi 26 mars 1921. (Archives de Total 82.8/553).
- Notes et documents concernant la législation douanière du pétrole en France : Imprimerie Chaix, Paris 1890. (Bibliothèque Nationale 4F. 678).

2.2. *Journaux et périodiques*

- *Havre Eclair* du 14 octobre 1917.
- *La Bursa* n° 1421 du 14 février 1932.
- *La Revue pétrolière*, n° 529, 27 mai 1933.

Le Figaro du 20 janvier 1955 : Enquête de Pierre Locardel

- *Le Monde économique*, numéro du 21 février 1903 (Bibliothèque Nationale de France).
- *Le Moniteur du Pétrole Roumain*, n° 22, du 15 Novembre 1931.
- *L'illustration* du 21 septembre 1907.
- *L'illustration* du 19 décembre 1925, pp. 683-693.
- *L'illustration* n° 4033, du 19 juin 1920.
- *Le pétrole*, mai 1925.
- *Pétrole Informations*, n° 314 du 20 septembre 1961.
- *Petroleum management*, janvier 1966.
- *Revue Industrielle* de Novembre 1926.
- *Revue de la porte océane*, Juillet 1947.
- *Revue du Pétrole*, n° 23, mai 1908.
- *Revue d'Economie Politique* de 1934.
- *Revue Française d'énergie*, janvier 1966.
- *Revue Pétrolifère*, n° 692 du, 18 juillet 1936.
- *The Economist*, 2 février 1957.

2.3. *Journaux d'entreprise*

- *Shell Information*, n° 289, janvier/février/mars 1989.
- TotalFinaElf, « 80 ans d'histoire », *Synergies*, numéro spécial du 16 octobre 2000.
- *La Boussole* (Bulletin d'informations et d'études publié par la commission de productivité du Comité Central d'Entreprise de Desmarais Frères), n°2, 1952.
- *La boussole*, n° 0 du nouveau journal d'entreprise de Desmarais Frères, 1951.
- *L'Etoile Bleue*, Avril 1952.

2.4. Autres sources (internet)

- « Dossier sur la Compagnie Générale de Géophysique », *Les Echos*, le 7/10/2004, Sur le Web : http://www.lesechos.fr/compagnie_generale_de_geophysique.htm
- Site du « Musée français du Pétrole » en Alsace http://www.musée-du-pétrole.com/index.html
- Site du *U.S. Departement of State* : http://www.state.gov/r/pa/ho/time/gp/16324.htm

1.5. Sources orales

- Entretien thématique de Jean Blancard avec Patricia Bas, entreptien n° 1, Cassette 1, CHEFF, 27 février 2003.
- Témoignage de Pierre Desprairies dans une interview faite par Patricia Bas, Entretien n°1, Cassette 1, Comité pour l'Histoire Economique et Financière de la France (CHEFF), le 15 mai 2003.
- Interview de M. Decote, Directeur administratif chez Desmarais Frères, l'*Etoile Bleue*, Avril-Mai-Juin, 1948, p. 2.
- Souvenirs de Paulin Baduel – 1928 – alors Directeur commercial et fondé de pouvoirs, après 52 ans de présence chez Desmarais Frères, Archives Desmarais Frères.
- Extraits des mémoires de Léon Wenger, « 55 ans de Pétrole – 1904/1959 », archives de Total : 92AA091/74.<

3/ BIBLIOGRAPHIE

3.1. **Instruments de travail**

3.1.1. Données statistiques, dictionnaires et outils de calcul

BARBIER (Yves), *Dictionnaire du pétrole*, Editions SCM, Paris, 1980.

BARJOT (Dominique), « L'analyse comptable : un instrument pour l'histoire de l'entreprise. La Société Générale d'Entreprises (1908-1945), *Histoire, Economie et Société*, n°1, 1982, pp. 93-117.

BARJOT (Dominique) et CARON (François), « L'annuaire statistique de l'économie française (XIXe-XXe siècles) », *Histoire, Economie et Société*, n°4, 1990, pp. 591-614.

BERNARD (Y.) et COLLI (J.-C.), *Dictionnaire économique et financier*, Seuil, Paris, 1989.

GILLE (Bertrand), *Les archives de l'entreprise*, Paris, 1958.

INSEE, *L'espace économique français, population, production, revenus par département*, Ministère des Finances et des Affaires Economiques (direction de la conjoncture et des études économiques), Presses Universitaires de France, Paris, 1955.

Saly (P.), *Méthodes statistiques descriptives pour les historiens*, Armand Colin, Cursus, 1991.

Encyclopédie Encarta, http://fr.ca.encarta.msn.com/encyclopedia_761576221/pétrole.html

Encyclopédie Bordas, volume 3, SGED, Paris, 1994.

Encyclopédie Française Larousse, Paris, 1988.

Le langage pétrolier, Editions Gauthier-Villars, 1964.

Encyclopedie snyke: http://encyclopedie.snyke.com/articles/accord_sykes_picot.html

Le dictionnaire biographique parlementaire.

Zubin (Fabio), *Dictionnaire technique Anglais-Français du pétrole*, Editions Total, 1971.

Marrou (Henri-Irénée), *De la connaissance historique*, Seuil, Paris, 1975.

3.1.2. Statistiques pétrolières

Comité Professionnel du Pétrole, *Statistiques des ventes Produits blancs et Gas-oil (par sociétés), Années 1948 à 1967*, Octobre 1968.

Comité Professionnel du Pétrole, *Importations et exportations françaises de produits pétroliers de 1885 à 1963*, statistiques de la Direction Générale des Douanes.

Comité Professionnel du Pétrole, *Statistiques des ventes Fuel-oils, Années 1948 à 1967*, Octobre 1968.

Comité Professionnel du Pétrole, *Pétrole 72, Eléments statistiques, activité de l'industrie pétrolière*, Paris, 1973.

Produits pétroliers marché européen, collection des « Analyses des secteurs », Dafsa, 2ème trimestre 1972.

Rapport de l'Union des Chambres Syndicales de l'Industrie du Pétrole, « L'industrie Française du Pétrole » en 1962-1963 (disponible à Total).

3.2. Ouvrages généraux

1.1.1. Histoire économique

Asselain (Jean-Claude), *Histoire économique de la révolution industrielle à la première guerre mondiale*, Paris, Presses de la Fondation Nationale des Sciences Politiques et Dalloz, 1991.

Asselain (Jean-Claude), *Histoire économique de la France du XVIIIe siècle à nos jours. Vol. 1 : De l'ancien régime à la première guerre mondiale*, Editions du Seuil, Paris, 1984.

Bairoch (Paul), *Mythes et paradoxes de l'histoire économique*, La découverte, Paris, 1994.

Bairoch (Paul), *Commerce extérieur et développement économique de l'Europe au XIXe siècle*, EHESS, Paris, 1976.

BAIROCH (Paul), *Victoires et déboires II. : Histoire économique et sociale du monde du XVIe siècle à nos jours*, Paris, Gallimard, 1997.

BARJOT (Dominique), *L'Annuaire statistique de l'économie française aux XIXe et XXe siècles*, tome 2 : *L'énergie aux XIXe et XXe siècle*, Presses de l'ENS, Paris, 1991.

BARJOT (Dominique), *Histoire économique de la France au XIXe siècle*, Nathan, Paris, 1995.

BARJOT (Dominique) et alii, *Les sociétés, la guerre, la paix 1911-1946*, SEDES, 2003.

BARJOT (Dominique), (Dir.), *Industrialisation et sociétés en Europe occidentale du début des années 1880 à la fin des années 1960. France, Allemagne-RFA, Royaume-Uni et Benelux*, Paris, CNED-SEDES, 1997.

BELTRAN (Alain), *Un siècle d'histoire industrielle en France. Industrialisation et sociétés 1880-1970*, Paris, SEDES, 1998.

BELTRAN (Alain), GRISET (Pascal), *L'économie française 1914-1945*, Armand Colin, Paris, 1994.

BELTRAN (Alain) et GRISET (Pascal), *La croissance économique de la France 1815-1914*, Paris, Armand Colin, 1988.

BELTRAN (Alain) et GRISET (Pascal), *L'économie française 1914-1945*, Cursus, Armand Colin, Paris, 1994.

BERGERON (Louis), *L'industrialisation de la France au XIXe siè*cle, Hatier, Paris, 1979.

BERSTEIN (Serge), *La France des années trente*, Armand Colin, Paris, 1988.

BLOCH-LAINÉ (François) et BOUVIER (Jean), *La France restaurée 1944-1954, dialogue sur les choix d'une modernisation*, Fayard, Paris, 1986.

BOND (Brian), "Britain and the Continental Commitment 1939-1940", in *L'année 1940 en Europe*, Colloque international organisé par le Centre de Recherches d'Histoire Quantitative de l'Université de Caen, 29-30 novembre 1990.

BONIN (Hubert), *Histoire économique de la France depuis 1880*, Masson, Paris, 1988.

BONIN (Hubert), *L'argent en France depuis 1880, banquiers, financiers, épargnants*, Masson, Paris, 1989.

BRETON (Y.), BRODER (A.), LUFTALLA (M.), (eds), *La longue stagnation en France. L'autre grande dépression 1873-1897*, Paris, Economica, 1997.

BRODER (A.), *L'économie française au XIXe siècle*, Paris et Gap, Ophrys, 1993.

BRODER (A.), *L'Économie française au XXe-1914-1997*, Paris et Gap, Ophrys, 1998.

BONIN (Hubert), *Histoire économique de la France depuis 1880*, Masson, Paris, 1988.

BOUVIER (Jean), *Initiation au vocabulaire et aux mécanismes économiques contemporains XIXe - XXe siècles*, SEDES, Paris, 1990.

BOUVIER (J.), FURET (F.), GILLET (M.), *Le mouvement du profit en France au XIXe siècle*, Paris-La Haye, Mouton, 1975.

BRAUDEL (F.), LABROUSSE (E.), *Histoire économique et sociale de la France*, Paris, PUF, 1979.

tome III, *L'avènement de l'ère industrielle : 1789-années 1880*

tome IV, *L'ère industrielle et la société d'aujourd'hui : années 1880-1914*

BRAUDEL (F.) et LABROUSSE (E.), *Histoire économique et sociale de la France, IV.3, 1950-1980*, PUF, 1982.

BRETON (Y.), BRODER (A.), LUTFALLA (M.), (Eds), *La longue stagnation en France. L'autre grande dépression 1873-1897*, Economica, Paris, 1997.

BROUIN (Jean-Claude), *L'économie roumaine 1900-1939*, Dossier sur les problèmes et la société de l'économie roumaine. Ministère de l'éducation. L'évolution économique et sociale de l'Europe (Russie puis Union Soviétique comprise) et de l'Amérique du Nord du début du XXe siècle à 1939, dans le cadre de la question d'histoire contemporaine au programme des années 1975-76, 1976-77.

BUSSIÈRE (Eric), GRISET (Pascal), BOUNEAU (Christophe), WILLIOT (Jean-Pierre), *Industrialisation et sociétés en Europe occidentale 1880-1970*, Armand Colin, Paris, 1998.

BUSSIÈRE (Eric), *Les relations entre la France et la Belgique dans les rivalités économiques et financières en Europe : novembre 1918 - mars 1935*, Thèse de doctorat à Paris IV sous ma direction de François Caron, 1988.

CARON (François), *Histoire économique de la France (XIXe-XXe siècles)*, 2è édition, Armand Colin, Paris, 1995.

CARRÉ (J. J.), DUBOIS (P.), MALINVAUD (E.), *La croissance française, un essai d'analyse économique causale de l'après guerre*, Editions du Seuil, Paris, 1972.

CHARDONNET (Jean), *Les conséquences économiques de la guerre 1939-1946*, Hachette, Paris, 1947.

CHENOT (Bernard), *L'organisation économique de l'État*, Dalloz, Paris, 1965.

CLÉMENTEL (Etienne), *La France et la politique économique interalliée*, Presses Universitaires de France, 1931.

CLOUGH (S. B.), *Histoire économique des États-Unis depuis la guerre de Sécession (1865-1952)*, Presses Universitaires de France, Paris, 1953.

DARD (Olivier), *Les années 1930. Le choix impossible*, Librairie générale française, Paris, 1999.

DARD (Olivier), DAUMAS (Jean-Claude), MARCOT (François), *L'occupation, l'État français et les entreprises*, Actes du colloque de Besançon, mars 1999, Association pour le développement de l'histoire économique, 2000.

DUROSELLE (Jean Baptiste) et KASPI (André), *Histoire des relations internationales de 1919 à 1945*, Armand Colin, Paris, 2001.

DUROSELLE (Jean-Baptiste), *La décadence, 1932-1939*, Imprimerie Nationale, 1985.

DUROSELLE (Jean Baptiste), *La France et les Français 1914-1920*, Editions Richelieu, Paris, 1972.

ESQUILAT (Pierre), *Le ravitaillement de la France en temps de guerre*, (Thèse de Droit à Université de Toulouse, 1941), Sirey, Paris, 1941.

FAULKNER (H. U.), *Histoire économique des États-Unis d'Amérique des origines à nos jours*, Presses Universitaires de France, Paris, 1958.

FERRO (Marc), *Histoire de France*, Odile Jacob, Paris, 2003.

FONTAINE (Arthur), *L'industrie française pendant la guerre*, Presses Universitaires de France, Paris, 1924.

FRANK (Robert), « La position internationale de la France et son évolution pendant l'année 1940 », Colloque international organisé par le Centre de Recherches d'Histoire Quantitative de l'Université de Caen, *L'année 1940 en Europe*, 29-30 novembre 1990.

GIRAULT (R.), *Emprunts russes et investissements français en Russie*, 1887-1914, Paris, 1973.

GRAZIANI (Augusto), (eds), *L'economia italiana 1945-1970*, Il mulino, Bologna, 1975.

GUESLIN (André), *Nouvelle histoire économique de la France contemporaine, 4. L'économie ouverte 1948-1990*, La découverte, Paris, 1989 et 1994 (3è tirage).

HARDACH (Gerd), *The First World War 1914-1918*, Allen Lane, London, 1977.

JOLY (Hervé), (Eds), *Les Comités d'organisation et l'économie dirigée du régime de Vichy*, Actes du colloque International à Caen, 3-4 avril 2003, Centre de Recherche d'Histoire Quantitative, Caen, 2004.

KASPI (André), *La France et le concours américain, février 1917-novembre 1918*, Thèse de doctorat, Paris 1, 1975.

KASPI (André) et ARTAUD (Denise), *Histoire des États-Unis*, Armand Colin, Paris, 1985.

KINDLEBERGER (Charles P.), *Grande crise mondiale 1929-1939*, traduit par BERNARD (Henri Paul), Economica, Paris, 1988.

KINDLEBERGER (Charles P.), « Les origines des investissements directs des États-Unis en France », IN LÉVY-LEBOYER (M.), *La position internationale de la France. Aspects économiques et financiers XIXè-XXè siècles*, EHESS, Paris, 1989, pp. 341-354.

KUISEL (Richard F.), *Le capitalisme et l'État en France : modernisation et dirigisme au XXe siècle*, Gallimard, 1981.

KUISEL (Richard F.), « Vichy et les origines de la planification économique : 1940-1946 », *Mouvement Social*, 1977.

LANTHIER (Pierre), « Vichy et l'Occupation dans le moyen terme : investissements et structures organisationnelles des équipementiers électriques de 1930 à 1955 », in *Les secteurs de l'énergie sous l'occupation*, Troisième colloque du GDR 2539 du CNRS, Université d'Artois, Arras 25-27 novembre 2004.

LANTHIER (Pierre), « La construction électrique française entre Vichy et l'occupation », in *Histoire, économie et société*, n°3, 1992, pp. 345-453.

LEMÉNOREL (Alain), *Nouvelle histoire économique de la France contemporaine, 3. L'économie libérale à l'épreuve 1914-1948*, La Découverte, Paris, 1998

LESTONNAT (R.), « Les grands travaux du Havre », *L'illustration* du 1er juillet 1922, pp. 13-17.

LÉON (Pierre), *Histoire économique et sociale du Monde*, Tome V, 1914-1947, Colin, Paris, 1977.

LÉVY-LEBOYER (Maurice), *Le Plan Marshall et le relèvement économique de l'Europe*, Comité pour l'Histoire économique et financière, Paris, 1991.

LÉVY-LEBOYER (Maurice), (dir.), *La position internationale de la France. Aspects économiques et financiers XIXè-XXè siècles*, EHESS, Paris, 1989.

LÉVY-LEBOYER (M.), BOURGUIGNON (F.), *L'économie française au XIXe siècle. Analyse macro-économique*, Paris, Economica, 1985.

LÉVY-LEBOYER (Maurice), CASANOVA (Jean-Claude), (Dir.), *Entre l'État et le marché. L'économie française des années 1880 à nos jours*, Gallimard, Paris, 1991.

LÉVY-LEBOYER (Maurice), « La croissance française au XIXe siècle. Résultats préliminaires », *AESC*, 23è année, n°4, pp. 788-807.

MAILLARD (Jean-Louis), *La Révolution industrielle au Havre (1860-1914)*, DEA d'Histoire, Université de Rouen, 1978.
MALON (Claude), *Le Havre colonial de 1880 à 1960,* Thèse de doctorat, Paris IV, 2001.
MARGAIRAZ (Michel) et ROUSSO (Henry), « Vichy, la Guerre et les entreprises », in *Histoire, économie et société,* n°3, 1992, pp. 337-364.
MARSEILLE (Jacques) et BÉNICHI (Régis), *Les 100 dates de la France en Guerre : 1939-1945,* France Loisirs, Paris, 2004.
MATHIOT (André), « L'intégration des comités d'organisation au droit français », *RDP,* 1943.
PERROUX (François), *L'économie du XXe siècle,* PUF, Paris, 1964.
PIATIER (André), *L'économie de guerre,* Librairie Générale du droit et de la jurisprudence, Paris, 1939.
PIETRZAK-PAWLOWSKA (I.), « Les investissements français en Pologne », in Maurice LÉVY-LEBOYER, *La position internationale de la France. Aspects économiques et financiers XIXe-XXe siècles,* EHESS, Paris, 1989, pp. 317-324.
POIDEVIN (Raymond), *Les relations économiques et financières entre la France et l'Allemagne de 1898 à 1914,* Armand Colin, Paris, 1969.
POUSSOU (Jean-Pierre.), (Dir.), *L'économie française du XVIIIe au XXe siècle : perspectives nationales et internationales,* Mélanges offerts à François Crouzet, Presses de l'Université de Paris-Sorbonne, 2000.
RAMOND (J.), *Les Comités d'organisation,* Thèse de doctorat en Droit, Université de Paris, 1945.
RIST (C.) et PIROU (G.), *De la France d'avant guerre à la France d'aujourd'hui : vingt-cinq ans d'évolution de la structure économique et sociale française,* Sirey, Paris, 1939.
SAPIR (Jacques), « Effort de guerre et contestation sociale: Les effets inattendus de la mobilisation économique en Russie sur les équilibres sociopolitiques », *Mobilisation de la nation à l'ère de la guerre totale (1914-1945),* Colloque organisé par le Département d'Histoire de l'Armement (DHAr) du Centre des Hautes Etudes de l'Armement (CHÉAr), sous l'égide du Comité pour l'Histoire de l'Armement (CHArme), à l'ENSTA à Paris : 26-28 octobre 2004.
SAUVY (Alfred), *La vie économique des Français de 1939 à 1945,* Frammarion, Paris, 1978.
SAUVY (Alfred), Histoire *économique de la France entre les deux guerres,* Economica, Paris, 1984.
SCHOR (Ralph), *La France dans la Première Guerre Mondiale,* Nathan, Paris, 1997.
SOUTOU (Georges-Henri), *L'or et le sang : les buts de la guerre économique de la première Guerre Mondiale,* Fayard, Paris, 1989.
SOUTOU (Georges-Henri), « La politique économique de la France en Pologne (1920-1924) » in *Revue Historique* n° 509, janvier-mars 1974.
SOUTOU (Georges-Henri), « Les buts de la guerre économique des États-Unis », www.stratisc.org, édité par ISC-IHCC-CHAE, 1999.
TAHMAZIAN (Philippe), *Economie de guerre. Economie dirigée et marine marchande française 1914-1918,* Mémoire de DEA d'Histoire économique quantitative, Université de Paris 1, octobre 1978.

TORTELLA (Gabriel), « Investissements étrangers et entrepreneurs nationaux en Espagne », *Entreprises et Histoire* n°8, juin 1995. pp. 63-73.

VAN DER WEE (H.), *Histoire économique mondiale 1945-1990*, Bruxelles, Academia Duculot, 1990.

VERLEY (Patrick), *Nouvelle histoire économique de la France contemporaine, 2 : L'industrialisation, 1830-1914*, La Découverte, Paris, 1989.

1.1.2. Histoire des techniques

ANTONY (Aloys), *Les raffineries de pétrole de La Mède (Bouches du Rhône) et Gonfreville l'Orcher (Seine Maritime) de la C.F.R*, éd. Le Génie Civil, Paris, 1959.

BARJOT (Dominique), "From Tournon to Tancarville. The contribution of French civil engineering to suspension bridge construction, 1824-1959", *History and Technology*, 1988, vol.6, pp.177-201

BEAUNE (Jean-Claude), *La technologie introuvable. Recherche sur la définition et l'unité de la technologie à partir de quelques exemples du XVIIIe et du XIXe siècles*, Paris, Vrin, 1980.

BELTRAN (Alain) et GRISET (Pascal), *Histoire des techniques au XIXe et XXe siècles*, Colin, Paris, 1990.

BERG (Maxine), BRULAND (Krisine), (eds), *Technological Revolutions in Europe. Historical perspectives*, Edward Elgar Publishing, UK, USA, 1998.

BUCHAMAN (A.), *The Power of the Machine. The Impact of the Technology on Society From 1700 to the Present Day*, London, 1993.

BUSSIÈRE (Eric), *La France, la Belgique et l'organisation économique de l'Europe : 1918 - 1935*, CHEFF, Paris, 1992.

BUSSIÈRE (Eric), « Les réflexions d'un banquier sur la situation économique du monde à l'époque de la conférence de Gênes », in *Études et documents X*, CHEFF, 1998, pp. 259-261.

CARON (François), « Histoire technique et histoire économique », *Histoire, économie et Société*, 1er trimestre, 1983, pp. 7-17.

CARON (François), *Les deux révolutions industrielles du XXe siècle*, Paris, Albin Michel, 1997.

CHADEAU (Emmanuel), « Contraintes technologiques et stratégies internationales : le moteur d'avion, 1920-1970 », *Entreprises et Histoire* n° 1, avril 1992, pp. 61-78.

CHARMASSON (T.), LELORRAIN (A.-M.), RIPA (Y.), *L'enseignement technique de la Révolution à nos jours*, INRP, Economica, 2 tomes, Paris, 1987.

COTTE (M.), *Innovation et transfert de technologies, le cas des entreprises de Marc Seguin, France 1815-1835*, Lille, Presses Universitaires du Septentrion, 1998.

CROUZET (François), « When the railways were built. A French engineering firm during the 'Great Depression' and after », in S. MARRINER (ed), *Business, economic, and accounting history*, Liverpool University Press, 1978, Liverpool, pp. 105-139.

DAUMAS (Maurice), (éds), *Histoire générale des techniques*, tomes 4 et 5 : *Les techniques de la civilisation industrielle*, PUF, Paris, 1968 et 1978.

DAUMAS (Maurice), « Les mécaniciens autodidactes français et l'acquisition des techniques britanniques », in *L'acquisition des techniques par les pays non initiateurs*, Colloque CNRS, Pont-à-Mousson, 1970, Paris, 1970, pp. 335-345.

DERRY (T. K.), WILLIAMS (Trevor I.), *A short history of technology from the Earliest Times to A.D. 1900*, New York, Dover Publications, Inc., 1993.

FLEURY (R.), *Les moteurs à combustion interne*, Editions Pierre Roger, Paris, 1930.

FOX (Robert), GUAGNINI (Anna), *Education, technology and industrial performance in Europe, 1850-1939*, Cambridge University Press, 1993.

FOX (Robert), Weisz (G.), *The Organisation of science and technology in Europe, 1808-1914*, Cambridge, 1980.

FURIA (D.), Serre (P.-C.), *Techniques et sociétés*, Paris, Armand Colin, 1970, 448 p.

GILLE (Bertrand), *Histoire des techniques*, Paris, Gallimard, Encyclopédie de la Pléiade, 1978.

GUILLERME (André), (éds), *De la diffusion des sciences à l'espionnage industriel XVe-XXe siècle*, ENS Editions, 1999.

JACOMY (B.), *Une histoire des techniques*, Paris, Seuil, 1990.

LANDES (D.), *L'Europe technicienne, Révolution technique et libre-essor industriel en Europe Occidentale de 1750 à nos jours*, Paris, Gallimard, 1975.

LEMAIRE (M.), « La raffinerie de pétrole de la Standard Franco-Américaine de raffinage à Port-Jérôme (Seine-Inférieure) », *Le Génie civil*, n° 26, 30 juin 1934, Tome CIV, pp. 577-583.

MAILLET (Denis), (Eds), *Du moteur à explosion à la pile à combustible*, congrès organisé par le Laboratoire d'énergétique et de mécanique théorique et appliquée (LEMTA-UMR 7563 CNRS-INPL-UHP Nancy I), actes du congrès annuel de la Société française de thermique 3-6 juin 2002, Vittel, France / SFT, 2002.

MARTIN (L.), « Le Pétrole », in Jean GÉRARD (Eds.), *Dix ans d'efforts scientifiques et industriels, 1914-1924*, Chimie et Industrie, Paris, 1926.

MICHALET (Charles-Albert), « Panorama général de la présence de l'industrie française dans l'économie mondiale : 1950-1975 », in *L'industrie française face à l'ouverture internationale*, Colloque organisé par le Comité d'histoire industrielle, Economica, Paris, 1991.

MIRAUCOURT (S.), « Histoire de la pompe à essence » dans *Culture Technique*, n° 9 février 1983.

PARK (Rang-Ri), « Le voyage en Angleterre, instrument du rattrapage technologique : l'exemple des notes d'Ernest Goüin (1838-1939), *Les transferts technologiques dans l'espace méditerranéens : une perspective à long terme*, 2003 (en cours de publication).

PERROT (M.), ACHE (J.-B.), AUDIN (M.)... [et al.], *Histoire générale des techniques, Tome V, Les techniques de la civilisation industrielle : transformation, communication, facteur humain*, PUF, Paris, 1979.

RUSSO (F.), *Introductions à l'histoire des techniques*, Paris, Librairie Scientifique et technique, 1986.

SINGER (C.), *A History of technology*, Oxford, Oxford University Press, 1954-1978, 2 vol., 1530 p.

TISSOT (Laurent), VEYRASSAT (Béatrice), (eds.), *Trajectoires technologiques, marchés, institutions. Les pays industrialisés, 19e-20e siècles. De la dépendance du contexte à la dépendance de sentier*, Peter Lang, Allemagne, 2001.

VENTOU-DUCLAUX (Léon), *Les moteurs à deux temps, moteurs à explosion destinés à l'automobilisme et à l'aviation*, Dunod et Pinat, Paris, 1912.

1.1.3. Histoire sociale

AGULHON (Maurice), *Le cercle dans la France bourgeoise, 1815-1848*, étude d'une mutation de sociabilité, Paris, Colin, 1979.

ANCIANT (Jean), *Initiation aux faits économiques et sociaux*, Masson et Cie, Paris, 1969.

AUDOUIN-ROUZEAU (S.), ROUSSO (H.), DUMÉNIL (A.), INGRAO (C.), « Les sociétés, la guerre et la paix (Europe, Russie / URSS, États-Unis, Japon) 1911-1946 », *Historiens et Géographes*, n° 383, juin, 2003, pp. 187-211.

BARBIER (F.), *Finance et politique : la dynastie des Fould XVIIIe-XXe siècles*, Paris, A. Colin, 1991.

BARBIER (F.), *Le patronat du Nord sous le Second Empire : une approche prosopographique*, Genève, Droz, 1989.

BARJOT (Dominique), (dir.), *Le travail à l'époque contemporaine*, Editions du Comité des travaux historiques et scientifiques, Paris, 2005.

BARJOT (Dominique), ANCEAU (Eric), LESCENT-GILES (Isabelle), MARNOT (Bruno), *Les entrepreneurs du Second Empire*, Presses Universitaires de Paris, Sorbonne, 2003.

BARJOT (Dominique), « Patronat et autorité patronale : le cas des travaux publics (1883-1974) », *Le Mouvement social*, 1996, avril-juin, n° 175, pp. 31-54.

BELTRAN (Alain) et RUFFAT (Michèle), *Culture d'entreprise et histoire*, Editions d'Organisation Université, Paris, 1991.

BERGERON (Louis), *Les capitalistes en France (1780-1914)*, Gallimard, Paris 1978.

BERGERON (Louis), « Permanence et renouvellement du patronat « in LEQUIN (Yves), *Histoire des Français, XIXe-XXe siècle*, tome 2, Paris, Armand Colin, 1983.

CARON (François), DAVIET (Jean-Pierre) et al., *Histoire générale du Travail*, Tome III, Paris, Nouvelle Librairie de France, 1997.

CHARLE (C.), *Les hauts fonctionnaires en France au XIXe siècle*, Paris, Gallimard-Julliard, 1980.

CHARLE (C.), *Les Elites de la République, 1880-1900*, Paris, 1987.

CHARLE (C.), *Histoire sociale de la France au XXe siècle*, Paris, Seuil, 1991.

CHALINE (Jean-Pierre), *Les Bourgeois de Rouen. Une élite urbaine au XIXe siècle*, Presses de la FNSP, Paris, 1982

CHASSAGNE (Serge), *Le Coton et ses patrons. France 1760-1840*, Paris, EHESS, 1991.

CHÂTELAIN (A.), « La main-d'œuvre dans l'industrie française du bâtiment aux XIXe et XXe siècles », in *Revue de l'enseignement technique : technique, art, sciences*, octobre 1956.

CHARLE (C.), *Histoire sociale de la France au XXe siècle*, Seuil, Paris, 1991.

CHEVALIER (L.), *Classes laborieuses et classes dangereuses à Paris dans la première moitié du XIXe siècle*, Paris, Plon, 1958, nouv. Ed., Le Livre de poche, Paris, 1982.

COLLI (Andrea), *The history of family business 1850-2000*, Economic and social history, Cambridge University Press, 2003.

CORBIN (A.), *Archaïsme et modernité en Limousin au XIXe siècle (1845-1950)*, 2 vol., Paris, Rivière, 1975.

COSTON (H.) (sous la dir. de), *Dictionnaire des dynasties bourgeoises et du monde des affaires*, A. Moreau, Paris, 1975.

CROUZET (François), « Les dynasties d'entrepreneurs en France et en Grande-Bretagne », *Entreprises et histoire*, n° 9, 1995, pp. 25-42.

D'IRIBARNE (Philippe), « Culture et effet sociétal » in *Revue française de sociologie*, vol. XXXII, n° 4 octobre-décembre 1991.

DAUMARD (A.), *Les bourgeois de Paris au XIXe siècle*, Flammarion, Paris, 1970.

DAUMARD (A.), (Dir.), *Les fortunes françaises au XIXe siècle*, Mouton, Paris-La Haye, 1973.

DAUMARD (A.), *Les bourgeois et la bourgeoisie en France*, Aubier, Paris, 1987.

DAUMAS (Jean-Claude), « La révolution Nationale à l'usine. Les politiques sociales des entreprises sous l'occupation, in DARD (Olivier), DAUMAS (Jean-Claude), MARCOT (François), *L'occupation, l'État français et les entreprises*, Actes du colloque de Besançon, mars 1999, Association pour le développement de l'histoire économique, 2000, pp. 181-195.

DAUMAS (Jean-Claude), « Deux modèles de capitalisme familial : capitalisme dynastique et capitalisme viager dans l'industrie lainière française au XIXe siècle », in DAUMAS (Jean-Claude), (dir), *Le capitalisme familial : logiques et trajectoires*, (actes de la journée d'études de Besançon du 17 janvier 2002), Presses Universitaires Francomtoises, Besançon, 2003.

DEWERPE (Alain), *Le monde du travail en France 1800-1950*, A. Colin, Paris, 1989.

D'IRIBARNE (Philippe), *La logique de l'honneur, Gestion des entreprises et traditions nationales*, Editions du Seuil, Paris, 1989.

DROZ (Jacques), *Histoire générale du socialisme*, 4 tomes, Paris, PUF, 1972-1978.

DUPÂQUIER (J.), (dir.), *Histoire de la population française*, vol. 3 : *1798-1914*, PUF, Paris, 1988.

DUBY (G.), (dir.), *Histoire de la France urbaine*, vol. 4, Paris, Seuil, 1983.

EWALD (François), *Histoire de l'État Providence*, Grasset & Fasquelle, Paris, 1996.

FAURE (A.), (dir), *Les premiers banlieusards : aux origines des banlieues de Paris, 1860-1940*, Paris, Créaphis, 1991.

FOHLEN (C.), BÉDARIDA (F.), *Histoire générale du travail.* Tome III, *L'ère des révolutions (1765-1914)*, Nouvelle Librairie de France, 1960.

FREY (J.-P.), *Le rôle social du patronat. Du paternalisme à l'urbanisme*, L'Harmattan, Paris, 1995.

FRIDENSON (Patrick) (dir.), « La société et l'entreprise », *Le mouvement social*, Editions de l'Atelier, n° 175, avril-juin 1996.

GAILLARD (Jean-Michel), « Les beaux jours du paternalisme », *L'histoire*, n° 195, Janvier 1996, pp. 48-53.

GARRIGUES (J.), *La République des hommes d'affaires (1870-1900)*, Aubier, Paris, 1997.

GUEDJ (F.), SIROT (S.), éd., *Histoire sociale de l'Europe*, Paris, Seli Arslan, 1997.

HAU (Michel) et STOSKOPF (Nicolas), *Les dynasties alsaciennes*, Perrin, Paris, 2005.

HAU (Michel), « Traditions comportementales et capitalisme dynastique. Le cas des grandes familles », in *Entreprises et Histoire*, n° 9, Septembre 1995.

JEANNENEY (Jean -Noël), *François de Wendel en République. L'Argent et le Pouvoir (1914-1940)*, Atelier de reproduction des thèses de Lille III, Lille, 1976.

JOLY (Hervé), « Prosopographie des dirigeants des Comités d'organisation », in DARD (Olivier), DAUMAS (Jean-Claude), MARCOT (François), *L'occupation, l'État français et les entreprises*, Actes du colloque de Besançon, mars 1999, Association pour le développement de l'histoire économique, 2000, pp. 245-259.

LAMBERT (J.), *Essai sur les origines et l'évolution d'une bourgeoisie. Quelques familles du patronat textile de Lille – Armentières*, Thèse de droit, Paris, 1954.

LEGOY (Jean), *Le peuple du Havre et son histoire*, Tome III : *Du négoce à l'industrie (1800-1914) : la vie politique et sociale*, Editions de la ville du Havre, 1984.

LENHOF (Jean-Louis), *Quand se tissait la ville des classes moyennes : impasses industrielles et réussites sociales en Alançon au XIXe siècle*, Thèse de doctorat, Université de Caen, 1998.

LEQUIN (Y.), SCHWEITZER (S.), (sous la dir. de), *L'usine et le bureau. Itinéraires sociaux et professionnels dans l'entreprise aux XIXe-XXe siècles*, Presses Universitaires de Lyon, 1990.

Les patrons du Second Empire, Ed. Picard, Ed Cénomane, Paris-Le Mans;
BARJOT (D.) (sous la dir. de), 1 : *Normandie-Maine-Anjou*, 1991 ;
JOBERT (P.) (sous la dir. de), 2 : *Bourgogne*, 1991 ;
MAYAUD (J.-C.), (sous la dir. de), 3 : *Franche-Comté*, 1991 ;
STOSKOPF (N.), (sous la dir. de), 4 : *L'Alsace*, 1994 ;
CATY (R.), RICHARD (E.), ECHINARD (P.), (sous la dir. de), 5 : *Marseille*, 1999 ;
BONIN (H.), (sous la dir. de), 6 : *Bordeaux et la Gironde*, 1999 ;
STOSKOPF (N.), 7 : *Banquiers et financiers parisiens*, 2002.

LÉVY-LEBOYER (Maurice), « Le patronat français a-t-il été malthusien ? », *Le Mouvement social*, juil.-sept. 1974, p. 3-49.

LÉVY-LEBOYER (Maurice), *Le Patronat de la seconde industrialisation*, Cahier du Mouvement social, Paris, 1979.

LÉVY-LEBOYER (Maurice), (dir.), « Dynasties patronales françaises », *Le mouvement social*, n° 132, juillet-septembre 1985.

MARCHAND (O.), THÉLOT (C.), *Deux siècles de travail en France*, ETUDES, 1991.

MARCHAND (O.), THÉLOT (C.), *Le travail en France, 1800-2000*, paris, Nathan, 1997.

MOSS (B.H.), *The Origins of the French Labour Movement: The Socialism of Skilled Workers, 1830-1914*, Berkeley-Los Angeles, University of California Press, 1976.

NOIRIEL (Gérard), « du patronage au paternalisme : la restructuration des formes de domination de la main-d'œuvre ouvrière dans l'industrie métallurgique française », *Le Mouvement social*, n° 144, 1988.

PESCHANSKI (Denis) et ROBERT (Jean-Louis), *Les ouvriers en France pendant la seconde guerre mondiale*, actes du colloque, Paris-CNRS, 22-24 octobre 1992 / [organisé par le] Centre de recherche d'histoire des mouvements sociaux et du syndicalisme, Université Paris-I [et l'] Institut d'histoire du temps présent, Centre national de la recherche scientifique, Paris, 1992.

PICOT (G.), "Les institutions patronales", *Académie des sciences morales et politiques, comptes rendus*, 1893, (t. IV).

PIQUE -DE BRY (F.), *Le paternalisme dans l'opinion des industriels français au XIXe siècle, thèse de doctorat ès sciences économique*, Paris, 1980.

[...], *Pour une prosopographie des élites françaises (XVIe-XXe siècles)*, IHMC, CNRS, Paris, 1979.

[...], *Pour une prosopographie des élites françaises (XVIe-XXe siècles), Guide de recherche*, IHMC, CNRS, Paris, 1980.

SALY (P.), MARGAIRAZ (M.), PIGENET (M.), ROBERT (J.-L.), *Industrialisation et société Europe occidentale, 1880-1970*, Atlante, Paris, 1998.

SASSI (Mohamed), « Desmarais Frères : A French Paternalistic Model », in Andrea LORENZ-WENDE, Suzanna FELLMAN, Riita HJERPPE, *Companies-Owners-Employees*, EBHA 2002 proceedings, University of Helsinki Department of Social Science History, Première version disponible sur le WEB : http://www.valt.helsinki.fi/yhis/ebha2002/papers/**sassi**.pdf

SCHWEITZER (Sylvie), (eds), *Logiques d'entreprises et politiques sociales*, Lyon, Programme Rhône-Alpes Recherches en Sciences Humaines, 1998.

THUILLIER (G.), *Bureaucratie et bureaucrates en France au XIXe siècle*, Genève, Droz, 1980.

3.2.4. Histoire politique

AZÉMA (Jean-Pierre) et BÉDARIDA (François), (eds), *Le régime de Vichy et les français*, Actes du Colloque organisé par l'Institut d'Histoire des Temps Présents (IHTP), Fayard, Paris, 1992.

BARBIER (F.), *Bibliographie de l'histoire de France*, Masson, paris, 1987.

BARUCH (Marc-Olivier), *Le régime de Vichy*, Editions de la découverte, Paris, 1996.

BOCK (Fabienne), *Un parlementarisme de guerre 1914-1919*, Belin, Paris, 2002.

CARLS (Stephen D.), *Louis Loucheur 1872-1931 : ingénieur, homme d'État, modernisateur de la France*, Alice-Catherine Carls, Presses Universitaires du Septentrion, Villeneuve d'Ascq, 2000.

CARRON DE LA CARRIÈRE (G.), *La diplomatie économique, le diplomate et le marché*, Economica, Paris, 1998.

COTILLON (Jérôme), *Ce qu'il reste de Vichy*, Armand Colin, Paris, 2003.

DUROSELLE (Jean-Baptiste), *Histoire de la Grande Guerre. La France et les Français (1914-1920)*, Paris, Bordas, 1972.

JACKSON (Julian), *The fall of France, The Nazi Invasion of 1940*, Oxford University Press, London, 2003.

GIRAUD (Émile), *La société des Nations*, Editions de la librairie encyclopédique, Bruxelles, 1961.

LÉPAGNOT (Christian), *Histoire de Vichy 3, La révolution nationale*, Diffusion ICED, Genève, 1980.

MANNIOT (Pierre), *Les États-Unis et la neutralité de 1939 à 1942*, Paris, 1946.
MICHEL (Henri), *Pétain et le régime de Vichy*, 4è édition, Presses Universitaires de France, Paris, 1993.
PAXTON (Robert O.), *La France de Vichy (1940-1944)*, (Traduit de l'américain par Claude Bernard), Editions du Seuil, Paris, 1973.
RAZOUX (Pierre), *La Guerre dis Six Jours 5-10 juin 1967 : du mythe à la réalité*, Economica, Paris, 2004.
REMOND (René) et e BOURDIN (Janin), (sous la direction de), *Edouard Daladier Chef de gouvernement avril 1938-septembre 1939*, presses de la F.N.S.P., 1978.
REAU (Elizabeth DU), *Edouard Daladier*, Fayard, Paris, 1993.
SZRAMKIEWICZ (Romuald), *Histoire des institutions, 1750-1914 : droit et société en France de la fin de l'ancien régime à la première guerre mondiale*, Litec, Paris, 1996.
WATSON (Mark S.), *United States Army in World War II, The War Department, Chief of Staff: Prewar Plans and Preparations*, Center of Military History United States Army, Washinghton, D.C., 1991, disponoble aussi sur le web : http://www.army.mil/cmh-pg/books/wwii/csppp/ch11.htm, site créé le 12 Décembre 2002.

3.3. Ouvrages spécialisés

3.3.1. Le pétrole

ANDRÉ (Robert), *L'industrie et le commerce du pétrole*, thèse de droit, Paris, 1910.
ANGELIER (Jean-Pierre), *La rente pétrolière. Eléments pour une interprétation théorique de la structure des prix des produits de l'industrie pétrolière internationale*, Collection « Energie et société », publiée sous la responsabilité de l'Institut Economique et Juridique de l'Energie de Grenoble, Editions du CNRS, Paris, 1976.
AUBERT (Marius), *Les Combustibles liquides et le problème du carburant national*, éditions Gauthier-Villars & Cie, Paris, 1924.
AYOUB (Antoine), (dir.), *Le nouvel ordre pétrolier*, Presses de l'Université de Laval, 1976.
AYOUB (Antoine), « Évolution du marché pétrolier : de l'intégration verticale à la décentralisation » in AYOUB (Antoine) et PERCEBOIS (Jacques), (dir), *Marchés et Stratégies*, Economica, Paris, 1987.
BAFFET (Bernard), «le raffinage de pétrole en France avant 1919 », Revue *L'hydrocarbure*, revue des anciens élèves de l'Ecole des Pétroles et des Moteurs, n° 188 (1986).
BÉRANGER (Henri), *Le pétrole et la France*, Flammarion, Paris, 1920.
BERGOUNIOUX (Frédéric M.), *La France et le problème du pétrole*, Laboratoire de Géologie de l'Institut Catholique, Toulouse, 1941.
BERREBY (Jean-Jacques), *Histoire mondiale du pétrole*, Editions du Pont Royal, Paris, 1961.
BIHEL (André), *Le pétrole et l'État*, Editions des Presses Podernes, Paris, 1938 (thèse de Droit, Paris).

BLAZY (Albert), *Le pétrole à Bakou et les intérêts français au Caucase*, 1902.

BOURDIEU (Jérôme), *Anticipations et ressources finies : le marché pétrolier américain dans l'entre-deux-guerres*, EHESS, Paris, 1996.

BUSSIÈRE (Eric), « La France et les affaires pétrolières au lendemain de la première guerre mondiale. La politique des groupes financiers à travers celle de la Banque de l'Union Parisienne, in *Histoire, Economies et Sociétés*, n° 2, 1982, pp. 313-327.

CHAPELLE (J.), *Géographie économique du pétrole*, Tome III, Technip, 1968.

CHARDONNET (Jean), *La course du pétrole*, Editions du Chaîne, Paris, 1945.

CHASSAIGNE (Louis), *Le Pétrole au point de vue économique et politique*, Impr. Bière, Bordeaux, 1925.

CHAZEAU (M. G.) et KHAN (A. E.), *Integration and Competition in the Petroleum Industry*, New Haven, Yale University Press, 1959.

CLARK (J. A.), *The Coronical History of Petroleum and Natural Gas Industries*, Tome I et II, Clark Book Co., Houston Texas, USA, 1962.

CONUS (Marie-France) et ESCUDIER (Jean Louis), « Le comité d'organisation de l'industrie des combustibles minéraux solides et la formation professionnelle : en rupture et continuité (1938-1948) », in JOLY (Hervé), (Eds), *Les Comités d'organisation et l'économie dirigée du régime de Vichy*, Actes du colloque International à Caen, 3-4 avril 2003, Centre de Recherche d'Histoire Quantitative, Caen, 2004, pp. 265-280.

CZOUTZION (C.), *L'importance du pétrole dans la vie économique*, Thèse d'Histoire, Université de Paris, 1941.

DALEMONT (Etienne), *L'industrie du pétrole*, Presses Universitaires de France, Paris, 1980.

DEUTSCH DE LA MEURTHE (Henri), *Le pétrole et ses applications*, 1891 (Coté : 8° S 7234 BNF & 8° Ke 359 Bibliothèque du CNAM).

DELAISI (Francis), *Le pétrole, la pratique et la production*, Payot et Cie, Paris, 1921.

DELMONTE (Daniel), *Le ravitaillement et le marché noir dans le Var de 1939 à 1949*, Thèse de doctorat sous la direction de NOUSCHI (André), Université de Nice, 1976.

DEMAGNY-VAN EYSEREN (Armelle), « L'Europe à la recherche d'une politique pétrolière commune du Traité de Rome au premier choc pétrolier », in *Bulletin de l'IHTP*, n°84, Second semestre 2004, pp. 30-49.

DESPRAIRIES (Pierre), « La construction de l'industrie pétrolière française », in SOUTOU (Georges-Henri) et BELTRAN (Alain), *Pierre Guillaumat, la passion des grands projets industriels*, colloque organisé par l'Institut d'Histoire de l'Industrie, le 18 janvier 1994 au Ministère de l'Industrie, Editions Rive Droite, Paris, 1995.

DI MEO (Guy), *Pétrole et gaz naturel en France, un empire menacé*, Edisud, Lille, 1981.

DUCASSE-ALLEGRET (Jean), *Le ravitaillement général durant la dernière guerre (1939-1945)*, Thèse de doctorat en Droit, Université de Poitiers, 1951.

DURAND (Daniel), *La politique pétrolière internationale*, Presses Universitaires de France, Paris, 1970.

FAURE (Edgar), *La politique française du pétrole*, Thèse de Droit, Paris, 1938.

FAURE (Edgar), *Le pétrole dans la paix et dans la guerre*, Editions de la Nouvelle Revue Critique, Paris, 1939.

FITZGERALD (Edward Peter), "Business Diplomacy: Walter Teagle, Jersey Standard, and Anglo-French Pipeline Conflict in the Middle East, 1930-1931", in *International History Review* 67, Harvard College, Eté 1993, pp. 207-245.

FONTAINE (Pierre), *L'aventure du pétrole français*, Les sept couleurs, Paris, 1967.

FRANKEL (Paul H.), *Essentials of Petroleum, a Key to Oil Economics*, Frank Cass, London, 1969.

FRANKEL (Paul H.), *L'économie pétrolière, structure d'une industrie*, Librairie de Médicis, Paris, 1948

GASQUET (Georges DE), *L'industrie française de raffinage du pétrole, évolution et structure*, Thèse, Université d'Aix-en-Provence, 1957.

GASCHEAU (Maurice), *La question des pétroles en France*, Thèse, Faculté de Droit. Université de Paris. Soutenue en Juin 1903, éd. A. Chevalier-Marescq & Cie, 1903.

GHECIU (Basile), *La politique du pétrole en France*, thèse en Sciences politiques, Paris,1921.

GENSOUL (Maurice), *Le monopole des pétroles par l'État en France*, L. Larose, Paris, 1902.

GERVAIS (Jacques), *Le marché français des produits pétroliers*, thèse d'Histoire, Paris, 1954.

GIDDENS (Paul H.), *The birth of the oil industry*, The MacMillian Company, New York, 1938.

GILLE (Bertrand), « Capitaux français et pétroles russes, 1888-1894 », *Histoire de l'Entreprise* n° 12, Novembre 1963.

GIRAUD (A.) et BOY DE LA TOUR (X.), *Géopolitique du pétrole et du gaz*, Technip, Paris, 1987.

GIUNTINI (Andrea) et POZZI (Daniele), *Energia per il territorio. Enrico Mattei e l'industria del matano in Italia*, Giona, Traccazzano (Milano), 2003.

GORALSKI (Robert) et FREEBURG (Russell W.), *Oil and War: How the Deadly Struggle for Fuel in WWII Meant Victory or Defeat*, William Morrow, New-York, 1987.

GOZALI (S. A.) et BERNIS (G. DE), « Les hydrocarbures et l'industrialisation de l'Algérie », *Revue Algérienne des Sciences Juridiques, Economiques et Politiques*, vol. 6, n°1, mars, 1969, cité in Jean Pierre ANGELIER, *La rente pétrolière. Eléments pour une interprétation théorique de la structure des prix des produits de l'industrie pétrolière internationale*, Editions du CNRS, Paris, 1976.

GRAETZ (André), *Pétroles naturels et carburants de synthèse*, Paris, 1931.

GRANDEL (Jacques), *Le monopole du pétrole en Espagne*, Librairie technique et économique, Thèse de droit, Paris, 1935.

GRYNBERG (Febus), *Le pétrole polonais*, Thèse, Université de Nancy, 1937.

GUILLERME (Jacques), *Pétrole, année 100*, Edition Fleurus, 1959.

HENRY (J. D.), *Thirty-five Years of Oil Transport: The Évolution of the Tanksteamer*, London, 1907.

HOTTA (Takashi), *L'industrie du pétrole en France des origines à 1934, l'État et les entreprises pétrolières,* Thèse de doctorat, Université de Paris-X Nanterre, sous la direction de Maurice Lévy-Leboyer, 1990[1].

Helbourne (Pierre-Morel), *La Vie ardente de Drake, le «Colonel». Extraordinaire et lamentable histoire de Edwin Laurentine Drake qui, en allant chercher sous terre un nouvel or, le pétrole brut de la Pennsylvanie, devait donner le jour à la plus grande industrie du monde,* Editions Sun, Paris, 1957.

Iskander (Marwan), « Economic development plans in oil exporting countries and their implications for oil production targets », in M. Mikdashi (Zuhayr), Cleland (Sherill), Seymour (Ian), *Continuity and Change in the World Oil Industry,* The middle East Research and Publishing Center, Beirut, 1970, pp. 39-63.

Jayne (Catherine E.), *Oil, war and Anglo-American Relations: American and British Reactions to Mexico's Expropriation of Foreign Oil Properties, 1937-1941,* Greenwood Press, 2000.

Lecanu (Jérôme), « Entre innovation et tradition, la conversion des Ingénieurs du Corps des Mines au pétrole », in Soutou (Georges-Henri) et Beltran (Alain), *Pierre Guillaumat, la passion des grands projets industriels,* colloque organisé par l'Institut d'histoire de l'industrie, le 18 janvier 1994 au Ministère de l'industrie, des postes et télécommunications, Edition Rive Droite, Paris, 1995.

L'Huillier (Hervé), « L'État au service de l'industrie française de 1945 à 1972. Des fondamentaux de l'État aux fondamentaux de l'Industrie », in Soutou (Georges-Henri) et Beltran (Alain), *Pierre Guillaumat, la passion des grands projets industriels,* colloque organisé par l'Institut d'histoire de l'industrie, le 18 janvier 1994 au Ministère de l'industrie, des postes et télécommunications, Edition Rive Droite, Paris, 1995, pp. 85-96.

Lecourtier (Jacqueline), « Les actions de l'IFP depuis sa création et stratégie actuelle », Séminaire organisé par le CHEFF dans le cadre de séminaires État-Energie, le 14 décembre 2004.

Lambel (Robert), «le conflit Anglo-turc de Mossoul, les richesses pétrolifères», in *L'illustration* n° 4320 du 19 décembre 1925, pp. 683-684.

Le Duc (Michel), *L'industrie française du pétrole : investissement et financement,* thèse en Droit, Paris, 1961.

Leroy (Maurice), *Les emplois, l'industrie et le commerce du pétrole,* Thèse de Sciences économiques, Lille, 1913.

L'espagnol de la Trameyre (P.), *La lutte mondiale pour le pétrole,* Editions de la Vie Universitaire, Paris, 1923.

Léveque (Maurice), *Le pétrole et la guerre,* Les nouvelles Editions Debresse, 1958.

Lévy (A.), *Le Commerce et l'industrie du pétrole en France,* thèse pour le doctorat (sciences politiques et économiques), Paris, 1923.

Le Dez (Morgan), *Le commerce et l'industrie des pétroles en Basse-Seine (1860-1939),* mémoire de DEA d'histoire contemporaine, Université du Havre, 2002.

1. Hotta (Takashi), « L'industrie du pétrole au temps de la pénurie (1939-1948) : ravitaillement et répartition », Intervention ponctuelle au séminaire du Professeur Dominique Barjot (Salle Pierre Léon), Sorbonne-Paris IV, le 13 février 2002.

Le Dez (Morgan), « La Normandie : foyer d'implantation des compagnies pétrolières (1919-1939) », colloque sur les compagnies pétrolières nationales, *Histoire, caractéristiques, comparaisons (entre-deux-guerres – fin du XXe siècle, A Comparative History of National Oil Companies*, 27-29 novembre 2003, CNRS, Paris, 2003.

Labarrière (Guillaume De), *Un instrument de politique économique nationale. Les sociétés de Pétrole à participation de l'État dans divers pays, la Compagnie Française des Pétroles*, Sirey, Paris, 1931.

Labarthe (E.), *Le pétrole et l'État*, éditions du Réveil économique, Paris, 1920.

Lartéguy (Jean), *La grande aventure de Lacq*, Gallimard, Paris, 1961.

Launay (J. De) et Charlier (J.-.M.), *Histoire secrète du Pétrole*, Presse de la Cité, Paris, 1985.

Lesourd (Olivier), *Guide du pétrole, son industrie, son commerce, leurs fournisseurs*, 1939. (Archives de l'Institut Français du Pétrole).

Lesourd (Olivier), « La Politique Française du Pétrole », *Annuaire guide du pétrole*, 1948, Archives de l'Institut Français du Pétrole (IFP).

Madelin (Henri), *Pétrole et politique en méditerranée occidentale*, Presses de la fondation nationale des sciences politiques, Paris, 1973.

Mahiout (Rabah), *Le pétrole algérien*, Editions En.A.P, Alger, 1974.

Majorelle (Jean), *L'économie d'énergie*, Institut d'Etudes Politiques, Université de Paris, (Fascicule II), 1957, p. 199. [BNF : 8-Z-34194].

Mallet (M.-P.), *Approvisionnement de la France en hydrocarbures*, Paris, 1921.

Magini (Manlio), *L'Italia e il petrolio : tra storia e cronologia, Mondadori*, Milano, 1976.

Marguerat (Philippe), *Le troisième Reich et le pétrole roumain 1938-1940*, Genève-Leiden, 1977.

Masseron (Jean), (dir), *L'économie des hydrocarbures*, Technip, Paris, 1991.

Mattei (Enrico), « Problèmes internationaux du pétrole », Conférence faite le 8 janvier 1959, à Rome, au Centro Italiano di Studi per la Riconciliazione Internazionale, in *Problèmes de l'énergie et des hydrocarbures*, ENI, 1961.

Maubeuge (Pierre-Louis), *L'aventure du pétrole lorrain, ces étonnants fous de l'or noir!*, Editions Pierron, Sarreguemines, 1991.

Maubeuge (Pierre-Louis), *Comme une odeur de pétrole, la recherche du pétrole en France des origines à 1945*, Pierron, Sarreguemiçnes, 1996.

Mercier (Maurice) (secrétaire général de la CFP), « Les pétroles de Mossoul et la participation française », in *Revue Industrielle* de Novembre 1926.

Mercier (Ernest), « Considérations sur une politique nationale de l'énergie », *La Journée industrielle*, 7 mai 1935.

Mercier (Ernest), « Rapport au conseil d'administration du 7 mai 1930 », in *Revue Pétrolière* du 10 mai 1930.

Mihailovitch (L.) et Pluchart (J. J.), *L'OPEP*, Presses Universitaires de France, Paris, 1980.

Mikesell (Raymond F.) et Chenery (Hollis B.), *Arabian Oil. America's stake in the Middle East*, The University of North California Press, 1949.

Montel (J.), « Concession Versus Contract », in Mikdashi (Zuhayr M.), Cleland (Sherill), Seymour (Ian), *Continuity and Change in the World Oil Industry*, The middle East Research and Publishing Center, Beirut, 1970, pp. 103-117.

MURAT (Daniel), *L'intervention de l'État dans le secteur pétrolier en France*, Thèse de Droit, Université de Paris, 1968.

NAYBERG (Roberto), *La question pétrolière en France, du point de vue de la défense nationale, de 1914 à 1928*, thèse pour le doctorat en histoire du XXè siècle, sous la direction de G. PEDRONCINI, Université du Panthéon Sorbonne – Paris I, 1983.

NAYBERG (Roberto), « Qu'est-ce qu'un produit stratégique ? L'exemple du pétrole en France 1914-1918 », in www.stratisc.org

NOUSCHI (André), *La France et le pétrole de 1924 à nos jours*, Editions Picard, Paris, 2001.

NOUSCHI (André), « Les investissements pétroliers français dans l'entre-deux guerres » in M. LÉVY-LEBOYER, *La position internationale de la France. Aspects économiques et financiers XIXè-XXè siècles*, EHESS, Paris, 1977, pp. 377-385.

NOUSCHI (André), « L'État français et les pétroliers anglo-saxons : la naissance de la Compagnie Française des Pétroles (1923-1924) » in *Relations Internationales*, 1976, n°7, pp. 241-259.

NOUSCHI (André), « Les relations pétrolières franco-belges de 1919 à 1924 », in *Les relations franco-belges de 1830 à 1934*, Acte du Colloque de Metz 15-16 novembre 1974, Centre de Recherches Relations Internationales de l'Université de Metz, 1975.

NOWELL (Gregory P.), *Mercantile States and the Word Oil Cartel , 1900-1939*, Cornell University Press , New York, 1994.

O'CONNOR (H.), *L'empire du pétrole*, Titre original : *The empire of oil*, traduit de l'américain par André Charpentier, Editions du Seuil, 1958.

OSICEANU (C.), *Le combustible liquide mondial*, Institut Roumain du Pétrole, Bucarest, 1936.

PASTRE (Henri), *Le problème du carburant en France et dans les colonies*, Presses Universitaires de France, Paris, 1925.

PAYEN (J.), *Histoire des sources d'énergie*, Editions Rencontre, Lausanne, 1966.

PÉAN (Pierre) et SÉRÉNI (Jean-Pierre), *Les émirs de la république : l'aventure du pétrole français*, Seuil, Paris, 1982.

PERRODON (Alain), *Le pétrole à travers les ages*, Bouée, Paris, 1989.

PEYRET (Henry), *Le pétrole et son économie*, Paris, 1935.

PEYRET (Henry), *La bataille des trusts*, Presse Universitaire de France, Paris, 1954.

PILIDI (Jean-Claude), *Du combustible en temps de guerre : la houille, le pétrole dans le droit de la neutralité maritime*, Thèse de droit, Paris, 1909.

PILÉ (Gérard) et CUBERTAFOND (Alain), *Pétrole : le vrai dossier*, Presses de la Cité, Paris, 1975.

PINOT (P.), *Le contrôle du ravitaillement de la population civile*, Presses Universitaires de France, Paris, 1925.

POMARET (Charles), *La politique française des combustibles liquides : pétrole, charbon liquide, alcool, le carburant national*, Thèse pour le Doctorat, Université de Grenoble, 1922, éditions de la vie universitaire, Paris, 1923.

RICHE (A.) et HALPHEN (G.), *Le pétrole : exploitation, raffinage, éclairage, chauffage, force motrice*, J.-B. Baillière & Fils, Paris, 1896.

RINGUENET (Didier), *Le commerce et l'industrie du pétrole au Havre des origines aux évènements de Suez (1881-1956)*, Mémoire d'Histoire Contemporaine, Université de Rouen, Octobre 1974.

RONDOT (Jean), *La compagnie Française des Pétroles : du Franc-or au Pétrole-Franc*, Plon, Paris, 1962.

SAINT-GEOURS (Jean), « Histoire des politiques énergétiques au XXè siècle», Séminaire *État et Energie*, organisé par le CHEFF, séance du 12 octobre 2004.

SALMON (R.), (Dir.), « L'âge du pétrole », *Entreprise*, supplément au N° 547 du 3 mars 1966.

SASSI (Mohamed), « Le rôle du technocrate : Ernest Mercier et la mise en place d'une industrie française entre les deux guerres », *Bulletin de l'IHTP*, n° 184, Deuxième Semestre 2004.

SASSI (Mohamed), « The Émergence of a French Oil Industry Between the Two Wars », in *Business and Economic History On-Line 2003*, URL: http://www.thebhc.org/publications/BEHonline/2003/Sassi.pdf, Actes du Colloque de la *Business History Conference (BHC)*, Lowell, Massachusetts, Juin 2003.

SASSI (Mohamed), « Évolution of the Structure of the French Oil Economy Between the Wars : Towards a French Holding Company », *Business and Economic History On-line*, 2004, http://www.thebhc.org/publications/BEHonline/2004/Sassi.pdf, *Business History Conference (BHC)*, Le Creusot, 17-19 juin 2004.

SCHÜCK (H.) et SOHLMAN (R.), *Nobel : Dynamit, Petroleum, Pazifismus*, Leipzig, 1928.

SERREN (B.), « Chronologie du groupe Elf », Réseau d'information du groupe Elf Aquitaine, Avril 1981.

SIDER (Raymond), « L'usine et les entrepôts Desmarais du Havre : Un siècle d'industrie du pétrole au Havre 1879-1979 », dans l'*Escale* n° 261 de Novembre 1981.

SOUHESMES (Raymond DE), *Le pétrole à Bakou*, 1900. (Voir : BNF 8-S PIECE-17423).

STOFFAËS (Christian), « L'obsession historique de la dépendance énergétique : données économiques », in SOUTOU (Georges-Henri) et BELTRAN (Alain), *Pierre Guillaumat, la passion des grands projets industriels*, colloque organisé par l'Institut d'histoire de l'industrie, le 18 janvier 1994 au Ministère de l'industrie, des postes et télécommunications, Edition Rive Droite, Paris, 1995, pp. 51-67.

TARDIEU (André), « Les conditions de la vie française, Mossoul et le pétrole » in *L'illustration* n° 4033, du 19 juin 1920, pp. 380-382.

TERZIAN (Pierre), *L'étonnante histoire de l'OPEP*, Editions Jeune Afrique, Paris, 1983.

THOMAS (Grégory), *Le régime juridique du pétrole en France. L'Office National des Combustibles Liquides*, Thèse, Paris, 1934.

URSULET (Laurent), *L'Office National des Combustibles Liquides (1925-1939)*, Mémoire de maîtrise sous la direction de Dominique BARJOT, Université de Paris-Sorbonne (Paris IV), 1999.

VAZIRI (C.), *Le pétrole et le pouvoir en Iran, du ghanat à l'oléoduc*, éditions Piantanida, Lausanne, 1978.

Van Meurs (Pedro H.), (Dir.), *Le problème de l'énergie et le dialogue Nord-Sud*, Colloque international d'économie pétrolière, Université Laval, Quebec, 1981.

Wald (Edward), *Le pétrole dans le monde, ses hommes et ses techniques*, traduction et préface de René Juan, Payot, Paris, 1960.

Williamson (H. F.) et Daun (A. R.), *The American Petroleum Industry: The Age of Illumination, 1859-1899*, Northwestern University Press, Evanston (USA), 1959.

Williamson (H. F.), Andreano (R. L.), Daum (R. L.) et Klose (G. C.), *The American Petroleum Industry*, Vol. II: *The Age of Energy*, Evanston, Northwestern University Press, 1963.

Williot (Jean-Pierre), « Du plan Jeanneney au plan Bettencourt », Séminaire GRHEN, *Le tournant énergétique des années 1960*, mardi 9 décembre 2003.

Wenger (Léon), *Le pétrole. Production, industrie, commerce*, « Annexes », Arthur Rousseau, 1913.

Yergin (Daniel), *The prize, The Epic quest for Oil, Money and Power*, Simon and Schuster, 1991. Version française: *Les hommes du pétrole : les fondateurs 1859-1945*, traduit de l'Américain par J. Rosenthal, Editions Stock, 1991.

[…], « Le rôle des États, du secteur public et des entreprises privées dans l'économie pétrolière : pétrole, États et grandes sociétés », *Annales de l'Economie Collective*, n°1, Liège, 1966.

[…], *Une grande industrie : le pétrole*, Brochure de Union des chambres syndicales de l'industrie du pétrole, Décembre 1947.

[…], « Le Havre port pétrolier : le tôle du Port du Havre et le trafic pétrolier », *Revue de la Porte océane*, juillet 1947, p. 7. (Archives municipales du Havre).

[…], *L'industrie française du pétrole 1973*, Union des chambres syndicales de l'industrie du pétrole, 1973.

[…], *Activité de l'industrie pétrolière 1970*, Ministère du développement industriel et scientifique, Direction des Carburants (DICA), 1970.

3.3.2. *La grande entreprise*

a) Ouvrages sur la stratégie, la gestion et l'organisation de l'entreprise

Alchian (Armen A.) et Demsetz (Harold), "Production, Information costs, and Economic Organisation", *American Economic Review*, n° 62, 1972, pp. 777-795.

Alchian (Armen A.), « Uncertainty, Évolution, and Economic Theory », *Journal of Political Economy*, n°58, 1950, pp. 211-221.

Allain-Gueye (Sylvie), *Capitalisme familial : une approche du rendement, du risque et du temps*, Thèse de Gestion, Université de Nice, 2003.

Amann (Bruno) et Allouche (José), « La confiance : une explication des performances des entreprises familiales », *Economies et Sociétés*, Sciences de Gestion, Série S.G., n° 8-9, 1988, pp. 129-154.

Amann (Bruno) et Allouche (José), « Le retour triomphant du capitalisme familial », in *De Jacques Cœur à Renault : Gestionnaires et Organisations*, Presses de l'université des Sciences Sociales de Toulouse, 1995.

AMANN (Bruno) et ALLOUCHE (José), « L'entreprise familiale, un état d'art », *Finance, Contrôle, Stratégie (FCS)*, printemps 2000.

ANSOFF (Harry Igor), « Vers une théorie stratégique des entreprises », *Economies et Sociétés*, Tome II, n° 3, mars 1968.

ANSOFF (Harry I.), *The New Corporate Strategy*, Wiley and Sons, New York, 1988.

ANSOFF (Harry I.), « Management of strategic surprise of discontinuity: problem of managerial decisiveness », *Revue Sciences de gestion*, n°1, 1979, pp. 459-488.

ANSOFF (Harry I.), *Corporate Stratgy*, McGraw Hill, New York, 1965.

ARENA (Richard) et LAZARIC (Nathalie), « La théorie évolutionniste du changement économique de Nelson et Winter : une analyse économique rétrospective », *Revue Economique*, Vol. 54, n° 2, Mars 2003, pp. 329-354.

ASSIDON (Elsa), *Les théories économiques du développement*, La découverte, Paris, 2000.

BAETCHE (Alexandre), *La stratégie de l'investissement, Problématique de la décision stratégique dans la gestion de l'entreprise*, Thèse de doctorat d'État ès Sciences de Gestion, soutenue à l'Université de Paris I Panthéon-Sorbonne, 1984.

BARJOT (Dominique) ET LESCENT-GILES (Isabelle), (dir.), « L'autofinancement », Entreprise et Histoire, n° 22, octobre 1999, pp. 104-121.

BARJOT (Dominique), (dir.), *Vues nouvelles sur les cartels internationaux (1880-1980)*, Diffusion du lys, Caen, 1994.

BARZEL (Yoram), *Economic Analysis of Property Rights*, Cambridge University Press, Cambridge, 1989.

CORIAT (B.) et WEINSTEIN (O.), *Les nouvelles théories de l'entreprise*, Le livre de poche, Paris, 1995.

BERNARD (Philippe-Jacques) et DAVIET (Jean-Pierre), *Culture d'entreprise et innovation*, Presses du CNRS, Paris, 1992.

BERTALANFFY (L.V.), "General system theory, a new approach to unity of science", *Human Biology* n° 23, 1951.

BREMOND (Janine) et GELEDAN (Alain), *Dictionnaire des théories et mécanismes économiques*, Hatier, Paris, 1984.

BUZZELL (Robert D.) et GALE (Bradley T.), *The PIMS principles : linking strategy to performance*, Free Press, New York, 1997.

CAILLUET (Ludovic), « McKinsey, Total-CFP et la M-Form. Un exemple français d'adaptation d'un modèle d'organisation importé », *Entreprises et Histoire*, n° 25, 2000.

CAMPION (Gabriel-Louis), *Traité des entreprises privés, 2, L'exploitation. Achat et production. Étude de marché et vente*, 4è édition, Presses Universitaires de France, Paris, 1961.

CANBACK (Staffan), SAMOUEL (Philip), PRICE (David), "Strategy and Structure in Interaction: What Determines the Boundaries of the Firm", http://canback.com/strastru.pdf

CAPRON (Laurence), « Les vagues de fusions et acquisitions aux États-Unis : 1887/1904, 1916/1929, 1950/1970 », in *Entreprises et Histoire*, n° 10, 1995, pp. 21-46.

CARON (François), « La stratégie des investissements en France aux XIXe et XXe siècles », *HES*, n° 1, 1976.
CASSIS (Youssef), *Big Busines: The European Experience in the Twentieth Century*, Oxford University Press, London, 1997.
CHANDLER (Alfred D.), *The visible hand. The managerial Revolution in American business*, Cambridge (Mass.), The Belknap Press of Harvard University Press, 1977. Traduction française : *La main invisible des managers*, Paris, Economica, 1988.
CHANDLER (Alfred D.), *Scale and Scope, The Dynamics of Industrial Capitalism*, Cambridge (Mass.), The Belknap Press of Harvard University Press, 1990.
CHANDLER (Alfred D.), *Strategy and Structure: Chapters in History of the American Industrial Enterprise*, MIT Press, Cambridge, 1962. Traduit en français aux Editions d'Organisation, 1972.
CHANDLER (Alfred D.), "Organisational Capabilities and the Economic History of the Industrial Enterprise", *Journal of Economic Perspectives*, vol. 6, n°3, 1992.
CHANDLER (Alfred D.), *Organisation et performance des entreprises*, Editions d'organisation, Paris, 1993.
CHANDLER (Alfred D.), «L'évolution historique de la grande entreprise industrielle: structures et capacités organisationnelles», *Entreprises et Histoire* n° 10 (décembre 1995), pp. 13-20.
DERHY (Armand), « A quelles logiques obéissent les vagues de fusions et acquisitions ? », *Revue française de gestion*, n° 122, janvier février 1999.
HARREAUX (G.) (Eds), *Le Gouvernement des entreprises : Corporate Governance, Théories et Faits*, Economica, Paris, 1997.
COASE (R.H.), "The Nature of the Firm", Economica N.S., 4, novembre, 1937.
COASE (R.), *The Firm, the Market and the Law*, University of Chicago Press, 1988.
CONTI (Tito), *L'autodiagnostic de l'entreprise, l'auto-évaluation : un moyen efficace pour atteindre l'excellence*, JVDS, Paris, 1997.
DAVIET (Jean-Pierre), « Stratégie et structure chez Saint-Gobain : un modèle français dans les années 1930 ? », *Histoires et entreprise*, n° 1, avril 1992, pp. 42-60.
DOSI (Giovanni) et NELSON (Richard R.), « An introduction to Évolutionary theories in Economics », *Journal of Évolutionary Economics*, vol. 4, pp. 153-172.
DOSI (G.), TEECE (D.), WINTER (S.), « Les frontières de l'entreprise : vers une théorie de la cohérence de la grande entreprise », *Revue d'économie industrielle*, n°51, 1er trimestre, 1990.
DRUCKER (Peter), *Les entrepreneurs*, Hachette, Paris, 1985.
DUVAL (Guillaume), *L'entreprise efficace, à l'heure de Swatch et McDonald's : la seconde vie du taylorisme*, 2ème édition, La découverte, Paris, 2004.
FAMA (E. F.) et JENSEN (M. C.), "Separation of ownership and control", *Journal of Law and Economics*, 26 June 1983, pp. 301-326.
FIÉVET (Gil), *De la stratégie : l'expérience militaire au service de l'entreprise*, InterÉd, Paris, 1993.
FOMBONNE (Jean), *Personnel et DRH. L'affirmation de la fonction personnel dans les entreprises : France (1930-1990*, Vuibert, Paris, 2001.

« Gestion des Ressources Humaines », in *Cahiers français,* La documentation Française, juillet-septembre 1993.

HENRY (D.), « Capitalisme familial et gestion industrielle au XIXe siècle », *Revue française de gestion,* n° 80, 1988, pp. 141-150.

GOODSPEED (Stephen S.), *The Nature and Function of International Organisation,* 2ème éd., Oxford University press, 1968.

GRANT (R. M.) et JAMMINE (A. P.), « Performance differences between the Wrigley / Rumelt strategic categories », *Strategic Magagement Journal,* 1988, vol. 9, pp. 333-346.

GUERRIEN (Bernard), *Dictionnaire d'analyse économique,* Editions La Découverte, Paris, 1997.

GUTENBERG (Erich), *Economie de l'entreprise : la production,* Sirey Paris, 1967.

HAUSSER (Joachim), *Le bénéfice : base de l'évaluation de l'entreprise,* Herbert Lang, Berne, 1970.

HAUSSER (Joachim), *Le bénéfice : base de l'évolution de l'entreprise,* Herbert Lang, Berne, 1970.

HAY (G. A.) et KELLEY (D.), « An empirical Survey of Price Fixing conspiracies », *Journal of Law and Economics,* n° 17, 1974, pp. 13-38.

HENDERSON (B. D.), "The Origin of Strategy", *Harvard Busines Review,* Novombre / Décembre 1989, pp. 139-143.

HERZBERG (F.), MAUSNER (B.), SNYDERMAN (B.), *The motivation to work,* 2e éd. J. Wiley, New York, 1996.

HOFSTEDE (Geert), *Vivre dans un monde multiculturel,* Les éditions d'organisation, Paris, 1994.

HOFSTEDE (Geert), *Culture's Consequences : International Differences in Work Related Values,* Beverly Hills-Londres, Sages Publications, 1980.

JAWORSKY (Bernard J.) et KOHLI (Ajay K.), « Market Orientation. Antecedents and Consequences », *Journal of Marketing,* n° 57, Juillet 1993, pp. 53-70.

JENSEN (M. C.) et MECKLING (W. H.), « Theory of the Firm : Managerial Behaviour, Agency Cost, and Ownership Structure », *Journal of Financial Economics,* vol. 3, n° 4, 1976, pp. 305-360.

JONES (Geoffrey), (Eds), *Coalitions and Collaboration in International Business,* Edward Publishing, Elgar, 1993.

KHABER (Régis), MOURIER (Jean-Louis), PARISOT (Christian), « Les fusions d'entreprise, une logique économique ? », in *Recherche économique et financière – Le Point mensuel – Aurel-Leven,* juillet-août 2000.

KNIGHT (Frank H.), *Risk, uncertainty and Profit,* Boston et New York, 1921.

KOTLER (Phillip), « From Sales Obsession to Marketing Effectiveness, *Harvard Business review,* n° 55, Novembre / Decembre1977, pp. 67-75.

KOTLER (Philip) et DUBOIS (Bernard), *Marketing Management,* MIT University of Chicago, 1989.

LAMBERT (Christelle), *La gestion prévisionnelle des emplois et des compétences : un processus d'apprentissage,* Thèse de doctorat en Gestion, sous la direction d'Hervé Penan, Université de Toulouse 1, 1998.

LANTHIER (P.), WATELET (H.), (eds), *Private Enterprise during Economic crises. Tactics and strategies,* Legas, New York, Ottawa, Toronto, 1997.

LEACH (D.) et LEAHY (J.), « Ownership Structures, Control and the Performances of Large British Companies », in *Economic Journal*, Vol. 101, 1991.

LÉVY-LAMBERT (Hubert) et DUPUY (Jean Pierre), *Les choix économiques dans l'entreprise et dans l'administration. Tome 1 : principes de base*, Dunod, Paris, 1973.

LIET-VEAUX (Georges), « La théorie du service public, crise ou mythe ? », *Revue administrative*, mai-juin 1961.

LIDELL HART (B. H.), *Histoire mondiale de la stratégie*, Plon, Paris, 1962.

LITZ (Reginald), « The family business, toward definitional clarity", in *Academy of Management Journal*, Best Papers Proceedings, 1995.

LORENZI (J. H.) et TRUEL (J. L.), « Se diversifier par les stratégies de filières », *Harvard l'Expansion*, n° 19, Hiver 1980/81, pp. 37-55.

MAGE (John F.), "Decision Trees for Decision Making", *Harvard Business Review*, Juillet-Août 1964.

MAGE (John F.), "How to use decision tree in capital investment", *Harvard Business Review*, Septembre-Octobre 1964.

MARCHAIS-ROUBELAT (Anne), « Stratégie militaire, stratégie d'entreprise : Même combat », site de l'Institut de Stratégie Comparée : http://www.stratisc.org/strat/strat_060_ROUBELAT.html

MARCHAIS-ROUBELAT (Anne), *De la décision à l'action : essai de stratégie et de tactique*, Economica, Paris, 2000.

MARSHALL (Alfred), *Principles of Economics*, 8è édition, Macmillan and Co, London, 1920, (consultable sur le Web: http://www.econlib.org/library/Marshall/marP.html, traduction française: *Principes d'Economie politique*, Gordon and Breach, Paris, 1971.

MARIS (R.), *L'entreprise capitaliste moderne*, Dunod, Paris, 1971.

MARTORY (B.), *Les méthodes de bord sociaux*, Nathan, Paris, 1992.

MASLOW (Abraham H.) *L'accomplissement de soi : de la motivation à la plénitude*, Eyrolles, Paris, 2003.

MASLOW (Abraham H.), *Motivation and personality*, 3è éd. Harper & Row, New York, 1987.

MAYO (Elton), *The Early Sociology of Management and Organisations, vol. 6, The Human Problems of an Industrial Civilization*, Routledge, London, 2003.

MESSERLIN (Patrick A.), *Commerce international*, PUF, Paris, 1998.

METCALFE (J. Stan) et CANTNER (Uwe), (eds.), *Change, transformation and development*, Communications de la 8e conférence de la International Joseph A. Schampeter Society, organisée à l'Université de Manchester en 2000, Phusica-Verlag, New York, 2003.

MINTZBERG (Henri), *The Rise and Fall of Strategic Planning*, Financial Times Prentice Hall, London, 2000. Version française: *Grandeur et décadence de la planification stratégique*, Dunod, Paris, 2004.

MINTZBERG (Henri), « Patterns in Strategy Formation », *Management Science*, mai 1978, pp. 934-948.

MONTMORILLON (B. DE), *Les groupes industriels, analyse structurelle et stratégie*, Coll. Gestion, Economica, Paris, 1986.

MORVAN (Yves), *Fondements d'économie industrielle*, 2è édition, Economica, Paris, 1991.

NELSON (Richerd R.) et WINTER (Sydney G.), *An Évolutionary Theory Economic Change,* The Belknap Press of Harvard University Press, Cambridge (Massachusetts), 1982.

OUCHI (William G.), "Markets, Bureaucracies, and clans", *Administrative Science Quarterly*, n°25, pp. 129-141.

PERCEBOIS (Jacques), « L'apport de la théorie économique aux débats énergétiques », in *Revue de l'énergie*, n° 509, « 50 ans », septembre 1999.

PERCEBOIS (Jacques), « Cinquante ans de débats énergétiques et de réflexion économique », *Revue de l'énergie*, n° 509, « 50 ans », septembre 1999.

PICON (Antoine), *Les saint-simoniens. Raison, imaginaire et utopie*, Paris, Belin, 2002.

PIQUE-DE BRY (F.), *Le paternalisme dans l'opinion des industriels français au XIXè siècle, thèse de doctorat ès sciences économique*, Paris, 1980.

PITTS (R. A.) et HOPKINS (H. D.), "Firm diversity, conceptualization and measurement", *Academy of Management Review*, vol. 7, 1982, pp. 620-629.

PORTER (Michael), *Choix stratégiques et concurrence,* Economica, Paris, 1982.

PORTER (Michael), *L'avantage concurrentiel* (traduit de l'américain par LAVERGNE (P.)), Dunod, Paris, 1999.

PORTER (R. H.), « A study of Cartel Stability : the Joint Economic Committee 1880-1886 », *Bell Journal of Economics*, n° 14, 1983, pp. 301-314.

POUGET (Michel), *Taylor et le taylorisme*, Presse Universitaires de France, Paris, 1998.

RAFFEI (Benoît), *L'influence de l'identité d'entreprise sur les décisions stratégiques,* Thèse de doctorat en Gestion, HEC, 1994.

RÉGNIER (Philippe), (dir.), *Etudes saint-simoniennes*, Presses universitaires de Lyon, 2002.

Revue française de gestion, numéro spécial sur « Cultures nationales et gestion », n° 64, septembre-octobre 1987.

REYSSET (Pascal) et WIDEMANN (Thierry), *La pensée stratégique*, PUF, Paris, 1997.

RIEBOLD (Gilbert), *Cash Flow et tableau de financement intégral,* Editions de l'organisation, Paris, 1984.

RIFAI (T.), *Les prix du pétrole : Economie du marché et stratégie de puissance,* Technip, Paris, 1974.

RIORDAN (M. H.) et WILLIAMSON (O. E.), "Asset specificity and Economic Organisation", in *International Journal of Industrial Organnization*, n°3, 1985, pp. 365-378.

ROBINSON (E. G.), *The structure of Competitive Industry*, Cambridge Economics Handbooks, Cambridge, London, 1937.

RUMELT (Richard P.), *Strategy, Structure and Economic Performance,* Harvard University Press, Cambridge, Mass.,1974.

SCHICK (Frederic), *Making choices: a recasting of decision theory,* Cambridge University Press, New York, 1997.

SHLEIFER (A.) et VISHNY (R. W.), "Management Entrenchment. The Case of Manager-Specific Investments". *Journal of Financial Economics,* n° 25, 1989, pp. 123-139.

SICARD (Claude), *Pratique de la Stratégie de l'Entreprise, concepts opérationnels et procédures de succès*, Editions Hommes et Techniques, Paris, 1986.

SIMON (H. A.), *The New Science of Management Decision*, New York, Harper and Row, 1960.

SOULIÉ (Daniel), « Compétitivité, rentabilité et stratégie de filière », in R. PERCEROU, *Entreprise, Gestion et Compétitivité*, Economica, Paris, 1984.

STERN (Carl W.) et STALK (George), *Perspectives on Strategy From the Boston Consulting Group*, BCG, New York, 1998.

TAYLOR (F. W.), *La direction scientifique des entreprises*, texte traduit par Luc Maury, Paris, Dunod, 1971.

TISSOT (Laurent) et VEYRASSAT (Béatrice), (eds), Technological trajectories, markets, institutions industrialized countries, 19th-20th centuries : from context dependency to path dependency. *Trajectoires technologiques, marchés, institutions : les pays industrialisés. 19ème et 20ème siècles. De la dépendance du contexte à la dépendance de sentier*, Peter Lang, Bern, 2002.

VERY (Philippe), *Stratégies de diversification, nouvelles perspectives*, Editions Liaisons, Paris, 1991.

WANTY (J.) et HALBERTHAL (I.), *La stratégie d'entreprise à long terme*, Dunod, Paris, 1971.

WARING (Stephen P.), *Taylorism transformed: scientific management theory since 1945*, Chapel Hill, University of North Carolina Press, 1991.

WEBER (Max), *Economie et société*, Tome 1, *Les catégories de la sociologie*, Pocket, Paris, 1995.

WEBER (Max), *Essai sur la théorie de la science*, Pocket, Paris, 2000.

WILLIAMSON (Oliver E.), "The Evolving Science of Organization", *Journal of Institutional and Theoretical Economics*, 1993.

WILLIAMSON (Oliver E.), « The logic of Economic Organisation » in O. E. WILLIAMSON and S. G. WINTER (ed.), *The Nature of the Firm*, Oxford, 1991.

WILLIAMSON (Oliver E.), *The Economic Institutions of Capitalism*, Free Press, 1985.

WILLIAMSON (Oliver E.), *Market and Hierarchies: Analysis and antitrust Implications*, Free Press, New York, 1975.

WILLIAMSON (Oliver E.), « Hierarchical Control and Optimum Firm Size », in *Journal of Political Economy* 75, 1967.

WILLIAMSON (Oliver E.), "Transaction Cost Economics", in R. SCHMALENSEE et R.D. WILLIG (Eds), *Handbook of Industrial organisation*, vol. 1, Elsevier Science Publishers, Amsterdam, 1989.

WINTER (Sidney G.), *The New Palgrave : a Dictionary of Economics*, MacMillan, Londres, 1987.

WOOT (P. DE), MAREDSOUS (X. DE), *Le management stratégique des groupes industriels : fonctionnement au sommet et culture d'entreprises*, coll. Gestion, Economica, Paris, 1984.

WREN (Daniel A.), « The influence of Henri Fayol on Management Theory and Education in North America », *Entreprises et Histoire*, n° 34, Décembre 2003.

[…], « L'économie de conventions », *Revue Economique* de mars 1989.

b) Les grandes entreprises françaises

BARDOU (Jean-Pierre), CHANARON (Jean-Jacques), FRIDENSON (Patrick), LAUX (James M.), *La révolution automobile*, Michel Albin, Paris, 1977.

BARJOT (Dominique), *La grande entreprise française de travaux publics (1883-1974), contraintes et stratégies*, Thèse pour le doctorat ès Lettres et Sciences humaines, sous la direction de F. CARON, Université de Paris IV-Sorbonne, 1989.

BARJOT (Dominique), *La trace des bâtisseurs : histoire du groupe Vinci*, Vinci, Paris, 2003.

BARJOT (Dominique), *Colas, numéro un de la route*, EDS, Caen, 1997.

BARJOT (Dominique), MERGER (Michel), (dir.), *Les entreprises et leurs réseaux : hommes, capitaux, techniques et pouvoirs XIXe-XXe siècles*, Mélanges en l'honneur de François Caron, Presses de l'Université de Paris-Sorbonne,1998.

BARJOT (Dominique), COEURÉ (S.), MORSEL (H.), (sous la dir. de), *Stratégies, gestion, management. Les compagnies électriques et leurs patrons 1895-1945*, AHEF-PUF, Paris, 2000.

BARJOT (Dominique), "Advances in Road Construction Technology in France (1900-1975)", in BARKER (T.), *The economic and social effects of the spread of motor vehicules*, Mac Millan, London, 1987.

BARJOT (Dominique), « Le rôle des compagnies d'électricité dans l'industrialisation de la Provence : l'exemple de l'Energie Electrique du Littoral Méditerranéen », in Philippe MIOCHE, *Histoire économique de la Provence*, Aix-Marseille, Publications de l'Université de Provence, 1998, 1998, pp. 195-216.

BARJOT (D.), FRANK (B.), GAUSSENS (O.), LECOSTEY (S.), « Structures, comportements et performances dans l'industrie charbonnière en France : le cas du Nord-Pas-de-Calais (XIXe-début du XXe siècle », in VIDAL (J.-F.), « Economie historique (2). Croissance, cycles et crises, monnaie et financement, théorie et histoire économiques », *Economies et Sociétés*. Cahiers de ISMEA, Tome XXX, n° 4-5, avril-mai 1996, pp. 53-77.

BARJOT (Dominique), *Fougerolle : deux siècles de savoir-faire*, Editions du Lys, Paris, 1992.

BARJOT (Dominique), (animée par), Table ronde des historiens économistes de langue latine, Université de Paris XII-Val de Marne, le 14 octobre 1999 (rapport aimablement communiqué par Monsieur Dominique Barjot).

BAUDANT (Alain), *Pont-à-Mousson (1918-1939). Stratégies industrielles d'une dynastie lorraine*, Publications de la Sorbonne, Paris, 1980.

BEAUCARNOT (Jean-Louis), *Les Schneider, une dynastie*, Hachette, Paris, 1986.

BEAUD (Michel), *Une multinationale française : Pechiney Ugine Kuhlmann*, Seuil, Paris, 1975.

BELHOSTE (Jean-François), *Histoire des Forges d'Allevard, des origines à 1970*, Didier-Richard, Grenoble, 1982.

BELTRAN (Alain), « Les entreprises d'électricité (production thermique) » in *Histoire, économie et société*, n°3, 1992, pp. 437-443.

Beltran (Alain), *Un siècle d'histoire industrielle en France (1880-1970) : industrialisation et sociétés,* éditions Sedes, Paris, 1998.

Berthonnet (Arnaud), *Chagnaud : L'histoire d'une fidélité,* Editions du Lys, Caen, 1996

Bouvier (Jean), *Les Rothschild,* Fayard, Paris, 1967.

Bouvier (Jean), *Naissance d'une banque : le Crédit Lyonnais,* Flammarion, Paris, 1968.

Bouvier (Jean), « Les racines de l'entreprise », *Revue française de gestion,* numéro spécial, septembre-octobre 1988.

Bouvier (Jean), *Un siècle de banque française,* Hachette, Paris, 1973 ?

Büehlmann (Elisabeth), *La ligne Siemens : la construction du télégraphe indo-européen 1867-1870,* Peter Lang, 1999.

Bussière (Eric), *Paribas, l'Europe et le Monde, 1872-1992,* Fonds Mercator, Anvers, 1992.

Bussière (Eric), « Entre la Banque mixte et la banque d'affaires : banque de paris et des Pays Bas et sa stratégie industrielle 1900-1930, *Entreprises et Histoire* n°2, Décembre 1992, pp. 49-64.

Broustail (Joël), « De l'histoire à l'identité de l'entreprise : quelques cas : Hachette, Rhône-Poulenc, Indosuez, la Compagnie Générale des Eaux », *Entreprises et Histoire,* n°1, Avril 1992, pp. 91-101.

[...], « Débat sur l'importance de l'histoire de l'entreprise », *Entreprises et Histoire* n°1, Avril 1992.

Cailluet (Ludovic), *Stratégies, structures d'organisation et pratiques de gestion de Pechiney des années 1880 à 1971,* thèse de doctorat d'histoire à l'université de Lyon II, 1995.

Cailluet (Ludovic), « Un exemple français d'acquisition de capacités organisationnelles : Alais, Froges et Camargue (AFC-Pechiney) : d'une Avant-Guerre à l'autre », *Entreprises et Histoire,* n° 13, pp. 115-127.

Campagnac (E.), « Système d'organisation et culture d'entreprise : l'histoire de Bouygues » in Bernard (P. J.) et Daviet (J. P.), (dir.), *Culture d'entreprise et innovation,* Presses du CNRS, Paris, 1992, pp. 25-39.

Caron (François), « Commerçants et industriels de Côte-d'or au XIXe siècle vus à travers les actes de société », *Annales de Bourgogne,* Avril-juin 1982, pp. 5-37.

Caron (François), « L'entreprise », in *Les lieux de mémoire,* Tome III, Vol. 2, Gallimard, Paris, 1992.

Caron (François), « Préface » in M. de Ferrière le Vayer, *Christofle, deux siècles d'aventure industrielle 1793-1993,* Le Monde-Editions, Paris, 1995.

Caron (François), *Histoire de l'exploitation d'un grand réseau. La Compagnie des Chemins de fer du nord (1846-1937),* Mouton, Paris, 1973.

Caron (François), (éd.), *Entreprises et Entrepreneurs XIX-XXe siècles,* Presses Universitaires de paris Sorbonne (Paris IV), coll. Civilisations n° 7, Paris, 1983.

Cayez (Pierre), *Rhône Poulenc 1895-1975 : contribution à l'étude d'un groupe industriel,* Armand Colin, Paris, 1988.

Chadeau (Emmanuel), *Entreprise et développement économique, l'industrie aéronautique en France (1900-1940)*, thèse de doctorat, Paris X, 1986.

CHADEAU (Emmanuel), *Le rêve et la puissance. L'avion et son siècle*, Payard, Paris, 1996.

CHADEAU (Emmanuel), *L'industrie aéronautique en France (1900-1950). De Blériot à Dassault*, Fayard, Paris, 1987.

CHASSAGNE (Serge), *Oberkampf : un entrepreneur capitaliste au siècle des lumières*, Aubier-Montaigne, Paris, 1980.

D'ANGIO (Agnès), *Schneider et Cie et les travaux publics*, Droz, Paris, 1995.

DAUMAS (Jean-Claude), *L'amour du drap. Blin & Blin, 1827-1975. Histoire d'une entreprise lainière familiale*, Presses Universitaires franc-comtoise, 1999.

DAVIET (Jean-Pierre), *Un destin international, la compagnie de Saint-Gobain de 1830 à 1939*, Editions des archives contemporaines, Paris, 1988.

DAVIET (Jean-Pierre), *Bilan et perspectives de l'histoire de l'entreprise*, Rapport présenté au Ministère de l'Industrie et de la Recherche, Maison des Sciences de l'Homme, Paris, 1984.

DAVIET (Jean-Pierre), « L'histoire de l'entreprise en France : un premier bilan », in HAMON (Maurice) et (TORRES) Félix, *Mémoire d'avenir. L'histoire dans l'entreprise*, Economica, Paris, 1985.

DAVIET (Jean Pierre), *La société industrielle en France 1814-1914. Productions, échanges, représentations*, Le Seuil, Paris, 1997.

FERRIÈRE LE VAYER (Marc DE), *Christofle. Deux siècles d'aventure industrielle 1793-1993*, Le Monde-Editions, Paris, 1995.

FRIDENSON (Patrick), *Histoire des usines Renault*, Editions du Seuil, Paris, 1972.

FRIDENSON (Patrick), « France : the relatively slow development of big business », in Chandler (A. D.), AMATORI (F.), and HIKINO (T.), (eds.), *Big business and the Wealth of Nations*, Cambridge University Press, Cambridge, 1997, pp. 207-245.

GAMBRELLE (Fabienne), *Rhône-Poulenc 1895-1995*, Albin Michel, Paris, 1995.

GIANDOU (Alexandre), *La Compagnie nationale du Rhône (1933-1998). Histoire d'un partenaire régional de l'État*, collection Histoire industrielle, Saint-Martin-d'Hères, Presses universitaires de Grenoble, 1999.

GILLE (Bertrand), *Histoire de la maison Rothschild*, Tome I et II, Droz, Genève, 1967.

HAMON (Maurce) et TORRÈS (Félix), *Mémoire d'avenir, l'histoire dans l'entreprises*, Economica, Paris, 1987.

HARP (Stephen L.), *Marketing Michelin. Advertising and Cultural Identity in Twentieth Century France*, Johns Hopkins University Press, Baltimore & London, 2001.

JOBERT (P.), *Les entreprises aux XIXe et XXe siècles*, PENS, Paris, 1991.

LAUX (James M.), *In first Gear. A History of the French Automobile Industry to 1914*, Liverpool, 1976.

LESCENT-GILLES (Isabelle), « Histoire des entreprises », in Dominique BARJOT (Dir.), Où va l'histoire économique ? (1re partie), Historiens et Géographes, n° 378, 2002, pp. 185-194.

LESCURE (Michel), NOUGARET (Roger), DESJARDINS (Bernard), *Le Crédit Lyonnais, 1863-1986*, Droz, Genève, 2002.

LOTTMAN (Herbert), *La dynastie Rothschild*, trad. de l'américain par VÉRON (Marianne), Editions du Seuil, Paris, 1995.

LOUBET (Jean-Louis), *Les automobiles Peugeot, histoire d'une entreprise, 1945-1973*, Thèse d'histoire, Paris 10, sous la direction de Maurice LÉVY-LEBOYER, 1988.

LOUBET (Jean-Louis), *Renault : histoire d'une entreprise*, ETAI, Boulogne-Billancourt, 2000.

LOUBET (Jean Louis), « L'industrie automobile française : un cas original ? », in BARJOT (Dominique), (dir.), « La reconstruction économique de l'Europe 1945-1953 », *HES*, n° 2, 1999, pp. 255-274.

LOUBET (J.-L.), LEMAÎTRE (C.), *Renault concepteur automobile*, Editions Techniques Pour L'automobile et L'industrie, Paris, 2003.

MARGUERAT (Philippe), *Banque et investissement industriel : Paribas, le pétrole roumain et la politique française 1919-1939*, Université de Neuchâtel, 1987.

MARSEILLE (Jacques), (dir.), *La révolution commerciale en France : du Bon marché à l'hypermarché*, Le Monde Editions, Paris, 1997.

MARTIN (Roger), « Les concentrations dans la grande industrie, deux exemples : le verre et l'acier », in SOUTOU (Georges-Henri) et BELTRAN (Alain), *Pierre Guillaumat, la passion des grands projets industriels*, Editions Rive Droite, Paris, 1995, pp. 75-94.

MOUTET (Aimée), *Les logiques de l'entreprise. La rationalisation dans l'industrie française de l'entre-deux-guerres*, EHESS, Paris, 1997.

PARK-BARJOT (Rang-Ri), *La Société de Construction des Batignolles : des origines à la première guerre mondiale (1846-1914)*, thèse de doctorat à Paris IV, 2003.

PASDELOUP (Lauriane), *L'identité sociale de l'entreprise et la communication externe*, DEA à Paris 1, 1988.

SCHWEITZER (Sylvie), *Des engrenages à la chaîne, les usines Citroën 1915-1935*, Presses Universitaires de Lyon, Lyon, 1982.

PIQUET (Caroline), « The Suez Company's Concession in Egypt, 1854-1956 : Modern Infrastructure and Local Economic Development », in *Enterprise and Society*, Volume 5, Number 1, March 2004. pp. 107-127.

TESI (Francesca), *Michelin et l'Amérique*, mémoire de DEA d'histoire moderne et contemporaine, sous la direction de Dominique Barjot, Université de Paris IV, 2005.

VERNON (R.), *Les entreprises multinationales*, Calmann-Lévy, Paris, 1973 (traduction).

VUILLERMOT (Catherine), *Pierre-Marie Durand et l'énergie industrielle. L'histoire d'un groupe électrique, 1906-1945*, CNRS éditions, Paris, 2001.

VIRUEGA (Jacqueline), *La Bijouterie Parisienne : du Second Empire à la Première guerre mondiale*, L'Harmattan, Paris, 2004.

WILKINS (M.), « French Multinationals in the United States. An Historical Perspective », *Entreprises et histoire*, n° 3, 1993.

WORONOFF (Denis), *Histoire de l'industrie en France du XVIe siècle à nos jours*, Seuil, Paris, 1994.

c) Les entrepreneurs et les hommes d'entreprise

Autin (J.), *Les Frères Pereire ou le bonheur d'entreprendre*, Paris, 1984.
Beaucarnot (Jean-Louis), *Les Schneider, une dynastie*, Hachette, Paris, 1986.
Biographie de Marcel Champin (1875-1945), faite par la société Louvoil-Montbard-Aulnoye, 1945. (Archives Total).
Catta (Emmanuel), *Victor de Metz, De la CFP au Groupe Total,* Total Edition Presse, Paris, 1990.
Schweitzer (Sylvie), *André Citroën 1878-1935, le risque et le défi*, Fayard, Paris, 1992.
Chassagne (Serge), *Le Coton et les patrons. France 1760-1914*, EHESS, Paris, 1991.
Dard (Oilivier), *Jean Coutrot, de l'ingénieur au prophète*, Presses Universitaires Franc-comtoise, Besançon, 1999.
Daviet (Jean-Pierre), « Ernest Mercier et son groupe face à la nationalisation de 1946 », in Laurence Badel (eds.), *La nationalisation de l'électricité en France. Nécessité technique ou logique politique ?*, Association pour l'histoire de l'électricité en France, Paris, 1996.
Fritsch (P.), *Les Wendel, rois de l'acier français*, Laffont, 1976.
Guierre (Maurice), *Robert Cayrol 1883-1959: De la mer au pétrole, l'unité d'une vie*, Parceval, Paris, 1960.
Kuisel (Richard F.), *Ernest Mercier, French Technocrat*, University of California Press, 1967.
Lamard (Pierre), *Histoire d'un capital familial au XIXè siècle, le capital Japy de 1777 à 1910 : Frédéric Japy 1749-1812*, Société belfortaine d'émulation, Belfort, 1988.
Lenoble (J.), *Les Frères Talabot, une grande famille d'entrepreneurs au XIXe siècle*, L. Souny, Limoges, 1989.
Marseille (Jacques), *Les Wendels, 1704-2004 : trois cents ans d'histoire économique française*, Perrin, Paris, 2004.
Park (Rang-Ri), « Jules Goüin (1846-1908) : dirigeant de la Société de Construction des Batignolles », *Paris et Ile-de-France, Fédération des sociétés historiques et Archéologiques de Paris et Ile-de-France*, tome 51, 2000, pp. 287-296.
Roy (Joseph-Antoine), *Histoire de la famille Schneider et du Creusot*, Paris, Rivière, 1962.
Sassi (Mohamed), « Le rôle du technocrate : Ernest Mercier et la mise en place d'une industrie française entre les deux guerres », *Bulletin de l'IHTP*, n° 184, Deuxième Semestre 2004.
Wolgensinger (Jacques), *André Citroën*, Flammarion, Paris, 1991.
Woronoff (Denis), « Une statue pour Eugène Schneider «, *L'Histoire*, n° 186, pp. 10-12.

3.3.3. *La politique économique et l'intervention de l'État*

André (C) et Delorme (R), *L'État et l'économie. Un essai d'explication de l'évolution des dépenses publiques en France 1870-1980*, Le Seuil, Paris, 1983.

Ayoub (Antoine), *Le pétrole Economie et Politique,* Economica,1996.

Bamberg (James), "Churchill, Thatcher and BP: Standing Guard over a National Champion", in *Les Compagnies pétrolières nationales (histoire, caractéristiques, comparaisons, de l'entre-deux-guerres à la fin du XXè siècle)*, Colloque organisé par l'Institut d'histoire du temps présent, 28 et 29 novembre 2003.

Barjot (Dominique), « Catching up with America : The Story of Productivity Missions in the French Publics-Works Industry after the Second World War », in Barjot (Dominique), (dir.), *Catching up with America : Productivity Missions and the Diffusion of American Economic and Technological Influence after the Second World War*, Presses de l'Université de Paris-Sorbonne, 2002, pp. 359-385.

Bellaing (L.-M. De), *L'État et son autorité – l'idéologie paternaliste*, Anthropos, Paris, 1976.

Beltran (Alain), « Quelques aspects historiques de la notion du service public en France », in Petitet (S.) Varasschin (D.), (eds), *Intérêts publics et initiatives privées, Initiatives publiques et intérêts privés, Travaux et services publics en perspectives*, Actes du Colloque international tenu dans le cadre des 11èmes entretiens du Centre Jacques-Cartier, 7-8-9 décembre 1998, ENTPE – Vaulx-en-Velin, ANTPE – Université d'Artois, 1999, pp. 19-23.

Bancel (Franck), "Directions in French Corporate Governance Since 1945", *Entreprises et Histoire*, n° 21, 1999, pp. 44-58.

Bezançon (Xavier), *2000 ans d'histoire du partenariat public-privé : pour la réalisation des équipements et services collectifs*, Presses de l'Ecole nationale des Ponts et Chaussées, Paris, 2004.

Carré de Malberg (Nathalie), *Entretien avec Roger Goetze, haut fonctionnaire des Finances : Rivoli, Alger, Rivoli 1937-1958*, CHEFF, Paris, 1997.

Chadeau (Emmanuel), *Alliances stratégiques et intérêts industriels : les avatars de la politique aéronautique alliée (1914-1918),* in *Forces armées et systèmes d'alliances*, colloque international d'histoire militaire et d'études de défense nationale, Montpellier, 1981, pp. 505-518.

Chatriot (Alain), « Fayol, les fayoliens et l'impossible reforme de l'administration durant l'entre-deux-guerres », in *Entreprises et Histoire* , n° 34, Décembre 2003.

Chazal (Alain) et Poyet (Hubert), *L'économie mixte*, Presses Universitaires de France, Paris, 1965.

Cohen (E.) et Henry (C.), « Service public, secteur public », *Rapport de CAE,* La documentation française, 1997.

Commons (J. R.), *Institution. Its place in Political Economy*, Madison: University of Wisconsin Press, 1934.

Dessert (Daniel), *Colbert ou le serpent venimeux*, Complexe-Question à l'histoire, Paris, 2000.

Dingly (Laurent), *Colbert, Marquis de Seignelay, le fils flamboyant*, Paerrin, Paris, 1997.

Dufourt (Daniel), « L'idée d'un nouveau développement chez F. Perroux », in Perroux (François), *Dialogue des monopoles et des nations. « Equilibre » ou dynamique des unités actives*, Presses Universitaires de Grenoble, 1982.

GERSCHENKRON (A.), *Economic Backwardness in Historical Perspective*, The Belknap Press, Cambridge (Mass.), 1962.

FAVEREAU (O.), «Marchés internes, marchés externes», *Revue Economique* n°2, 1989.

FAYOL (Henri), *L'incapacité industrielle de l'État, les PTT*, Dunod, Paris, 1921.

FAYOL (Henri), *Administration industrielle et générale*, Dunod, Paris, 1999.

FEIGENBAUM (Harvey B.), *The politics of Public Enterprise: Oil and the French State*, Princeton University Press, Princeton, 1985.

FILATOTCHEV (I.), « Learning Through Corporate Boards: A Knowledge-based Model of Governance Development in Entrepreneurial IPO's », *Governance Life-cycle Conference*, Bradford University School of Management, 10-11 Avril 2003.

FURTADO (Celso), *Théorie du développement économique*, Presses Universitaires de France, Paris, 1970.

HUCHATEL (Armand), "L'avenir de la grande entreprise industrielle : vers une rationalisation des processus d'apprentissage?", in *Entreprises et Histoire* n° 10, décembre 1995, pp. 61-68.

JENNY (F.) et WEBER (A.-P.), *Concentration et politique des structures industrielles*, La documentation française, Paris, 1974.

LATTRE (André DE), *Politique économique de la France depuis 1945*, PUF, Paris, 1966.

LATTRE (André DE), *Servir aux finances*, CHEFF, Paris, 1999.

LECANU (Jérôme), « Entre innovation et tradition, la conversion des Ingénieurs du Corps des Mines au pétrole », in SOUTOU (Georges-Henri) et BELTRAN (Alain), *Pierre Guillaumat, la passion des grands projets industriels*, colloque organisé par l'Institut d'histoire de l'industrie, le 18 janvier 1994 au Ministère de l'industrie, des postes et télécommunications, Edition Rive Droite, Paris, 1995, pp. 175-189.

LEPAGE (Solenne), *La direction des finances extérieures de 1946 à 1953. Les années fondatrices ou le magistère de Guillaume Guindey*, Thèse de doctorat, Ecole nationale des chartes, 1996.

LEPAGE (Solenne), « La direction des Finances extérieures face à la modernisation et à la nécessité de restaurer la puissance internationale de la France (1946-1950) », in BARJOT (Dominique), (Dir.), «La reconstruction économique de l'Europe 1945-1953», *HES*, n°2, 1999, pp. 255-274.

LOROT (Pascal), « Géoéconomie, Nouvelle grammaire des réalités internationales », http://www.diplomatie.fr/cap/ressource/FD001147.pdf

LUTTWAK (Edward), « From geopolitics to geo-economics. Logics of Conflicts, Grammar of Commerce », *The National Interest*, été 1990.

MALINVAUD (Edmond), *Voies de la recherche macroéconomique*, Odile Jacob, Paris, 1991.

MARGAIRAZ (Michel), *L'État, les finances et l'économie, histoire d'une conversion, 1932-1952*, CHEFF, 2 tomes, 1991.

MIOCHE (Philippe), *The origins of the Plan Monnet*, Badia Fiesolana, San Domenico (Italie), 1984.

MORSEL (Henri), « Les missions de productivité aux États-Unis de l'industrie française de l'aluminium », in Dominique BARJOT, (dir.), «La reconstruction économique de l'Europe 1945-1953», *HES*, n° 2, 1999, pp. 297-301.

MORSEL (Henri), « Les missions de productivité et le modèle américain », in *Entreprises et Histoire*, N° 19, 1998, pp. 165-167.

MORVAN (Yves), *La concentration de l'industrie en France*, Armand Colin, Paris, 1972.

PERROUX (François), *Dialogue des monopoles et des nations. « Equilibre » ou dynamique des unités actives*, Presses Universitaires de Grenoble, 1982.

PETITET (S.) VARASSCHIN (D.), (Eds), *Intérêts publics et initiatives privées, Initiatives publiques et intérêts privés, Travaux et services publics en perspectives*, Actes du Colloque international tenu dans le cadre des 11èmes entretiens du Centre Jacques-Cartier, 7-8-9 décembre 1998, ENTPE – Vaulx-en-Velin, ANTPE – Université d'Artois, 1999.

RAPP (L.), *Les groupes d'entreprises publiques*, Presses Universitaires de France, Paris, 1986.

SOTO (Jean DE), *La Communauté européenne du charbon et de l'acier (CECA)*, 3ème édition, PUF, Paris, 1965.

SOUTOU (Georges-Henri) et BELTRAN (Alain), *Pierre Guillaumat, la passion des grands projets industriels*, colloque organisé par l'Institut d'histoire de l'industrie, le 18 janvier 1994 au Ministère de l'industrie, des postes et télécommunications, Edition Rive Droite, Paris, 1995.

SOUTOU (Georges-Henri), (Dir), *Energie et relations internationales*, Société d'Étude Historiques et Relations Internationales Contemporaines, Paris, 1985.

VARASCHIN (Denis), *La Société lyonnaise des forces motrices du Rhône, 1892-1946 : du service public à la nationalisation*, Thèse de doctorat en Histoire, Grenoble 2, 1996.

WILLIOT (Jean-Pierre), *Naissance d'un service public, le gaz à Paris*, Rive Droite, Paris, 1999.

ZEITLIN (Jonathan), *Governing Work and Welfare in a New Economy*, Oxford University Press (Royaume-Uni), 2003.

3.3.4. L'entreprise pétrolière

BAMBERG (James), *British Petroleum and Global Oil, 1950-1975: The challenge of Nationalism*, Cambridge University Press (UK), 2000.

BELTRAN (Alain) et CHAUVEAU (Sophie), *Elf Aquitaine. Des origines à 1989*, Fayard, Paris, 1998.

BELTRAN (Alain) et CHAUVEAU (Sophie), « Destins croisés. Aperçus de l'histoire du groupe Elf-Aquitaine et de la CFP-Total », in *Bulletin de IHTP*, second semestre 2004, pp. 20-29.

BRIAND (Christophe), « La Société nationale des pétroles d'Aquitaine : une stratégie industrielle entre intérêts nationaux et attentes locales (1949-1969)», in *Les Compagnies pétrolières nationales (histoire, caractéristiques, comparaisons, de l'entre-deux-guerres à la fin du XXè siècle)*, Colloque organisé par l'Institut d'histoire du temps présent, 28 et 29 novembre 2003.

CASTAIGNE (Robert), (Directeur Financier de Total en 1999), « D'une compagnie fondée à l'initiative de l'État à une société privée », *Synergies, 1924-1999 : Histoire de Total*, Magazine interne de Total, 1999.

CATTA (Emmanuel), *Victor de METZ, De la CFP au Groupe Total,* Total Edition Presse, Paris, 1990.

CLAIR (Pierre-Maurice), *La diversification des approvisionnements pétroliers, justifications, modalités et limites d'une stratégie économique offensive*, Economica, Paris, 1981.

CHICK (Martin), « Accomodating Oil in National Energy Policies : the Response of French and UK Governments since 1945 », in *Les Compagnies pétrolières nationales (histoire, caractéristiques, comparaisons, de l'entre-deux-guerres à la fin du XXe siècle)*, Colloque organisé par l'Institut d'histoire du temps présent, 28 et 29 novembre 2003.

DAMOUGEOT-PERRON (G.), *La Standard Oil Company 1870-1925*, Editions Jean Budry, Paris, 1925.

DESPRAIRIES (Pierre), COUCOUREUX (Lucien), « La compagnie Française des Pétroles et les accord « Francs-Pétrole », les achats aux compagnies anglaises » in *Le Coût en devises de l'Approvisionnement pétrolier français*, Rapport au Conseil Supérieur de Pétrole, Ministère de l'industrie et du Commerce, Décembre 1955.

DUMOULIN (Michel), *Petrofina, Un groupe pétrolier international et la gestion de l'incertitude*, Tome 1 : 1920-1979, Editions Peeters, Louvain, 1997.

FERRIER (R. W.), *The History of the British Petroleum Compagny, Vol. 1 : the developing years 1901-1932*, Cambridge University Press, Cambridge, 1994.

GIUNTINI (Andrea) et POZZI (Daniele), (Eds), *Energia per il territorio. Enrico Mattei e l'industrie del metano in Italia*, Giona, Milano, 2003.

GOEY (Ferry DE), "Henry Deterding, Royal Dutch/Shell and the Dutch Market for Petrol, 1902-46", *Business History*, Vol. No. 44, Frank Cass, London, October 2002, pp. 55-84.

HIDY (R. W.) et HIDY (M. E.), *Pioneering in Big Business, 1882-1911: History of Standard Oil Company (New Jersey)*, Herper and Brothers, New York, 1955.

HOVEYDA (R.), *La CFP, Étude de géographie économique*, Thèse de doctorat, Université de Paris, 1958.

HOWARTH (Stephen), *A century in Oil: The Shell Transport and Trading Company 1897-1997*, Weidenfeld & Nicolson, Londres, 1997.

HOWARTH (Stephen), *Sea Shell : The Story of Shell's British Tanker Fleets 1892-1992*, Editions Thomas Reed, Londres, 1992.

HURÉ (Joseph), *De la naissance de la SGHP à la S.F. BP d'aujourd'hui*, Edité par la Direction de l'Information et des Relations Extérieures de la S.F. BP, Jepal, Paris, 1971.

KHAOUA (Nadji), « La compagnie pétrolière Sonatrach (Algérie) : levier de développement ou instrument de pouvoir », in *Les Compagnies pétrolières nationales (histoire, caractéristiques, comparaisons, de l'entre-deux-guerres à la fin du XXe siècle)*, Colloque organisé par l'Institut d'histoire du temps présent, 28 et 29 novembre 2003.

LABARRIÈRE (Guillaume DE), *Les Sociétés de Pétrole à participation de l'État dans divers pays. La Compagnie Française des Pétroles*, Thèse pour le doctorat en Droit, Université de Paris, 1932.

L'HUILLIER (Hervé), « La stratégie de la Compagnie Française des Pétroles durant la Seconde Guerre mondiale : sauvegarder l'essentiel », in *Histoire, économie et société*, n°3, 1992, pp. 463-478.

MENJAUD (Henri), *Desmarais Frères, un siècle d'industrie française du pétrole*, Draeger, Paris, 1961, (document non paginé).

SAMPSON (Antony), *The Seven Sisters, The Great Oil Compagnies and The World They Made*, Hoddar and Stoughton, London,1975.

SASSI (Mohamed), « Le rôle du technocrate : Ernest Mercier et la mise en place d'une industrie française entre les deux guerres », *Bulletin de l'IHTP*, n° 84, Second semestre 2004, pp. 6-19.

SASSI (Mohamed), « La fusion entre la CFP et Desmarais Frères », in *Les Compagnies pétrolières nationales (histoire, caractéristiques, comparaisons, de l'entre-deux-guerres à la fin du XXe siècle)*, Colloque organisé par l'Institut d'histoire du temps présent, CNRS, 28 et 29 novembre 2003.

SASSI (Mohamed), *L'histoire de Desmarais Frères : 1861-1965*, mémoire de DEA d'histoire des techniques, sous la direction du professeur D. BARJOT, Université de Paris IV, 1999.

SAUL (Samir), « La SN Repal, la CFP et l'expérience du « Pétrole Franc » », in *Les Compagnies pétrolières nationales (histoire, caractéristiques, comparaisons, de l'entre-deux-guerres à la fin du XXe siècle)*, Colloque organisé par l'Institut d'histoire du temps présent, 28 et 29 novembre 2003.

SEGRETO (Luciano), « Western Strategic Interests vs. National Economic Interests : Oil, Nato and Italy (1958-1965) », in *Les Compagnies pétrolières nationales (histoire, caractéristiques, comparaisons, de l'entre-deux-guerres à la fin du XXè siècle)*, Colloque organisé par l'Institut d'histoire du temps présent, 28 et 29 novembre 2003.

TORTELLA (Gabriel), BALLESTERO (Alfonso), DIAZ FERNANDEZ (Jose Luis), *Del monopolio al libre mercado. La historia de la industria petrolera española*, Editorial LID, Madrid, 2003.

TORTELLA (Gabriel), « La politique pétrolière en Espagne au XXè siècle », in *Les Compagnies pétrolières nationales (histoire, caractéristiques, comparaisons, de l'entre-deux-guerres à la fin du XXè siècle)*, Colloque organisé par l'Institut d'histoire du temps présent, 28 et 29 novembre 2003.

URSULET (Laurent), *L'Office National des Combustibles Liquides (1925-1939)*, Mémoire de maîtrise sous la direction de Dominique BARJOT, Université de Paris-Sorbonne (Paris IV), 1999.

WALTHER (René), « La SAEM Pechelbronn de 1918 à 1961 ou la constitution d'une société pétrolière nationale à partir d'un gisement local », in *Les Compagnies pétrolières nationales (histoire, caractéristiques, comparaisons, de l'entre-deux-guerres à la fin du XXe siècle)*, Colloque organisé par l'Institut d'histoire du temps présent, 28 et 29 novembre 2003.

[...], *La Société des Pétroles Jupiter*, notice éditée à l'occasion de l'inauguration de la raffinerie de Petit-Couronne, 5 janvier 1933.

[...], « Shell France : Un double anniversaire », *Shell Information*, n° 289 janvier/février/mars 1989.

[...], « Compagnie Française des Pétroles : Continent's Foremost and Fastest-Growing Oil Group », *The Financial Times*, Mercredi 16 Janvier 1963.

Chronologie

Dates	Les grandes dates de l'histoire pétrolière mondiale	Evènements pétroliers en France	La CFP	Desmarais Frères
1859	Le colonel Drake découvre du pétrole à Titusville.			
1861		Arrivée du premier convoi de pétrole américain par le port du Havre.		- Création à Paris de la compagnie Desmarais Frères par Charles et Henri Boutheroue-Desmarais.
1863	John Davison Rockefeller réunit 4000 dollars avec deux associés et fait construire sa première raffinerie à Cleveland, Ohio.			La maison Desmarais Frères prend le statut de Compagnie en nom collectif.
1866	Création de la Vacuum Oil par Matthew P. Ewing, Inventeur du procédé de distillation sous vide, et Hiram B. Everest.			
1870	Le 10 janvier, Rockefeller et ses associés fondent la Standard Oil Company (Ohio) qui deviendra une des 33 filiales de la Standard Oil Company. Elle est enregistrée dans le New Jersey le 5 août 1882 par les membres du « Standard Oil Trust » qui coiffait alors tout un ensemble de sociétés pétrolières.			Construction de la première raffinerie Desmarais Frères à Colombes.

1873	La production mondiale dépasse un million de tonnes.			
1878				Le frère aîné décède. La société devient une société en commandite simple.
1879				Construction de la Deuxième raffinerie Desarais Frères à Graville (Le Havre)
1881				Construction de la raffinerie de Blaye.
1882	Création de la Standard Oil Company of New York dont les actions seront détenues de 1899 à 1911 par la Standard Oil Company (New Jersey) jusqu'à la dissolution et l'éclatement de celle-ci.			
1888				Mort du dernier frère fondateur. -Madame Henri Desmarais et ses deux fils prennent la succession. -La reprise du statut : Société en nom collectif.

1890	- Promulgation du *Sherman Act* contre les ententes aux États-Unis. La production mondiale atteint 10 millions de tonnes - Création aux Pays-Bas de la Royal Dutch Petroleum Company en vue de l'exploitation de puits de pétrole aux Indes Néerlandaises.			
1891	La société Britannique, Marcus Samuel & Co, commence à acheter du pétrole lampant pour le vendre, en Extrême-Orient, sous la marque commerciale Shell.			
1897	Marcus Samuel fonde « The Shell Transport &Trading company Ltd en Grand Bretagne.			
1900	Henry Deterding prend la direction de la Shell Transport.			

1901	- Première découverte du pétrole au Texas, à Spindeltop, William Knox D'Arcy obtient une concession qui couvre les 5/6 de l'Iran. - La Russie produit plus de la moitié du pétrole mondial. - (Novembre) Création de la Gulf Refining Company pour la raffinage et la vente Guffey préside les deux sociétés.			
1902	Texaco : création de la Texas Company à Beaumont (Texas) par Joseph Cullinan de Corsicana et par Arnold Schlaet de New York. 1ère découverte de brut en 1903 à Sour Lake (Texas) et construction de la 1ère raffinerie à Port Arthur (Texas).	La Standard Oil of New Jersey s'implante en France en reprenant la Bedford & Cie spécialisée dans l'importation des huiles. La raison sociale devient Bedford Petroleum Company		

1907	- Fusion de la Shell Transport et de la Royal-Dutch. - Fondation de la Gulf par la famille des Mellons. - Réorganisation du Groupe et création de la Gulf Oil Corporation of New Jersey qui reprend les actifs des 2 précédentes compagnies Présidents : M. Aw. Mellon, Puis W. L. Mellon.			
1908	- Découverte du premier gisement iranien, Masjid-I Suleiman - Création de l'Anglo-Persian Oil company .			
1909	Création de l'Anglo Persian Oil Cy LTD (APOC) à la suite de la découverte de gisements de pétroles, en Iran, sur la concession accordée en 1901 à William Know d'Arcy. Majorité du capital détenue la Burmah Oil, la plus ancienne société pétrolière britannique (1886).			

1911	Anglo Persian s'associe à la Shell et à des intérêts allemands pour créer l'Irak Petroleum Company (IPC).			
1913	Début des activités du Groupe RD Shell aux États-Unis (American Gasoline Company et Roxana Petroleum Company en Oklahoma) et au Venezuela. APOC : Construction d'une raffinerie à Abadan (Iran).			
1914	-Gulbenkian obtient une promesse de concession en Mésopotamie. -L'Amirauté britannique prend une participation dans l'Anglo-Persian.			
1917	-Nationalisation des pétroles russes. -Début de la production vénézuélienne.			

1920	- Accord de San Remo entre la France et l'Angleterre. - Transfert à la France des intérêts allemands (part de 23,75%) dans l'IPC.	La Standard Oil of New Jersey crée l'économique qui s'unira à la Pétroléennne (anciennement Fenaille et Despeaux) cette même année. Puis aux Etablissements André et fils en 1935 pour devenir la Standard française des Pétroles.		
1921	- La production mondiale atteint 100 millions de tonnes. - Pointe de la production mexicaine à 28 millions de tonnes. -Les compagnies américaines réclament la porte ouverte au Moyen-Orient.	Les fils d'Alexandre Deutsch de la Meurthe et le Groupe Royal-Dutch Shell s'associent pour créer la société des pétroles Jupiter. Création de la Société Générale des Huiles de Pétrole (SGHP) par l'Anglo-Persian Oil company, la maison paix et Cie (Raffinerie, près de Douai, depuis 1895), la Société Georges Lesieur et ses Fils, la Société Navale de l'Ouest (transporteur maritime), La maison Estrine et Cie (consignataire de navires à Marseille).		

1922	- Intérêts aux États-Unis regroupés sous la holding Shell Union Oil Corporation. - Gulf Oil Corporation of Pennsylvania reprend les actifs de Gulf Oil Corporation of New Jersey.			
1924	Le président Coolidge crée la Federal Oil Conservation Board.		Mars : création de la Compagnie Française des Pétroles.	
1927	Découverte du gisement de Kirkouk en Irak.			Desmarais Frères prend le statut de Société commandite par actions.
1928	-Accord de la ligne rouge au sein de l'Irak Petroleum Compagny. -Accord d'Achnacarry entre la Standard, la Shell et l'Anglo-Persian. - Texaco : Acquisition majoritaire dans la California Petroleum company , qui lui donne des réseaux de distribution dans chacun des États.	- Loi française fixant le régime des Pétroles. - Shell France : Construction des raffineries de Petit-Couronne et de Pauillac.	Signature du « Group Agreement » ou ligne rouge : (CFP-BP-Shell-Esso-Mobil-Partex).	

1929	Création aux États-Unis de Shell Chemical Corporation.	- Shell France : Construction par la Compagnie des Produits Chimiques et Raffineries de Berre (PCRB), filiale de Saint-Gobain, de la raffinerie de Berre-l'Etang. - Caltex France : la Société des Raffineries de Pétroles de la Gironde (RPG) est créée ; elle construit une raffinerie au Bec d'Ambes, inaugurée en 1931. -Standard Oil of New Jersey, Gulf Oil et Atantic Refining s'associent dans la société Franco-Américaine de Raffinage pour construire la raffinerie de Port-Jérôme.	Création de la Compagnie Française du Raffinage (CFR)	En mars, accord entre Desmarais Frères et la CFR dans le cadre du contrat d'intérêt national signé entre l'État et la CFP. Les compagnies adhérentes s'engagent à acheter à la CFR 25% de leur mise en consommation.
1930	Découverte du champ de l'East Texas.			

1931	Fusion Standard Oil Company of New York et Vacuum Oil Company, devient Socony-Vacuum Oil Company.	- L'État français augmente son capital au sein de la CFP : 35% du capital et 45% des voix. -BP France : Mise en service de la raffinerie de Lavera. - Caltex France : RPG signe, avec le groupe américain Texas Company, un contrat d'approvisionnement à long terme en pétrole brut.	Création de la Compagnie Navale des Pétroles (CNP).	Desmarais Frères signe une convention avec l'État : elle cède une part de son raffinage pour de plus larges droit de distribution..
1932	- Début du contingentement de la production au Texas. - Découverte du pétrole à Bahreïn dans le Golfe Persique.	Esso France devient : Standard Franco-Américaine de Raffinage		Rapprochement entre Desmarais Frères et Citroën pour la fabrication des essences et huiles adaptées.
1933	- Concession accordée à Caltex en Arabie Saoudite. - Création du Nobel Andre Good Group (Distribution en Europe).	La Standard Franco-Américaine de Raffinage : mise en service de la Raffinerie de Port-Jérôme.	Mise en service de la raffinerie de Gonfreville (700 000T / an).	

1934	- Concession accordée à l'Anglo-Persian à Koweït. Début des exportations d'Irak. - Création de la Kuwait Oil Company avec Gulf Oil l'Anglo Persian devient Anglo Iranian Oil Company Ltd. - APOC et la Gulf Oil : création de la Kuwait Oil Company pour L'exploration au Koweït.	Caltex : RPG absorbe la filiale française de Texas Company (qui distribuait, en France, les huiles Texaco) et la société Galena (qui exploitait une usine de lubrifiants à Grand-Quevilly). RPG devient concessionnaire de la marque Texaco.	Premier enlèvement de brut d'Irak par la CFP.	Création de la marque Azur.
1935			Mise en service de la raffinerie de la Mède (500 000T / an).	
1936	Accord Texaco avec la Standard Oil of California.: Naissance de Caltex (California Texas Oil Company).	Fusion de la société de raffinage avec les sociétés de distribution Standard Française des Pétroles et Bedford Petroleum Company, la société garde la raison sociale Standard française des Pétroles.		
1937	Accords de contrôle de la production entre les trois Grands au Venezuela.		Mise en service de l'Emile Miguet, premier tanker de la CNP.	

1938	-Nationalisation des pétroles mexicains. - APOC : découverte du gisement Burghan (Koweit).		Obtention de nouvelles concessions au Moyen-Orient.	
1939	Début des exportations d'Arabie Saoudite.			
1944	Texaco : création de la Jefferson Chemical Company (50% Texas Company), marque le début du développement dans la pétrochimie. 100% depuis 1974.			
1945		Création du Bureau de recherches de Pétrole (BRP) en France.	Remise en route des raffineries de la Mède et de Gonfreville.	
1947			Création de la Compagnie Française des Pétroles en Afrique et démarrage du réseau de distribution de la CFP en Afrique.	
1948	-Fin des accords de la ligne rouge. -Les États-Unis deviennent importateurs nets. -Loi pétrolière vénézuélienne instaurant le partage 50-50 des profits.	La société des Pétroles Jupiter prend le nom de Shell Française.		

1949	Shell Union devient Shell Oil Company.	Création de Shell Chimie (filiale à 100% du groupe Royal-Dutch Shell). Création de Shell Saint-Gobain (filiale de Royal-Dutch Shell et de Saint-Gobain).		
1950	Le partage 50-50 est instauré en Arabie Saoudite.			
1951	-Extension du 50-50 en Irak et à Koweït -Nationalisation par Mossadegh des biens de l'Anglo-Iranian.			
1952			- En avril : Mise en service du pipe line (30-32) de Kirkouk à Banias. - Champ de Zubair (région de Bassorah)- début de la production.	
1953	Chute de Mossadegh Contingentement volontaire des importations aux États –Unis.		Sahara - début des opérations- formations de la Compagnie Française des Pétroles (Algérie)	

1954	- Création du consortium iranien groupant toutes les grandes sociétés. - L'Anglo Iranian devient British Petroleum Company Ltd. en décembre ; elle détient une part de 40% dans le Consortium. Création de BP Trading Ltd.	- Création d'Essorep pour l'exploration en France (Parentis). - La SGHP prend le nom de la Société Française des Pétroles BP (SF-BP).	La CFP détient 6% du consortium iranien. Rachat de Aquila distribution et raffinage en Italie.	
1955			Développement d'un réseau de distribution en dehors de France : Europe, Afrique, Australie.	
1956	Nationalisation du canal de Suez.	Premières découvertes sahariennes à Edjeleh et Hassi-Messaoud	- Création de French Petromeum Company of Canada. - Création de la marque Total. - Sahara : découverte d'huile à Hassi Massaoud et de gaz à Hassi R'Mel.	

1957	Loi pétrolière iranienne. Accord d'association entre l'Iran et l'E.N.I. italienne.			
1958	- Nouveau partage 60-40 au Venezuela. - L'U.R.S.S. annonce un plan septennal ambitieux. Baisse de prix au Moyen-Orient. - Shell : Début de la production au Nigeria.		- Début de la production de CFP (A) en Algérie. - Abu Dhabi : découverte de Umm Shaif.	
1959	Contingentement obligatoire des importations aux États-Unis. Mise en service du premier gros oléoduc saharien.	Standard française des Pétroles : Mise en service de la raffinerie de bordeaux (Ambès).		Décès de Robert Cayrol, Directeur de Desmarais Frères depuis 1923.
1960	-Fondation de l'organisation des Pays Exportateurs de Pétrole. -La production mondiale dépasse 1 milliard de tonnes.	Création de l'Union Industrielle des Pétroles (UIP) détenue à 60% par l'Union Générale des Pétroles (1/3 RAP, 1/3 SNREPAL et 1/3 GEP, rassemblant des filiales du BRP) et à 40% par Caltex SAF (après absorption de l'ONP). Apport à cette nouvelle société des actifs raffinage, distribution et transport de Caltex.	Acquisition de 86% du capital de l'Omnium Français des pétroles après apport de la société OZO à la CFR.	

1961	Le gouvernement irakien reprend la partie inexploitée des concessions de L'IPC			
1962	Accord franco - F.L.N. et indépendance algérienne.	Shell Saint-Gobain devient la Compagnie Française des Produits Chimiques Shell (CFPCS).	- Début de la production de Umm Shaif. - Début de la production de gaz de Hassi R'Mel. - Mise en service du pipe line : Méditerranée-Rhin. (Société du Pipe –Line Sud Européen SPLSE)	
1963	Gulf Oil : Acquiert 97% de Spencer Chemical Company (Chimie, Plastique, Engrais).		Mise en service de la raffinerie de Strasbourg, avec CFP, CFR, Péchelbronn et Antar.	
1964	- Accord O.P.E.P. - Sociétés pour le Relèvement des Redevances. - Début de la production libyenne.			

1965			Fusion entre la CFP et Desmarais Frères : Acquisition de 80,5% du capital de Desmarais Frères par la CFR qui porte ainsi à plus de 25% sa part du marché français des carburants.	Fusion avec la CFP
1966	- Shell UK Exploration & Production découvre des gisements de gaz naturel en Mer du Nord. - Texaco : Prise de participation majoritaire dans Deutsche Erdol AG, qui deviendra Deutsche Texaco AG.	- Création d'une filiale 50/50 entre Royal-Dutch Shell et BASF : la compagnie chimique de la méditerranée (Cochimie). - Création de l'Union Générales de Distribution qui regroupe les filiales françaises de distribution du Groupe ERAP, né, cette même année, de la fusion de la RAP et du BRP et de leurs filiales.	Entrée de la CFP aux USA –Acquisition d'un intérêt d'un tiers dans Leonard Refineries (Michigan).	Passage sous les couleurs Total du réseau Azur de Desmarais Frères.

1967	-Guerre des Six jours entre Israël et les États arabes. -Embargo arabe sur le pétrole des sociétés anglo-saxonnes. - Caltex : Réorganisation des opérations des sociétés Caltex en Europe . Texaco reprend à son compte la moitié des intérêts détenus par Caltex dans 12 pays. Gulf Oil : Acquiert Général Atomic Company (nucléaire).	- Création d'Esso Chimie (qui deviendra filiale d'Exxon). - UGP devient ELF Union, UGD devient ELF Distribution (24% Caltex et 76% ELF Union), l'UIP : ELF UIP (40% Caltex).	Obtention de nouveaux droits d'exploration : Mer du Nord- Dubaï- Oman- Australie- Indonésie-Angola. Oman : début de la production des champ de Nateh et Fahud. Abu Dhabi : début de la production du champ de Zakum. Mise en service du TAL (Trans-Alpine Pipe Line).	
1968	La production atteint 2 milliards de tonnes.		Création de Total Chimie (CFP50 –CFR50).	
1969	- Nouvelle crise pétrolière franco-algérienne. - Fusion de BP Holding (intérêts de BP aux USA) avec Standard Oil of Ohio.	BP : Mise en service la raffinerie de Vernon.	Dubai : Début de la production du champ de Fateh. Pétrochimie : accord pour une activité commune entre Total et le Groupe Erap-Aquitaine.	

1970	Mesures de nationalisation et hausse des prix décidés en Libye par le nouveau régime du colonel Kadhafi.	Saint-Gobain cède ses intérêts dans PCRD et CFPCS, puis dans CRSB intégration complète au niveau de Shell Française.	Mer du Nord : découverte d'Ekofisk. Acquisition par CFP d'un intérêt dans Antar (23,68% du capital de Socantar). Total Chimie prend un intérêt dans Aquitaine-Organico. Acquisition par CFP d'un intérêt de 24,14% dans la Compagnie Auxiliaire de Navigation (CAN) qui, elle-même, prend un intérêt de 25% dans CNP. CNP : mise en service de l'Emeraude (223.650dwt).	

1971	Accord de Téhéran sur la fixation des prix au golfe Persique (février). Accord de Tripoli sur les prix en Méditerranée (avril)		Mer du Nord : découverte de gaz de Frigg. Mer du Nord : début de la production d'Ekofisk. Lancement de la marque Total dans le marché nord américain. CNP : mise en service du « Jade » (260 000 dwt) et du « Rubis » (224 000dwt).	

1972	-Accord de New York sur la participation des États à la production. -Nationalisation des gisements du nord de l'Irak.		Pétrochimie : formation du groupement d'intérêt économique ATO : Total Chimie 50%, Union Chimique Aquitaine (UCEA) 50%. Irak : nationalisation de l'Irak Petroleum Company. Indonésie : découverte d'huile et de gaz au large de kalimantan. Tunisie : début de la production de Sidi el Itayem. Accord de participation avec les États du Golfe Persique.	

Documentation

ANNEXES

ANNEXE 1.1.1.

Premier exercice de Desmarais Frères : 1863-1864

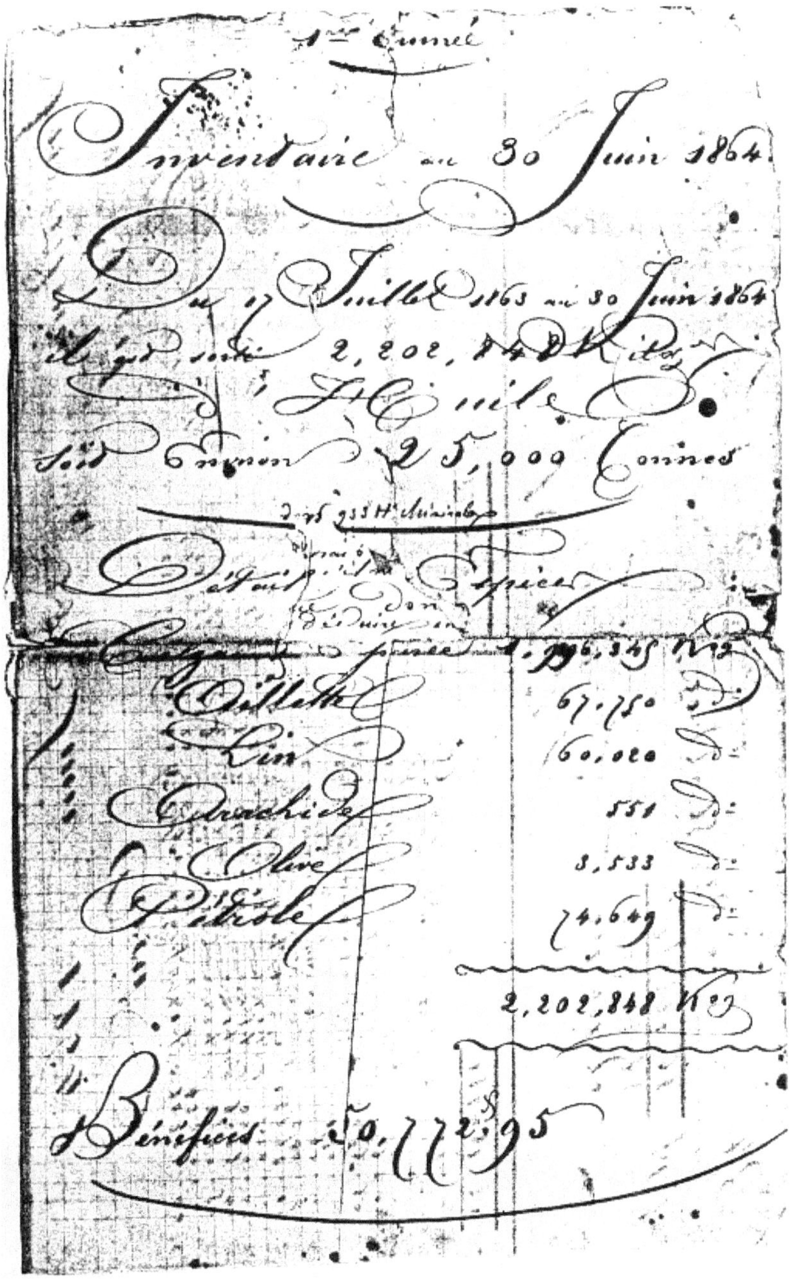

Source : Archives Desmarais Frères 130 AQ 5.

Annexe 1.1.2.

Modèle d'évaluation de la position stratégique (SPACE)

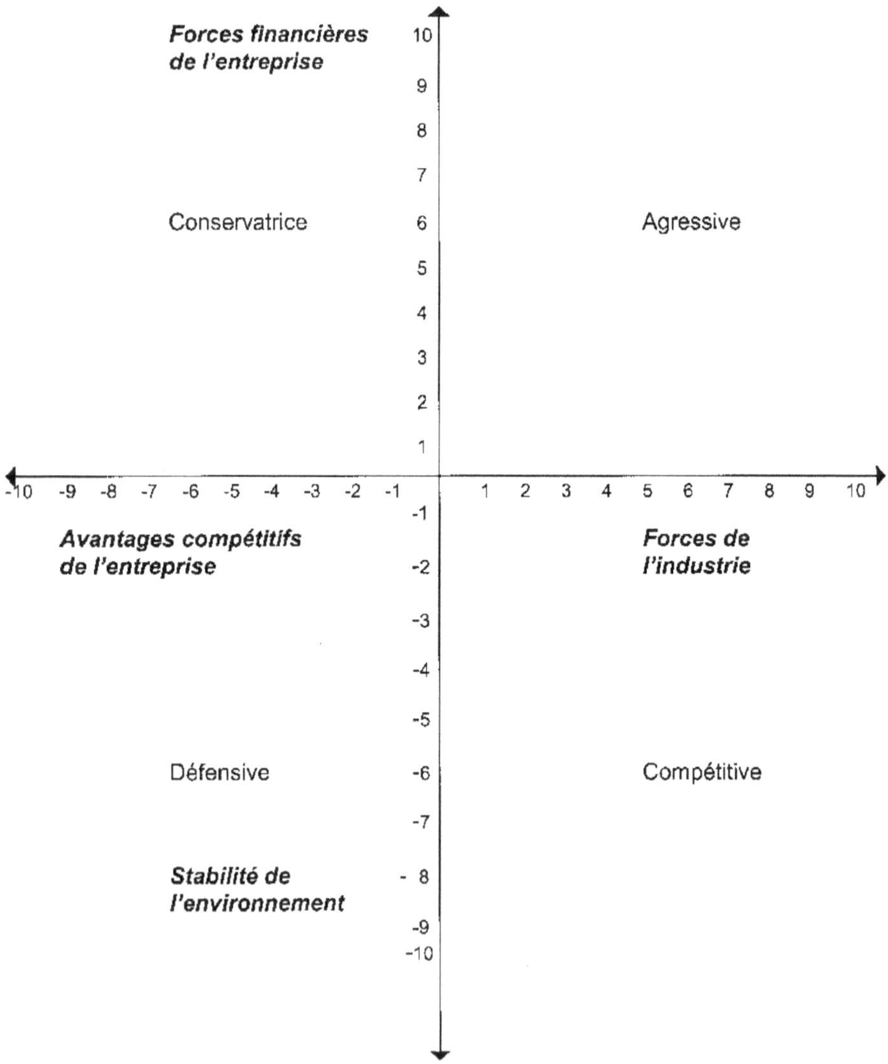

Annexe 1.1.2. (suite)

Evaluation des facteurs

Le modèle comprenant 40 facteurs répartis entre quatre groupes différents :

1. Facteurs déterminant la stabilité de l'environnement

1.1 changements technologiques ;
1.2 barrières à l'entrée ;
1.3 taux d'inflation ;
1.4 capital requis ;
1.5 variation de la demande ;
1.6 comportements d'achat;
1.7 prix des produits ;
1.8 pression de la concurrence;
1.9 changements démographiques ;
1.10 contestation du produit.

2. Facteurs déterminant les forces de l'industrie

2.1 potentiel de croissance ;
2.2 potentiel de profit ;
2.3 stabilité financière ;
2.4 savoir-faire technologique ;
2.5 compétence des employés ;
2.6 utilisation des ressources ;
2.7 capital financier requis ;
2.8 facilités d'entrée ;
2.9 productivité ;
2.10 flexibilité.

3. Facteurs déterminant les avantages compétitifs

3.1 part de marché ;
3.2 qualité du produit ;
3.3 cycle de vie du produit ;
3.4 développement de produits ;
3.5 prix compétitif ;
3.6 fidélisation des clients ;
3.7 potentiel de la concurrence ;
3.8 savoir-faire technologique ;
3.9 intégration verticale ;
3.10 qualité du service.

4. Facteurs déterminant les forces financières

4.1 profit net réalisé ;
4.2 marge brute ;
4.3 retour sur l'investissement ;
4.4 fonds de roulement ;
4.5 liquidité ;
4.6 capital disponible ;
4.7 dette à long terme ;

4.8 risques sectoriels ;
4.9 roulement d'inventaire ;
4.10 croissance du marché.

Il revient aux utilisateurs de retenir et de choisir les facteurs qui cadrent le mieux avec leurs activités. Les éléments de chaque facteur sont évalués de 1 à 10. La moyenne de chaque groupe de facteurs est alors reportée sur le graphique en pointant le résultat obtenu sur l'axe prévu à cette fin et en réunissant ces quatre points par des lignes. Cet exercice permet d'obtenir un polygone à quatre côtés indiquant l'importance et la direction de l'évaluation. L'addition la plus élevée des deux résultats sur les axes opposés à chacun donne un vecteur directionnel indiquant une location spécifique dans le tableau correspondant à une position stratégique dominante; conservatrice, agressive, défensive ou compétitive. En situation réelle, cet exercice nécessite la participation active des membres de l'équipe de direction et l'appui de données et d'information pertinentes pour justifier le résultat accordé. L'encadrement par un conseiller en management peut faciliter l'exercice et permettra d'identifier et d'élaborer la meilleure position stratégique pour l'entreprise.

Source : Michel Coutu, Direction de la gestion d'entreprise (Minsière de l'Industrie et du Commerce, Canada), juillet 2000.
http://www.mic.gouv.qc.ca/publications/outils-gestion/elaboration-strategie.pdf

Annexe 1.1.3.

Le nombre d'ouvriers en 1894 à l'usine du Havre

SURETÉ GÉNÉRALE

COMMISSARIAT

CENTRAL

DE LA VLLE

DU HAVRE

Source : Archives municipales du Havre : sous-série F², carton 21, liasse 9.

Annexe 1.1.4.

Entrepôt réel de Desmarais Frères en 1885

Direction de Octroi. 1894.

Ville du Havre.

Etablissement de MM. Desmarais frères

Entrepôt Réel — Pétroles.

— Note —

Le Conseil Municipal, en sa séance du 28 Janvier 1885, a décidé que Messieurs Desmarais frères paieraient 0f.15c par 1000 Kil. au lieu d'une somme fixe de 2.000f. pour avoir le droit de recevoir les pétroles en Entrepôt réel dans leur usine.

MM. Desmarais n'offraient que 0f.13c par ‰ Kil.

Il a été décidé que cette convention aurait une durée de 10 ans.

Délibération du 8 Août 1888.

Le rapport de Mr Bazan, lu par Mr Génestal expose que la redevance de 0f.15 par ‰ Kil. n'a pas été avantageuse pour la Ville.

Avec cette redevance la Ville a perçu en 1885, 612f.50; en 1886, 943f.23 et en 1887, 1783f.62c.

MM. Desmarais désirent, à cause des ennuis qu'ils éprouvent par suite du fractionnement des arrivages, revenir au mode de redevance à forfait, mais ils n'offrent plus que 1500f. par an.

La Commission propose 2.000f. et cette somme est acceptée.

Il est décidé aussi que cette dernière convention achèverait les 10 ans fixés en la séance du 28 Janvier 1885.

Le délai sera terminé le 31 Décembre 1894.

Doit on demander davantage ?

Oui, selon nous, en nous basant sur les Huiles brutes introduites en entrepôt spécial au Havre, par ces industriels de 1890 à 1893 inclusivement.

Voici les quantités (Admon des Douanes) :

en	1890	23.139.869	Kilog.
"	1891	16.328.528	do
"	1892	18.390.665	do
	1893	30.269.600	do

La moyenne de ces 4 années ressort à 22.032.165 Kil. et la redevance annuelle en prenant cette quantité, à 0f.15c les ‰ Kil aurait été de 3.304f.82, au lieu de 2.000f. qui semblaient avantageux en 1888.

Comme pendant la nouvelle convention il est bien probable que l'industrie qui nous occupe continuera de progresser, il ne nous paraît pas exagéré de [illegible] que la redevance nouvelle pourrait être de 5.000f. en chiffre rond.

Havre, le 27 Août 1894.

J. Gérault

N.B. Nous tenons la quantité [illegible] de l'Admon des Douanes.

Source : Archives municipales du Havre.

ANNEXE 1.1.5.
Les installations pétrolières du Havre jusqu'à la fin de la Première Guerre mondiale

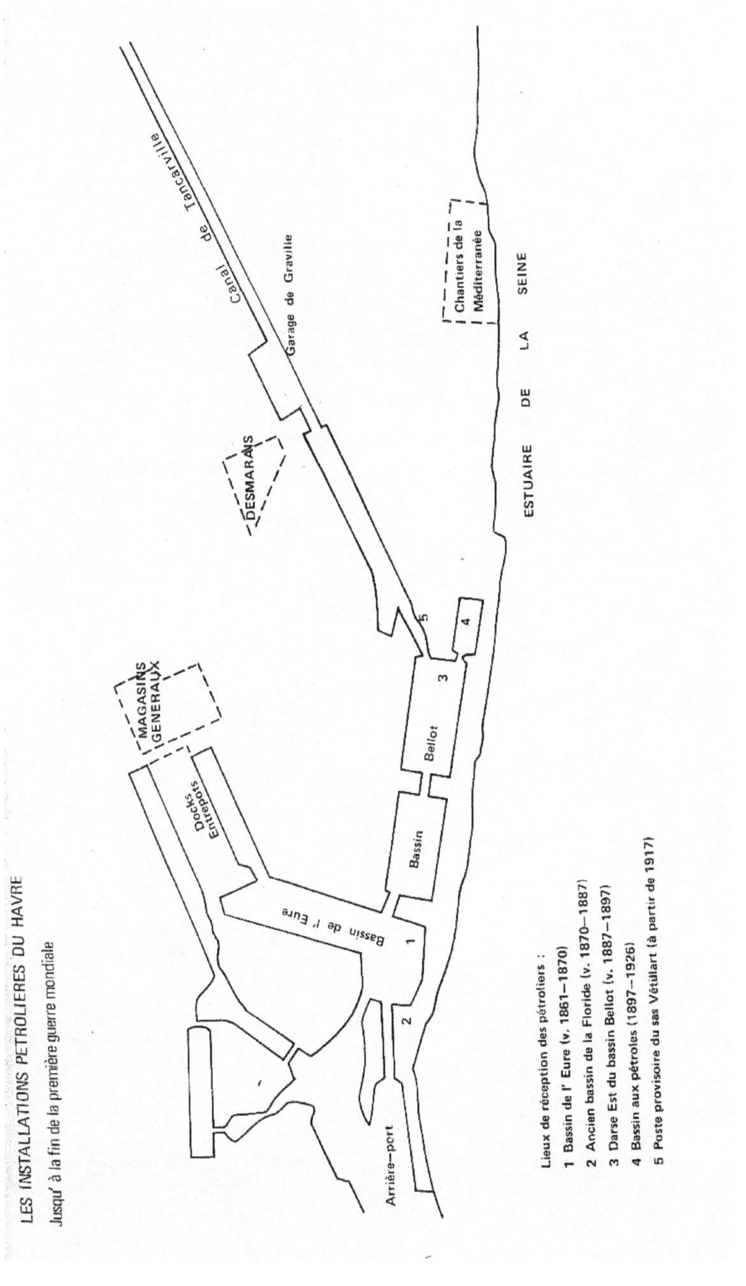

Source : *Etudes Normandes*, 1975.

Annexe 2.1.1.

SOCIÉTÉ FRANÇAISE & ROUMAINE DE PÉTROLE
40, Rue des Mathurins
PARIS (VIII°)

CONSEIL D'ADMINISTRATION

de la SOCIÉTÉ FRANCAISE et ROUMAINE de PÉTROLE

PRÉSIDENT	: Mr. Paul DESMARAIS
VICE-PRÉSIDENT	: Mr. Pierre Lefèvre VACQUERIE
ADMINISTRATEURS	: Mr. Maurice FENAILLE
	Sté d'ETUDES & de PARTICIPATION INDUSTRIELLE & COMMERCIALE (L.F.A.D.)
	Mr. Léon MARTIN (Sté "Immomidi")
	Mr. Edmond PAIX
	Mr. Alexandre PALLIEZ (L.B. & C.)
	Mr. Alfred LEENHARDT
	Mr. Maurice LESIEUR
	Mr. Alfred PLATEAU
ADMINISTRATEUR-DÉLÉGUÉ	: Mr. André BRISSON

Commissaires aux Comptes (MM. Jacques VIDAL
(Ernest HUGOT

Paris, le 21 Mars 1921

Source : Archives de Total, 82.8/553

Annexe 2.1.2.

Les territoires contenus dans l'accord de la ligne rouge en 1928

Source : Archives économiques et financières, B-0032310 : « D'arcy Exploration Company Limited and Others, and Turkish Petroleum Company Limited » *Agreement*, 1928.

Annexe 2.1.3.

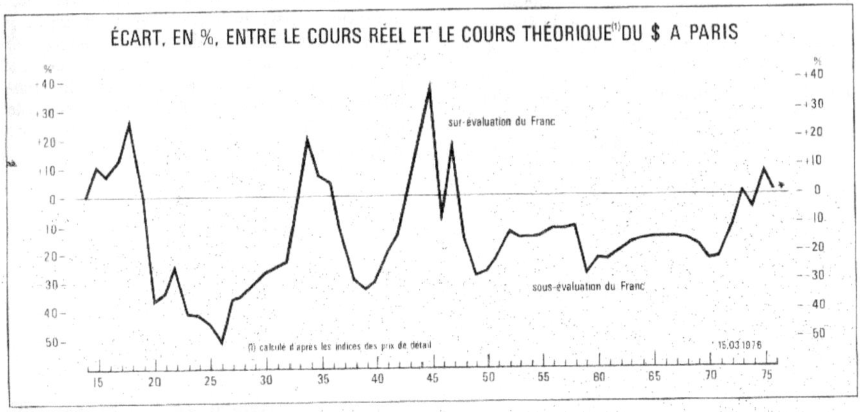

Source : Service des Etudes Economiques et Financières de la Banque de Paris et des Pays-Bas, *Conjoncture*, bulletin mensuel n°4, Avril 1976, p. 11.

ANNEXE 2.1.4.

Schéma du craquage

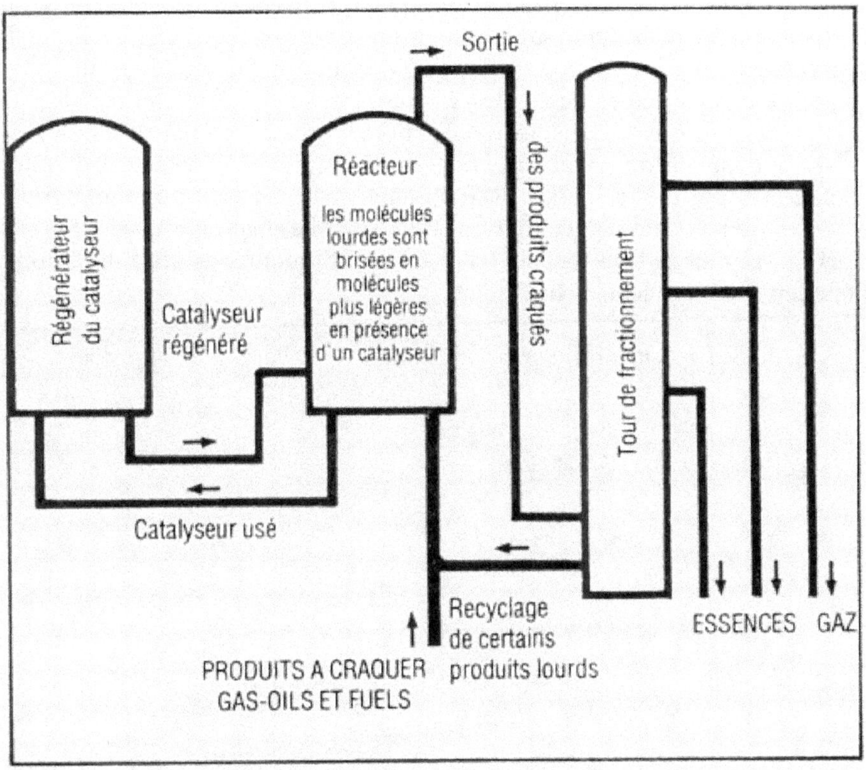

« Craquage catalytique. Opération de craquage où la réaction s'accomplit en présence d'un catalyseur (en anglais abrégé : *cat cracking*) ».
Le craquage est, dans le raffinage du pétrole une opération de conversion. Les fractions obtenues par la première distillation ne correspondent pas aux produits utilisés. Il s'agit donc de modifier la structure et la masse moléculaire des hydrocarbures constituant ces fractions. On cherche, par exemple, à obtenir des essences pour automobiles à partir d'hydrocarbures lourds. A partir de 1913 de telles conversions ont été obtenues par action thermique c'était le *craquage thermique* (*thermal cracking*). Vers 1933, l'accroissement du taux de compression des moteurs à explosion exigeant pour les essences des propriétés antidétonantes (élévation de l'indice d'octane) il a fallu aller au-delà du craquage thermique. Ce dernier actuellement est encore utilisé pour la préparation de certains hydrocarbures destinés à la pétroléochimie. C'est à partir de 1936 qu'est apparu le *craquage catalytique* (*catalytic* ou *cat cracking*). L'innovation dans ce dernier consistait en l'intervention d'un

catalyseur qui modifie le processus de rupture des molécules, et augmente la vitesse de transformation. La découverte de l'action des catalyseurs de craquage est due au physicien français Sabatier (1915), lauréat du prix Nobel. L'utilisation industrielle des catalyseurs a été faite de 1925 à 1936 par les français Prud'homme et Houdry et par Houdry seul. A partir de 1936, le développement du craquage catalytique s'est fait aux États-Unis par le procédé Houdry. En 194 1, Esso lançait le craquage catalytique fluide (*fluid cracking*). Les particules de catalyseur très fines sont entraînées par de l'air et de la vapeur d'eau, dans les canalisations, comme le serait un fluide). Le catalyseur est constamment régénéré. Les produits issus de cette opération sont traités par des colonnes de fractionnement. Ce sont pour moitié des essences ou pour moitié des gazoles et des gaz. Le *craquage à la vapeur* (*steam cracking*) a pour but de fournir à l'industrie chimique des produits comme l'éthylène, le propylène, le butadiène.

Yves BARBIER, *Dictionnaire du pétrole,* Editions SCM, Paris, 1980, pp. 43-44.

Annexe 2.2.1.

Les raffineries françaises et leur capacité en 1935 (en tonne)

Raffinerie	Capacité	Capacité totale par région
Mer du nord :		**500.000**
Raffinerie de Dunkerque (Raffinerie de pétrole du Nord)	300.000	
Raffinerie de Courchelettes (Société Générale des huiles de pétroles)	200.000	
Estuaire de la Seine :		**3.250.000**
Raffinerie Port Jérôme (Standard Franco-Américaine)	1.000.000	
Raffinerie Port Jérôme (Vancuun Oil Company)	350.000	
Raffinerie de Petite couronne	400.000	
Raffinerie de Normandie (CFR)	1.500.000	
Estuaire de la Loire :		**295.000**
Raffinerie de Donges (Consommateurs de Pétrole)	120.000	
Raffinerie de Donges (Société Anonyme d'exploitation Minière de Pechelbronn)	175.000	
Estuaire de la Gironde :		**650.000**
Raffinerie de Pauilhac (S.A. des Pétroles Jupiter)	300.000	
Raffinerie du Bec d'Ambés (Raffinerie des pétroles de la Gironde)	350.000	
Front Méditerranéen :		**1.350.000**
Raffinerie de Frontignan (Vancuum Oil Company)	150.000	
Raffinerie de Berre (Compagnie de Berre)	350.000	
Raffinerie de Lavera (Société générale des huiles de pétroles)	350.000	
Raffinerie de Provence (CFR)	500.000	**110.000**
Alsace :		
Raffinerie de Merkwiller (SA des Exploitations minières ed Péchelbronn)		
	TOTAL	**6.155.000**

Source : Henry Peyret, *Le pétrole et son économie*, 1935, p. 155.

Annexe 2.2.2.

L'exploitation des six sociétés importatrices de pétrole de 1928 à 1932

Exercice	Total de capitaux investis (A)	Bénéfices après amortissement (B)	(B)/(A) (%)	Montant des ventes (C)	(B)/(C) (%)
1928	1.437	51.4	3.5	3.045	1.6
1929	1.866	83.7	4.4	3.534	2.2
1930	2.011	21.1	1	4.224	0.5
1931	2.271	-23.1	Perte	3.787	Perte
1932	2.501	58.9	2.3	3.857	1.5

Sources : Archives Desmarais Frères 130 AQ 5 ; 130 AQ 7.

Annexe 2.2.3.

Les importations par nature de produits de 1925 à 1937

Années	Pétrole brut	Essences	Lampant	Huiles de graissage	Fuel oil et Gas oil	Autres production	Total
1925	2.560	1.036.900	294.240	286.580	336.310	19.582	1.976.183
1926	13.785	1.063.663	260.532	300.321	403.858	26.108	2.062.177
1927	4.064	1.189.422	242.466	225.257	531.989	28.615	2.221.810
1928	14.060	1.424.964	227.868	269.422	583.613	254.789	2.623.576
1929	23.390	1.675.625	237.004	281.412	664.484	155.252	3.037.167
1930	451.902	1.873.296	190.521	276.426	618.790	114.041	3.524.976
1931	518.559	1.150.282	192.760	235.077	845.136	94.471	4.036.885
1932	1.034.819	1.992.716	152.919	197.339	1.024.312	100.157	4.502.292
1933	2.739.673	1.726.718	92.399	197.922	1.006.431	96.636	5.860.773
1934	4.321.869	1.039.731	38.565	154.034	475.168	74.740	6.145.229
1935	5.621.612	570.231	9.430	105.422	411.465	22.432	6.740.592
1936	6.008.738	575.077	2.017	98.584	576.744	50.299	7.310.459
1937	6.151.728	614.816	2.429	88.012	842.502	64.584	7.764.071

Source : *Annales de l'ONCL* février 1938.

ANNEXE 2.2.4.

Emplacement des deux grandes raffineries de la CFR au début des années 1930

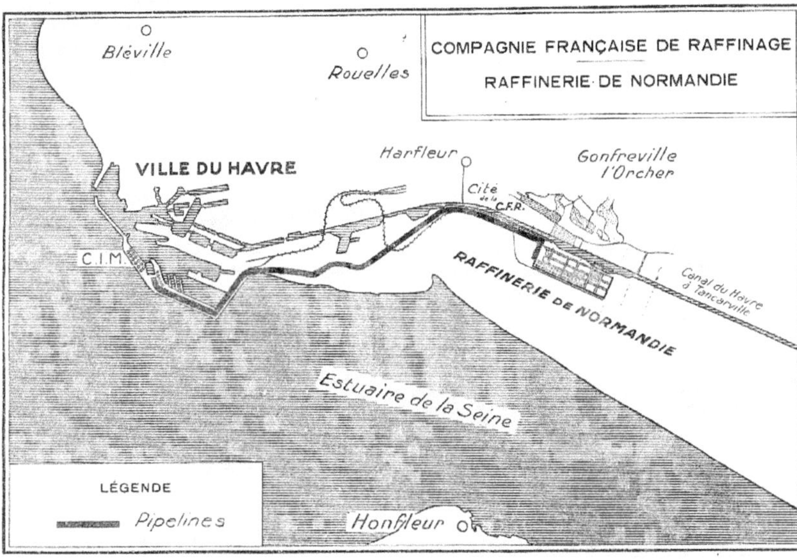

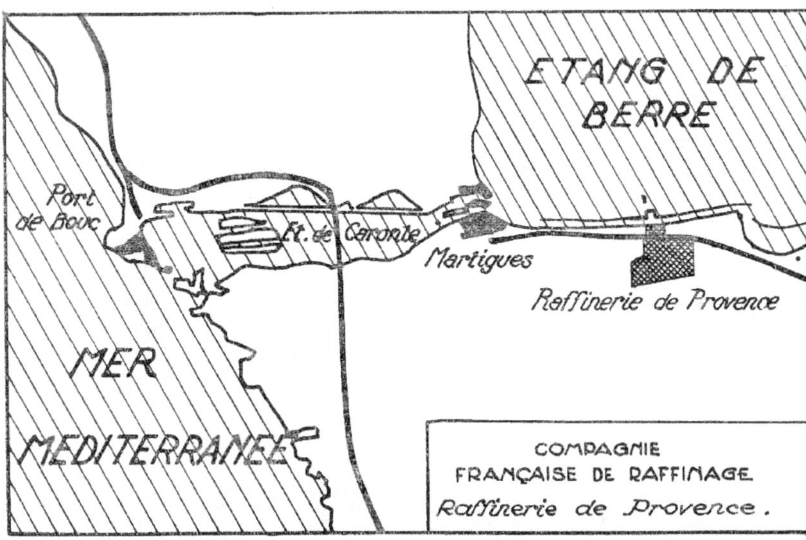

Source : Archives Total, 89.14/18.

Annexe 2.2.5.

Résultat de l'exploitation CFP de 1934 à 1940

Année	Tonnage en T.A.	Bénéfice commercial brut en francs	Coût d'accès au brut (en $)	Marge brute
1934	164.285	67	0.76	0.36
1935	846.306	435	0.64	0.45
1936	950.858	562	0.57	0.47
1937	925.000	1.357	0.54	0.78
1938	924.796	1.751	0.58	0.72
1939	929.593	1.424	0.62	0.51
1940	422.332	1.236	0.58	0.89

Source : Archives Total, 82.5/16

Annexe 2.2.6.

Coefficients d'Inflation de 1924 à 1975 (Base 1 en 1975)*

Année	**coefficient**	**Année**	**coefficient**	**Année**	**coefficient**	**Année**	**coefficient**
1924	129.0	1937	81.8	1950	4.00	1963	2.00
1925	120.0	1938	72.00	1951	3.43	1964	1.93
1926	91.20	1939	67.3	1952	3.07	1965	1.88
1927	87.8	1940	57.1	1953	3.12	1966	1.82
1928	87.8	1941	48.6	1954	3.11	1967	1.77
1929	82.8	1942	40.4	1955	3.08	1968	1.69
1930	81.8	1943	32.6	1956	2.95	1969	1.58
1931	85.7	1944	26.7	1957	2.87	1970	1.50
1932	93.5	1945	18.00	1958	2.49	1971	1.42
1933	97.30	1946	11.76	1959	2.35	1972	1.34
1934	101.40	1947	7.89	1960	2.27	1973	1.25
1935	110.8	1948	4.97	1961	2.19	1974	1.10
1936	102.90	1949	4.39	1962	2.09	1975	1.00

* d'après l'indice des prix de détail à Paris
Source : Archives Total : 82.5/16

Annexe 2.2.7.

Pourcentages attribués aux différents trusts dans l'approvisionnement de la France en ce qui concerne les produits à tirer des raffineries en 1934

GROUPES	Pétrole lampant		Essences		huiles lourdes de graissage		Gas Oil	
	Quantités en tonnes	%	Quantités en tonnes	%	Quantités en tonnes	%	Quantités en tonnes	%
	A- COMPTE TENU DES 25% DE LA COMPAGNIE FRANCAISE DE RAFFINAGE							
Français	177,052	59.8	1,541,021	62.34	197,484	44.73	197,973	53.4
Anglais	63,000	21.28	432,000	17.48	68,000	15.4	112,300	30.3
Américains	56,000	18.92	499,000	20.18	176,000	39.87	60,400	16.3
	296,052	100	2,472,021	100	441,484	100	370,673	100
Anglo -Persian	26,000	8.78	169,000	6.84	23,000	5.21	35,000	9.4
Royal Dutch	37,000	12.5	263,000	10.64	45,000	10.19	77,300	20.9
	63,000	21.28	432,000	17.48	68,000	15.4	112,300	30.3
Standard Oil	38,000	12.84	356,000	14.4	139,000	31.49	45,400	12.2
Vacuum Oil	18,000	6.08	143,000	5.78	37,000	8.38	15,000	4.1
	56,000	18.92	499,000	20.18	176,000	39.87	60,400	16.3
	B- COMPTE NON TENU DES 25% DE LA COMPAGNIE FRANCAISE DE RAFFINAGE							
Français	127,500	51.72	922,000	51.59	140,000	36.46	106,050	38.2
Anglais	63,000	25.56	433,000	22.46	68,000	17.71	112,300	40.2
Américains	56,000	22.72	499,000	25.95	176,000	45.83	60,400	21.6
	246500	100	1854000	100	384000	100	278750	100

Observation : Ces chiffres restent valables jusqu'en 1939-1940.
Source : André Bihel, *Le pétrole et l'État*, Thèse de doctorat en Droit, Les presses modernes, Paris, 1938.

Annexe 2.3.1.

Réclamations présentées par l'Iraq Petroleum Company pour chargement de cargaisons apparemment livrées en France (1940)

Bâtiment	Consignataire / Consigné	Port et date de chargement	Cargaison son Pétrole brut d'Iraq (en tonnes)
Campina (Roumanie)	CFP	Tripoli 9.5.40	4,022
Campina (Roumanie)	CFP	Tripoli 31.5.40	3,987
Clizia (Italie)	CFP	Haifa 13.5.40	4,443
Monique (France)	CFP	Haifa 27.5.40	9,909
Noreg (Norvège)	CFP	Haïfa 27.5.40	11,815
Oltenia (Roumanie)	CFP/ CFR Le midi	Tripoli 17.5.40	9,802
Petroil (Grèce)	CFP	Haïfa 11.5.40	6,159
Rhea (France)	CFP/ CFR	? ?	10,915
Steaua Romana (Roumanie)	CFP	Tripoli 13.5.40	7, 393
Yolanda (Panama)	CFP	Haïfa 9.5.40 Haïfa 31.5.40	6,728 6,754

Source : Comité Français de Liquidations des Pétroles, Archives économiques et financières, B-0019303/2.

ANNEXE 2.3.2.

Évolution de la production mondiale de pétrole brut
(En million de tonnes par an)

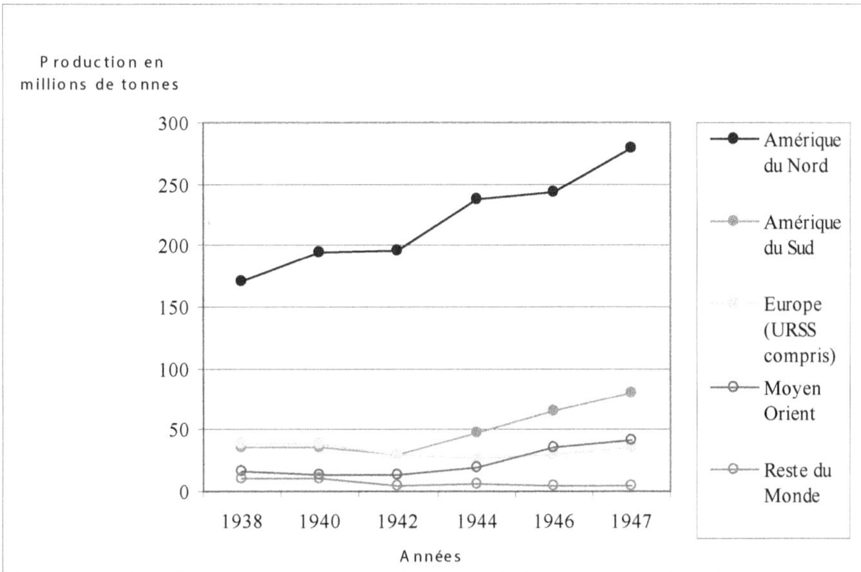

Source : Archives Total, SC 89/11

ANNEXE 2.3.3.
Bilans comparés (après répartition) 1924-1939
(En millions de francs)

	31.12.24	31.12.29	31.12.39
Actif			
Immobilisations	5	-	719
Participations	41	1.151	7.144
Total L.T.	46	1.151	7.863
Réalisable & disponible	199	329	6.167
Divers	5	24	-
	204	353	6.167
Total actif	250	1.504	14.030
Passif			
Capital	250	1.500	6.000
Réserves	-	-	2.016
Emprunts L.T.	-	-	3.716
Total L.T.	250	1.500	11.732
Dettes C.T.	-	4	2.298
Total C.T.	-	4	2.298
Total passif	250	1.504	14.030

Source : Archives Total, 82.5/16.

ANNEXE 3.1.1.

Coût en devises des frets correspondant au ravitaillement du marché français (en milliards de francs 1954 et monnaie de compte et en % du total)

Payable	1848		1949		1950		1951		1952		1953	
FRANCS	7,9	26,6%	10,8	33,6%	14,8	44,5%	25,7	43,6%	32,7	55,9%	20,7	62%
$	18,3	61,6%	20,8	65,5%	15,6	46,8%	8,7	14,7%	1,7	2,9%	1,1	3,3%
£	1,9	6,4%	0,1	0,3%	2,3	6,9%	17,5	29,7%	14	24,3%	6	18,1%
Divers	1,6	5,4%	0,2	0,6%	0,6	1,8%	7,1	12%	9,9	16,9%	5,5	16,6%
	29,9		31,9		33,3		59		58,3		33,3	

Source : Rapport au Conseil Supérieur du Pétrole : « Le Coût en devises de l'Approvisionnement pétrolier français », Décembre 1955, p. 13.

ANNEXE 3.1.2.

L'industrie française du pétrole de 1929 à 1954 : quelques chiffres significatifs de son évolution

	1929/31	1938	1944/45	1949	1951	1952	1953	1954
PROSPECTION - FORAGES (Métropole)								
Mètres forés	46.400	41.964	16.855	87.424	134.375	120.190	86.200	93.446
PRODUCTION NATIONALE (Métropole)								
- Pétrole brut (tonnes)	70.000	72.000	27.822	57.510	290.800	350.243	368.741	510.420
- Produits liquides (tonnes)	-	-	4.396	17.916	26.267	25.198	22.258	23.790
- Gaz naturel (millions de m3)	-	-	85	228	285	276	249	268
RAFFINAGE	(1929)							
- Nombre de Raffineries	2	14	8	11	13	13	13	13
- Capacité de raffinage (1000 t./an)	200	8.000	2.700	13.000	20.715	24.520	25.400	26.800
- Brut traité (1000 t.)	-	6.886	303	11.528	18.434	21.493	22.648	23.838
IMPORTATIONS (Statistiques douanières)	(1929)							
- Produits finis (1000 t.)	3.068,5	1.324,6	1.791,5	659,7	630	726	477	747,1
- Pétrole brut (1000 t.)	198,1	6.968,6	298,8	11.794,9	18.064	21.212	21.983	23.639,5
- Origine des bruts importés (*Moyen-Orient*	12 %	45 %	-	81,4 %	88 %	93,4 %	94,5 %	93,6 %
(*Amérique du Sud*	-	20 %	-	18 %	9,4 %	6 %	4,5 %	4,95 %
EXPORTATIONS (1000 t.) *(y compris l'avitaillement des navires étrangers)*	10	638,4	-	2.316,3	4.981,2	7.185,-	7.242,-	6.492,5
CONSOMMATIONS (Economie Civile)			(1943)					
- Marché intérieur (en milliers de tonnes)	3.000	5.105,6	302	7.766,1	10.542,9	11.145,5	12.514,-	14.078,2
- Soutes françaises (en milliers de tonnes)	-	859,-	10	633,9	950,7	1.137,5	1.126,5	1.174,3
T O T A L	3.000	5.964,6	312	8.400,-	11.493,6	12.283,-	13.640,5	15.252,5
CAPACITES DE STOCKAGES (Distribution (1000 m3)	-	3.300	1.545	2.333	2.541	2.567	2.646	2.754
(En raffineries (1000 m3)	-	3.357	1.337	2.544	4.211	4.716	5.152	5.560
TRANSPORTS		1-7-39	1-7-46			1-7-52		
a) **Flotte pétrolière au long cours** (Nombre de tankers	-	35	22	50	69	74	77	81
(Port en lourd (1000 t.)	300	400	298	756,9	1.052,3	1.191,1	1.283,8	1.470,4
(% des importations transportées sous pavillons français	-	37 %	-	27 %	43,5 %	53,8 %	55 %	66,3 %
b) **Caboteurs** (Nombre	-	41	-	25	30	29	29	35
(Port en lourd (tonnes)	-	41.000	-	38.200	49.237	50.155	50.845	59.901
c) **Chalands citernes** (Nombre	160	628	202	495	553	635	645	650
(Capacité (1000 m3)	75	273	107	-	247	288	293	300
d) **Wagons citernes** (Nombre	-	7.761	2.500	9.551	10.106		10.825	
(Capacité (1000 m3) *(en exploitation et en réserve)*	-	150	-	214	228		255	
e) **Véhicules citernes routiers** (Nombre	-	3.850	1.225	3.210	4.225	4.458	4.428	4.365
(Capacité (1000 m3)	-	-	-	-	36,1	40,6	41,3	41,8
MAIN D'OEUVRE (effectifs)			(1946)					
(Recherche et forage	-	-	-	-	-	7.392	8.209	
(Raffinage	-	9.000	6.000	11.372	13.681	15.473	15.550	
(Distribution	-	35.000	24.000	35.134	25.414	27.871	29.473	

Source : Archives Total, SC 90/49.

Annexe 3.1.3.

TRACÉ DU PIPE-LINE "LE HAVRE-PARIS"

(en projet en 1947)

Le pipe-line LE HAVRE-PARIS (actuellement en projet) transporterait chaque année 1.500.000 tonnes de carburants. Il permettrait de faire face au développement de la consommation avec la moindre dépense en métaux ferreux, en énergie et en hommes.

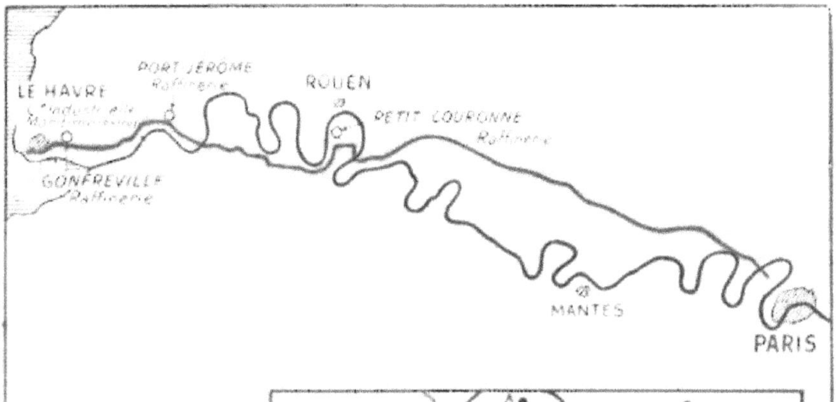

TRACÉ DU PIPE-LINE avec indication des raffineries et son développement dans la région parisienne. Les ronds noirs représentent les dépôts des Sociétés qui seraient ravitaillés, à partir des dépôts terminaux du pipe, au moyen d'embranchements particuliers.

Le pipe-line assurerait le même trafic qu'une flotte de 80 chalands de 600 tonnes qui serait ainsi rendue disponible pour le transport des combustibles liquides.

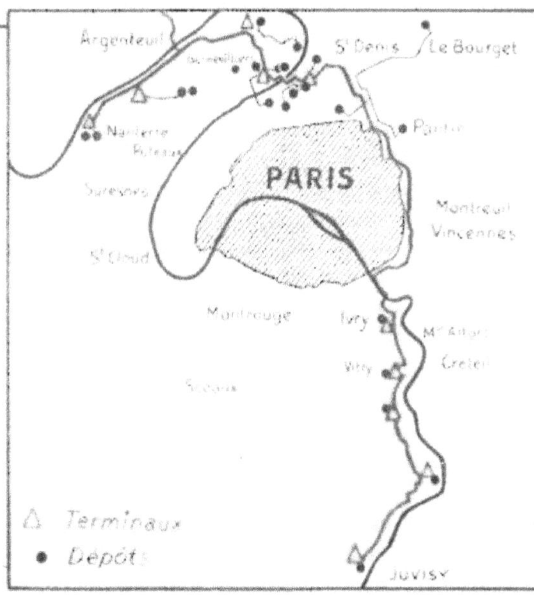

De Plas — Photo Lacherov

Source : *Une grande industrie : le pétrole,* Brochure de Union des chambres syndicales de l'industrie du pétrole, Décembre 1947.

ANNEXE 3.1.4.

RICHESSES VIVES DÉPARTEMENTALES

DEPARTEMENTS	1950	1951	Variation relative	DEPARTEMENTS	1950	1951	Variation relative
Ain.	0,71	0,67	— 0,04	Lot.	0,30	0,28	0,02
Aisne.	0,91	0,88	0,03	Lot-et-Garonne.	0,47	0,45	0,02
Allier.	0,89	0,86	0,03	Lozère.	0,14	0,13	— 0,01
Basses-Alpes.	0,23	0,21	0,02	Maine-et-Loire.	0,82	0,81	0,01
Hautes-Alpes.	0,23	0,22	0,01	Manche.	0,55	0,53	0,02
Alpes-Maritimes.	1,79	1,72	0,07	Marne.	0,89	0,86	— 0,03
Ardèche.	0,42	0,40	0,02	Haute-Marne.	0,35	0,33	0,02
Ardennes.	0,47	0,45	0,02	Mayenne.	0,39	0,38	0,01
Ariège.	0,22	0,20	0,02	Meurthe-et-Moselle.	1,01	0,97	0,04
Aube.	0,54	0,52	0,02	Meuse.	0,34	0,30	0,04
Aude.	0,60	0,57	0,03	Morbihan.	0,50	0,51	+ 0,01
Aveyron.	0,48	0,45	— 0,03	Moselle.	0,75	0,79	+ 0,04
Bouches-du-Rhône.	3,18	3,27	+ 0,09	Nièvre.	0,49	0,47	— 0,02
Calvados.	1,01	0,99	— 0,02	Nord.	3,50	3,53	+ 0,03
Cantal.	0,36	0,32	0,04	Oise.	0,94	0,90	0,04
Charente.	0,58	0,54	— 0,04	Orne.	0,54	0,53	— 0,01
Charente-Maritime.	0,70	0,69	0,01	Pas-de-Calais.	1,37	1,36	0,01
Cher.	0,51	0,51	Station.	Puy-de-Dôme.	1,01	0,97	0,04
Corrèze.	0,43	0,42	— 0,01	Basses-Pyrénées.	0,97	0,90	— 0,07
Corse.	0,25	0,23	— 0,02	Hautes-Pyrénees.	0,35	0,34	— 0,01
Côte-d'Or.	0,86	0,84	— 0,02	Pyrénées-Orient.	0,50	0,48	— 0,02
Côtes-du-Nord.	0,60	0,59	— 0,01	Bas-Rhin.	1,00	1,08	+ 0,08
Creuse.	0,31	0,30	— 0,01	Haut-Rhin.	0,77	0,80	+ 0,03
Dordogne.	0,61	0,58	— 0,03	Rhône.	3,53	3,52	— 0,01
Doubs.	0,64	0,62	0,02	Haute-Saône.	0,46	0,45	0,01
Drôme.	0,60	0,59	— 0,01	Saône-et-Loire.	0,96	0,89	0,07
Eure.	0,81	0,75	— 0,06	Sarthe.	0,66	0,64	0,02
Eure-et-Loir.	0,65	0,63	— 0,02	Savoie.	0,53	0,51	0,02
Finistère.	0,84	0,85	+ 0,01	Haute-Savoie.	0,75	0,75	Station.
Gard.	0,67	0,66	0,01	Seine.	26,53	27,39	+ 0,86
Haute-Garonne.	1,09	1,08	0,01	Seine-Inférieure.	1,82	1,83	+ 0,01
Gers.	0,31	0,28	0,03	Seine-et-Marne.	1,34	1,37	+ 0,03
Gironde.	2,30	2,25	0,05	Seine-et-Oise.	4,55	4,74	+ 0,19
Hérault.	1,09	1,08	— 0,01	Deux-Sèvres.	0,49	0,48	— 0,01
Ille-et-Vilaine.	0,86	0,85	0,01	Somme.	0,84	0,83	— 0,01
Indre.	0,51	0,50	0,01	Tarn.	0,55	0,54	— 0,01
Indre-et-Loire.	0,75	0,73	— 0,02	Tarn-et-Garonne.	0,31	0,30	— 0,01
Isère.	1,30	1,24	0,06	Var.	0,94	0,95	+ 0,01
Jura.	0,43	0,40	0,03	Vaucluse.	0,67	0,67	Station.
Landes.	0,38	0,37	— 0,01	Vendée.	0,45	0,44	— 0,01
Loir-et-Cher.	0,48	0,47	0,01	Vienne.	0,53	0,52	— 0,01
Loire.	1,26	1,23	0,03	Haute-Vienne.	0,72	0,70	— 0,02
Haute-Loire.	0,33	0,32	— 0,01	Vosges.	0,62	0,59	— 0,03
Loire-Inférieure.	1,13	1,13	Station.	Yonne.	0,56	0,54	— 0,02
Loiret.	0,82	0,81	— 0,01	Territ. de Belfort.	0,21	0,20	— 0,01

Source : *La boussole*, n° 1, Octobre-Novembre-Décembre, 1952, pp. 16-17

Annexe 3.1.5.

INDICES SUPERCARBURANTS 1951

DEPARTEMENTS	Ventes CA + Super m3	Ventes Super m3	Indice
Ain.	28.265	5.080	0,77
Aisne.	51.466	5.462	0,83
Allier.	36.339	5.972	0,91
Basses-Alpes.	10.756	2.271	0,34
Hautes-Alpes.	10.804	2.326	0,35
Alpes-Maritimes.	61.692	25.612	3,88
Ardèche.	16.393	3.169	0,47
Ardennes.	22.691	2.423	0,37
Ariège.	9.963	1.945	0,29
Aube.	25.034	2.735	0,41
Aude.	25.918	4.383	0,66
Aveyron.	20.203	2.884	0,43
Bouches-du-Rhône.	114.402	31.189	4,74
Calvados.	57.191	8.452	1,28
Cantal.	13.788	1.726	0,26
Charente.	28.638	3.933	0,59
Charente-Maritime.	47.300	4.643	0,70
Cher.	26.678	2.568	0,39
Corrèze.	20.102	2.563	0,39
Corse.	11.424	51	0,08
Côte-d'Or.	36.217	6.370	0,96
Côtes-du-Nord.	31.529	2.952	0,44
Creuse.	12.516	1.213	0,18
Dordogne.	29.303	3.605	0,55
Doubs.	28.709	4.489	0,68
Drôme.	29.058	6.834	1,03
Eure.	39.992	4.917	0,74
Eure-et-Loir.	31.690	3.398	0,51
Finistère.	47.045	4.077	0,61
Gard.	33.797	6.618	1,00
Haute-Garonne.	37.756	9.583	1,45
Gers.	15.364	2.343	0,36
Gironde.	89.249	17.129	0,34
Hérault.	42.081	9.310	0,14
Ille-et-Vilaine.	42.774	4.555	0,69
Indre.	24.242	2.778	0,42
Indre-et-Loire.	37.262	4.443	0,67
Isère.	54.038	11.672	1,77
Jura.	19.226	3.147	0,48
Landes.	21.998	3.290	0,50
Loir-et-Cher.	22.990	2.489	0,37
Loire.	41.286	7.239	1,10
Haute-Loire.	13.594	1.804	0,27
Loire-Inférieure.	58.116	7.562	1,15
Loiret.	41.672	5.721	0,87
Lot.	12.953	2.045	0,30
Lot-et-Garonne.	23.249	3.428	0,52
Lozère.	5.803	822	0,12
Maine-et-Loire.	41.166	3.805	0,57
Manche.	40.793	4.240	0,64
Marne.	45.985	5.680	0,86
Haute-Marne.	19.481	3.084	0,46
Mayenne.	20.417	1.819	0,27
Meurthe-et-Moselle.	43.259	6.166	0,94
Meuse.	18.052	1.697	0,26
Morbihan.	29.293	2.855	0,43
Moselle.	50.702	6.725	1,02
Nièvre.	23.283	3.364	0,50
Nord.	144.348	18.188	2,76
Oise.	44.147	5.839	0,88
Orne.	29.019	3.333	0,51
Pas-de-Calais.	83.527	8.653	1,31
Puy-de-Dôme.	39.276	7.178	1,09
Basses-Pyrénées.	36.114	8.573	1,30
Hautes-Pyrénées.	16.031	3.031	0,46
Pyrénées-Orient.	21.972	4.724	0,72
Bas-Rhin.	45.230	9.754	1,48
Haut-Rhin.	36.585	5.759	0,87
Rhône.	81.821	22.005	3,34
Haute-Saône.	17.058	1.525	0,23
Saône-et-Loire.	42.001	7.305	1,10
Sarthe.	35.202	4.253	0,64
Savoie.	24.439	5.219	0,79
Haute-Savoie.	29.213	6.301	0,95
Seine.	608.347	149.791	22,77
Seine-Inférieure.	100.223	14.422	2,19
Seine-et-Marne.	53.328	9.065	1,38
Seine-et-Oise.	144.124	30.806	4,67
Deux-Sèvres.	28.500	2.047	0,31
Somme.	50.116	4.458	0,67
Tarn.	21.019	4.153	0,62
Tarn-et-Garonne.	13.039	2.119	0,32
Territ. de Belfort.	8.132	1.299	0,19
Var.	43.347	11.503	1,75
Vaucluse.	36.057	6.671	1,01
Vendée.	26.758	1.827	0,27
Vienne.	29.972	3.257	0,49
Haute-Vienne.	25.493	3.700	0,56
Vosges.	30.781	5.056	0,76
Yonne.	34.962	6.099	0,92
TOTAL	3.875.249	680.513	100 %

Source : *La boussole*, n° 1, Octobre-Novembre-Décembre, 1952, pp. 18-19

ANNEXE 3.1.6.

Extrait du dépôt international de la marque Azur

BUREAU INTERNATIONAL POUR LA PROTECTION DE LA PROPRIÉTÉ INDUSTRIELLE

Service de l'enregistrement international des marques de fabrique ou de commerce

BERNE

Compte de chèques postaux No III/753
Adresse télégraphique : Protectunions Berne

Pays dans lesquels l'Arrangement de Madrid revisé concernant l'enregistrement international des marques de fabrique ou de commerce est en vigueur à la date de l'établissement du présent extrait :

Allemagne (République féderale et République démocratique), Autriche, Belgique, Egypte**, Espagne (et colonies espagnoles), France (avec Algérie, Départements et Territoires d'outre-mer), Hongrie, Italie, Liechtenstein, Luxembourg, Maroc (ancienne Zone française, ancienne Zone espagnole et Province de Tanger), Monaco**, Pays-Bas, Portugal (avec Açores et Madère), Roumanie, Suisse, Tchécoslovaquie, Tunisie, Viêt-Nam et Yougoslavie.*

(Aucune protection n'est accordée dans la République démocratique allemande aux marques déposées dans le cadre international dans la période comprise entre le 8 mai 1945 et 15 janvier 1956.*

*(** L'adhésion de l'Egypte est limitée aux marques qui sont enregistrées à partir du 1er juillet 1952 et celle de Monaco aux marques enregistrées à partir du 29 avril 1956.)*

L'Arrangement a cessé d'être en vigueur, par suite de dénonciation dans la République de **Cuba** (22 avril 1932), au **Brésil** (8 décembre 1934), en **Indonésie** (4 novembre 1936), au **Mexique** (10 mars 1943), aux **Antilles néerlandaises** (10 mars 1953) en **Turquie** (10 septembre 1956) et au **Surinam** (21 avril 1959).

Ces pays ont toutefois spécifié que les marques enregistrées au Bureau international jusqu'aux dates sus-indiquées, et qui n'ont été ni refusées, ni invalidées, ni radiées pour ces territoires, continueront à y être protégées jusqu'à l'expiration de la période de validité de leur enregistrement international.

Extrait de quelques articles de l'Arrangement et de son Règlement d'exécution :

La taxe prévue par l'art. 5ter de l'Arrangement pour les copies ou extraits du Registre est fixée à cinq francs par copie ou extrait. Lorsque les mentions relatives à plusieurs marques sont réunies sur la même feuille, la taxe est réduite à deux francs pour chacune des marques en plus de la première.

A partir de l'enregistrement fait au Bureau international, la protection de la marque dans chacun des pays contractants est la même que si cette marque y avait été directement déposée (art. 4 de l'Arrang.).

Dans les pays où leur législation les y autorise, les Administrations auxquelles le Bureau international a notifié l'enregistrement d'une marque, ont la faculté de déclarer que la protection ne peut être accordée à cette marque *sur leur territoire*. — Les Administrations doivent exercer cette faculté dans le délai prévu par leur loi nationale, et, au plus tard, avant la fin d'une année comptée à partir de l'enregistrement international de la marque (art. 5 de l'Arrang.).

Les Administrations qui, dans le délai maximum sus-indiqué d'un an, n'ont adressé aucune communication au Bureau international sont censées avoir accepté la marque.

La protection résultant de l'enregistrement international dure **20 ans**.

Note. *L'absence*, dans un extrait de registre de mention concernant le refus (art. 5 de l'Arrang.), l'annulation, la transmission ou d'autres changements survenus dans l'inscription d'une marque (art. 9 de l'Arrang.) ou le réenregistrement de la marque avec rappel de l'enregistrement international antérieur signifie qu'au moment où cet extrait est dressé, le Bureau international n'a reçu à ce sujet *aucune* notification de ce genre ou qu'en ce qui concerne une notification de refus, celle-ci a été suivie d'une notification d'acceptation.

BZD 10. 59 - 1000.

EXTRAIT
DU
REGISTRE INTERNATIONAL DES MARQUES

No **129155** **17 décembre 1946**

DESMARAIS FRÈRES
(Société en commandite par actions)
42, rue des Mathurins, PARIS, 8e (France)

Nº 129 155

AZUR

Un carburant, huiles et graisses industrielles, lubrifiants.

Enregistrement au pays d'origine : 15 janvier 1945, № 366 685.

Emolument payé pour 20 ans.

Suivant une notification de l'Administration française, dont il a été pris note le 3 mai 1954, la société titulaire a renoncé à la protection de cette marque pour ce qui concerne la Suisse pour autant qu'elle s'applique aux : "huiles et graisses industrielles, lubrifiants".

- -

Certifié conforme aux indications contenues à la date de ce jour dans le Registre international des marques.

Berne, le 21 décembre 1959.

Emolument	Fr 5.-
Taxe d'urgence	Fr 5.-
Total	Fr 10.-

RZ.

Service de l'enregistrement des marques

BUREAU INTERNATIONAL POUR LA PROTECTION DE LA PROPRIÉTÉ INDUSTRIELLE
p. le Directeur :
Chef du Service de l'enregistrement international des marques

Source : Archives Total, 93 AA 112/8

ANNEXE 3.1.7.

La réorganisation des mouvements pétroliers internationaux lors de la crise de Suez en 1956

Avant la crise

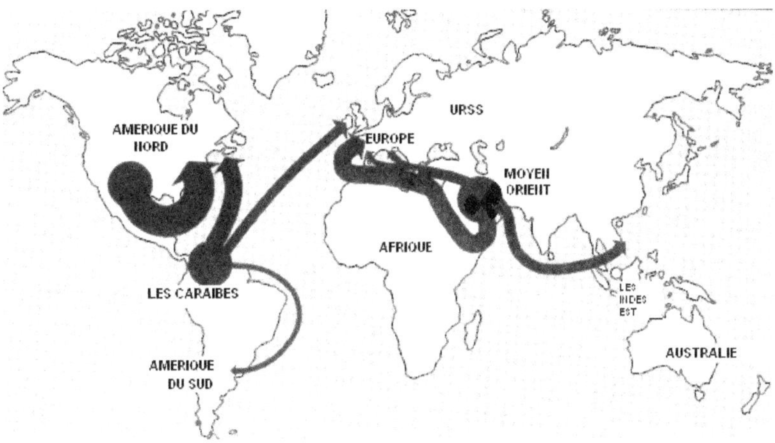

Durant la crise

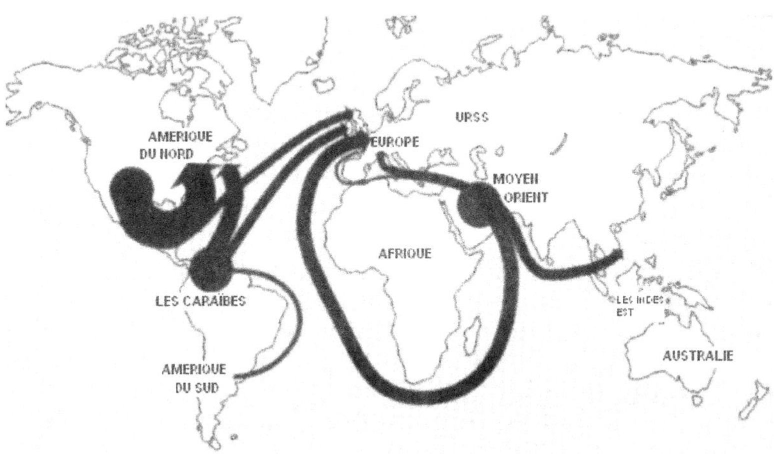

Source : James BAMBERG, *British Petroleum and Global Oil, 1950-1975, The Challenge of Nationalism*, Cambridge University Press, GB, 2000, p. 86.

Annexe 3.2.1.

L'activité de la CFP de 1956 à 1965
(en milliers de tonnes)

	1956	1957	1958	1959	1960	1961	1962	1963	1964	1965
Pétrole brut										
Ressources	11363	9401	12887	15059	19090	22059	25538	30947	34044	37773
Utilisation dans le groupe	*6987*	*6373*	*9229*	*10236*	*10188*	*14089*	*15039*	*18029*	*20951*	*23273*
Utilisation hors du groupe	*4376*	*3028*	*3658*	*4823*	*8902*	*7970*	*10499*	*12738*	*13093*	*14500*
Raffinage										
Pétrole brut traité	9944	8838	10760	11535	13551	15404	16169	18783	21144	23135
Distribution										
Produits finis commercialisés	8620	7657	9824	10677	13363	15131	16654	19399	21623	24026
Transport maritime (port en lourd)										
Flotte affrétée par le groupe	714				1017					1376
dont armement propre (CNP)	263				503					687

Source : Jean Chardonnet, *L'age du pétrole*, 1966, p. 43.

Annexe 3.2.2.

Variation de la consommation pétrolière française des Produits pétroliers entre 1963 et 1964

	1964 1er trimestre	1963 1er semestre	Variations %
Marché intérieur			
Essence auto	1.937,1	1.760,4	+10,8
Supercarburant	1.645,6	1.391,4	+17,6
Essence aviation	42,2	53,0	-20,3
carburateurs	358,7	320,8	+11,8
Essences spéciales	30,3	31,0	-2,3
White spirit	46,1	40,1	+15,5
Pétrole lampant	40,7	44,4	-8,3
Gas-oil	1.281	1.097,7	+17,1
Fuel-oil domestique	5.317,4	4.588,1	+15,9
Fuel-oil léger	1.550,1	1.731,1	-11,1
Fuel-oils lourds	5.227,7	4.470,8	+16,9
Lubrifiants	308,0	288,8	+6,6
Butane propane	664,4	623,6	+6,5
Dont ventes directes	600,2	555,9	+8,0
Usines à gaz	64,2	67,7	-5,2
Bitumes	742,8	572,4	+29,8
Paraffine cires	21,1	20,7	+1,9
Coke de pétrole	87,0	64,3	+35,3
Autres produits (Gaz incondensables, bases pétrochimie, distillat, G.D.E)	596,9	444,1	+34,4
Total marché intérieur	**19.897,6**	**17.542,7**	+13,4
Marché des soutes			
Soutes françaises	676,2	641,9	+5,3
Soutes étrangères	387,3	322,8	+20,0
Total marché des soutes	**1.063,5**	**964,7**	+10,2
Consommation de gaz naturel (en millions de m³)	**2.728,0**	**2.484,5**	+9,8

Source: Archives Total.

Annexe 3.3.1.

Évolution des ressources de la CFP en provenance du Moyen-Orient de 1963 à 1969 (en 1000 tonnes)

Année	Irak Nord IPC/ MPC	Irak sud BPC	Qatar QPC	Iran IAEPM	Abu Dhabi ADMA ADPC	Oman PD (Oman)	Dubai Duma	**Total**
1963	10766	4114	2288	4511	779	-	-	**22458**
1964	10332	5235	2172	4759	2310	-	-	**24798**
1965	10232	6533	2152	4830	3564	-	-	**27311**
1966	10183	7336	2289	6496	5077	-	-	**31381**
1967	8406	6233	2234	6667	5090	291	-	**28921**
1968	12198	5941	2312	7853	7566	1119	-	**35989**
1969	11879	5375	2286	11167	9191	1679	240	**41817**

Source : Archives Total, 92 AA 091/73

ANNEXE 3.3.2.

Structure des différents marchés européens en 1968
(en milliers de tonnes)

Pays	Essence	Gas-oil Diesel-Oil	Fuel-oils lourds	Autres produits	TOTAL
Allemagne (RFA)	12.790 (14,1%)	40.453 (44,7%)	21.354 (23,5%)	16.059 (17,7%)	**90.656 (100%)**
Belgique-Luxembourg	1.953 (10,6%)	6.710 (36,5%)	6.295 (34,2%)	3.442 (18,7%)	**16.400 (100%)**
France	10.689 17,0%	29.339 (46,6%)	13.603 (21,6%)	9.308 (14,8%)	**62.939 (100%)**
Italie	8.000 (14,1%)	15.800 (27,9%)	23.100 (40,9%)	4.434 (21,3%)	**56.550 (100%)**
Pays-bas	2.595 (12,4%)	5.679 (27,3%)	8.130 (39,0%)	4.434 (21,3%)	**20.838 (100%)**
Total C.E.E.	36.027 (14,4%)	97.981 (39,3%)	72.482 (29,1%)	42.893 (17,2%)	**249.383 (100%)**

Source : *Pétrole*, 1968.

ANNEXE 3.3.3.

FOSTER WHEELER FRANÇAISE ET LE GROUPE CFP/CFR

Réalisée, clé en main, par Foster Wheeler Française, pour la Compagnie Française de Raffinage et achevée en septembre 1972, l'unité de distillation atmosphérique D 11 est actuellement dans sa catégorie l'une des plus importantes du monde. D'une capacité nominale de 9 Mt/an, soit près de 30 000 t/j, cette nouvelle unité de distillation a fait passer de 14,3 à 23,3 Mt la capacité annuelle de la raffinerie de Normandie.

Cette unité comprend des sections de distillation, de stabilisation des essences, de séparation des gaz liquéfiés, ainsi qu'un hydrotraitement des produits de tête d'une capacité de 7 000 t/j.

Cet ensemble est complété par une unité autonome de désulfuration des gas oils -la DGO 3-capable de traiter 4 400 tonnes de gas oils par jour et qui utilise, comme la section d'hydrotraitement, des brevets et procédés CFR.

Quelques indications chiffrées relatives à la taille des équipements qui la constituent, donnent une idée de l'ampleur de cette distillation.

- Elle absorbe la quantité de pétrole brut apporté par un pétrolier de 270 000 tonnes en moins de 10 jours de marche normale.
- ses pompes de charge peuvent délivrer en une heure, 1 300 tonnes de pétrole brut.

- Sa tour a 60 m de haut et près de 9 m de diamètre.

- Le transfert des produits entre les différents équipements a nécessité l'installation d'une soixantaine de Km de tuyauteries.

Cette unité est remarquable aussi dans les domaines de l'automation et de la lutte contre la pollution.

L'automation est prévue pour permettre d'assurer ultérieurement la conduite des installations au moyen d'un ordinateur.

Le souci de lutter encore davantage contre la pollution a conduit à des études particulières concernant notamment les rejets à l'atmosphère. C'est ainsi qu'un analyseur, contrôle en permanence la teneur en S02 des fumées des fours dont la dispersion est assurée par une cheminée de 110 m de haut.
Enfin, un réseau de télévision en circuit fermé permet de renforcer là surveillance permanente des diverses zones de l'unité.
Précisons que cet ensemble de production a été achevé en 20 mois au total, malgré l'importance de la réalisation.
Parmi les principales unités réalisées pour le groupe Total par Foster Wheeler Française au cours des dernières années citons en outre :

1° POUR LA COMPAGNIE FRANÇAISE DE RAFFINAGE
A la Raffinerie le de Normandie :

L'unité combinée de production d'huiles de graissage n°2 capable de traiter 700 000 t/a de résidus atmosphériques et de produire 100 000 t/a d'huile déparaffinée et 23 000 t/a de paraffines.

Cet ensemble se composant de 5 unités

- distillation sous vide

- traitement au furfural des distillais
- déparaffinage
- stabilisation et décoloration à l'hydrogène
- traitement des paraffines dures et des cires et des stockages correspondant.

L'unité combinée de production d'huiles de graissage n° 3 -extension de la précédente - et qui comprenait les unités suivantes
- distillation sous vide
- désasphaltage
- raffinage au furfural
- déparaffinage au M E K
- hydrofinissage des huiles
- hydrofinissage des paraffines et des cires.

Aux raffineries de Normandie, de Provence et de Strasbourg
Plusieurs unités d'hydrodésulfuration des gas oils.

2° POUR TOTAL CHIMIE

- Les unités auxiliaires de son complexe pétrochimique de Gonfreville.

Foster Wheeler Française a également fourni au groupe Total un **équipement thermique considérable** comportant notamment de nombreux fours de raffinage -dont celui de la distillation atmosphérique n°11 de la raffinerie de Normandie, qui est un des plus important du monde dans cette catégorie.

Déjà en 1956, Foster Wheeler Française avait construit à la raffinerie de Provence un four de reformage catalytique qui était le plus gros de son époque.

Source : *Pétrole Informations* 29 mars 1974, p. 21.

ANNEXE 3.3.4.

Réalisations Technip pour CFP/CFR

Technip a joué un rôle important au cours des dix dernières années dans la mise en place des nouveaux programmes d'investissement de la Compagnie Française de Raffinage.

Entre 1964 et 1969 plusieurs unités de raffinage de très grande capacité ont été réalisées aux raffineries de Gonfreville et de la Mède.

Gonfreville- Raffinerie de Normandie
- Reforming catalytique 800 000 t/an, mise en service 1966
- Reforming catalytique 1 200 000 t/an,'mise en service 1968
- Distillation atmosphérique 6 500 000 t/an, mise en service 1968

La Mède - Raffinerie de Provence
- Reforming catalytique 1 000 000 t/an
- Distillation atmosphérique 6 500 000 t/an, mise en service 1968
- Soufflage des bitumes, 100 000 t/an, mise en service 1973

La réalisation de la raffinerie de Dunkerque dite « raffinerie des Flandres » d'une capacité de 6 000 000 t/an lui a été confiée au mois de juillet 1972. Elle est aujourd'hui en voie d'achèvement et la mise en route de l'installation devrait intervenir au cours de l'été prochain.
Cette raffinerie comprend :
- distillation atmosphérique
- désulfuration des gas-oils
- reforming catalytique
- hydrotraitement des produits de tête
- unité de soufre
- installations générales

Enfin, Technip a été associée à de nombreuses réalisations effectuées pour le compte de sociétés à participation C.F.P. ou C.F.R. Citons notamment quatre installations pour lesquelles ce groupe était maître d'oeuvre.

- Société de la raffinerie de Strasbourg
Reforming catalytique de 850 000 t/an, mise en service 1963

- Société ivoirienne de raffinage
Raffinerie d'Abidjan 1 000 000 t/an, mise en service 1965
- distillation atmosphérique
- reforming catalytique
- installations générales

Extension de la capacité à environ 1 000 000 t/an

- Société de la raffinerie de Lorraine
Raffinerie d'Hauconcourt 4 500 000 t/an, mise en service 1970
- Distillations atmosphérique et sous vide
- reforming catalytique
- hydrodésulfuration de gas-oil et kérosène

- traitement des gaz liquéfiés
- soufflage des bitumes

- Société anonyme de la raffinerie le des Antilles
Raffinerie de Fort-de-France 600 000 t/an, mise en service 1971
- distillation atmosphérique
- hydrotraitement des fractions légères
- reforming de naphta
- hydrosulfuration des distillats
- récupération des LPG.
- installations générales.

Source : *Pétrole Informations* 29 mars 1974, p. 19.

Table des Sigles et Abréviations

AG	Assemblée générale.
AGE	Assemblée générale exceptionnelle.
AGO	Assemblée générale ordinaire.
AIOC	Anglo Iranian Oil Company.
APOC	Anglo Persian Oil Company.
AN	Archives Nationales.
ARAMCO	Arabian American Company.
BEHonline	Business and Economic History On-line.
BHC	Business History Conference.
BRP	Bureau de Recherches du Pétrole.
BP	British Petroleum Company.
BPC	Bossorah Petroleum Company.
BTP	Batiement – Travaux Publics.
BUP	Banque de l'Union Parisienne.
CA	Conseil d'Administration.
CAMT	Centre des Archives du Monde du Travail (à Roubaix).
CCE	Comité Central d'Entreprise.
CDS	Centre de Documentation et de Synthèse.
CEE	Communauté Economique Européenne.
CHEFF	Comité pour l'Histoire Economique et Financière de la France.
CIPD	Centre intersyndical du pétrole.
CFP	Compagnie Française des Pétroles.
CFP-A	Compagnie Française des Pétroles Algérie.
CFR	Compagnie Française du Raffinage.
CGEC	Commissariat Général des Essences et Combustibles.
CGG	Compagnie Générale de Géophysique.
CIDP	Centre Intersydical du Pétrole.
CNP	Compagnie Navale des Pétroles.
CNRS	Centre National des Recherches Scientifiques.
CO	Comité d'Organisation.
COCL	Comité d'Organisation des Combustibles Liquides.
CRPM	Centre de Recherche de Pétrole Méditerranéen.
DICA	Direction des Carburants.
DN	Indice de Distribution Numérique.
DRH	Direction des Ressources Humaines.
ENI	Ente Nazionale Idrocarburi.

ERAP	Entreprise de Recherche et d'Activités Pétrolières.
ESSO	S.O. (initiales de Standard Oil).
FPC	French Petroleum Canada.
GAC	Groupement d'Achat des Carburants.
GEP	Groupement des Exploitant Pétroliers.
GPEC	Gestion prévisionnelle des emplois et des compétences.
HES	Histoire, Economie et Société.
INSEE	Institut National de la Statistique et des Etudes Economiques.
INOC	Iraq National Oil Company.
IPC	Irak Petroleum Company.
IFP	Institut Français du Pétrole.
KNPC	Kuwait National Petroleum Company.
LBC	La compagnie Lille-Bonnières Colombes.
LINOCO	Libyan Natinal Oil Company.
MPC	Mossoul Petroleum Company.
NATREF	National Petroleum Refiners of South Africa.
NIOC	National Iranian Oil Company.
NPC	National Petroleum Council.
OIP	Omnium International du Pétrole.
ONCL	Office National des Combustibles Liquides.
OPEP	Organisation des Pays Exportateurs de Pétrole.
PCRB	Compagnie des Produits Chimiques et Raffineries de Berre.
PLK	Petroleum Licht-und-Kraft.
PV	Procès-verbal.
QPC	Qatar Petroleum Company.
RAP	Régie Autonome des Pétroles.
RPG	Raffineries de Pétroles de la Gironde.
SDN	Société des Nations.
SFC	Société Française des Carburants.
SFCL	Société Française Combustibles Liquides.
SFEP	Syndicat Français d'Etudes Pétrolières.
SFRP	Société Française et Roumaine des Pétroles.
SGHP	Société Générale des Huiles des Pétroles.
SIPD	Société d'Importation des Pétroles et Dérivés.
SNPA	Société Nationale des Pétroles d'Aquitaine.
SNPLM	Société Nationale des Pétroles du Languedoc et de la Méditerranée.
SN Repal	Société Nationale de Recherche et d'exploitation en Algérie.
SOCABU	Société du Caoutchouc butyl.
SOCONY	Standard Oil Company of New York.
SONATRACH	Société Nationale Algérienne pour le Transport, le Raffinage et le Commerce des Hydrocarbures.
SPAEF	Société pour la prospection en Afrique équatoriale française.
TAP-line	Transarabian pipe-line.
TCFD	Total – Compagnie Française de Distribution.
TPC	Turkish Petroleum Company.

UCEA	Union Chimique Elf Aquitaine.
UIP	Union Industrielle des Pétroles.
UGP	Union Générale des Pétroles.
UPF	Union Pétrolière Française.

Table des tableaux

Introduction

PREMIÈRE PARTIE
DESMARAIS FRÈRES : L'ENTREPRISE PÉTROLIÈRE PRIVÉE FACE À UN ENVIRONNEMENT HOSTILE (1861-1918)

Chapitre 1 : Une entreprise et son environnement : Desmarais Frères de 1861 à 1914

Chapitre 2 : La Guerre de 1914-1918 : Prise de conscience des enjeux pétroliers

DEUXIÈME PARTIE
L'ÉMERGENCE D'UNE INDUSTRIE PÉTROLIÈRE FRANÇAISE

Chapitre 3 : L'Émergence d'une politique pétrolière française de 1918 à 1931 : le rôle de Desmarais Frères

Chapitre 4 : Les années 1930 : la première période d'expansion

Chapitre 5 : La Compagnie Desmarais Frères et la CFP pendant la Guerre 1939-1945

Chapitre 8 : Les résultats de la fusion (1965-1974)

Table des Graphiques

PREMIÈRE PARTIE
DESMARAIS FRÈRES : L'ENTREPRISE PÉTROLIÈRE PRIVÉE FACE À UN ENVIRONNEMENT HOSTILE (1861-1918)

Chapitre 1 : Une entreprise et son environnement : Desmarais Frères : de 1861 à 1914

Chapitre 2 : La Guerre de 1914-1918

DEUXIÈME PARTIE
L'ÉMERGENCE D'UNE INDUSTRIE PÉTROLIÈRE FRANÇAISE

Chapitre 3 : L'Émergence d'une politique pétrolière française de 1918 à 1931 : le rôle de Desmarais Frères

Chapitre 4 : Les années 1930 : la première période d'expansion

Chapitre 5 : Les Compagnies Desmarais Frères et la CFP pendant la Guerre 1939-1945

TROISIÈME PARTIE
APRÈS LA SECONDE GUERRE MONDIALE : LES DÉFIS DE LA MODERNISATION

Chapitre 6 : De la reconstruction à l'expansion (1945-1955)

Table des cartes

Table des illustrations

PREMIÈRE PARTIE
DESMARAIS FRÈRES : L'ENTREPRISE PÉTROLIÈRE PRIVÉE FACE À UN ENVIRONNEMENT HOSTILE (1861-1918)

Chapitre 1 : Une entreprise et son environnement : Desmarais Frères de 1861 à 1914

DEUXIÈME PARTIE
L'ÉMERGENCE D'UNE INDUSTRIE PÉTROLIÈRE FRANÇAISE

Chapitre 3 : L'Émergence d'une politique pétrolière française de 1918 à 1931 : le rôle de Desmarais Frères

Chapitre 4 : Les années 1930 : la première période d'expansion

TROISIÈME PARTIE
APRÈS LA SECONDE GUERRE MONDIALE :
LES DÉFIS DE LA MODERNISATION

Chapitre 8 : Les résultats de la fusion (1965-1974)

Table des annexes

PREMIÈRE PARTIE
DESMARAIS FRÈRES : L'ENTREPRISE PÉTROLIÈRE PRIVÉE FACE À UN ENVIRONNEMENT HOSTILE (1861-1918)

Chapitre 1 : Une entreprise et son environnement : Desmarais Frères de 1861 à 1914

DEUXIÈME PARTIE
L'ÉMERGENCE D'UNE INDUSTRIE PÉTROLIÈRE FRANÇAISE

Chapitre 3 : L'Émergence d'une politique pétrolière française de 1918 à 1931 : le rôle de Desmarais Frères

Chapitre 4 : Les Années 1930 : la première période d'expansion

Chapitre 8 : Les résultats de la fusion (1965-1974)

Table des matières

PREMIÈRE PARTIE :
DESMARAIS FRÈRES : L'ENTREPRISE PÉTROLIÈRE PRIVÉE FACE À UN ENVIRONNEMENT HOSTILE (1861-1918)

DEUXIÈME PARTIE : L'ÉMERGENCE D'UNE INDUSTRIE PÉTROLIÈRE FRANÇAISE

TROISIÈME PARTIE :
APRÈS LA SECONDE GUERRE MONDIALE :
LES DÉFIS DE LA MODERNISATION

www.ingramcontent.com/pod-product-compliance
Lightning Source LLC
LaVergne TN
LVHW010630051026
849532LV00001B/21